湖北大学人文社会科学知名教授文丛

李先焜文集

李先焜 著

本文集由湖北大学教育发展基金会资助出版

长江出版社 CHANGJIANG PRESS
湖大书局 HUDA PUBLISHING

2006 年 10 月 24 日，李先焜教授八十寿诞庆典，他与同仁、师生的合影

2016 年 11 月 5 日，李先焜教授九十寿诞庆典，他与同仁、师生的合影

2016 年 11 月 5 日，湖北大学党委书记尚钢教授在李先焜先生九十寿诞庆典上致辞

2016 年 11 月 5 日，李先焜先生九十寿诞庆典（前排左起：董志铁、刘培育、李先焜、尚钢、江畅）

2016 年 11 月 5 日，李先焜先生九十寿诞庆典，甘肃人民出版社刘延寿编审赠送的字画

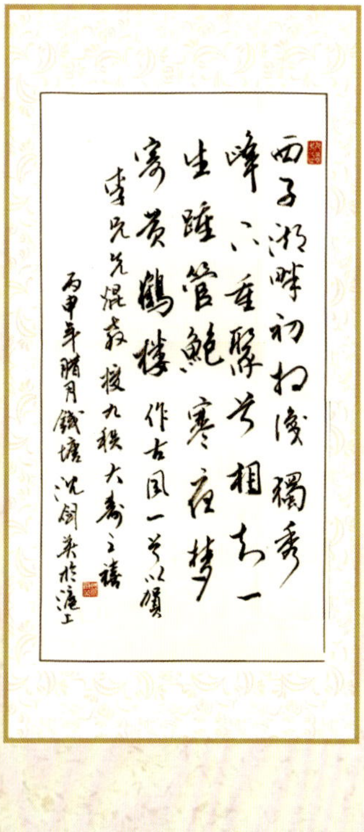

华东师范大学教授、我国著名因明学家沈剑英先生手书自己创作的祝李先焜先生九十大寿的贺诗

2016 年 4 月，湖北大学党委书记尚钢教授到李先焜先生家拜访

2016 年 11 月 5 日，湖北大学党委书记尚钢教授在会议中心贵宾室与李先焜先生交谈

李先焜教授（左一）与国际符号学会会长佩尔茨教授（左二）、副会长德雷达尔教授（左三），东亚符号学会会长坂本百大教授（右一）合影

李先焜教授（左）与中国逻辑学会学长周礼全先生（中）、东亚符号学会会长坂本百大教授（右）合影

李先焜教授（左）在美国加州大学柏克莱分校与饶赫教授夫妇合影

国际符号学会会长佩尔茨教授（中）在李先焜先生家中与李先焜夫妇合影

李先焜先生与日本学者在东京街头夜宴

李先焜先生参加南开大学哲学系温公颐先生（左）的博士生的论文答辩

2016年8月18日，李先焜先生与三个学生的合影（后排左起：陈为蓬、江畅、陈道德）

2016年6月5日，李先焜先生正在接受湖北大学通识教育学院辅导员田仕兵（左一）等师生的采访

2016年6月5日，李先焜先生与采访师生的合影（后排左起：胡维佳、陈彬、李天舒、向圆篱，前排左起：陈道德、李先焜先生）

20 世纪 50 年代李先焜先生（右一）在北京师范大学读研时与苏联导师一家的合影

李先焜先生（第三排左三）参加武汉希文校友合唱团演出

1950 年元旦，李先焜夫妇
结婚照

20 世纪 80 年代老两口在
书房

20 世纪 90 年代老两口在
美国费城大街上

老两口与四个子女

21 世纪全家福

代序

从语言逻辑到符号学

——我的学习与探索历程

1948年我考入武汉大学经济系，当时经济系设有逻辑学课程，但是正好那一年讲授逻辑学的李匡武先生去美国留学，我没有机会选修逻辑。20世纪50年代初，我从学校调到行政机关工作。1951年我因病休养，从图书室借来一本逻辑学的书阅读，越看越觉得有意思。1956年我到北京师范大学哲学研究生班学习，苏联教师在讲哲学的同时也涉及不少逻辑问题。同时我也受到马特先生的熏陶，1957年我从俄文原本翻译了一篇《论逻辑正确性的本性》（巴热诺夫）在《学习译丛》上发表。20世纪60年代初我到武汉师范学院中文系讲授逻辑学，从此正式加入到逻辑学的专业队伍。当时逻辑教师少，我被编在汉语教研室，因此有机会与一些教语言学课程的老师相互交流学习。我在马特先生的支持与鼓励下，与北京大学李真教授合译了卢卡西维茨的《亚里士多德的三段论》一书，我翻译后面的模态逻辑部分，翻译的过程实际上也是我学习数理逻辑的过程。在中文系教逻辑学，我必然要考虑如何结合自然语言来进行讲授。不过，当时对此问题考虑得比较简单，以为只需多举一些自然语言的实例，能引起学生的学习兴趣就可以了。可以说，这时我对语言逻辑还完全处于启蒙阶段。

1978年经江天骥先生介绍，我到北京参加第一次全国性的逻辑讨论会，在会上听了周礼全先生所作的《形式逻辑和自然语言》的报告，深受启发。大会上我提交了《论比喻推理》的论文，认为在文章中比喻的推理过程与普遍逻辑中所说的类比推理性质有所不同。周礼全先生专门约我散步，指出我研究的方向是对的，但方法上仍受传统逻辑的局限。为此，他建议我阅读斯特劳森的《逻辑理论导论》（1952年英文版），该书中具体分析了“真值函项与日常语词”之间的不一致，提出了“预设”与“蕴涵”的区别。斯特劳森认为我们除了要研究形式逻辑之外，还要研究日常语言的逻辑特征。后来我又阅读了周先生许多关于逻辑与语言关系的早期著作。江天骥先生也在1979年的一次报告中介绍西方逻辑史上对亚里士多德三段论的几次冲击时，提出三段论就是从印欧语系的自然语言中分析出来的。他说，逻辑学研究思维的规律，正确的思想是通过语言表现出来的，因此，形式逻辑主要研究语言。他关于语言逻辑的论述，更坚定了我研究语言逻辑的信心。在老一辈逻辑学家们的支持下,我们一些在高校中文系从事逻辑教学的同行们组织了“中国逻辑与语言研究会”，这样我们就有了更多的相互交流的机会。通过多次探讨，我写了《要研究自然语言的逻辑》、《语言逻辑研究的历史和现状》、《逻辑学与符号学》和《语言哲学与语言逻辑》等论文。

我在《语言哲学与语言逻辑》一文中概述了我对语言逻辑的理解。我认为，语言逻辑应该包括以下一些基本内容：

首先，语言逻辑应该探索语言的本质：要确定语言的基本功能，语言在人的认识过程中的作用；要揭示语言的符号性、指谓性与交际性；要区分语言和言语，将言语过程看作人的一种行动过程；要区分对象语言与元语言，掌握语言的层次性。

其次，语言逻辑虽然具有交叉性、边缘性学科的性质，但就其主要内容来说，它仍然是一门逻辑科学。它应吸收经典逻辑的基本内容，其中包括集合论、命题演算和谓词演算的基本知识，即关于必然性的演绎推理的知识，也就是符号学中语形学的知识。语言逻辑的研究对象主要是自然语言，但自然语言具有模糊性、多义性的缺点，而研究、解释它的元语言却不应该再是模糊的、多义的，为此应该掌握使用人工语言分析自然语言的方法，力求使对语言的分析达到精确化。正如波兰逻辑学家卢卡西维茨所说：“现代形式逻辑力求达到最大可能的确切性。只有运用由可以辨识的记号构成的精确语言才能达到这个目的。这样一种语言是任何科学所不可缺少的。”

第三，语言逻辑不仅应该研究经典逻辑的基本内容，还应该研究一些非经典逻辑的内容，如模态逻辑、多值逻辑、道义逻辑、模糊逻辑等，因为这些逻辑分支都从某个方面刻画了语言中的逻辑形式。

第四，自然语言的语形与语义是密切结合着的，语言逻辑不能只谈语形，不谈语义，而且应该将语义学的内容放在比较突出的地位，例如要分析意义的种类、意义的层次、解释意义的各种方法。要介绍各种定义的方法，除传统所说的“属加种差”的定义外，还有约定定义、同义词定义、语境定义、操作定义、说服定义，以及各种外延定义等等。要讨论专名与摹状词的逻辑含义，以及语义与语用的预设和蕴涵问题。

第五，语言逻辑要研究人们在交际过程中的推理实际运用过程，这又必然涉及语境问题和索引词的问题。语言逻辑要善于吸取言语行为理论中的精华部分，特别是其对语旨行为的分类及其各自的恰当性条件，并力求形式化。要研究隐喻与各种修辞手法的语义与语用蕴涵，和它们在推理过程中的作用问题。这些都已经属于语用学的内容。

第六，语言逻辑是语言哲学的一个部分，是其相对独立的部分，因为语言逻辑主要讨论的是推理，语言哲学讨论的范围更为广泛。而语言哲学与符号学又有相互重合的地方，语言逻辑与符号学也有部分重合的部分。但就其核心部分来说，实际上是“三位一体”，很难作严格的划分。语言逻辑研究的是符号学中的逻辑语用学的部分，即语用推理的部分。华沙学派的艾裘凯维茨就曾经写了《语用逻辑》一书。我认为将语言逻辑称为语用逻辑还是恰当的。

在不断磋商中，我与王维贤、陈宗明两位挚友观点比较接近，于是合作编写出一本《语言逻辑引论》，周礼全先生为我们的这部著作作了序，实际上我们都是从周礼全先生那里得到启发才来写作本书的，后来也从他的序中明确了进一步研究的方向。这可以算是我研究语言逻辑的第二阶段，是从朦胧逐渐走向明确的阶段。

从上面的阐述中已经显示出我从语言逻辑逐渐走向了符号学。正是在阅读周礼全先生所翻译的美国符号学家莫里斯的《指号、语言和行为》和莫里斯的其他著作，以及现代符号学的两个杰出的创始人美国哲学家皮尔士和瑞士语言学家索绪尔的著作之后，对符号学才逐渐有了较深和较新的认识。我感到作为现代的逻辑学工作者，如果不懂现代语言学，正如一个现代的语言学工作者不懂现代逻辑学一样，不能算是一个完整的逻辑学家和语言学家，至少他的眼界是极其狭隘和近视的。我在参加周礼全先生主编的《逻辑——正确思维和有效交际的理论》一书的编写工作后，这种感觉更加明显。而作为概括逻辑学与语言学的符号学，更是对我们研究逻辑学与语言学很有帮助的理论基础。为此，我们在语言逻辑研究会的基础上又组织了符号学研究会。通过与日本、法国、美国、波兰一些符号学家和组织的交流。以及参加国际符号学会的话动,对语言交际的功能和它与思维过程的关系有了更深的体会。我认为周礼全先生将“逻辑”定义为“正确思维和有效交际的理论”是非常透辟的。周先生关于意义四层次的分析有助于对有效交际的理解。而这些都是由于周先生深入掌握了现代符号学理论之后提出的。有人认为符号学与逻辑学风马牛不相及，这是误解。1999 年 10 月在德国德累斯顿科学大学召开的第七次国际符号学大会上，专门有一个组讨论“ABDUCTION”的问题，而“ABDUCTION”（有人译为“假设推理”或“试推法”）是皮尔士首先提出不同于“DEDUCTION”（演绎）与“INDUCTION”（归纳）的一种逻辑推理的方法。参加这个小组听讲的人相当多。现在不少人在探索创新思维，我认为在演绎与归纳中很难得出创新的结论，因为演绎的结论已经包含在前提中，而归纳是已有经验事实的归纳，如果说要创新，“ABDUCTION”倒真是可能创新。要研究这种新的逻辑方法，没有一点符号学的理论基础是相当困难的。另外在我国不少学者对中国古代有无逻辑学的问题看法一直有分歧。我认为，如果将逻辑看作只是像西方亚里士多德三段论那样的逻辑，可以说中国古代没有逻辑学。但是，如果我们将逻辑学的范围扩大一点，包括周礼全先生所说的“有效交际的理论”，即关于语用的理论，则中国古代不仅有逻辑学的理论，而且这种理论内容还相当丰富。中国古代的“名辩学”的学说都涉及逻辑学。实际上印度的佛家逻辑，以及亚里士多德提出的没有得到充分发展的“论辩的推理”，都涉及“名辩”问题，名辩涉及的都是逻辑符号学的语用问题，也就是有效交际的问题。我个人认为我们研究中国逻辑史的时候，必须从符号学的角度对“逻辑”作广泛一些的理解。否则只能作出中国古代没有逻辑学传统的结论。而如果否定中国古代有逻辑学传统，应该以同样的理由否定印度古代有逻辑学传统，但是看来西方学者并没有走到这一极端。例如，《易经》就是一个特殊的符号系统，而在《易传》中有着极其丰富的符号学思想。先秦名家“正名”学说也具有内容非常丰富的符号学思想。儒家的“礼”、“乐”，中国传统的训诂学，中国古代的传统医学，兵家的学说，都包含着丰富的符号学理论。其中一部分也可以归属于逻辑语用学。这一宝库还有待我们去挖掘、整理。我认为目前的研究实际上已经超出了纯逻辑、甚至语言逻辑的范围，但并非完全脱离逻辑。我感到对这些范围更为广泛的研究可以扩大视野，也有助于对语言逻辑的探讨。

这可以说是我科学探索的第三阶段，即符号学阶段。当然这还只能说是一个起步的阶段。

我在逻辑学学习的最初阶段主要得益于马特先生的教诲，在语言逻辑的探索过程中主要得益于周礼全与江天骥两位先生的启发与指导，在符号学研究方面则主要得益于周礼全先生，而在中国逻辑史以及符号学史方面则主要得益于温公颐先生与李匡武先生。马特先生去世太早，我永远怀念他。匡武先生本来可以多在世几年的，可惜也已离我们而去。公颐先生活到耄耋之年离开了我们，他的教诲常留在我的心中。礼全先生与天骥先生仍健在，现在不时还给我来信或电话。我自己已经进入古稀之年，但我在他们面前还是学生，我要永远记住他们曾经给我的多方面的教诲与帮助。

（原载《符号和语言逻辑》，《探索与争鸣》1999 年增刊）

CONTENTS

目 录

语言逻辑研究

语言、逻辑与语言逻辑 / 2

语言哲学与语言逻辑 / 29

论语言学与逻辑学的结合 / 42

逻辑科学必须密切联系思维实际 / 52

论思维的严密性和自然语言表述的灵活性 / 58

充足理由律在形式逻辑中的地位和作用 / 70

语言逻辑研究的历史和现状 / 80

语言逻辑与新世纪的逻辑教学 / 100

要研究自然语言的逻辑

——兼评《现代汉语逻辑初探》 / 107

内涵逻辑简介 / 117

意义与定义 / 130

论金岳霖的定义理论 / 156

论黑格尔逻辑学中的定义理论 / 163

修辞的逻辑功能 / 179

论比喻推理 / 197

德奥弗拉斯特的逻辑学说 / 208

论尼采的逻辑哲学思想 / 217

文化语言学：一个新的研究领域

——兼评邢福义教授主编的《文化语言学》 / 228

也论逻辑证明与真理标准 / 235

符号学研究

符号学概述 / 244

国际符号学研究近况 / 277

符号学与逻辑学 / 282

名辩学、逻辑学与符号学 / 295

谎言——一种典型的符号现象 / 300

中国——一个具有丰富的符号学传统的国家 / 306

论孔子的“正名”学说及其定义方法

——分析孔子对“仁”的定义 / 317

《周易》中的符号学思想 / 324

《墨经》中的符号学思想 / 340

先秦名家邓析、尹文、惠施的符号学思想 / 363

公孙龙《名实论》中的符号学理论 / 369

公孙龙《白马论》中的符号学思想 / 381

公孙龙《指物论》中的符号学思想 / 387

中国古代的礼仪符号学 / 395

中国古代医学中的符号学 / 411

中国逻辑史研究

中国古代逻辑史是非形式逻辑的发展史 / 424

清代诸子学及其对中国逻辑科学发展的影响 / 434

严复与西方逻辑的再输入 / 441

章太炎、梁启超、章士钊对中西逻辑的比较研究 / 452

胡适对中国古代逻辑的研究 / 467

张东荪对逻辑与语言关系的研究 / 477

张申府对罗素与维特根斯坦逻辑理论的引进 / 485

金岳霖对中国现代逻辑的奠基 / 493

汪奠基与中国逻辑史的系统研究 / 504

汪奠基中国逻辑思想史研究四题 / 509

周礼全先生的语用学思想 / 522

严谨治学　贵有创见

——为纪念南开大学温公颐教授百年诞辰而作 / 530

译　著

亚里士多德的模态三段论 / 536

语用学 / 563

内涵逻辑和范畴语法 / 579

国际符号学会会长、波兰华沙大学逻辑符号学系主任
佩尔茨（Jerzy Pelc）教授在第二届东亚符号学研
讨会开幕式上的讲话 /601
符号与推理 /603
东亚符号学的可能性 /613

附　录

附录一　作者历年主要著作与论文目录 /620
附录二　李先焜先生90华诞庆典上的祝辞与贺信
九十春光乐有余
——在李先焜先生学术思想研讨会暨90寿诞庆典上的致辞
尚　钢 /627
我心中的李先焜教授
——在李先焜先生90华诞庆典上的讲话 刘培育 / 630
贺　信 陈宗明 / 634
附录三　研究李先焜先生学术思想的论文
李先焜先生的语言逻辑思想 陈道德 / 636
当代中国名辩理论研究的重要开拓者
——评李先焜先生的名辩符号学研究及其理论贡献
曾祥云 / 651
附录四　李先焜先生年谱简编 陈为蓬 / 672

编后语 陈道德 / 693

李先焜文集

语言逻辑研究

语言、逻辑与语言逻辑

一、语言和思维

1. 语言的传统定义

语言逻辑首先要研究“什么是语言”这个问题。我们这里所说的语言，主要是指自然语言，如汉语、英语、俄语、日语等，它们都是人类语言集团的本族语。人们每天都要讲话，都要运用语言，语言是一种最常见的社会现象。但是究竟什么是语言，还不能说人们已弄得很清楚，它至今仍是一个值得我们继续深入探索的问题。

历史上不少语言学家曾对“语言”下过定义。从这些定义可以看出，人类对语言的认识有一个不断深化的过程。

19世纪德国杰出的语言学家、普通语言学的奠基人洪堡特（Wilhelm-von Humboldt, 1767—1835）是这样给语言下定义的：“语言是形成思想的工具。完全精神的、深入内部的和无踪影地进行着的理智的活动，借助语言实现物质化，成为可以使人感知的东西。思维活动和语言从而是不可分割的统一体。由于必要，思维永远跟语音相联系，它不可能通过其他方式来达到明确性，也不可能通过其他方式使表象转化为概念。思维、言语和听觉器官跟语言的不可分割的联系，是由原初的并且实质上无法说明的人类本性的机构所决定的。”[1]从洪堡特的定义中我们可以发现，他特别强调语言是思维的工具，语言与思维有着密切的联系。

德国自然语言学派的代表施莱歇尔（A. Schleicher, 1821—1868）说：“什

[1] 洪堡特：《论人类语言结构的差异及其对人类精神的影响》，引自兹维金采夫主编的《十九至二十世纪语言学史文选》俄文版，第78页。

么是语言？通俗的定义是：语言是通过声音表达出来的思想，这是绝对正确的。”“语言是思想的有声表达。是表现在声音中的思维过程。感觉、表现、意志的表示不能由语言直接表达；语言不直接表达感觉与意志，那么，它必须经过间接的途径，即通过思想的形式来实现。”[1]施莱歇尔不仅强调语言表达思想，而且强调语言是思想的有声表达，即强调语言的物质性。

不过，他的观点却是极端化的，他将语言完全看作是一种自然界的物体，认为语言学应该属于自然科学。

心理社会党派奠基人，瑞士语言学家索绪尔（F·de Saussure，1857—1913）则认为："语言是一种表达观念的符号系统，因此，可以比之于文学，聋哑人的字母、象征仪式、礼节形式、军用信号等等。它只是这些系统中最重要的。"[2]索绪尔的定义强调了语言的符号性，强调语言是表达观念的符号系统。

这一学派的另一个成员房德里耶斯（J·Vendryes，1875—1960）说："语言在社会中形成。它是在互相之间感到需要交际的时候产生的。""语言作为社会现象，只有在人的大脑已经充分发展，足以运用语言的时候才能产生。"[3]房德里耶斯强调了语言的社会性与交际性。

美国描写语言学派的代表之一布龙菲尔德（L.Bloomfield，1887—1949）把语言看作是一种行为。他说："语言可以在一个人受到刺激（S）时让另一个人去作出反应（R）。"[4]布龙菲尔德的语言理论显然受了行为主义心理学的影响，从而将语言看作是一个刺激—反应的过程。他虽然对语言的交际过程作了比较具体的分析，但他把语言的交际仅仅看作是一系列的刺激与反应的生理过程，甚至认为人的语言跟其他动物的"类似信号"的呼声没有什么本质上的区别，从而抹煞了人类语言的特征。

另一个美国描写语言学派的代表萨丕尔（E.Sapir，1884—1939）说："语言是纯粹人为的，非本能的，凭借自觉地制造出来的符号系统来传达观念、

[1] 施莱谢尔：《德意志语言》，引自兹维金采夫主编的《十九至二十世纪语言学史文选》俄文版，第98页。
[2] 索绪尔：《普通语言学教程》中文版，商务印书馆1982年出版，第37—38页。
[3] 房德里耶斯：《语言》，引自兹维金采夫主编的《十九至二十世纪语言学史文选》俄文版，第391—392页。
[4] 布龙菲尔德：《语言论》中文版，商务印书馆1980年出版，第26页。

情绪和欲望的方法。这些符号首先是听觉的符号，是由所谓‘说话器官’产生的。”[1]萨丕尔不仅强调了语言的符号性，还强调这种符号的“人为”性。他把语言解释为一种结构模型。他甚至认为这种语言的结构模型决定人们的思想模型，从而得出各民族使用的语言不同，他们的思维也不相同的结论。

著名语言学家赵元任先生给“语言”下的定义是：“语言是人跟人互通信息、用发音器官发出来的、成系统的行为的方式。”他还举出了语言的五个特征：“第一：它是一种自主的、有意识的行为。”“第二个特征：语言跟语言可表达的事物的关系，完全是任意的，完全是约定俗成的关系；这是已然的事实，而没有天然、必然的关系。”“语言的第三个特征：语言之所以为语言，是一个人类社会的传统的机构。”“特征第四：语言既然是一种传统的机构，所以它同时富于保守性，又是跟时代变迁的。”“特征第五：任何一个语言，是一个由比较少的音类所组织的有系统的结构。”[2]

这些语言学家在各个不同的历史时期，各自从不同的哲学观点和所掌握的语言材料出发，给“语言”下了各种不同的定义。这些定义可能会有某些片面性，但是，如果将真理的认识看作是一个过程，那么，我们就必须承认，这些定义各自从不同的方面和在不同的程度上，揭示了语言这一社会现象的特殊本质。它们对于我们进一步深入研究语言是有启发意义的。

马克思主义经典作家虽然没有专门著述以语言为研究对象的科学论文，但是他们论述精神、意识与客观物质的关系时，多次谈到语言问题。马克思在《德意志意识形态》中说：“语言是思想的直接现实。”[3]他还说：“‘精神’从一开始就很倒霉，注定要受物质的‘纠缠’，物质在这里表现为震动着的空气层、声间，简言之，即语言。语言和意识具有同样长久的历史；语言是一种实践的、既为别人存在并仅仅因此也为我自己存在的、现实的意识。语言也和意识一样，只是由于需要，由于和他人交往的迫切需要才产生的。”[4]列宁在《民族自决权》一文中说：“语言是人类最重要的交际工具。”[5]马克思和列宁虽

[1] 萨丕尔：《语言论》中文版，商务印书馆 1997 年出版，第 7 页。
[2] 赵元任：《语言问题》，商务印书馆 1980 年出版，第 3—5 页。
[3]《马克思恩格斯全集》第 3 卷，人民出版社 1957 年出版，第 525 页。
[4]《马克思恩格斯全集》第 1 卷，人民出版社 1976 年出版，第 35 页。
[5]《列宁全集》第 2 卷，人民出版社 1980 年出版，第 508 页。

然是从哲学的角度给语言下定义，但是这个定义确实抓住了语言最本质的东西。现在我们再分别论述一下语言的各种特征。

2. 语言的符号性、指谓性与交际性

语言作为一种社会现象，有它自己的一定的特征。根据上述一系列关于语言的定义，我们可以概括出语言的三个重要特征，即它的符号性、指谓性与交际性。

语言的第一个特征就在于它具有符号性。正如古希腊哲学家和逻辑学家亚里士多德所说："口语是心灵的经验的符号，书面语言是口语的符号。"[1]以后不少语言学家也提出了语言的符号性问题。如前面引述的索绪尔关于语言的定义，就很强调语言的符号性。他说："我们可以设想有一门研究社会生活中符号生命的科学：……我们管它叫符号学。……语言学不过是这门科学的一部分，将来符号学发现的规律也可以应用于语言学，……"[2]

语言是一种符号系统，符号本身是一种物质性的东西，但它可以用来指代另外一种东西，作为那种东西的标记。例如，十字路口的红绿灯。红灯意味着禁止通行，绿灯意味着可以通行，这样红灯就成为禁止通行的符号，绿灯就成为允许通行的符号。语言是以一定的语音（辅音与元音）组合去标示某一事物或思想，这种语音的组合形式就成为该事物或思想的符号。但是语言符号跟其他符号相比，又有其自己的一定特点。

首先，语言符号是线性的，即语音是一串串发出来的，不管谁说话都不可能一开口同时发出两个声音。

其次，语言与语义的结合具有任意性，即语音形式与它所指谓的对象之间的关系是约定俗成的，它们没有内在的必然性（只有少数拟声词如"嘭"、"猫"等勉强算有某种联系）。例如，在汉语中将"水"这个对象称为"shui"，人们一听到"shui"这个声音就知道是指"水"这个对象。但是，谁都知道，"水"这个对象并不一定要称为"shui"，英语就将它称为"water"［'wɔ:tə］，俄语就将它称为"Bo д a"［vo' da］。正因为这样，马克思说："一个事

［1］亚里士多德：《工具论》16a3–4，广东人民出版社1984年出版，第55页。
［2］索绪尔：《普通语言学教程》中文版，第38页。

物的名称和这个事物的性质是全然不同的。”[1]

第三，语言符号既具有相对的稳定性，又具有一定的可变性。某个符号一旦约定俗成之后，就在社会上具有一定的强制力。在汉民族生活的地区，人们都得将“水”称为“shui”，而不能再称为别的什么东西。如果谁一定想给它改一个语音形式，其他人就不能理解他的话的意思。这是语言符号的相对稳定性。但是，作为 一种社会现象，不管是词汇还是语法，在历史的长河中，又终究会产生变化。例如，在古代汉语中，“基”念［*ki］，而在现代汉语中，却念［jī］。这是语音的变化。再如，在古代汉语中，“兵”作“兵器”解，而在现代汉语中，“兵”作“军人”解。这是语义的变化。又如，在古代汉语中，否定句里代词作宾语时，经常倒置。如《孟子》一书中有这样的句子：“今也父兄百官不我足也”[2]（意思是：“今天，父老官吏们都对我不满”），这里“不我足”就是宾语倒置，现代汉语中这种现象少见，出现的话也有某些条件限制。这是语法的变化。这些体现了语言符号的可变性。语言符号既具有相对的稳定性，又具有可变性，它是这两种特性的对立统一体。

第四，语言符号具有系统性。语音形式不可能是一个个孤立的现象，它在一定的组合系列中才是有意义的。即使是只说一个单音节词（例如，当人们看见失火时高喊一个“火”字），人们也要把它放在一个语言的系统中，从一定的语境中，来理解它的意义。语言符号不仅有一个语音系统，而且有一个语义系统。语音系统允许某些声音按照语音组合规则反复使用而形成意义单位,意义系统则允许这些意义单位按照语法规则以一定的方法进行排列，从而表达简单的或复杂的观念。

语言的第二个重要特征就是它具有指谓性。所谓指谓性，就是说每一个语言单位（其最基本的单位是词），都要指称或谓述一定的对象，这个对象可以是客观的对象（包括对象的属性与对象之间的关系），也可以是人的主观意识的东西（如观念）。指称，是说这个语言单位对某个对象的性质、情

---

［1］马克思：《资本论》第1卷，人民出版社1963年出版，第79页。
［2］《孟子·滕文公章句上》。

况、状态、特征有所表述，有所说明。不过，这种指称与谓述的关系不是直接在语言与对象之间产生的，它要经过一段曲折的道路，即要通过思维的中间环节。如果我们将思维与对象之间的关系称作反映与被反映的关系，语言与思维之间的关系称作表达与被表达的关系，那么，语言与对象之间的关系就是上述两种关系的综合，也就是说，语言表达的是思维反映对象的结果。用类似于语义三角的图形表示就是：

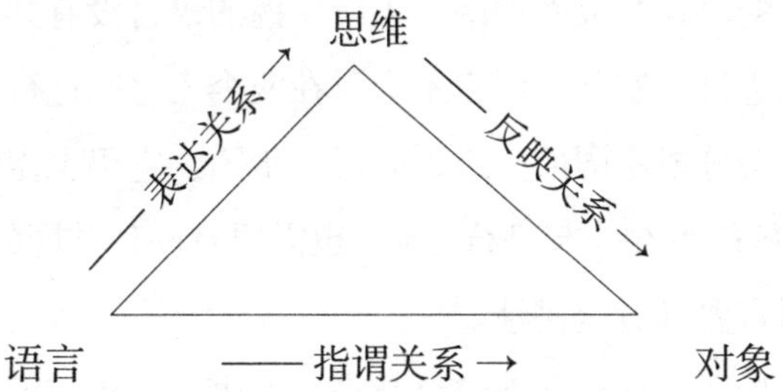

语言具有指谓性，表明语言符号不可能是一种空洞的、毫无意义的东西。人发出一种声音，即使是音乐家发出的最悦耳的乐声，如果不具有指谓性，就不能称之为语言。这样的声音跟自然界其他的声音，如风吼声、海啸声，以及野兽的嗥叫声，没有什么根本的区别。

语言的第三个特征，就是它具有交际性。语言是一种社会现象，它是随着人类社会的产生而产生的。人在社会的群体中生活，在实践的基础上不仅产生了关于客观外界的感性认识，而且感到自己总有一种什么东西要告诉别人，同时，也想从别人那里获得某种信息，这时，人们就得运用语言。固然，人们可以用其他某些手段（如身体的姿势或别的信号）来传达信息，但是最简便、最准确、最迅速的还是语言，正因为这样，列宁说，语言是人类最重要的交际工具。社会这个群体，如果没有语言交际这个条件，它就不能存在，不仅现实的社会如此，虚构的社会也是如此。例如，在中国著名的古典小说《西游记》中，作者虚构了一个神奇的社会，这个社会既包括东土大唐王国这样的现实社会，也包括幻想的西域异邦那样的非现实的“现实”社会，以及玉帝天国、阎罗地狱、海底龙宫、深山怪洞、如来佛堂、观音宝座等纯属虚构的社会，故事情节就在这样一个神奇虚幻的社会中展开。但是，我们看到，维持这样一个社会的存在，最重要的一个条件是这里出现的所有“人物”

（不管是天上的，地下的、水里的；不管是人、是鬼、是妖，是神）都要说话，并且要说同一种语言。《西游记》的作者吴承恩实际上预设了“同一种语言”这个条件。如果没有这个条件，这个虚构的社会就要崩溃，整个故事就无法展开。试想如果孙悟空、猪八戒、沙和尚都不会讲汉语，他们能跟师傅唐僧交流思想感情吗？能保他们的师傅到西天取经吗？

语言的交际功能决定了语言的全民性。交际至少要在两个人之间进行，两个人如果没有共同的语言，或者说两个人所掌握的语言没有共同的指谓，那么，交际仍然无法进行。实际上语言不会只在两个人之间进行，它要在全社会中进行。即使社会分成不同的阶级、阶层、集团，它仍也需要一种共同的语言，即使不同民族的人在一起进行交际，也需要有一种共同的语言工具。正是这样，决定了语言要具有全民性。

语言的符号性、指谓性与交际性综合起来，就决定了语言区别于其他社会现象与自然现象的特征。只有认识了语言的这些特征，才有可能探索语言逻辑的问题。

3. 语言与言语

“语言”和“言语”两个词在日常语言中很容易混为一谈，但作为科学的术语来说，两者是有区别的。首先提出“语言”和“言语”有区别的语言学家是索绪尔。他在《普通语言学教程》中说：“语言是什么呢？在我们看来，语言和言语不能混为一谈；它只是言语活动的一个确定的部分，而且，当然是一个主要的部分。它既是言语机能的社会产物，又是社会集团为了使个人有可能行使这机能所采用的一整套必不可少的规约。”[1]他还说：“在言语活动所代表的整个现象中分出两个因素：语言和言语。在我们看来，语言就是言语活动减去言语。它是使一个人能够了解和被人了解的全部语言习惯。”[2]

语言与言语的区别在于：语言是一种民族语言的词汇系统与语法系统的总和；言语则是对语言的运用，它既指运用语言的行为，又指运用语言所产

［1］索绪尔：《普通语言学教程》中文版，第30页。
［2］索绪尔：《普通语言学教程》中文版，第115页。

生的结果，即说出来的话语。语言是社会现象，言语是个人现象。语言与言语的关系从哲学上说就是一般与个别的关系。我们每个人不管说多少句话，都只是对语言的运用，它是将词汇系统中的部分语词按照语法系统中的部分语法规则进行线性组合的结果，而语言则是从这千千万万具体的语句中概括出来的社会共同的语音单位和语义单位以及这些语音单位与语义单位组合规律。语言体现在言语之中。

区别语言与言语，不仅对语言学的研究有重要的意义，而且对语言逻辑的研究也有重要意义。语言逻辑所研究的逻辑形式是从语言中概括出来的，而不是直接从言语中概括出来的。可以说逻辑形式与语言形式有某种程度的对应关系（但不是严格的一一对应的关系），但不能说，它跟言语有着直接的对应关系。必须指出的是，研究语言必须从具体的言语材料入手，研究逻辑形式也需要在一定程度上研究具体的言语材料。没有具体的言语材料，语法形式就会变成空洞无物的东西。但是，我们一定要注意，既然逻辑形式与语言形式并非严格的一一对应关系，而体现这些语言形式的具体言语又具有相当大的灵活性，因此，在分析言语的结构时，不可能机械地套用逻辑的结构。英国日常语言哲学学派的代表人物斯特劳森（P.F.Strawson，1919— ）曾说过："不管是亚里士多德的规则还是罗素的规则，都没有对日常语言（即"言语"——译者）的任何表达式提供精密的逻辑；因为日常语言没有精密的逻辑。"[1]

有人以为，用抽象的逻辑公式可以无条件地分析自然语言的语句（即言语），特别是以为只要用亚里士多德的主谓式的传统逻辑作为工具就可以分析一切自然语言语句，实际上是行不通的。使用这种简单化的方法，很难揭示出言语中内在的逻辑结构，而且可能给人以这样的印象，即所谓逻辑分析，纯粹是一种人为的生搬硬套、削足适履的方法。

言语又可分为外部言语与内部言语。外部言语是指有声的言语，平常我们在交际过程中说出的话都属于外部言语。内部言语是指不出声的言语。当人们沉默不语时，他并没有停止思维，这时，他是以内部言语作为工具进行

[1] 斯特劳森：《逻辑语言学论文集》英文版，第 27 页。

思维的。这种内部言语虽然不发出声音，但是思维的人的发音器官的肌肉会按照平常有声的外部言语那样活动，只不过由于这种活动比较隐蔽，没有发出声音而已，但是，如果我们用高度灵敏的电流计对发音器官的肌肉进行测试，那么就可以发现发音器官同样有电位的变化，这样记录下来的电位变化图与进行同样思维但发出声音的电位变化图基本一样。说它们基本一样，是因为两者毕竟是有一定的差异的。内部言语所使用的词汇系统与语义系统与外部语言所使用的是相同的，但语法结构上略有不同，即内部言语结构比较简略，往往省略主语而只出现谓语的片断。这是由于使用内部言语总是在“自己跟自己说话”，这时主语所指称的思维对象非常明确，语言上可以省略。只有当进行复杂的思维活动时，内部言语才以比较完整的形式（即接近于外部言语的形式）来表现。我们的语言逻辑研究言语材料不仅要研究外部言语，而且要研究内部言语，特别是要研究内部言语是怎样以简略的形式体现出语法结构，并以这样的语法结构对应于一定的逻辑结构的。

现代科学实验不仅证明了人在运用内部言语进行思维时，发音器官的肌肉会发出微弱的电位变化，而且证明了当人们说出一个词时，大脑皮层会在电脑图上产生特定的脑波型，当人们想到这一个词时，大脑皮层也会出现具有同样特征的脑波型，这样就可以根据脑波型的不同特征来辨别不同的词。随着科学技术进一步的发展，将来人们会采用更为先进的办法去检验与测试人们的内部言语以及思维的过程。

4. 深层结构与表层结构

这是由美国转换生成学派提出的两个概念。这个学派的代表人物是乔姆斯基（N.Chomsky，1928— ）。这个学派认为语言是人类特有的一种先天的机制；语言学不仅要研究语言行为，而且要研究语言能力。所谓语言能力，是指所有说本族语的人都可以理解并且说出从来没有听过的语句的能力。他们认为人类具有这种无限地生成语句的能力。这也是语言具有普遍性的表现。为了说明人类语言的这种生成性与普遍性，他们提出语句具有深层结构与表层结构。所谓表层结构是指实际所陈述的语句中各成分之间的关系，语句就是由词、短语、从句等成分按照线性排列所形成的。深层结构则是指短语或句子成分之间的内在语法关系，这种关系无法直接从上述线性排列的序列中看出来，它是一种抽象的结构，它通过转换而产生表层结构。深层结构决定语句的意义；表层结构决定句子的形式。例如下述两句话：

（1）He is easy to please.（他易于使［之］高兴。）

（2）He is eager to please.（他热心于使［之］）高兴。）

这两个语句的表层结构是一样的，但语义上却有很大的差别。这就是说想用表层结构来说明它们之间的差别是做不到的，只有揭示其深层结构才能看出其语义上的差别。前一句的He在深层结构里是受事，它的深层结构是To please him is easy，用我们的汉语注释来说明就是，那个“使［之］高兴”的“之”字就是指“他”自己。而第二句的He在深层结构里是施事，那个“之”字是指“他”之外的另一个人。乔姆斯基后来对他的理论又作了一点修正，即认为不仅深层结构决定语义，而且表层结构对语义解释也起一定的作用。

有的语言学家认为深层结构就是语义结构，而语义结构也就是逻辑结构，他们运用逻辑的方法来描写语义结构。本来，正如乔姆斯基自己所说“转换生成语法”中的“生成”（generate）一词就是从逻辑学借用来的。所以在研究语言中的“深层结构”本身的性质以及怎样由“深层结构”转换成“表层结构”等问题时，语言逻辑可以起到一定的作用，当然，这种研究还有待深入。

5. 言语行为

这是英国日常语言学派代表之一J.L.奥斯汀（J.L.Austin，1911—1960）提出的一种理论。他认为言语本身是一种行为，称为言语行为（speech act）。奥斯汀关于这方面问题的主要著作是《论言有所为》（*How to Do Things with Words*），这是他生前在哈佛大学的讲演集，在他死后由他的学生编辑整理才得以公开出版[1]。在这本著作中，他认为言语行为应该包含语谓行为、语旨行为和语效行为三个方面。这就是说，产生任何一个语句，都在同时完成上述三个方面的行为。

第一，语谓行为（a locutionary act）[2]是指我们清楚地说出的和组合的

［1］许国璋摘译，题为《论言有所为》，载《语言学译丛》第1辑，中国社会科学出版社1979年出版。

［2］许国璋译为“言之发”，赵世开等译为“表现行为”。

语音，以及由它所引起的合乎语法地联接起来的、由词所代表的观念。简单一点说，就是指陈述一个具有一定意义的语句这种行为。语谓行为包括：问话，答话；提供情况，提出保证，或提出警告；宣布结论，或表明意图；宣读判决；约定时间，提出呼吁，提出批评；确认某某，或描述某某；以及其他许多例子。

第二，语旨行为（an illocutionary act）[1]，是指语句的产生本身所构成的一定的行为。当说话者说“我允许……”时，就完成了一个允许的行为；当说“……是真的吗？”就完成了一个询问的行为。

奥斯汀对确定语旨行为的范围给出了三条标准：（1）它是言语本身内完成的行为，而不是言语的结果。（2）它总可以被释义，并且通过一个惯用语句而使之明确化，如说“我在问你是不是……”，“我命令你……”，“我劝告你……”。（3）语旨行为总是约定的。这不是指语音与语义结合的那种任意性和约定性，而是指它仅仅通过存在一种社会的形式而得以实现，这种社会形式对一个特定的人在特殊的环境中使用的一个给定的惯用语句赋予一个特定的值。

第三，语效行为（a perlocutionary act）[2]，是指那个发音行为服务于某个较远的目的，即他陈述那个语句要从他的听者那里得到一定的反响，例如，吓唬住他，使他高兴，让他去做某件事，等等。

我们引述奥斯汀本人所举的例子来说明这三种言语行为。

A 语谓行为

他对我说：“你不能做这件事。”

B 语旨行为

他抗议我做这件事。

Ca 语效行为

他使我清醒过来，不让我任性下去。

Cb 语效行为

[1] 许国璋译为“示言外之力”，赵世开等译为“非表现行为”。
[2] 许国璋译为“收言后之果”。

他恢复了我的理智，把我劝阻了。他使我烦恼。

研究言语行为，对研究语义和语用（它们都是语言逻辑的一个方面）是有意义的。因为言语行为的理论将语言的意义归于对语言的使用，它属于使用论的语义学范围。另外，言语行为论涉及语言的使用者（包括说话者和听话者），以及使用语言的时间、地点、环境，这与语用学又有密切联系。语言逻辑研究语言虽然仍重视对语句本身的分析，但它已超出了语句本身的范围。可以说，这正是它突破了传统观念的地方。

6. 自然语言与人工语言

前面已经讲到，我们现在所说的语言主要指自然语言，它是我们在日常交际中，在一定的语言集团中所使用的某种民族语。汉语、蒙语、维吾尔语、英语、俄语、日语等都是自然语言。它是人们的交际工具，也是人的思维工具，是人类社会得以存在和发展的必要条件。但是自然语言也存在着严重的缺陷。

首先，自然语言存在着多义性。绝大部分语词都有两个以上的含义。例如，根据《英华大词典》所列，英语“Spring”一词作为名词就有 14 个义项，如春天、青春、大潮时期、泉、源头、跳跃、弹性、发条、活力、［船上的］裂缝、［甲板的］上翘、［钩球］棒的弯曲、［建筑上的］起拱点、［美国俚语］年轻无经验的人。作为不及物动词有 8 个义项，作为及物动词也有 8 个义项。根据《现代汉语词典》所列，汉语“打”字有 23 个义项，如“用手或工具撞击物体”，“［器物］因撞击而破碎”，“殴打”，“发生与人交涉的行为”，等等。一词多义可能造成语句的歧义性，使人产生误解。例如，“这是一场一般人看不起的球赛”，这句话可以作两种理解：一是说这场球赛的门票太贵，一般人都“看不起”；一是说这场球赛水平太低，一般人都“看不起”。这种歧义完全是由“看不起”的多种含义造成的。

其次，自然语言具有一定的模糊性。所谓模糊性，就是指一个词使用起来没有确定的界限、范围。例如，“黎明”这个词，究竟指早上什么时候到什么时候，界限不清楚。“中年人”这个词，究竟指多大年龄到多大年龄，界限也不清楚。“中等个子”究竟指 1 米几的个子，界限也不清楚。自然语言中，特别是文学语言中，很多词都具有模糊性。例如，有一首流传至今、脍炙人口、形象生动的诗词，叫做《天净沙·秋思》，由元人马致远所作，全文如下：

枯藤、老树、昏鸦；
小桥、流水、人家；
古道、西风、瘦马；
夕阳西下，断肠人在天涯。

但是，如果对这首词仔细推敲一下，就会发现其中的大部分语词具有模糊性，如“老树”，多老的树开始称老树？“小桥”，多小的桥开始称小桥？“瘦马”，多瘦的马开始称瘦马？这些界限都不清楚。不过在文学创作中，需要有某种程度的模糊性，而不需要高度的精确性。相反，如果过分精确，反而有损于艺术的形象性和感染力。

关于模糊性问题，首先是由美国加利福尼亚大学的控制论专家查德（L.A.Zadeh）在1965年提出的[1]。在此之后就建立了专门研究模糊集特征的模糊数学，以及模糊逻辑与模糊语言学。有的数学家认为，由于单词的序列与对象的集合之间不仅存在着一种一一对应的明确形式，往往还有着某种模糊的关系，所以，模糊语言的概念要比历来的形式语言具有更广泛、更一般的意义，更加接近自然语言。

第三，自然语言的语义依赖语境。这跟语言的多义性有关。在一般交际中，我们并不感到语词会有多种含义，这是因为一定的语境决定了语词一定的含义。而且，在自然语言中，语句往往采用省略的形式，在一定的语境中，它的语义非常明确，但离开这个语境，这个语句可能使人感到不可理解。如说“一张西单”，离开语境，听起来这句话很不好理解，但是在一定的语境中，它的含义很明确，是在北京的公共汽车上，乘客向售票员说：“我要买一张从上车站到西单的车票。”

自然语言由于多义性、模糊性和依赖语境，不太适宜作科学认识和哲学探索的语言。于是一些哲学家、逻辑学家和科学家提出改造语言的问题。其中的主要代表有莱布尼茨（G.W. Leibniz，1646—1716）、罗素（B.Russell，

[1]《模糊集》，载《信息和控制》1965年第8卷第3期。

1872—1970）和卡尔纳普（R.Carnap，1891—1970），他们极力主张建立一种人工语言，至少要初步设计出这样一种语言，在这种语言中，自然语言中的上述缺点应该得到消除。

迄今，这种人工语言在数学和逻辑中得到了实现和运用。人工语言最大的特征是它的简明性和一义性。人工语言的符号可以尽量做到简明，严格贯彻一个符号一个含义的原则。例如，在汉语中的“或者”这个词就至少有三种含义：

（1）你或者能赶上今天的晚班车。

（2）我们国家的工业面临着严重的挑战，面临着提高企业素质的新的转变。效益问题，素质问题，归根结底，就是降低消耗，提高质量。或者降低消耗，或者提高质量，或者降低消耗又提高质量。提高企业素质标志，就是质量，或者主要是质量。

（3）或者把老虎打死，或者被老虎吃掉，二者必居其一。

例（1）中的“或者”是“也许”的意思。表示一种可能性；例（2）中的“或者”表示一种相容的选择；例（3）中的“或者”表示一种不相容的选择。对于一个词的不同含义，自然语言是难以区别的。逻辑学为此创造了三个符号，每个符号代表“或者”的一种含义。“$\Diamond$”表示“是可能的”、“$\Diamond$（他赶上今天的晚班车）”表示“他赶上今天的晚班车是可能的”，也就是“他或者能赶上今天的晚班车”的意思。另外，创造了“$\vee$”表示相容的选择，“$\dot{\vee}$”表示不相容的选择。这样，“或者”的三种含义就表达得清清楚楚，符号的形式也很简明，使人一目了然。这种人工语言在其他科学中也得到了广泛的运用，它促进了现代科学表述的精确性。人工语言的这种优越性应该得到充分肯定。

但是，人工语言虽然有很大的优越性，它终究是自然语言的派生物。它必须建立在自然语言的基础上。而人们在日常生活中，在生产过程中，大量使用的仍然是自然语言。因此试图用人工语言完全取代自然语言是不可能的。在科学的认识中，这两种语言实际上是相辅相成的。相反，自然语言的多义性，如果给予某种限定，它不但不会妨碍人们的思想交流，而且，数学与逻辑学发展到今天，已经有可能用一定的方法来刻画与处理自然语言的这些特征。这些特征，不仅不是自然语言的缺点，就某种意义上说，它们还可称作自然语言的优点。

20世纪40年代以后，英国流行一种日常语言哲学。这个学派跟罗素、卡尔纳普的观点相反，它认为人们不需要抛弃自然语言，而要考察语言使用的实际环境。他们认为语言中所产生的困难，往往跟偏离日常语言的正常使用方法有关。这一学派的代表人物斯特劳森通过比较自然语言和人工语言来研究形式逻辑的性质。他认为，在自然语言中包含着最丰富的逻辑特征，因为我们平常是用自然语言来进行思维的。人工语言和自然语言应该互相补充，而不应该互相排斥，并且，从原则上说，人工语言永远不可能完全取代自然语言。美国逻辑学家R.蒙塔古在其《英语作为一种形式语言》一文的“导言”中说：“我反对这样一种论点，即在形式语言与自然语言之间存在着重要的理论上的区别。另一方面，我不认为由某些现代语言学家对自然语言所作的形式处理已得到成功。”[1]我们认为，这种观点有它的合理因素。

7. 语言在思维过程中的作用

思维是人脑对于客观世界的间接的、概括的反映过程。思维是在实践活动中，在感性认识的基础上形成的。思维活动所产生的结果就是思想。

思维的过程同时也是使用语言的过程，或者说思维过程和语言过程是同一过程。不可能在语言过程之外还独立地存在着一个思维过程，也不可能在思维过程之外还独立地存在着一个语言过程。由于思维很难以直观的形式来观察与研究[2]，人们只有通过研究语言来探索思维的过程。离开语言来谈所谓思维的形式，只能是一种空谈。

但是在语言学界有这么一种意见，他们由思维离不开语言这一事实出发，得出了一个结论，认为语言能决定一切，其中也包括语言决定思维。这就是说，有什么样的语言形式，也会有什么样的思维方式。

西方所谓新洪堡特学派就持这样的观点。洪堡特曾说过：“世界观本

[1] R. 托玛森：《形式哲学：蒙塔古论文选》英文版，第188页。

[2] 20世纪80年代的语言科学，已经可以通过脑电图直接了解脑的思维过程，但是在分析这些脑电图波型时，仍要跟一定的语言形式联系起来，即辨认某种脑电波的波型表示某一语词。

身的形成要通过语言这一手段才能实现……每种语言中都会有各自的世界观。”[1]后来新洪堡特学派的代表萨丕尔和沃尔夫（B.L.Whorf，1897—1941）进一步发展了这种观点，一般将这种观点称之为萨丕尔—沃尔夫假说。根据这个假说，人们感知现实的方式来源于他们的语言结构。不同的语言提供不同的可能观念的图象，或者不同的经验的片断。萨丕尔说：“真实世界在很大程度上是不知不觉地建立在该族人的语言习惯之上的……使用不同的语言的各社会成员所生活的世界是多种多样的许多个世界，而不是具有不同标志的一个同样的世界。”[2]

萨丕尔的学生沃尔夫则进一步说：“每种语言的体系（换言之，语法）不只是思想声音化了的传达工具，更准确地说，它本身就是思想的创造者，是人类个体理性括动的纲领与指南……我们研究自然界是按照我们本族语为我们指出的方向来研究的。”[3]他引用弗里茨·毛士纳尔（Fritz Mauthner）的话说：“亚里士多德如果说的是汉语或达科他语，他的逻辑和范畴必会是另一个样子。”他还说：“牛顿如果不是说英语，就会造成迥然不同的逻辑。”

我们认为，人在认识客观对象的过程中可能受到语言结构与语法范畴的某些影响，但是认识（包括理性认识即思维）终究是人的大脑对客观事物的反映过程，这里第一性的东西仍然是客观对象。不仅具体的概念和科学定理是客观事物及其属性在人脑中的反映，而且逻辑形式、逻辑范畴以及语法范畴也是客观事物或属性之间的关系在人脑中的反映。马克思和恩格斯在《德意志意识形态》一书中说过：“无论思想或语言都不能独自组成特殊的王国，它们只是现实生活的表现。”[4]人们对客观事物的认识是一个不断深入的过程，随着认识的深化，一些具体的观念和科学原理会发生一定的变化。不同民族的人，在不同的社会条件下，不仅语言不同，而且思维的方式、方法也会出现某些差异。例如，人们在经验中所获得的“时间”和“实体”概念

[1] 兹维金采夫：《十九至二十世纪语言学史文选》俄文版，第 81 页。
[2] 萨丕尔：《原始语言的概念范围》，载《科学》1931 年第 74 卷，第 578 页。
[3] 沃尔夫：《论元语言论文选集》英文版，第 5 页。
[4] 马克思恩格斯：《德意志意识形态》中文版，第 515 页。

并不是绝对相同的，是存在着差异的。但是，这种差异主要是由实践条件与科学认识的水平不同造成的，一旦实践条件与科学认识的水平相同（通过经济发展与科学上的交流），人们就可以获得相同的“时间”和“实体”概念（可能语音与语法形式不同，但表达的概念内容相同）。例如，在汉语中，原来没有牛顿力学的概念，也没有爱因斯坦相对论的概念，这表现了中国人过去的力学概念和时空概念与西方关于这些概念的差别，但是随着文化的交流与科学的发展，现在中国人完全可以用汉语来认识与表达牛顿力学的概念和爱因斯坦相对论的时空观念。因此，汉语并不影响我们获得与英语民族（或其他语言的民族）相同的概念。因此，将概念上、范畴上的某些差异完全归咎于“这些概念借以发展的那种或那些语言的本性”[1]，是没有根据的。

二、语言逻辑研究的对象

1. 逻辑研究的直接对象是语言

一般都认为逻辑是研究思维形式和思维规律的科学，逻辑研究的对象是人的思维。实际上，这只是一种历史的观念，而且是一种不太科学的观念。逻辑研究的直接对象应该说是语言。

考察逻辑发展史，无论是古希腊还是古代中国，逻辑科学的产生与发展都是与语言的研究分不开的。亚里士多德是逻辑科学的奠基人。他主要的逻辑著作《工具论》大部分讨论的是语言问题。例如，《范畴篇》就讨论了同音异义词、同义词、引申词，以及各种范畴的问题；《解释篇》讨论了名词、动词、句子的定义，以及各种命题之间的关系问题；以后各篇讨论了命题的组合方式以及论辩与反驳的问题。据说，阿拉伯文版的《工具论》还包括《修辞学》。这些都说明这本逻辑著作是以语言作为主要研究对象的。斯多亚派的逻辑也以语言作为研究的中心问题。古罗马时期的逻辑主要是研究修辞中的逻辑问题，而讲授修辞的逻辑又是为讲授雄辩术提供理论与方法的基础的。当时有人明确地将逻辑归入所谓语言的艺术。

[1] 马克思恩格斯：《德意志意识形态》中文版，第156页。

我国先秦无论是《墨经》也好，荀子的《正名》篇也好，还是公孙龙的《白马论》也好，究其内容，主要是谈名辩问题，也就是语言问题的。《墨经》中的《小取》篇提出："以名举实，以辞抒意，以说出故。"这里的"名"、"辞"、"说"，就其直接意义来说，都是指语言现象。荀子的《正名》篇中谈"成名"、"制名"、"乱名"、"知名"等问题，也显然是语言问题。公孙龙的"白马非马"的命题，重点探讨以"名"、"命形"、"命色"和"命色形"三者的区别，这不能不说它是一个语言问题。逻辑问题，实际上就是这些语言问题的概括。

中世纪的逻辑学也是如此。这一时期的逻辑学以圣书中所使用的希腊文、拉西文这些自然语言作为主要的研究对象，其目的是为了解释"神的语言"。当时一些逻辑学家往往以"论辩术"一词来代替逻辑一词，而"论辩术"显然跟语言密切联系在一起。中世纪以拉丁语作为逻辑学的专门用语。当时的逻辑学家认为拉丁语是最典范的语言，是唯一合乎逻辑的语言，其他语言都是不合规范的。例如，拉丁语就有两个词分别表示相容的"或者"（'vel'）和不相容的"或者"（'aut'），也有两个词分别表示"有些"，也可能是全体的"有些"（'nonnulli'）和"只是有些，其余的不是"的"有些"（'allii'）。在其他语言中就很难找出这些区别来。中世纪逻辑学具有代表性的著作是 13 世纪出版的西班牙的彼得所著的《逻辑大全》，这本书共分七个部分，前六部分属于"古逻辑"，即主要讨论亚里士多德《工具论》中所涉及的问题，第七部分属于所谓"新逻辑"。不管是"古逻辑"还是"新逻辑"，都分析与研究了大量的语言问题。特别是"新逻辑"中，由于引进了符号学方面的问题而扩大了逻辑的内容。第七部分题名"论词项的性质"，其中重点讨论了所谓"指代"（suppositio）的学说，西班牙的彼德对指代作了详细的区分。这种指代的学说在中世纪逻辑中占有极其重要的地位，而这个指代问题又是直接从语言的运用中概括出来的。正因为这样，日本学者山下正男曾认为，中世纪的逻辑学就具有语言逻辑学的特征。

文艺复兴以后的近代逻辑则以思维作为主要的研究对象。这可以用 1662 年正式出版的《波尔·罗亚尔逻辑》为代表。这本书的正式名称就叫做《思维术》（*The Art of Thinking*），它的第一、二、三部分就叫概念、判断、推理，第四部分叫程序。“概念”、“判断”、“推理”等都是心理学、认识论的概念，都是涉及“思维”的问题，但是，这本书中大量涉及的仍然是语言方面的问题。例如，该书概念部分讲了很多语词的歧义问题，概念部分的第十一章就是“词的歧义是我们思维和言语中产生混淆的根源”。该书判断部分讲了词的语句中的功能、动词问题、复合句问题。该书推理部分实际上是讲语句的组合。山下正男说：“近代逻辑学具有思维逻辑学这样的特征”[1]。我国目前一般院校所讲授的逻辑基本上还是这种思维逻辑学。但是，我们可以看到，离开对语言的分析，这种思维逻辑学是讲不清楚的。

现代形式逻辑则更加明确地排斥所谓思维问题。现代逻辑的代表人物波兰著名逻辑学家卢卡西维茨就极力反对所谓逻辑学中的“心理主义”，反对所谓“逻辑是研究思维形式的”这样的观点。他在《亚里士多德的三段论》一书中的“什么是形式逻辑”一章中就明确指出：“思维是一种心理的现象，而心理现象是没有外延的。一个没有外延的对象的形式指的是什么呢？‘思维形式’这个表达式是不能精确的，并且这个不精确之处在我看来是来自一个错误的逻辑概念。……认为逻辑是关于思维规律的科学是不对的。研究我们实际上是如何思维或我们应当如何思维并不是逻辑学的对象，第一个任务属于心理学，第二个任务属于类似于记忆术一类的实践技巧。逻辑与思维的关系并不比数学与思维的关系多。……逻辑中的所谓‘心理主义’乃是逻辑在现代哲学中衰败的标志。”[2]卢卡西维茨认为现代逻辑是研究人工语言符号的。他说：“现代形式逻辑力求达到最大可能的确切性。只有运用由固定的、可能辨识的记号构成的精确语言才能达到这个目的。这样一种语言是任何科学所不可缺少的。……因此，现代形式逻辑对语言的精确性给以最大的注意。所谓形式化就是这个倾向的结果。”[3]正因为这样，所以说现代逻辑学具有符号逻辑学的特征。

---

[1]［日］末木刚博等：《现代路基问题》中文版，第156页。
[2]卢卡西维茨：《亚里士多德的三段论》中文版，商务印书馆1981年出版，第22页。
[3]卢卡西维茨：《亚里士多德的三段论》中文版，商务印书馆1981年出版，第25页。

我们认为，卢卡西维茨说："逻辑中的所谓'心理主义'乃是逻辑在现代哲学中衰败的标志"，这是过于武断的，因为逻辑学很难跟思维毫无联系。任何语言都表达思维，研究语言而完全撇开思维，这是不可能的。卢卡西维茨的观点从认识论上说是唯心主义的。但是，他的观点也包含着某些合理因素，如认为逻辑要求语言的精确化，不要混淆逻辑学与心理学的区别，二者应有明确的分工，等。我们认为，为了语言的精确化，像进行数学运算那样，以人工符号语言代替自然语言，这是逻辑学一次飞跃性的进步。正因为这样，山下正男认为现代逻辑具有符号逻辑的特征。不过，我们认为，人工语言仍然是自然语言的一个抽象，它排除了自然语言容易产生歧义的缺点，真正做到了一个符号一个含义，但是，它所行使的仍然是自然语言的职能，也就是说，它仍是一种语言，只不过是一种人造的语言，因此，即使是现代形式逻辑，研究的主要对象还是语言。

另外，从思维方面说，它作为一种心理现象，也不像传统逻辑所理解的那么单纯。首先，思维的种类不止一种，不是只有一种抽象思维，或称逻辑思维。心理学把思维分为三种类型：形象思维、技术思维、概念思维即逻辑思维。形象思维与技术思维都是在非语言的形式中实现的。我国的著名科学家钱学森多年来积极提倡要建立思维科学，他提出，思维可以分为三种类型：抽象（逻辑）思维、形象（直感）思维和灵感（顿悟）思维。也有人将思维分为习惯性思维和创造性思维；或分为顺向性思维和反馈性思维；单一性思维和系统性思维。抽象的逻辑思维只能描述习惯性思维、顺向性思维和单一性思维，而对创造性思维、反馈性思维、系统性思维就无法给以完满的、充分的描述。虽然对思维形态的分类还处于探索阶段，但是它至少说明思维并不像传统的观念所认为的，似乎只有一种形态，即抽象思维形态。

既然思维不止一种，那就很难说思维的形式也只是传统逻辑所描述的概念、判断和推理。思维种类的多样性也就决定了思维形式的复杂性。应该承认思维具有这种心理过程，其形式结构也是极其复杂的。现代神经心理学已经对人的大脑结构有了比较深入细致的观察与分析，现已察明，大脑是由140多亿个脑细胞组成的，这140多亿个脑细胞又相互组合成亿万个复杂的神经网络。人进行思维活动时，大脑就会产生一种生物电流的电磁波，这就是脑电波。现代科学家已经能够把部分脑电波译成单词，能够鉴别 27 个词或音节的脑电波图形。这为我们进一步研究思维的形式指明了充满希望的前景。

回过头来再看我们所谓的“思维形式”，仔细考察一下，就可以发现这些“思维形式”实际上只是语言形式的抽象。例如，逻辑中的蕴涵式，只是自然语言中一些条件语句的抽象化。人们将条件语句中的前件、后件的其他因素予以排除，只剩下一个真值关系，这就形成了逻辑上的蕴涵式，用公式表示就是“$p \rightarrow q$”。只有当 p 真而 q 假时，整个蕴涵式为假，其他三种情况（p 真 q 真，p 假 q 真，p 假 q 假）的蕴涵式皆为真。逻辑中的合取式只是自然语言中的一些表示并列关系、顺承关系、递进关系的联合复句，以及表示转折关系的偏正复句的抽象化（这里只就汉语而言，其他民族语言的情况跟汉语不尽相同），合取式公式表示就是“$p \wedge q$”，它只有当 p 真且 q 真时为真，其他三种情况，整个合取式皆为假。当然逻辑形式与自然语言的语句不可能是严格的一一对应关系，因为其中要经过乔姆斯基所谓的从深层结构（即逻辑结构）到表层结构（即生成出来的语句结构）的转换过程。根据转换生成语言学派的观点，深层结构也是一种语言结构。逻辑学研究逻辑结构，就是研究语言的深层结构，也就是研究一种语言的结构。它跟语言学的不同，就在于它的重点是研究深层结构而不是表层结构。不过，谁也知道，研究深层结构并不能完全抛开表层结构。

罗马尼亚著名逻辑学家昂利·瓦尔德院士在他所著的《辩证逻辑导论》中，当谈到乔姆斯基关于人类精神先天地具有一种逻辑结构的理论时，明确指出：如果从理论上说，逻辑是关于语言的，那么历史地说，逻辑却是语言的抽象能力和概括能力的产生。瓦尔德还认为，逻辑所涉及的就是任何一种语言的语法结构，逻辑是一切语言的普遍语法，思维的逻辑结构是语言和文字长期发展的结果。这是瓦尔德概括了大量的现代语言学与现代逻辑学的科学成果而推出的结论。我们认为这种观点是正确的。

2. 形式逻辑和非形式的逻辑

不少逻辑学家认为，逻辑都是形式的，因此，“逻辑”与“形式逻辑”是同义词。例如，英国的逻辑学家凯因斯（J.N.Keynes）在他所著的《形式逻辑》一书中说道："逻辑一定是形式的，或者至少是非实质的，……"[1]美国逻辑学家邱尔奇（A. Church）在他的《数理逻辑导论》第1卷中说："我们研究的对象是逻辑，或者，更准确地说，为了将这个对象与其他的理论和学说（不幸的是它们也被称为逻辑）区别开来，它是形式逻辑。"[2]

"形式逻辑"的提法是从康德开始的，实际上康德使用更多的是"普通逻辑"这一名称。他说："普通逻辑所揭示的只是思维的形式，而不是素材。它撇开认识的一切内容。"[3]为什么要将亚里士多德的逻辑称为形式逻辑呢？康德对此解释得并不十分清楚。现代逻辑学家亨利希·肖尔兹（Heinrich Scholz）在《简明逻辑史》一书中对此解释得比较清楚。

"我们先应说明，一般的形式是什么，特殊的完善的形式又是什么。按照亚里士多德的办法，我们可以把任何一个能断定为真或假的命题的成分，分为两类。第一类成分被看作是固定的和不变的；第二类成分被看作是可变的。我们根据亚里士多德的办法，把后一类成分用字母表示，我们把这些字母解释为变项，即作为可以填进一些什么东西的空位的符号来对待的，但暂时不用管填进了什么。一般的形式可看作是至少含有一个变项的表达式，当事实上我们用某种东西代替这个变项时，它就变成或真或假的命题。完善的形式可看作是当我们用一些合适的变项来代替了所有我们看作是可变的成分时，从一个命题得出的表达式。在亚里士多德所用的初等的符号系统的情况下，最简单的例子是：所有S是P。……

"亚里士多德逻辑所研究的就是这样的形式，而且只是这样的形式。但是，我们不要猜想他的逻辑是把所有的这类形式都放在它的研究范围里的。毋宁说，它只是研究那些可以定出一定规则（即所谓推理规则）的那些形式。……

"现在我们可以说：亚里士多德的逻辑，或者更确切地说，由亚里士多德奠定基础的逻辑，就其仅仅涉及形式，或更严格地说，仅仅涉及完善的形式来说，是一种形式逻辑。它所涉及的只是完善的形式中的一部分，即在上

[1] 凯因斯：《形式逻辑》1928年英文版，第2页。
[2] 邱尔奇：《数理逻辑导论》1956年英文版，第1页。
[3]《康德全集》第16卷1924年柏林德文版，片断1627。

述意义上可以定出推理规划的那些形式。”[1]

但是严格地说，现代逻辑不仅是形式逻辑，而且是形式化的逻辑。传统逻辑也可称作形式逻辑，但不能说是形式化的逻辑。卢卡西维茨说：“形式逻辑（formal logic）与形式化的逻辑（formalistic logjc）是不同的两件事。”[2]所谓形式化的逻辑，就是对语言的精确性作出严格的要求。正如前面引述的卢卡西维茨的话所说的那样，“现代形式逻辑对语言的精确性给以最大的注意。所谓形式化就是这个倾向的结果。”[3]

依据这种观点，我们现在高等院校所讲的普通逻辑（主要是演绎逻辑部分）只能称作形式逻辑，还不能称作形式化的逻辑，而数理逻辑（或称符号逻辑）则是形式化的逻辑。形式化的逻辑一定是形式逻辑，反之却不然。

既然提出形式逻辑，是不是还有非形式的逻辑呢？按照一些逻辑学家的意见，逻辑都是形式的，也就是说只有形式逻辑而无非形式的逻辑。但是也有一些逻辑学家认为有非形式的逻辑。肖尔兹在其《简明逻辑史》中提到：a）“我们把‘科学论’的概念作为形式的和非形式的逻辑的上位概念，其定义是：最广义的获得科学认识的工具的理论。b）形式逻辑同科学论的一部分相符合。科学论的这部分是用公式表达推理规则的，而推理规则是为了建立任何一门科学所必需的，这里包括着为了严格表达这些规则所需要的一切。c）最后我们把非形式的逻辑理解为属于科学论的整个余下的部分，这就是说，归属于科学论而又同形式逻辑不同的逻辑。”[4]

这样，弥尔（或译穆勒）的归纳逻辑就是非形式的逻辑，这一支后来就发展成科学方法论。

除此之外，还有人对“逻辑”一词作更为广义的理解。这可以瑞士逻辑学家波亨斯基（J.M. Boche ński）为代表，他提出“一般逻辑”（General logic）的概念。这种“一般逻辑”包括形式逻辑、指号学和方法论三个部分。这里形式逻辑指形式化、公理化的演绎系统，也就是前面所述的形式化的逻

---

[1] 肖尔兹：《简明逻辑史》中文版，商务印书馆 1977 年出版，第 8—9 页。
[2] 卢卡西维茨：《亚里士多德的三段论》中文版，第 25 页。
[3] 卢卡西维茨：《亚里士多德的三段论》中文版，第 25 页。
[4] 肖尔兹：《简明逻辑史》中文版，第 19—20 页。

辑。指号学(Semiotics,亦译符号学)包括语形学(Syntax)、语义学(Semantics)和语用学(Pragmatics)三部分。语形学研究构成表达式的那些符号的种类和次序,提出形式化语言的形成规则和变形规则,而不管各种表达式的意义。语义学研究语词或其他符号与它所指称的对象或概念的关系。语用学研究符号、对象以及使用符号的人之间的关系。也有人将指号学称之为广义的语义学。方法论也称科学哲学,它主要研究科学是怎样工作和应该怎样工作的。演绎法、归纳法都属于方法论。

这样,狭义的“逻辑”是指“形式逻辑”,广义的“逻辑”是指所谓的“一般逻辑”,也包括“非形式的逻辑”,即“指号学”与“方法论”。但是,非形式的逻辑应以形式逻辑为基础。

3. 语言逻辑就是自然语言的指号学

我们所说的“语言逻辑”是“自然语言的逻辑”的简称,国外也有称为“自然逻辑”的。对语言逻辑的探索虽然渊源已久,但是,那只是点滴的、局部的。将语言逻辑作为一门完整的、系统的学科来研究,在我国还是近几年的事,在国外时间也不长。可以说,语言逻辑是现代形式逻辑与现代语言学发展结合的产物。不过,对于这门学科的性质、对象、任务、方法,在逻辑学界现在还有许多不同的理解,也进行了许多不同途径的探索。

我们认为,语言逻辑相当于上述“非形式的逻辑”中的“指号学”部分,或称为“广义的语义学”的部分。不过,它比这种广义的语义学范围要窄一些,因为这种广义的语义学不仅涉及自然语言,而且涉及人工语言。我们所说的语言逻辑则仅仅涉及自然语言中的语形、语义、语用问题。在这里,自然语言的语形学只研究自然语言的语词符号相互之间的关系,而不管人工语言以及一般指号之间的关系。这种关系是一种形式关系,它不涉及语词符号的意义,语法学与逻辑学(包括传统逻辑与现代逻辑)已在这方面作了比较系统与深入的研究。自然语言的语义学相应地主要研究对这些语词符号的语义解释,也就是说,要研究这些语词符号与其所指谓的对象之间的关系。相对来说,语义问题不及语形问题研究得透彻。自然语言的语用学相应地要研究自然语言的语形、语义与语言使用的关系,研究语言使用的语境。根据以上所述,可以看出自然语言的语形学、语义学、语用学分别涉及的是语言的符号性、指谓性与交际性，语言逻辑就是自然语言的语形学、语义学、语用学三者的综合，因此，也就是一般逻辑中所指的指号学。

语言逻辑要具体研究一些什么问题呢？我们认为，语言逻辑要重点研究以下几个问题：

（1）要研究什么是“意义”的意义。对我们来说，特别要研究汉语中“意义”一词究竟有多少含义（国外有人研究出英语中“meaning”一词竟有20多种含义），然后我们需要确定所谓语词意义或语句意义究竟是在哪一种含义上来使用“意义”一词的。不仅如此，我们要建立一种正确的语义理论，这种理论要符合马克思主义认识论的基本原理，要能对各个不同层次的语言现象给予统一的解释，即它不仅能说明语素与词的意义，而且能说明短语、短句、话语的意义。

（2）要对意义给予科学的分类。有的逻辑学家将它分为七类，如概念意义、内涵意义、文体意义、情感意义、关联意义、意向意义与解释意义，不同的语言学家与逻辑学家会有不同的分类方法。要研究各种意义之间的内在联系，以及意义的转移现象。那些有意义的语词怎样可能组成无意义的语句或语符列？判定一个语句有无意义的标准是什么？

（3）什么是语句的歧义性和语词的模糊性？产生歧义的原因是什么？如何消除歧义？如何消除语词的模糊性？能否做到语义的绝对明确？

（4）如何揭示语词的意义，也就是说如何给语词下定义？定义有哪些种类，它们各自运用的范围是什么？定义有哪些规则？在这方面要大大突破传统逻辑的范围，要收集、整理、概括自然语言中丰富的科学定义的实例，以发展新的定义理论。

（5）语境包括哪些范围？它对确定语义有什么影响？什么叫外延语境，什么叫内涵语境？什么是内涵逻辑？内涵逻辑与语言逻辑的关系是怎样的？索引词（像“我”、“你”、“他”这一类代词）在话句中具有什么样的逻辑意义？

（6）什么是专名？什么是摹状词？它们的关系是怎样的？它们各自的含义是什么？如何分析它们的意义？

（7）什么是语句的语义结构？如何分析这种语义结构？语义结构与语

形结构是否具有平行性？分析语义结构不仅涉及陈述句，还涉及疑问句、祈使句、感叹句，以至话语的结构。

（8）要分析各种模态语句的逻辑特征，不仅要分析像“必然”与“可能”这样的模态词，还要分析像“应当”与“允许”这样的道义词，以及像“过去”、“现在”与“将来”这样的时态词。

（9）要对蕴涵给予更切合自然语言的解释。要分析预设与蕴涵的区别，研究预设的种类，以及各种预设在语句中的作用。除对预设作语义的分析外，还要作语用的分析，从而引入语句“恰当性”的概念。

（10）要研究各种推理的语义表现形式和语义推理。语言逻辑具有逻辑学与语言学的边缘学科的性质，然而它终究是一门逻辑学，而逻辑必然要研究推理，即如何确定推理的正确性。语言逻辑要研究形式逻辑已经探索过的各种推理式及其在自然语言中的表现形式。推理的逻辑形式是严格的，而其语言表现形式却具有灵活性。它往往颠倒次序，省略某些成分，或借助于语境，表里不一，意在言外。此外，语言逻辑还要研究各种形式的语义推理，如从“张三是单身汉”这个前提，就能推出“张三尚未结婚”这个结论。这种推理式显然跟形式逻辑中已经研究过的各种形式不同，人们无法单从形式上保证它的正确性。必须揭示出这种推理的理论基础，判定出这种推理的规则，从而大大扩充现有逻辑学的内容。

以上只是语言逻辑所要研究的一部分问题，或者说是主要的问题，此外还有一些别的问题。本书也只探讨了其中的一部分问题，而且只是初步的探讨。从这些问题可以看出，语言逻辑决不是传统逻辑或现代逻辑加几个语言的例子，它要涉及许多语言学与逻辑学未曾探索或深入探索过的问题。那么，对这些新的问题怎样进行研究呢？我们认为，可以从以下几个方面进行：

首先，要广泛地、系统地收集自然语言的材料，对我们汉民族的语言逻辑的研究者来说，主要要收集汉语的材料。要使用一定的逻辑手段对这些语言材料加以分析。

其次，在研究语言逻辑时单纯地研究一种民族语言是不够的，还必须研究多种民族语言，将它们进行分析比较，从而找出现代汉语结构中的某些逻辑特征。

第三，要充分吸收与利用数理逻辑的方法研究语形、语义、语用的结果。语言逻辑是传统逻辑与数理逻辑的进一步发展，正如数理逻辑包含了传统逻辑的一切优秀成果一样，语言逻辑也应该吸收数理逻辑的一切优秀成果。在自然语言的逻辑中同样要使用人工语言的符号。这时，人工语言是元语言，自然语言是对象语言。所谓对象语言（object language）就是用来叙说我们讨论对象的语言，所谓元语言（metalanguage），就是用来研究对象语言的语言。以自然语言本身作为元语言来研究自然语言对象语言的逻辑，这未尝不可，不过，如以人工语言为元语言，则可以更明确、更准确地描述自然语言的逻辑特征。由此可见，研究自然语言的逻辑，丝毫没有排斥数理逻辑与人工语言的意思。

研究自然语言的逻辑，其实际意义就在于针对目前逻辑教学脱离语言实际情况，使逻辑科学能更全面、更深刻、更有效地揭示出隐含在自然语言中的逻辑形式及其规律。语言逻辑应该从实有的自然语言的材料中抽象出来，然后又返回去对自然语言产生规定的和制约的作用。如果说数理逻辑具有规定性（prescriptive）科学的性质，那么，可以说，语言逻辑则具有描述性（descriptive）科学的性质。

研究语言逻辑还有另一方面的意义，这就是由于当前人工智能与机器翻译、人机对话等一些新兴科学技术的蓬勃发展，我们有必要对自然语言中的内在逻辑特征作出更恰当的刻画，让机器能真正听懂人的话语，这是不容易的。所谓“人机对话”，就是研究计算机怎样才能理解人类的自然语言（对我们汉民族来说，就是要理解汉语），因此，它也称为“自然语言理解”。它不仅涉及逻辑问题，而且不能脱离逻辑这一基础。这个逻辑，主要是指自然语言的逻辑。

（原载《哲学研究》1986年第4期）

语言哲学与语言逻辑

一、理想语言与日常语言之争

20世纪西方哲学出现了一个重大的转变，即哲学的“语言学转向”（linguistic turn），这表明哲学对语言有一种特殊的关心。有些哲学家认为，哲学的任务就是对语句作出逻辑的分析。维特根斯坦（早期）认为：“全部哲学就是语言批判。”[1]他的观点对当代哲学家产生了巨大的影响。由于哲学对语言的这种特殊关心，于是就形成了一门新兴的学科——语言哲学。不过，目前还很难给“语言哲学”下一个为人们所普遍接受的精确定义，原因在于“哲学”与“语言”两词本身具有多义性。例如，波兰哲学家、逻辑学家科塔宾斯基（T.Kotarbinski）就曾分析出“哲学”一词的六种含义[2]。“语言”一词也是如此。从“哲学”与“语言”的多义性必然导致“语言哲学”一词的多义性。哲学家们往往从各自的观点对它进行解释，加之，这门学科本身还在不断的发展之中，从而更增加了对“语言哲学”一词作统一理解的困难。

如果对“语言哲学”一时难以给予精确的定义，那么使用列举的方法来大体规划其研究的范围还是可以的。波兰哲学家、符号学家佩尔茨（Jerzy Pelc）曾经做了这方面的工作，他在《语言哲学的地位》[3]中曾列举出一系列公认的语言哲学家与语言哲学所研究的问题：①弗雷格，他区别了含义和指称，区别了一个语句中所表达思想和对这个思想的断定；②胡塞尔，他介绍了意向意义的概念，语形范畴和语义的显透性；③罗素，他发展了摹状词理论和逻辑专名的概念；④维特根斯坦，他在《逻辑哲学论》中宣称一个

［1］维特根斯坦：《逻辑哲学论》，4.0031。
［2］科塔宾斯基：《关于“所指”概念的争论》，第5部分，第6章。
［3］佩尔茨：《语言哲学的地位》，载《现代哲学》英文版第1卷。

名称所命名的对象就是该名称的意义，而在《哲学研究》中宣称一个表达式的意义并不与任何对象产生联系，而是这个表达式的使用；他在《逻辑哲学论》中说，一个语句就是一组名称的安排，这些名称各自代表一个对象，而语言就是语句的总和，他在《哲学研究》中写道，陈述事实仅仅是语言的一种功能；⑤卡尔纳普，他介绍了内涵同构的概念，区别形式的实质的说话方式，他与其他逻辑经验论者一起，发展了这样一种理论，即一个综合语句的意义就是对该语句进行经验验证的一种方法，或者，说得充分一点，就是一个经验综合语句等值于一组原初的观察语句，它们记载着感性材料，这些材料组合起来使这种验证成为可能；⑥列斯涅夫斯基（S.Lesniewski），他发展了一种语义范畴的层次系统；⑦艾裘凯维茨（K.Ajdukiewicz），他提出了直接的意义理论与范畴语法，在这个范围内设计出检验语句的语形联系的概念和方法；⑧刘易斯（C.I.Lewis），他引入了严格蕴涵的概念并提出一套模态语句的理论；⑨奥斯汀（J. L.Austin），他创立言语行为的理论，区别了言语行为中的语谓行为、语旨行为与语效行为，他还提出施行式话语的理论，后来塞尔（J.R.Searle）进一步改进和发展了这个理论；⑩巴尔—希勒尔（Y. Bar- Hillel），他研究了索引表达式并提出著名的语用学概念；⑪蒙塔古（R.Montague），他设计了一种语用学的形式语言。此外还有一些语言哲学问题，如真理的语义概念；对象语言与元语言的区别（塔斯基）；同义性、分析性、真理和存在的概念（蒯因 W.V.O.Quine）象声表达式（科塔宾斯基）；由系统性造成的对表达式的误解（莱尔 G.Ryle）；预设的概念的外延与言语行为的联系（斯特劳森 P.Strawson）；对不同类型的词项的分析，如个体词项与一般词项，主项和谓项，特质词项和非物质词项等，以及由此产生的量化问题；模态表达式特别是认知类型的模态表达式的问题；意义、指称和真理问题；与此相联系的释义、满足、逻辑后承和逻辑重言式的问题；话语的理解问题；语义约定的概念；内涵语境问题；表达式的使用问题；可能世界与参考点的问题；自然语言与人工语言、形式语言与非形式语言问题；语言的模型和语义的共相问题；合式表达式的概念，一般地说，合语法性的概念；区分语形学、语义学、语用学的问题。我们认为佩尔茨所作的列举还是比较全面的，但是，如果作更广泛与深入的研究的话，还可以列举出一些其他方面的问题，例如，语言的含糊性问题，隐喻问题，图像、索引符号的问题，语境与成功的交际问题，这些也都应该属于语言哲学研究的范围。

以上列出的项目说明语言哲学涉及的范围相当广泛，然而我们也可以看到其核心问题应该是一个意义问题，是对话如何表达和如何理解的问题。因为无论是指称、意向、使用，还是经验验证、言语行为、可能世界，无不与语言的意义有关。

英美以及欧洲大陆在20世纪同时出现将语言作为哲学的一个主要研究对象这一倾向，决非偶然。这种现象的出现一方面是由于需要，另一方面是由于有了可能。

从需要方面说，哲学经历了本体论与认识论阶段，产生了一些与人们使用的语言有着密切关系的问题。例如，悖论问题就是其中一个十分重要的问题。由于它的发展，不仅引起了数学的根本性危机，也引起了语言这一符号系统的根本性危机。又如歧义问题，这涉及科学与哲学命题的表述问题，如果一种语言无法避免出现歧义，那么就很难使用这种语言作科学真理的陈述；至于哲学命题同样要求精确而又极难做到精确，不少哲学命题使用隐喻来表述，更增加了理解的灵活性，也造成了理解的困难。这类语言问题都影响到人们去深入地观察世界与准确地表达思想，使得哲学家们不得回头来考察人类须臾不离的语言这一工具，不同流派的哲学家试图从不同的角度、经过不同的途径、使用不同的方法去解决语言的基本功能问题，于是出现语言哲学蓬勃兴起与不断发展的局面。

从可能方面说，就在于从19世纪末到20世纪初数理逻辑的迅速发展，为对语言进行分析提供了一个极其锐利的武器。数理逻辑最初是顺应数学发展的需要而发展起来的，它的特点在于用数学的方法来研究推理的形式，它像数学一样，使用一种特殊的符号语言，遵循符号单义性的原则和约定的语形规则，形成高度形式化的系统。由于有了这些特点，它能够避免传统逻辑中使用自然语言所造成的不精确性。例如，传统表述的“S是P”的命题形式，由于“是”这一词的多义性而造成命题表述的不精确性。数理逻辑中使用三个符号以表示“是”的三种不同含义。如“巴金是作家”用“$a \in A$”的公式表示，“作家是脑力劳动者”用“$A \subset B$”公式表示，“启明星就是长庚星”用“$a=b$”的公式表示，第一个表示元素属于类的关系，第二个表示小类包含于大类的关系，第三个表示两个元素相等的关系。这显然要比传统中所使用的含含糊糊的“是”字要精确得多。又如，传统逻辑将表示个体的专名与摹状词放在一起，不加区别；数理逻辑却强调二者的区别，认为包含摹状词的语句与包含专名的语句逻辑结构上有所不同。像罗素所举的“《威弗利》的作者是苏格兰人”的例子，传统逻辑将它分析成“S 是 P”的形式，罗素用数理逻辑的方法分析出它是三个逻辑公式的合取，即①“x 写了《威弗利》”不恒假；②“如果 x 和 y 写了《威弗利》，那么 x 和 y 等同”恒真；③“如果 x 写了《威弗利》，那么 x 是苏格兰人”恒真。这三者分别表示：至少有一个人写了《威弗利》；至多有一个人写了《威弗利》；谁写了《威弗利》谁就是苏格兰人。这三个命题合在一起就可以看作“《威弗利》的作者是苏格兰人”这一命题的定义。如果使用谓词逻辑的形式来表示，这三个公式可以结合起来表示如下：$\exists x(F(x) \wedge G(x) \wedge y(F(x) \wedge x \neq y))$，它可以解释为“有一个并且只有一个 x，这个 χ 是 F 并且这个 x 也是 G”。如果引入艾欧塔算子 ι 的符号，上述公式可以表述为“$G(\iota xF(x))$”意思是“那个具有属性 F 的 x，具有属性 G”。这一逻辑公式与表示“斯科特是苏格兰人”这样包含专名的逻辑公式“$S(x)$”显然不同，这种深层的逻辑公式只有依靠数理逻辑的公式才能揭示出来。分析哲学家、语言哲学家很多都具有敏锐的逻辑分析能力与熟练的逻辑演算技巧，因此，他们同时也是数理逻辑学家。数理逻辑的发展成为语言哲学得以发展的重要条件。

通过对语言深层的逻辑结构的分析形成了人工语言的精确性与自然语言的不精确性的鲜明对比，于是就产生了人工的理想语言与日常的自然语言之争。

哲学史上早已有人提出过对自然语言的批评。培根在《新工具》中所举的“市场假相”就说过：“语词显然是强制和统治人的理智的，它使一切陷入混乱，并且使人陷于无数空洞的争辩和无聊的幻想。”[1]霍布斯在《利维坦》的“论语言”[2]一章中谈到语言的四种滥用，第一种就是用词意义

[1] 培根：《新工具》第1卷第43节。
[2] 霍布斯：《利维坦》，第4章《论语言》。

不准，表达思想错误，因而欺骗了自已；第二种是在隐喻的意义下运用语词，也就是不按规定的意义运用，因而欺骗了别人；此外还有两种。洛克在《人类理智论》第三卷即“关于语词”的一卷[1]中讲到“语词的缺陷”和“语词的滥用”。他说“语词的缺点，在其意义含混”，“语言中天然有一种缺陷，而且我们在应用语词时，又难免含糊纷乱”。到了20世纪，罗素是第一个尖锐批评自然语言的哲学家。他认为我们不应该满足于普通语言，不应该满足于它的含混不清，不应该满足于它的拙劣句法。他认为，实际的语言都是逻辑上不完善的。而且如果它们要为日常生活服务，便不能成为逻辑上完善的语言。维特根斯坦（早期）也说：“人类不可能直接从日常语言中得知语言的逻辑。语言遮饰思想。”[2]

正如前面所说，自然语言的一个重大缺点就是出现歧义。造成歧义的重要原因之一就是语言中有一词多义和一义多词的现象，而一词多义的现象又极为普遍。翻阅一下任何民族语言的词典就可发现，每个语词符号之下，都可以列出几个义项，多的甚至有几十个义项。维特根斯坦曾说过：“在日常语言中，经常会发生同一个语词具有不同的意谓方式，从而属于不同的记号；或者，两个具有不同意谓方式的语词以表面相同的方式应用于命题中。”[3]

造成语言歧义还有语言结构上的原因，这在不同的民族语言中会有不同的表现，但是不管哪一个民族语言都存在这一现象。这在语言学理论中称为“结构歧义”。乔姆斯基所举的英语例子：“old men and women”，可以解释为“（年老的男人）和女人”，也可解释为“年老的（男人和女人）”。赵元任也举过一个汉语的例子：“鸡不吃”，这句话可以解释为“鸡不吃（那个东西）”，也可以解释为“（某人）不吃鸡”。前者将“鸡”看作施事格，后者将“鸡”看作受事格。

这种“结构歧义”不仅可能表现在语句的表层中。而且可能表现在语句的深层中，例如，《阿丽丝漫游奇境记》中有这么两句对话：“‘我看没人在大路上’（I see nobody on the road）阿丽丝说。国王用一种不满的语调说：

[1] 洛克：《人类理智论》第3卷。
[2] 维特根斯坦：《逻辑哲学论》，4.002。
[3] 维特根斯坦：《逻辑哲学论》，3.323。

'我只希望我有这样一双眼睛能看见没人'（I only wish I had such eyes to be able to see Nobody），而且在那么远也可以看见！……”这里国王显然将 I saw nobody on the road 和 I saw John on the road 看成具有相同的逻辑形式，实际上两者的逻辑形式并不相同，因为从 I saw John on the road 语义蕴涵 I saw somebody on the road，表示“至少存在一个个体 x，我看见了那个个体”。而 I saw nobody on the road 表示不存在那么一个个体，我看见了那个个体”。正是由于这样，国王犯了由表面的语法形式而误解深层逻辑形式的错误。

自然语言还有一个缺点就在于它可能产生无意义的（nonsense）语句，虽然其中作为组成成分的语词都有意义，而且它们的组合完全合乎这种语言的语法规则。最典型的例子要算乔姆斯基所举的语句：The green ideas sleep furiously（绿色的观念狂暴地睡眠着）。

有些语言哲学家认为，自然语言的这些缺陷是无法克服的。惟一出路就是创造一种人工的理想语言。这种观点早在 17 世纪莱布尼茨就已提出。他设想构造一种“普遍语言”，它不仅有助于思想交流，而且有利于思想本身。他的普遍语言实际上是一种普遍文字，利用这种文字，可以将命题中的非形式的概念部分以不同于语词的符号来表示，颇类似代数式的表示方法。可惜的是他这一设想最后仍只是一种设想，而并非真正构造出来。有趣的是，他曾经设想过将中国的表意文字系统来加以改造。不过他确实认为，这种普遍语言要以一种比任何自然语言更简单、更有规则的方式揭示命题的逻辑形式。这种语言是完善的，只要运用它进行逻辑运算，就可以解决任何方面（包括哲学）所产生的争端。

罗素、维特根斯坦、卡尔纳普也都主张建立理想语言，也就是说对自然语言进行根本性的改造。罗素既然将“日常语言”称为“逻辑上不完善的语言”，所以认为“理想语言”应该是一种“逻辑上完善的语言”。他说：“在逻辑上完善的语言中，构成命题的语词除了像‘或者’、‘非’、‘如果’、‘那么’等词以外（它们另有一种功能），都是与相应事实的组成部分一一对应的。在这种语言中，对应于每个简单的对象，只能有一个而不能有更多的词，而一切复合的对象则都可以用组合起来的语词来表达，当然，构成这个组合词的词是表示那些作为这个复合物的一部分的简单事物的，一个词表示一个简单的组成部分。这样一种语言将完全是分析的，而且那个被肯定或否定的事实的逻辑结构可以一目了然地显示出来。我在《数学原理》中想要提出的就是这种语言。《数学原理》中的语言只有语形而没有任何词汇。除省略了词汇外，我认为它是一种很精致的语言。它旨在成为一种一旦加上了词汇便在逻辑上完善的语言。”[1]

维特根斯坦从他的“语言遮饰思想”和“人类不可能直接从日常语言中得知语言的逻辑”的观点出发，认为必须建立一种特殊的“符号语言”。他说：“为了避免这样的错误（指语言混淆的错误——引者），我们必须使用一种符号语言，这种语言之能排除这些错误，在于对不同的记号（symbol）不使用相同的符号（sign），不以表面相同的方式使用具有不同意谓方式的符号，也就是说，要使用一种遵守逻辑语法——逻辑句法的符号语言。”[2]维特根斯坦认为弗雷格和罗素所使用的逻辑符号就是这样的一种语言，不过，维特根斯坦认为这种语言还没有排除掉一切错误。

著名华裔逻辑学家王浩在其《数理逻辑概论》一书也说到“理想语言”的问题。他说：“这样一种语言应该是足够丰富的、明晰的、准确的。它具有不可能导致误解的明确性，既足以用来表达所有的思想和感觉，也足以排除无意义的语句。”[3]

综合起来可以看出，这种理想语言一定不同于任何一种自然语言，因此它一定是人工的符号语言。不少人认为数理逻辑所使用的语言就是这种理想语言的模型。它的词汇必须是单义的，除几个原初词项外，其他词项都是经原初词项定义而来的；它有严格的、简明的形成规则与推理规则，除几个作为公理的命题外，其余定理都是由公理推演出来的。

不过，如果以数理逻辑的语言作为理想语言的模型，其优点是准确、没有歧义、有严格的系统性，但是，它也存在不足之处：一是如果严格贯彻符号的单义性原则，那么语言的词汇量将会大大增加，从而增加人脑的记忆负担。二是数理逻辑采用的真假值语义系统是诸多语义系统中最抽象、最简化，

---

[1] 罗素：《逻辑原子主义》，载《逻辑和知识》，第 188~189 页。
[2] 维特根斯坦：《逻辑哲学论》，3.325。
[3] 王浩：《数理逻辑概论》英文本，第 65 页。

因此也是最有局限性的一种，而人们实际使用的自然语言的语义系统却是多层次的、相互影响的，因而是非常复杂的。想用真假值解释一切语义是有困难的，而且作为真假值语义系统理论基础的语义指称论本身仍有很大的不完善之处，已受到各方的责难，它本身还有待大大改进与丰富。三是数理逻辑的主要成果表现在对陈述句的分析，虽然非经典逻辑涉及一些祈使句、疑问句，但是还很不成熟，而人们在实际的思维与语言交际的过程中，是多种句型综合使用的，迄今为止人们尚未进行这方面的研究。四是人们实际使用的自然语言的交际过程是密切结合语境的，人们的信息传递过程往往受到语境参数的影响。其推理过程往往具有盖然性；数理逻辑的推理是根本不考虑语境因素的，因此，它与人们的实际推理过程仍有相当的距离。五是自然语言除了表达理性思维外，还表达情感因素以及命题态度，人们还会使用隐喻等修辞手法间接表达说话者的意向，它们有时表现出比理性思维更强的说服力，这不仅在诗歌、散文等著作中如此，而且在哲学、科学著作中也如此。六是自然语言是开放的，无时无刻不在生成新的语句、逐渐增加新的词汇或产生新的语法因素，而数理逻辑的语言却是封闭的。从这这方面看，“理想语言”仍有不够理想的地方。

二、日常语言与语言逻辑

有一些语言哲学家又从理想语言返回到日常语言上来。这又以维特根斯坦（后期）为代表。相对于他前期的“语言图像论”来说，维特根斯坦后期的语言理论出现了一个巨大的变化。他后期主张“语言游戏论”。前者属于语义指称论，后者属于语义使用论，即认为“一个词的意义就是它在语言中的使用”[1]。他从早期的主张理想语言转向后期的主张日常语言，他认为语言就是已有的那种语言。我们说及语言的那种语言就是语言自身。“我现在相信我们基本上只有一种语言，而那就是日常语言。”[2]他说：“认为逻辑可以作为语言中的一种规范语言，作为一种理想语言的规范出现在我们

[1] 维特根斯坦：《哲学研究》，商务印书馆 1996 年出版，第 43 节。
[2] F. 魏斯曼：《维特根斯坦与维也纳小组》，第 45 页。

面前，对于这种理想语言，我们的日常语言只能接近它，这是一种误解。因为逻辑并不存在于真空中，它要说明的是日常语言如何发挥其功能。自然，我们可以为某些特定的目的而构造理想语言，但是那时它们就已不是理想的了。相反，它们比日常语言更贫乏和更狭窄，而且需要用日常语言去分析和解释。”“但是如果你说我们的语言仅仅接近于这样的演算，你就已站到了一种误解的边缘。因为那时就好像我们所谈论的是一种理想语言。好像我们的逻辑，打个比方说，成了一种真空中的逻辑。而相反，逻辑并不是在自然科学对待自然现象那种含义上对待语言或思维，最多只能说是我们构造理想语言。但是“理想的”这个词极易造成这样的印象，好像这种语言比我们日常语言更好、更完善；……”[1]

维特根斯坦后期的思想深刻地影响了日常语言哲学学派，其代表人物有莱尔（G.Ryle）、奥斯汀（J.Austin）、斯特劳森（P.F.Strawson）等。日常语言哲学学派跟其他语言哲学家的一个主要不同点就是他们更加强调“日常语言”的重要作用。

日常语言哲学学派中的语言哲学理论上有较大发展的是奥斯汀。他最主要的贡献就是言语行为（speech act）的理论。从索绪尔起，现代语言学就强调了语言（language）和言语（speech）的区别。奥斯汀更强调言语过程是一种行为。言语行为理论的基本点就在于如奥斯汀所说：“说什么可以是做什么，或者在说什么的时候我们在做什么，……”[2]奥斯汀的弟子塞尔（J.R.Searle）继承与发展了言语行为的理论，他说：“说出一种语言就是从事一种（极其复杂的）规则支配下的方式的行为。学习写掌握一种语言、也就是学习与掌握了这些规则。”[3]言语行为理论由于强调语言是一种人类的行为，因此它所依据的语义理论不再是数理逻辑中所采用的真值条件论，它不遵守弗雷格原理，即对简单语句给予任一真值（它是语句的外延）的组合，加上联结词的选择，就完全决定了所组成的复合语句的真值，换句话说，整体的外延是各部分外延的一个函项。言语行为理论认为言语交际的基

[1] 维特根斯坦：《哲学研究》，第 81 节。
[2] 奥斯汀：《论言有所为》英文版，第 91 页。
[3] 赛尔：《言语行为》英文版，第 12 页。

本单位是完成某种言语行为，所以，意义的基本单位也应是完成一个言语行为。奥斯汀对言语行为作了划分，塞尔又对此作了改进，他认为言语行为可以分为话语行为（utterance act）、命题行为（propositional act）、语旨行为（illocutionary act）、语效行为（perlocutionary act）。语旨行为又可分为五类，如断定式、指令式、许诺式、表情式、宣告式。每个话语都具有 F（p）的形式，p 表示命题内容，F 表示语旨用意。例如，话语“我断定地球是椭圆形的”就包含两部分，一部分是“地球是椭圆形时，即这个话语的命题内容，而“我断定”就是其语旨用意（iIlocutionary force）。这句话说出的同时就完成了一个“断定”的语旨行为。这里充分体现了维特根斯坦所创立的语言使用论的观点。言语行为理论的基本语义概念不是真假值（在命题内容部分仍要涉及真假值），而是“恰当性”（felicity）。每一种语旨用意有其各自的恰当性条件（其中包括命题内容条件、预备性条件、真诚性条件和实质性条件）。一句话可能真实而不恰当，例如祝贺婴儿满月说：“这个孩子将来是要死的。”也可能虚假但是恰当，例如去医院探望濒死的病人，仍说：“你好好休养，一定会好起来。”在一般情况下话语既要求真实也要求恰当。言语行为理论还注意区别话语的字面意义与话语意义。隐喻与其他修辞手法的意义总是说话者所要表达的话语意义。更有意思的是塞尔在他的言语行为理论的基础上还建立了一个语旨逻辑的形式化系统。

相比之下，这种言语行为的逻辑系统之经典的数理逻辑系统显然更能刻画人们的语言实际与思维实际，因为人们的言语交际过程（包括科学与哲学中所使用的语言）不仅是使用陈述句，而且也要使用其他句式，不仅是作出断定，而且要完成其他的言语行为。数理逻辑只考虑话语中的命题内容 P 的真假，言语行为理论还要考虑 P 前面所完成的语旨用意 F 的恰当性，话语的意义主要表现在语旨用意上。言语行为理论还引用了格莱斯（P.Grice）的“合作原则（Cooperative Principle），并依据它从话语的字面意义推出它的语旨用意。这种推理方法也适用于理解隐喻等修辞手法所含有的话语意义。

言语行为理论既属于语言哲学，也属于符号学（semiotice）中的语用学（pragmatics）的研究范围。这也说明语言哲学与符号学的密切关系。由于语言就是一种符号（sign），因此有人认为语言哲学是符号学的一个部分。

这里符号学主要指理论符号学，但是语言哲学的研究范围也可能与某些应用符号学的研究范围相重叠。符号学同样是20世纪、特别是最近二三十年蓬勃发展起来的新学科。根据莫里斯（C.Morris）的观点，符号学包含语形学、语义学与语用学三个组成部分。符号学的创始人之一皮尔士（C.S.Peirce）曾说过：“逻辑学，就其一般意义来说，仅仅是符号学的另一个名称。”[1]经典的数理逻辑主要涉及语形学（例如罗素与怀特海的PM系统与希尔伯特的形式主义证明论系统）与语义学（如模型论以及关于真值、指称、意义、命名、同义、可满足性、有效性的研究），但现代非经典逻辑也逐渐深入到语用学。蒙塔古（R.Montague）就曾写过《语用学与内涵逻辑》的论文，他说：“莫里斯所使用的‘语用学’一词是指语言哲学中的这样一个分支，它除了包括语言表达式与它们所指称的对象外，还包括表达式的使用者以及可能的使用语境。”[2]蒙塔古内涵逻辑的一大功绩就在于拆除了人工语言与自然语言的人为障碍。他的一篇论文的标题就叫做《作为一种形式语言的英语》，他还说：“内涵逻辑可以部分地化归为语用学。”[3]另一位用逻辑方法来研究语用学的是波兰的艾裘凯维茨，他在所著的《语用逻辑》一书中说道：“语言逻辑，或称逻辑符号学，分析言语的功能，特别涉及将事实映射入言语之中。”[4]这本书第一部分就讲意义与定义方面的问题，即语词、思想和对象的关系问题；第二部分讲推理，其中讲到主观的不确定的推理；第三部分讲科学方法的类型。从已有的语用逻辑的情况来看，塞尔所建立的语旨逻辑系统就属于上面所说的语用逻辑，也就是语言逻辑。其特点在于使用数理逻辑中的人工的形式语言来分析自然语言中的逻辑问题。

现在，我们开始从语言哲学的讨论转向对其一个分支即语言逻辑问题的讨论。在维特根斯坦早期著作《逻辑哲学论》中已提到“语言逻辑”的概念，但那是指隐藏在语言深处的为语言所“遮饰”的逻辑。1939年麦凯（J.Mackaye）出版过《语言逻辑》一书，书中重点是谈语义问题。1952年斯特劳森在《逻

---

［1］《皮尔士哲学著作选》英文本，第98页。
［2］蒙塔古：《形式哲学》英文本，第119页。
［3］蒙塔古：《形式哲学》英文本，第136页。
［4］艾裘凯维茨：《语用逻辑》，第3页。

辑理论引论》中正式提出了有两类逻辑，一类是形式逻辑，一类是语言逻辑。1972 年莱柯夫（G.Lakoff）发表了长篇论文《语言学与自然逻辑》。1982 年索莫斯（F.Sommers）出版了《自然语言的逻辑》一书。

我们现在所说的语言逻辑，是继承斯特劳森、莱柯夫、索莫斯所研究的这种逻辑，它也可以称为自然语言的逻辑、日常语言的逻辑，或称为自然逻辑。其重点是要研究表现在人们实际的语言交际过程中的推理问题。

根据上面所述的有关语言哲学与语言逻辑的论述，我们认为语言逻辑应该包括下面一些基本内容：

语言逻辑首先应该探索语言的本质；要确定语言的基本功能，语言在人的认识过程中的作用；要揭示语言的符号性、指谓性与交际性；要区分语言和言语、区分对象语言与元语言，掌握语言的层次性。

其次，语言逻辑虽然具有交叉性，边缘性学科的性质，但就其主要方面说，它仍是一门逻辑学，它应吸收经典逻辑的基本内容，其中包括集合论、命题逻辑和谓词逻辑的基本知识，即关于必然性的演绎推理的知识，也就是符号学中的语形学的知识。语言逻辑的研究对象——自然语言，有模糊性、多义性的缺点，但研究它、理解它的元语言不应该再是模糊的、多义的，为此应该掌握使用人工语言分析自然语言的方法，力求使对语言的分析达到精确化。正如波兰逻辑学家卢卡西维茨所说："现代形式逻辑力求达到最大可能的确切性。只有运用由固定的、可以辨识的记号构成的精确语言才能达到这个目的。这样一种语言是任何科学所不可缺少的。"[1]

第三，语言逻辑不仅应研究经典逻辑的基本内容，还应研究一些非经典逻辑的内容，如模态逻辑、多值逻辑、模糊逻辑等，因为这些分支都从某些方面刻画了语言中的逻辑形式。

第四，自然语言的语形与语义是密切结合着的，语言逻辑不能只谈语形，不谈语义，而且应该将语义学的内容放在比较突出的地位，例如要介绍意义的种类，意义的层次，解释意义的各种理论。要重点介绍各种定义的方法，即不仅有"属加种差"的方法，还要介绍各种外延定义以及约定定义、同义

---

[1] 卢卡西维茨：《亚里士多德的三段论》，第 1 章，第 7 节。

语定义、语境定义、操作定义、说服定义等方法。要讨论专名与摹状词的逻辑含义，特别要讨论语义蕴涵问题。

第五，语言逻辑要研究人们在交际过程中的实际推理过程，这就涉及语境问题、索引词问题。语言逻辑要善于吸收言语行为理论中的精华部分，对语旨用意作出恰当的分类，研究其各自的恰当性条件，并力求形式化。要研究隐喻与各种修辞手法的语义解释，和它们所具有的特殊的逻辑功能，这些都属于语用学的内容。

第六，语言逻辑是语言哲学的一部分，只是相对独立的部分，考察起来，两者有很多重合的部分，只是各自的着眼点有些不同。语言哲学着重语言中的哲学问题，而语言逻辑则着重逻辑推理问题。另外，由于语言哲学与符号学关系也极为密切，在内容上也有某些部分的重合，因此，可以说。语言哲学、语言逻辑与符号学，就其核心部分来说，实际上是“三位一体”，人们很难在三者之间作出严格的划分。

语言逻辑还是一门尚未定型的学科，随着语言哲学与符号学的发展，必然会给语言逻辑提出许多新的课题，也将提出新的理论、新的方法以及新的语言材料。我们预料，语言逻辑这门学科在下一世纪将会得到更加迅速的发展，并且逐渐走向成熟。

（原载《湖北大学学报》（哲学社会科学版）1993 年第 1 期，并编入香港中文大学新亚书院 1993 年出版的《分析哲学与语言哲学论文集》（新学术集刊第十期））

论语言学与逻辑学的结合

从20世纪50年代以来，许多学科出现相互影响、密切结合、以致相互融合的现象，语言学与逻辑学也是如此，估计这一趋势到20世纪90年代以至下一世纪会进一步加强。

这种结合应该说有其历史的渊源。在古希腊亚里士多德就是一个典型的例子。一般都承认，亚里士多德是西方逻辑学的始祖，其经典著作是《工具论》，但是，如果翻开《工具论》仔细阅读，就会发现其中大量涉及的是语言问题。如《范畴篇》一开始就讨论“同名异义”、“同名同义”与“引伸词”的问题，以及“简单词”与“复合词”的问题，这些既有其重要的逻辑学意义，也有其语言学意义。在《解释篇》中，则重点讨论了“名词”与“动词”的定义、“句”的定义，以及“简单命题”与“复合命题”的问题。在《诗学》一书中，亚里士多德认为：“言语作为一个整体，包括下列各部分：单音、音缀、连词、冠词、名词、动词、格、语句。”（1456b20~23）即使是亚里士多德在《工具论》中所重点讨论的推理式（当时主要是三段论式），也无一不是自然语言分析概括的结果。

古希腊的斯多亚学派在逻辑发展史上也占有比较突出的地位。他们将逻辑分成两门科学：论辩术与修辞学。在其论辩术中，包含着相当一部分我们称之为语言的东西（包括语法学与语义学）。斯多噶学派特别强调思维与语言的密切联系，强调它们的不可分割性。他们对“逻各斯”（这里有“话语”的意思）进行了分类，认为逻各斯有五种成分：名词、称呼（相当于后来所谓的“专有名词”）、动词、代名词或冠词、连接词。有人认为，斯多噶学派看来是第一次系统地研究了我们现在所说的语法的学派。斯多噶学派还创立了一个专门术语，叫“莱克通”（lekton），这个词在希腊术语中有“意谓”和“说”的意思，也含有“所意谓的东西”的意思。根据古代文献，“他们说‘莱克通’是按照理性的表述而存在的东西，一个理性的表述是这样一种表述，其中所表述的东西在话语中是可以传达的。”[1]按照他们的理论，在话语中被表示物、表示物和对象三者是相互联系的。由此可见，“莱克通”是语义学中的一个重要概念。

古罗马时期许多逻辑学家都是结合语言与修辞来探索逻辑问题的。罗马时期有一个广为流行的观点，即认为只有拉丁语才是“合乎逻辑”的语言，是真正典范的语言，而其余的语言都被看作是不合规范的，相应的拉丁语法也被认为是典范的语法。逻辑学家们就依据拉丁语来制订确切的逻辑术语，许多术语流传至今。罗马时期最后一位著名的哲学家与逻辑学家叫波埃修斯（Boethius）。他在翻译、注释与阐述亚里士多德的逻辑著作方面起了很大的作用。他认为逻辑与语言有关。他写道：“所有的逻辑方法都是关于话语的。”这是因为逻辑研究三段论（即推理），三段论是由命题组成的，命题又是由简单的记号组成的。

波埃修斯的逻辑与语言关系的理论对中世纪逻辑学的发展产生了重大的影响。中世纪初期流行所谓“七艺”（Septem Artes Liberales）教育，它来源于古希腊、罗马，正式定名于波埃修斯时期。如与波埃修斯基本同时的另一位逻辑学家卡西奥多努（Cassiodorus）写过一本《论神圣艺术方法论》，他依据比他较早的卡佩拉（M.Capella）的模式阐述了“七艺”。他将“七艺”分成两部分，前“三艺”(trivium)包括语法、论辩术(dialectics)与修辞学，后“四艺”(quadrivium)包括算术、几何、音乐与天文学。这里“论辩术”也就是“逻辑学”。卡西奥多努将前“三艺”还一起归于“语言艺术”。卡佩拉还将“七艺”一起比喻为墨丘利（Mercury，罗马的信使之神）与语文学（Philologia）结婚的七位“女傧相”。这种重视语言学与逻辑学密切结合的传统为中世纪的经院逻辑所继承。例如，中世纪第一部逻辑著作是由阿尔琴（Alcuin）所著，书名仍叫《论辩术》，里面仍包括语法、论辩术、修辞学三方面的内容。又如，威廉·奥卡姆的《逻辑大全》中的“词项指代”问题，就具有丰富的语义学方面的意义。

文艺复兴以后，17世纪出版了两本很有影响的著作，一本叫《普遍唯理语法》，也叫《波尔·罗瓦雅尔语法》，出版于1660年，由阿尔诺(A.Arnauld)

[1]［英］涅尔（W.Kneale和M.kneale）著：《逻辑学的发展》，英文版第140页，中文版第181页。

与兰斯洛（C.Lancelot）合著；另一本叫《逻辑学或思维术》，也叫《波尔·罗瓦雅尔逻辑》，出版于1662年，由阿尔诺与尼柯（P.Nicole）合著。可以说这两本书是一对孪生兄弟，它们明显地都贯彻笛卡儿理性主义的哲学原则。在《波尔·罗瓦雅尔逻辑》中，虽名曰研究“思维的艺术”，实际上却随时注意结合对自然语言的分析，特别注意对语义的分析。在《波尔·罗瓦雅尔语法》中，则认为语言的结构是理性的产物，语法范畴应该看作逻辑范畴的表现。罗宾斯在其《语言学简史》一书中说：“波尔·罗瓦雅尔将逻辑学的作者们看作它们的伙伴，而在他们的语法中，逻辑对语言学的影响是最强的。”（英文版第123页）这种观点曾受到批评，因为逻辑范畴与语法范畴确有相当大的差别，但从另一个角度看，二者又存在某些相通或者共同之处。例如，“时态”过去被看作语法特有的范畴，现在随着时态逻辑的发展，“时态”同样成为逻辑的重要范畴。特别在乔姆斯基的转换生成语法出现以后，所谓“普遍语法”也并非纯属谬误。

从18世纪特别是19世纪以来，由于社会生产力的迅速发展，实验方法的日益精密化，人们对自然，对人类社会的认识越来越深入，各门学科也就要求越分越细，科学发展具有明显的以分析为主的趋势，各种专业的科学家也强调各自专业与其他专业特别是相邻专业的区别。这样，科学家不仅区分物理学与化学各自所研究的特殊现象及其运动规律，而且区分物理学与化学内部的各门分支科学。如物理学又分为力学、声学、热学、光学、电磁学、分子物理、原子物理、原子核物理等部门。化学又分为无机化学、有机化学、分析化学等部门。但不容忽视的是，自20世纪，特别是20世纪50年代以来，情况又发生变化，科学发展出现了以综合为主的趋势，各种交叉性、边缘性的学科不断创立。例如：有化学物理、生物物理，生物化学、原子化学，以至经济地理、社会心理学等等。语言学与逻辑学，自18世纪以来，逐渐形成两门具有各自特定的研究对象及特殊规律的精密科学，现在又出现相互影响、相互融合的现象，这从两门科学的各自方面都表现出来。

从逻辑学方面看，一方面是由20世纪20年代以来，数理逻辑取代了传统逻辑而得到迅速发展，为分析语言提供了极为有用的工具，而且数理逻辑对人工语言的分析也为对自然语言的分析提供了成功的范例；另一方面，由于哲学出现“语言学转向”，哲学更为注重对自然语言的逻辑分析。这里首先要提的是弗雷格（G.Frege）关于含义（Sinn）与指称（Bedeutung）的区分，和罗素关于摹状词（description）的理论，以及他关于语义悖论的分析，随后维特根斯坦的语义“图像论”与他后期的“语言游戏论”、“意义即使用”的理论，都为逻辑转向研究自然语言起了极大的推动作用。20 世纪 50 年代英国哲学家与逻辑学家斯特劳森（P.F.Strawson）正式提出与研究了“日常语言的逻辑”与“预设”（Presupposition，语言学界有人译为“前提”，但这容易与推理中的“前提”（Premise）相混淆）的概念，而“预设”是自然语言的语义学或语用学问题。数理逻辑是逻辑学发展的一个全新阶段，但是半个多世纪以来，它又在经典逻辑的基础上发展了各种非经典逻辑，例如模态逻辑、时态逻辑、道义逻辑、问句逻辑、祈使句逻辑、模糊逻辑等等，这可以说都是自然语言的某些逻辑性质的抽象。

20 世纪 50 年代和 60 年代，美国逻辑学家蒙塔古（R.Montague）发表了一系列用现代逻辑的方法分析自然语言的语形、语义和语用的论文（后由其弟子编成专集，叫《形式哲学》），其中包括《语用学》、《语用学与内涵逻辑》、《作为一种形式语言的英语》、《普遍语法》等篇。蒙塔古在这些论文中创立了一种特殊的分析语言的逻辑方法，一般称之为“蒙塔古语法”，这种语法既受到逻辑界的重视，也受到语言学界的重视，有部分语言学家与逻辑学家在蒙塔古去世后对其理论还有所发展。

20 世纪 50 年代英国语言哲学家奥斯汀（J.L.Austin）提出了一种“言语行为理论”（the theory of speech act），这种理论不仅区分语言和言语，而且将言语看作人的一种行为。他认为人说出一句话语来，就同时完成了三种行为，即语谓行为（locutionary act）、语旨行为（illocutionary act）与语效行为（perlocutionary）。他的基本观点是“说什么就是做什么”，或者“在说什么的时候，我们在做什么”，甚至可以说“通过说什么，我们在做什么”。他在《论言有所为》（How to do things with words）一书中对“语旨行为”作了细致的分类。他的弟子塞尔（J.R.Searle）继承与发展了他的理论，对语旨行为作了更精确的划分。塞尔对语旨行为给出一个一般形式，即 F（p），F 表示一个语句的语旨用意（如“断定”、“请求”、“许诺”、“警告”、

"询句"等等），P 则是一个命题表达式。塞尔还与另一作者建立了一套"语旨逻辑"（illocutionary logic）系统。这说明言语行为理论在分析一个或一组自然语言时，不仅注意它的语形结构，也注意它的语义结构。

近十余年来，西方还有一些逻辑学家试图在现有数理逻辑的基础上建立"语言逻辑"的系统，如英国逻辑学家索莫斯（F.Sommers）于 1982 年出版一本《自然语言逻辑》，该书的特点在于独创性地构造了一套新的符号以刻画自然语言的逻辑特性，虽然还不够成熟，但其方法仍值得我们借鉴。比利时逻辑学家佩雷尔曼（Ch.Perelman）还试图用现代逻辑的方法重新研究修辞学，曾出版过《新修辞学——关于论辩的论文》和《修辞的王国》等著作，以图恢复亚里士多德的修辞学传统，即认为"修辞学的研究是涉及说服方式的"（1355a △）。

以上是从逻辑学的发展方面说的，下面我们再从语言学方面看。20 世纪 50 年代美国语言学家乔姆斯基（N.Chomsky）提出了"转换生成语法"的概念，所谓"转换"，就是按照一定的规则把一个语句结构变成另一个语句结构，例如主动句换成被动句。所谓"生成"，就是从有限的语法规则和语言要素生成无限的句子。乔姆斯基之所以能建立这样一种语法系统，是跟他对现代逻辑与数学的兴趣分不开的，他的系统就是用类似于数理逻辑的方法即演绎的方法对语句进行语法分析。后来他又提出语句句法的"表层结构"与"深层结构"的概念，这种深层结构是一种抽象的结构，他的弟子们有的将深层结构就解释为逻辑结构。乔姆斯基的理论有几个发展阶段，我们现在不予详细考察，但不管在哪一个阶段，都明显体现出现代逻辑即数理逻辑对语法分析的作用。

由于乔姆斯基理论在语言学界的影响不断扩大，运用现代逻辑的方法来分析语言已成为西方语言学家必须具备的一个条件。而且随着语言学从语形（syntactics，或译句法）的分析，逐渐深入到语义的（semantic）和语用的（pragmatic）的分析，逻辑更是成为一种不可或缺的工具。有两本逻辑教材值得介绍：一本是由瑞典著名语言学家詹斯·奥尔伍德（J.Allwood）等所著，于 20 世纪 70 年代出版的《语言学中的逻辑》[1]，一本是由美国生成语义学的代表人物之一麦考莱（Mc Cawley，J.）所著的《语言学家总想知道但又

[1] 李先焜等译，河北人民出版社 1984 年出版。

羞于去问的逻辑》（王维贤等译）。这两本著作都是专为语言学家所写的，前一本较简炼，后一本内容较丰富，两者都不仅介绍了象集合论、命题演算、谓词演算等数理逻辑的基本知识，而且介绍了各种非经典的逻辑知识。除上述者外，还有不少语言学著作，如狄克森（R.Dixon）的《语言科学和逻辑》、库坡尔（W.S.Cooper 的《逻辑语言学基础》（副题为《信息、语言和逻辑的统一理论》），涉及语言学与逻辑学的关系问题。

语言学与逻辑学的这种密切结合的关系究竟表现在什么地方呢？我认为，这主要表现在语言学为逻辑学提供语言素材，逻辑学为语言学提供分析方法。例如，语词的模糊性就促使了模糊集合论、模糊逻辑的建立与发展；语句中时态性就促使了时态逻辑的建立与发展；此外，语句不仅有陈述句，还有祈使句、疑问句等等，传统逻辑对此是完全忽略了的，而现代逻辑则专门建立了祈使句逻辑与疑问句逻辑，言语中经常出现修辞的手法，现在有的逻辑学家就在探索修辞的逻辑。总之，有一种语言现象，就迟早会建立一种相应的逻辑系统，没有语言现象作基础，逻辑学就会成为无本之木、无源之水。而相应逻辑学的建立与发展，又为相应的语言学的建立与发展提供一定的方法。例如，模糊逻辑就为模糊语言学提供一定的方法。传统逻辑与经典现代逻辑只是一种二值（真或假）逻辑，而模糊逻辑则是连续无穷值的逻辑，只有运用这种多值逻辑才能比较准确地刻画语词的模糊隶属度。又如，预设逻辑的建立与发展对语言学中的语义与语用分析就提供了一个很有用的武器。

语言学与逻辑学不仅是一种素材与方法的关系，它们之间逐渐形成不同的交叉性学科，一种是逻辑语言学，一种是语言逻辑学。前者不仅使用现代逻辑的方法去分析语句的表层结构，而且去分析语句的深层结构，有的语言学家（如生成语义学派）就认为这种深层结构也就是逻辑结构，这样就将语言学与逻辑学直接挂起钩来，这种交叉学科可以叫逻辑语言学，其主体部分仍是语言学；后者则主要研究自然语言中的推理关系，不仅有蕴涵推理，而且有预设推理，隐涵（implicature）推理，以及模糊推理等等，这种学科可以叫语言逻辑学，其主体仍是逻辑。依据我国著名逻辑学家，也是语言逻辑的首创者周礼全先生的预测："若干年后，大学中作为普遍的必修课的形式逻辑，就不再是现在的这种逻辑，而是自然语言的逻辑。”[1]

在我国已经有一支相当大的逻辑力量在从事语言逻辑的研究，其主体就是中国逻辑学会下属的语言逻辑专业委员会，它的前身就是中国逻辑与语言研究会（该会成立于 1979 年），已出版了一些专著与译著，具有代表性的专著有马佩主编的《语言逻辑基础》与王维贤、李先焜、陈宗明三人合著的《语言逻辑引论》，译著除前述的《语言学中的逻辑》两本外，还有一本叫《语用学与自然逻辑》（论文集）。

我国语言学界从传统上也十分重视语言学与逻辑学结合的问题。王力、吕叔湘、叶圣陶、郭绍虞、张志公、朱德熙等老一辈语言学家都曾强调过语言研究中运用逻辑方法的重要性。现在中年一辈与青年一辈比过去更为强调学习与运用现代逻辑的方法。

这里我特别推崇邢福义同志的语言研究工作。在吕叔湘先生为其《语法问题探讨集》所写的“序”中有这么一句话：“福义同志的长处就在于能在一般人认为没有什么可注意的地方发掘出规律性的东西，并且巧作安排，写成文章，令人信服。”我认为吕先生这句话真是“一语中的”。邢福义同志之所以能做到这一点，跟他善于运用逻辑方法去分析语言现象分不开（当然，并不局限于这一点）。邢福义同志是专门研究过逻辑学并写过逻辑学著作的，因此在他对语言现象的分析过程有意或无形中就使用了逻辑方法。如在《语法问题探讨集》中的《试论“A，否则 B”句式》、《“但”类词对几种复句的转化作用》、《“但”类词和“无论 p，都 q”句式》、《“越 X，越 Y”句式》、《“如果……就……”和“只要……就……”》、《“要不是 p 就 q”句式及其修辞作用》，以及《语法问题发掘集》中的《汉语复句格式对复句语义关系的反制约》、《反递句式》、《前加特定形式词的“–X，就 Y”句式》、《转折词和“如果说 p，那么 q”句式》、《现代汉语的“要么 p，要么 q”句式》、《“与其 p，不如 q”择优推断句式》、《现代汉语的“即使”实言句》、《让步句的考察》等等，都体现出作者对复合命题逻辑分析方法的运用。而且，他并未受逻辑联结词单纯从“真、假”二值来分析其语

[1] 1978 年在全国逻辑讨论会上的报告，题目是《形式逻辑与自然语言》。

义特征的局限，而是找出自然语言中各种联结词之间的细微的语义差别，这又反过来丰富了逻辑学，这也正是语言逻辑所需要研究的问题。在《现代汉语语法研究的两个“三角”》一文中，作者还提出了“表、里、值”与“普、方、古”两个三角的分析方法，后一个三角纯属语言学的，前一个三角就涉及逻辑学。这种逻辑学是广义的逻辑学，因为它不仅包含对语形的分析，也包含对语义和语用的分析，根据现代符号学创始人之一皮尔士（Peirce，C.S.）与其弟子莫里士（Morris，C.W.）的理论，语形学、语义学、语用学综合起来就是符号学（semiotics），而逻辑学只是符号学的一个别名。当然，我们要适当区分语言学的语形学、语义学、语用学与逻辑学的语形学、语义学与语用学，但其中确有不少相通之处，而其理论核心部分，可以说是基本相同的。所以，邢福义同志的《表、里、值》三角的分析，一方面是其长期对语言分析的经验的积累，另一方面也包含他对广义逻辑学即现代符号学的掌握。由此可见，邢福义同志在语言学方面的成就，跟他掌握逻辑科学方面的知识有一定联系，而且可以说，他在一定程度上也在进行逻辑语言学的探索。

在我国当代语言学家中，另外还有一位值得推崇的是伍铁平同志，他对一些语言理论问题进行了深入的钻研，并在某些方面取得突破性进展，其中一个是语言与思维孰先孰后的问题，一个是关于模糊语言学的问题。可以说这两个问题都涉及到语言与逻辑的关系问题。前一个问题不用说，谁都知道它与逻辑有关。后一个问题，正如我们在前面已经叙述过的那样，模糊语言学必须以模糊逻辑为其理论基础，如果没有模糊集合的概念（集合论也是数理逻辑的一部分）、没有二值、多值以及连续值的概念，就很难清晰地刻画出一个元素对于一个模糊集合的隶属度，也就很难描述出语言的模糊性。显然，伍铁平同志在模糊语言学方面的成就是与他对模糊逻辑的掌握分不开的。

我们还推崇一位语言学家王维贤同志，他对于现代语言学、现代逻辑与现代汉语都有很深的造诣，他能从比较新的角度来分析汉语中的语法与语义现象。例如，他在《论“转折”》一文[1]中除了概括了各家语法教材对转折复句的分析外，还专门从形式逻辑的角度分析了“虽然……但是”所反映

---

[1] 见《逻辑与语言研究》（2），中国社会科学出版社 1982 年出版。

的逻辑关系，而这种细致的分析不掌握逻辑的工具是不可能做到的。他在《语言逻辑引论》的最后一章中对自然语言推理和形式语言推理进行了比较，全面探索了现代逻辑和现代语言学关于自然语言逻辑形式的研究，提出当代语言学以及当代逻辑学的一个共同的课题是对自然语句进行逻辑语义分析，并进行形式化处理。他还认为不仅可以建立逻辑语言学与语言逻辑学，还可以把语言和逻辑作为一个统一的整体进行研究，以建立逻辑语言学。语言学界还有不少人在运用逻辑的方法分析语言现象取得成就的（可以说，所有语言学家在分析语言现象时都运用了一定的逻辑方法，这里只是强调有些语言学家更自觉地运用现代逻辑的先进方法去分析语言现象），这里就不再一一列举了。

在讨论语言学与逻辑学的关系时还有几个观点需要加以澄清：

一是我们这里所说的逻辑学主要是指现代逻辑，即数理逻辑，它是高度形式化的、异常精密的一种逻辑工具，是传统逻辑发展到20世纪产生质的飞跃的一个结果，而且，正如前面所说，现代逻辑已经由经典逻辑部分发展出许多非经典逻辑的分支，其内容已比过去丰富得多。由此可见，现代逻辑是一种既精确又丰富的逻辑工具，决非过去传统逻辑那一点三段论的知识所能比拟。有些人以对传统逻辑那种鄙夷的态度来对待现代逻辑，是没有根据的。瑞典语言学家奥尔伍德等在《语言学中的逻辑》一书的第一章“供语言学家用的逻辑学”中说：“现在语言学家和逻辑学家已开始认真地把逻辑方法应用于自然语言的研究，而且已出现了对语义结构的某些非常有趣的分析。”“在形式逻辑（指现代逻辑——引者）中发展起来的研究人工语言的语义学的方法，已经有效地运用于自然语言的语义学中；并且在一般语言理论中，采用逻辑和数学的方法已经变得日益普遍。”最后作者们说：“我们还是试图以提供逻辑分析如何能用于自然语言的例证，以探讨逻辑分析和语言分析、逻辑和自然语言之间的关系的方法来证实我们的观点：逻辑对那些主要兴趣在于自然语言的人们是一个值得研究的领域。”这几位西方语言学家的话对我们是很有启发意义的。

二是前面充分肯定了现代逻辑对分析自然语言的作用，但同时必须看到现代逻辑虽然较之传统逻辑已经有很大的发展，内容空前丰富，但在不断发展、无限丰富的自然语言面前，仍然显现出其贫乏性。例如，蒙塔古语法目前并不能用来分析一切英语的语法结构，更难以分析英语以外的语言。因此以为现代逻辑是一种极其完善的万能工具，可以用来分析一切语言现象，这种要求是不切实际的、过高的，也是极容易使人失望的。同时还要看到，人工语言与自然语言虽然都属于语言现象，但两者终究是有区别的，因此，将分析人工语言的方法用来分析自然语言时，必须考虑自然语言的特点，必须对这种逻辑方法自身有所改进。事实上，最近几十年逻辑科学自身的发展，都与要求它更好地适应分析自然语言的逻辑特性有关。世界上并不存在一成不变的逻辑工具、逻辑方法，正如机器工业迅猛发展，也要求检验、修理机器的工具迅速发展一样。

三是对语言的分析，逻辑是一种重要的方法，但并非唯一的方法，语言学家可以根据自己的需要采用不同的方法，即使采用逻辑的方法，也可以根据某种语言的特点采用不同的逻辑方法。例如，汉语就不像英语或俄语那样，具有那么明显的丰富多变的语形特征，如果要求分析汉语采用与分析英语或俄语相同的逻辑方法，就必然会遇到不少困难。例如，一个最简单的英语语句 John runs fast，依据蒙塔古语法对它作语形与语义的分析（因篇幅关系，分析从略），一定不同于对相应的汉语语句“约翰跑得快”的分析，因为英语中缺少汉语“得”这样的结构助词。另外，还应看到，语言学家使用逻辑的工具分析语言，与某些语言学家试图通过分析建立逻辑语言学，或某些逻辑学家试图建立语言逻辑学，各自的任务不同，在方法的使用上自然也有一定的差别。而且，由于对一些交叉学科理解上不尽相同（例如，对“语言逻辑”在我国逻辑学界就有十余种不同的理解），方法的使用上也会不尽相同。

总之，语言学与逻辑学在古代是密切结合的，后来分化成两门不同的学科，现在又越来越紧密地结合起来，甚至出现交叉性的学科，这一否定之否定过程，是历史发展的必然结果。但是这一否定之否定，并非简单的重复，而是向更高阶段发展的一个飞跃。跟古代相比，它们的内容与形式都产生了质的变化。面对这一新的形式、新的任务，语言学家与逻辑学家应该有一个紧密的联盟，以促使这两门学科的迅速发展。而且，用现代语言学与现代逻辑学相结合的方法来研究我们的汉语，也必然会使汉语科学出现一个新的局面。

（原载《湖北大学学报》（哲学社会科学版）1994 年第 5 期）

逻辑科学必须密切联系思维实际

普通形式逻辑是一门实践性很强的科学。普通形式逻辑中所包括的一切思维形式、思维方法和思维规律都是从思维实践中概括出来的，而所有这些思维形式、方法和规律在既经概括之后，又反过来对人的正确思维起着不可或缺的指导作用。逻辑学的产生、存在并不断发展的历史也就是不断联系实际、不断概括实践的历史；没有这一点，就很难设想这门科学的存在和发展。但是，我们也不能忽视，在目前阶段，形式逻辑科学还确实存在着一定程度的脱离实际的倾向，这种倾向有碍于这门学科学的健康发展，有碍于人们掌握正确思维的规律知识，以便进一步认识客观现实。因此，现在必须强调提出逻辑科学的理论密切联系实际的问题。

逻辑科学由于它所研究的对象的不同，它所联系的实际，较之其他科学来说，在含义上更为复杂。逻辑学所研究的是人的思维，是人的正确思维的形式、方法及其规律，这些思维形式、方法及规律对于逻辑科学来说是客观存在着的，是第一性的。但是，另一方面，这些思维形式、方法及规律本身又是客观物质世界的一定方面在人类头脑中的反映，这些思维形式、方法、规律须经过人的实践的不断检验而逐渐形成、丰富和发展，它在形成、丰富和发展之后又不断重现于人的思维实践之中，并指导人的社会实践。由此可见，逻辑科学联系实际，这“实际”的概念具有两重含义：一方面，它是指人的思维实践,另一方面,它又指人的社会实践。这两种实践是密切联系着的，而从根本上说，逻辑学产生、存在与发展的基础仍然是人的社会实践，因为正是在人的社会实践的基础上才能产生人的思维实践，没有前者也就没有后者。但是，后者既经产生之后，又具有一定的相对独立的形态，它并不完全等同于前者。而对逻辑学来说，人的思维实践具有更为直接的意义，但是从探讨这门科学的客观基础来说，又必须归根到人的社会实践。了解逻辑学所指实际的不同含义以及它们的相互关系，对我们理解逻辑科学应该如何联系实际的问题是有好处的。形式逻辑科学存在一定程度的脱离实际的倾向，直接地是指脱离人们的思维实践，因而，也在一定意义上脱离人的社会实践。

这种脱离实际的倾向主要表现在哪些方面呢？我认为，主要表现在以下两个方面：

（一）这门科学所研究的现有的基本规律、思维形式与方法不足以概括现代一切思维材料。这里还不是指一切辩证的思维材料，这些材料就其本性上说是形式逻辑概括不了的，它应该由辩证逻辑来概括（由此联系到形式逻辑的局限性和必须创立辩证逻辑的问题），这里指的是在形式逻辑原则所允许的范围之内的思维材料。例如，我们经常会在一些科学著作中（如物理学、数学、生物学，以及一些社会科学的著作中）发现一些基本的科学概念的定义，它们是精确的、符合于客观实际的、表示人的一定认识水平的，但是，这种定义的方法往往超出了普通形式逻辑所叙述的方法的范围，它们不能用种加属差以及其他类似定义的方法加以描述。我们也会经常发现一些实际的判断形式；它们是普通形式逻辑未曾研究或者研究不够的。另外，我们还发现有些思维形式在思维实践中经常出现，使用非常普遍，但逻辑学却没有给予应有的重视。最明显的例子就是关于“问题”的思维形式。在语法书籍中谈到疑问句的句子形式，但在逻辑著作中却没有“问题”这种思维形式的章节（只有很少数著作谈到或者研究了这种形式）。有些逻辑工作者过去往往以“问题”这种形式在思维中无所断定为借口，否认它在逻辑体系中的合法地位。他们只将概念、判断、推理看作思维形式，而将“问题”这种形式置于视野之外。但是，如果我们认真考察一下，就可发现思维的实际过程总是经过观察问题、提出问题、分析问题和解决问题几个阶段，“问题”不仅有其主观形式，也有其客观基础。它跟其他思维形式一样，有着明确的并且比较固定的语法表现形式。它的存在、解决和发展在一定意义上标志着人类认识水平的提高，因此，将它排斥于思维形式的领域是毫无理由的，如果坚持这种观点，在对具体思维实践的分析研究过程中必然会遇到不少困难。

通过上面所叙可以看到，我们逻辑科学的既有成果，相对于今天丰富的、复杂的思维实际来说，是极不够的。这种既有成果与思维实际的差距就是逻辑科学脱离实际的一个重要表现。这种差距有待于我们积极努力，加以弥补。

或许有人会说，我们这种说法是不是对形式逻辑这门科学提出了过高的要求？上述这些东西是不是超出了形式逻辑的职能范围？因为形式逻辑本来就是关于正确思维的初级形式及其规律的科学。我认为，不是这样。上述一些要求并没有超出形式逻辑的职能范围。例如“问题”这种思维形式并不是一种什么特别高级、特别复杂的形式，根据形式逻辑的原则与要求，完全有可能也有必要去研究它。问题在于过去有意无意地忽视了它和排斥了它。

（二）在逻辑教学工作与研究工作中存在着理论脱离实际的现象。逻辑科学所概括的现有的思维形式、方法和规律虽然是不够的，但它们终究是从思维实践中得来的，而在目前的教学中，却往往没有充分地注意到使这种来源于实践的东西回到实践中去，即没有充分地注意到使这些东西密切地联系于具体生动的思维实际。教学工作者往往只将一些完整的思维过程割裂分碎，选取其中一些最典型的片断作为数学的例证，甚至在选取不着的时候就生硬地编造一些例征。这样的例证由于它脱离了完整的思维过程以及它的“人为性”，多半是不够生动、不能使人信服的。通过这样的教学，学习者往往不易掌握和运用所学的知识技能。他们甚至会认为逻辑学是一门有趣但是无用的科学。现在虽有少数逻辑教学工作者开始注意对一些文章作出整篇的逻辑分析，在课堂正文教学之后，补上逻辑分析实习一课。但是，这种方法还没有为所有教学工作者所注意。在这种逻辑分析的尝试过程中，也往往感到难以下手。说来这也是正常的和必然的现象。因为我们所掌握的逻辑知识相对于一个完整的复杂的逻辑思维过程来讲，确实太不够了。但这种尝试就其方向来说显然是正确的，如果畏难而退或者不屑为之，总是不好的。此外，在逻辑理论研究方法上不能不说还多少有些经院烦琐哲学的残余影响，同样忽视“从实践中来、到实践中去”的原则，忽视现实的政治斗争的任务，而只对一些已有的思维形式作空洞的理论阐述，从一般到一般，从原理到原理，从而失去了逻辑科学本来具有的实践性和战斗性。

上面只是就逻辑学中理论脱离实际的主要表现方面来说，当然它还会有其他的表现方面，这里就不再一一赘述。要解决上面所说的一些问题，我认为，采用下述一些方法和具体途径可能是恰当的：

（一）认真地研究各门具体科学中所运用的一些思维方法、思维形式，从这些特殊的方法、形式中去概括出一般的逻辑方法、逻辑形式，同时，也要了解逻辑科学已有成果在这些科学的思维实践中是怎样具体实现的。一种一般性的东西，必然有它不同的特殊表现形态，逻辑科学中所叙述的一般形式、一般方法也是这样；这些一般的形式、方法在各门具体科学中的适用程度、表现形态是有差别的，在各门具体科学的各个不同的发展阶段的适用程度、表现形态也是有差别的，要求在这些具体科学中逻辑形式、方法表现得像逻辑教科书中所叙述的那样纯粹、完整，是不可能的。逻辑教学与研究工作者对这一方面应该有所了解，这样才能既从各门具体科学中吸取到新颖的、富于营养的东西，又能给各门具体科学的研究、探讨以具体帮助，这正如蜜蜂既从花蕊中吸取了花蜜，又给植物的成长以具体帮助一样。这也是唯物辩证法的"从特殊到一般、从一般到特殊"的方法在逻辑科学上的具体运用。这样，逻辑理论脱离实际的倾向就可以得到一定程度的纠正，并且，逻辑科学的内容也可以由此得到不断地丰富和发展。从逻辑史看来，这也是逻辑科学发展的一个正常途径。

不过，这里将会遇到一个具体困难，因为要真正做到达一点，逻辑科学工作者必须熟悉甚至精通一门或者几门具体科学，而做到这一点是不容易的。解决这个困难的办法，除了要求逻辑科学工作者积极进行钻研外，还可以采取逻辑科学工作者与其他科学工作者合作的方法，这样做，也是其他科学工作者所欢迎的。

（二）认真研究现有思维形式所表现的范畴结构及其所反映的客观基础，从而了解各种思维形式的逻辑特性及适用范围。一种思维形式的普遍适用性是相对的，世界上没有一种对任何客观模型都能生硬套用的思维形式，也就是说没有一种适用于任何客观模型的范畴结构。随着人类对客观世界认识的逐渐深化和日益扩大，思维形式也是不断发展、不断变化、不断丰富的。目前，在逻辑界有这么一种简单化的作风，即不考察思维形式所表现的范畴结构及其所反映的客观模型的差别，而只注意思维形式在语法表现形式上的类似。因此，将一些实际上有逻辑特征上的差别的思维形式当作同一种思维形式看待。例如，有的同志将主谓结构的判断形式的适用范围加以扩大化，将很多有逻辑特征上的差别的判断都归之为一种主谓判断，并且认为一切判断形式都可以还原为这种简单判断的形式；所谓复杂判断也只是这种简单判断的不同结合。如有人将“张三是人”、“帝国主义是纸老虎”、“运动的物体在一个地方同时又不在一个地方”这些判断都看作是一种“SaP”形式的判断，而看不到它们的逻辑形式、范畴结构上的不同，看不到它们所反映的客观模型上的不同。这种简单化的做法是有碍于逻辑科学联系实际、有碍于逻辑科学服务于实践并指导实践的，也是违背唯物辩证法观点的。因为一个具有唯物辩证法观点的逻辑学家应该从物质第一性、意识第二性，从一般与特殊的辩证关系这样的观点来考察思维形式，也就是说应该考察各种思维形式的客观基础、客观模型，看到各种模型的复杂性、多样性，从而也看到思维形式的复杂性、多样性。因此，认真研究各种思维形式的客观模型，认真研究各种范畴结构上的差别，这也就是在逻辑科学中贯彻辩证唯物主义的观点。

（三）在教学过程中要注意培养学生综合运用所学知识的能力，要使他们善于在具体思维过程中分析出所包含的思维形式，分辨出所运用的思维方法，找出正确思维的逻辑结构，发现错误思维的原因，从而发挥逻辑科学指导实践的积极作用。要做到达一点，必须要求教师自己有善于分辨和发现这些方面的能力；要锻炼这种能力最好的办法莫过于亲自动手分析一些著作中的逻辑结构，不是片断地、零散地，而是整篇整本地、系统地进行。例如分析一些物理学方面的经典著作，或者政治经济学方面的权威著作。这并不是一种烦琐的研究方法，而是逻辑科学正确的研究途径。这样做不仅能促使形式逻辑科学密切联系实际并得到发展，而且，对创立辩证逻辑也非常有利。马克思列宁主义经典作家关于辩证逻辑作了很多原则性的指示，为我们研究辩证逻辑指出了正确的方向，但是原则指示并不就能代替辩证逻辑的具体内容，这还有待于我们根据这些原则作艰巨的探索工作，其中有一项就是要对现代自然科学、社会科学的一些经典性的著作，特别是马克思列宁主义的经典著作，进行一些思维材料的分析、概括。列宁说过：“虽说马克思没有遗留下‘逻辑’（大写字母的），但他遗留下‘资本论’的逻辑，应当充分地利用这种逻辑来解决当前的问题。”[1]研究《资本论》的逻辑，也就是研究辩证逻辑。按照这个精神，我们同样有必要积极组织力量研究毛泽东同志著作中的逻辑，例如，研究《矛盾论》、《论持久战》、《关于正确处理人民内部矛盾的问题》等著作中的逻辑结构、逻辑方法。如果能够充分地做到这一点，我们的逻辑科学，特别是在辩证逻辑的创立方面，一定会取得重大成果。

（四）逻辑学是一门探求真理的工具，它是在同谬误、诡辩的不断斗争中发展起来的。在今天，我们更应该保持逻辑科学的这种战斗的传统。现在，帝国主义及其帮凶正在使用各种诡辩手法以实现他们的反革命阴谋。因此，革命的逻辑工作者必须投身入现实的斗争，研究帝国主义的御用学者及其仆从们的诡辩手法，它们的渊源及其阶级根源，划清作为探求其真理工具的逻辑与追求谬误的诡辩之间的界限。这是逻辑科学工作者所面临的一项具有重大现实意义的政治任务，是逻辑科学的当务之急。

通过上述的途径，使逻辑科学密切联系实际，使普通形式逻辑走出课堂，成为广大群众手中的战斗武器，这是一件大事，它是关系到逻辑学能不能普及、提高、发展的根本问题。一门科学脱离实际，就必然会产生退化现象。毛主席在《改造我们的学习》一文中严厉地批评了理论和实际分离的倾向，这对我们逻辑教学研究工作来说，同样是敲了警钟。

以上只是我对形式逻辑这门科学如何联系实际的问题的几点粗浅看法，如何具体进行，还有待于今后逐渐摸索。

（原载《江汉学报》1964 年第 3 期）

---

[1] 列宁：《哲学笔记》，1956 年中文版第 233 页。

论思维的严密性和自然语言表述的灵活性

一、任何思维过程都要求具有严密的逻辑性

人是有理性的动物,这种理性的特征就体现在人能够而且必须进行思维。人们的思维过程也就是对客观事物深入认识的过程。思维有内容和形式两个方面。思维的具体内容随着认识对象的不同而千差万别，而思维的形式却具有一般性和相对稳定性。人们在长期的社会实践的基础上和认识的过程中，区别出哪些是正确的，即能保证人们真实地反映客观事物的思维形式，哪些是不正确的,即不能保证真实地反映客观事物的思维形式。正确的思维形式、思维方法及其所遵循的规律，人们称之为逻辑形式、逻辑方法和逻辑规律，这些也就是逻辑这门科学所研究的对象。

并非任何人的思维都是遵循逻辑形式和逻辑规律的，而保证严格地遵循逻辑形式和逻辑规律的思维才是严密的思维。有些人的思维往往会不自觉地出现不遵循逻辑形式和逻辑规律的现象。例如讨论问题时不遵守同一律而出现偷换概念或偷换论题的现象，不遵守矛盾律而出现自相矛盾的情况，以及思想前后不连贯，缺乏论证性的情况。这样的思维必然是混乱的，使人无法理解的，达不到正确地、深入地反映客观现实的目的的。至于某些人的有意诡辩，和某些精神病患者的丧失理智而产生思维混乱，那更是自不待言的。

为了达到正确地、深入地反映客观现实的目的，任何思维过程都要求具有严密的逻辑性。这首先表现在科学思维上。例如数学，它要求对每一个定理的论证都必须严格地按照逻辑的规律和规则进行，稍有疏忽，就有使整个已构系统崩溃的危险。20 世纪初，发现了集合论上的悖论，使当时的数学家大吃一惊，使数学产生一次深刻的危机。后来只有建立在更为严密的逻辑论证的基础上，数学才得到新的发展。物理学、化学、生物学等这些实验性

较强的科学，过去多使用归纳推理的方法（主要是统计归纳推理和探求因果联系的归纳推理）从一些经验材料中概括出关于某门科学的一般性定律或规律。但是归纳出的结论总带有一定的或然性，为了提高其精确度与可靠性，这些科学出现了日益“数学化”的趋势，也就是说更多地使用了演绎推理的方法，使这些科学从以描述为主的经验科学变成具有严密论证的理论科学。一些人文科学如经济学和语言学等也是如此。

不仅在科学的研究过程要强调思维的严密性，而且在文艺创作过程和日常生活中同样不能忽视思维的严密性。文艺创作有些不同于科学思维的特点，一般用“形象思维”来加以概括，但是它仍需要以逻辑思维作为基础。所谓以逻辑思维为基础，并不是要求用三段论来创作诗歌、小说（实际上三段论也只是逻辑学中的一种思维形式，而不是惟一的形式）。但是在文艺创作过程中肯定不能违反同一律、矛盾律等基本的逻辑规律。例如，一篇文艺作品，总不会允许主题不明确、不集中，结构松散，杂乱无章，更不允许出现自相矛盾。有一位名作家曾批评过这样的诗句：“繁星闪烁，明月高悬”，“红霞满天，碧空万里”。这位作家指出：“既然是‘明月高悬’，哪里会有‘繁星闪烁’呢？又是‘红霞满天’，又是‘碧空万里’，叫人信哪一个呢？”这就说明，文艺创作中同样不允许出现自相矛盾。如果文艺作品中出现前后不连贯、自相矛盾、结构混乱，就不仅会使作品失去应有的艺术的魅力，甚至会使读者无法理解。在生活的领域中，同样需要遵循最基本的逻辑形式、逻辑规律，即保持思维的严密性。即使是进行一些事务性的工作，以及日常生活的交谈，缺少了思维的严密性，同样是不行的。假如我们去访问一位好友，走到他家门口，发现他家的门锁了，于是我们说：“他不在家，我们回去吧！”这里就包含了一个简单的推理：

如果他在家，那么他就不会锁门，

现在他锁了门，

可见，他不在家。

这样的推理是合乎逻辑的，结论也是合乎实际的。谁能说，在这种场合，就不需要思维的严密性？

任何思维过程都要求具有严密的逻辑性，但是思维的严密性并不是一个定型的、凝固的、僵死的东西，它也随着人类认识的发展而发展。在原始社会，人们的认识范围比较狭小，认识的对象是有限的，因此，人们的思维形式、思维方法相应地也比较简单。后来生产发展了，社会发展了，人们认识事物的范围扩大了，对事物的本质的认识加深了，这样思维的形式和方法也就不断多样化和精密化。17 世纪以来，特别是 20 世纪以来，新的科学部门不断出现，科学的认识迅速发展，这样，一些传统的思维形式与思维方法对认识这些新的领域或新的对象就显得不够用了。于是人们又概括出一些新的思维形式与方法。作为研究思维形式的逻辑科学也相应得到了发展，这时不仅有古典的演绎逻辑和归纳逻辑，而且创立了更为精确的、使用人工符号语言的、高度形式化的数理逻辑。近几十年来，更出现了不少新的逻辑分支，如：模态逻辑、时态逻辑、规范逻辑、问题逻辑，以及适用于各种专门学科的如量子论逻辑、控制论逻辑等等。这都说明，科学认识的发展向思维的严密性提出了越来越高的要求，也向逻辑科学提出了越来越高的要求。

二、语言表述上的精确性和灵活性

语言是一个特殊的指号系统，它是表达思想和在人们之间交流思想的工具。人们的思维过程及其成果必须以一定的语言形式实现和表达出来。例如，我们想到一本书，我们就用“书”这个词表达出来，如果我们在此基础上作出判断，我们就以语句的形式表达出来：“这是一本有价值的书。”如果我们对此作出推理，我们就以复句或句群的形式表达出来：“这是一本有价值的书，而有价值的书值得保存下来，所以这本书值得保存下来。”这里说明，思维是离不开语言的。

前面已经谈到，思维过程要求具有严密的逻辑性，而这种思维的严密性只有在语言的精确性上才能实现。语言不精确，词不达意，就很难做到思维严密。为此，19 世纪法国著名作家福楼拜曾提出过“一词说”，即要求用最准确而不是近似的字眼来叙述或描写所见到的东西。他曾对莫泊桑说：“你所谈到的任何事物，都只有一个名词来形容它。因此，就应该去找寻迄今还没有找到的这个名词、这个动词，和这个形容词，而决不应满足于近似的，决不应利用蒙混，甚至高明的蒙混手法，不要利用语言的戏法，来逃避困难。”

这种对语言精确性的要求是正确的，但要看到对精确性的要求也是相对的（特别是在文学创作中），这是因为语言还有灵活性的一面。所谓灵活性，是指语言并不完全按逻辑思维的实际过程表述出来。按照思维的严密性的要求，逻辑的思维过程是不允许省略、不允许跳跃的，它要求像数学演算过程一样，一个环节接一个环节，它要完全符合逻辑的抽象公式。但是，在实际的语言中却经常出现省略和跳跃的。问题在于省略和跳跃到什么程度。如果这种省略和跳跃并不影响对语义的理解，那是允许的，有时甚至是必要的；如果影响到对语义的理解，那是不允许的。像下述一段话：

凡真理都具有客观性，

爱因斯坦的相对论是真理，

所以，爱因斯坦的相对论具有客观性。

从思维方面说，它是严密的，因为它完全符合三段论格式以及规则的要求；从语言上说，它是精确的，因为它把思维的过程、思维的环节充分地完整地表达出来。但是，这种语言的精确性除了使用人工语言的数学领域以外，在使用自然语言的其他科学部门（包括物理学、化学这些十分强调精确性的科学部门），却很少可能完全做到，至于在文学的语言和日常生活的语言中，则不需要也不可能完全做到。像上面那段话一般会表述成这样的形式："爱因斯坦的相对论是真理，所以爱因斯坦的相对论具有客观性。"这里出现了推理环节上的省略和跳跃，但这会不会引起别人的误解呢？不会。它并不妨碍对语义的理解。我们必须承认这种省略和跳跃是允许的，这种语言表述的灵活性是合理的。

自然语言的这种灵话性特别表现在文艺作品的创作中，尤其表现在诗歌的创作中。例如宋代大诗人苏东坡曾游庐山西林寺，在西林寺壁上题诗一首："横看成岭侧成峰，远近高低各不同；不识庐山真面目，只缘身在此山中。"据说当诗句题到后两句时，苏的好友黄山谷叹为奇绝。这首诗具有强烈的形象感染力与深刻的哲理性。但从语言上分析，就看出从前两句到后两句之间，存在着思想上的跳跃。这种跳跃是否合理呢？是合理的。因为前两句已经描绘出庐山千姿百态、千变万化的景物形象，使人有庐山面目流览不尽之感，这样，由感性认识飞跃到理性认识，由此作出一个判断，就是"不识庐山真面目"。但是诗人并不止于感受眼前的景物。他还概括了自己广泛的丰富的生活经验和对人生的认识，探求了“不识庐山真面目”的原因，那就是“只缘身在此山中”。这已包含一个推理式，如果将它恢复完整的话，就成为这样：“如果一个人局限于某一处所，就不可能认识某一处所的全部真实面目；我现在身在庐山之中（身在此山中），所以，我不识庐山的真面目。”从逻辑上讲，是一个充分条件假言推理的肯定前件式。但是可贵之处就在于诗人并没有把这一推理过程全部表述出来，而表现出语言上的省略与跳跃，体现出诗歌的意境美和音乐美。

自然语言之所以能表现出一定程度的灵活性，是因为语言除了具有表达思想的功能外，还具有在人们相互之间交流思想的功能，这就是语言的交际性。而在一定的语境中（特定的时间、地点以及特定的人物之间），某些语句、某些认识的环节可以作为交际的双方都已掌握了的东西而予省略。这些部分省略了，并不会引起读者或听者的怀疑和误解。从对上述那首诗的分析可以看出，一首好诗，推而广之一切优秀的文艺作品，以至一般语言，它所表达的其内在的思维方面说，都必须具有严密的逻辑性，而从语言方面说，又允许具有不同程度的灵活性。自然语言表述上的灵活性总是在不影响表达思维的严密性的范围内实现的。语言的一般表述中都存在着精确性与灵活性的对立统一。如果一部文艺作品，以至一般语言，体现不出思维的严密性，语句间完全不具有内在的逻辑联系，这样，即使它描述得再形象，也只是一个结构混乱的产物。而如果语言不具有一定的灵话性，就会显得呆板而缺乏感染力。就科学的语言来说，首先强调精确性，在可能条件下也具有一定的灵活性；就文学语言来说，注重灵活性，但也不忽视精确性。从整个人类认识客观世界的角度来说，二者都不应偏废，但首要的还应该是精确性。

三、自然语言灵活性的具体表现

用精确的语言直接陈述一种思想，这种纯粹的形式是最理想的，但在自然语言中是不常出现的。在自然语言中，特别是在文学语言中，往往用一种比较灵活的形式将一种思想表达出来。下面我们概括出几种常用的形式：

1. 用隐含的形式表达一种推理形式。

例如，杜鹏程同志写的《保卫延安》一书中，有一节描写人民解放军一支小部队，在连长周大勇率领下完成了掩护纵队主力撤退任务以后，在夜间行军途中消灭国民党军的一个粮站的故事。情节是这样的：

“周大勇他们顺一条端南正北的大路朝南摸去。他们边走边爬，生怕弄出响声。突然，啪嚓一声，马全有摔了一跤。

……

马全有蹲在地下，低声骂：‘哼，好臭！这些混蛋队伍，就在阳关大道上拉屎！’

周大勇脑筋一转，心里闪亮。他让马长胜、马全有再往前摸，看是不是还有屎。

……

他们向前摸去，通向村子的路上都是牛、毛驴和骆驼拉的粪。

周大勇躺在路边的垄坎下，一声不吭。他折了一根小草，用牙齿嚼着，盘算着。

周大勇寻思：这季节，牲口都吃的青草，拉的稀粪。这稀粪定是今天下午拉的。天气挺热，要是牲口在中午拉的粪，早就干啦。下午打这里过了很多牛、毛驴、骆驼。这是老乡运货的牲口？兵荒马乱的，老乡们会吆好多牲口赶路？也许，敌人强迫老乡们运粮；也许，前头这村子就是敌人的粮站……‘是粮站就收拾它！’他心里这样说。……

马长胜返转来报告：‘连长，前头路上还撒下一堆一堆的小米，还有一头死毛驴。我猜想，这个村子必定是敌人的粮站。’

……

周大勇绕到村南的路上摸，路上没有撒下粮食，只有很少的骡马粪。

他到村子周围看看，这村里的敌人，不像是今天行军后宿营的，也没有电话线从村子里伸出向四下里连接。看来，这个村子是粮站；村子里驻守的敌人是保护粮站的。……”故事最后就记叙周大勇率领一支小部队如何消灭了敌人这个粮站。

我们之所以引述这么长一段文章，是为了说明在这段较长的记叙描写的内部，隐含着好几个逻辑推理的形式。

周大勇首先断定这条路上今天下午过了敌人的大批运粮队。他是这样推理的：

①天气这样热，要是牲口在中午拉的粪，早就干啦。

现在牲口拉的粪还没干，

所以，这粪不是中午拉的，而是今天下午拉的（也就是说，今天下午过去的大队牲口）。

这里运用了充分条件假言推理的否定后件式：

如果 p，那么 q，（p，q 都表示一个分句，即一个简单判断）

非 q，

所以，非 p。

②下午打这里过去了很多牛、毛驴、骆驼。这也许是老乡运货的牲口；也许是敌人强迫老乡们运粮。

现在兵荒马乱的，老乡们是不会吆好多牲口赶路（即这不是老乡运货的牲口），

所以，这是敌人强迫老乡们运粮。

这里运用了选言推理的否定肯定式：

或者 p，或者 q，

非 p，

所以，q。

接着这里还提出："如果这是敌人强迫老乡们运粮，那末，前头这村子就是敌人的粮站"，好："如果 p，那末 q"的假言判断。

③只有敌人的运粮队去粮站，才会在前头路上撒下一堆一堆的小米，

现在前头路上撒下一堆一堆的小米，

所以，前头这个村子必定是敌人的粮站。

这里运用了必要条件假言推理的肯定后件式：

只有 p，才 q，

q，

所以，p。

这里还有别的推理式，我们不再赘述了。这些分析说明思维中的严密的推理式可以在自然语言中完全以记叙描写的形式表达出来，其中并不显现出

严密的推理式的痕迹。这种情况在描写语句中是经常出现的。

2. 用凝缩的形式表达一定的推理形式。

在自然语言中有些语句从语法上分析是一个复句，从思维形式上分析却包含一个推理。例如，“既然……那么……”、“只有……否则……”、“不管……都……”、“即使……也……”等句式都是如此。

①既然这种方法不行，那么我们就改用另一种方法。

这种语句在现代汉语中分析为因果复句；从逻辑上分析，它是一个充分条件假言推理的肯定前件式：

如果这种方法不行，那么，我们就改用另一种方法，

现在这种方法确实不行了，

所以，我们就改用另一种方法。

公式是：如果 p，那么 q，

p，

所以，q。

这里“既然”一词包含着首先提出一种假设（如果），接着又肯定了这种假设，所以，我们将这种句式分析为一种推理的凝缩形式。

②只有（或“除非”）其真实性显而易见、毋庸置疑，否则，决不可绝对赞同任何主张（笛卡儿语）。

这种语句在现代汉语中分析为条件复句；从逻辑上分析，它是一个必要条件假言推理的否定前件式：

只有其真实性显而易见，毋庸置疑，才可绝对赞同其主张。

而其真实性不是显而易见、毋庸置疑，

所以，决不可绝对赞同其主张。

公式是：只有 p，才 q，

非 p，

所以，非 q。

③不管是刮风还是下雨，我们都照常施工。

这种语句在现代汉语中分析为无条件句；从逻辑上分析，它是一个二难推理的构成式：

如果是刮风，那么我们照常施工，

如果是下雨，那么我们照常施工，

或者是刮风，或者是下雨，

所以，我们都照常施工。

公式是：如果 p，那么 r，

如果 q，那么 r，

或者 p，或者 q，

所以，r。

④即使他今晚不来，我们也开会。

这种语句在现代汉语中分析为逆接性的假设复句；从逻辑上分析，它也是一个二难推理的构成式：

如果他今晚来，那么我们开会，

如果他今晚不来，那么我们也开会，

或者他今晚来，或者他今晚不来，

所以，我们开会。

公式同③。

不过这种语句在语气上，是将第一个前提所叙述的情况作为预设提出，即他今晚来的可能性是很大的，但重点是放在对第二种可能性的估计上，即他今晚不来的可能性的估计上，虽然这种可能性很小，但仍要有所准备。所以，整个语气更强调后一种可能性。而在例③中所分析的情况，则两个提前所叙说的两种可能性的程度是相等的。这是例④与例③的区别。

以上分析都说明，有些语句表面上只是一个复句，好像只表达一个复合判断，实际上它们都表达某种推理。所以我们称之为推理的凝缩式。

3. 用迂回的形式表达一种思想。

在某种特定语境中，一种思想不能或不愿直接地明确地表达出来，这时说话者就采用一种迂回的形式加以表达，语言的表面形式与语言所表达的思想内容没有或几乎没有联系，但又要求听话者通过这些语言形式理解其真实含义。使用修辞学中的比喻、婉转、双关等辞格，往往体现出这种语言效果。

例如唐朝诗人朱庆余曾写有《闺意献张水部》一诗，全诗如下：“洞房昨夜停红烛，待晓堂前拜舅姑。妆罢低声问夫婿，画眉深浅人时无？”这首诗表面上描写的是新嫁娘的心情，但实际上所要说的却完全是另外一回事，它是借闺房情事来隐喻考试。作者自比新娘，把诗人张籍（曾官至水部郎中，故称“张水部”）比作新郎，把舅姑比作主考官。这首诗是作者在将近考试之期写的。作者想通过张籍以了解主考官的爱好，试探自己的文章是否符合主考官的要求。这里可以看出，人们在一定的语境中怎样运用一定的语言形式来迂回地表达某种思想内容。修辞学要研究这种修辞手段所借以表现的语言形式，而逻辑学则要研究这种语言形式怎样能够表达出那样的思想内容，这种语言形式与那种思想内容究竟具有怎样的内在联系。

4. 用模糊的形式表达一种思想。

自然语言中很多词语具有模糊性，也就是说它不具有确定的外延。例如我们说“高个子”、“胖子”、“早晨”等等。究竟多高的个子算高个子，多胖算胖子，从几点到几分到几点几分算早晨，它不可能有确定的界限。语言的这种模糊性引起了模糊数学、模糊逻辑与模糊语言学的产生。我们现在所要说的还不是这种语言的模糊性，而是指在某种特定的语境中，一种思想既不可能明确地表达出来，也不可能迂回地表达出来，但又要使听话者对这种思想有一定程度的理解，于是使用一种模糊的形式加以表达。这种方式在外交斗争的场合有时要使用。

在莎士比亚的《哈姆雷特》一剧中，有一段关于哈姆雷特王子装疯后跟他的情人莪菲丽雅的谈话。哈姆雷特知道国王和波乐纽斯（御前大臣，莪菲丽雅的父亲）躲在附近偷听，他也知道莪菲丽雅此刻是受他父亲的安排有意来试探他的。哈姆雷特的很多话是存心说给国王和波乐纽斯听的，他也在表露对莪菲丽雅的坚贞的爱情，但这一切都不得不以疯话即以某种模糊语言的形式表达出来。例如，下面这段对话：

“哈（哈姆雷特）哈，哈！你贞洁吗？

莪（莪菲丽雅）殿下？

哈 你美丽吗？

莪 殿下是什么意思呀？

哈 我是说如果你是又贞洁又美丽，那么你的贞洁就不该容许跟你的美丽有所往来。

莪 殿下，难道美丽，除了贞洁以外，还能有什么更好的结果吗？

哈 嗯，真的，因为美丽的力量倒容易把贞洁点化成淫荡，贞洁的力量可难于把美丽改成了像它自己的样子。这本来是一种怪论，可是现在时势却让它得到了证明。我从前的确爱过你。

莪 真的，殿下曾经使我相信是这样的。

哈 你不应该相信我，因为贞洁不可能在我们的老干上接新枝而使我们不发出陈旧的气味。我从前不曾爱过你。

莪 那么我就更加是受骗了。”

这一段对话中，哈姆雷特的真正的意思是：“你的贞洁就不容许任何人跟你的美丽有所往来”，“你的淑德就该更好地守持你的美丽，不使它受人利用来这样勾引别人”，“我现在仍然爱你”。但由于使用的是模糊语言，使莪菲丽雅听成了“贞洁不能与美丽互相来往”，以为王子不再爱她了。最后莪菲丽雅真疯了，并掉入湖中淹死了。

5. 用相反的形式表达一种思想。

这就是修辞学中所说的反语。在某种语境中，有思想不好正面表达，只好用相反意思的话来表达；有时则由于使用这种相反的语言形式表达可以取得更好的修辞效果。实际上这也是用迂回的形式表达思想，不过，它迂回到一种极端的情况，即迂回到与原意完全相反的语句来表达一种思想。

例如，刘宾雁同志写的《人妖之间》一文中，有一段关于大贪污盗窃犯王守信发展党员的描写：

“王守信一手发展了十一名党员。咱们不能嫌麻烦，得看看都是些什么特殊材料制成的。

一个司机：一向听话，老老实实——跟王守信开车送礼，也老老实实。心里明明有些想法，可是从来二话不说，啥事不问，坚守一个信条：‘王书记办的事，谁都不准问，让你咋办你咋办！’

第二个，是工作肯干，老实听话。为了争取入党，看见王守信给妹妹盖房，他把公家一块松木跳板截成六节，还把一箱玻璃割好，用卡车开到工地。

一个木工：工作肯干，老实听话。他几乎把王守信家里的私活全包下来了。跑外送礼，他也是一把好手。……

除一人而外，十名党员都是‘工作肯干，老实听话’，听谁的话呢？当然是王守信的。按照紧跟书记就是紧跟党、维护书记就是维护党的逻辑，他们有多大错儿呢？”

一般来说，说共产党人是由“特殊材料制成的”，这完全是从积极方面说的。但在这篇文章中，作者完全从相反的意义上来引用“特殊材料制成的”一语。“工作肯干，老实听话”，这本来都是褒义词，但在这个语境中，却完全从相反的意义上来使用，成了贬义词。文章中使用了这种语言形式，就更充分地揭露出王守信把持党权，拉拢亲信，贪污盗窃，为非作歹的罪恶本质。

自然语言灵活性的具体表现实际上不止这五种，我们先分析这五种形式，就可以看出，语言环境（语境）在语言表述上的作用，离开语境来谈语言表达思想，在某些学科中是允许的（如在数学中），但在很多情况下就容易产生歧义或理解上的错误。语境问题是现代语言学中的一个重要问题。现代语言学中有一个新的分支，叫“语用学”，它不仅研究语句本身的形式结构，还要研究一个语句的语境因素，如时间、地点、说话人、施动者等，从而判定一个语句正确与否。自然语言的灵活性问题也是语用学研究的对象。

从上述例子可以看出，思维的严密性问题并非只是思维的内容问题，从主要方面说，它就是思维的形式结构方面的问题。思维严密性与语言灵活性有着对立统一的关系。我们在分析自然语言的语句时就应该通过语言表面的灵活性以理解其内在的严密结构；在研究思维的严密结构时又要了解其语言的灵活表现形式。目前我们的逻辑学着重研究思维的严密性，而对思维的语言表现问题重视不够。为此，有必要将二者结合起来研究。我们将这种结合自然语言进行研究的逻辑称为自然语言的逻辑，或简称为语言逻辑（在国外，有人称之为自然逻辑），以之区别于以研究人工符号语言为主的符号逻辑。但是在这种语言逻辑中，仍要吸收符号逻辑的研究成果及其方法。本文还只是使用普通形式逻辑的方法对一些语言现象作些初步探讨，不过，我们已经看到这个领域还是相当广阔的。

（原载《语言学资料选编》，中央广播电视大学出版社 1983 年出版）

充足理由律在形式逻辑中的地位和作用

自从莱布尼茨提出推理的充足理由原则以来，关于充足理由是不是形式逻辑的基本规律问题，在逻辑界引起了长期的争论。我们认为，要解决这个问题，必须首先对下述两点有一个正确的理解，即：（一）什么是莱布尼茨所说的充足理由原则？（二）形式逻辑的基本规律有没有局限性？下面谈谈我们对这些问题的看法，不一定正确，欢迎同志们批评指正。

一、什么是莱布尼茨所说的充足理由原则？

莱布尼茨提出的充足理由的原则，是为他的客观唯心主义的“单子论”服务的，在这条原则上，必然会裹上重重的形而上学和神学的外衣。本文的目的是要探讨这条原则的逻辑意义，因此，必须在他的唯心主义哲学体系中进行一些“剥离”工作，以便找出其在逻辑方面的合理的内核。

以下是我们对莱布尼茨充足理由原则的几点理解：

（一）我们认为，莱布尼茨并不是将任何理由都称为充足理由的。“充足理由”往往是与“最后的理由”、“原始的真理”同义的，而“理由”，或称“特殊理由”只是“充足理由”的一个环节。

例如，莱布尼茨说：“当一个真理是必然的时候，我们可以用分析法找出它的理由来，把它归结为更单纯的观念和真理，一直到原始的真理。”[1]“但是充足理由也必须存在于偶然的真理或事实的真理之中，亦即存在于散布在包含各种创造物的宇宙中的各个事物之间的联系中；在创造物的宇宙中，由于自然界的事物极其繁多，以及物体可以无穷分割，所以对特殊理由的分析是可以达到无穷的细节的。”[2]“既然这全部细节本身只包含着另外一

[1]《单子论》，第33节。
[2]《单子论》，第36节。

些在先的或更细的偶然因素，而这些因素又要以一个同样的分析来说明其理由，所以我们这样做是不能更进一步的。充足的理由或最后的理由应当存在于这个偶然事物的系列之外，尽管这个系列可以是无限的。”[1]“所以事物的最后理由应当在一个必然的实体里面，……而这个实体就是我们所谓上帝。”[2]“这个实体乃是全部细节的充足理由，……”[3]。

从上面的引文中可以看出，莱布尼茨并不认为找到事物的理由，就算找到了事物的充足理由，因为，这些理由相对于充足理由来说，还只是一些特殊理由。虽然这些理由或称特殊理由直接与所决定的事物相联系，但在这些理由或特殊理由之先，还有决定这理由的理由，而在这理由的理由之先，还有理由的理由的理由，以至最后的理由。只有认识了事物的最后理由，才算有了充足的理由。

有的同志认为“充足理由是作为事物之间或思维之间相互联系的一个环节”，有些逻辑教科书根据这一点往往列出像“因为A，所以B”这样的公式来表达充足理由律，我们认为这是不妥当的。因为这种表述不仅形式上不是一个直言式，不是可证的，因而不成其为一个形式逻辑规律的公式，而且从内容上说它也没有充分表达出充足理由律关于最后理由的要求，除非A就是莱布尼茨所要求的最后的理由。在一般情况下，只能说A是B的理由，还不能说是充足理由。而且，这种公式很容易为诡辩家所利用，因为在任何情况下，企图为一件事（不管这件事是多么的错误）找出一两条理由，也就是说，要找出“事物之间或思维之间相互联系的一个环节”，并不是难事。

从上面引文还可以看到，莱布尼茨提出这一条充足理由的原则，目的是为了探求真理（虽然莱布尼茨的真理观是需要批判的）。莱布尼茨说：“任何一件事如果是真实的或实在的，任何一个陈述如果是真的，就必须有一个为什么这样而不那样的充足理由……”[4]显然，提出充足理由，是为了论证“一件事”或“一个陈述”的真实性，为此，充足理由本身必须是真实的，正如

[1]《单子论》，第37节。
[2]《单子论》，第38节。
[3]《单子论》，第39节。
[4]《单子论》，第32节。

他所说，它必须是“原始的真理”。

有同志认为，充足理由律在推理中并不一定要求前提内容的真实。看来，这并不符合莱布尼茨的原意。莱布尼茨所说的充足理由，对于前提不仅要求真实，而且要求这个前提本身具有真实的理由。如果前提（即理由）不真实，那怎么能确证结论（“一件事”或“一个陈述”）的真实性呢？问题在于这充足理由即最后理由本身的真理性如何判定，莱布尼茨不能予以科学的回答。莱布尼茨虽然提出“原始的真理”的概念，但他也提出“上帝”这样的虚假概念来作为“全部细节的充足理由”，这是莱布尼茨理论的糟粕所在。应该说，只有马克思主义才能给这个问题以科学的回答。马克思主义认为，真理的标准只能是社会实践。莱布尼茨所谓的“原始的真理”，是指数学中的公理、定义，这些公理，定义的真理性最终还是靠实践来检验。即使是对像莱布尼茨所说的“事实的真理”（如物理学中的命题）的认识，虽然就整体来说，它是一个无限的“系列”，但在特定的论证过程中，却不能无限延伸下去，它还是需要提出一个“最后的理由”（这里所谓“最后”，只具有相对的意义），判定这“最后理由”的真实性，仍靠人们的社会实践，因此根本不需要所谓“上帝的理智”和“上帝的选择”等这么一些虚无飘渺的东西。当然，这里提到的实践问题，已经超越了形式逻辑的职能，而属于唯物辩证法的范围。

从上面引文还可以看到，莱布尼茨很强调运用所谓“分析的方法”去探求理由与结论之间的内在逻辑联系。我们在这里不可能对莱布尼茨的“分析的方法”作过多的阐述，但是，我们可以由这里明确一点，即充足理由原则，对一个论证过程来说，不仅要求理由的真实性，而且要求理由与结论之间的联系是可分析的，用我们一般的术语说，也就是要求推理形式是正确的。推理形式的正确，是实现充足的理由以达到认识结论真实性的必要条件。以为前提真实，就一定是结论的充足理由，就一定能推出结论的真实性，这是不可靠的。

总起来说，莱布尼茨提出的充足理由原则，可以概括为这样：在一个论证过程中，必须从一定的真实的最终理由出发，运用正确的推理形式，经过一系列的推理环节，以推出一个必然真实的结论。

（二）有的同志认为，莱布尼茨的充足理由原则是属于本体论的，它不是逻辑规律。的确，莱布尼茨的充足理由原则是与他的本体论密切联系着的，莱布尼茨所说的"理由"也具有事物存在的"根据"和"原因"的意思。黑格尔在其《逻辑学》第二编本质论的第一部分"作为反思自身的本质"中也是从本体论的意义上来谈到"根据"的（德文 Das Grund 可译为根据，也可译为理由）。他说："一切事物都有其充分的根据。""莱布尼茨却主要是专心致志于充分根据的原理，甚至把它作为他的全部哲学的根本命题；……但是莱布尼茨却主要把根据之充分和严格意义的因果性，即机械的作用方式对立起来。"[1]对莱布尼茨提出的本体论意义的充足理由的原则，我们还可以从辩证唯物主义的立场加以研究，这里不准备多讲。

问题在于这条原则有没有逻辑上的意义。莱布尼茨是怎样谈他的充足理由原则的呢？他说："我们的推理是建立在两个大原则上，即是：（1）矛盾原则，凭着这个原则，我们判定包含矛盾者为假，与假的相对立或相矛盾者为真。以及：（2）充足理由原则，凭着这个原则，我们认为：……，任何一个陈述如果是真的，就必须有一个为什么这样而不那样的充足理由，……"[2]从这一段引文中，我们可以清楚看出，莱布尼茨谈充足理由原则涉及的是推理的问题，而推理问题，显然是一个逻辑问题。而且充足理由原则是与矛盾原则并列的，矛盾原则是判定推理过程命题的真假的原则，这是一条逻辑原则；充足理由也是为了确定一个陈述如何为真的原则，为此，我们不能不确定充足理由原则也是一条逻辑原则。

有同志根据黑格尔对莱布尼茨的充足理由的批判，以说明充足理由律不是逻辑规律，这样立论的根据本身就不够充足。首先，黑格尔并没有从根本上反对充足理由律，而是从他唯心主义辩证法的角度给这条规律以新的解释。如他说："根据（Grund，也可译为理由）是同与异的统一，是同与异发展出来的真理，……关于根据的定律是这样的：任何事物皆有其充分的根据，……这也就是所谓充足理由律的简单意义，这一思想律宣称事物本质上必须认作间接的。"[3]黑格尔批评的是："形式逻辑于阐明此一思想律时，却对于别的科学提出一坏的榜样。因为形式逻辑要求别的科学（须说出根据），

[1] 黑格尔：《逻辑学》下卷，第 73—74 页。关于上述几点，列宁在《哲学笔记》中作了摘录，并指出，"他（莱布尼茨）对这一定律的理解比较深刻。"

[2]《单子论》第 31、32 节。

[3] 黑格尔：《小逻辑》，第 268~269 页。

勿以直接与料为有效准，但其自身却提出一未经推证、未经说明间接根据的思想律。”[1]黑格尔还批判了所谓“单纯的机械式的观念方法”，即单纯凭所谓“形式的根据”。黑格尔说：“这种方法是应分的可宣称为不充足的。”并说：“只寻求形式的根据乃是诡辩派的立场和原则。”黑格尔补充说：“当莱布尼茨说到充足理由律时，……莱氏心目中所欲反对的，乃是现时仍甚流行，许多人都很爱好的单纯的机械式的观认方法。”[2]可见黑格尔并未否定莱布尼茨提出的充足理由律，也未否定充足理由律是形式逻辑的规律，相反，他对莱布尼茨提出此律，还是相当肯定的。其次，如果因黑格尔批判了充足理由律，就否认充足理由律是逻辑的规律，那么，根据黑格尔对同一律、矛盾律、排中律的批判，就更应该否认这些是逻辑的规律，因为黑格尔对此三律的批判比对前一律的批判更尖锐得多。

（三）莱布尼茨在说到充足理由的原则时，还区分了“两种真理：推理的真理和事实的真理。推理的真理是必然的，它们的反面是不可能的；事实的真理是偶然的，它们的反面是可能的”。关于推理的真理，莱布尼茨举以数学为例，数学的真理是必然的，它可以“用分析法把思辨的定理和实践的法则归结成定义、公理和公投”这些“不能够证明的，也不需要证明”的“原始的真理”。莱布尼茨接着说：“但是充足理由也必须存在于偶然的真理或事实的真理之中。”[3]根据这个“也”字，可以断定莱布尼茨是说充足理由首先存在于上述“推理的真理”之中，其次也存在于“事实的真理”之中，这也就是说，充足理由原则跟矛盾原则一样，是存在于两种真理之中的，原因就在于两种真理都存在一个“证明”的问题，要说明一个命题为真，“就必须有一个为什么这样而不那样的充足理由”，不管这个命题是属于“推理的真理”还是“事实的真理”。

但是，莱布尼茨在另外一个地方却有另外一种说法：“这一原理（指充足理由的原理）对于算术和几何学来说是不需要的，但对于物理学和力学来说却是需要的。”[4]。这不是跟上面所述有所矛盾吗？我们认为不矛盾。

---

[1] 黑格尔：《小逻辑》，第 269 页。
[2] 黑格尔：《小逻辑》，第 271 页。
[3] 引自《单子论》第 33、34、35，36 节。
[4]《发明家的理想》，载《哲学论集》第 3 卷，格哈特版，第 27 页。

莱布尼茨在这里看到了演绎科学（如数学）和经验科学（如物理学）之间的区别。莱布尼茨从这两类科学都要证明命题的真理性的角度来看，矛盾原则（包括同一律、排中律）和充足理由原则都起作用。但从演绎科学在其系统内暂时撇开认识的具体内容而作纯形式的推演的时候，矛盾原则起作用，即它必须保持推演形式的同一性、不矛盾性和明确性，这时充足理由原则暂时不起作用，因为这时既不要求前提一定真实，也不确证结论一定真实。而经验科学在任何时候都不可能撇开认识的具体内容而作纯形式推演的，因此矛盾原则与充足理由原则在推理的任何环节都起作用。莱布尼茨对充足理由原则在两类科学中作用上所作的区别是有重要意义的。对我们理解充足理由律的作用范围是有帮助的。

二、形式逻辑的基本规律有没有局限性?

现在来看我们通常所说的形式逻辑，这只是康德所说的普通逻辑。我们现在学校里讲授的就是这种逻辑。它虽然以思维形式作为自己的研究对象，也使用一些符号来表达某些变元，但没有“把全部具体的词项移去”，没有运用有固定的、可以辨识的记号构成的精确语言以达到最大可能的确切性，也就是说没有做到“形式化”。另外，在我们通常讲授的逻辑中，还有很多非形式的部分，例如归纳逻辑、假说，以及证明和反驳等（这类乎莱布尼茨所说的经验科学的逻辑）。我们认为，证明和反驳并不是一种特殊的思维形式，它只是一些逻辑规则，逻辑形式与逻辑方法在思维实践中的具体运用，它要求用真实的而且充分的论据（即理由）来论证论题（结论）的真实性或虚假性。证明与反驳涉及到的是概念、判断、推理等全部思维形式，因此，对证明与反驳所规定的逻辑要求实际上是对全部思维形式的要求。逻辑中包含证明与反驳的部分，是有其历史根据的。在亚里士多德的《工具论》中，不仅包含有“前分析篇”这样专门研究三段论推理形式的篇章，而且包含有“后分析篇”、“辩论常识篇”与“辩谬篇”等专门研究证明与论辩的篇章。亚里士多德将三段论分为证明的三段论和辩论的三段论。他说：“如果作为推理出发点的前提是真实的而且是第一性的，或者这些前提之为我们所认识原来是由于第一性真实的前提的，推理就是证明。”[1]今天我们一般所说的形式逻辑，包括证明与反驳这一部分，而且是作为其非常重要的有机组织部分是合理的。既然是这样，那么，就必须承认充足理由原则在这样的逻辑中起作用，是一条基本规律，因为正是这条规律要求思维具有连贯性和论证性。如果在证明与反驳中，除去充足理由律，单靠同一律、矛盾律、排中律，是不能达到确证一个命题（结论）的真实性，或揭示一个命题虚假性的目的的。普通逻辑如果讲论证而不要求有充足理由，实际上就会为诡辩论大开绿灯。这跟普通逻辑与诡辩论根本对立的科学本性是不相合的。

在谈到这种普通逻辑之后，我们还要看到，自莱布尼茨以来，特别是自19世纪中叶以来得到迅速发展的现代形式逻辑，也就是通常所说的数理逻辑或符号逻辑（它就是莱布尼茨所说的认识“推理的真理”的演绎科学）。这种逻辑真正做到了完全撇开思维的具体内容，运用极为精确的人工语言对思维过程作形式的推演，它把数学上的形式方法运用到逻辑领域，形成严格的公理化的演绎系统。在这样的形式化的演绎系统中，一切定律、定理都用符号表示去加以表达，并且在系统内是可证的。例如：同一律就以 $P \rightarrow P$ 的公式表达，矛盾律以～（P ∧（～P）］的公式表达，排中律以 $P \vee (\sim P)$ 的公式表达，（这里→表示“蕴涵”，∧表示“合取”，∨表示“析取”，~表示“非”）。借助于真值表的方法可以证明它们都是永真公式。而这些定律在系统中是始终起作用的。在一系统中，每一个符号的意义必须是确定的，先后要保持同一，这是同一律的要求。在一个演绎理论中，不能出现两个确立的命题互相矛盾，即一个命题在系统中既能证明又能否证，如果在公理与定理中出现两个互相矛盾的语句，根据矛盾律，其中必有一假。一个演绎理论的每一语句必须或者能够证明，或者能够否证，如果出现两个相关的而又互相矛盾的语句，其中任何一个都不能证明，那么，根据排中律，这两个语句中必有一真。

现在再看充足理由律的情况如何呢？首先，充足理由律不能像前面所述三条定律那样形式化，一个非形式化的定律是无法加入到一个完全形式化的系统

［1］《辩论常识篇》第100a第27行。

中去的。其次，充足理由律（即使写成“因为A，所以B”这样的形式）在系统中是无法证明的，如果对A与B代以各种不同的值，就可以看出它根本不是一个永真公式，而一个形式系统中的定律必须是一个永真公式。第三，充足理由律在这样的形式系统中确实没有起作用，原因就在于这样的形式完全撇开了具体词项，而只作形式的推演，它涉及的仅仅是逻辑的真值，而不涉及蕴涵式的前件是否如实反映客观现实，也无法断定后件是否如实反映客观现实。

我们认为，在现代形式化的逻辑中，在这公理化的演绎系统中，在这不涉及具体词项的纯形式的推演过程，充足理由律不是基本规律，它不起作用。但一旦将这些形式运用于具体的证明过程，充足理由律就立即行使其基本规律的职能，而在其中起重要的作用。

我们承认，现代形式逻辑撇开具体的词项，作纯形式的推演，在促进逻辑科学的发展上起了很大的作用，我们应该在一般逻辑教学中吸收其成果。但是我们不赞成这样一种倾向，即将逻辑局限于纯形式的推演，此外概不属于逻辑的领域。如果谁结合了具体的词项来研究逻辑，如果谁将逻辑形式运用于证明过程，就给谁加上“心理主义”的罪名。某些现代形式逻辑的代表人物甚至说：“逻辑中的所谓‘心理主义’乃是逻辑在现代哲学中衰败的标志。”我们认为这种观点是不科学的。逻辑学归根结底是从人类的具体思维实践中抽象出来的，要发展逻辑科学必须不断地从人类思维实践中吸收营养，还要返回去不断接受思维实践的检验。逻辑形式与自然语言的关系非常密切，人工语言实际上仍要以自然语言为基础，自然语言的丰富性表现了人类思维的丰富性，随着人类对自然现象与社会现象认识的逐渐深入，人类的思维方法、思维形式也越来越精密，自然语言也越来越丰富，形式逻辑作为一门科学也必须随着思维的发展与自然语言的发展而日益发展，否则它就会僵化，就会衰亡。逻辑学跟其他科学一样，是在探求真理的过程中发展起来的，形式逻辑终究是探求真理的工具。从形式逻辑的这一根本属性上看，充足理由律仍要作为一个形式逻辑的基本规律而起作用，因为逻辑学正是有了这条规律，才对思维的连贯性与论证性作出要求，而只有实现了这一要求，形式逻辑才能成为探求真理的工具。

根据以上所述，似乎形式逻辑已经成了一门至高无上的科学，似乎只要遵守形式逻辑的基本规律，就能达到对真理的认识。不，不是这样。科学发展史已充分说明了这一点，有些一时证明为真理的，经过进一步的实践检验，并非真理或并非全是真理。那么，是不是又反过来证明形式逻辑的规律（特别是充足理由律）根本没有作用？也不是。人们的社会实践不断向前发展，人们的认识也不断向前发展，逻辑科学也在不断向前发展。人们不能一下子充分认识客观真理，有各种原因，逻辑科学不够严密也是原因的一种。因此，就一定时期、一定阶段来说，形式逻辑的规律有其局限性，这是完全可以理解的（其他科学也是如此，如牛顿三大定律，实践证明也有局限性。逻辑史表明，同一律、矛盾律和排中律的表述是一个不断精确化的过程。如以排中律为例，可以用不同形式来表述：（1）每一个命题或者真，或者假；（2）每一个命题或者具有某种真值，或者不具有某种真值；（3）AxNx（x或者非x）乃是一个永远断定的（其中包括“永真的”）命题，或称直言式。排中律这种不同的表述，是跟多值逻辑的建立相联系的（怀疑排中律的普遍性是形成多值逻辑观念的一个基础），如第一种表述形式就只适应于二值逻辑，后两种表述有较大的普遍性。

充足理由律也有这种情况，或者说，充足理由律由于表述不精确而造成局限性的情况要比前三个规律的情况更加严重。如一般逻辑教科书用“因为A，所以B”这样的公式来表达。对充足理由律的这种理解，我们认为是不全面的（关于这一点前面已经谈过）。根据充足理由律的这种要求，往往会出现理由并不充分，甚至完全谬误，以至结论也完全谬误的情况。我们认为，对这条规律我们必须根据莱布尼茨提出的原意，与现代科学发展的实际，进行深入的研究，以便使它的表述尽可能精确地反映思维的实际情况，使充足理由律的要求真正有助于我们去探求真理。

另外还有一种局限性是由形式逻辑本身性质所决定的，就是形式逻辑相对于辩证逻辑来说，是比较初级的一门科学。要充分认识现实，还须依靠辩证逻辑。而依据马克思主义哲学关于相对真理与绝对真理关系的原理，依靠辩证逻辑也不可能一次穷尽真理。认识真理是一个过程，而且是一个无限发展的过程，在一定历史阶段，人们只能认识相对真理。“人类认识的历史告诉我们，许多理论的真理性是不完全的，经过实践的检验而纠正了它们的不完全性。”“无数相对的真理之总和，就是绝对的真理。”[1]辩证逻辑尚不能一次穷尽真理，普通形式逻辑更不可能一次穷尽真理，这种局限性是不能避免的，如果对形式逻辑作过高的要求，本身就违背了辩证唯物主义认识论的原理。因此，以充足理由律有局限性而根本否认充足理由律的作用，以形式逻辑不能穷尽真理而否定形式逻辑的作用，都是不能成立的。

还有一种提法，认为理由是具有阶级性的，各阶级有各阶级的理由，因此，充足理由律不能成立。我们认为：①自然科学的原理，其理由都是没有阶级性的。我们能够认为李政道、杨振宁关于弱相互作用下宇称不守恒定律的证明，其理由有阶级性吗？②社会科学的原理，其理由也并不都具有阶级性。例如语言学，证明语言学原理的理由也不能说有阶级性。③一些阶级现象，各阶级会持有各阶级的理由，但我们总得承认有个客观真理。例如，对资本主义社会，无产阶级革命家通过充分的理论分析，证明资本主义社会必然会灭亡；而资产阶级的一些理论家，则拼命搜集理由，以证明资本主义社会是永恒不变的。从这一点来说，理由是有阶级性的。但是，最终客观真理会证明，无产阶级的理论具有充分理由，而资产阶级的理论纯粹是伪科学。充足理由律要求的是这最终的理由，而不是一般的理由。这客观真理就是最充足的理由。这里绝对不会陷入所谓“公说公有理，婆说婆有理”的无限争论中去。由此可见，理由有阶级性，只是局部现象，而最充足的理由是客观存在的真理，它决不会因为某些阶级不承认它而不存在。真理必然要为自己开辟道路，反动阶级的魔掌挡不住真理的阳光。请看林彪、“四人帮”一伙人的“理论”不是一时甚嚣尘上，最终不都被扫进了历史的垃圾堆吗？因此，由某些理由具有阶级性并不能否认充足理由律在形式逻辑中的地位和作用。

总之，我们认为，充足理由律是普通形式逻辑的一条基本规律，是证明与反驳不可缺少的一条规律，不过，在形式化的逻辑中，在作纯形式推演的过程中，它不起作用，一旦涉及具体的内容，它就起作用。因此，必须承认充足理由律在形式逻辑中的地位，要在人类的实际思维过程里充分发挥它的作用。

（原载《哲学研究》1979 年第 3 期）

---

[1]《毛泽东选集》第 1 卷，第 269、272 页。

语言逻辑研究的历史和现状

一、古代与中世纪的语言逻辑

语言逻辑虽然是一门新兴的边缘科学，但在中国古代以及古希腊罗马时期就已经有了它的萌芽。

在古代，逻辑学往往与语言学密切结合在一起，甚至融为一体。这种涉及自然语言语形与语义的逻辑，已具有语言逻辑的雏形。

中国先秦诸子关于名实问题的讨论，以及古代词典与训诂学的发展，都包含有语义学的理论问题。从孔子开始，尔后为孟轲、荀子、韩非所继承的正名主义的逻辑，更多涉及的是语义的问题。《墨经》中提出“以名举实”，这个“举”字，就相当于现代语义学中所谓的“指称”。公孙龙在《指物论》中所说的“物莫非指，而指非指”，以及荀子《正名》篇中所说的“名足以指实”“制名以指实”，其中的“指”也都有“指称”的意思。因此，这些命题都是语义学的基本命题。

从我国语言学发展的历史看，最早产生的是语义学，其次才是语音学与语法学。在西周和春秋时期，就有解释词语的记载。解释词语也是给语词下定义，当时使用较多的是同义语定义的方法。战国时期出现的《尔雅》，是我国最早的一部词典，其中主要使用分类法与同义语定义法。这种释词方法的发展，跟汉字的特殊形体即它属于表意的文字有关。而释词方法实际上就是逻辑方法的具体应用。

古希腊罗马除了研究形式逻辑之外，还广泛研究了非形式的逻辑。亚里士多德《工具论》的阿拉伯文版就包括《修辞学》，也就是说，在他的逻辑研究中还包括修辞的逻辑。他认为："修辞学是辩证法的对应部分。"[1]"修辞学可以定义为在任一给定的情况下考察有效的说服方式的学科。"[2]在《修辞学》一书中亚里士多德研究了说服的一般模式，其中包括例证和省略三段论式；此外，研究了语言的准确性和恰当性问题，还特别探讨了隐喻的问题。亚里士多德说："说服明显地是一种论证，因为当我们认为一个事物已被论证了时，我们几乎就完全说服了。"[3]他认为能够使我们把握新的思想的语言，是最为我们所喜欢的语言，而隐喻却可以使我们最好地获得某些新鲜的东西。这些问题都是语言逻辑所需要探讨的问题。而亚里士多德的修辞的逻辑，对以后修辞逻辑的发展产生了深远的影响。

古希腊斯多亚派的逻辑，以语言为研究中心。他们所谓的逻辑（当时称"论辩术"），实际上包括了我们现在称之为认识论、修辞学和语法的东西，斯多亚派的逻辑所讨论的一个中心概念"Lecton"，就是一个语义学概念，它是记号所指示或意谓的东西，相当于我们现在所说的"含义"。古罗马时期也将逻辑称为论辩术，这种逻辑往往跟修辞学密切结合，为雄辩家、演说家所必学。

中世纪，欧洲所谓"七艺"教育包括语法、辩证法（逻辑）和修辞，这些总称为语言科学。中世纪的逻辑重点研究了名词的指谓性以及语义悖论问题。中世纪逻辑学家特别研究了范畴记号与非范畴词的区别，认为范畴词具有确定的意谓，而非范畴词就其本身来说没有确定的意谓，只有当它与范畴词和命题联用时才能有意谓。这种非范畴词决定命题形式。另外中世纪逻辑学家还特别研究了指代理论，认为"指代"与"意谓"有区别，"意谓"是范畴词所具有的独立的含义，"指代"是范畴词在命题中代表它所指称的东西。他们对指代进行了分类。指代可分为形式指代和实质指代，形式指代又可分为简单指代和人称指代，简单指代可分为单独指代和普遍指代，普遍指代又可分为确实指代和模糊指代，模糊指代又可分为单纯模糊指代和模糊的

---

[1]亚里士多德:《修辞学》英文版1354a1，这里的"辩证法"意即"逻辑讨论的艺术"。

[2]亚里士多德:《修辞学》英文版1354a1，这里的"辩证法"意即"逻辑讨论的艺术"，1355b2—27页。

[3]亚里士多德:《修辞学》英文版1354a1，这里的"辩证法"意即"逻辑讨论的艺术"，1355b5—6页。

和周延的指代。这种指代理论对推理理论有着一定的影响。

中世纪还研究了悖论问题，当时逻辑学家将悖论命题称为“不可解命题”。本来，古希腊时期就已发现“说谎者”悖论，中世纪逻辑学家又发现了类似说谎者悖论性质的悖论，因为这类悖论涉及的是命题的真假问题，所以称为语义悖论。他们不仅发现了这些悖论，而且还研究了解决这些悖论的方法，其成果也为现代逻辑语义学所吸取。

二、近代语言逻辑的研究

15 世纪以后，逻辑学逐渐失去作为研究语言的科学这一特点，逻辑学往往被定义为关于理性的艺术（或科学），但是哲学家、逻辑学家们对于语言的兴趣并未减弱。在他们的著作中往往直接讨论意义的理论或语言哲学问题。

培根（F.Bacon，1561—1626）的《新工具》主要讨论的是归纳法，但也谈到语言的运用不当所造成的谬误。在谈到扰乱人心的四种假象时，其中指出了所谓“市场假象”。他说：“人们是通过言谈而结合的；而语词的意义是根据俗人的了解来确定的。因此如果语词选择得不好和不恰当的，就会大大阻碍人的理解。……语词显然是强制和统治人的理智的，它使一切陷于混乱，并且使人陷入无数空洞的争辩和无聊的幻想。”[1]培根认为语词加于理智之上的假象有两种：一种是不存在的事物的名称；另一种则是它们是存在的，但是混乱而没有明确定义的、匆匆忙忙和随便从实际引申出来的东西的名称。他举出“潮湿的”（humid）一词为例，说明它就是一个被人们散漫地和混乱地使用，用来指称根本不能归结到任何固定意义的许多活动的符号。

霍布斯（T.Hobbes，1588—1679）特别区别“标记”（mark）和“指号”（sign）两个术语。他认为言语（speech）的每一个部分都是一个名称。名称作为标记使用，从逻辑上说要先于作为指号使用，因为名称即使单独存在，它仍是一个标记，而它只是有安排于言语之中，才能成为指号。他还认为，

[1] 培根：《新工具》中文版第 1 卷，商务印书馆 1984 年出版，第 43 节。

言语如果不凭借许多环境之助，就不能行使其职能，这里的环境包括时间、地点、脸色、姿势、说话者的意图等等。因此，我们必须考虑言语的要旨、场合和上下文，正如要考虑语词本身一样。这里已涉及语用学的问题。与亚里士多德的传统观念不同，他认为定义是涉及我们的语言的，定义理论与名称理论相联系。他认为初始命题（即公理）就是定义或定义的一部分，它们是证明的原理，是由言语的发明者任意组合的真理，因而它们是不需要被证明的。

近代语言逻辑的研究，可以17世纪的阿尔诺与尼科尔合写的《波尔·罗亚尔逻辑》一书为代表。这本书又名《逻辑学或思维术》，1662年出版了法文版，该书虽然被称为“思维术”，但仍然比较重视对自然语言的分析，特别是对语义的分析。书中很多地方论述了指号和意谓问题。作者认为一个指号的本性就在于这个指号的观念激起由这个指号所意谓的事物的观念。作者还对指号作了不同的划分：首先，有些指号，它的出现保证了所意谓的事物的存在；而另一些指号，它的出现只能推出所意谓的事物的可能存在。其次，指号可以这样划分，一种是所意谓的事物与那个指号是同时出现的，一种是不同时出现。第三，指号可以分为自然指号与约定指号。语词就是思想的约定指号，书写的文字是语词的约定指号。《波尔·罗亚尔逻辑》将“专有名称”定义为“用于标记那仅仅表示一个单独事物的观念的名称”。而“普遍语词”定义为“与普遍的和一般的观念相结合的语词”。很明显，《波尔·罗亚尔逻辑》的语义理论属于观念论[1]。

阿尔诺的语义理论中还提出“附加观念”的概念。他认为，我们可以经常遇到这样的情况，一个语词在我们心中激起的，除了那种我们看作是那个词的专有意义的主要观念之外，还有另外一种观念，我们称之为附加观念（accessory ideas），对于这种观念虽然我们具有关于它们的印象，却没有明确地加以注意。

阿尔诺还认为，为了避免在日常语言中出现的语词混淆，最好的办法是制成一种新的语言和一些新的语词，这些语词只与我们要它们所表达的观念

[1] 关于语义观念论可以参阅该书第六篇《意义与定义》。

相联系。

《波尔·罗亚尔逻辑》中最有影响的语义学是提出了关于词项的“内涵”（Comprehension）与“外延”（extension）的区别。阿尔诺认为，一个观念的内涵就是形成这个观念的一些组成部分，去掉了这些成分不可能不破坏这个观念。一个观念的外延就是表达这个观念的语记词所能适用的那些对象。《波尔·罗亚尔逻辑》认为单独词项也具有内涵与外延。

阿尔诺除了与尼科尔合著了《波尔·罗亚尔逻辑》之外，还与朗斯洛合著了一本《波尔·罗亚尔语法》，或称《普遍唯理语法》。这本书试图证明语言的结构是理性的产物，人们不同的语言只是更为普遍的逻辑系统与理性系统的变种，语法应建立在逻辑之上，语法范畴应该看作逻辑范围的表现。这两本书在一定程度上体现了逻辑与语法的结合。不过这种结合在阿尔诺以后遭到不少人的反对。

洛克（J.Locke，1632—1704）的《人类理解论》中的第3卷重点讨论了语词问题，他明确地将语义研究与认识论联系起来。他说：“在我们的观念和语词之间，实在有一层密切的联合，而且在我们的抽象观念和概括的名词之间，还更有一种恒常的关系，因此，我们如果不先来考察语言的本质、功用和意义，则我们便不能明白地、清晰地谈论我们的知识，因为知识成立于命题（命题又是成立于语词的）。”[1]

洛克认为：“语词，在其原初的和直接的意义上，就在于表示使用这些语词的人的心中的观念。”[2]他还说：“一切语词都代表着说话者的观念，而且他用那些语词、也就是要表示这些观念。”[3]在对语词意义的解释上，洛克是语义观念论的代表人物。他比霍布斯阐述得更明显、更系统。洛克还继承了唯名论的传统，认为“共相”不属于事物的实在存在，各种事物自身并没有普遍性。语词之所以成为概括的，只是因为它们是概括观念的标记，而且可以无分别地应用在许多特殊的事物上。

洛克还根据他的语义观念论来解释什么是定义。他认为，“所谓定义，

---

[1] 洛克：《人类理解论》上册中文版，商务印书馆1983年出版，第382页。
[2] 洛克：《人类理解论》下册中文版，第386页。
[3] 洛克：《人类理解论》下册中文版，第387页。

只是借助于另外一些非同义的词项来指示某一个语词的意义。”[1]因为语词的意义既然只是应用语词的那个人把某个名词所标记的自己心中的观念，呈现于他人眼前，使别人懂得了它的意义，那么，那个名词的意义就可以说是指示出来了，那个语词也就可以有定义了。定义的惟一功用和目的就在这里，而且定义的好坏，也以这个作为它惟一的尺度。

莱布尼茨（G.W. Leibniz，1646—1716）在认识论上跟洛克正好针锋相对。洛克反对天赋观念论，莱布尼茨则坚持天赋观念论，莱布尼茨的《人类理智新论》就是为反对洛克的《人类理解论》而写的。

莱布尼茨肯定语言表达思维的作用。他说：“我确实认为，语言是人类心灵最好的镜子，而对于语词意义的一种精确分析，将会比任何其他事情都更好地使人认识理智的活动。”[2]

莱布尼茨反对洛克的产生一般名辞（general term）是由于避免专有名称增加太多的观念，认为：“一般名辞不仅仅是用来使语言完善，而且甚至是语言的基本构成所必需的。”[3]他认为，要是只有专名而没有通称，人们不可能说话。

莱布尼茨还认为：“一切专名或个体名辞原来都曾是通称或一般的名辞。”[4]不仅如此，他甚至认为，所有的语词其起源都是一般名辞。这就是说人类语言是先有一般名辞，后有具体的、个别的专名。

莱布尼茨提出的极为重要的理论是关于建立“普遍文字”（Characteristical Universalis）的理论。这是针对日常语言的局限性（一种自然语言只适用于一个民族、一个地域）、多义性、不规则性（自然语言中总有不合语法规则的现象）而言的，应用“普遍文字”，就可以避免这种缺点。他认为一种“真正的”文字就是一个符号系统，它在某些重要的方面自然地（而不是约定地）与它所代表的东西相联系。他虽然认为一种完全的真正的文字只能以一种人工语言的形式得到发展，但是他观察到自然语言在某些方面也是真正的文字。

---

[1] 洛克：《人类理解论》下册中文版，第404页。
[2] 莱布尼茨：《人类理智新论》下册中文版，商务印书馆1982年出版，第373页。
[3] 莱布尼茨：《人类理智新论》下册中文版，商务印书馆1982年出版，第292页。
[4] 莱布尼茨：《人类理智新论》下册中文版，商务印书馆1982年出版，第293页。

19 世纪英国归纳逻辑的代表人物弥尔（J.S.Mill，又译穆勒，1806—1873），在他所著的《逻辑系统》（即严复所译《穆勒名学》）一书中，非常重视对自然语言的语义分析。他说："夫讲名学者，将以为致思之术，其事将有纷淆、括滞之忧，而所得有不可深信者矣。……此名学始教所以莫不先治语言而求祛其蔽也。"[1]

弥尔认为哲学家应该正确地对待自然语言，他认为自然语言的一个天生的并且最有价值的性质，在于它是古代经验的保存者。不过他建议哲学为了很好地使用语言，可以改造自然语言。弥尔的这种观点对 20 世纪日常语言学派的哲学家们有一定的影响。

弥尔将"名称"看作他的语义理论的基本要素，认为逻辑包括"名称的运算"。他将几乎所有的词都叫作"名称"，只有少数词如"是"、"常常"、"不"、"的"等不是名称，但它们以某种方式帮助人们构造由若干词组成的名称，它们在组成名称中起辅助作用。弥尔不同意洛克语词代表观念的观点，而认为语词是事物自身的名。弥尔的意义理论属于指称论，语义学史上也有人称为命名论。弥尔认为，一个命题就是将两个名称放置在一起而形成的，命题的意义就依赖于出现在那个命题中的词项的意义之上，命题的意义就是其中名称意义的一个函项。

弥尔还明确提到内涵（Connotation）与外延（denotation）的区别。弥尔相信这种区别是深入到语言本质的问题。但他对内涵与外延的解释也有不够明确之处。如具体的普遍名称"人"，有时指（denote）个体如"苏格拉底"，有时又指一个类，而那个个体只是这个类的一个元素。弥尔认为，专有名称（个体名称）只有外延，没有内涵，而普遍名称既有外延，又有内涵。专有名称只作为无意义的标记而出现，它的任务就是指出对象，将它与其他的对象区别开来。

三、20 世纪以来国外关于语言逻辑的研究

首先要提到的是弗莱格（G.Frege，1848—1925），他的论文《论含义

[1]《穆勒名学》中文版，商务印书馆 1981 年出版，第 17 页。

与指称》（Ueber Sinn und Bedeutung）对现代语义学的发展产生了深远的影响。

弗莱格强调区别含义与指称的重要性，他认为两个表达式可以指称相同而含义不同。如“晨星”与“暮星”都是指称金星，但含义不同，这样，“晨星就是暮星”才能给我们一定的知识，它跟“晨星就是晨星”这个同语反复显然是有区别的。不仅像“晨星”、“暮星”这样的专有名称有含义与指称的区别，一个语句也有含义与指称的区别。一个语句的含义就是他所表达的思想，语句的指称就是语句的真值即它的真假。

罗素（Bertrand Russeil，1872—1970）提出了语义的指称论。他说：“词都具有意义，就其简单含义说，它们是代表本身之外的某种东西的符号。”[1] 罗素也认为两个表达式可以具有不同的意义却具有相同的所指者。罗素的经典例子就是“沃特尔·斯科特爵士”与“《威弗利》的作者”。这两个表达式指称同一对象，因为斯科特就是《威弗利》作者。一般说来，我们指称的任何东西都可以用很多表达式来指称，这些表达式并不具有相同的意义。罗素由此也分析了专有名称与摹状词的区别。罗素还系统地研究了逻辑悖论问题，并提出类型论以试图解决这个矛盾。

维特根斯坦（Ludwig Wittgenstein，1889—1951）早期的思想可以《逻辑哲学论》一书为代表。正是在这本书中，维特根斯坦提出了“语言逻辑”的概念。不过这里所说的“语言逻辑”不是“自然语言的逻辑”，而是指人工语言（理想语言）的逻辑。他认为“从日常用语直接得出语言逻辑（die Sprachlogik）对于人来说是不可能的。语言乔装了思想”[2]。维特根斯坦跟罗素一样，认为自然语言是一种有重大缺陷的语言，因此要求建立一种逻辑上完善的理想语言。维特根斯坦早期的语义理论是“图像论”，即指称论的一种。他说：“名称就意味着对象。对象就是它的意义。”[3]“命题是实在的图像。命题正如我们思考它的那样，是实在的一个模型。”[4]他认为，意义的标准是语句的可证实性，也就是人们可以指出或想象这个命题被证实

[1] 罗素：《数学原理》英文版，第 47 页。
[2] 维特根斯坦：《逻辑哲学论》中文版，商务印书馆 1962 年版，第 38 页。
[3] 维特根斯坦：《逻辑哲学论》中文版，商务印书馆 1962 年版，第 30 页。
[4] 维特根斯坦：《逻辑哲学论》中文版，商务印书馆 1962 年版，第 38 页。

的方法。维特根斯坦后期的思想跟前期相比有很大的改变，这可以《哲学研究》一书为代表。后期他提出了“语言游戏论”，把语言看作是一种活动。一个词的意义就是它的语言中的用法。简单地说，“意义即使用”。后期，他以普通语言代替了早期理想语言的地位。

罗素的学说与维特根斯坦早期的观点对逻辑实证主义（也称“逻辑经验主义”）的产生与发展有很大的影响。逻辑实证主义不仅重视对语形学的研究，而且重视对语义问题的研究。他们强调人工理想语言的作用。他们用精确的人工语言的方法揭示出自然语言表达中很多根本性的缺点。

卡尔纳普（Rudolf Carnap，1891—1970）在推进语义学的研究上起了一定的作用。他坚持意义的可证实性理论，这种理论要求建立一种“经验论的语言”，即一个人工语言系统，它可以免除作出不可证实的断定。命题除非有某些经验的后承，否则它是无意义的。后来“可证实性”减弱为“可检验性”和“可验证性”。卡尔纳普在《意义与必然性》一书中，将模态逻辑看作语义学的一个分支。命题的模态性质包含有必然、可能、偶然以及它们的对立面。如用L表示“逻辑地”，那么，“必然性”意味着这个语句是“L真的”，“可能性”意味着这个语句是事实上真的，“不可能性”意味着这个语句是“L假的”。他使用“L真的”概念来说明“分析性”和“同义性”的意义。两个语句如果它们相应的词项的内涵上是同构的，并且两个语句具有相同的内涵结构，那么，这两个语句就是同义的。词项当它们在逻辑上是等价的（L等价的），它们就具有内涵上的同构性，而当语句是由内涵上同构的词项和相应的指称者构成时，它们就具有相同的内涵结构。这里，卡尔纳普探索了逻辑界与语言界长期重视的语言同义性问题。

塔尔斯基（Alfred Tarski，1902—1983）将语义学看作研究一种语言的表达式以及这些表达式所指称的对象的学科，“真理性”被看作有关这个学科中的一个问题。“真的”被看作刻画语句的一个形容词。塔尔斯基将语言区分为对象语言与元语言，这不仅适用于对人工语言的分析，也适用于对自然语言的分析。为了避免语义悖论的出现，作这种区分是必要的。他主张真理的“符合论”，作为真理的定义必须以“T等式”为“实质确切性”的条件。设L代表“对象语言”，M代表“元语言”，x代表L中原初语句的名称，

p代表将这个语句转为M的一个翻译，在M中这个语句断定为真就读作："x是真的当且仅当p"。

艾耶尔（Alfred J. Ayer，1910— ）坚持逻辑经验主义的证实原则，认为任何一个有意义的命题，如果它不是分析命题，它就必须是直接或间接地可证实的。但艾耶尔也承认完全证实是不可能的，于是又提出概率的证实原则，这种概率的证实称为确证。根据概率程度的大小，艾耶尔将"可证实的"区分为"强"意义上的、"弱"意义上的。

许多逻辑经验主义者都是卓越的数理逻辑学家，他们一般都重视使用数理逻辑的方法去分析自然语言，揭示出不少在自然语言中用传统逻辑不易觉察的问题，这样，不仅促进了语形学的发展，而且促进了语义学的发展，我们反对逻辑经验主义的唯心主义哲学观点，但他们分析语言的方法却有很多地方值得我们学习和借鉴。

英国日常语言哲学学派（也称牛津学派）继承和发展了维特根斯坦的后期思想。他们认为不需要构造理想的人工语言，而要去检查日常语言的各种实际用法。在这里我们重点介绍一下斯特劳森（P.F.Strawson，1919— ）的观点。

斯特劳森提出了"预设"（Presupposition）与"蕴涵"（implication）的区别。如果S'语句是S语句为真的必要条件，那么将S与对S'的否定结合起来就产生了自相矛盾。如果S'是S的真或假的必要条件，那么，将S与对S'的否定结合起来，就属于另一类的逻辑谬误。在第一种情况下S与S'的关系称为"蕴涵"；在第二种情况下S与S'的关系称为"预设"。斯特劳森据此批判了罗素的摹状词理论，指出罗素混淆了"预设"与"蕴涵"。

除此以外，斯特劳森还特别强调分析语言必须考虑语境。语境问题后来成为语用学所重要研究的一个问题。

斯特劳森正式提出"语言逻辑"的概念。他认为我们除了要研究形式逻辑之外，还要研究日常语言的逻辑特征。如果我们想了解语言的逻辑功能，我们必须考虑的并非只是一种简单的演绎关系，我们必须考虑除了蕴涵与矛盾之外的更多的方面，必须使用除了属于形式逻辑之外的更多的分析工具。不过，斯特劳森也注意到并明确提出"日常语言没有严密的逻辑"，这说明日常语言表述的灵活性往往会造成逻辑分析上的困难。最有意思的是，罗素并不同意斯特劳森对他的摹状词理论的批评，但却完全同意斯特劳森的上述论断。

20 世纪指号学具有重大的意义。指号学（semiotics）源出于古希腊语 semeiotikos，它的意思是“指号的理论”（the theory of signs）。这个词在古希腊也有多种含义，其中一个用法是指关于“指号的推理”。中世纪它表示一种作为对语言实体研究的逻辑，或称为“话语的科学”。后来洛克使用这个古希腊词表示一种指号的或意谓的科学，它的主要内容就是逻辑。

皮尔士（Charles Sanders Peirce，1839—1914）在《作为指号学的逻辑，关于指号的理论》一书中指出，逻辑就其一般意义来说，其特征就是关于指号形式的科学。这种扩展的逻辑也称为指号学，它的内容可以分为三个部分：纯语法（或称思辨语法），逻辑自身（或称批判逻辑）和纯修辞学（或称思辨修辞学）。指号又分三种基本类型：图像（icon）、索引词（index）和符号（Symbol）。图象是一种包含所意谓的事物某些性质的指号。索引词是一种招致意念的指号，它与所意谓的事物处于动态的关系，例如敲门声标志着有人到来。符号是一种具有一致同意的内涵的指号。每一个指号都有某种程度的图像、索引词和符号的作用。

奥格登（C.K.Ogden，1889—1957）与理查兹（I.A.Richards，1893— ）在 1923 年出版了《意义的意义》一书，虽然作者不是专业哲学家，但是这本书在哲学界、逻辑学界产生了重大的影响，对以后语义学的发展起了重大的推动作用。这本书提出了符号——思想或指称——被指称者三者的关系，后来这种关系被指称为“语义三角”。这本书还分析了英语中“意义”一词的 22 种不同的含义。作者的意义理论是因果论，即认为在意义关系的各个因素之间，存在着一种因果关系。

莫里斯（Charles W. Morris，1901—1979）的主要贡献也是在指号学的领域。他在 1938 年出版了一本《指号理论的基础》，书中将指号学分为语形学、语义学和语用学三个部分。语形学研究指号之间的形式性质的关系，语义学研究指号及其指称的东西之间的关系，语用学则研究指号和它们的使用者之间的关系。这种划分为现代西方哲学所广泛接受。莫里斯还区分了纯粹指号学和描述指号学，前者涉及一般指号的分析，后者涉及对实有的符号的研究（卡尔纳普也持这种观点）。

波兰华沙学派也研究了语义学问题，并且提出了“语言逻辑”的概念。现在我们重点介绍一下艾裘凯维奇的观点。

艾裘凯维奇（K.Ajdukiewicz，1890—1963）将逻辑语形学、逻辑语义学与逻辑语用学组合在一起形成逻辑指号学，这种逻辑指号学也就是“语言逻辑”。他认为，一种语言（包括自然语言）的非形式化的逻辑语形学构成语言逻辑的一个分支，相应的非形式化的逻辑语义学与语用学也是语言逻辑的分支。

华沙学派当代代表人物佩尔茨（Jerzy pelc）则认为，逻辑指号学可以解释为比语言逻辑更广的概念，因为前者的内容不仅涉及语言和言语，而且涉及所有的指号系统，以及其他不形成系统的指号，还有各种个体指号。而逻辑指号学当设想为语言逻辑时，它就是语言哲学的一部分。

艾裘凯维奇所说的“语言逻辑”，既包括人工语言，也包括自然语言，如果将它加以适当限制，只指自然语言，就相当于我们所说的“自然语言的逻辑”或“语言逻辑”了。

1939 年美国达特茅士学院出版社出版了詹姆斯·麦凯（James Mackaye）的《语言逻辑》一书。其内容有：第 1 章，某些逻辑的预备知识；第 2 章，意义的约定；第 3 章，意义的指称；第 4 章，名称的谬误；第 5 章，歧义和它的避免；第 6 章，事物本性的本性；第 7 章，存在的本性。

麦凯在 1924 年出版的《行为的逻辑》一书的前言中曾说过：“对理性的研究最方便的是分为三个部分，相应于三种可以应用于命题的经验，就是对其可理解性的检验，对其概率的检验，以及对其效用的检验。可理解性就组成语言逻辑的内容；概率组成信念逻辑的内容；效用组成行为逻辑的内容。”正如 W.P. 蒙塔古教授在《语言逻辑》一书的“前言”中所说，语言逻辑的焦点就在于定义在明确意义中的作用。麦凯将词看作意向的导引。他将命题分为定义性命题与实质性命题，前者的作用是确立意义，后者的作用是陈述事实。意义问题可以从两方面加以研究。谈话是从人到入，交际是从心灵到心灵。这样，观念得以传播和接受。一个人说，另一个人就听与解释。对于说话者与书写者来说，问题在于小心地规定他意图使用的词的含义；当使用词的非通常的意义的时候，这一程序特别重要。

现代逻辑学中各种非古典逻辑的发展，也包含了自然语言逻辑的因素。无论是模态逻辑、道义逻辑、时态逻辑，或者问句逻辑、祈使句逻辑，以及模糊逻辑，都是对自然语言中某些语词或某些语句的逻辑性质的抽象。例如，模态逻辑就是对语句中所包含的模态记号的“必然”、“可能”等的逻辑性质的抽象。在自然语言中说：“必然要下雨”，就意味着“不可能不下雨”。加以抽象，就形成“必然 p”，等值于“不可能非 p”，这里就显出了必然性与可能性之间的内在逻辑关系。不过，这种逻辑关系一旦抽象之后，跟自然语言中相应的语词的含义并不完全一致。例如在自然语言中，当说“可能 p”时，有时也包含有“可能非 p”的意思，但在模态逻辑中却不能作出这样的蕴涵式，就会在系统内出现自相矛盾。其他几种非古典逻辑也都存在逻辑公式与自然语言中相应语词的含义一致的情况。

R. 蒙塔古在 20 世纪 50 年代和 20 世纪 60 年代写了一系列文章。他认为自然语言和人工语言可以在一个单一的像数学那样精确的理论中加以处理。蒙塔古运用元数学的工具来分析自然语言的结构和哲学问题。他集中处理了那些歧义问题。他选取英语（即蒙塔古的自然语言）中有问题的片断，给它们提供一定的语形，以及语义和语用的解释，以消除其中的歧义，这样每一个复杂短语有一个而且只有一个语形结构。蒙塔古认为最适宜的语义学是内涵的而不是外延的。内涵性导致可能世界的语义学，这种可能世界的理论在模态逻辑中得到了使用。如他将必然命题解释为在一切可能世界中为真的命题，将可能命题解释为至少在某些可能世界中为真的命题。这种语义学要求语用学处理理像指代词“我”、“你”、“他”、“这里”、“那里”那样的“索引表达式”，这些表达式的指称只有在一定的语境中才能明确。

关于语言逻辑较近的有代表性的著作是弗莱·索莫尔斯（Fred Sommers，1923— ）的《自然语言的逻辑》一书。这本书最大的特点是充分地使用了现代逻辑工具，但在分析自然语言的逻辑特性时，既不采用传统逻辑的符号，也没有简单地照抄现有的数理逻辑符号，而是独创性地构造了一套作者认为更能刻画自然语言逻辑特性的符号。如果使用剑号 †，当填入两个词项时，表示“有些是”，当填入两个陈述时，表示“并且”。又用一对

加号 +，+ 表示与剑号完全相同的功能。例如“+S+P 表示“有的 S 是 P”，而“+p+q”表示“p 并且 q”。用 –，+ 表示“每一个 S”和“如果，那么”，如“–S+P”（每一个 S 是 P）和“–p+q”（如果 p，那么 q）。在“传统形式逻辑的代数”一章中，作者列出 4 种标准直言命题的形式：

A 每 –S 是 P –S+P

E 无 S 是 P –（S+P）

I 有 S 是 P +S+P

O 有 S 不是 P +S–P

在传统形式逻辑的代数语言中，命题的一般形式是：

$$\pm(\pm(\pm\alpha)\pm(\pm\beta))$$

这里 α 与 β 是两个词项，这一般形式具有下述解释：

肯定	有的	α	是	β
否定	每一	非 α	不是	非 β

然后，作者对传统形式逻辑作出了形式描述：实质元素（词项、关系表达式和命题），形成规则（词的形成规则与命题的形成规则），变形与导出规则，传统形式逻辑中的重言式等。这里既保持了传统逻辑比较接近自然语言的优点，又发挥了现代逻辑高度形式化、从而使表述更为精确、明晰的优点，并且使用相同的符号表达了传统逻辑与命题逻辑、谓词逻辑内在的一致性。索莫尔斯的这种探索，对我们进一步研究自然语言逻辑，特别是研究汉语的逻辑，是有启发意义的。

考察语言逻辑研究的历史与现状，还要注意现代语言学界，特别是美国当代著名语言学家乔姆斯基（Noam Chomsky，1928— ）这方面的成果。从 18 世纪以来，在很长一段时期内，语言学界比较重视语形的研究，而相对忽视（或者说有意轻视）了对语义的研究，自然也忽视了对逻辑与语言关系的研究。比如，20 世纪曾相当流行的古典结构主义语言学，有人就称之为“没有意义的语言学”。过去还有一种比较流行的观念，即认为逻辑是涉及思维的科学，语言学是涉及语言的科学，两者研究的领域完全不同，认为试图将逻辑公式也看作是一种语言公式，是完全错误的，是 17 世纪所谓“普遍语法”的流毒。

20 世纪 50 年代中期以后，出现了乔姆斯基的转换生成语法，这是语言学上的一次重大革命，它不仅对语言学，而且对哲学、逻辑学、心理学都产生了深远的影响。但转换生成语法也经历了几个发展阶段。所谓转换，就是按照一定的规则把一个语言结构变成另一个语言结构，例如主动句换成被动句。所谓生成（这个术语就是从逻辑学中借来的），就是由有限的语法规则和语言要素生成无限的句子。转换生成语法开始不重视语义分析。20 世纪 60 年代，乔姆斯基对古典理论作了改进，创立了转换生成语法的标准理论，正式提出了“深层结构”和“表层结构”的概念，深层结构是抽象的结构，它确定语义解释。20 世纪 70 年代初他又提出扩充式标准理论。认为有些语义由表层语义解释规则来决定。语义学既要研究深层结构的语义表达，也要研究表层结构的语义表达。20 世纪 80 年代初，乔姆斯基又提出了管辖与约束理论。他认为要“研究出一套结构高度严谨的普遍语法理论”，显然，这种观点与 17 世纪的“普遍唯理语法”的理论有密切联系，在管辖与约束理论中，语法具有组合性，它由以下几个部分组成：

- 词库
- 句法
  - 基础部分
  - 转换部分
- 解释部分
  - 语音形式部分
  - 逻辑形式部分

他认为语义本身不止一个层次，语法只能包括其中一个层次，即所谓“逻辑形式部分”，大多数语义问题不可能在语法中得到处理。

乔姆斯基的学生比乔姆斯基更强调对语义的研究，特别是强调在语言研究中运用逻辑的方法。例如乔姆斯基之所以逐渐重视语义的研究，就是接受了他的学生波斯托尔（P.Postal）等人的建议。波斯托尔认为不能把句法和意义分开，意义是句法的一部分。他的学生雷柯夫（G.Lakoff）认为命题逻辑可以表示为转换语法中的树形结构，乔姆斯基所说的深层结构就是逻辑形式通过转换来逐步映射词项和表层结构。后来他提出生成语义学的理论，重点就在于论证探层结构就是语义结构，他甚至认为语义就是逻辑。不过后来他的观点有了重大变化，以致认为用逻辑对付人类的意义并不管用。雷柯夫还写了《语言学和自然逻辑》的论文，在其“提要”中说：“这里提供的论证表明，一种自然语言的生成语法的作用不仅是生成那种语言的合乎语法的句子，而且将它们与其逻辑形式联系起来。这个逻辑形式的概念应理解为‘自然逻辑’的形式。自然逻辑是为自然语言建立的逻辑，其目的在于表达所有可以用自然语言表达的概念。刻画出所有可以用自然语言作出的有效推理的特征，并且将它们与所有自然语言的适当的语言描写相配合。”乔姆斯基的另一个学生麦考莱（J.McCawley）还写了一本供语言学家学习逻辑的书，书名叫《语言学家总想知道而又羞于去问的逻辑知识》，它比较全面地介绍了现代逻辑的知识，如命题逻辑的语形学和语义学，谓词逻辑的语形学，涉及到的集合论与语义学，谓词逻辑的应用与扩展，言语行为与蕴涵、预设、模态逻辑，可能世界的应用，多道逻辑与弗晰（模糊）逻辑，内涵逻辑与蒙塔古语法，量化理论深入一步的论题，等等。

此外，瑞典语言学家詹斯·奥尔伍德（J.Allwood）、拉斯·冈纳尔·安德森（L.Andersson）、奥斯坦·达尔（O.Dahl）于20世纪70年代出版了一本《语言学家中的逻辑》，跟上书相比，则更为简明扼要，它不仅介绍了现代逻辑的有关知识，而且特别注意如何使用这些逻辑知识去分析自然语言。正如该书作者在第1章“供语言学家用的逻辑学”中所说的：“这本入门书的目的是为语言专业的学生和其他对自然语言的语义学有兴趣的人们提供一些基本的逻辑概念和逻辑理论。现在，这样一些知识对任何研究当代语义学的人，以及一般地研究语言学的人，都是必要的。在形式逻辑中发展起来的研究人工语言的语义学的方法，已经有效地运用于自然语言的语义学中；并且在一般语言理论中，采用逻辑和数学的方法已经变得日益普遍。”[1]以有所启发。

有些语言学家进一步研究了语言与逻辑的关系。如狄克森（R.Dixon）就专门写了《语言学家与逻辑》一书（1963年版）。狄克森考察了各种类型的逻辑方法对语言学家适用性的问题，最后提出要建立一种“理想的逻辑”，即“描述逻辑”（a descriptive logic）。

[1]奥尔伍德:《语言学中的逻辑》中文版，河北人民出版社1984年出版，第3—4页。

库坡尔（R.Cooper）所著《逻辑语言学基础》（1978年版，副标题为“信息、语言和逻辑的统一理论”）不仅一般地考察了把逻辑学与语言学结合起来，形成统一理论的问题，还提出了“自然逻辑”与“描述逻辑”的概念，所谓“描述逻辑”，也就是自然语言的逻辑。

坎普森（R.Kempson）在他所著的《语义理论》（1977年版）中也专门列有一章叫“自然语言的逻辑”，他说，除了那种二值逻辑之外，有人建议这种自然语言的语义表现（逻辑形式）建立于其上的逻辑不是二值逻辑，而是允许有第三种可能性即既不真也不假的逻辑。因此我们面临一种二者择一的选择：这种自然语言语义学的基础是一种二值逻辑；或者它的基础是一种三值逻辑，称之为预设逻辑（Presuppositional logic）。作者分析了各自所占优势的范围，这种分析对我们还是很富有启发性的。

安克尔斯密特（F.Ankersmit）所著《记叙逻辑》（*Narrative Logic*，1983年版），副标题是“史学家语言的语义分析”。作者认为，一个记叙的命题总具有两种功能，即描述过去和使一个关于过去的某个解释个体化。记叙性解释的逻辑特征的研究主要得助于莱布尼茨的命题理论。除此之外，该书还论证了关于过去的记叙性解释的隐喻特性。

苏联在20世纪50年代后期比较重视逻辑形式在语言中的表现形式，例如高尔斯基主编的《思维与语言》，阿赫曼诺夫的《逻辑形式及其在语言中的表现》，博古斯拉夫斯基的《词和概念》，以及柯普林的《判断的本性及其在语言中的表达形式》，就是其中比较有代表性的文章。在柯普林的文章中，不仅分析了陈述判断，而且还分析了问题判断和祈使判断。

20世纪60年代初期，苏联出版了《逻辑语法概论》和《逻辑与语言结构》等著作，从而使得用逻辑的方法分析语言又深入了一步。例如在《逻辑语法概论》中有一篇卡列尔·贝尔卡所著的《从现代形式逻辑观点看动词“是”的功能》，他认为，“是”具有①存在的意思；②作为系词；③表示同一；④表示相等；⑤纯语法功能等。还有朱也夫的《问题的逻辑解释》，乌耶莫夫的《同义问题和现代逻辑》。

20世纪60年代初期以后，苏联逻辑界一方面进行自然语言的形式分析，另一方面试图将逻辑语言的结构与自然语言的结构结合起来，并且建立一种中介语言。斯米尔诺娃所著《一阶内涵逻辑语义学引论》（1979年版）和《形式化语言和逻辑语义学问题》（1982年版），成功地构造了一个一阶内涵逻辑系统，它足以分析自然语言的很多语境，并且相对于二阶系统来说，它具有一个很重要的优越性，那就是它可以形式化。

20世纪80年代出现了不少关于研究自然语言的逻辑论文。如巴维梁尼斯的《语言哲学：语句态度的分析问题》（载《哲学问题》1981年第10期）和《语言分析的逻辑方法论问题，语义学和语用学》（载《哲学问题》1982年第11期）。文章认为将概念导入概念系统，就允许从自然语言中排除外延语境，其根据是任何时候当要对世界作出某种断定时，总会出现明显的或不明显的语境态度。又如格里夫卓娃的《语句的语义分析的方法论和非弗莱格逻辑》（载《自然语文的逻辑分析》）和罗多斯的《语言单子和词项理论》（同上）都谈到用非弗莱格逻辑的方式处理语义学。

通过对自然语言进行逻辑分析，苏联逻辑学界认识到，要建立一个满意的自然语言的语义学，就要求有不同于古典语义学的方法。这里可能沿着两条路线偏离弗莱格类型的语义学：一是按照跟语言表达式相比较的本质特征；一是按照实现标记关系的方式。斯米尔诺娃和非弗莱格逻辑持第一种观点，而第二种观点则是由辛提卡引入的自然语言游戏理论语义学的范围内发展起来的。

以上述西方和苏联自然语言逻辑发展的概况来看，我们可以看出它具有以下几种趋势：①从对语言表面语形的分析逐渐深入到对语义的分析；②不仅注意语句本身的分析，而且注意对语言环境的分析，也就是涉及对语用的分析；③吸取了对形式语义分析的成果，用形式化的方法揭示了自然语言中一些不易觉察的逻辑问题；④从外延逻辑逐渐发展成内涵逻辑。

从上述情况也可以看出，在国外哲学界、逻辑界、语言学界，不少学者进行过语言逻辑的探索，虽然是在不同的道路上，从不同的方向进行了探索，而且这种探索已经取得了一事实上的成果。这些成果都是值得我们认真学习、认真吸取的。

四、近年来我国关于语言逻辑的研究

我国近十年来，也开始注意语言逻辑的研究。不过，目前还只能说处于开拓阶段。

首先，这项工作受到语言学界的重视。例如王力先生作为一个著名的语言学家，不仅专门写过《论理学》的著作，而且发表过《逻辑与语法》（1940年）与《逻辑与语言》（1961年）的论文。在《逻辑与语言》一文中，王力先生说："逻辑和语言既有联系又有区别的，认识这两者的关系，会有助于我们自觉地选择恰当的词句来表达我们的思想，有助于我们从逻辑方面来分析不同词句中所包含的思想，提高我们运用逻辑和语言的能力。"吕叔湘与朱德熙两位先生合著的《语法修辞讲话》中写道"一般地说，语法要服从逻辑……"，"语法不是逻辑，虽然实际上离不开逻辑"。郭绍虞先生在《汉语语法修辞新探》一书中说道"高名凯《汉语语法论》中讲否定词部分，就是较好的例。他这部分就是语法与逻辑结合的好例。我常有这样一个奢望：语法、修辞、逻辑都是对于写作很有帮助的基本知识。由于这三种知识的关系之密，所以我希望有三部书：一部是以语法为中心，结合着修辞逻辑来写的书；一部是以修辞为中心，结合着语法逻辑来写的书；一部是以逻辑为中心，结合着语法修辞来写的书。有这样三部书，各有中心，但又相互关联，那就讲得灵活，自然切于实用了。"叶圣陶先生1980年在北京市语言学会成立大会上还特别强调："有些边缘学科更迫切需要研究，如……语言与逻辑……。"此外还有很多老一辈的语言学家关于这方面的论述，这里就不再一一引述。

逻辑学界最早明确提出要研究语言逻辑的是周礼全先生。他在1959年发表了《形式逻辑必须在马克思主义指导下大力修正》一文，文中就强调了形式逻辑与语法修辞相结合，特别强调与修辞相结合。1961年又发表了《形式逻辑应尝试研究自然语言的具体意义》一文，其中特别强调了语境问题，即语言的具体意义问题。他提出自然语言有三个方面的意义：表述客观事物的情况，是语言的表述意义；表现说话人对事物的态度，是语言的表现意义；激起听话人的行动，是语言的激动意义这跟1962年英国哲学家奥斯汀在《论言有所为》一书中所提的三种言语行为，即语谓行为、语旨行为与语效行为的含义颇有相似之处，而周文与奥斯汀的著作几乎同时发表。在1978年以后的历次逻辑会议上，周礼全先生又多次提出语言逻辑的问题，他提出语言具有两个根本性质，即指称性与交际性。“逻辑结合语言不单是用逻辑翻译自然语言，而且要研究丰富的语言中的逻辑形式。”他提出语言中的“预设”问题，他还比较系统地介绍了问句逻辑、模态逻辑、内涵逻辑与蒙塔古语法，并明确提出，今后可能要以更能刻画自然语言内在逻辑联系的语言逻辑的教学，来代替目前一般高等院校里的逻辑教学。

在这以后逻辑界有一部分人注意了这方面的研究，并且出现了不少这方面的研究成果。不仅有这方面的论文，而且有这方面的专著与译著，其中较有影响的著作有：《现代汉语逻辑初探》（三联书店版）、《逻辑学》（甘肃人民出版社版）、《说话写文章的逻辑》（教育科学出版社版）、《文章与逻辑》（北京出版社版）、《逻辑与语言表达》（上海人民出版社版），以及《语言学中的逻辑》（译自英文，河北人民出版社版）等。这说明，语言逻辑的研究在我国虽然还只是一个开端，但已经是一个结有丰硕成果的开端。不过，它终究还只是一个开端，今后的道路还是相当长的。

（原载《武汉师范学院学报》新中国成立35周年专辑）

语言逻辑与新世纪的逻辑教学

本文想谈两个问题，一个是现有逻辑教学如何改革的问题，另一个是下一世纪的非数学专业的逻辑课程应该向什么方向发展的问题。

随着社会的、经济的、科学的发展，高等学校的各科教学内容都在不断地改革、充实和提高，而逻辑学却处于严重的停滞、落后状态。逻辑学是一门基础性学科，各门学科都存在一个应用逻辑问题。不掌握先进的逻辑方法，也就难以进行别的学科的学习和研究。为求各门科学的发展，必须促进逻辑科学自身的发展，为此，进行逻辑教学、教材的改革，已经是刻不容缓的事。

最近几年我到了法国、美国、日本一些国家以及香港等地区，向国外的学术界朋友了解了他们学校逻辑教学的情况，我深深感到我国目前逻辑教学的内容与他们的相比，有着相当大的差距。据我所知，世界上在高等学校仍然讲授像我们高校这样的传统逻辑的，大概只此一家了。他们讲授的都是现代逻辑，也就是数理逻辑。我在美国时，海佛福德（Haverford）学院哲学系请我担任哲学系的访问教授，我参加了他们的一些学术活动，也听了一些课，又由于布琳玛（Bryn Mawr）学院与海佛福德是兄妹学校（它们在美国的学院中学术地位还相当高），我对这两所学校哲学系的课程作了一些了解。哲学系 4 年要开 30 多门课，其中逻辑课以及与逻辑有关的课就占 10 门以上，如：逻辑导论、形式语义学、中介（intermediate）逻辑、模态逻辑、集合论导论、数学基础、递归论、数学哲学、语言哲学、逻辑与本体论等，而其他课程的教学也多少要涉及一些逻辑问题。如我听了海佛福德学院哲学系主任甘加丁（A.Gangadean）教授的“罗素哲学与维特根斯坦哲学”的课中，就讲了很多逻辑方面的问题。而且，他们哲学系的课程并非只有哲学系的学生来选读，因为美国高等学校本科学生并不严格分系，特别是一、二年级的学生（三、四年级的学生课程有所偏重），不管哪个系的课，只要学生觉得有兴趣，有需要，都可以选读。这样学逻辑的学生每一学期都相当多。他们高等学校的传统逻辑课程已经绝迹。我到书店和图书馆去查过，像我们现在所用的传统逻辑的教材，最晚的也是20世纪60年代中期出版的，以后再也没有出版新的了。书店里还可以看到的一些像讲如何说理、如何辩论之类涉及逻辑应用方面的书，其中也包含着大量的数理逻辑的知识。他们的哲学教授个个都可以讲授数理逻辑，不仅如此，其他专业的教授讲课时也注意运用逻辑分析的方法。教授指导学生的论文，很注意他们的逻辑方法的运用是否熟练、是否严密。如果逻辑上不严密，论文是不可能通过的。在语言学课程，这一点显得特别明显。语言学教授审查学生的论文，首先就看其对语言例证的逻辑分析是否能成立，因为美国乔姆斯基学派特别强调对语言的逻辑分析。由此也看出他们教师逻辑素养之高。一个教授，特别是哲学学科的教授，如果说“我不懂逻辑”（这里“逻辑”都是指现代逻辑，即数理逻辑），恐怕是非常丢脸的。在他们那儿只听说过逻辑比较抽象、比较难学，没有听说过逻辑无用。现代逻辑在各门学科中得到运用是一件无庸置疑的事。

回过头来看我国高等学校现在的逻辑教学，基本上还停留在20世纪50年代模仿当时苏联所定下来的传统逻辑的教学模式上，内容相当陈旧（苏联在20世纪30年代彻底否定形式逻辑，将形式逻辑看作形而上学的同义词，到20世纪40年代末才有所转变，在高等学校和师范院校恢复了逻辑教学，但也只讲传统逻辑，不过在数学专业中仍然研究数理逻辑）。学生既反应难学，又反应学了无用。就是这么一点可怜的逻辑学课程，这几年也是缩了又缩，砍了又砍，包括哲学系在内，逻辑学所占比例越来越少。由此造成一种非常奇特的现象，逻辑专业教师大量转业，去教别的课程，或主要教其他课程，兼教一点逻辑；而又有不少系的逻辑课程由非逻辑专业出身的，甚至完全不熟悉逻辑专业知识的教师来教。出现这种情况大概是认为，逻辑并没有什么神秘，人人都能教。新中国成立前，清华大学哲学系的逻辑课设在大学一年级，由系主任金岳霖教授亲自把关，逻辑不及格，不能再学其他课程。相比之下，这不能不引起我们的关注。多年来每次开逻辑科学的学术讨论会，就听见不少逻辑专业教师叫苦不已，要求逻辑学会的有关人士出来呼吁，但是，靠几个学者呼吁呼吁又有什么用呢，谁来听呢？长此以往，高校逻辑课的教学质量必然会每况愈下，这不仅对逻辑科学本身发展不利，还将对各门科学的发展不利。我这只是就逻辑教学的现状而言，至于逻辑研究方面，应该承认国内仍有一些造诣很深的学者，他们不仅能及时介绍国外的最新成就，而且有所创造，有所发展。在这一方面，相对于逻辑教学来说，差距要小一些。

造成上述现象的原因，我想大概有以下几个方面，相应地我们可以采取一些办法来加以消除：

（一）国内有的学者，特别是教育行政领导干部，对本世纪，特别是近几十年来的逻辑科学的迅速发展不太了解，满足于目前这一点逻辑教学，以为只要有这么一门课开着，就算万事大吉。我很奇怪，新中国成立以来，国内物理学、化学、生物学等课程的内容都很注意吸取最新的研究成果，而偏偏逻辑教学仍然采取几十年一贯制、以不变应万变。关于现代逻辑即数理逻辑比传统逻辑优越的问题，这几年已有不少学者作了充分的论述，这里不再赘述。我认为教育行政领导部门不妨组织一个专门小组，在国内听取一下专家们的意见，如有可能，到国外去访问一次，看看其他国家究竟是怎样开设逻辑课程的，为什么要那样开设，我们与之有无差距，以作为我国逻辑课程改革的参考。

（二）目前施行的逻辑教学大纲实际上起到了阻碍逻辑教学改革的作用。这些大纲基本上就是传统逻辑的一套，有的加了一点现代逻辑的零星知识，然后要求教师按此大纲编写教材，写教案，进行讲授。编写的教材也必然大同小异。学生按此大纲限定的内容死记硬背，应付考试。考试一过，死记硬背的东西立即还给了老师。教师如果想作一点改革，就要突破大纲的要求，搞得不好学生不能通过按大纲进行的考试，反过来还要责怪教师。为此，我认为旧有的大纲应该废除，并立即组织力量（主要是熟悉现代逻辑又了解高校逻辑教学的教师）编写新的适应当前科学发展水平和教学需要的逻辑教学大纲与教材。

（三）教师也存在一个不适应现代逻辑教学的问题。已经熟悉的东西不要了，完全换成新的一套，这自然需要一个过程。中国社会科学院哲学研究所逻辑研究室的专家们主动提出由他们来办讲习班，讲授新的逻辑知识。这是一个具有相当可行性的办法。

这件事可以说是当务之急，应该在本世纪设法解决，不能拖到21世纪。

下一个问题就是21世纪非数学专业的逻辑课程（数学专业的逻辑课问题这里不讨论）应该如何发展，也就是说，高等院校的逻辑课程应该教什么。对此仁者见仁，智者见智，不好统一。我个人比较尊重中国逻辑学会会长周礼全教授的意见，即应该研究与发展自然语言的逻辑（或称日常语言逻辑，或简称语言逻辑）。

“语言逻辑”（the logic of language）首先是由英国日常语言哲学学派的代表人物斯特劳森（Strawson，P.F.）在20世纪50年代初期提出来的。他在《逻辑理论导论》（1952年版）一书20世纪前七章主要介绍形式逻辑（即数理逻辑）的基本知识，第八章提出“两类逻辑”，下分三个小节：1．形式逻辑：应用和局限；2．类型区别和形成规则；3．语言逻辑，其下又分两个小节：1．语言的流动性；2．日常言语（ordinary speech）的逻辑。在“形式逻辑：应用和局限”一节中，斯特劳森分析了形式逻辑中的逻辑联结词与日常语言使用中相应语词的区别。在斯特劳森之后，出现了不少研究语言逻辑的著作，比较有代表性的一本是美国布兰德斯（Brandeise）大学索莫尔斯（Fred Sommers）教授所著的《自然语言的逻辑》（THE LOGIC OF NATURAL LANGUAGE，1981年版）一书。此外还有《三位逻辑学家》（THREE LOGICIANS），作者恩格雷布莱岑（G. Englebretsen），他列举了逻辑史上代表三个历史阶段的逻辑学家，那就是亚里士多德、莱布尼茨和索莫尔斯。他谈到索莫尔斯时说：“从1959年开始，他发表了不少论文，他在这些论文中发展了一种‘语言－本体同构论’（Linguistic-ontological Isomorphism）的理论。这种理论，简单地说，就是由可谓述的词项之间的意义关系决定的语言的结构与由事物范畴之间的包含关系决定的本体结构是同一的。两个词项可以一种或两种可能的方式产生意义上的联结，一种是U联结，一种是N联结。当两个词项中的一个含指（span）另一个所含指的东西时，它们就是U－联结的。如果两个词项不是U－联结的，那么，它们就是N－联结的。每当一个有意义的语句，只要其中不出现范畴错误，可以用一个词项表示为它的谓词，另一个指称事物的词就表示它的主词，这时，一个词项就含指一个事物。因此可以说，每当一个有意义的语句可以表现为一个词项为主词而另一个词项为谓词时，这两个词项就是 U- 联结的。一个范畴就是一个由一普遍词项所含指的所有事物的集合……在这些论文中，索莫尔斯的大量工作在于导致建立语言的和本体论的结构（包括结构原则）以及建立它们的同构性。其结果是为哲学分析提供一种强有力的工具，它可以用于广泛的原理，以决定它们的本体论的一致性。”（第 42 页）索莫尔斯的这一“语言 - 本体同构论”在《自然语言的逻辑》一书中得到系统的论述与展开。这本书的最大特点是既吸收了数理逻辑的已有成果，又没有采用数理逻辑现有的一套符号公式，而是独创性地构造了一套作者认为更能刻画自然语言逻辑特性的符号[1]。前面所说的海佛福德学院的甘加丁教授也主张研究语言逻辑。他的一篇很长的论文，题目就叫做《谓述和语言逻辑》（Predication and Logic of Language，发表在《印度哲学季刊》1991 年第 1、2、3 三期上）。他的专著《通向普遍语法的沉思理性》（Meditative Reason toward Universal Grammar）中的第六章就题为“沉思理性与交际逻辑”（Logic of Communication）。在讲课中他也专门讲了“语言逻辑”的问题。

周礼全先生是我国第一个提出研究自然语言逻辑的人。他在 20 世纪 50 年代就已提出形式逻辑必须联系人们的实际思维，而人们的实际思维是复杂成分的统一体；形式逻辑必须与语法修辞相结合，而形式逻辑与修辞相结合是一个值得大力探索的新领域。20 世纪 60 年代初他提出形式逻辑应尝试研究自然语言的具体意义；他还提出现有的形式逻辑的软弱性问题，认为现有的形式逻辑的许多基本概念还不能充分地反映自然语言的逻辑性质。在 1978 年全国第一次逻辑讨论会上他作了《形式逻辑和自然语言》的报告[2]。在结尾时他说“形式逻辑应该向自然语言的逻辑逐渐发展，这是很有前途的。也许要经过几代人的努力，若干年后，大学中作为必修课的形式逻辑，就不是现在这种逻辑，而是自然语言的逻辑。”1980 年他在《边干边学，加强自然语言逻辑的研究》[3]中说：“我们相信，今后一二十年，自然语言逻

[1] 简要介绍见孙学钧的《萨莫斯的 TFL 系统述评》，《湖北大学学报》（哲学社会科学版），1991 年第 6 期。

[2] 记录稿发表在《哲学研究》1993 年第 12 期。

[3] 《逻辑与语言研究》第 1 辑。

辑的研究会取得重要的成果。”其后出版了一些语言逻辑的著作，但最系统、最有理论深度的是周礼全先生主编的《逻辑——正确思维和有效交际的理论》（人民出版社 1994 年版），其中许多章节是周先生自己执笔写的，其他章节（特别是后一部分）也都经过他认真审阅。全书分四个部分，共 19 章。第一部分就是第 1 章总论，标题是“语言、意义和逻辑”，这是很富有创造性的一章。在这一章中，周先生提出四层次的语义理论：第一层次是抽象语句的意义，即命题；第二层次是语句的意义，即命题态度；第三层是话语的意义，即意谓；第四层次的意义，即交际语境中的话语的意义，即意思。他说：“我们对话语的意义的分析是基于我们对话语的分析。话语可以分析为抽象语句、语句、话语和交际语境中的话语。相应地，话语的意义也可以分析为命题、命题态度、意谓和意思。”（第 22 页）我们知道，过去有各种各样的意义理论，如指称论、观念论、行为论、真值条件论、使用论等等，这些理论都适用于一定的范围，能解释一些语言现象，但又都有一定的片面性、局限性，周先生的四层次理论将上述理论的合理因素纳入一个统一的系统中，而又从不同的层次上揭示出它们之间的区别与联系。该书的第二部分包括第 2 章至第 10 章，介绍了现有的许多逻辑系统。可以说，我们现有的逻辑系统还停留在主要是研究第一层次的意义，即抽象语句的意义（命题）的阶段，部分地涉及第二层次语句的意义，即命题态度，如“断定”、“疑问”、“命令”等等。第三、第四部分是交际活动的理论。第三部分是交际活动的普遍理论，其中研究了语境、言语行为、隐涵、预设、修辞等问题。第四部分是关于谈话、讲演和辩论这三种特殊的交际活动的理论。这两部分涉及话语和交际语境中的话语的意义，即意谓和意思。人们在交际活动中真正要理解的是说话者的意思，而这一点依靠现有的形式逻辑工具是无法得到的，这也正是语言逻辑所要研究和解决的问题。周先生说：“总的来说，本书的重点是成功交际的理论。”他还说：“自然语言是交际活动中的主要工具，因而本书在讲述成功交际的理论时也以自然语言作为主要的研究对象。所以，本书是一本自然语言逻辑的著作。自然语言逻辑对于提高正确思维和成功交际的能力起着特别重要的作用。”（第 27 页）从上述论述中可以看出，语言逻辑并不是现代逻辑（数理逻辑）的对立物，而是它的补充和发展。也就是说，没有现代逻辑作为基础，就不可能从事真正语言逻辑的研究。另外，我们也知道，语言逻辑也是亚里士多德逻辑传统的继承，因为亚里士多德除了建立他的三段论理论，即证明的推理，还研究过论辩的推理，而这一传统长期遭到忽视，一直到近年才受到重视。语言逻辑研究的就是亚里士多德所说的论辩的推理部分，这种论辩的推理正如在亚里士多德那里一样，并非与证明的推理绝然对立，而是相辅相成。同时我们也看到，研究语言逻辑，并非只是我们中国学者在孤立地进行，而是国外也有不少同道，他们甚至比我们起步更早。不过，在我接触的语言逻辑的著作中，我认为周先生主编的这部书，可以说是现今语言逻辑具有最高成就的书。当然这并不是说语言逻辑已经到此停步，不可能再前进了；正好相反，我认为，这本书只能说是为进一步研究语言逻辑奠定一个基础，作了一次启蒙，指明一个方向，而这一个基础、启蒙、方向却是非常重要的。据我所知，周礼全自己也正在作进一步的思考。从现有的成就到真正建立完整的、系统的语言逻辑，还有相当长的距离。这只有等待年轻的逻辑工作者在21世纪来完成。我相信，21世纪是语言逻辑从萌芽走向成熟的世纪。正如周礼全先生所预言："若干年后，大学中普遍作为必修课的形式逻辑，就不是现在的这种逻辑，而是自然语言的逻辑。"我个人相信，这一天会来到的。为此，我认为，逻辑课程的进一步改革，应该对此有所理解。

（原载《社会科学战线》1996年第4期）

要研究自然语言的逻辑

——兼评《现代汉语逻辑初探》

三联书店 1979 年出版的陈宗明同志的《现代汉语逻辑初探》一书，具有一定理论深度，写得形象生动，值得广大语言工作者与逻辑工作者阅读。这本著作结合现代汉语来研究逻辑，提出了一系列新的问题。本文想就这本书提出的某些问题谈一些看法。在探讨这些问题的同时，也对该书进行一些评论。

一、提出“现代汉语逻辑”或“自然语言的逻辑”这个概念有没有科学根据?

在该书发表以前，很少有“现代汉语逻辑”这个提法。这是因为一般人都认为“现代汉语”与“逻辑学”作为两门学科所研究的对象是不同的，最明显的差别就是语言具有民族性，而逻辑思维对不同的民族来说却具有共同性。如果提出“现代汉语逻辑”这个概念，似乎就会承认有一种不同于其他民族的特殊的汉民族的逻辑。提出“现代汉语逻辑”这个概念，以及相应地提出“自然语言的逻辑”这个概念（因为汉语是一种自然语言，所谓自然语言是指相对于人工符号语言而言的，在人们日常交际中普遍使用的语言），究竟有没有科学根据？的确，各民族逻辑思维具有共同性。但是，既然思维都通过一定的语言才得以实现，那么，语言具有民族特点，人类共同的思维形式通过某种民族语言表现出来时具有某种民族特点，这却是完全可能的。

举一个简单的例子来说。性质判断中有一种叫做全称否定判断，如汉语中的“所有的侵略战争都不是正义战争”就属于这一类，其一般公式表述为SEP，其中 S 代表判断的主项（如“侵略战争”），P 代表判断的谓项（如“正义战争”），S 和 P 在不同的语句中可以用不同的具体词项来替代，所以称为逻辑变项，E代表具体词项之间的某种固定的关系，即“所有的……不是……”这么一种关系，所以称为逻辑常项。全称否定判断的公式用汉语来表述是“所有的S都不是P”，除了有S、P与“所有的……不是……”外，还增加了一个副词“都”，这个“都”在自然语言中虽然有时可以省略，但省略之后念起来总不太自然，使人感到这样就不能把“所有的”这一全称量词的含义充分表达出来。如果一定要省略，省略“所有的”而保留“都”，反而更自然些。这种用副词“都”来表达全称量词“所有的”，除了汉语以外，在其他自然语言中似乎是少见的（至少在英语与俄语中没有这一现象）。用英语来表述SEP的公式不是“All S is not P”（直译相当于汉语的“所有的S不是P”），而是“No S is P”（直译相当于汉语的“无S是P”）。原因在于“All S is not P”从修辞上往往意谓“Some S is not P”（有些S不是P）。所以如果用“All S is not P”，我们汉民族的人从直译的角度看来，它似乎很合SEP的原意，实际上它是有歧义的，而用“No S is P”来表述却非常准确。至于俄语，它不用“Bce S не суть P”的公式，而用“Ни одно S не есть P。

通过这种对比，我们发现即使是表述逻辑公式（这是各民族共同的），一涉及某种民族自然语言，就会出现某种民族自然语言的特点。我们汉民族的人往往会觉得“所有的S都不是P”这样的语句最完整地体现了SEP的含义，甚至以为这就是人类共同的逻辑思维形式，这是不确实的。我们只能说“所有的S都不是P”只是现代汉语的一种逻辑思维形式，它只是人类共同的逻辑思维形式的一种特殊表现形式。既然存在这么一种特殊表现形式，那么，提出一种“自然语言的逻辑”（对于现代汉语来说，就是“现代汉语的逻辑”），就有其客观基础、客观根据了。

如果只就这一方面提出“自然语言的逻辑”，则似乎它早已存在，虽然那时没有提出这一概念。因为传统逻辑，从亚里士多德开始，就是从自然语言中概括出逻辑形式与逻辑规律的（当然，亚里士多德的逻辑著作中已开始使用符号语言）。逻辑学紧密结合自然语言，这一传统一直继承到数理逻辑创立之前。即使在数理逻辑创立之后，一般高等院校所讲授的普通形式逻辑，仍然非常注意抽象的逻辑如何在自然语言中表达的问题。因此，在某种意义上可以说，传统逻辑都是自然语言的逻辑。但是。现在提出的“自然语言的逻辑”，它是现代逻辑学与现代语言学高度发展的结果，是两者的结合所产生的一门边缘科学。

从逻辑科学来说，自从17世纪德国著名的哲学家莱布尼茨提出创造普遍语言和推理演算这两种工具以来，特别是19世纪英国数学家兼逻辑学家布尔创立布尔代数以来，数理逻辑得到迅速发展。数理逻辑的一个很大特点就是使用人工符号语言以代替自然语言，这是因为，很多数理逻辑学家们认为自然语言存在歧义性、模糊性等缺点。但是数理逻辑发展到一定阶段，又反过来使逻辑学家们认识到自然语言的重要性。这是因为人工语言不管怎样严密精确，它也必须以自然语言为基础，在人们日常交际中更普遍使用的还是自然语言。自然语言虽然具有模糊性，但这不一定就是缺点，而从自动控制与人机对话的角度来说，也需要深入研究自然语言。不仅如此，数理逻辑由于本身严密性的需要而对人工语言进行的研究，反过来又为研究自然语言提供了方法论的基础。从传统逻辑重视对自然语言的研究，到数理逻辑重视对人工语言的研究，再重新回到重视对自然语言的研究，使我们在一定程度上看到了唯物辩证法否定之否定规律的威力。这种螺旋式的前进方式使逻辑科学在更高的基础上重复了最初阶段的某些特征，体现出人类的逻辑思维最终要以自然语言作为它的物质外壳的特点。

从语言科学来看，同样存在一个否定之否定的过程。古代，语言学都和逻辑学密切结合在一起。中世纪在欧洲就是企图在逻辑的基础上建立语法的。到17世纪法国出版一本《唯理普遍语法》（也称《保尔—罗亚尔语法》，由亚尔诺与兰斯洛合写），就是以同时出版的《保尔—罗亚尔逻辑》（由亚尔诺与尼科合写）为基础。正如法国语言学家梅耶所说：“直到18世纪，普遍语法只是逻辑的延长。”到19世纪由德国语言学家洪保特开始建立普遍语言学，他极力反对当时流行的所谓“普遍语法”的观念，反对语法要以逻辑为根据的观念。19世纪末20世纪初，瑞士著名语言学家索绪尔将语言现象分成言语行为、言语和语言三样东西，他认为语言是一种符号系统，而语言学正是以语言作为自己的研究对象。索绪尔虽然推崇《保尔—罗亚尔语法》，但他反对那种用语言去迁就逻辑的作法。索绪尔的理论后来发展成结构主义的语言学，这一学派把研究语词意义的语义学放在不重要的地位，甚至否认语义学是语言学的一个分支。美国的布龙菲尔德就提出："任何形态单位都可以充分描写，只有它的意义除外。"所以，他的语言学就被称为"没有意义的语言学"。20世纪50年代美国的诺姆·乔姆斯基提出转换生成语法的理论。他认为句子具有深层结构与表层结构，表层结构是由深层结构转换生成的，深层结构决定语义，表层结构与语义无关。乔姆斯基在逻辑学方面有较好的素养，他运用数理逻辑所使用的形式语言把语法系统高度形式化，他强调在语言分析中使用演绎的方法，强调继承17世纪的《唯理普遍语法》的方法。有的语言学家认为，乔姆斯基所说的深层结构就是逻辑结构。由转换生成语法进一步发展又产生了生成语义学派，这一学派认为应该取消深层结构而代之以语义结构，而语义结构与逻辑结构并没有什么两样。生成语义学派中有一位叫乔治·莱柯夫的语言学家，就直接提出"自然逻辑"（即"自然语言的逻辑"）的概念。他在《语言学与自然逻辑》一文中就试图证明：一种自然语言的生成语法的作用，不仅要生成这种语言的合乎语法的语句，而且要使这些语句与逻辑形式联系起来。"逻辑形式"这个概念，准确地说就具有"自然逻辑"的意思，即一种自然语言的逻辑，它的目的在于表达在自然语言中所有可能表达的概念，刻画所有在自然语言中所能作出的有效推理，并且使之与所有自然语言相应的语言学描写相吻合。"自然语言的逻辑"这一概念首先是由语言学家提出来的。由此我们也看到，语言学的发展也经历了由语言学与逻辑学密切结合到日益分离、又再次结合的过程。但这种结合是在高级阶段以新的方式进行结合。

关于语言学与逻辑学结合起来进行研究的问题，在我国也一直受到老一辈语言学家和逻辑学家的重视。例如，王力先生不仅专门写过《论理学》著作，而且在1940年发表过《逻辑与语法》，1961年发表过《逻辑与语言》的论文。1980年在北京市语言学会成立大会上，叶圣陶先生还特别强调："有些边缘学科更迫切需要研究，如……语言与逻辑。"在我国逻辑学界，也早有同志注意到这个问题。例如中国人民大学1959年出版的《形式逻辑》就开始比较系统地探索一些思维形式的汉语表达形式问题。陈宗明同志的《现代汉语逻辑初探》正是响应上述老一辈语言学家与逻辑学家的号召而进行的一次具体实践，是对上述传统的继承与发展。

二、“自然语言的逻辑”究竟要研究些什么?

我们研究“自然语言的逻辑”，主要是研究“现代汉语的逻辑”。陈宗明同志一书提出：“现代汉语逻辑是研究思维在现代汉语中的表现形式。”他将全书分为上下编两大部分：上编是“词句的逻辑”，分析了“思维和语言的矛盾”、“概词”、“命题”、“推论”；下编是“文体的逻辑”，分析了“论说文的逻辑”、“记叙文的逻辑”、“文艺作品的逻辑”。他所说的“概词”、“命题”、“推论”以及各种“文体的逻辑”都体现了现代汉语的特点。而在这种民族语言的逻辑中，自然也体现了自然语言逻辑的一般特点。

现在谈谈我们对“现代汉语逻辑”（“自然语言的逻辑”）研究内容的初步意见：

1. 如何给词下定义的问题。现在一般教材中只提到（或主要提到）真实定义的方法，即利用属种关系给词下定义。但很多词不便于用这种方法，必须找出下定义的多种途径。例如，揭示词的外延也是一种定义方法，而且是一种使用得相当普遍的定义方法。我们现在举给单词下定义的例子较多，而举给复杂词组下定义的例子却很少（复杂词组从思维上讲只表达一个概念），于是就存在一个如何给复杂词组下定义的问题。例如，如何给“百花齐放、百家争鸣的方针”这一词组下一个简单明确的定义？很多词语的外延不太确定，如“中等个子”如何下定义？此外，还有虚词问题。一般认为虚词不表达概念；如果不表达概念，它表达思维中的什么？它有没有一定的意义？语法功能是否也算一种意义？虚词能不能下定义？有人提出“语境定义”的方法，如给“只有”这个连词下定义，就先指出“只有”的语境，如“只有动物才是牛”，然后用“所有的牛都是动物”这个语句给“只有动物才是牛”的意义作解释，这样就给“只有”下了定义。

2. 修辞手法与词义表述问题。某些词在一定的语境中，特别是在某种修辞格的语境中，它的词义会发生一定的变化。例如在借代、拈连、反语中所用的词的词义，都跟这个词的原义不一致或不太一致。这种在一定语境中出现的词义变化应如何理解？逻辑上应说明这样的词怎样使用就恰当，怎样使用就不恰当。

3. 各种语句所表达的思维形式问题。目前逻辑教材的解释都过于简单。例如，一般教材所说的联言判断（它是由几个简单判断借助逻辑联结词“并且”结合而成的），它的真假值不依赖于联言肢的次序。如“张三很聪明，并且很用功”，与“张三很用功，并且很聪明”是等值的。但在自然语言中，特别像在现代汉语这种强调语序的自然语言中，语序的变化往往会产生语义的变化。如说“我去了，并且看到了他”，颠倒成“我看到了他，并且去了”，语义就有所变化，在某种语言环境中它甚至是不恰当的或虚假的。这里涉及语句的真实性与恰当性的关系问题。真实性与恰当性是两个既有联系但不完全等同的概念。有些语句既真实又恰当，如“北京是中国的首都”；有些语句虽不真实但是恰当的，如“白发三千丈”；有些语句既不真实也不恰当，如“白发三千万丈”。恰当性这个概念，自然语言的逻辑应该研究。再如预设与语句的真假问题。例如说：“我回来半个月了”，预设“我出去过”；“我最近好多了”，预设“我病过”。如果我根本没有出去过或没有病过，前两句就不仅无所谓真假，甚至没有意义。还有修辞手法与语句含义问题。如比喻，语句的表面形式与内在含义不一致。还有一些模糊语句，如哈姆雷特对他情人莪菲丽雅所说的一段疯话，其真假值与含义问题。有些复句所表达的思维形式问题，如“如果……那么……”“只有……才……”“与其……不如……”“宁可……决不……”“无论（不管）……都……”“否则”等连词所连结的复句究竟表达一种什么逻辑关系。还有汉语中的语序的逻辑意义、逻辑量词和摹状词问题，以及感叹句、祈使句、疑问句的逻辑问题，这些都有待深入研究。

4. 汉语中的语词歧义与语句歧义问题。如歧义产生的原因，避免歧义的方法，以及歧义的有意使用等。消除歧义现象是使语言严密的一个重要因素。因此，自然语言的逻辑应该讨论这个问题。

5. 推理问题应是逻辑的中心问题。有人就将逻辑学定义为关于正确推理的科学。自然语言的逻辑自然也应着重研究推理以及推理形式在语句中的表达问题，特别是在句群中的表达问题。这里所说的推理不局限于三段论式，实际上在自然语言中，三段论不是惟一的甚至不是主要的推理式。目前一般语法教材只分析到复句，面对句群没有给以足够的重视，有的逻辑教材虽然也分析所谓文章的篇章结构，但往往只注意思想内容上的联系，而忽视语言形式上的特征。我们认为，句群的内在联系，比较突出地体现出逻辑推理上的联系，当然也不容忽视从语言形式上加以分析。为此，语言与逻辑应在这个领域更密切地结合起来。

6. 还有其他方面的一些问题。例如，逻辑思维与形象思维的关系问题，特别表现在文学创作中的逻辑结构以及其真假值的问题。语言与思维的表里关系问题。有没有语言的深层结构这么一个东西？如果有，如何分析它的结构？它是否就是我们平常所说的逻辑结构？它如何转换成表层结构？特别像在比喻、反语以及汉语所特有的歇后语中，如何由深层结构转换成表层结构？乔姆斯基所说的深层结构是否为各民族语言所共有？能不能找出一个为各民族语言所共有的深层结构？此外，还有幼儿成长过程中语言与逻辑思维的形成与发展过程是怎样的，以及有没有无语言的逻辑思维等问题。

我们高兴地看到，陈宗明同志的著作对上述问题中的很多方面进行了探索。例如，他提到了“语言的表里”这个具有深刻理论意义的问题。他研究“多义词、同音词、同义词和反义词的逻辑问题”很有特色。他提出“概念与词义不是彼此相同，而是彼此相通的”。他提到“多义词有基本义和引申义的区别。基本义的存在，说明多义词的各义之间还具有某种共同的概念义素。一系列的引申义围绕基本义，形成概念束。这种概念束的内在联系，表现在概念的内涵和外延上。”这里“义素”与“概念束”的提法，对我们分析词与词的关系、词与概念的关系很有帮助。他还分析了句群形式的推论。这本书的特色更表现在它分析了各种文体的逻辑。他将篇章结构的逻辑关系归结为以下几种：平行关系、递进关系、接续关系、过渡、穿插、照应和伏笔，以及“总 – 分、分 – 总和总 – 分 – 总”等。他在“文学作品的逻辑”一章中，指出：“文学作品的逻辑的特点是寓逻辑于形象之中。”他指出其中包含有“主题与题材的逻辑”、“情节的逻辑”、“结构的逻辑”、“意境的逻辑”等。这些都是在其他逻辑教材中少见而值得我们认真学习的。

这本书也有不足之处。例如，在“概词”这一章中，根本不谈定义。在“命题”一章中有“命题的改造”一节，提到像“南京在长江南岸”这样的语句可以改造成“南京（是）在长江南岸（的城市）”；“乌鸦的形象并不美”改造成“乌鸦的形象（不是）美丽（的）”；“儿童是人类的花朵”改造成“儿童是天真烂熳的，像花朵一样地可爱”。一般逻辑教材都提到这么一种改造，但如果深入思考一下，就会发现：①这种改造是否一定需要？②改造根据什么原则？③有没有一种统一的改造方法？④如何验证语句改造前后的等值性？我们一般都会感到，经过改造后的语句，都不太符合自然语言的习惯。这种做法往往会引起有些人对逻辑形式有效性的怀疑。不足之处还表现在该书在“推论”一章中基本上只谈直言三段论，没有涉及其他的推理形式。

三、应该怎样来研究“自然语言的逻辑”？

1. 广泛地、系统地收集自然语言材料，用一定的逻辑手段对它们进行分析。当前我们编写的一些逻辑教材，用例大部分是作者自编的，使人感到它们很不合自然语言习惯。有些话可能来自现实生活，但为了适应逻辑公式的需要，经过一砍再砍，也变成一些谁也不会这么说的话。那种不自然的自然语言就变得既没有自然语言的丰富性、现实性，也没有人工语言的精确性。将自然语言的逻辑这门科学建筑在这样一些不自然的语言的基础上，它就很难成为一门真正的科学。因此，收集经验材料的工作，是研究自然语言的逻辑很重要的一步。但只是收集材料还是不够的，我们还需使用一定的逻辑手段（包括传统逻辑的和数理逻辑的）对这些材料进行分析。我们这样做会立即发现，有些语句可以分析，有些分析起来就有困难。例如，像“青年应该热爱祖国”这么一句话，如果加以改造的话，就成为“（所有的）青年（都是）应该热爱祖国（的）”，这样将“应该”这个模态词混在谓项之中，语句的模态意义就被完全抹杀了。为了突出这类语句的模态语气，有的逻辑学家就运用数理逻辑的形式化方法专门分析了自然语言中的这类模态，并建立了道义逻辑（deontic logic）的系统。“应当”与“允许”就是道义逻辑的两个算子，如以“O”代表“应当”，“P”代表“允许”，“p”代表一个命题，这样，“Op”读作“p是应当的”，“Pp”读作“p是允许的”，Pp与Op之间有这样一种逻辑关系，即 $Op \equiv \sim P \sim p$（≡表示逻辑上“等值”，即前边的命题真，则后边的命题也真，前边的命题假，则后边的命题也假，反之亦然；~表示“非”）。这就是说：“p是应当的”在逻辑上等值于“非p是不允许的”，像刚才那句话就是“青年热爱祖国（p）是应当的”在逻辑上等值于“青年不热爱祖国（~p）是不允许的”。这种道义逻辑系统就是一种自然语言的逻辑。

2. 将几种自然语言进行对比研究，从而发现现代汉语的某些逻辑特征。例如，英语有冠词，汉语没有冠词；英语动词的时态形式比较发达，汉语的动词缺乏时态形式；英语复合句有各种从句形式，汉语没有这种以一定的关联词所连结的从句形式。英语中这部分的逻辑意义在汉语中如何表述，这是自然语言的逻辑所要研究的。国外有些逻辑学家与语言学家就英语动词的时态形式建立了时态逻辑，他们使用F、H、G和A四个时态算子：F代表确定的将来时态算子（指将来的某一确定的时间）；H代表确定的过去时态算子；G代表不确定的将来时态算子：A代表不确定的过去时态算子。国内也有同志在研究汉语的时态逻辑，他们引进三个时态算子：F代表将来时态算子；P代表过去时态算子；T代表现在时态算子。这样，像“延安曾是党中央所在地”、“今天我很高兴”、“第四次全国逻辑讨论会将要召开”这三句话可以表述为“P（延安是党中央所在地）”、“T（我很高兴）”、“F（第四次全国逻辑讨论会召开）”。这些算子还可以进行组合以表达各种复杂语句的时态。

3. 充分利用数理逻辑对人工语言的语形、语义、语用研究中的成果，来研究自然语言的语形、语义和语用。不仅语言学要研究语言的语形、语义和语用，逻辑学也要加以研究。二者的研究可能有侧重点的不同，但相互之间总存在密切的联系，而这种对自然语言的研究实际上又是数理逻辑对人工语言研究的扩展。从逻辑学的角度去研究自然语言的语形、语义和语用，这应划归自然语言逻辑的范围。

由上述三个方面可以看到，进行自然语言逻辑的研究，就要具有数理逻辑和现代语言学两方面的基本知识。目前，广大的语言工作者与逻辑工作者比较熟悉传统逻辑的方法，而不太熟悉数理逻辑的方法。我们承认，运用传统逻辑的方法来分析自然语言，当然仍可以取得一定成果，但传统逻辑确实有它的局限性，例如它对思维形式的表述往往不够精密与准确，它的重点在于一些主宾式语句和三段论推理，而对其他语句（包括疑问句、祈使句、感叹句等），对语句的量词、摹状词，以及关系判断、关系推理和其他推理式，则置于视野之外。数理逻辑广泛地探索了并精确地分析了很多传统逻辑所未探索过的逻辑问题。例如上面已经提到的道义逻辑与时态逻辑的问题，都使用了数理逻辑的形式化方法，这些都是传统逻辑所来考虑过甚至是无法考虑的问题。上面我们也已经提到，在数理逻辑中发展起来的研究人工语言的语义学方法，已经有效地扩展到自然语言的语义学研究中去，以至一般的语言学理论的研究中去。美国的乔姆斯基就把一种描述形式语言结构的语法（由美国逻辑学家波斯特所发展的）运用到自然语言中去。为此，学习数理逻辑的基本知识，是自然语言逻辑工作者所必须考虑的。另外学点现代语言学方面的基本知识，也有利于我们进行借鉴。不过，我们也决不反对运用传统逻辑或传统语言学的方法去进行自然语言逻辑的探索，我们决不要求“定于一尊”。各人可以按照各人的设想去探索自然语言逻辑的问题。即使我们学习数理逻辑，也要看到数理逻辑本身还是一个不断发展的东西，它也不可能将自然语言中的全部逻辑公式、逻辑规律充分揭示出来。

（原载《中国语文》1981 年第 5 期）

内涵逻辑简介

一、内涵逻辑的发展概况

内涵逻辑是一种非古典的逻辑系统，它是在古典逻辑（语句逻辑与谓词逻辑）的基础上发展起来的，但它跟古典逻辑又有很大的不同。不同就在于古典逻辑只重视表达式的外延而不考虑表达式的内涵，它完全是一种外延性的逻辑；而内涵逻辑，不仅重视表达式的外延，也重视表达式的内涵，并且探索外延与内涵的内在转化关系。古典逻辑由于只重视表达式的外延，因此同人们用自然语言所表达的实际推理过程有一定的距离。例如，语句逻辑（通称命题逻辑）中就出现所谓蕴涵怪论。如说“任何语句蕴涵真语句”（用公式表示就是 $p\rightarrow(q\rightarrow p)$）。这样的话，像“如果上海是个大城市，那么，如果 2+2=5，则上海是个大城市”这样的语句就要被看作是真的（蕴涵怪论除这之外，还有别的）。这跟一般人所用的“如果……那么”的语句显然有相当的距离。出现这种怪论的原因，就在于语句逻辑只注意语句之间的真值（外延）关系，而完全不考虑语句之间的意义（内涵）上的联系。

此外，还有一种为古典的逻辑学家们所特别强调的观点，即认为人工的形式语言与自然语言是根本对立的，形式语言的单义性这一优点是任何自然语言所不具备的，因此，逻辑只有运用形式语言才能保持其精确性，并且，也只有以形式语言为其研究对象。自然语言不适宜于作为科学表述的语言，逻辑学家也不可能用建立与解释人工的形式语言的方法来处理自然语言。不过，经过一些逻辑学家的深入研究，发现形式语言与自然语言之间的沟壑也不是那么深的。为此，有些逻辑学家认为有必要也有可能冲破外延与内涵的壁垒、形式语言与自然语言的壁垒，于是开始探索内涵逻辑的问题。

第一个比较深入细致地研究并试图建立内涵逻辑的是丘奇，他在

1951年就发表了《含义和指称逻辑的公式表述》一文。卡尔纳普独立地提出内涵对象等同于从可能世界到适当种类的外延的函项，他将可能世界等同于模型。卡普兰指出了丘奇系统中的某些缺点，提出一个修正的理论，但是卡普兰的系统仍然遇到不少困难，主要原因在于他采纳了卡尔纳普的将可能世界等同于模型的建议。后来霍瓦尔德、卡普兰与斯科特又在这个主题上作了进一步的探索。而蒙太古所建立的内涵逻辑系统，是这些系统中惟一严格的内涵系统。

不过，整个说来，内涵逻辑研究的时间还不长，在我国这更是一个薄弱的环节，有很多问题还有待进一步探索。特别是如何将蒙太古这种高度形式化的内涵逻辑系统用来分析像汉语这种形态发展的不充分的自然语言，将是一个全新的而又很有意义的课题。

二、外延性原理及其局限性

为了理解内涵逻辑产生的原因，我们在比较系统地介绍内涵逻辑之前，先谈谈什么是现代逻辑所指的外延，以及外延性原理和它的局限性问题。

对于古典逻辑演算、集合论和算术来说，有一条普遍适用的基本原理，那就是外延性原理。但要理解什么是外延性原理，必须首先理解什么是外延。古今逻辑学家曾经给予过很多不同的定义，但从现代逻辑的观点看来，下述定义是肯定可以成立的：

一个个体常项t的外延就是t所指称的那个个体。如果t是专名，那么其外延就是由t所命名的那个个体。如果t是有定摹状词。那么其外延就是那个被摹状的对象。

一个谓词F的外延就是F可以真实谓述的那些实体的类。一个n元谓词的外延就是那个谓词所谓述的有序n元组的类。

一个语句的外延就是它的真值。

一个函项符号的外延就是那个函项的真值分布，也就是那样一些对偶的类，那些对偶中的第一个成员属于函项的定义域，第二个成员则属于它的值域。

总之，外延就是相应变项的值：个体是个体变项的值，个体的类就是一元变项的值，真值就是语句变项的值。

我们理解了什么是外延，就可以进一步理解什么是外延性原理。设 E 是一个语言的表达式，e 是 E 的一个合式部分，外延性原理就是：如果 e 在 E 中由一个跟 e 具有相同外延的表达式所替换，那么 E 的外延仍保持不变。外延性原理也可以称为可交换性原理。

例如，设 E 是一个语句表达式："鲁迅是浙江人"，其中"鲁迅"是一个合式部分 e，而"《阿 Q 正传》的作者"跟"鲁迅"具有相同的外延，如果以"《阿 Q 正传》的作者"替换上述语句中的"鲁迅"，则上述语句的外延即它的真值保持不变，也就是说："鲁迅是浙江人"是一个真语句，"《阿 Q 正传》的作者"也是一个真语句。

这条外延性原理在命题演算和谓词演算中是适用的，但是并非在一切自然语言的语境中都是适用的。例如，下述语句：

"张明知道《阿 Q 正传》的作者是浙江人。"（E）其中包含 e："《阿 Q 正传》的作者"，根据外延性原理，e 可以为 e' 所替换，e' 为"《伤逝》的作者"，这样就产生了语句 E'：

"张明知道《伤逝》的作者是浙江人。"（E'）

但是，这种替换并不一定能保持 E 与 E' 两个语句具有相同的值（即外延）。张明可能知道《阿 Q 正传》的作者就是鲁迅，而鲁迅是浙江人，也就是说 E 语句为真，但张明完全可能不知道《伤逝》的作者也是鲁迅，因此，E' 语句可能不是真的而是假的，虽然，实际上"《伤逝》的作者"与"《阿 Q 正传》的作者"具有相同的外延，即都指同一个个体——鲁迅。

那么，这种不能保持真值的原因在哪里呢？原因之一就在于 E 与 E' 中的两个有定摹状词"《阿 Q 正传）的作者"与"《伤逝》的作者"外延相同而内涵不同。前者描述的是：有那样一个人，他著有《阿 Q 正传》一文；后者描述的是：有那样一个人，他著有《伤逝》一文。除了这个原因之外，还有一个原因，就在于 E 与 E' 两个语句为两个有定摹状词提供的是与一般陈述句不同的语境。一般陈述句（如"鲁迅是浙江人"）往往是以专名、有定摹状词或谓词的外延作为外延，我们将这种语境称之为外延语境；这里 E 与 E' 是以有定摹状词的内涵作为外延，我们将这种语境称之为内涵语境。一般以表达式的外延作为外延，这时外延性原理完全起作用；但在有的情况下，不以通常为其外延的东西作为外延，而以通常为其内涵的东西作为外延，这时外延性原理就不起作用。例如，如果张明既知道《阿Q正传》的作者是鲁迅，也知道《伤逝》的作者是鲁迅，还知道鲁迅是浙江人，那么，上述E与E'两个语句都是以两个有定摹状词的通常情况下是外延的东西作为外延，这样进行摹状词替换，E与E'保持其真值，外延性原理起作用；而如果张明知道《阿Q正传》的作者是鲁迅，鲁迅是浙江人，但是并不知道《伤逝》的作者是谁，也就是说不知道"《伤逝》的作者"的确实外延作为外延，而是以这个有定摹状词的内涵作为外延，这时，外延性原理在此就不起作用。

造成这种不同语境的原因主要在于谓词的性质不同。在日常语言中，有些谓词主要关注的是它的外延，我们将这种谓词称为外延性谓词，如"吃"、"喝"、"杀"、"打"等；有些谓词主要关注的是它的内涵，我们将这种谓词称为内涵性谓词，如"知道"、"认识"、"了解"、"相信"等。我们可以举例说明这个问题。古希腊斯多亚派曾经提出过一种悖论，称为厄勒克特拉悖论，其情节是这样的：奥列斯特回家来了，他的妹妹厄勒克特拉不认识他，但是厄勒克特拉又知道奥列斯特是她的哥哥，于是就出现了这样一个推理：

（a）前提：厄勒克特拉不知道站在她面前的这个人是她的哥哥；

（b）厄勒克特拉知道奥列斯特是她的哥哥；

（c）而站在她面前的人就是奥列斯特；

结论：厄勒克特拉既知道又不知道这个人是她的哥哥。

这里谓词"知道"是内涵性的，因此将外延虽同而内涵不同的词项任意作替换，就可能产生悖论。如果我们将这个推理式改为这样：

（a）前提：厄勒克特拉杀死了站在她面前的人；

（b）站在她面前的人是她的哥哥奥列斯特；

结论：厄勒克特拉杀死了她的哥哥奥列斯特。

这里谓词"杀"是外延性的，因此将外延相同而内涵不同的词项作任意替换并不产生悖论，这个推理式完全有效。由此可见，外延性原理是有局限性的。逻辑学不能只研究表达式的外延，它也得在一定时候考虑内涵。于是除了有外延性逻辑之外，还有非外延性逻辑，即内涵逻辑。

三、内涵与内涵逻辑

前面我们主要谈到表达式的外延及外延性原理，现在我们要谈表达式的内涵问题。在现代逻辑中，内涵具有比传统逻辑所说的更为广泛与深刻的意义。什么是内涵？从现代逻辑的观点看，内涵就是从可能世界到外延的函项。换句话说，内涵是一种工具、一条原则，人们借助于它在每一个可能的情况（逻辑学中更多地用“可能世界”这个术语）中将那些作为表达式外延的对象准确地识别出来。

前面已经说过，一个语句的外延就是这个语句的真值。现在可以说，一个语句的内涵就是一个从可能世界到真值的函项，它可以将每一个可能世界中的某个真值联结起来，那个真值是该语句在那个可能世界中所具有的。有的逻辑学家将语句的内涵称为命题。

一个个体常项符号的内涵就是一个从可能世界到个体的函项，它将每一个世界中的某个个体联系起来，那个个体正是该常项在那个可能世界中所指称的东西。例如，“鲁迅”是一个个体常项符号，它的内涵是“写有《阿Q正传》等文学作品的浙江作家”，我们根据这个内涵就可以在每一个可能世界中准确地识别出鲁迅这个人来。

一个谓词的内涵就是一个从可能世界到对象集合的函项，它将每一个世界中的某一类对象联结起来，那一类对象正是该谓词在那个可能世界中所指称的东西。例如，“偶数”这个谓词的内涵就是“能被2整除的整数”，根据这个内涵，我们就可以在每一个可能世界中将偶数的外延（如：4、6、8……）识别出来。

理解了什么是内涵之后，我们再回到内涵逻辑这个主题上来。从广义上说，内涵逻辑包括模态逻辑、推衍逻辑与相干逻辑等。但是，我们现在重点介绍的是蒙太古的内涵逻辑系统，简称为IL系统。

蒙太古建立其内涵逻辑系统，目的在于将自然语言中各种内涵性短语跟一个形式系统协调起来，这种内涵逻辑的语言在某些方面类似于自然语言。

蒙太古是以英语这种自然语言作为他研究的对象语言的。他试图发现某些对于英语结构相适应的符号，而对于这些英语结构，谓词逻辑与模态逻辑都还不能提供相应的表达式。

蒙太古在他的《英语作为一种形式语言》一文的“导言”中说：“我排斥这样一种论点，即形式语言与自然语言之间存在重要的理论上的区别。另一方面，我不认为某些现代语言学家对自然语言所作的形式处理已得到成功。”这里所谓对自然语言作形式处理，不仅是说要用精确的方法来处理自然语言，而且是要用逻辑学家建立与解释人工语言的那种方法来处理自然语言。这样来处理自然语言就要将那种语言（如英语）看作一种“逻辑上完善的”语言，其特征就在于对它们的语形分析（或称语法分析）要反映其语义分析，即语形（语法）要与语义同构，对于一个复合表达式的每一个语形部分，都有一个相应的语义值，而对于语形中的每一个形成规则，都有一个语义运算。

要实现以上要求，内涵逻辑必须做到：

1. 每一个表达式都是既有外延，又有内涵；

2. 内涵实体可以充作某些表达式的外延；

3. 所有的语义规则都包含内涵；

4. 所有具有一种给定的语形范畴的表达式都具有相同种类的外延值和内涵值。

蒙太古的 IL 系统的基本点是：表达式要依据语义类型进行区分。基本类型只有两个：t（表示“真值”）与 e（表示“实体”或称“个体”）。属于类型 t 的有意义的表达式以真值作为它的外延，而属于类型 e 的有意义的表达式则以实体（个体）作为它的外延。属于类型〈a，b〉的有意义的表达式则以函项作为它的外延，这个函项的主目涉及属于类型 a 的表达式的外延，函项的值则是属于类型 b 的表达式的外延。例如，属于类型〈e，t〉的表达式表示一个函项，它为每一个实体（属于类型 e 的表达式的外延）联结一个真值（属于类型 t 的表达式的外延）。s 则是任一外延类型的内涵类型的标志。如语句的内涵（即命题）是从可能世界到真值的函项，这个函项可用〈s，t〉来表示。名称的内涵是从可能世界到实体的函项，这个函项可用〈s，e〉来表示。名称的内涵也称为个体概念。〈s，t〉与〈s，e〉是相对于外延类型 t

与 e 的内涵类型。上述这些类型都属于基本类型。

此外，还有派生类型，它建立于基本类型的基础上。派生类型的外延就是从一个类型的外延到另一个外延的函项。例如，“跑”这个动词（英语中“跑”是不及物动词）就属于〈e，t〉这个类型，它的外延就是从名称的外延 e 到语句的外延 t 的函项，如将“跑”（一个函项）的外延作用于“张三”（一个实体）的外延之上，就产生“张三跑”这个语句的外延（一个真值）。而“跑”的内涵类型可以在它的外延类型的前面加上 s 来表示，因为在可能世界 i 中的 α（α 代表任意一个表达式）的外延等于相对于可能世界 i 中的 α 的内涵的值。“跑”的内涵类型将是〈s，〈e，t〉〉，它应当解释为一个函项。这个函项从每一个可能世界中识别出“跑”的特征函项。

在 IL 中，除了像〈e，t〉这样表示谓词的类型外，还有表示性质的类型〈〈s，e〉，t〉，表示 n 元关系的类型〈〈en〉，t〉，表示内涵方面的 n 元关系的类型〈〈s，e〉n，t〉。这里〈〈An〉，t〉可以用下述方式加以递归地定义：

〈A1，t〉=〈A，t〉，　〈〈An+1〉，t〉=〈A，〈An，t〉。

在 IL 中包含有古典逻辑中的语句联结词：¬，∧，∨，→，⟷（相应地读作：“并非”、“并且”、“或者”、“如果……那么”、“当且仅当”）。此外还有一些符号如：=，∀，□，ˇ，ˆ，相应地读作：“等于”、“对于所有的”、“必然”。最后两个符号的作用是：如果表达式 α 属于类型 A，那么，ˆα 属于类型〈s，A〉，那么，ˇα 属于类型 A，即由内涵类型转化成外延类型（蒙太古将ˆ作“内涵化子”，相应地可将 ˇ 称作“外延化子”）。这是表达式类型论的方式加以组合的一条规则。另一条规则是：如果表达式 α 属于类型〈A，B〉，而 β 属于类型 A，那么，α（β）属于类型 B。例如，类型〈s，e〉与〈〈s，e〉，t〉组合，就形成类型 t。其余表达式的形成规则跟古典逻辑中所说的完全一样。

现在我们要用上述 IL 系统来说明由简单表达式的解释怎样组合成复合表达式的解释。不过，由于蒙太古研究的自然语言是英语，英语与汉语在语形结构、词性分类以及语序上又存在一定的差别，因此，在这里我们只能以英语为例，另加汉语注释。像语句“John runs fast”（“约翰跑得快”），其语义解释的树形图可以按 IL 的方法描述如下：

John　　runs　　fast，〈t〉

（约翰　　跑　　得快）

John，〈s,e〉　　runs fast，〈〈s,e〉t〉

（约翰）　　（跑　得快）

runs，〈s,〈〈s,e〉,t〉〉　fast，〈〈s,〈〈s,e〉,t〉〉,〈〈s,e〉,t〉〉

（跑）　　（快）

在这个语句中有三个词："约翰"、"跑"、"快"（英语中"快"是副词，另外英语中没有相应于汉语结构助词"得"的词），它们分别所属的外延与内涵的类型是：

（1）"约翰" 外延：〈e〉
内涵：〈s,e〉

（2）"跑" 外延：〈〈s,e〉,t〉
内涵：〈a,〈〈s,e〉,t〉〉

（3）"快" 外延：〈〈s,〈〈s,e〉,t〉〉,〈〈s,e〉,t〉〉
内涵：〈s,〈〈s,〈〈s,e〉,t〉〉,〈〈s,e〉,t〉〉〉

这里，由简单表达式的解释组合起来产生复合表达式的解释的过程是：首先，"快"的内涵〈s，〈〈s，〈〈s，e〉，t〉〉，〈〈s，e〉，t〉〉〉给予我们它在这个世界中的外延〈〈s，〈〈s，e〉，t〉〉，〈〈s，e〉，t〉〉，然后，再将这个外延作用于"跑"的内涵，这样就给予我们"快跑"的外延〈〈s，e〉，t〉，然后这个外延再作用于"约翰"的内涵〈s，e〉，于是就给予我们"约翰跑得快"的外延，它属于类型 t，也就是说给予我们一个真值。

现在有了关于 IL 的基本知识，我们就可以理解如何用它来解决语形与语义的同构问题。

四、语形与语义的同构性

在谈语形与语义同构之前，我们还需要先介绍一下范畴语法，这种语法的主要作用是分析语形，它是由波兰逻辑学家列斯涅夫斯基和艾裘凯维茨首先提出，后来由巴尔－希勒尔、吉奇和克雷斯威尔等人加以发展。

从范畴语法的出发点来看，人们的语言交际基本上包含两个方面：一是识别出这个世界中的某个实体；二是关于这个实体述说些什么。实现前者我们就使用名称，实现后者就使用语句。因此，范畴语法也就包含两个基本范畴，即名称（N）和语句（S）。对一个名称进行运算，即对它述说些什么，就可以产生一个语句。以“约翰”这个名称（N）为例，对它进行运算，就可以产生“约翰跑”这样一个语句（S）。“跑”是一个函项的标记，这种标记称为“函子”，“约翰”这个名称就充作“跑”这个函项的主目。“约翰跑”这个语句是函项的值。这里就产生一个将名称映射入语句的函项的范畴，或者就称为由名称造成语句的范畴，在范畴语法中，它用符号 S/N 来表示，这是一派生范畴。像“跑”、“笑”这些动词（在英语中它们被称作不及物动词）就属于 S/N 这个范畴。产生派生范畴的一般规则是：

如果 C_1……Cn 是范畴，那么，C_1/C_2……Cn 是一个范畴。这表示形成范畴是一个递归的过程。像英语中“快”（fast）这个副词就属于（S/N）/（S/N）这个范畴，因为副词“快”与一个属于范畴 S/N 的“跑”相联结，就产生“跑得快”（runs fast）这个短语，它仍属于 S/N 的范畴。像前面所说的“约翰跑得快”这个语句，现在用范畴语法的树形图表示就是：

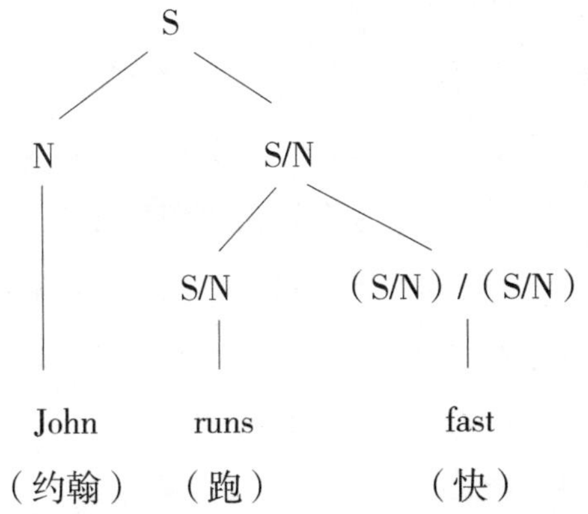

这跟前面用 IL 系统所作的语义解释的树形图相比，可以明显地看出其语法结构与语义结构的平行性。而且可以看出，这两种结构分析中都体现了弗莱格原理。即一个复合表达式的意义就是它的各个组成部分的意义的一个函项。

根据上述产生派生范畴的一般规则，我们可以将自然语言中（这里主要是指英语，理由如前）的各类词分属于不同的范畴。例如，英语中的模态词像“必然”和“可能”属于S/S的范畴，因为这类词跟一个语句S联结起来仍产生一个语句S。如说“天下雨”（S），加上“可能”，形成的是一个语句S“可能天下雨”。语句联结词“并且”、“或者”等属于S/SS的范畴，因为它将两个语句（S）联结起来，产生的仍是一个S，不过这个S是一个复合语句。我们对每个范畴可列出属于该范畴的词典（函子）表达式，也就是提供这种语言的词汇表：

基本范畴	词典表达式
S	无
N	张三，李四，约翰，玛莉……
派生范畴	
S/S	必然，可能，并非
S/SS	并且，或者，如果……那么
S/N	跑，笑
（S/N）/（S/N）	快，小心地（英语中的副词）
S/（S/N）	有人，每个人
（S/N）/N	寻找

最后这个范畴是指英语中的及物动词，像“寻找”这个词跟“李四”这个N结合起来，就形成“寻找李四”这个短语，它属于S/N这个范畴，也就是说“寻找李四”（S/N）这个短语再跟“张三”这个名称N联结起来，就可以形成“张三寻找李四”这个语句S。如果用树形图来表示，就是：

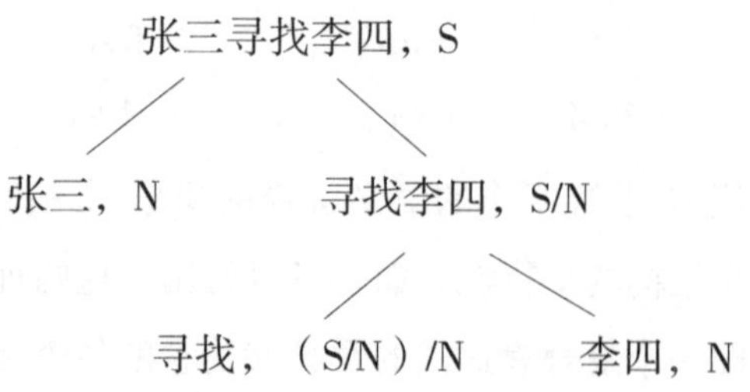

这是从语形上分析。

这个语句如果用IL系统对它作语义分析，则是这样的：因为“寻找”提供的是内涵语境，张三所寻找的李四可以不是现实世界的人物，而是一个理想中的、想像中的人物，这样，“李四”不表示个体，而是一个个体概念，“寻找”不是被看作现实世界中个体与个体之间的外延关系，而是个体与个体概念之间的内涵关系。这个语句的语义解释的树形图是：

张三寻找李四，〈t〉

张三，〈s,e〉　　寻找李四，〈〈s,e〉 t〉

寻找，〈〈s,e〉，〈〈s,e〉，t〉〉李四，〈s,e〉

这就是说，将属于类型〈〈s，e〉，〈〈s，e〉，t〉〉的“寻找”的外延，作用于属于类型〈s，e〉的“李四”的内涵，产生属于类型〈〈s，e〉，t〉的“寻找李四”的外延，然后将“寻找李四”的外延作用于属于类型〈s，e〉的“张三”的内涵，于是产生属于类型〈t〉的“张三寻找李四”的外延。语形与语义依然同构。

最后，我们将语法范畴与语义范畴的对应关系列出表来作一系统的对比：

基本范畴	基本内涵类型	基本外延类型	举例
S	〈s,t〉	〈t〉	张三，李四
N	〈s,e〉	〈e〉	约翰，玛莉
派生的范畴	派生的内涵类型	派生的外延类型	
S/S	〈s,〈〈s,t〉,t〉〉	〈〈s,t〉,t〉	必然，可能，并非
S/N	〈s,〈〈s,e〉,t〉〉	〈〈s,e〉,t〉	跑，笑
(S/N)/(S/N)	〈s,〈〈s,〈〈s,e〉,t〉〉,〈〈s,e〉,t〉〉〉	〈〈s,〈〈s,e〉,t〉〉,〈〈s,e〉,t〉〉	快，小心地
S/(S/N)	〈s,〈〈s,〈〈s,e〉,t〉〉,t〉〉	〈〈s,〈〈s,e〉,t〉〉,t〉	有人，每个人
(S/N)/N	〈s,〈〈s,e〉,〈〈s,e〉,t〉〉〉	〈〈s,e〉,〈〈s,e〉,t〉〉	寻找

由上可见，IL系统与范畴语法为我们分析自然语言的语形与语义的同

构性，提供了一个有力的工具。

五、其他问题

内涵逻辑的主要作用在于用形式化的方法，能较之外延性逻辑更深入更细致地刻画出自然语言中内在的逻辑结构，揭示出表层结构与深层结构的区别与联系。

我们可以看出自然语言中有一系列情况都需要用内涵逻辑作为工具去加以分析。例如：

1. 涉及模态的语句：可能明天要出现龙卷风；
2. 涉及命题态度的语句：李丽讨厌张华上台表演；
3. 涉及反事实语句：假如地球上的冰层全部融化，那么，很多陆地将被海水淹没；
4. 涉及间接引语的语句：张三说李四病了；
5. 涉及直接引语的语句：张三说："李四病了"；
6. 涉及童话性的语句：兔妈妈带着小白兔去找猴子医生；
7. 涉及隐喻性的语句：时间就是金钱；效率就是生命；
8. 涉及时态的语句：中国将成为世界上工业最发达的国家之一。

此外，像涉及信念的语句，如"张三相信地球是圆的"，蒙太古的 IL 系统会作出与模态逻辑（也是一种内涵逻辑）不同的分析。模态逻辑将"相信"（以 B 表示）抽出来作为算子而以人物作为下标，这个算子从一句语句产生一个语句。其公式是 Bap。B 表示"相信"，a 表示"张三"，p 表示"地球是圆的"，p 以真值作为其外延。而 IL 系统则将这个语句分析为 B（a，∧ p），即在 p 之前加上一个内涵化子，表示 a 与 p 之间是个体与命题（再次说明，命题是语句的内涵）之间的关系。这里就更深入一步地揭示出语句含义上的细微差别。正如蒙太古所说，信念可以在内涵逻辑中，以一种自然的方式加以处理。

内涵逻辑还涉及索引表达式的问题。自然语言中的索引表达式（像"你"、"我"、"他"、"现在"、"这里"等）的特点就在于它可以具有同一内涵而有不同的外延，而要确定它的外延又离不开对语境的分析，即根据一个索引表达式的内涵到每一个可能世界中去识别其外延。索引词、语境等问题也是语用学探讨的问题。蒙太古曾专门写有《语用学与内涵逻辑》一文。他提出“内涵逻辑可以部分地化归为语用学”。

总之，我们认为，从探索自然语言的逻辑的角度看来，内涵逻辑，特别是蒙太古的 IL 系统，确实有它的优越性。他迈出了正确而又有力的一步。不过，这终究还是第一步。如何进一步发展它，特别是如何用这种方法（正如前面所说）去分析汉语，这是我国的逻辑学家与语言学家所要认真考虑的问题。

（原载《现代逻辑启蒙》，中国青年出版社 1989 年出版）

意义与定义

一、什么是意义

1. 词的意义

词是具有某种意义的语言实体，是最小的、能自由运用的语言单位。任何词都具有一定的物质属性，也就是说它要以一定的物质形式（如声波或油墨或石墨的记号）表现出来。“学校”这个词在汉语中以“xu é xi à o”的语音形式、或以“学校”这个文字形式表现出来。没有这种物质的形式，也就不成其为词。但是，词还具有另外一种属性，即它一定要具有某种意义。例如，“学校”这个词，就具有“对儿童、青年或成年人进行教育的机构”这样的意义。如果“xu é xi à o”这个语音形式不跟“对儿童、青年或成年人进行教育的机构”这样的意义相结合，它就是一种纯粹的自然的声音，跟“g à l ú”和“p ǒ s à”这些在汉语中不表达意义的语音形式一样。因此，我们可以说，词是语音与语义的结合体。很难设想一个只有语音而无语义、或只有语义而无语音的词。当然，更难设想一个既无语音又无语义的词。著名的瑞士语言学家、现代结构语言学的奠基人索绪尔（F.de Saussure，1857—1913）曾经形象地将语词符号比喻为一张纸，纸的一面是声音意象，纸的另一面是概念的内容。

语句是由词组成的，语句的意义是建筑在词的意义基础上的。但这并不等于说，语句的意义是词的意义的机械相加，它还牵涉到词如何组合，或者说以什么方式组合的问题。有时两个语句所包含的词完全相同，但由于词的组合方式不同，语句的意义就有很大的差异。如说“来者不善，善者不来”，前后两句只是词的组合方式不同，但却表达了两个完全不同的命题。

而话语的意义，又是建筑在一个个语句的基础上的。例如，茅盾的《白杨礼赞》中有这样一段话语：“白杨树是不平凡的树，它在西北极普遍，不被人重视，就跟北方的农民相似。我赞美白杨树，就因为它不但象征了北方的农民，尤其象征了今天我们民族解放斗争中所不可缺的朴质、坚强、力求上进的精神。”这段话语由很多语句所组成，而这些语句又是由很多词所组成，因此，理解话语的意义，必须先理解语句的意义，自然，要理解语句的意义还必须先理解每个词的意义。所以，总的来说，要理解语言的意义，必须首先要弄清一个个词的意义。

2. 解释意义的各种理论

然而，在弄清每个词的意义之间，还必须首先弄清“意义”一词的意义。我们经常使用“意义”这个词，但要我们确切地说出“意义”一词的意义却并不十分容易。跟自然语言中很多其他的词一样，“意义”这个词也是一个多义词。有一位英国的语义学家曾分析过，英语中的“意义”一词共有 23 个义项。我们汉语中“意义”一词没有那么多义项，但不管怎样，它不止一个义项。例如，《现代汉语词典》中就说“意义”这个词有两个义项：一是指语言文字或其他信号所表示的内容；二是指价值或作用。前者如说“这句话的意义”，后者如说“革命的意义”、“人生的意义”、“这是一部富有教育意义的影片”。现在我们说词的意义，显然是就第一个义项而不是就第二个义项而言的。

但是，就以“意义”的第一个义项而言，也不是容易解释得很清楚的。人们仍然可以问，什么是语言文字的内容？古往今来，很多哲学家与语言学家试图对这个问题作出回答，他们提出过各种各样的意义理论，但是，都不见得能将一切语言现象全部解释清楚。我们现在对几种最主要的理论作一些介绍。

（1）指称论。这种理论认为语词的意义就是它所指称、命名的那个对象，名称与对象之间有着一一对应关系。有“六和塔”这个词，就必须有以“六和塔”这个词所命名的塔存在；有“黄鹤楼”这个词，就必须有以“黄鹤楼”这个词所命名的楼存在。这里，什么都是明显的、公开的，毫无隐晦和神秘之处。这样，“六和塔”这个词的意义就是它所指称或命名的那个塔，“黄鹤楼”这个词的意义就是它所指称或命名的那个楼。这种理论最适合解释的是专名，不过也有人用它来解释其他有意义的表达式。这就是说，每一个有意义的表达式都命名某个东西，它不仅可以指称一个特殊的、具体的、可以观察到的东西，而且可以指称一类事物（如“牛”）、一种性质（如“红的”）、一种状态（如“安静”）、一种关系（如“给予”）等等。

指称论可以解释某些语言现象，由于它比较符合直观，因此，也比较容易为人所接受。我们可以讲一个故事来说明指称论的作用。美国有一位著名女作家、教育家海伦·凯勒（1880—1968）。她从小因病失去了视觉与听觉，又盲又聋，因此不会说话，无法接受教育。但她的父母还是给她请了一位家庭教师，叫做安妮。安妮想尽办法让海伦识字，海伦总是无法理解。有一天，安妮领海伦散步，走到一座水井旁边，安妮把海伦的手放在水管口上，然后开始压水。当一股清凉的水从海伦的手上流过时，安妮便在海伦另一只手上写上“水”这个字。一下子海伦呆住了，她全神贯注地感觉着安妮手指的动作。一遍、两遍，突然领悟到“水”就是从自己手上流过的那种清凉的东西。从此，她不断地学习，终于明白：无论什么都有它自己的名称，在手上写的每一个字都代表着正摸着或指着的那个东西、那个人。显然，海伦所理解的“水”这个词的意义就是这个词所指称的水那个东西。

主张指称论的代表人物，古希腊有柏拉图，他认为“名称”就是一个能指示实体的语词。19 世纪的英国逻辑学家弥尔（穆勒）也是一个指称论者，他曾说：“所有的名称都是某些真实的或想象的事物的名称。”[1] 20 世纪初罗素与维特根斯坦都提出过指称论的观点。罗素说：“词都具有意义，简单地说就是，它们是代表它们自身之外的某种东西的符号。”[2] 早期维特根斯坦所提出的图像论就是一种指称论，这种图像论认为：“图像是实在的模型。”“一个名字代表一件事物，另一个名字代表另一件事物，并且它们是互相联系着的，整个地就像一幅生动的图画一样地描画出原子事实来。”[3]

指称论虽然从直观上容易为人们所接受，但它仍存在着不少的问题。首先，有些词，特别是像“如果”、“那么”、“并且”、“或者”这样一些

[1] 严复译：《穆勒名学》中文版，商务印书馆 1981 年出版，第 25 页。
[2] 罗素：《数学原理》英文版，第 47 页。
[3] 维特根斯坦：《逻辑哲学论》中文版，商务印书馆 1962 年出版，§2.12, §4.0311。

虚词，人们就很难确定它的指称。像“是”这样的实词，人们也无法找出它的指称。有些词或词组，表达一个虚构的实体，像“西方极乐世界”、“阴曹地府”，“牛头马面”，都无法找出一个相对应的对象。其次，两个词可以指称相同的对象，但不一定具有相同的意义。例如“《阿Q正传》的作者”与“《祝福》的作者”指称相同，都指鲁迅，但是，前者是指写了《阿Q正传》那篇小说的那个人，后者是指写了《祝福》那篇小说的那个人，前者的含义中丝毫不包括他写过《祝福》的信息，后者的含义中也丝毫不包括他写过《阿Q正传》的信息。“三角形”与“三边形”两个词也是如此。第三，同样的词在不同的语境中含义相同，但指称不同。如“我”、“像”、“他”、“我们”、“这里”、“昨天”等这一类索引词，它们都具有确定的含义，但指称却随时在变化。“我”既可以指“张三”，也可以指“李四”。第四，高于词与短语的语言层次，像单句、复句以至句群，它们都有意义，但不能找出一个确定的指称对象。这些都是指称论不易解决的问题。

（2）观念论。这种理论认为，每一个词代表一个观念，或者说，观念论是将一个表达式的意义与由此联想到的观念等同起来。观念论并非完全不考虑语词所指称的对象，它是认为头脑中的观念是词与物相联系的中间环节。

亚里士多德的《工具论》中已经具有对语言理解的观念论的因素。在《解释篇》中，亚里士多德认为，口语是心灵的经验的符号，书面语言是口语的符号。正如任何人没有相同的书法形式一样，任何人也没有相同的说话声音。但它们所直接代表的心灵的经验，对于所有的人来说都是相同的，正如我们的经验所反映的那些事物都是相同的一样。

17世纪的《波尔—罗亚尔逻辑》也是持观念论的观点。该书认为：“当我们具有一个用词表明的关于事物的观念时，我们就能够用词表达某个事物。”[1]

17世纪英国哲学家洛克在他的《人类理解论》中说道：“词的使用。就是观念的可感觉的标记，而这些标记所代表的观念则是它们所专有的和直接的含义。”[2]

---

[1] 阿尔诺·尼科尔：《波尔·罗亚尔逻辑》英文版，第33页。
[2] 洛克：《人类理解论》下册中文版，商务印书馆1983年出版，第386页。

19世纪末20世纪初瑞士著名语言学家索绪尔认为，符号是由能指（即语音图像）和所指（即概念）所构成，二者由心理上的一种“联想纽带”衔接起来。他说：“语言符号连结的不是事物和名称，而是概念和音响形象。”[1]

20世纪20年代英国奥格登与里查兹在《意义的意义》一书中，提出所谓语义三角的关系，认为语义可以解释为下述三者的关系：

（1）符号；（2）思想或所指（reference）；（3）被指的对象（referent）。作者认为，在思想与符号之间存在着因果联系，在思想和被指的对象之间也存在着较为直接的或间接的联系，在符号与被指的对象之间，没有相应的关系，它们之间不是直接联系的，而是间接地沿着三角形的两边所产生的联系。如下图[2]：

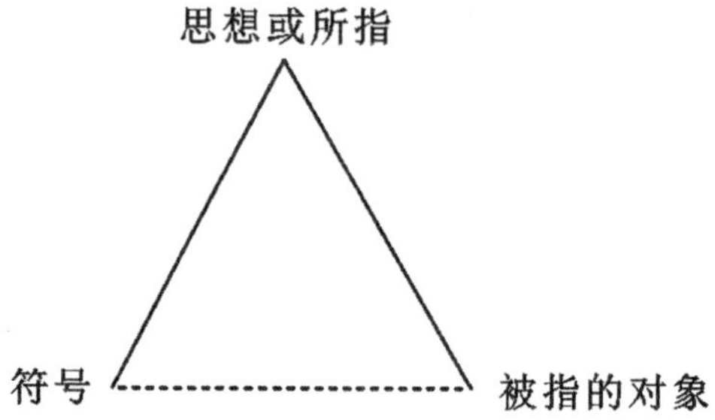

观念论这种理论也是一种比较古老而且容易为人所接受的理论，但是这种理论也存在着一些困难。运用这种理论，必须具有这样一种假定，即任何时候我们使用一个语词，都必须保证：（1）那个观念存在于说话者的心灵（即意识）之中；（2）听话者要能意识到所涉及的那个观念此时正存在于说话者的心中；（3）在交际能够成功的范围内，这个语词要在听话者的心中引起一个相同的观念。事实上，这些条件是难以同时满足的。（1）我们在说话的时候，心里并非每句话或每一个词都有一个相对应的观念存在，特别是那些比较抽象的词或虚词，如“抽象”、“所以”；（2）即使是比较具体的词，说话者也难以做到每次使用时心中的观念都完全相同，例如“衣服”、“狗”、“茶杯”等；（3）听话者听一句话的时候不一定事实上在心中出

[1] 索绪尔：《普遍语言学教程》中文版，第101页。
[2] 奥格登、理查兹：《意义的意义》英文版，第10—12页。

现与说话者心中相同的观念。文学作品，如同一首诗往往会给人以不同的意象。值得考虑的是，在我国逻辑学界，目前较多采用观念论的理论来解释意义。

指称论与观念论都属于语义上的关系论，或称对应论，因为它们认为词的意义总是对应于一个事物、对象，这个事物、对象可以是物质的，也可以是抽象的、心灵上的。

（3）行为论。这种理论是将一个语句的意义跟引起这个表述的某种刺激，或由这个表述所引起的反应等同起来。行为论也可以称为因果论，或刺激－反应论。

行为论的语义理论从行为主义心理学那里移接过来的概念。行为主义心理学是20世纪20年代在美国兴起的现代心理学的一个主要流派，他们反对以往心理学通过内省的方法去研究人的心理活动，而是用“刺激－反应”的观点来研究人类行为。他们认为：“人和动物的全部行为都可以分析为刺激和反应。”[1]“心理学的研究目的是在于确定这样的资料和规律，当已知刺激之后，心理学能够预断将发生什么样的反应；或者，在另一方面，当已知反应之后，它能够指出有效反应的性质。”[2]这种心理学的代表人物瓦特生认为语言是人所特有的一种反应，因此，听取别人在接受某种刺激后的语言反应，并不违反行为主义者所坚持的客观原则。

受这种理论影响较深的语言学家布龙菲尔德说过，一个语言形式的意义就是“说话人发出语言形式时所处的情境，和这个形式在听话人那儿所引起的反应”[3]。

这种行为论的意义理论在实际运用中是存在很大困难的。首先，是因为这种意义理论的心理学基础不科学。虽然行为主义心理学打着“激进唯物主义”的招牌，但实际上它是把人彻底地机械化、生物化。这种理论不能正确解释心理现象、语言现象、物质和意识之间的关系。例如，这种心理学极端轻视中枢神经尤其是脑对人的行为的支配作用，它只研究完全不受脑支配的行为。

---

［1］瓦特生：《行为：比较心理学导论》英文版，第299页。
［2］瓦特生：《从一个行为主义者的观点看心理学》英文版，第9—10页。
［3］布龙菲尔德：《语言论》中文版，商务印书馆1980年出版，第166页。

其次，刺激与反应的联系很少是简单的与固定的，同一个刺激在不同的场合会引起不同的反应。一个语句，特别是命令句，在实际生活中，往往会引起许多完全不同的反应。例如，父母对自己的孩子喊一声："快来！"其反应是各式各样的：

① 没有反应。

② 明确地加以拒绝。

③ 要求父母加以解释。

④ 批评父母发出这样的命令。

⑤ 对不答应加以辩解。

⑥ 请求父母怜悯。

⑦ "王顾左右而言他"，跟父母谈别的事。

⑧ 向相反的方向跑。

⑨ 答应来，但无行动。

⑩ 听从命令，乖乖地跑回到父母身边。

这么多的反应，究竟应该以哪一种反应作为"快来"这句话的意义呢？可见，这种不确定的意义理论显然不能有效地解释各种语义现象。

（4）真值条件论。这种理论认为，了解一个语句的意义就是要了解在什么条件下使这个语句为真，它是用"真值"这个概念来解释"意义"，它的公式是：

x 是真的，当且仅当 p。

x 是代表语句名称的变项，p 代表任一语句的变项。例如："'雪是白的'是真的，当且仅当雪是白的。"这里前一个"雪是白的"加上了引号，后一个雪是白的不加引号，这里涉及对象语言与元语言的问题。所谓对象语言，就是用以述说世界上的事物的那种语言。所谓元语言，就是用以述说对象语言的语言。在真值条件论的语义理论中，很注意区别对象语言与元语言。区别这两种语言，可以帮助我们防止像"说谎者"那样的语义悖论（即"这句话是假的"，如果认为它是真话，它就成了假话；如果认为它是假话，它就成了真话）。

这种理论首先是由波兰逻辑学家塔斯基提出来的，不过他将这种理论限制在完全形式化的人工语言。然而这种理论对一些关心自然语言语义的逻辑学家来说，也具有很大的吸引力。它将语言实体与非语言实体配成对偶，这一点在一定程度上是成功的。塔斯基后来发表了《建立科学语义学》的论文，进一步阐述了这种观点。他的观点对逻辑经验主义产生了深远的影响。

这种理论的困难在于：有些词如“善良”、“美丽”以及一些所谓情感语句，其意义不能简单地由真值来决定，有些表达命令、允诺、规章、建议、祈祷、诅咒的语句不好断定其真假，也就是说无法确定其真值条件。由此可见，真值条件论的语义理论同样具有很大的局限性。

（5）使用论。这种理论认为，一种语言表达式的意义就是说话者使用这种语言的方式。这是目前在西方比较流行的一种语义理论。

提出使用论的代表之一是英籍奥地利哲学家维特根斯坦（L. Wittgenstein，1889—1951）。他早期主张语言图像论，即一种意义的指称论，后期则主张语言游戏论，即意义的使用论。所谓语言游戏论，就是将语言比喻为一种游戏。他在《哲学研究》第1卷第23节中说：“……我们叫做‘符号’、‘语词’、‘语句’的东西的无数不同的用途。而这个多样性不是固定的、一次完成的；新型的语言、可以说新的语言游戏，产生出来，别的则成为过时的而被忘却了。”他认为，在棋赛中，是通过移动棋子来形成活动；在语言中，就是通过使用语词来形成行动。一个棋子是通过它移动的可能性来限定；一个词（的意义）就是通过它“叙说的可能性来限定”。他说：“同时，非常明显，一个词的意义不是它所命名或意指的对象，而是它在语言中所起的作用。词的意义在于它如何在语言中被使用。在于它如何被应用。‘当一个人知道如何使用一个词的时候，他就知道了这个词的意义’。”[1]维特根斯坦等人甚至提出了“不要问意义，要问使用”的口号。

使用论的另一个代表人物是英国语言学家、哲学家J.L.奥斯汀，他提出：“要说什么就是要做什么。”例如，如果一个人说“帮助穷人是一种美德”，这里说话者表示的是：“我赞同帮助穷人，我也要这样去做。”

使用论的优点是它能概括一切语义现象，因为任何语言都有一个共同属

[1] 魏斯曼：《维特根斯坦和维也纳小组》英文版，第237页。

性，就是它在被使用。使用论的缺点在于，使用一个词的可能性是没有限制的，它可以扩展到每一个可以设想的语境中去。这样一个人如果不完全了解整个语言，就不可能理解某个词的意义。维特根斯坦曾这样说过，了解一个语句就意谓了解一种语言。

以上是一些具有代表性的语义理论。这些理论都从不同的角度和在不同的程度上揭示了“意义”的含义，但也在解释中遇到了某些困难。因此，探求一种完整的意义理论，仍是我们当前研究语言逻辑学中的一个重要课题。

二、什么是定义

1. 定义就是明确词义的逻辑方法

前面已经说过，词是具有某种意义的语言实体，是最小的，能自由运用的语言单位。因此，具有一定的意义，是一个语词所必须具备的性质。但是，语词的意义并非每个人都能充分掌握。我们经常会遇到这样的情况，遇到一个熟悉的词形，但并不理解其词义，或者理解一点，便却理解不深。有时遇到一个新出现的科学术语，当然更谈不上理解其词义了。这时，我们可以使用一定的方法，来帮助明确其词义。这种方法逻辑上称之为定义。所以，可以说，定义是揭示词义的逻辑方法。

传统逻辑将定义规定为揭示概念内涵的逻辑方法，并且主要介绍属加种差的定义（即真实定义）方法，这从定义上说，是不确切的，从方法上说是不充分的。

首先，什么是概念？概念就是语词的内涵，或者说，就是语词的含义，它是与语音形式紧紧结合在一起的东西，因此，不可能将概念看作是外在于语言的一种东西，定义，其作用之一就是要揭示语词的内涵，也就是要明确一个语音形式究竟表达一个什么概念。这样，所谓“概念的内涵”，实际上就成了“内涵的内涵”，这显然是不确切的。

其次，定义不止揭示语词的内涵，它也揭示语词的外延。所谓语词的外延，也就是这个语词所指称的对象。一个语词有外延（指称），也有内涵（概念）。语词的词义应该包括这两个方面。明确词义，要明确其内涵（即所表述的概念，或称含义），还必须明确其外延（即所指的对象），这样才能说具有关于这个词的完整的知识。中国古代的墨子曾经举过一个很好的例子。在《贵义》篇中有这么一段话："今瞽曰：'钜者，白也；黔者，黑也。'虽明目者无以易之。兼白黑，使瞽取焉，不能知也。故我曰：瞽不知白黑者，非以其名也，以其取也。"瞽，就是盲人，他完全知道"钜"与"黔"的内涵，前者是"白"的意思，后者是"黑"的意思，但是将白的东西与黑的东西混在一起，让那位盲者去取，他就不知道如何取了，原因就在于盲者只知"钜"与"黔"的内涵，而不知道它们的指称，这样，我们说盲者并不能完全了解"钜"与"黔"二词的词义。所以，我们说，揭示语词的外延，也是定义的一个重要任务。认为定义只揭示内涵而不涉及语词的外延，是有片面性的。

第三，定义的方法，也不止真实定义一种，随着科学的发展，真实定义也不一定是主要的定义方法。因此，在语言逻辑中必须补充一些其他的定义方法。

2. 定义的功能

定义究竟具有哪些功能，也就是说人们使用定义究竟可以达到一些什么样的目的。从总的方面说，它有四种功能，那就是：它能扩大与加深对语词的理解；能消除语词歧义，消除人们对某些语词的错误理解；能对科学术语给予理论上的解释；能影响听者或读者对某一事物或现象的态度。并非每一个定义都同时具有这4种功能，一个定义可能在这一功能方面作用比较突出，另一个定义可能在那一功能方面作用比较突出。现在，我们分别谈一谈定义的各种功能。

定义的第一种功能就是它能帮助人们扩大与加深对语词的理解。

人们在实践过程中，不断扩大与加深对客观世界的认识，这一认识的结果特别体现在词汇量的增加，以及加深对原有词汇的理解上。从个人来说是如此，从人类历史发展的整体来说，也是如此。

从个体来说，例如一个人经过学习又经过一定的生产实践，他就能掌握一些原来所未掌握的语词，如"生产力"、"生产关系"、"使用价值"、"交换价值"、"抽象劳动"、"具体劳动"等比较抽象的语词。怎样算他掌握了这些语词呢？就在于他确实掌握了这些词的定义。什么是"生产力"？"生产力就是生产过程中人与自然的关系，就是人们同他们所利用来生产物质资料的那些自然对象与自然力的关系。”只有掌握了“生产力”的这一定义，才能正确理解与运用“生产力”这一语词。

从整个社会来看，随着社会的进步与科学事业的发展，社会每年都要增加一部分新词，据一位美国语言学家巴恩哈特（Barnhart）观察统计，美国英语每年要增加800个常用词。我们汉语中的词也是如此。如果我们将1979年出版的《辞海》跟1936年出版的《辞海》相比较，就会发现在四十三年中随着科学事业与社会的发展，汉语中增加了不少新词。如“生态平衡”、“生态系统”、“环境污染”、“遗传密码”、“遗传工程”、“宇宙飞船”、“宇宙生物学”等等。增加的新词都必须具有精确的定义，这样，人们才可以加以理解。

定义的第二种功能就是消除语词歧义，消除人们对某些语词的错误理解。

人们日常使用的语词，大多数具有多义性，但它们在确定的语境中只在一定的含义上使用。可是，也可能出现这种情况，在一个语句中，一个词可以在多种含义上加以理解，这就会使语句产生歧义。例如。“自由主义”这个词，可以指19世纪和20世纪初期的一种资产阶级政治思想，它在历史上曾起过一定的进步作用；也可以指无产阶级革命队伍中的一种错误的思想作风。如果不给予确切的定义，简单地说“自由主义是一种反动思潮”，就不知道是指哪一种“自由主义”。为了精确起见，最好在一段话语中首先对某个词给以明确定义，这样就不会产生歧义了。

另外，一般来说，语词本来都具有确定的含义，但是，并不是每一个说话者都已正确理解了这种含义，可能他有某种误解。为了消除这种误解，最好的办法也是对词语给以精确的定义。

例如，不少人往往误将“精神病”称为“神经病”，这是由于没有正确理解“神经病”这个词而造成的。“神经病”是指神经系统的疾病，由炎症、肿瘤、血管病变、损伤、变性、先天性畸形等原因所引起，主要表现为瘫痪、麻木、疼痛、惊厥、昏迷等。而精神病是指以精神活动障碍为主要表现的一类疾病，病因很多，临床表现为知觉、思维、情感、智能和行为等方面的失常，常见的有精神分裂症。由此可见，“神经病”和“精神病”是两种完全不同的疾病。为了消除对这两个词语的误解，只有给予精确的定义。

又如，过去有一个阶段，在我们国家有的人认为只要经国家“统包统配”到全民所有制或集体所有制部门工作的人，才算是“劳动就业”，这样就将很多本来有工作的人看作是还没有劳动就业。实际上，只要劳动者和生产资料相结合，并取得相应的报酬或收入，以满足自己的生活需要者，就算是“劳动就业”。根据这个定义，城镇个体劳动者也应算作就业人员，而在我国目前阶段，城镇个体劳动者的数量还是相当大的。这说明，由于对语词的误解，甚至会造成政策上的混乱。解决的办法之一是对语词作出精确的定义。

定义的第三种功能是对科学术语给予理论性的解释。这是由于科学术语比起日常生活用语来说，含义上往往要求更精确、更深刻、更反映事物的本质。

例如，在生活中认为“燃烧”就是对木本或草本的东西通过点火所引起的高温和物质的焚毁过程。但在化学科学中却将燃烧定义为某些物质在较高温度时与空气中的氧气化合而发热和发光的剧烈氧化反应现象，或者更简单地说，燃烧就是两种物质通过激烈的化学反应而发热和发光的现象，而科学术语给予的却是一种理论性的解释，它刻画了燃烧所产生的原因，阐述了这些现象的本质，使人们对燃烧有了更深刻的理解。

定义的第四种功能是能影响听者或读者对某一事物或某一现象的态度。听者和读者可能开始对某一个语词所表达的对象持中性的态度，经过学习某个词的定义以后，可能产生一种崇敬、尊重的感情，或者产生厌恶、憎恨的感情，这种感情会表现在人们对待事物的态度上。例如，“变节”这个词的定义是“背叛国家利益和民族利益，投奔敌人，出卖战友或者出卖党的、国家的、军事的机密，蓄意作出与共同事业敌对的和有利于他的敌人的举动。变节总是被道德意识评定为一种恶行”。当人们接受这个定义以后，由于在定义项中包括“背叛”国家利益、投奔“敌人”、“出卖”战友或机密、与共同事业“敌对”、“有利于敌人”、“恶行”等语词，人们在感情上受到感染，然后将这种憎恶的感情转移到“变节”一词上，这样，当看到某人的行为属于“变节”的行为时，自然而然地就会产生对这种行为仇视与厌恶的感情和态度。

3. 意义公设

在说明定义的种类之前，我们先要解释一下什么叫“意义公设”。

意义公设，也有人称之为语言公设，是由卡尔纳普首先提出的。所谓意义公设，就是表达一个谓词含义某些方面的公式，它是定义关系的一个明确的概括。它可以借助于所包含的特殊谓词的意义而被看作是一个必然真的命题。这里“公设”（postulate）实际上与公理（axiom）同义。意义公设的形式可以概述如下：

$\forall x(A(x) \to B(x))$

它是说：对于任何事物来说，如果它是A，那么它也将是B。公式中的→表示蕴涵关系。

例如：

（1）∀x（单身汉（x）→男性（x））

（2）∀x（单身汉（x）→成人（x））

（3）∀x（单身汉（x）→未婚（x））

（4）∀x（金属（x）→矿物（x））

（5）∀x（矿物（x）→物质（x））

不仅用逻辑联结词→可以表达意义公设，命题逻辑中其余4个联结词（¬，∧，∨，↔）都可以用来表示意义公设。例如，否定联结词可以用来表达反义关系：

（6）∀x（男人（x））→¬女人（x））（意思是说：对于所有的x来说，如果x是男人，那么，x不是女人。）

（7）∀x（正确的（x）→¬错误的（x））

（8）∀x（开着（x）→¬关着（x））

等值联结词↔可以用来表示同义关系：

（9）∀x（单身汉（x）↔（人（x）∧男性（x）∧成年∧（x）未婚（x））（意思是说：对于所有的x来说，x是单身汉，等值于x是人并且x是男性并且x是成年的并且x未婚。）

（10）∀x∀y（在……之前xy↔在……之后yx）（意思是说：对于所有的x与y来说，x在y之前，等值于y在x之后。）

一般来说，一个意义公设是一条规则或一个陈述，它们以一定的方式规定着一种语言中的词项的解释，这种解释经常具有这种语言中某些表达式之间存在的假设的等值关系或后承关系的形式。

这些意义公设的公式跟预设 S ⊢T 并且¬ SK ⊢T 相比，显然是不同的。意义公设包含着交际者公认的不言而喻的东西，正是这种东西，使得交际者们能够巧妙地表达自己的思想感情。

三、定义的种类

1. 定义方法的多样性

定义是用以揭示语词意义的逻辑方法。由于意义的多样性，也就决定了定义方法的多样性。

任何语词都有外延，也有内涵，外延就是这个语词所指称的对象，内涵就是这个语词所表达的概念。这些外延与内涵都可以说是这语词的意义（meaning），但是，这两种意义又有一些区别，我们将前者称为外延意义，或者称为语词的指称（reference），后者称为内涵意义，或者称为语词的含义（sense）。指称相同可能含义不同，例如，“《阿 Q 正传》的作者”与“《祝福》的作者”，两个短语所指的对象相同，但含义就有区别。因此，区别外延意义与内涵意义是很有必要的。相应地，从大的方面说，我们将定义方法可以区分为外延定义和内涵定义两种。

外延定义是揭示外延意义的方法。它也不是单一的。它可分为：实指定义、列举定义、划分定义等三种。

内涵定义是揭示内涵意义的方法。它可分为：约定定义、同义语定义、真实定义、语境定义、操作定义、说服定义、显示定义等七种。

2. 实指定义、列举定义与划分定义

① 实指定义是通过实际指出某个语词的外延（这个词所适用的对象）来揭示这个词的意义。它是一种外延定义。

例如，有人不知道“豺”与“狼”的区别，可将他带到动物园，指给他看“这是豺”，“那是狼”，以此，这个人就可以理解“豺”与“狼”外延意义上的区别了。

有人不知道什么是“橙黄色”，可以将实物指给他看，“这是橙黄色”。

有人不知道什么是“恐龙”，可以将他带到博物馆看恐龙的骨架和恐龙

的图片，并告诉他，“这就是恐龙”。

这些都可以说是实指定义，因为它们都是通过实指其外延而明确其意义的。

这种实指定义在我们日常生活中经常使用，例如，父母教育孩子，教师教育学生，在某些情况下甚至以实指定义为主要的定义方法。

即使在自然科学的教学中，在词典中，有时也使用实指定义的方法。例如，在生物学教学中，为了使学生了解什么是细胞，采取的一种方法就是让学生通过显微镜看见细胞，并指给他看，“这是动物细胞”，“那是植物细胞”。

如果再要深入一步，可以指给他看，或绘图告诉他，“这是细胞质”，“那是细胞核”；“这是细胞膜”，“那是细胞壁”，“那是液泡”，等等。从而使他形象而生动地掌握细胞的全部知识。

在词典中有时感到对一个词叙述不清楚时，干脆将这个词所指对象的图像画出来。例如，《现代汉语词典》就将细胞的图形细致地描绘出来。

实指定义是一种非语词性的定义，因为它给某个语词下定义不是用另一个语词而是用它所指的实物对象。正因为如此，有人不承认这是一种定义方法。但是我们可以看到，既然人们经常使用这种方法以明确词的意义，就不能不承认这是一种定义方法，虽然它相对于其他定义方法来说是一种比较低级、比较原始的定义方法。

实指定义不仅有其适用性，还有其必要性。这是由于如果定义都依靠语词作为定义项（即用来给被定义的语词下定义的部分），这种定义迟早会出现循环，即被定义的语词又出现在定义项中，而这是定义规则所不允许的。为了避免这种循环，就要求定义总有某一个环节不再使用语词定义，而使用实指定义。

实指定义的局限性就在于它只适用于一些具体名词和某些表示比较具体属性的词，如“熊猫”、“水杉”、“陨石”，以及“红”、“硬”等。然而，对于一些比较抽象的词使用起来就有很大的困难，如人们无法实指“道德”、“比例”、“善良”、“经济基础”等。实指定义还有一个困难，就是当我们实指一个具体对象时，我们可以作出不同层次的解释。例如，我们指着一个红色椅子说“这是椅子”，但也可以说“这是家具”，或说“这是椅背”，甚至可以说“这就是红色”。这样，人们要理解这个实指定义的含义，就必须具有这一类对象的一定知识。例如，人们只有对“颜色”这个词有了一定的了解，才能知道这里指的是椅子的颜色，而这种颜色是红色，而不至于将“红色”理解为“椅背”。维特根斯坦在《哲学语法》一书说：“指示，或实指解释，可以理解为将一个手势语言翻译为一种词汇语言。如果我指着一个物体说：‘这是紫罗兰色’，那么，这必须已经知道什么是颜色，并且那种颜色的名称是什么。”[1]他还说：“我必须已经精通一种语言，才能懂得一个实指定义。”[2]

② 列举定义也是一种外延定义，它是通过用语词的形式列举出被定义词项的外延名称来给被定义项下定义。

例如，当问什么是“行星”时，人们就列举出太阳系九大行星的名称：水星、金星、地球、火星、木星、土星、天王星、海王星、冥王星，以及许多小行星。又如，当问什么是“奇数”时，人们就列举出1、3、5、7、9等数。

列举定义可以将被定义项的外延全部列举出来（如上述行星），但当被定义项的外延对象多到难以计数，甚至是无穷数时，一般只列举其部分对象（如上述“奇数”）的名称，不过在语言表达式中往往要加上“等”字或省略号“……”。

③ 划分定义是一种与列举定义有些相似，但又有区别的外延定义。列举定义是通过列举出一类对象的全部或部分元素的名称来下定义，而划分定义是通过将一个大类划分成若干个小类的方法来下定义。

例如，当别人问什么是“生物”时，我们可以回答：生物包括植物、动物和微生物。如问什么是“基本粒子”，答曰：基本粒子包括光子、轻子、介子和重子。问什么是“词”，答曰：词包括实词和虚词。再问什么是“实词”，答曰：实词包括名词、动词、形容词、“数词、量词、代词、副词。问什么是“虚词”，答曰：虚词包括连词、介词、助词、语气词和叹词。

---

［1］《哲学语法》英文版，第45页。
［2］《哲学研究》英文版，第16页。

总之,这种定义方法都是将大类包含的小类的名称全部或部分称呼出来。如“生物”相对于“植物”、“动物”、“微生物”来说是大类，而“植物”、“动物”等相对于生物来说是小类。将大类包括的小类名称称呼出来，对表达大类的语词意义也就有所了解。

这种定义方法在传统逻辑中将它与定义并列，称为划分，实际上它的作用仍然在于明确语词的意义，不过这种意义是外延方面的意义，所以仍应包含在定义之中。

以上是 3 种外延定义的方法。以下介绍内涵定义。

3. 约定定义与同义语定义

① 约定定义是对一个未经定义的语词符号赋予某种特定的含义。

例如，“大月”是指阳历有 31 天或夏历有 30 天的月份；“小月”则指阳历只有 30 天或夏历只有 29 天的月份。

在数学中很多词都采用约定定义的形式赋予含义。如规定大于零的数称为“正数”，小于零的数称为“负数”，不循环的无限小数为“无理数”，n 个 a 相乘的积称为“a 的 n 次幂”或“a 的 n 次乘方”，由数字和字母经有限次加、减、乘、除、乘方和开方等运算所得的式子称为“代数式”，含有未知数的等式称为“方程”，等等。

约定定义是由人们根据社会生产或科学实验以及其他目的需要而规定的，它带有任意性。它只是一种建议、一种决定、一种要求，它表达的是人们的一种意向。它无所谓真假，只存在是否明确、是否适用的问题。因此，也有人将这种“约定定义”称为“任意定义”。人们可以不接这种约定而按另一种约定赋予含义。例如，人们可以根据需要规定载重超过 5 吨的汽车称为“载重汽车”，人们同样也可以根据需要规定能载重 6 吨以上的汽车才称为“载重汽车”。人们可以规定 55 岁以上的人为“老年人”，也可以规定 60 岁以上的人为“老年人”。但是必须指出一点，这种约定一旦作出并为社会所承认以后，人们就不可再随意地加以更换。否则，将会引起语言交际的严重混乱。

有人从语言的社会约定性出发，认为一切定义都是约定的，这就不对了。固然，语词形式和语词含义之间并没有必然联系，最明显的证明就是同样的含义在不同的地区和民族可以用不同的语词形式来表达，但这并不能说明词的含义都是约定的，一定的词总要指称一定的对象，而一定的对象总具有一定的客观属性，这些属性在词的含义中得到一定的反映，这些词的含义也就具有一定的客观制约性，这些属性不是人们可以任意约定的。很多语词的定义就是将某个词所具有的反映客观属性的内在含义揭示出来（有人将这样的定义称为分析定义，分析定义不能说是约定的）。而且，即使是约定定义，也必须根据一定的客观需要来约定。将约定看作只是一种游戏，毫无目的、毫无根据可言，这并不符合实际。

② 同义语定义是以一个被定义项在指称与含义上完全相等的语词作为定义项来进行定义。同义语定义多用于被定义项是一个古语词或比较生僻的语词，它要求定义项是一个大家熟悉的、其意义比较明确的语词。这种定义方法在词典中，特别是在小型词典中，运用较多。在语言教学中，这种方法称为“以词解词”。

例如：

（1）“奇葩异卉”，指“稀奇难得的花草”。

（2）“郎中”就是“医生”。

（3）“宿疾”就是“老毛病”。

（4）“辍学”就是“中途停止学习”。

（5）“启迪”就是“启发开导”。

（6）“勃谿”就是指“家庭中的争吵”。

中国第一部词典《尔雅》中就较多地使用了同义语定义的方法。如：

（7）“初、哉、首、基、肇、祖、元、胎、俶、落、权舆，始也”。这就是用“始”这个词来定义“初”、“哉”等这些词。

（8）“宏、溥、纯、骏、路，大也”。这就是用“大”这个词来定义“宏”、“溥”等词。

东汉许慎所撰的《说文解字》也较多地使用了同义语定义的方法。如：

（9）“元，始也。”（元，就是始的意思）

（10）“天，颠也。”

（11）“丕，大也。”

（12）“祯，祥也。”

（13）“祥，福也。”

（14）“福，祐也。”

（15）“祐，助也。”

由此可见，同义语定义的方法，是我国词典学中一种传统的常用方法。

约定定义与同义语定义也称为唯名定义。

4. 真实定义、语境定义与操作定义

① 真实定义就是传统逻辑中所说的属加种差的定义。这种定义是通过首先找出一个语词的属，然后找出其种差，再将二者综合起来形成一个确定的语义项而进行的。所谓“属”，从语词方面说，就是一个语词的上位词。如“学生”是“中学生”的上位词，“工人”是“钢铁工人”的上位词，“动物”是“哺乳动物”的上位词。反过来，“中学生”就称为“学生”的下义词，“钢铁工人”是“工人”的下义词，“哺乳动物”就是“动物”的下义词。从外延上说，上位词的外延包括下义词的全部外延，除此之外，上位词还有下义词之外的外延；从内涵上说，下义词的内涵包含上位词的全部内涵，除此之外，下义词还有上位词之外的内涵。下义词的内涵中具有与包含在上位词中的其他下义词不同的内涵，我们就称之为“属差”。

真实定义的形式比较固定，它是：

被定义项 = df 属 + 种差（语言表述上是“（种差）的（属）”）

这里“属 + 种差”就是“定义项”，“=”称为定义的“联词”，语言中用“就是”或“是”、“即”等词表示。

例如：

（1）固体就是有一定体积和形状的物质。

（2）液体就是有一定体积而形状随容器改变的物质。

（3）气体就是没有固定的形状和体积，能自发充满任何容器的物质。

这三个定义都具有属加种差定义的形式，我们要给“固体”、“液体”、“气体”这三个词下定义，首先要找出它们的上位词（即属），那就是“物质”，也就是说“固体是一种物质”，“液体是一种物质”，“气体也是一种物质”，它们是“物质的三态”，它们三者从语词上说都是“物质”一词的下义词。但是，它们相互之间又在属性上存在着一定的差别（即种差），“固体”的种差就在于“它有一定的体积和形状”，“液体”的种差就在于“它有一定的体积而形状随容器而改变”，“气体”的种差就在于“它没有固定的形状和体积，能自发地充满任何容器”。将这些种差与属综合起来，就形成了三个定义项，我们也就可以分别给“固体”、“液体”、“气体”下定义了。

真实定义虽然有比较确定的形式，但在语言表述中又具有一定的灵活性。例如：

（1）由炽热的气体组成、能自身发光的天体叫作恒星。

这里“恒星”是被定义项，它被放在句尾，而定义项部分“由炽热的气体组成、能自身发光的天体”却被放在句首，联词不用“就是”而用“叫作”。

（2）汞——化学元素（周期系第Ⅱ族（类）副族元素）。符号 Hg。原子序数 80。易流动的银白色液态金属，通常称为“水银”。内聚力很强。熔点 –38.87℃，沸点 356.58℃，比重 13. 546（20℃）。蒸气有剧毒，在空气中稳定。溶于硝酸与王水。在自然界中以游离态或化合态（辰砂 Hgs）存在。

这里联词省略，它的属（上位词）“化学元素”放在定义项的前面，其余部分都属“种差”，表明了汞这种化学元素跟其他化学元素的区别。

② 语境定义。有些词（主要是虚词）孤立地看很难确定它的实际意义，只有在一定的语境中才能理解其意义，对这样的词，我们可以用语境定义的方法来下定义。所谓语境定义，就是将被定义的词放在一定的话境（上下文）中，然后用一个意义相同、但这个被定义的词在其中不出现的语句来下定义，使读者通过后一个语句来理解那个被定义词的意义。

例如，“只有”是一个连词，人们很难单独给它一个精确的定义，于是，人们为它创造一个语境，如说：“只有这张画画得好”，然后找出另一个意义与它相同、但不出现“只有”这个词的语句作为定义项，如：“这张画画得好，而其他的画都画得不好。”通过后一句话，人们就理解了前一句话的意义，其中也包括理解了“只有”这个词的意义。

③ 操作定义。它是把对一个对象进行实验操作的过程作为定义项来对这个对象进行定义，这种定义主要用于物理、化学、生物等一些实验性的科

学中，它在语言中表现为“如果 p，那么 q”这样的条件语句，所以，它也可以称为条件定义。

例如，要给“酸”下定义，可以这么说：“x 是一种酸 = df 如果将 x 进行电离，那么就会产生永合氢离子（H30–1）的化合物。”也可以这么说：“液体 x 是酸性 =df，如果将蓝色石蕊试纸浸入液体 x 中，那么，蓝色石蕊试纸会变成红色。”前一例可称为外延的操作定义，因为它是揭示一种液体属于“酸”的外延；后一例可称为内涵的操作定义，因为它是揭示一种液体具有“酸”的属性。

5. 说服定义与显示定义

① 说服定义（persuasive definition）不以揭示语词的内涵意义为主要目的，而是试图通过在定义项中引入带有一定情感意义（emotive meaning）的语词，以影响与激发接受这一定义的人产生同样的情绪，说明他接受某种信念，产生对一件事的某种态度。不过，它既然是一种定义，就总得在一定程度上揭示语词的内涵意义，并以此为基础达到影响与激发对方情绪的目的。

例如，在有的词典中，对“自然主义”是这样定义的：“自然主义是文学艺术创作上的一种不良倾向，它无选择地描写个别现象和琐碎细节，忽视甚至歪曲事物的本质。”由于定义项中出现了“不良倾向”、“忽视”、“歪曲”这些带有强烈情绪意义的字眼，所以，使人们自然地对“自然主义”产生了一种厌恶、反对的情绪，即使对自然主义文学艺术创作原来毫无所知的人也会产生这种效果。

从上述例子可以看出，说服定义实际上是要将包含在定义项中的情绪力量（emotive force）转移到被定义项中去，因此，它要求定义项本身必须首先包含有巨大的情绪力量，人们可以用它来称赞与谴责某些事情。

说服定义是由 C.L. 斯蒂文森于 1938 年首先提出的，他当时在《心灵》杂志上发表了《说服定义》一文，后来于 1944 年在《伦理学与语言》一书中又较充分地论述了这种定义方法。

② 显示定义（revelatory definition）是以一种隐喻的形式将定义项与被定义项所反映对象的某种属性进行比较而作出的定义。例如，有人将“建筑”定义为“凝固的音乐”，这就是一个显示定义。人们是将“建筑”与“音乐”

这两个词所反映的对象作比较，显示其属性上的相似性。音乐是由人用各种乐器按照乐谱奏出的乐声所组成，它具有内在的和谐性，使人听起来感到一种美的享受；建筑是由人用各种建筑材料按照设计的结构图案所构成的，它也具有内在的和谐性，使人看起来也感到有美的享受。但是两者又有区别，音乐的协调美瞬息即逝，而建筑却将这种美的协调性凝固下来，使人可以长期欣赏。因此，人们定义："建筑是凝固的音乐。"

显示定义也属于内涵定义,因为它是将词的内涵中的某些部分显示出来，但它不同于一般定义。它不是约定定义，因为这种内涵（对象的属性）不是人们约定的，而是客观事物本身所具有的，它也不是真实定义，因为"音乐"根本不是"建筑"的上位词（属）。它更不是操作定义等等。有人否认这是一种定义形式，甚至认为它违反了定义规则。我们认为，只能说它不是真实定义，因此，也就不能用真实定义规则去要求它，它揭示了对象的某种属性，帮助人们理解了一个语词的特殊含义，达到了将语词所指对象与其他对象区别开来的目的，因而就不能认为它不是定义。至于它使用了隐喻的形式，这并不妨碍它作为一种定义而起作用。另外，它也并不存在语言上的模糊性、歧义性，人们只能作特定含义的理解。因此，应该承认显示定义在定义中的合法地位。

由以上各种定义形式（还有一些定义形式我们未曾列举）可以看出，人们认识客观事物的途径是多种多样的，人们给语词下定义（这些语词是人们认识的结晶）的方式，也是多种多样的。将定义固定为某一种特定方式是不科学的。定义应该是语言逻辑学的一个重要内容。传统逻辑只注重真实定义的形式（虽然真实定义本身至今仍是其积极作用），它造成了人们思维方法上的极大局限性。数理逻辑主要探讨了关于数学的定义方法，对其中的成果我们必须很好地加以吸收。而在自然语言中，还存在着丰富的定义形式，语言逻辑工作者应该进行多方面的挖掘，使定义所包含的内容更为充分起来。

6. 定义的规则

由于定义种类的多样性，这样就很难制定出适用于一切定义的规则，传统逻辑中所讲述的真实定义的规划，虽然对真实定义来说是必要的，但是并非对一切定义都能作出那样的要求。下面我们讲述一些最基本的规则，当它只能作用于某些定义的方法时，我们再作些说明。

第一条规则：定义不允许循环。

定义不允许循环，就是被定义的词项不允许出现在定义项中。因为人们要对被定义的词项下定义，是由于人们对这个被定义词项的词义不明确，如果这个不明确的词项又出现在定义项中，就成了以不明确的东西去定义不明确的东西，其结果仍是不明确的，这就达不到定义的目的。

例如，什么是“比喻”？有人说：“比喻就是一个思想的对象同另外本质不同的事物有类似点，我们就用那另外的事物做比喻来说明这个思想对象。”给“比喻”下定义，定义项中又出现“比喻”这个词，这等于说：“比喻就是比喻”，结果什么也没有定义。

定义不仅不允许被定义的词项直接出现在定义项中，也不允许间接地出现在定义项中。例如：“生产是指以一定的生产关系联系起来的人们，通过改造自然，创造物质资料（物质财富）的过程。”这里以“生产关系”来定义“生产”。但什么是“生产关系”呢？“生产关系是人们在物质资料生产过程中结成的相互关系。”这里又以“生产”来定义“生产关系”。这也属于一种循环定义的形式。

这条规则对一切定义都适用，其中对真实定义与同义语定义的作用特别突出。这是因为外延定义与有的内涵定义不太可能出现循环定义的情况，同义语定义中有时可能出现这种情况，即用甲词解释乙词，又用乙词解释甲词（在中国古代词书中这叫做“互训”的方法）如在，《说文解字》一书的“艸部”中有一条是“芜，薉（音 wei，同秽）也。”接着又有一条：“薉，芜也。”这在古代不失也为一种释义的方法，但它终究是有弊病的，当一个人既不识“芜”字，也不识“薉”字的时候，这种释义方法就不起作用了。

金岳霖先生在 1937 年出版的《逻辑》一书中，有这么一段话：“关于定义之规律大约有好几条，……这许多规律中仅有一条是我们要注意的，其他都可以不理。我们所应当注意的一条，最简单的说话，就是定义不要绕圈子。”[1]这里说“不要绕圈子”，就是“不要循环”。金岳霖先生特别强

[1] 金岳霖：《逻辑》，三联书店 1961 年出版，第 6 页。

调这条规则是有道理的。《逻辑》一书中对此提出了三条理由：①知识方面先后问题；②无量推进而无止境的问题；③演绎逻辑系统化之后，除知识方面先后外尚有系统方面的先后。正因为这样，我们将“定义不允许循环”作为定义的第一条规则。

第二条规则：定义必须明确，不要使用有歧义的或晦涩性的语言。

定义的目的就是要明确词义，如果使用了有歧义的或晦涩的语词作定义项，就达不到上述目的。

这条规则适用于一切定义，特别适用于真实定义与同义语定义。用一个被定义项同义的语词或短词作定义项，一定要求这个定义项本身明白易懂；如果定义项本身就使人不懂，就会使读者对被定义项的意义仍然理解不了，也就达不到定义的目的。例如，有一本大词典给“胄”字下了这么一个定义：“胄者，胤也”，但是一般都感到，“胤”字比“胄”字更难懂（“胄”与“胤”都有“贵族后代”的意思）。谁看了这样的字典，也许会感到不知所云。

不过，定义的明确性有其相对性。有些科学定义专业性、理论性较强，一般人看不懂，会认为它是晦涩的、不明确的，但对某些具有一定专业知识的人来说，可能认为非常明确，甚至认为不这样定义就很难使它明确。例如，有机化学中有这么一个术语叫做“互变异构”，它在《辞海》中是这么定义的：“互变异构是两种异构体之间所发生的一种可逆构化。”一般人谁懂得什么叫“异构体”，什么叫“可逆构化”呢？可是，我们不能因此就说这个定义是不明确的，是晦涩难懂的，因为科学要求只能这样来定义。具有化学专业知识的人会认为这个定义真正揭示了对象的特有属性。

有人会认为上述显示定义因为使用了隐喻，从而违反了这一条定义规则。实际上显示定义并未违反这条规则。显示定义仍然要求明确，没有歧义，不晦涩难懂。如“建筑是凝固的音乐”，它通过比喻揭示了建筑的某一方面的特征，它的意义非常明确。

第三条规则：定义一般不使用否定形式。

这条规则要求作出一个定义，一般不要说这个被定义项不是什么，而要用肯定联词，说被定义项是什么，因为定义总是要告诉别人一个语词所指称的对象具有某种属性。如用否定式，则只告诉人这个对象不具有什么属性。

如果问“什么是固体？”回答说：“固体不是液体，也不是气体。”这样别人仍然不知道固体是什么。而且否定一个对象具有什么属性，这种可能性几乎是无限的。如问：“什么是‘空气负离子发生器’？”回答：“空气负离子发生器不是空调器，不是电冰箱，不是除尘器，不是录相机，不是电容器，……”这样说下去，再说一万句也不一定说得完。这样的定义能起什么作用呢？

必须指出的是，这条规则也有例外，就是有些词指称的思维对象本身就具有否定属性，这时只有使用否定式的定义才能准确地将其属性表达出来。例如：“虚报就是不照真实情况报告”；“虚浮就是不切实”；“虚假就是跟实际不相符合”；“虚弱就是（身体）不结实”；“虚妄就是没有事实根据的”；“虚伪就是不诚实”。这里定义的联词虽然还是用的“就是”，但在定义项中却具有否定因素。这是自然语言的习惯问题，其实它是极容易换成否定式联词的，如“虚报不是按照真实情况报告”，“虚假不是跟实际相符合”，“虚伪不是诚实的”，只不过这样念起来不太顺口而已。在科学术语中，使用这种否定式定义还是很多的，如“奇数就是不能为 2 所整除的整数”，“测不准关系是指一个微观粒子的某些成对的物理量不可能同时具有确定的数值”，等。

第四条规则：定义项与被定义项的外延应该相等。

这条规则主要是对真实定义而言，而且这条规则对真实定义的要求是非常严格的。定义项的外延如果大于被定义项的外延，就要犯定义过宽的逻辑错误；定义项的外延如果小于被定义项的外延，就要犯定义过窄的逻辑错误，不管定义过宽还是过窄，都不能达到准确地刻画对象特有属性的目的。

例如，“词是能独立运用的语言单位”，就是定义过宽，因为“能独立运用的语言单位”不止是词，还有句和短语。只有说“词是能独立运用的最小的语言单位”，才是准确的定义，才能把词的特征准确地刻画出来。

又如，“平行四边形是两组对边分别平行、对角线相等的四边形”，这就定义过窄，因为这指的只是平行四边形的一种，即矩形（长方形）。为了准确起见，“对角线相等”这一属性应当删掉。

定义的目的就是要揭示语词的意义，使读者与听者通过定义可以明确词义并正确地运用语词。定义的规则就是要约束这些定义，使它能确实达到上述目的。上面介绍的只是几条比较普遍有效的或者对某些定义特别重要的规则，对每一种定义方法还可以规定一些特殊的规则。这也是语言逻辑学所要进一步探讨的问题之一。

（原载《语言逻辑引论》，湖北教育出版社 1989 年出版）

论金岳霖的定义理论

无论是在传统逻辑中还是在现代逻辑中，定义都是逻辑的一个非常重要的组成部分。现代逻辑对定义理论和方法有很大的发展，相应地也引申出不少值得思考的问题。金岳霖在其哲学与逻辑著作中，对现代逻辑的定义理论作了深刻的论述。不过，金岳霖的定义理论前后期有些不同，甚至可以说有某种程度的对立。这主要表现在前期的《逻辑》（1937）与后期的《罗素哲学》（1988）二书中。金岳霖的定义理论主要涉及下述四个方面的问题。

一、定义的功能问题

在《逻辑》的第一部中，一开始就谈到定义问题。他说："传统逻辑里的定义问题颇为重要，但与现在的定义问题（指罗素的 P.M. 系统中的定义问题）不同。"他说，传统逻辑里的"定义之重要……若所用的名词意义不定，则无谈话的可能，无语言文字的可能，当然也无逻辑的可能"。因此，"定义是不可缺的"[1]。但在第三部中说："定义不是本系统的命题，它不过表示符号的用法而已……定义既是以比较简单的符号代替比较复杂的符号，所以严格说来，系统无定义也可以推行，不过不甚方便而已。"[2]在第四部中，进一步阐述了"基本概念可以有定义，也可以无定义"[3]，"系统中的定义可以视为系统的注解，不在系统的实质范围之内"[4]。

金岳霖这一定义理论主要来自罗素 P.M. 系统，金岳霖在《罗素哲学》

[1] 金岳霖：《逻辑》，三联书店 1961 年出版，第 5—6 页。
[2] 金岳霖：《逻辑》，三联书店 1961 年出版，第 147 页。
[3] 金岳霖：《逻辑》，三联书店 1961 年出版，第 226 页。
[4] 金岳霖：《逻辑》，三联书店 1961 年出版，第 296 页

一书的第三章第四节专门批判了罗素的定义论，但没有批判罗素关于定义功能（职能）的理论。

金岳霖在其前期的《逻辑》一书中对于定义理论的贡献在于他已注意到并明确区别了关于定义功能的两个不同方面，即一个是定义的认识功能（或称社会功能）问题，定义是认识过程的一个非常重要的环节，人们认识客观事物的成果总是要凝聚在定义中。人们所掌握的语词符号，如果没有定义，就不可能正确地加以运用，也无从用它来进一步获得知识。另一个是数理逻辑关于定义在一个逻辑系统中的功能问题。正如罗素在他的《数学原理》中所说："定义是这样一种说明，即某个新引入的符号或符号的组合是与另外某个其意义为已知的符号组合具有相同的意义。"所以，"从理论上说，并非一定要给出定义，因为我们可以始终使用定义项而完全不需要使用被定义项"。"从理论上说，所有的定义都是多余的"。[1]罗素多次强调这是"从理论上说"，但实际上，他在 P. M. 系统中仍然使用了定义。这是由于他自己也说："如果我们不引入定义，我们的公式就会迅速变得十分冗长，以致无法操作。"[2]因此，从系统的简明性方面要求，定义在一个逻辑系统中仍然具有不可或缺的作用。金岳霖区别定义的两方面的功能问题，对我们进一步研究定义问题是有很大帮助的。

二、定义的对象问题

在《逻辑》一书中，金岳霖明确指出不存在所谓实质定义，他说："普通以为定义有名词与实质之分，其实只有名词的定义，没有实质的定义。"[3]他还说："系统中的定义不是普通所谓实质定义。它完全是名词的定义，……"[4]这就是说，定义的对象是"名词"（符号），而不是事物。

在《罗素哲学》一书中，金岳霖则改变了自己以前的某些看法，认为"定义是给概念下的……概念是反映客观事物的……概念总涉及到语词，然而定

[1]［英］罗素：《哲学原理》英文版，第1卷，第12页。
[2]罗素：《哲学原理》英文版，第1卷，第12页。
[3]金岳霖：《逻辑》，第292页。
[4]金岳霖：《逻辑》，第293页。

义不只是语词的定义，而主要地是该语词所表达的概念的定义”[1]。他同时坚决反对所谓给事物下定义的观点。明确提出：“客观事物……没有下定义这样的问题……定义不是对象的定义。”[2]可见反对给事物下定义，是他一贯的观点。

从逻辑史上看，关于定义的对象概括起来说，有三种不同的观点。一种观点认为，定义的对象是事物。例如，亚里士多德就说：“定义乃是揭示事物本质的短语。”[3]柏拉图、西塞罗、密尔顿、斯宾诺莎等都持这样的观点。另一种观点认为，定义的对象是观念或概念。例如，康德说：“所谓下定义，如这词所指出的那样，实在只是在事物概念的范围内把事物之完整的本原的概念显现出来。”[4]黑格尔自然也持这种观点[5]。还有一种观点认为，定义的对象是语词符号。现代逻辑学家基本上都持这种观点。如罗素与怀特海说：“定义涉及的完全是符号，而不是符号所象征的东西。”[6]维特根斯坦、卡尔纳普等也持这种观点。

我认为，金岳霖对第一种观点的否定是正确的。因为关于客观对象无所谓定义问题。正如金岳霖在《逻辑》一书中所说：“具体的东西无所谓有意义或无意义……这是说具体的东西与意义不相干，好像道德与颜色不相干一样。”[7]他在《罗素哲学》中也说：客观事物的“存在和它的关系和性质是独立于我们的认识的，是不以我们的认识为转移的……认识的问题只是如实的反映而已”[8]。的确，科学发展史上人们曾经有过许多所谓“科学的”定义，当时以为这就是该事物的定义，后来科学发展了，才知道这些定义并不正确，但那个事物仍然是那个事物，并不以你给了它某个定义，它就变成你所定义的那个样子。

关于第二种认为定义的对象是概念的观点和第三种认为定义的对象是语

[1]［英］罗素：《罗素哲学》，上海人民出版社 1988 年出版，第 76 页。
[2]［英］罗素：《罗素哲学》，上海人民出版社 1988 年出版，第 76–77 页。
[3]［希腊］亚里士多德：罗素：《论题篇》101b34。
[4]《纯粹理性批评》A727，见韦卓民译中文版，第 616 页。
[5]参阅《小逻辑》第 3 篇“概论论”第 229 节。
[6]［英］罗素：《数学原理》英文版，第 1 卷，第 11 页。
[7]金岳霖：《逻辑》，第 293 页。
[8]［英］罗素：《罗素哲学》，第 76 页。

词符号的观点，问题显得复杂一些，这里涉及一个对概念的理解问题。概念是人的思维中的东西，概念是反映事物的，但概念从来不是一种形式，人们也揭示不出所谓概念的形式。概念的表现形式就是语词（符号）。现代符号学创始人之一的索绪尔将语词符号和概念比之为一张纸的两面。概念隐藏在这些语词（符号）之后，它就是这些语词符号的内涵。这些语词符号由于具有这些内涵，从而具有代表某个事物的功能，这些事物就是该语词符号的外延。概念（内涵）是使符号与那个对象（外延）得以联系起来的东西。用现代语义学的术语说，内涵就是使某个符号在众多的可能世界中准确地与某个对象相联系的函项，或者简单一点说，内涵就是从可能世界到外延的函项。因此说定义涉及概念，这是正确的，但说给概念下定义，就存在问题，它等于说“给某个内涵下定义”，这里实际上混淆了概念与语词符号。而且，现在定义的方法越来越多，除了有内涵定义外，还有外延定义。这样单纯说定义的对象概念（内涵），更不足以概括定义的功能。所以，我们认为，第二种观点存在理论上的重大困难。

第三种观点认为定义的对象是语词符号，这是正确的。金岳霖早期在《逻辑》一书所阐述的观点是应该为人所接受的。可惜，金岳霖在后来的《罗素哲学》一书，着力批判了他前期的“名词的定义”的思想，这是不必要的。不过，金岳霖在《罗素哲学》一书中仍然承认有“语词的定义”。而且论述得非常深刻，非深透彻。遗憾的是，金岳霖在论述之后，接着把话题一转，说：“话说回来，语词虽有定义问题，然而定义问题根本不是语词的问题。”在这么一个重大问题上，金岳霖好像开了倒车，从现代逻辑倒退到传统逻辑（应该说是康德逻辑）那儿去了。

不过，即使说定义的对象是语词符号，各个逻辑学家、语义学家之间的观点也有差异。洛克与密尔所说的是给自然语言中的语词下定义。而罗素、维特根斯坦、卡尔纳普等现代逻辑学家则强调给一个逻辑系统中的符号下定义，这两种定义，正如金岳霖指出的那样，是有不同的。这种不同是由自然语言与理想语言的不同性质决定的。自然语言系统是开放性的，语词往往具有多义性，内涵可以随着认识的加深而不断发展变化，外延具有一定的模糊性。理想语言系统则是封闭性的，符号要求具有单义性，内涵、外延要求具有相对的确定性、稳定性，如果出现语义方面的变化，就要求相应地出现语形上的变化，即不允许用“旧瓶装新酒”，以免出现符号使用上的混淆。这是任何一门科学体系所应要求的。但是，这里也存在另一个问题。如果将这一关于逻辑系统的定义理论扩大到其他全部地或部分地用自然语言表述的科学系统，似乎仍会存在一定的困难，因为人类认识在不断地发展，一门科学的概念系统也在不断地发展。如果严格地实行一个符号一个含义的规则，自然语言中的语词将会无限膨胀，使用起来将会很不方便。

三、定义的约定性问题

金岳霖早期所写的《逻辑》一书，提出了“系统中的定义表示引用名词的自由”[1]的观点。在一个逻辑系统中将已有的复杂的思想通过定义引进一个新的名词（符号）以代替原有的复杂的符号，这是合理的。当这样做的时候，对究竟引用一个什么样的名词（符号）来代替原有的符号组合，似乎无关紧要。这一点不仅在人工语言中如此，就是在自然语言中也是如此。不过由于在自然语言中约定俗成了，人们不易觉察罢了。

索绪尔在《普通语言学教程》一书中说语言符号的第一原则就是符号的任意性。他说：“能指和所指反映的联系是任意的，……我们可以更简单地说：语言符号是任意的。”[2]但是从引用名词的任意性很难推出定义的任意性。引用名词的任意性是说对于一个名词符号可以赋予任一含义，但含义本身并非任意的。它是人们认识的结果。一旦它与某个语词符号结合之后就有一定的稳定性，个人想随便加以变更，是很难行得通的。

金岳霖在《罗素哲学》一书中在批判罗素时说：“罗素好像是说：引用符号有自由；给一符号下定义时，该定义也是自由的定义。”[3]于是金先生又用实质蕴涵的例子，来证明“定义根本不是自由的，尽管这一符号或那一符号都可以同样地引用”[4]。我认为，金岳霖的论证是有说服力的。只

[1] 金岳霖：《逻辑》，第292页。
[2] [瑞士] 索绪尔：《普通语言学教程》中文版，第102页。
[3] [英] 罗素：《罗素哲学》，第82页。
[4] [英] 罗素：《罗素哲学》，第82页。

是金岳霖在《罗素哲学》中没有明确指出罗素是在哪儿说过“定义是自由的，或任意的”。我们在罗素的《数学原理》一书中没有找到这一说法。我们注意到，金岳霖用的是“罗素好像是说”的话，可能是由于罗素在《数学原理》中提出过定义是一种“意志的表达”，从而引申出定义是自由的、任意的、约定的。不过，不管怎样，金岳霖对定义约定论观点的批判，是正确的。

在《逻辑》一书中，金岳霖还提出“定义没有真假”。金岳霖在《罗素哲学》中重点批判了自己早期来自罗素的这一观点。如果在一个逻辑系统中，定义的确无真假可言。而如果是指日常生活或一门科学中的众多定义，它们实际上是人们对客观现实认识的结晶，都是一些科学的命题，并非仅仅是将符号的组合由复杂化为简单，那它们就不可能没有真假。

四、定义的规则问题

金岳霖在《逻辑》一书中提到过定义的规则问题。他说：“关于定义之规律大约有好几条，关于 division 也有规律。这许多规定中仅有一条是我们要注意的，其他都可以不理。我们所应当注意的一条，就是定义不允许绕圈子。”[1]他还说“理由可不容易说”。

金岳霖这一观点在他人的著作中从来没有提过。这里涉及两个问题：一个是定义的其他几条规则为什么都不重要；另一个是定义不允许循环的规则何以特别重要。第一个问题金岳霖自己没有作出解释。在金岳霖后来主编的《形式逻辑》（1979 年版）一书的“定义”一节中还是列举了四条规则：①定义项中不能直接地或间接地包括被定义项。②定义项，除非必要，不应包括负概念。③定义项中不能包括含混的概念或语词。④定义项的外延与被定义项的外延必须是全同的。第一条也就是金岳霖所强调的定义不允许循环的规则，我们后面再讨论。现在先谈后三条。我认为，金岳霖说后三条之所以“可以不理”，是有原因的。例如第二、三条，主要是为了使定义明确，不含糊，而这一要求在“定义”的定义中已经包括了。至于第四条，有些新的定义方法可能突破了这条规则的限制。例如，外延定义中的实指定义和列

---

[1] 金岳霖：《逻辑》，第 6 页。

举定义。还有一种情况是，如金岳霖与罗素一再举过的“实质蕴涵”的定义，其公式是 P⊃Q. ≡ .PVQDF，这里被下定义的符号是“⊃”，但无法孤立地给它定义，于是将它处于一定的语境中然后给予定义（罗素称为使用定义，definition in use）。这里被定义的不是单独一个符号。而是一个符号所处的整个语境，但说明的却是这个符号的意义。显然这里也突破了第四条规则的限制。我们认为金岳霖大概已经考虑到上述一些因素，而对第二、三、四条规则的作用有所限制。

至于金岳霖所强调的“定义不允许绕圈子”的规则，金岳霖举出了三条理由：一是知识方面的先后问题；二是无量推进而无止境的问题；三是演绎逻辑系统化之后，除知识方面的先后外尚有系统方面的先后。金岳霖从这几个方面进行的论证是非常充分的。这条规则确实很重要，因为一个逻辑系统中的定义如果出现循环，那等于什么都没有定义。不过，定义不允许循环，必须先确定哪些语词符号是初始的语词符号。这在一个人工语言的逻辑系统中是可以做到的，而在自然语言中，究竟哪些语词是初始符号，然后其他语词依据它们来进行定义呢，似乎至今仍没有哪个语言学家和逻辑学家认真地研究过。语言学家似乎根本不考虑这个问题，而逻辑学家则认为这是语言学家的事，我们逻辑学家只管提出要求。于是至今我们的字典或词典中，如果谁要认真检查一下的话，就可以发现大量的循环定义。所以，我们认为金岳霖在五十年前强调的这条定义规则，应该引起我们语言学家和逻辑学家的普遍重视。

金岳霖的定义理论有其重大特色，有些地方超出了我们今天一般教学中关于定义的理论。也就是说我们今天还没有理解到金岳霖定义理论的真实含义和理论价值。金岳霖在后期似乎很强调定义理论中的逻辑哲学问题。金岳霖在参考、吸取与批判罗素的定义理论时，力图批判罗素哲学观点，这种努力是可贵的。但是，尤其可贵的是金岳霖自己在定义理论方面所作的重大贡献。我们要认真地加以学习和吸收，以促进我国逻辑科学的发展。

（原载《哲学研究》1995 年增刊）

论黑格尔逻辑学中的定义理论

定义理论是逻辑科学中的一个重要部分，不管是古希腊罗马时期、中古时期，还是近代与现代，逻辑科学都对定义理论给以极大的重视。现在有些逻辑学家将逻辑学解释为关于定义与有效推理的科学。19世纪初所产生的黑格尔逻辑学是逻辑科家发展史上的一朵奇葩，它跟传统的形式逻辑有着根本性的区别，这种区别就在于它一反传统的以抽象的、孤立的、静止的观点对待思维的方式，而创立一种注意思维的内在联系、注重思维的运动、变化和发展的逻辑，即辩证逻辑（黑格尔自己更多地称为思辨逻辑或理性逻辑）。在黑格尔的逻辑学中，定义理论具有特别重要的作用，而这种定义理论，必然与其概念理论相联系。黑格尔不仅充分运用定义的方法去阐述概念（范畴）的发展，而且对定义理论本身也作了很多创新，其中最突出的一点就是揭示了定义中内在的辩证法因素。这种创新是建立在对传统的形式逻辑即知性逻辑定义理论的批判的基础之上。我们认为其中有些合理因素可以而且已为现代逻辑科学以至现代哲学所吸取。

一、黑格尔定义理论的特征

黑格尔的定义理论具有下述一些特征：

1. 黑格尔逻辑学中的定义都是关于具体概念的定义，这种定义包含着普遍性、特殊性与个体性于自身

关于定义的对象问题，在逻辑史上历来有三种不同的观点。一种观点认为，定义是涉及事物的，它揭示的是事物的本质或事物的属性。例如，亚里士多德就认为："定义是指明某事物的本质的短语。"[1]斯宾诺莎也认为：

[1] 亚里士多德：《工具论·论题篇》，101b38。

“关于每一个事物的真正的定义，除了包括与表达被定义事物的本质外，再不包括任何东西，也不表达任何东西。”[1]另一种观点认为，定义是涉及语言符号的。例如，弥尔（一译穆勒）认为：“定义其最简单和最正确的看法是陈述一个语词的意义的命题。”[2]罗素和怀特海认为：“定义是一个关于某个新引入的符号或符号组合的陈述，表示与某个其意义已知的符号组合具有相同的意义。”[3]维特根斯坦则更加明确地表述为：“定义是从一种语言译为另一种语言的规则。”[4]第三种意见则认为，定义是涉及观念或概念的。这是近代逻辑的主要观点。例如，洛克认为：“定义是通过语词使其他人理解所定义的词项代表一个什么观念。”[5]康德认为：“定义是在其概念的范围内，提供完整的、原初的概念。”[6]黑格尔的定义理论显然属于第三种，因为黑格尔认为逻辑学的对象只有一个，即“概念”。他认为“定义”就是对概念的说明[7]。但是，黑格尔的定义理论在定义对象这一点上，跟洛克、康德等的传统观念又有很大的区别，其区别突出的一点就在于黑格尔强调定义的对象是具体概念，在他的逻辑系统中所给予的定义都是涉及具体概念的。他说：“概念是完全具体的东西。”[8]所谓具体概念，也就是指概念的具体性，它是相对于抽象概念而言的。具体概念包含“有”、“无”、“一”、“多”、“质”、“量”、“必然”、“偶然”等多样的逻辑规定性于自身，这些规定性有机地、内在地联系在一起。简单地说，具体概念就是普遍性、特殊性、个体性统一于自身的概念。而定义，就是对这些具体概念的说明。黑格尔在论述定义（有的译者译为“界说”）的特征时说：“当对象在认识过程中首先被带到特定的一般概念形式内，从而这对象的类和它的普遍的规定性得到明白地表述时，于是我们便有了界说。”在“附

[1] 斯宾诺莎：《伦理学》第1部分，命题8，注2。
[2] 弥尔：《逻辑体系》英文版第1卷，第8章，第86页。参阅严复译：《穆勒名学》，部（甲）篇八第一节。
[3] 罗素和怀特海：《数学原理》英文第2版，第11页。
[4] 维特根斯坦：《逻辑哲学论》，3.343。
[5] 洛克：《人类理解论》，第3卷，第3章，第10节。
[6] 康德：《纯粹理性批判》中文版，第506页。
[7] 黑格尔：《逻辑学》下册，商务印书馆1981年出版，第253、283页。
[8] 黑格尔：《小逻辑》，商务印书馆1980年版，第334页。

释”中说：“界说本身包含有概念的三个环节：普遍性或最近的类，特殊性或类的诸特性，和个体性或被界说的对象本身。”[1]所谓个体性，黑格尔特别强调不可以了解为直接的个体性，如我们所说的个体事物或个人那样。它是指普遍与特殊两种规定性返回到自身内，是普遍性和特殊性的统一。这个个体性，正是被定义的对象。所以，在定义中，必然包含普遍性与特殊性，这表现在传统形式逻辑中，就是以“属加种差”的方式下定义，“属”表示被下定义概念所具的普遍性，“种差”表示被下定义概念中所具有的特殊规定性。例如，“人是有理性的动物”，“动物”表示其普遍性，“有理性”表示其特殊的规定性，在被下定义的“人”这个个体性中，包含着“动物”这一普遍性与“有理性”这一特殊性的统一。但是传统形式逻辑并没有自觉地揭示出这种普遍性与特殊性的对立统一，而只是将“属”与“种差”相加的公式看作一个抽象的形式。只是在黑格尔逻辑学中才将定义中这一辩证法揭示出来，并且自觉地在定义过程加以运用。

在寻求特殊的规定性时，黑格尔特别提醒，用个别的、外在的规定性来下定义，对于具体的总体及其概念的本性，是很不适宜的。例如，有人认为：“耳垂就是一切其他动物所缺少的东西，所以按照普遍关于共同的和区别的标志的说法，完全有理由可以将它用于天然的人的定义。但是这样一个完全外在的规定立即就显出与天然的人的总的外貌的表象，与概念规定应当是某种本质的东西的要求，是如何的不适宜。”[2]黑格尔认为，这种放弃特有的概念规定的本质性要求的定义，对于外在反思说来，只是一种“标记”。

2. 形成概念的定义的方法，既是分析的，又是综合的

关于定义从何而来的问题，一般的回答是，定义是运用分析的方法得来的。什么是分析的方法？黑格尔解释为：“它的活动即在于分解那给予的具体内容，孤立化其中的差别，并赋予那些差别以抽象普遍性的形式；或者以具体的内容作为根据。而将那显得不重要的特殊的东西抛开，通过抽象作用，揭示出一具体的普遍、类、或力和定律。这就是分析的方法。”[3]简单地说，

[1] 黑格尔：《小逻辑》，商务印书馆 1980 年版，第 413—414 页。
[2] 黑格尔：《逻辑学》下册，商务印书馆 1981 年出版，第 500 页。
[3] 黑格尔：《小逻辑》，商务印书馆 1980 年出版，第 412 页。

分析方法（或称分析的认识）就是“从个体出发而进至普遍”[1]。黑格尔认为“认识过程最初是分析的”[2]。

除了分析的方法之外，还有综合的方法。所谓综合的方法（或称综合的认识），就是以普遍性（作为界说）为出发点，经过特殊化（分类）而达到个体（定理），“便表明其自身为概念各环节在对象内的发展”[3]。显然，综合方法是分析方法的反过程，它要以普遍性作为出发点，而普遍性又要通过分析方法才能得到。

究竟使用哪一种方法好，黑格尔认为：“这完全取决于我们要认识的对象本身的性质，才可决定在两种从有限认识的概念产生出来的方法中，哪一种较为适用。”[4]黑格尔认为，这两种方法都有其一定的适用范围与一定的适用限度，超出这个范围与限度，就会“碰壁”。不仅如此，“无论综合方法或分析方法，皆同样不适用于哲学。因为哲学首先要做的工作，就是要证明它的对象的必然性”[5]。这就是说，在哲学论证中，单用分析方法或单用综合方法都不行，而是要使二者结合与统一起来。黑格尔将这种方法称之为“哲学的方法”或“思辨的方法”，也就是辩证的方法。黑格尔说：“哲学的方法既是分析的又是综合的，这倒并不是说对这两个有限认识方法的仅仅平列并用，或单纯交换使用，而是说哲学方法扬弃了并包含了这两个方法。因此在哲学方法的每一运动里所采取的态度，同时既是分析的又是综合的。”[6]这既是分析的又是综合的方法适用于思辩方法的各环节。而定义的方法也应是一种哲学的方法，它是说明概念以至理念以至黑格尔的所谓“绝对理念”的方法，因此，定义也是要求既是综合的也是分析的。

3. 定义是概念发展过程产生出来的结果

黑格尔认为：“一个定义的意义和它的必然证明只在于它的发展里，这就是说，定义只是从发展过程里产生出来的结果。”[7]这就是说，定义应

---

[1] 黑格尔：《小逻辑》，商务印书馆 1980 年出版，第 413 页。
[2] 黑格尔：《小逻辑》，商务印书馆 1980 年出版，第 412 页。
[3] 黑格尔：《小逻辑》，商务印书馆 1980 年出版，第 413 页。
[4] 黑格尔：《小逻辑》，商务印书馆 1980 年出版，第 412 页。
[5] 黑格尔：《小逻辑》，商务印书馆 1980 年出版，第 414 页。
[6] 黑格尔：《小逻辑》，商务印书馆 1980 年出版，第 424 页。
[7] 黑格尔：《小逻辑》，商务印书馆 1980 年出版，第 414 页。

该表达概念之间的相互联系，表达概念发展的过程，表达概念的系统，表达概念的整体。定义不是孤零零的，各不相干的，这是因为概念就是相互联系着的，是发展着的。这样，不能认为一个定义能穷尽对某个对象的认识，这是由于对象属性的多样性就决定定义的多样性。黑格尔说："要下界说的对象的内容愈丰富，这就是说，它提供我们观察的方面愈多，则我们对这个对象所可提出的界说也就愈有差异。譬如说，关于生命、关于国家等较复杂的对象，便可有许多不同的界说。"[1]

这里我们可以列举黑格尔自己给出的例子。"绝对"是黑格尔唯心论体系的最高范畴，在《小逻辑》一书中，他从第一篇"存在论"开始，一直到第三篇"概念论"结尾，给"绝对"下过一系列定义。如"绝对就是有"（或"绝对就是存在"），"绝对即是无"，"绝对是纯量"，"绝对就是尺度"，"绝对是本质"，"绝对就是概念"，"绝对即是推论"，"绝对是客体"，"绝对就是理念"。这一系列定义，如果除去其唯心主义的因素不谈外，我们可以发现其中包含一些辩证法的因素。首先，这一系列定义是一环接一环的，其顺序不容任意颠倒，例如，"绝对即是无"是在"绝对就是有"的基础上发展起来的。当说"绝对就是有"时，黑格尔认为它是最先提出的定义，也是最抽象最空疏的定义。"但这种纯有是纯粹的抽象，因此是绝对的否定。这种否定，直接地说来，也就是无[2]。"黑格尔认为："由此便推演出对于绝对的第二界说：绝对即是无。其实，这个界说所包含的意思不外说，物自身是无规定性的东西，完全没有形式因而是毫无内容的。"[3]黑格尔进一步加以说明："这种进展就是逻辑的推演，或按照次序加以阐述的思维过程。那能在'有'和'无'获得更深一层的意义，只可以看成是对于绝对的一个更确切的规定和更真实的界说。于是这样的界说便不复与'有'和'无'一样只是空虚的抽象物，而毋宁是一个具体的东西，在其中，'有'和'无'两者皆只是它的环节。"[4]由此可见，"绝对即是无"这个定义

---

[1] 黑格尔：《小逻辑》，第2版序言，第7—8页。
[2] 黑格尔：《小逻辑》，第2版序言，第192页。
[3] 黑格尔：《小逻辑》，第2版序言，第192页。
[4] 黑格尔：《小逻辑》，第2版序言，第193页。

是由“绝对就是有”这个定义推演出来的。相应地，我们上面所列举的一系列关于“绝对”的定义，后一个都是由前一个推演出来的。但是，我们也要看到，这些定义虽属于同一系列，但不属于同一层次。根据黑格尔的体系，“绝对就是存在”、“绝对就是本质”、“绝对就是概念”属于同一层次。黑格尔说：“绝对是本质——这一界说与前面认为‘绝对是存在’那一界说是相同的，这都是因为存在同样地是单纯的自我关系。不过这一界说同时比前面的那一界说又较高些，因为本质是自己过去了的存在，这就是说，本质的简单的自身联系是被设定为否定之否定，并且是以自己为自己本身的中介的联系。但是，当绝对被界说为本质时，这界说所包含的否定性往往被了解为只是抽象意义的，没有任何特定谓词的否定性。”[1]显然，“绝对就是本质”是直接继承“绝对就是存在”的定义是发展的较高的阶段。而“绝对就是概念”这一定义较之“绝对就是本质”的定义是发展的更高阶段。黑格尔说：“假如我们像早已提过的那样，把逻辑理念的各阶段认作一系列的对于绝对的界说，那末现在所得的界说应该是：绝对就是概念。这样我们当然就必须把概念理解为另一较高的意义，异于知性逻辑所理解的那样，把概念仅只看成我们主观思维中的、本身没有内容的一种形式。”[2]由此可见，“绝对就是存在”、“绝对就是本质”与“绝对就是概念”属于同一层次的定义，它们体现出“绝对”这一理念发展的三个阶段，用黑格尔自己的话说，这就是“思辨法的各环节”——“开始”、“进展”与“目的”，而在每一环节上，所使用的哲学方法都既是分析的又是综合的。至于“绝对是无”、“绝对是纯量”、“绝对就是尺度”则是属于“绝对就是存在”的定义范围内的三个小的环节；“绝对是推论”、“绝对是客体”、“绝对就是理念”则是属于“绝对就是概念”的定义范围内的三个小的环节。黑格尔在说到“绝对就是理念”这一界说时，认为这个界说“本身即是绝对的。前此的一切界说，都要归结到这一界说。理念就是真理；因为真理即是客观性与概念相符合”[3]。黑格尔认为“理念本质上是一个过程”，这样，“绝对”这一理念本身也是

[1] 黑格尔：《小逻辑》，第241页。
[2] 黑格尔：《小逻辑》，第328页。
[3] 黑格尔：《小逻辑》，第397页。

一个发展的过程，自然，对于“绝对”的定义也是一个发展过程，而这些定义是从这一发展过程里产生出来的结果。

4. 要寻求验证可靠的定义

黑格尔说：“哲学里不仅仅寻求表面上不错的界说，更不仅仅寻求由想像的意识直接感到可以赞许的界说，而是要寻求验证可靠的界说，这些界说的内容，不仅是假定为一种现成给予的东西，而且要认识到在自由思想中有其根据，因而同时是在其自身内有其根据的。”[1]这是黑格尔定义理论中很有价值的思想。黑格尔是在讨论关于“量”这一概念的定义时阐述上述思想的。他认为：“大小（magnitude）这名词大都特别指特定的量而言，因此不适宜于用来表示量。”“数学通常将大小定义为可增可减的东西。这个界说的缺点,在于将被界说者重复包含在内”,因为“增减只是量的另一说法”。用传统形式逻辑的术语来说，这种定义犯有“循环定义”的错误。另外，“当我们说大小的概念在于可增可减时，……量就会只是一般的可变化者。但须知，质也是可变化的”[2]。用传统形式逻辑的术语来说，这个定义犯有“定义过宽”的错误，因为“可增可减”不仅可以用来定义“量”，也可以用来定义“质”。这样定义就属于“表面上不错的界说”和“由想象的意识直接感到可以赞许的界说”，但不是“验证可靠的界说”。

如何验证定义的可靠性？黑格尔提出，就是“要认识到自由中有其根据，因而同时是在其自身内有其根据的”，一句话，就是要有普遍的、必然的根据，用黑格尔的话说，就是“要求知道在何种限度内这一特殊思想（量的概念）是以普遍的思想为根据，因而具有必然性”。而在《本质论》的部分，黑格尔说，“根据就是被设定为全体的本质”，“根据就是内在存在着的本质，而本质实质上就是根据”[3]。这样，验证定义的可靠性就是要探寻被定义对象的本质，这种探索了对象本质的定义，也就是真实的定义。现代有的逻辑学家认为定义只是一种约定，无所谓真假。黑格尔的定义理论显然是与这种理论相对立的。

---

[1] 黑格尔：《小逻辑》，第 219 页。
[2] 黑格尔：《小逻辑》，，第 218—219 页。
[3] 黑格尔：《小逻辑》，第 259 页。

黑格尔逻辑学中的定义理论内容是丰富的，总起来说，就是揭示出定义中的辩证法因素。黑格尔逻辑学中的定义方法是思辨方法的一个有机构成部分，而思辨方法是与知性思维相对立的，为此，黑格尔在阐述其思辨逻辑的定义理论的同时，也批判了知性逻辑（即传统形式逻辑）中的定义方法的片面性与局限性。

二、黑格尔对知性逻辑定义理论的批判

1. 知性逻辑的定义是形式的、抽象的定义

黑格尔在其逻辑学中的《概念论》部分指出，“知性逻辑”里，概念常被认作思维的一个单纯的形式，甚或认作一个普通的表象，这种概念与思辨的概念有着相当大的距离。他认为，概念无疑地是形式，但必须认为是无限的有创造性的形式，它包含一切充实的内容在自身内，并同时又不为内容所限制所束缚。如果局限于知性的原则，单纯从形式上考虑，而不顾及被定义对象的丰富内容，这样，给概念所下的定义就是“形式的定义”或称“抽象的定义”。

黑格尔在《美学》一书的第 1 卷谈到“美”的定义时，曾引述过德国古代艺术研究者希尔特（Hirt，1759–1839）的定义。希尔特在《论艺术美》一文中替美下的定义是：“美就是‘完善’，可以作为，或是实在作为眼、耳或想象力的一个对象。”再进一步，他又替“完善”下了这样的定义：“完善就是符合目的，符合自然或艺术在按照一个事物的种类去造成那个事物时所悬的目的。”黑格尔认为，比起其他定义，这个定义是比较切实的。但是，黑格尔说：“关于在艺术作品中什么才应该受到特性化，什么不应该。这就是说，关于美的内容，希尔特的定义却没有明确的解释，他在这方面只提出一种形式的定义，里面也有些真理，不过是用抽象的方式表达出来的。”[1] 在这之前，黑格尔还提到希尔特对于特性所下的抽象的定义。在《小逻辑》的第 2 版序言中，黑格尔在谈到知性的思维方式时，也曾说过：“在这种方式下，思辨哲学的理念自将固执在抽象的定义里。”[2]

---

[1] 黑格尔：《美学》中文版第 1 卷，第 23—24 页。
[2] 黑格尔：《小逻辑》，第 7 页。

我们现在撇开黑格尔所谈定义的具体内容，单从黑格尔对形式的、抽象的定义的批判来看，就可以发现，黑格尔认为形式的、抽象的定义并非就是虚假的定义，这种形式的定义可以是“比较切实的”、“很重要的”、“有道理的”、“里面也有些真理”；关键在于它撇开了形式与内容的联系，撇开了内容的丰富性，撇开了概念的发展和联系，这样它自然是抽象的，这种抽象性是由其纯粹是形式的这一点所造成的。

克服这种形式的、抽象的定义的片面性的方法就是要贯彻思辨思维方式的原则，要注意形式与内容的统一，“因为没有无形式的内容，正如没有无形式的质料一样”[1]。“所谓内容，除了意味着富有思想外，并没有别的意义。但这就不啻承认，思想不可被认作与内容不相干的抽象的空的形式，而且，……内容的真理性和扎实性，主要基于内容证明其自身与形式的同一方面”[2]。

2. 批判“一切从定义出发”的做法

黑格尔由于强调哲学的思辨的方法应该既是分析的，又是综合的，而且认为无论综合方法或分析方法，皆同样不适用于哲学，为此，他非常反对“一切从定义出发”的做法。这样，他特别批评了斯宾诺莎、沃尔夫等人的著作。例如他说：“斯宾诺莎主要应用几何方法，虽说是用来表达思辨的概念，但这个方法的形式主义却很明显。沃尔夫的哲学，发挥几何方法到了学究气的极峰，即就它的内容来说，也只是理智形而上学。”[3]

在《哲学史讲演录》第 4 卷中，黑格尔也多次批评斯宾诺莎与沃尔夫等人一切从定义出发的证明方法，他说：“斯宾诺莎用来表达他的哲学的方法，同笛卡尔一样，是几何学方法，欧几里德的方法。由于数学具有明确性，所以人们把这种方法看成非常美妙的方法，但是这种方法并不适用于思辨的内容，只有在有限的理智科学中才能运用自如。这一点看起来是外在形式方面的缺点，但却是主要的缺点。斯宾诺莎的数学证明方法从定义出发，定义是涉及一般规定的。而这些定义又是直接提出、直接假定的，并不是推演出来

---

[1] 黑格尔：《小逻辑》，第 279 页。
[2] 黑格尔：《小逻辑》，第 280 页。
[3] 黑格尔：《小逻辑》，第 416 页。

的；他并不知道自己怎样得到了这些定义。在定义所设定的东西里面已经包括了他的体系的各个主要环节，一切进一步的证明都只不过是回溯到定义。可是那些在这里作为定义出现的范畴又是从哪里来的呢？”[1]黑格尔在引述与分析了斯宾诺莎的七条定义之后，又说：“全部斯宾诺莎哲学就包含在这些定义里面；这些定义是普遍的规定，所以整个是形式的。缺点就在于他从定义出发。”[2]黑格尔在批评沃尔夫时也是说：“沃尔夫的办法是这样的：下定义，定义是基础；这些定义大体上是建立在我们的表象上面的，这是一些有名无实的定义。”[3]黑格尔在讲到洛克的方法时，提到“洛克采取的道路与斯宾诺莎正相反对。后者首先提出许多界说；与此相反，洛克竭力指出，普遍的观念出于经验”。黑格尔认为，洛克所采取的进程是完全正确的，但并不是辩证的。

黑格尔批判这种“从定义出发”的作法，归结一点就是“找不到关于观念的起源的陈述”，也就是说，不清楚“这些观念、思想是从哪里来的，它们的根据是什么，它们的真理性怎样可以得到证实”[4]。将哲学与科学建立在这样的定义之上，黑格尔认为是不正确的。不过，他仍认为，这种方法对于“有限的理智科学”还是能够运用自如的，“有限认识的综合方法”在几何学里能达到它的完满性。

3. 批判知性逻辑忽视定义的多样性，使定义局限于“非此即彼”的公式中

黑格尔区分了知性逻辑与思辨逻辑，也区分了抽象概念与具体概念。所谓抽象概念，就是坚持形式或知性的同一，脱离差别的概念，导致这种情况，或者是由于“通过所谓分析作用丢掉具体事物所具有的一部分多样性而只举出其一种；或是抹杀多样性之间的差异性，而把多种规定性混合为一种”[5]。这种“概念常被界说为一个普遍的概念”，但它具有的“只是一抽象的普遍性”。当“人们说颜色的概念，植物动物的概念等等”，这些概念的形成被

[1] 黑格尔：《哲学史讲演录》第4卷，第103页。
[2] 黑格尔：《哲学史讲演录》第4卷，第108页。
[3] 黑格尔：《哲学史讲演录》第4卷，第190页。
[4] 黑格尔：《哲学史讲演录》第4卷，第142—143页。
[5] 黑格尔：《小逻辑》，第247页。

认为是由于“排除足以区别各种颜色、植物、动物等等的特殊部分，而坚持其共同之点”。黑格尔认为：“这就是知性怎样去了解的概念的方式。”[1]黑格尔在这里所批评的知性的了解概念的方式，就是传统形式逻辑的揭示概念内涵的方式，也就是传统逻辑的定义形式。

这种坚持抽象同一性的普遍概念的定义，它的“各规定间即彼此对立”，[2]“陷于抽象的非此即彼”[3]的公式中。用现代科学中的事例来说，就是虽然“粒子”和“波”都是光的属性或规定性，但知性逻辑的定义只允许说“光是粒子”或者“光是波”，而决不允许说：“光既是粒子又是波”，或者说“光是粒子与波的统一”。因为“粒子”与“波”这两种规定是“彼此对立”的，因此，给它们的定义只允许“非此即彼”，并保持其抽象的同一。黑格尔自己虽然没有举出关于这方面抽象同一的定义的例子，但从他对知性逻辑所给的批判来看，他所认为的知性逻辑的定义就是这样的。

上面谈到黑格尔对知性逻辑定义方法的片面性与局限性的批判，但是，要注意黑格尔并不完全否定知性思维（包括知性定义）的作用。他说：“我们必须首先承认理智思维的权利和优点，大概讲来，无论在理论的或实践的范围内，没有理智（即没有知性——引者），便不会有坚定性和规定性。”[4]“哲学不可缺少理智，……在哲学里，最紧要的，就是对每一思想必须充分准确地把握住，而决不容许有空泛和不确定之处”[5]。由此可见，黑格尔虽然大力倡导与发展思辨逻辑的理论（包括定义理论），虽然对知性逻辑给予有力的批判，但没有采取彻底否定的态度，他注意吸取其中某些“合理内核”，他甚至认为：“思辨逻辑内即包含有单纯的知性逻辑，而且从前者即可抽得出后者。”[6]现在我们要问，从现代逻辑的观点，从黑格尔的定义理论中，能够汲取哪些“合理内核”？

---

[1] 黑格尔：《小逻辑》，第232页。
[2] 黑格尔：《小逻辑》，第93页。
[3] 黑格尔：《小逻辑》，第176页。
[4] 黑格尔：《小逻辑》，第173页。
[5] 黑格尔：《小逻辑》，第175页。
[6] 黑格尔：《小逻辑》，第182页。

三、吸取黑格尔定义理论中的“合理内核”

在谈这个问题时，首先要明确，是从什么角度来吸取黑格尔定义理论的“合理内核”。可以从马克思主义哲学的角度，但那主要是讨论定义中的哲学理论问题。也可以从传统形式逻辑的角度，但传统形式逻辑属于近代逻辑的范围，它已处于停滞状态，本身已逐渐失去了活力，只有19世纪末到20世纪初发展起来的现代逻辑，才具有最强大的活力。现代逻辑虽然是由传统形式逻辑发展来的，但其内容已发生了根本性的变化，特别是现代逻辑各分支的发展，更是大大扩展了逻辑学的范围。今天的逻辑学已远非黑格尔当年批判的所谓知性逻辑所能比拟。为此，我们现在所谈的吸收黑格尔定义理论的“合理内核”，不是从传统形式逻辑的角度，而是从现代逻辑的角度。而且我们将看到，不是可以吸收，而是已经自觉或不自觉地吸收了黑格尔不少很有价值的思想。下面我们重点谈几个方面。

1. 定义从内容到形式的多样性，防止定义的贫乏化

列宁在读到黑格尔《小逻辑》§229中谈到的“要下界说的对象的内容愈丰富，这就是说，它提供我们观察的方面愈多，则我们对这对象所提出的界说也就愈有差异”时写道：“定义可能有许多，因为对象有许多方面”。[1]黑格尔与列宁的原意可能是指定义内容的丰富性、多样性，其形式可能仍局限于“属加种差”的公式。但是，我们从黑格尔的逻辑学的体系出发来考虑这句话，则由于内容的丰富性，也可能引起形式的多样性。现代科学与现代逻辑的发展已使我们看到，不仅同一个被定义对象的内容可以是多种多样的，而且形式也是多种多样的。现代逻辑的定义形式早已大大突破“属加种差”的公式，主要是因为“属加种差”的公式在很多情况下无法充分地揭示被定义对象的规定性，这里也体现出黑格尔所阐述的内容与形式的辩证法：“内容既具有形式于自身内，同时形式又是一种在于内容的东西。”[2]定义的内容丰富到一定程度，就要求有新的定义形式来适应它。据粗略统计，现在

[1] 列宁：《哲学笔记》，人民出版社1974年出版，第254页。
[2] 黑格尔：《小逻辑》，第278页。

科学上使用的定义形式已多达二三十种，例如："唯名定义"与"真实定义"，"语义定义"与"语形定义"，"分析定义"与"综合定义"，"明显定义"与"隐含定义"，"描写定义"与"语境定义"，"分类定义"与"发生定义"，"抽象定义"与"使用定义"，"非谓词定义"与"谓词定义"，"外延定义"与"内涵定义"，"实指定义"与"语词定义"，"语言定义"与"概念定义"，"日常定义"与"理论定义"，"完全定义"与"不完全定义"，"约定定义"与"同义语定义"，"操作定义"与"说服定义"，以及"显示定义"，等等，其中有的定义形式有交叉的情况，但它们各自仍不失为一种独立的类别。传统的"属加种差"的定义只是这二三十种中的一种，即"真实定义"。由此可见，黑格尔所提到的"对象的内容愈丰富，……我们对这对象所提出的界说也就愈有差异"的理论，是有其丰富含义的，而且是为现代逻辑所证实了的。传统逻辑试图以"属加种差"的一种形式生搬硬套一切内容的作法，以及由此而造成的定义贫乏化的情况，已经得到了纠正。

2. 注意概念之间的普遍联系与概念的发展

这是黑格尔在其逻辑学中所贯彻的主要思想。列宁在阅读黑格尔的逻辑学著作时，特别肯定黑格尔的概念的辩证法思想。列宁说："黑格尔在概念的辩证法中天才地猜测到了事物（现象、世界、自然界）的辩证法。"[1]并且写道："概念的关系（=转化=矛盾）=逻辑的主要内容。"[2]他还写道："辩证法是什么=……概念的相互依赖　一切概念的毫无例外的相互依赖　一个概念向另一个概念的转化。"列宁还强调："注意每一概念都处在和其余一切概念的一定关系中、一定联系中。"[3]概念的联系与转化关键的一点就是要突破"非此即彼"的僵死的界限。现代逻辑的发展不自觉地也注意到这一方面。首先是多值逻辑的发展，突破了传统的二值逻辑的界限，逻辑的值不再是"非真即假"、"非假即真"，它可能出现第三值以及真与假之间无限等级的值。后来又出现了模糊逻辑。所谓模糊性，描述的就是事物以及反映事物的概念的类属的不清晰性，事物在属性与隶属关系上的亦此亦彼性，

[1] 列宁：《哲学笔记》，第210页。
[2] 列宁：《哲学笔记》，第210页。
[3] 列宁：《哲学笔记》，第210页。

也就是中介过渡性。例如，“中年”这一概念就具有模糊性，因为从什么时候起，一个人不算“青年”而算“中年”，从什么时候起不算“中年”而算“老年”，并没有一个明确的界限，在这里不可能做到“非此即彼”，而可能出现“亦此亦彼”，即某个人既算青年也算中年，或既算中年也算老年，他正在青年与中年之间，或中年与老年之间，在这里排中律的作用受到了限制。由此可见，随着多值逻辑与模糊逻辑的发展，黑格尔定义理论中对概念转化的思想得到了一定程度的体现，虽然我们还不能说多值逻辑和模糊逻辑就是黑格尔所说的思辨逻辑或辩证逻辑，因为这些逻辑分支最终是以二值逻辑为基础。但是不管怎样，客观的辩证法决定主观的辩证法，在逻辑的领域中不能无视客观上存在的辩证法因素，逻辑只能以科学的态度去描述它，解释它，刻画它。

3. 定义是分析与综合两种方法的综合使用，两种方法都各自具有一定的相对性与局限性

列宁在读到黑格尔关于“哲学方法既是分析的又是综合的”时，极力称赞：“好极了！”黑格尔这一有价值的思想在现代逻辑的定义理论中也受到重视。从康德开始的关于分析命题与综合命题的区分，一直作为逻辑学中的一个基本原理，但自 1953 年美国逻辑学家和哲学家 W.V.O. 奎因出版《从逻辑观点来看》一书以来，这一基本原理受到了严重冲击。奎因的《经验论的两个教条》一文（为《从逻辑观点来看》一书的第 2 篇第 6 章）提出，由于不可能准确地给语词的“同义性”下定义，这样，以同义性为根据的分析性概念是不明确的，这样，对分析命题和综合命题的划分也就不能成立，两者之间不能划出明确的界限。上面我们讲到定义可以区分为分析定义与综合定义。分析定义与综合定义自身虽有不同的解释，但这些解释都与从康德开始的传统定义有一定联系，而从现代的观点来看，分析定义与综合定义都具有一定的相对性，它们可以互相转化，相互过渡。例如同样一个定义，当教师用以教导学生时，在学生的语言中，它可以是一个综合定义，而在教师的语言中，它却是一个分析定义。在语言 S 的公理化的命题演算中，关于“析取”的明显定义，在那里蕴涵符号→与否定符号¬ 相对于给定的语言 S 来说作为原初词项出现，它就是一个综合定义。但是，这个定义相对于一个有意义的逻辑算法结构的语言 S1 来说，在那里“析取”借助于真值表示定义，它就是一个分析定义。一个“自然数”词组的定义在集合论和逻辑中是综合定义，而在普通的算术语言中却是分析定义。黑格尔曾经论述过这样的观点：“如果我们试假定从综合方法所表明为结果的具体东西开始，则我们可以从它分析出许多抽象的命题作为结论，而这些命题便构成证明的前提和材料。这样，代数关于曲线的定义，在几何学方法里就成为定理。同样，即如毕达哥拉斯的定理，如果用来作为直角三角形的界说，也可得出几何学中早经通过分析予以证明的一些定理。”[1]这一观点在现代逻辑的定义理论中得到了验证与发展。

4. 要认识定义在科学与哲学中的局限性

黑格尔在其逻辑学中，是充分肯定了定义的作用的，他自己也为他的理念体系下过一系列定义。但他也注意到定义方法的局限性。这是因为他认为：“无论综合方法或分析方法，皆同样不适用于哲学。因为哲学首先要做的工作，就是要证明它的对象的必然性。”[2]而单纯依靠定义，是做不到这一点的。列宁在读到黑格尔的这一段论述时写道：“哲学应当证明和推论一切，而不应当局限于下定义。”[3]

现代逻辑的定义理论中，探讨了是否存在不可定义的词项问题，不少逻辑学家与哲学家认为是存在的（也有少数逻辑学家认为不存在这样的词项）。例如，艾文（A.C.Ewing）认为：“有些事物不能定义，这在逻辑上是必然的。”罗素在《莱布尼茨的哲学》一书中写道：“如果我们不承认有某些不可定义的观念，我们一定会招致‘恶的循环’。”他认为这是非常明确的“真理”。一些逻辑学家论证了“善”、“宗教”、“诗歌”、“质”、“所有”、“断定”等都是不可定义的。弥尔认为“专名”是不可定义的，因为专名没有含义，简单的感觉是不可定义的，因为简单的感觉是不可分析的。在数理逻辑的公理系统中，一定有一些基本词项是不经定义的，然后其他词项依据它来下定义。显然，承认有不可定义的词项存在，也就是承认定义的局限性。讨论定义的局限性是一个语言哲学上的问题，但它是一个很有意义的问题。我

[1] 黑格尔：《小逻辑》，第 414 页。
[2] 黑格尔：《小逻辑》，第 414 页。
[3] 列宁：《哲学笔记》，第 255 页。

们认为，这个问题至少有进一步探讨的必要。

黑格尔的定义理论有其丰富的内容，值得我们认真钻研。不过，其中也有一些唯心主义的东西需要加以剔除。例如，当他说“绝对就是理念”时，他认为这个定义“本身即是绝对的”。这样就认为有一种至高无上的绝对的定义，它穷尽了一切真理。而从马克思主义认识论的角度来看，这样的定义是不存在的。不过这个问题已超出定义理论本身的范围，完全属于哲学问题，我们就不多讨论了。

（原载《德国哲学》第五辑，北京大学出版社1988年出版）

修辞的逻辑功能

一、修辞学与逻辑学

一般的修辞理论都比较强调修辞的美学功能而忽视修辞的逻辑功能即说服论证的功能。认为修辞手法的功用主要在于美化语言，修辞学实际上就是“美辞学”。

修辞的美学功能确实不容忽视，如果在日常语言中完全缺乏修辞，说起话来只剩下几条筋，这样的话语不仅听起来无味，而且还会影响其表达与交际的效果。

但是，我们认为，修辞除了它的美学功能外，还具有很强的逻辑功能。

修辞理论在历史上的最初出现，往往不是为了使语句华丽，而是为了使语句具有更强的说服力，使听者读者更易接受，以达到说话者的交际目的，影响听话者的思想感情。

在我国古代，早已有关于修辞的论述。《周易·乾·文言》中就说过：“修辞立其诚，所以居业也。”“修”具有“修饰”的意思，“辞”是指一种言语行动，“诚”就是“真实”。这里所谓修辞，首先要求的是要真实，并且将“修辞”与“居业”这一目的相结合。虽然这里所说的“修辞”与今天所谓的修辞并不完全等义，但它们至少有着词源上的联系。

在中国修辞学史上，有不少学者曾引述过孔子在《论语·卫灵公》中所说的“辞达而已矣”这句话，并且将它解释为孔子主张言辞只要求做到“达意”就行了。我们认为这样解释并没有充分说出孔子所用的“达”这一词的原意。“达”固然有“达意”的意思，但是在先秦，“达”还有将己方的意旨“通达”到对方去的意思。例如，在《诗·商颂·长发》中就有“受小国是达，受大国是达”的诗句，这里的“达”就具有说商契能将其教令通达于民的意思。而要使辞能达，即通达于对方，就需要发挥修辞的作用。孔子自己就说过：“质胜文则野，文胜质则史。文质彬彬，然后君子。”（《论语·雍也》）可见孔子还是要求言辞要有文采，不过要求文采与朴实配合适当，既不要使朴实胜过文采，也不要使文采胜过朴实，否则，就会流于粗野，或者流于虚浮。而文采，就是要通过修辞的手段获得。孔子还特别强调过：“言之无文，行而不远。”（《左传·襄公二十五年》）可见，孔子认为言是否有“文”，涉及到它能否行远的问题，即是否能为听者广泛接受的问题。要使言辞能达、能行远，就要通过有“文”（修辞手法）以增强它的说服力，影响力。

是西方逻辑学创始人也是西方修辞学的创始人亚里士多德，强调的不是修辞的美学功能而是它的说服论证的功能。在亚里士多德那里，修辞学与逻辑学是密切联系着的。

亚里士多德的修辞理论主要阐述在《修辞学》、《诗学》、《论题篇》、《辨谬篇》等著作中。

亚里士多德在《修辞学》中一开始就强调“修辞学（rhetoric）是论辩术（dialectic）的对应物”（1354a，1）。“说服的方式是该技巧的仅有的真正的组成部分；其余的东西仅仅是附属的”（1354a，13～14）。这样，论证性的说服方式是修辞技巧的本质。“从而，非常明确，在其严格意义上，修辞学的研究是涉及说服方式的。显然，说服是一种论证，因为当我们认为一个事物已被证明之后，我们也就被充分说服了。演说者的论证是一个推理省略式，一般说来，这是一种最有效的说服方式。省略式是三段论式的一种，而不加区别地考察所有种类的三段论式，那却是论辩术（作为整体或作为其中一个分支）的职责”（同上，1355a，4～10）。

亚里士多德《修辞学》第二章给“修辞”所下的定义是：“修辞可以定义为在任一给定的情况下，研究有效说服方式的功能。这并非某种其他技巧的本领。其他每一种技巧只可以指导或说服其自身的特殊话题，……但是，我们将修辞看作观察呈现于我们面前的几乎任何话题的说服方式的能力；这也正是我们为什么要说：就其技巧的特性来说，修辞并非只涉及任一特殊的或确定的一类主题。”（同上，1355b，26～36）

亚里士多德不仅将修辞与修辞式推理联系起来，而且将它与归纳法联系起来。他提出修辞三段论与修辞归纳法的概念。他说："谈到通过证明或表观证明（apparent proof）所达到的说服，正如在论辩中一方面有归纳法，另一方面有三段论或表观三段论一样，在修辞中也使用归纳法与三段论。例证是一种归纳法，修辞式推理是一种三段论，而表观修辞式推理就是一种表观三段论。我将 enthymema（传统译为"省略推理"——引者）称为修辞三段论，将例证称为修辞归纳法。如果一个人要通过证明达到说服，他事实上就是或者使用修辞式推理，或者使用归纳法，此外再无别的方法。"（1356a36—1356b7）

亚里士多德这样论述，是由于亚里士多德总是把修辞与人们的言语交际（communication）与演说、与雄辩术联系起来，而不是将它只看作文学特别是诗歌创作的一种手段，虽然他在论述修辞时也从古希腊的文学作品中引述一些例证。他认为修辞学可以分为三类，而这是由有言语的听者分为三类决定的。这三类就是：①政治性（审议性）的；②辩论性（法庭）的；③礼仪中炫耀性的。在政治性的演说修辞中，它的进行方式是勉励或劝阻，它的时间领域是涉及未来，它的目的在于寻求正确的策略和避免失策；在辩论性的演说修辞中，进行的方式是控告和辩护，时间领域是涉及过去，目的在于维护正义和摒弃非正义；在炫耀性的演说修辞中，进行的方式是赞扬和谴责，时间领域涉及现在，目的在于取得荣誉和洗刷耻辱。

在亚里士多德之后，修辞学得到了长足的发展，特别是对各个修辞格的研究，越来越深入细致，但是一直到 16 世纪法国逻辑学家拉姆斯之前，不管是讲授逻辑学还是讲授修辞学。都注意将逻辑学与修辞学密切结合起来。

修辞具有说服性功能这一亚里士多德的古老传统观念有其合理因素，因而是不应该回避或丢掉的。实际上，在言语交际过程与协作过程中作纯文学的美学功能的修辞的情况是少数，大多数情况是为了说服论证，即为了让听者（读者）相信某一个命题。例如，在我国先秦的典籍中，使用了修辞手法的比比皆是。就从使用比喻手法来说，在《论语·颜渊》中有："季康子问政于孔子曰：'如杀无道，以就有道，何如？'孔子对曰：'子为政，焉用杀？子欲善而民善矣，君子之德风，小人之德草。草上之风，必偃。'"这里孔子显然是用“草上之风，必偃”之喻，来说服季康子治理政事，不必用杀。在《孟子·梁惠王章句》中有：“复于王者曰：‘吾力足以举百钧，而不足以举一羽；明足以察秋毫之末，而不见舆薪，则王许之乎？’曰：‘否。’‘今恩足以及禽兽，而功不至于百姓者，独何与？然则一羽之不举，为不用力焉；舆薪之不见，为不用明焉；百姓之不见保，为不用恩焉。故王之不王，不为也，非不能也。’”这一段就是孟子用举钧与不见舆薪为喻说服梁惠王，使他相信他“之不王”，是“不为也，非不能也”。至于《老子》、《庄子》、《墨子》、《荀子》、《韩非子》这些著作中，均可找出很多这一类例子，在《左传》、《国语》、《战国策》中同样可以找出不少。

那么，在《诗经》这类纯文学作品中修辞的作用是什么呢？当然，这里肯定有美化语言的作用，但是，我们同样不忽视其中所具有的说服性功能。例如《硕鼠》这首诗，就是以硕鼠比喻剥削者。诗作者以诅咒硕鼠的形式来发泄对剥削者的强烈不满情绪，并表达了对理想社会幸福生活的向往。这里使用了比喻、排比、反复等修辞手法，诗作者就是要使诗读者通过感受这些美的语言形式而接受诗作者的思想感情。一般说来，一篇好的文学作品决非单纯地描绘、叙事和抒情，它总要通过描绘、叙事和抒情向读者诉说一点什么，并且要读者信服作者所诉说的东西，引起思想感情上的共鸣。从作者来说，这就是一种说服，只是它不同于那种理性的说服，而是一种文学的、形象的、情感的说服。而这种形象的、情感的说服，最终是为了达到理性的说服。修辞手法多属于间接言语行为，因为修辞手法的使用者（即说话者）在他的话语中，除了表达其字面上所谓的东西外，总要意谓比其字面意义更多的东西，也就是说使用修辞手法的话语包含有丰富的隐涵意义。而从字面意义到隐涵意义具有一个推理过程。文学作品的分析往往包含文章结构与推理过程的分析，实际上就是文章的逻辑分析。

二、现代逻辑对修辞中逻辑功能的研究

到了 20 世纪，逻辑学产生了一个质的飞跃，即从传统逻辑发展到数理逻辑，也称为现代形式逻辑，其最大的特点在于它是以人工的形式语言作为工具，使用数学的方法精确地表述逻辑的公式，从而建立起严密的推理系统。

最近几十年它不仅深入地探索了陈述句的逻辑问题,而且逐渐扩大到祈使句、疑问句、感叹句的逻辑问题。它从语形的研究逐渐扩大到语义和语用的研究,其中也包括对修辞的研究。

从现代逻辑的角度重新研究修辞学，力求恢复亚里士多德的传统并取得相当成就的首先要数比利时的逻辑学家佩雷尔曼（Ch.Perelman， 1912—1934）。他在 20 世纪 50 年代与奥尔布瑞茨—梯台卡（L.Olbrechts-Tyteca）合作写了一本著作，叫《新修辞学——关于论辩的论文》（The New Rhetoric—A Treatise on Argumentation），书中谈到论辩的结构、论据的出发点、论辩的方法等方面。1982 年他又出版一本《修辞的王国》（The Realm of Rhetoric），这本书是上一本书的发展、精练和深化。这两本书在西方哲学界与语言学界产生了重大影响。

佩雷尔曼首先强调亚里士多德在《工具论》一书中曾区别过两种类型的推理，即证明的推理与论辩的推理。所谓证明的推理是指其前提一定真实，由真实的前提按有效的推理形式必然推出真实的结论。亚里士多德的证明的推理就成为日后发展起来的形式逻辑的基础。所谓论辩的推理是从一般人所承认、所普遍接受的意见出发进行的推理,其目的在于使对方接受某个论题,这些论题可以是有待争论的。由此可见，两类推理的区别主要在于它们前提性质的不同。

其次,佩雷尔曼强调了说话者、听话者的人的因素在论辩推理中的作用。论辩总是说话者向某个或某些听话者（这个听话者也可能就是说话者自己）诉说一些什么，其目的就是要使听话者信服这里所提出的论题。“听众”这个概念对理解论辩推理是极为重要的。听众是辩论中的个人，讨论中的对话者，也可能是普通意义上的听众，说话者为了使论辩成功，选择论据必须从听众所能接受的前提出发。

第三，论辩的程序是非形式的，因此不能按照形式演绎的方法与规则进行。一个形式的逻辑或数学的系统，可以独立于任何人的意志而发展。证明是在一个封闭的单义性的系统进行，其前提引自具有自明性的公理。论辩则涉及一组假定得到承认的命题，它具有不确定性、多义性，其力量就看说话者与听众对它的坚信与支持的程度。佩雷尔曼提出一种准逻辑论证（quasi -

logical argumentation）的方法，它力图将那些非形式的特征予以简化或说明，使这些论证可能显示出证明的特征。

佩雷尔曼正是将修辞学归于这样的论辩推理中。不过，要特别解释一下，从古希腊的词源上看，rhetorikê 一词本身就具有修辞和雄辩术的两重含义。在亚里士多德的《修辞学》、《诗学》、《尼可马克伦理学》中使用这个词时往往同时具有这两重含义。而且，在古希腊人看来，这两重含义本来就是相通的，因为要使雄辩取得成功，必须要使用修辞。在汉语中，“修辞”似乎没有这种词义上的联系，但是，我们认为，古希腊的这种词义上的联系有其合理的因素，而且，到现在英、法、德、俄等西方语言中仍保留这一特点，这也值得我们在研究这个问题时加以注意。

除了佩雷尔曼以外，西方还有一些哲学家、逻辑学家研究了修辞学问题。例如，美国的衣阿华大学的克赖格·拜尔德（C. Biard）教授就曾写过一本《修辞学一种哲学的探究》（1965 年英文版）。作者提出，20 世纪 50 年代以来，人类进入空间的时代，而空间的时代也可以称为交际（communication，指言语交际，也可译为传播）的时代，在这个时代中，言语（speech）是一种重要的文化媒介，掌握生动的和有效的言语对每个人都很重要，言语的重要性也决定了修辞的重要性。从一般意义上说，“公众的说话”（public speaking）、“修辞”和“交际”三个词经常可以交换使用。

作者认为，修辞的目的可以列出八个方面：1. 报道；2. 礼仪；3. 确信；4. 说服；5. 讨论；6. 批判；7. 欢乐；8. 这些目的的某种组合。这些目的经常是交织在一起的，而其主要目的是去影响个人和他们的同伙去适应和证明某种行为的标准。作者指出，在古典传统中，修辞包括五个部分：1. 创造（invention），指调查研究、分析和掌握题材；2. 安排（disposition），包括结构的顺序安排；3. 风格（style），指语言表达式的组合，既涉及词的选择，也涉及组合中更大的语言单位的安排；4. 记忆（memory），指说话者把握其语言组合的能力和不需要注释而将它表达出来的能力；5. 传达（delivery），涉及语言表述和身体的活动（相当于今天所谓的人体语言）。而修辞的主要功能是创造，它属于观念的领域，是理智的内容和方法。作者建议将修辞与逻辑密切地结合起来，他引述惠特利（Richard Whately）的话说，修辞曾是

“逻辑的一个分支”。

该书的第 4 章题名为“谈话中的逻辑和推理”。作者同意布莱尔（Hugh Blair）的观点，即认为理由与论据是雄辩的基础。“为了说服一个有意识的人，你必须首先使其确信，而要实现这一点，就要通过使他充分理解你向他提出的观点的合理性”。作者将推理分为四种类型：概括型的、类比型的、因果型的、演绎型的。比喻就属于类比型的推理，是从一个特殊例证到另一个特殊的例证的推理。如果两个不同类的事物或对象性可观察的和可验证的某些方面是相似的，那么，从而推出它们某些其他方面也可能是相似的。

另外，该书第 12 章所介绍的言语行为理论也给修辞，特别是隐喻，以比较恰当的解释。首先，这种理论强调命题内容与语旨用意的区别，用 F（p）形式中的 F 与 p 的区别（自然，也要考虑二者的有机联系），也就是说，我们要解释修辞现象的话，不仅要理解它的字面的命题的内容，还要，并且特别要理解这一修辞性话语的语旨用意，即理解作者通过命题的字面意义究竟要告诉我们一些什么。其次，言语行为理论将言语行为的实施分成显性的与隐性的两类，显然，一般修辞手法都表现为隐性形式，将它的语旨用意隐藏于命题内容之中，也就是说，不让读者能够轻易地直接察觉，虽然也不可能弄得读者完全不能察觉。第三，言语行为理论将言语行为分成直接的与间接的两种，修辞一般说来都属于间接言语行为。它往往不将说话者的真实意思直接说出，要读者在此运用推理的方法从话语的字面意义推出它的隐涵意义。第四，推理过程，也就是对真实含义的理解过程，必须考虑语境的因素，其中包括说话者 S、听话者 H、时间环节 t、说话者所处的地点以及在可能世界 w 中的其他诸多因素。读者理解水平的高低跟他能否掌握这些因素有关。第五，衡量修辞手法的价值，不是单纯看其真假值，而是考虑它的恰当性，也就是后来塞尔所说的成功值。

有人认为修辞手法往往是违返逻辑规则的。这种看法并不正确。有人有此看法是由于他们只考虑话语的命题内容字面意义的真假性，并且将真假性与逻辑性相混淆，而不考虑这种使用了修辞手法的话语的语旨用意及透过字面意义所表达的话语意义以及说话者在一定的语境中所要传达给听话者的真正意思，不考虑这些话语作为一种言语行为的恰当性或成功性。例如，杜甫的《潼关吏》一诗中说："连云列战格，飞鸟不能逾"（备战用的栅栏高耸连云，连飞鸟都越不过去。）这里使用了修辞中的夸张手法，因为事实上备战用的栅栏怎么样也不可能高耸连云，怎么样也不能使飞鸟都越不过去，这样，按字面意义其命题内容必然是假的。但是说话者（即诗人杜甫）在此并非是要对"战格"作精确的测量，其语旨用意只是要作出一个陈述，他是要透过字面意义陈述防御工事已经构筑得非常牢固。听话者（读诗者）阅读这一诗句也不去考究其测度是否精确，而完全理解说话者的话语意义。按"陈述"的言语行为恰当性条件检查，它完全符合条件的要求，它是恰当的，或者按塞尔的说法，它是成功的。从这句话的语旨用意与命题内容的总体即F（p）来看，它遵守了同一律、矛盾律、排中律等等，因此并无违反逻辑之处。夸张如此，反语及其他辞格也是如此，对它们的检验不能只看命题内容的字面意义的一部分，而且要看作为言语行为的整体。这是关键所在。

三、隐喻—种具有很强说服力的修辞手法

1. 什么是隐喻

隐喻是人们经常使用的一种修辞手法。一般修辞教材将它归为比喻的一种，其特征只在于本体与喻体之间不以"像"字而以"是"字来联结。如："事实是科学家的空气。"不过现代语言哲学与语言逻辑所研究的隐喻范围远较此为广，它包括一般修辞学所谓的借代、比拟以致各种比喻手法，有的语言哲学家甚至将隐喻看作与整个修辞等义。"隐喻"英文是"metapor"，来源于古希腊文"meta"（"超越"的意思）加"pherein"（"载负"、"传送"的意思），原义是将某种负担从一个地方转移到另外一个地方。柏拉图将隐喻理解为将一个词从一种语言转译成另外一种语言。亚里士多德说："隐喻就是为一事物借用属于另一事物的名称。"（《诗学》第21章）我们现在可以说，隐喻的主要特征，就是话语在特定语境中产生意义的转移现象。例如，"菜篮子工程"是一个隐喻。一般来说"菜篮子"不能与"工程"相结合，现在结合在一起，就出现意义转移的现象。这里的"工程"，并不是用其一般意义，它是指菜篮子问题像一件工程一样，极其复杂，必须重视，要认真加以组织领导。又如，说"计算机病毒"，这也是一个隐喻，"计算

机”不是生物，很难说它会感染病毒，现在将“计算机”跟“病毒”结合起来，就不是使用“病毒”的一般意义，而是指计算机接受了某种破坏性因素，而且这种破坏性因素能像病毒一样在计算机之间传染、流行开来。又如，唐代韩愈写过几篇《杂说》，其中一篇是谈千里马的。说：“世有伯乐，然后有千里马；千里马常有，而伯乐不常有。”指出这种马“虽有千里马之能”，如果不将它喂饱养好，甚至还享受不到常马的待遇，“安求其能千里也”。遇到这种情况，偏偏还有人要哀叹：“天下无马。”这篇文章通篇讲的是马，其实际含义却谈的是发现人才、培养人才、使用人才的问题，这也属于一种意义转移的现象，一般称之为“托物寓意”，它也是一种隐喻。

2. 隐喻的理解

现在需要研究的是：隐喻何以能产生这么一种意义的转移现象，听话者何以能接受与理解这种意义的转移现象。

有一种理论认为，隐喻是语言中的局部的、偶然的现象，人们只是为了语言的形象、生动、易于将自己的思想传达到给别人而临时创造出来的（例如歇后语）。从语言的本性说，它完全可能根除隐喻这种现象。这种理论认为，愈是科学的语言、表述真理的语言，就愈少用甚至根本不用隐喻（以至整个修辞），认为语言哲学家应该努力创造出一种不出现隐喻的理想语言。另一种理论正好相反，认为语言从基本性上说就具有隐喻性，认为隐喻并不是语言运用中的特殊的、例外的东西，它是全部语言“无所不在的原则”，语言不可能摆脱隐喻，隐喻处在语言的核心的地位。由于隐喻是在说出一个事物时，意指另外一个事，于是就会出现语言的多义性。由此可见，多义是语言中一个必要的方面。语言之所以能反映外在世界、能表达人的思想，就在于在语言中词与词之间的相互联系、相互作用、相互影响，而出现词义的转移。由单义到多义，可以使语言得以充满活力，得以不断深化与丰富。看来后一种理论比较符合实际，因为保持语言的精确性、隐定性，固然是必要的，但是从客观事实来考察，随着社会的发展，语言在不断地发展，语词在不断地丰富，而使之不断丰富的一个手段，就是使语词的意义不断得以引申，语词的数量不断得以增加，这种新义新词的增加，很多都得自隐喻。试看我们日常生活以至科学中的用语：“猴头”（植物）、“鸡眼”（脚病）、“佛手”（植物）、“龙眼”（植物）、“桃李（满天下）”、“不倒翁”、“驴打滚”（利息）、“闷葫芦”、“走狗”、“爪牙”、“地头蛇”、“老狐狸”、“硬骨头”、“鼻祖”、“尖子”、“骨干”、“泰斗”、“落水狗”、“替罪羊”、“墙头草”、“半瓶醋”、“饭桶”、“草包”、“大炮”、“后台”、“虎口”、“枷锁”、“冷箭”、“阶梯”、“香花”、“毒草”、“鞭策”、“变卦”，甚至像自然科学中的“引力场”、“粒子雨”，社会科学中的“经济基础”、“上层建筑”，无一不来自隐喻。美国语言学家萨丕尔（E·Sapir，1885—1939）在强调语言的认知功能时说：所有的观念都来自隐喻，清晰的认知表达式都代表死的隐喻。

解释隐喻中意义转移现象产生的原因，历来有两种理论，一种叫比较论；一种叫语义相互作用论。比较论认为隐喻性话语中包含有关于两个或多个对象之间属性上的比较，以找出它们之间某些方面或某种程度的相似性。亚里士多德就持这种观点。如前面所举的“事实是科学家的空气”一例，说话者是将“空气对于人”与“事实对于科学家”这两个事态作了比较，发现它们之间的某种相似性，人一时一刻也不能缺少空气，否则就要死亡；科学家必须随时随地掌握科学实验或观察的事实，否则就要一事无成。说话者根据这一相似性，就作出了“事实是科学家的空气”的隐喻。持比较论观点的人也往往持明喻转化论的观点，即认为隐喻都是由明喻转化而来，而且可以随时转化为一个相应的明喻，其方法就是将明喻中的联系词“像”改成“是”，或者将隐喻中的“是”改成“像”。如“事实是科学家的空气”是由“事实像科学家的空气”这一明喻转化而来，它也可以将“是”字改成“像”字而恢复为一个明喻。而一个隐喻性的词或词组则是一个明喻的缩写形式，如“经济是社会的基础”，这是一个隐喻性的语句，其中将“经济”这种社会现象跟建筑物的基础加以比较，发现其中的相似性，于是它可以转化为一个明喻“经济像社会的基础”，它的缩写形式就是“经济基础”，这就是一个隐喻性词组。语义相互作用论则将隐喻解释为其中包含两个语义内容（即S与P）之间的对立与相互作用，从而使两者的语义都产生一定的变化。如“时间就是金钱”，这里“时间”与“金钱”两个语词相互作用，出现语义的变化而产生新的含义。从上述两种解释的实例看出，比较论试图将隐喻解释为指称之间的关系；而语义相互作用论则试图将隐喻解释为指称相互联系的含义与说话者信念之间的关系。语义相互作用论特别适用于解释那些所比较的事物并不存在，或者其语词意义比较抽象的隐喻。一般人比较容易接受比较论，但是比较论有一较大的理论困难，就是所谓相似性是一个很不容易测度的概念。有时两个很相似的事物，但并不一定可以用来作出一个恰当的隐喻；而两个相似性很小的事物，却可以引述来作一恰当的隐喻。而且一个隐喻并非都能转化为一个明喻，或转述为一个具有明确的相应字面意义的陈述句。语义相互作用论的困难在于，这种理论预设隐喻性话语的说话者所欲表达的意思完全是话语中具有明确的字面意义诸元素之间相互作用的结果，这种假定是不正确的。有些隐喻性话语的意思是由说话者所直接赋予的。与话语的字面意义并无直接联系，因此也不存在字面意义诸元素之间的相互作用。例如，有位美国某工厂的总经理在向来访者介绍自己的工厂时说："我们厂有 30 多个国家的移民，我父亲是土耳其人，母亲是希腊人，我是'苹果夹苹果酱'，我们的产品也是'苹果夹苹果酱'。"经过精通美语者解释，来访者才知"苹果夹苹果酱"是"杂交品种"的意思，是说他们厂的产品为高科技综合运用的结果。显然，这种类似于中国歇后语的话语，并不存在语义之间的相互作用，它的含义纯属社会对它的约定。

我们认为，要理解一个隐喻性话语的意思，可以依据周礼全先生在他所主编的《逻辑》一书中所提出的意义四层次理论结合言语行为的理论。正如我们在前面中所引述的拜尔德的著作中的观点，修辞手法都表现为间接的、隐性的言语行为，隐喻自然也表现为间接的、隐性的言语行为。一个隐喻有其字面的命题内容（A）与一定的语旨用意 F 相结合形成"F（A）"，它表达某一确定的命题态度，这个命题态度"F（A）"与一定的副语言因素 U 相结合，就形成话语"U（F（A））"，话语"U（F（A））"表达一个意谓，这个话语意谓就是一个隐喻的字面意义。问题是隐喻这一言语行为跟其他言语行为不同之处在于，隐喻的意谓总是跟这个隐喻在一定的语境中的话语 CR*（U（F）A）））的意思不一致。例如，当说"响鼓不用重槌敲"时，其字面的意谓是说话者对听话者陈述一件事实，即一面好鼓不用重槌去敲它仍然很响，而其真正的意思却是说话者劝告听话者要善于接受批评，勇于改正错误，不用说话者采用严厉的责罚手段。听话者理解这一隐喻话语的意思在于结合语境，知道说话者此时不需要跟他讲鼓的事，从而推出这句话一定另有一含义。再根据格赖斯的合作原则，结合语境（包括上下文）就知道说话者此时是对他进行劝告（或告诫），而要实施一个劝告（或告诫）的言语行为，其命题内容就是指要听话者做一个有出息的人（响鼓），要有自觉性，不必等特别人给予严厉责罚后再来改正错误。由于“响鼓不用重槌敲”是经常使用的一句成语，所以听话者能够迅速理解说话者的意思，说话者不仅实施了一个劝告的语旨行为，而且实施一个说服的语效行为。

很多隐喻，听话者对它的理解包含一个推理过程，以推出其隐涵的意思。这一推理过程涉及语境、预设与隐涵以及会话合作原则等一系列因素。总的来说，它适用“间接言语行为”一节中所说的推理论。但也有少数隐喻，由于使用的频率多，它已成为一个固定的习语，因此对其解释又适合习语论。

3. 隐喻从结构方面进行分类，可以分为：

（1）语词性隐喻，如“语义场”、“加油”！

（2）短语性隐喻，如“守株待兔”、“削足适履”。

（3）语句性隐喻，如“响鼓不用重槌敲”、“泥菩萨过江，自身难保”。

（4）复合性隐喻，即在一段话语中包含几个隐喻的成分，如柏拉图在《蒂迈欧》中的一段话：“智力支配着必然性，强迫她导致事物的最好的更为伟大的部分得以存在。”这里，“智力”是在隐喻的意义上“支配”和“强迫”必然性，而必然性是在隐喻的意义上“被支配”和“被强迫”，而必然性又在隐喻的意义上“导致”事物得以存在。这一段话语中包含多个隐喻的复合。

（5）篇章性隐喻，如《战国策》中的《邹忌讽齐王纳谏》，柳宗元的《捕蛇者说》。而篇章性隐喻有时可以压缩为一个短语性隐语，如上述“守株待兔”。

隐喻也可以从其意义转移的稳定程度的不同加以分类：

（1）语境隐喻。它是说话者在特定语境中使用的隐喻，是个人语言创造性最大的一种语言现象。如：“辽宁省对搭车涨价的个人与单位予以从严处理。”这里，“搭车涨价”是在特定语境中出现的隐喻。它是指有一段时期国家对某些定价过低的商品适当提价，有人想趁此机会对其他商品任意提价，它丝毫没有“搭汽车”或“搭火车”涨价的意思。因此，语境隐喻具有临时性、偶然性、个人性，但也是使用最广泛、最多的一种隐喻。某个语境隐喻使用多了，也可能转化成以后所述的几种隐喻。例如，“时间就是金钱，效率就是生命”。开始在深圳出现，只是语境隐喻，现在不仅深圳，其他地区也经常使用，就变成了一个固定隐喻。

（2）固定隐喻。它是某个语境隐喻得到人们的认可，使用的频率逐渐加多，并且其意义转移现象相对固定下来，人们逐渐不考虑甚至遗忘了它的本来意义，如成语、谚语、典故。像“班门弄斧”就是一个成语，它来源于一个典故，但是今天人们使用它时很少考虑其本来意义，而只理解为“自己在某个领域中本领不强，却偏要跑到这一领域中的能人面前去卖弄”。简单一点说，就是“自不量力”。

（3）准隐喻。一个语境隐喻随着人们更频繁的使用，逐渐丧失其原有含义，但在其词义中，某些原义中的感性因素仍起到一定的作用。如“磁力场”、“引力场”、“语义场”，这个“场”使人联想起一定的宽度与广度，这样，即使人们根本不知“引力场”、“语义场”为何物，他也会自然联想到这是“引力”或“语义”与“场”的含义的一个组合物。

（4）词源隐喻，有的书称这为“死隐喻”。它是指其中隐喻性已完全消失，隐喻意义已转化为这个词的正常意义（Iiteral meaning）。如“矛盾”、“经济基础”、“上层建筑”，它们都是科学术语，具有严格的科学含义，只有探索其词源时，才想到它是一个隐喻。自然语言中很多词从词源上看都是隐喻。

隐喻的这种等级性说明了隐喻发展的过程，也说明人们认识事物的抽象化过程。从指号分为“图像”、“索引”、“符号”三类来看，隐喻性往往使话语中的语词或语句保留一定的图象性或索引性。

4. 隐喻在论辩中的逻辑作用

不论是日常语言中或在科学语言中，人们经常会使用隐喻以加强论辩的说服务、感染力。使用隐喻进行论辩主要目的在于用一个浅显、生动、易于为听话者理解和接受的事例（隐喻）以说明一个比较深奥、抽象的道理。这里的隐喻，例如，《伊索寓言》中有一个《农夫和蛇》的故事，是说一位农夫见到一条将要冻死的蛇，觉得很可怜，于是将蛇捡起来放在自己的胸前，用自己的体温救活了它，但是蛇苏醒过来反咬了农夫一口。农夫临死前感叹地说："我不该怜惜恶人！"这里用了一个极浅显的事例说明了不能怜惜恶人的道理。

引用隐喻进行论辩其说服力是建立在两点上的。一是这一隐喻本身必须具有合理性。一条蛇冻僵了，当它苏醒过来时咬那位救它的人，这是完全可能的，毒蛇咬了人致人于死地这也是完全可能的，为此说明农夫看见蛇不该救它也是完全合理的。从言语行为理论的角度来看，就是要求说话者说出这个话语一定是恰当的，并要求说话者与听话者都相信隐喻的命题内容是恰当的、合理的。隐喻的合理性并不是要求隐喻一定是真实的。很多寓言故事都是虚构的，却很有启发性，很有说服力。

二是隐喻与所说的事理有其内在一致性。人不能怜惜毒蛇（即使它已冻僵）。同样，人不能怜惜恶人，这是一致的。这样才能使听话者受到启发。这里的语谓行为不是说出这一隐喻故事,其语旨行为就是对听话者进行告诫，其语效行为就是通过讲述这个故事使听话者不再怜惜恶人。

隐喻不仅在日常生活和科学中加以运用，就是在哲学论证中也经常被运用。一些最抽象的范畴、最一般的原理，无法用日常生活语词表述清楚，往往使用隐喻的手法加以表述。例如，老子所说的"道"，起初就是一个隐喻。老子说："天地不仁，以万物为刍狗；圣人不仁，以百姓为刍狗。"这也是隐喻。《庄子》一书中几乎全部都是引用隐喻进行论述，《孟子》、《荀子》、《韩非子》、《吕氏春秋》也引述了不少隐喻。公孙龙的"白马非马"、"坚白石"论也是隐喻。在外国的哲学论著中也有不少隐喻。赫拉克利特说："时间是一个玩骰子的儿童。"拉·梅特里的论著书名就是"人是机器"。霍布斯在《利维坦》中说："心脏是什么，不过是发条，神经不过是游丝，关节不过是些齿轮。"莱布尼茨说："单子没有可供事物进入的窗子。"维特根斯坦在《逻辑哲学论》中说："在逻辑空间中事实就是世界。"这些都是属于隐喻性的话语，哲学家们试图这些隐喻性话语来论证他们的抽象的哲学理论。

佛教禅宗更善于使用隐喻进行教义的辩论。相传五祖弘忍想传衣钵给弟子，要求诸弟子各作一偈送来。他的大弟子神秀送上的偈语是：

身是菩提树，心如明镜台：

时时勤拂拭，勿使惹尘埃。

五祖看了以后，认为“未见本性，只到门外，未入门内”。后来烧火和尚惠能又作一偈送上，曰：

菩提本无树，明镜亦非台；

本来无一物，何处惹尘埃？

五祖认为此偈见自本性，将衣钵传授给他，使成六祖。

这两个偈都是隐喻，两个和尚使用隐喻以表达自己对佛教教义的认识。前一个偈语将身与心比作菩提树、明镜台，由于菩提树、明镜台易染尘埃，因此推出要“时时勤拂试，勿使染尘埃”的结论。这是它的字面意义，而其实际含义却是要说佛教徒要随时注意自己身心的修炼，以免染上不合教义的邪念。这个推论应该说是合理的。不过，其前提包含一个预设，即身与心的客观存在，还不能达到彻底的“空”的境界。所以，从佛学观点看来，神秀还“未见本性”。而惠能的偈语正是针对前一偈语而来，他取消了神秀偈语的顶设，认为“本来无一物”，因此谈不上染尘埃的事。惠能的“空”论比神秀更为彻度，所以五祖传衣钵于他，他是论辩的胜利者。不过，从逻辑上看，惠能的偈语并非无懈可击。因为从“菩提本无树，明镜亦非台”，只否定了“菩提”与“树”、“明镜”与“台”的关系，并未否定“菩提”与“明镜”自身的存在，因此难以从这个前提直接推出“本来无一物”的普遍结论。不过这是佛门自身的争论，我们用不着管他们的闲事了。

在佛家的因明学中，正式将“喻”列为推理论证的一种依据。在《大疏》卷四中说：“喻者，譬也，况也，晓也。由此譬况，晓明所宗，故名曰喻。”这里的“喻”，就是一种隐喻，它在论证中起以论据的作用。如：

声是无常，（宗）

所作性故，（因）

若是所作，见彼无常，（喻体）

譬如瓶等。（喻依）

“喻依”就是“喻体所依”的意思，而喻体则是喻依所要论证的一个普遍性命题。它从“瓶是所作”推出“声是无常”，也出现意义转移的现象。这里需要说明一点，因明的“喻依”，好像是一个“明喻”，但是，根据现代语言哲学的观点，“明喻”是一种特殊形式的隐喻，其特征就在于意义转移。

从以上所述可以看出，隐喻具有推理论证的功能，其特点在于：①隐喻性的论辩推理仍然具有一般证明推理的形式，只是正如亚里士多德所说，其前提的性质不同，论辩推理只要求普遍接受的可信的前提，并不一定要求确证为真的前提。②隐喻本身要求具有恰当性，它所出现的意义转移现象具有社会的约定性。离开一定的社会条件、离开一定的语境，例如对中国人说美国人的歇后语，对现代人说唐代的佛家偈语，都难以达到成功交际的目的，难以进行合理的论证。③隐喻性的论辩推理不管怎样严格，其结论只具有一定的盖然性，而无必然性。④隐喻性的论辩推理其前提与结论的语旨力量F有强弱之分，更恰当的（即塞尔所说的更成功的）隐喻，其论辩推理的说服力也更强，不恰当的隐喻用在论辩推理中就很少有甚至没有说服力。为此，寻找一个恰当的（成功的）隐喻，以加强论辩推理的说服力，是非常重要的。

四、其他修辞手法在论辩中的作用

在上一节中我们已重点论述了隐喻在论辩中的逻辑作用，我们也说过，有的语言哲学家将隐喻看作是修辞的同义词。不过有些修辞手法终究与隐喻有些区别，例如，排比、对偶等属于语形方面的修辞，它并不出现语义转移的现象。另外，还有一些修辞手法（通称修辞格）虽然出现意义转称现象，但它总有一点与隐喻不同的修辞功能上的特点。下面我们谈一谈夸张、反语的修辞手法在论辩中的作用。

1. 夸张

夸张也是一种意义转移现象，它是说话者有意将某个事物的某一特征加以夸大或缩小。例如，李白的《秋浦歌》中说：“白发三千丈，缘愁似个长”，项羽的《垓下歌》中说：“力拔山兮气盖世”，这些都含夸张的成分。现在要谈的是在论证中使用夸张的手法。

《孟子·梁惠王章句上》中有一段孟子与梁惠王的对话：“曰：‘有复于王者曰：“吾力足以举百钧，而不足以举一羽；明足以察秋毫之末，而不见舆薪”，则王许之乎？’曰：‘否。’‘今恩足以及禽兽，而功不至于百姓者，独何与？然则一羽之不举，为不用力焉；舆薪之不见，为不用明焉；百姓之不见保，为不用恩焉。故王之不王，不为也，非不能也。’”这里所说“力足以举百钧”（三千斤）、“明足以察秋毫之末”都是夸张。孟子在此所说的实际含义是说一个人力气特大，眼睛极明，但连毫毛都举不起，车薪都看不见，都是“不为也，非不能也”。然后推及“王之不王，不为也，非不能也”。夸张，显然是说话者要使听话者引起注意，以达到说服的目的。

夸张有两点要注意。一是夸张要达到超出现实可能性的程度，但又要有一定的限度。说“力足以举百钧，而不足以举一羽；明足以察秋毫之柬，而不见舆薪”，这显然超出了现实的可能性，但人们可以接受。如果夸张到“力足以举亿钧”，人们就会感到滑稽，认为是吹牛。如果只说“力足以举百斤”，这是现实可能的，就不能达到修辞的目的，不能完成一个“劝说”的语旨行为。三是夸张往往给予听话者一个模糊的数量的印象，而不要给一个精确的数量，使听话者从模糊中感受到话语的语旨用意及语指力量。

2. 反语

反语不仅话语出现意义转移，而且出现其意思与话语的意谓正好相反。

如鲁迅的《纪念刘和珍君》一文中说：“当三个女子从容的转辗于文明人所发明的枪弹的攒射中的时候，这是怎样的一个惊心动魄的伟大啊！中国军人的屠戮妇婴的伟绩，八国联军的惩创学生的武功，不幸全被这几缕血痕抹杀了。”

这里所说的“伟大”、”伟绩”、“武功”都要反其意来理解它们，因为鲁迅这篇文章的真正意思在于揭露、鞭挞、控诉那些屠杀学生的军阀，他不可能在此来歌颂他们的“伟绩”、“武功”和称赞他们的“伟大”。

又如，《晏子春秋》中有这么一段故事：“景公使人养所爱马，马病死，公怒，令人杀养马者。晏予请数之曰：‘尔有三罪；使汝养马，杀之，一当死也；又杀公所最善马，二当死也；使公以一马之故而杀人，百姓必怨叛，诸侯轻伐吾国，三当死也。’公喟然曰：‘赦之！”’

晏子表面上是责备养马者，实际上是要劝告景公不要肆意杀人，他所数的三点罪状，特别是第三点，尽是反话。他使景公不得不改变主意，赦免了养马者。

运用反语必须注意以下两点：一是必须提供一定的背景信息与一定的语境制约条件，说话者要使听话者理解，在此语境制约条件下，不可能按照话语的字面意义而只能相反的意义去理解话语的意思。二是运用反语多半是为了达到讽刺、抗议或劝说的语旨目的，其他语旨目的不能运用反语。另外反语多出现在某些具有价值判断的话语中。

还有一些修辞手法也可以论辩中加以运用，例如委婉、模拟、引用、双关等，它们的共同点都在于要完成特定的语旨行为，都含有语境的制约性，都出现某种程度的意义转移。

（原载《湖北大学学报》（哲学社会科学版）1991 年第 2 期）

论比喻推理

在无产阶级革命导师马克思、恩格斯、列宁、斯大林和毛主席的著作，以及一般的文章中，经常采用一种特殊的推理形式——比喻，它不仅可以增加语言的形象性、生动性，而且可以增加文章的逻辑说服力。对于这种推理形式，一般逻辑教科书中很少提及，对它的逻辑特征还缺少研究。本文准备对这个问题进行一些初步的探讨。

一、比喻推理的逻辑特征

为了认识比喻推理的逻辑特征，我们首先要认识它与作为修辞手法的比喻的相同点和区别。

下面我们选三个例子来进行比较和分析：

（一）“共产党，像太阳，
照到哪里哪里亮，
哪里有了共产党，
哪里人民得解放。” （《东方红》）

（二）“我吃了一吓，赶忙抬起头，却见一个凸颧骨，薄嘴唇，五十岁上下的女人站在我面前，两手搭在髀间，没有系裙，张着两脚，正像一个画图仪器里细脚伶仃的圆规。”（鲁迅：《故乡》）

第（一）例是用光辉灿烂的太阳形象比喻我们伟大的中国共产党。正如太阳照到哪里，哪里就有光明，共产党在哪里领导人民闹革命，哪里人民就可以得到解放。第（二）例是用细脚伶仃的圆规来比喻“豆腐西施”杨二嫂。这里比喻事物与被比喻事物之间只存在说明与被说明、描绘与被描绘的关系。本来被比喻的事物已给人一定的印象，但通过比喻之后，强调其中的某一特点，给人以更形象更深刻的印象。这就是作为修辞手法的比喻。

作为推理形式的比喻却有所不同。例如，毛主席在《一个极其重要的政策》(一九四二年九月七日)一文中，先分析了抗日战争第五年以后的形势，指出：“什么是抗日航船今后的暗礁呢？就是抗战最后阶段中的物质方面的极端严重的困难。”于是指出：“今后的物质困难必然更甚于目前，我们必须克服这个困难，我们的重要的办法之一就是精兵简政。”那么，“精兵简政，何以是克服物质困难的一个重要的政策呢。文章分析了当时战争的机构和战争的情况之间的矛盾，用假言判断的形式，从正反两方面证明精兵简政的政策，是一个克服矛盾、最后战胜敌人的极其重要的政策。文章到此已经论证得很充分了，但是毛主席看到可能还有些人为现状和习惯所束缚，思想还转不过弯来，他们认为“实行缩小就感到兵少不足以应敌”。下面毛主席就用比喻来说服这些同志。文章说：

（三）“气候变化了，衣服必须随着变化。每年的春夏之交，夏秋之交，秋冬之交和冬春之交，各要变换一次衣服。但是人们往往在那‘之交’不会变换衣服，要闹出些毛病来，这就是由于习惯的力量。目前根据地的情况已经要求我们褪去冬衣，穿起夏服，以便轻轻快快地同敌人作斗争，我们却还是一身臃肿，头重脚轻，很不适于作战。若说：何以对付敌人的庞大机构呢？那就有孙行者对付铁扇公主为例。铁扇公主虽然是一个厉害的妖精，孙行者却化为一个小虫钻进铁扇公主的心脏里去把她战败了。柳宗元曾经描写过的‘黔驴之技’，也是一个很好的教训。一个庞然大物的驴子跑进贵州去了，贵州的小老虎见了很有些害怕。但到后来，大驴子还是被小老虎吃掉了。我们八路军新四军是孙行者和小老虎，是很有办法对付这个日本妖精或日本驴子的。目前我们须得变一变，把我们的身体变得小些，但是变得更加扎实些，我们就会变成无敌的了。”

毛主席在这里运用了三个比喻来论证精兵简政的重要性与必要性。首先用气候变化，衣服必须随着变化，否则就会害病这个比喻，来证明为了克服抗战后期的物质困难，我们必须实行精兵简政的政策。其次用孙行者化为一个小虫钻进铁扇公主心脏里去把她战败了的比喻和“黔驴之技”的比喻，证明我们实行精兵简政的策略完全可以对付敌人的庞大机构并最终战胜他们。通过这三个比喻，使读者充分了解了在抗日战争最后阶段的关键时刻，我党我军必须实行精兵简政的政策，而只要实行这个政策，我们就能够取得斗争的最后胜利。这就是比喻推理。

将这两种比喻进行比较，就可以发现，它们的共同之处就在于它们都是运用“以彼物比此物”的手法。作为推理形式的比喻也具有一定的修辞作用，而它们的区别就在于：

第一，作为修辞手法的比喻，被比喻的对象是一个具体的事物，如例（一）中的中国共产党，例（二）中的“豆腐西施”杨二嫂。而作为推理形式的比喻，被比喻的是一个比较抽象的事理，如例（三）中的“精兵简政是克服物质困难的一个重要的政策”。

第二，作为修辞手法的比喻，用以比喻的是一个具体的、鲜明的形象，如例（一）中的太阳，例（二）中“一个画图仪器里细脚伶仃的圆规”。而作为推理形式的比喻，用以比喻的是一组具有内在必然联系的形象或事件。如例（三）中的“气候变化了，衣服必须随着变化”，孙行者化为一个小虫钻进铁扇公主的心脏里去而把她战败，贵州的小老虎能吃掉庞然大物的驴子，后两则虽然是神话与寓言，但仍然揭示了生活的真理，它们本身的内在必然性是无可怀疑的，所以它们都能起到一定的论证的作用。

第三，作为修辞手法的比喻，目的在于增加文章的艺术感染力，使人读后感到眼前似乎矗立着一个鲜明的形象，使人对文章所叙及的人物、事件有更加深刻的印象。而作为推理形式的比喻，虽然也起对一定的修辞作用，但主要目的在于增加文章的逻辑说服力，使人读后感到的不在于它的形象，而在于它深入浅出地说明了一个道理，使人对它所论证的命题从怀疑变为信服。

比喻推理和其他推理形式一样，包含两个部分，一是前提部分，一是结论部分。前提部分就是比喻本身，像例（三）中所说的“气候变化了，衣服必须随着变化”。它在整个论证过程中起到论据的作用。结论部分就是被比喻的比较抽象的事理，如例（三）中所说的为了克服抗战后期的物质困难，我们必须实行精兵简政的政策。现在我们来分析一下这种比喻推理的逻辑特征：

首先，作为推理前提的比喻必须具备比喻的语言特征——鲜明的形象性，即它能直接给人以某种感性知觉。比喻之所以为比喻，就在于它形象，如果不具备鲜明的形象性这一持征，它就不成为比喻，也就起不到推理论证的作用。

不是任何词语都可以用来表述比喻的，只有那些表达实体概念和属性概念的词语（如春、夏、秋、冬，衣服，妖精、驴子，老虎，头重脚轻，臃肿、大小等）才能用来表述比喻。这些表达实体概念和属性概念的词或词组，既具有抽象性，也具有形象性，是抽象性与形象性的对立统一。由于这种对立统一物的内在联系，使得由这些词或词组所表述的比喻起到以感性形象论证抽象事理的作用。

例如，在社会主义社会里还可能出现反社会主义的言论、作品，这是阶级斗争的表现，它是不以人的意志为转移的，决不会由于我们不准它出现，它就不出现。出现了怎么办？我们就要鉴别，就要斗争。这本是一件比较抽象的事理，但毛主席却用田里不光是长粮食，而且一定会长杂草，长杂草我们就要锄，锄了杂草还可以用来肥田这些极为鲜明的形象来说明它，使人如见其形，加深了对这件抽象事理的印象。抽象事理形象化，这是比喻推理的第一个特征。

其次，比喻必须是浅显易懂的。比喻推理之所以有很强的说服力，之所以为人所经常运用，原因之一就在于它能以浅喻深，以它的浅显易懂起到一般抽象论证所起不到的作用。如毛主席为了证明我们同志的思想、我们党的工作，也会沾染灰尘的，也应该打扫和洗涤，也就是说要经常地开展批评和自我批评这个论断，举了房子是应该经常打扫的，不打扫就会积满了灰尘，脸是应该经常洗的，不洗也就会灰尘满面，这些人们所了解的日常生活现象作为比喻。即使用了像“流水不腐，户枢不蠹”这些文言词语，但只要解释出来，其道理还是极其浅显易懂的。东汉王充在《论衡·自纪》中说过：“何以为辩？喻深以浅。何以为智？喻难以易。”这里充分揭示了比喻推理的这一特征。

第三，比喻本身必须具有理由与推断的必然联系。所谓理由与推断的联系，就是只要有理由所说的条件存在，就必然会推出结论所表述的那一情况的存在，逻辑上将这种结论就称为推断。如华主席在《中国共产党第十一次全国代表大会上的政治报告》中说：“我们只要充分信任群众，实事求是，把毛主席亲自倡导和培育的党的优良传统、优良作风，恢复和发扬起来，那末，我们党同人民群众的联系就一定能够更加紧密，我们党的战斗力就一定能够更加增强。”这句话就存在理由与推断的关系。“只要”之后的一段话就是理由，“那末”之后的一段话就是推断。只要理由成立，就必然得出推断。比喻推理中的比喻本身就具有这种理由与推断的关系。例如，毛主席在《愚公移山》一文中，举了愚公移山这个寓言作例子，以证明中国共产党领导下的革命一定要胜利。寓言中还假设了愚公和智叟的一段对话，智叟看了愚公一家用锄头挖山的做法，认为未免太愚蠢了，并断言：“你们父子数人要挖掉这样两座大山是完全不可能的。”愚公回答说：“我死了以后有我的儿子，儿子死了，又有孙子，子子孙孙是没有穷尽的。这两座山虽然很高，却是不会再增高了，挖一点就会少一点，为什么挖不平呢？”愚公的回答是很有说服力的，他用人的无限延续性和山不会再增高这一理由，推出只要挖山不止，就一定能够挖掉两座大山这一结论。由于比喻本身包含有这种理由与推断的必然联系，使人读后就觉得很有说服力。比喻在推理论证中能起到论据的作用，并不是直接由这个论据能推出一个一般性或特殊性的结论，而是用比喻本身这种理由与推断的关系以证明被比喻的事理内部也存在这种理由与推断的关系。

第四，比喻与被比喻的事理之间必须能概括出一个共同的一般性的原理。

前面三点是比喻（即比喻推理的前提）本身所具有的逻辑特征，现在要问，为什么从这个比喻前提能推出一个被比喻的事理，也就是问为什么从“气候变化了，衣服必须随着变化”就能证明为了克服抗战后期的物质困难，我们必须实行精兵简政的政策，为什么从孙行者化为小虫钻进铁扇公主的心脏里去而把她打败，以及贵州小老虎吃掉庞然大物的驴子，就能证明我们可以对付并战胜敌人庞大机构。本来比喻前提与它的结论是两类完全不同的事物。如气候变化与变换衣服是自然现象与日常生活的现象，抗战后期的物质困难与精兵简政的政策是阶级斗争与民族斗争的现象，这两类不同范围的现象一般说来是无法进行对比的，但是，当我们将前者作为一个共同的一般性原理，就是随着客观环境的变化，人民的主观措施必须相适应地变化。这种一般性的原理内部也存在理由与推断的关系，客观环境的变化是理由，主观措施的变化是推断，理由与推断有着必然的联系。我们可以说，由于客观环境变化了，那么，作为这种一般性原理的特殊表现形式的结论（即被比喻的事理）也能够成立，所以，由于抗战后期的物质困难而必须采取精兵简政的政策这一结论是能够成立的。由此可见，比喻推理之所以能有逻辑力量，主要是由于它反映了客观事物之间具有的这种一般与特殊的关系。

又如，一九四八年十二月三十日，毛主席写了《将革命进行到底》一文。为了证明决不能怜惜中国人民的敌人，毛主席曾举了一个古希腊的“农夫与蛇”的寓言，说明谁如果可怜冻僵了的蛇，一旦蛇苏醒过来，可能将它的恩人咬死。本来蛇与人是完全不同类的生物,一般来说,这两件事是不好作比的，但是我们可以从两类事实中概括出一个一般性的原理，即本性凶恶的东西活过来是要伤人的。由蛇的凶恶本性概括出来的这种一般性原理可以成立，那么，中国人民的敌人也是本性凶恶的东西，他们缓过气来后又要屠杀人民，这种特殊性结论也就可以成立，因此，对这种本性凶恶的敌人决不能怜惜，这一结论也就可以成立。

由上可见，比喻推理的前提（即比喻本身）与比喻推理的结论（即所要证明事理）之间是不同类，但要同理。不同类，才显出比喻的特征，正如唐代皇甫湜说：“凡喻必以非类，岂可以弹喻弹乎？”（《答李生第二书》）同理，即有共同的理由与推断的关系，才体现它的逻辑说服力。有些比喻之所以不恰当，缺少逻辑说服力，甚至完全是诡辩，就在于前提与结论之间，既不同类，也不同理。

我国先秦一个有名的主观唯心主义者孟轲曾与告子进行过这么一段有名的辩论：

“告子曰：‘生之谓性’。

孟子曰：‘生之谓性也，犹白之谓白与？’

曰：‘然。’

‘白羽之白也，犹白雪之白；白雪之白犹白玉之白与？’

曰：‘然。’

‘然则犬之性犹牛之性，牛之性犹人之性与？’”

告子是主张“性无善无不善”的，他的命题是“生之谓性”。他的主张是接近唯物主义的。孟轲则主张“性善论”。他的主张是彻头彻尾唯心主义的。我们现在先不讨论他们争论的实质问题，而是剖析孟轲的诡辩手法。孟轲在这里运用了比喻推理（孟轲整个来说是运用归谬法，企图从告子的命题导出一个荒谬的结论，从而驳倒告子，但在归谬法中间运用了比喻法）。孟轲是企图以“白羽之白也，犹白雪之白；白雪之白犹白玉之白”这一为告子所能接受的比喻来推出“犬之性犹牛之性，牛之性犹人之性”这一荒谬结论。但是，我们看到，这个前提与这个结论是既不同类，也不同理。不同类，很明显，“白”属于颜色的概念外延，“性”属于动物的属性范围；不同理，在于“白羽”、“白雪”、“白玉”都具有“白色”这一属性，因此，对它们可以进行抽象和概括，而“犬性”“牛性”“人性”并不具有一个共同的属性，即超犬、超牛、超人的“性”，因此不能由此进行抽象和概括。用比喻推理来证明不同理的事物，是不能得出正确结论的。孟轲像这样错误地运用比喻推理的方法来为他的主观唯心主义理论进行诡辩的例子在《孟子》一书中还可以找到很多。

比喻推理既可以增加文章的形象性、生动性，也可以增加文章的逻辑说服力，是一般文章中经常运用的一种推理方法，但是，我们也要看到，这种推理形式有着很大的局限性。主要在于比喻推理往往是与其他推理形式结合起来使用，才有比较大的说服力。如前面所述，毛主席关于精兵简政政策的证明，首先是分析“战争的机构和战争的情况之间已经发生了矛盾”，然后从正反两个方面进行论证：“假若我们还要维持庞大的机构，那就会正中敌人的奸计。假若我们缩小自己的机构，使兵精政简，我们的战争机构虽然小了，仍然是有力量的；而因克服了鱼大水小的矛盾，使我们的战争的机构适合战争的情况，我们就将显得越发有力量，我们就不会被敌人战胜，而要最后地战胜敌人。所以我们说，党中央提出的精兵简政的政策，是一个极其重要的政策。”这里从形式逻辑上说是运用了假言选言推理的形式来论证，从辩证逻辑上说是运用了辩证分析的方法，分析矛盾，根据矛盾的特殊性找出具体措施以解决矛盾。文章在论证得已经非常充分、有力之后，再运用比喻推理进行论证，以解决一些可能的怀疑。如果没有前述其他推理形式的论证，而单用比喻论证，则说服力要弱一些。比喻推理用于社会历史现象较为有力，用于自然科学则显得理由不够充分，因此，在政论文中，比喻推理使用较多，在自然科学论文中则使用较少，有时使用比喻，也只起说明或假说作用，而不起推理证明作用。正是由于比喻推理存在这种局限性，所以，列宁说："打比方不是证明。任何比方都是有缺陷的。"正因为这样，列宁提出"比方的有效界限"问题。

在写作中，比喻推理一般安排在其他推理形式之后，如《一个极其重要的政策》一文中的安排，比喻推理就放在全文最后一段。《将革命进行到底》关于"农夫和蛇"的比喻虽然安排在全文中间，但也是先运用其他推理形式对论题进行了深入全面的论证之后，才运用比喻推理。《愚公移山》一文似乎是单独使用了比喻推理，实际上在这之前的《论联合政府》一文已经对论题进行了充分论证。但也有先用比喻论证，后用其他推理形式论证的，如列宁的《政论家的短评（论攀登高山，论灰心的害处，论贸易的好处，论对孟什维克的态度等等）》一文，分为三个部分：一、打个比方。二、不用比喻。三、论捉狐狸；论列维；论塞拉蒂。全文就是先用比喻，再用其他推理形式进行论证。在日常生活中，有专用比喻来说理的。至于作为文学作用形式之一的寓言，其作用就在于寓说理于比喻之中，使人读后受启发、受教育，如上述"农夫与蛇"的寓言就是古希腊的"伊索寓言"中的一个故事。

二、比喻推理与其他推理形式的区别

比喻推理是一种既不同于演绎推理，也不同于归纳推理，又不同于类比推理的特殊推理形式。

比喻推理与演绎推理的区别是比较明显的。演绎推理是从一般到特殊的推理，它的前提必然是一个一般性的判断，如：

与人民为敌的，必定被人民打倒，（大前提）

"四人帮"与人民为敌，（小前提）

所以，"四人帮"必定被人民打倒。（结论）

这里，"与人民为敌的，必定被人民打倒"就是一个一般性的判断，演绎推理的特点就在于由这种一般性的前提推出一个特殊性的结论，如"'四人帮'必定被人民打倒"就是一个特殊性的结论。

比喻推理的前提就是比喻本身，它是一个特殊性的具体事例，甚至完全是一个形象性的描述，它的推理过程不是由这个特殊性事例直接推出结论，而是如前所述，通过从比喻和结论概括出一个共同的一般性的原理，（在这一般性的原理中包含着理由与推断的必然联系），人们承认比喻的合理性，就必然承认概括出来的一般性原理的正确性，从而必然承认作为这种一般性原理的特殊表现形式的结论的正确性。

总的来说，比喻推理与演绎推理的区别在于：

1. 演绎推理的前提是一般性判断，比喻推理的前提是特殊性事例。

2. 演绎推理的推理过程是由一般性前提推出特殊性结论，比喻推理的推理过程是由前提与结论概括出一个一般性的原理，由一般性原理的正确性以证明特殊性结论的正确性。

比喻推理与归纳推理区别也是比较明显的，归纳推理是从特殊到一般的推理，它的结论相对于前提来说是一般性的原理，例如：

铁导电，
铜导电，
铅导电，
钖导电，　　（前提）
金导电，
银导电，
铁，铜，铅，钖，金，银是金属，
所以，一切金属都导电。（结论）

这里，“一切金属都导电”这一结论相对于前提来说是一个一般性的原理，它是由特殊性前提（如“铁导电”等）推出来的。这种归纳推理的结论只具有或然性，也就是说并不十分可靠。如说“一切金属都导电”，后来发现，世界上有些金属的导电性能很不良好，如锑。

比喻推理是从特殊的具体事例的前提出发，推出的结论是一个特殊性事理，结论是必然性的而不是或然性的。如为了克服抗战后期的物质困难，必须采取精兵简政的政策。这里不存在任何或然的因素，也就是说各革命根据地在执行这个政策上，不得有任何怀疑、犹豫和动摇。

总起来说，比喻推理和归纳推理的区别在于：

1. 归纳推理的结论是一般性的原理，比喻推理的结论是特殊性原理。

2. 归纳推理的结论具有或然性，比喻推理的结论具有必然性。

比喻推理与类比推理的区别需要着重加以说明，因为有些逻辑教科书将比喻推理看作是类比推理，实际上这是两种完全不同的推理形式。

什么是类比推理？类比推理是由特殊到特殊的推理形式。它是将一类中的两个事物进行比较，发现两个事物在一系列属性上相同或相似，然后推出在其他某一属性上也可能相同或相似。这种结论是或然的，不十分可靠的。

现在我们举两个例子，以说明类比推理的特性。

如过去逻辑教科书经常将火星与地球进行类比，发现地球是行星、圆形、绕轴自转，被大气所包围、有水、有生物；火星同地球相似，也是行星、圆形、绕轴自转、被大气所包围、有水，由此推出结论："火星上可能有生物"。后来经过科学考察，火星上并没有生物（实际上也没有水）。

又如，山东省蓬莱县的一位科学家姚士昌。为了研究如何使花生增产，将花生与黍子进行了比较，发现黍子是从根上分杈，黍子不培土，就可以使根顺利分杈，这样黍子就可以增产。黍子叫杈，花生叫侧枝，黍子靠杈结粒，花生靠侧枝结果。花生的侧枝和黍子的杈是有共性的，既然黍子可以扒一扒根上的土，把分杈的地方露出来，花生能不能也把根部的土扒开一些，让主茎晒晒太阳呢？经过实验，扒了土的花生不仅没有晒死，漂白葱嫩的主茎反而变成紫色，硬得像树枝一样，秋后收获，扒土的比不扒土的增产百分之二十五左右。后来，姚又联想到棉花、甜瓜、西红柿打顶心的经验，目的在于解决主茎和侧枝争肥的矛盾，花生生长到一定程度后，也存在这种矛盾，能不能用打顶心的办法解决呢？试验结果，打顶心的比不打顶心的增产百分之八左右。姚士昌，在这里运用了类比推理，他从花生与黍子某些属性的相同，推出在扒土晒根这一属性上也可能相同；他又从花生与棉花、甜瓜、西红柿某些属性的相同，推出在打顶心这一属性上也可能相同。经过实验，证实了他的类比推理结论的可靠性。

比喻推理跟类比推理是根本不同的推理，首先比喻推理的前提与结论是两类完全不同的事物，它们的属性除了在所比的一点上相同以外，其他方面都不相同。例如，气候变化了，衣服必须随着变化，与为了克服抗战后期的物质困难，必须采取精兵简政的政策，两者之间，除了客观环境变了，人的主观措施必须相应变化这一点上相同外，其他没有任何一点相同。其次，比喻推理的结论是必然的，如为了克服抗战后期的物质困难，“必须”采取精兵简政的政策。

总起来说，比喻推理与类比推理的区别在于：

1.类比推理是从一类中两个事物的一系列属性相同，推出其他属性相同；比喻推理是通过两类事物的比较，撇开一系列的不同的属性，发现其中一点相同，然后证明结论的特殊性事理的正确性。

2.类比推理的结论是或然的，比喻推理的结论是必然的。

由上可见，将比喻推理看作就是类比推理，或者将比喻推理看作演绎或归纳推理，都是不妥当的。比喻推理是一种应用比较广泛，但在运用上又有一定局限性的特殊的推理形式。

今天，我们学习与研究这种特殊的推理形式是有意义的。

首先，比喻推理在写作中使用较多，过去只将它作为一种修辞手法看待，没有注意其中包含的逻辑意义。我们现在就是要研究它的逻辑意义，研究它在写作中的作用，这样可以帮助我们更好地分析文章的结构，更深刻地理解文章的内容，帮助我们学习掌握与运用这种推理方法。

其次，研究比喻推理，可以使逻辑科学与语法、修辞科学密切结合起来，使逻辑科学与语言实际密切结合起来，这对逻辑科学本身也是一个发展。研究比喻推理，了解它的特征，也有助于我们深入探讨形象思维与逻辑思维的内在联系，以及它们在不同的学科领域和思维过程的作用。

第三，研究比喻推理，有助于我们批判与清除“四人帮”的帮八股。帮八股最突出的一点就是强词夺理、故弄玄虚、颠倒是非、混淆黑白，把本来非常浅显明白的道理搞得混乱不堪。在写作中运用比喻推理，有助于恢复和发扬生动活泼新鲜有力的马克思列宁主义文风，有助于深入浅出地阐述马克思列宁主义的基本原理，以批判“四人帮”所散布的各种唯心主义，形而上学的反动谬论。

（原载《武汉师范学院学报》（哲学社会科学版）1978年第5卷第1期）

德奥弗拉斯特的逻辑学说

古希腊逻辑学家德奥弗拉斯特（前371—286），原是柏拉图的学生，后来又是亚里士多德的弟子和朋友。他出生于列斯波士的一个城镇爱里苏士，后来跟随亚里士多德学习。相传亚里士多德在雅典所创立的吕克昂学园的地基就是由德奥弗拉斯特捐献的。公元前322年，亚里士多德被迫离开雅典，吕克昂学园就交由德奥弗拉斯特主持。他是一位著名的教师，在他的主持下，学园的学生与听者的人数达到了最高点。

德奥弗拉斯特在亚里士多德在校期间，经常与老师一起讨论哲学、逻辑、生物学方面的问题，有时师生之间还进行一些争论。亚里士多德离校与逝世后，德奥弗拉斯特对他老师的著作做了大量的收集、整理与传授工作，同时他自己也写了不少著作，其中很大一部分是属于自然科学的（主要是生物学的）。他的著作的很多篇名与亚里士多德的著作的篇名相同，如《物理学》、《形而上学》、《诗学》等等。据说他写过二十部逻辑方面的著作，可惜大部分已经失传，现在只剩下七十个左右的片段，其中还有一些不太可靠。我们现在关于他的逻辑著作的知识，主要是从古代一些对亚里士多德逻辑著作的注释中看到的。在这些注释中，他的名字往往与亚里士多德的另一弟子欧德谟斯连在一起。

从现存的片段看，德奥弗拉斯特对他的老师的逻辑学说有一定的发展。过去很长一段时间，他只是被看作他的老师的忠实的、缺乏创见的追随者。例如，《大英百科全书》1911年第11版的“逍遥学派”的词条就是这样认为的：“亚里士多德的直接继承人德奥弗拉斯特和罗底斯的欧德谟斯是勤奋的门徒而不是有创见的思想家。他们对其老师的主要的学说并没有作出革新，他们主要的工作只是对其老师的著作的某些枝节问题作些补充。”直到20世纪40年代以后（见波亨斯基的《德奥弗拉斯特的逻辑》与《古代形式逻辑》，以及卢卡西维茨的《亚里士多德的三段论》），德奥弗拉斯特才开始被认为是一位能够独立思考的思想家。从他的著作中可以找到不少非亚里士多德的思想因素，特别是在模态逻辑方面。他的主要成就在于他在形成后来称为“古典逻辑”的方面作出了贡献，或者可以说他为麦加拉·斯多葛学派逻辑的发展开辟了道路。正如德国逻辑学家亨利希·肖尔兹在《简明逻辑史》一书中所说：“对于那些斯多葛派的假言和选言推理理论的先驱们，我们必须充分估计他们的重要性。他们是德奥弗拉斯特和欧德谟斯，他们在逻辑史上是亚里士多德最重要的学生。确实，他们最早用这些推理扩展了亚里士多德的逻辑，从而奠定了命题逻辑的基础。”[1]

（1）

德奥弗拉斯特对亚里士多德的三段论系统作了改进。亚里士多德把三段论划分为三个格（共十四个式），即传统逻辑中所说的第一、二、三格。过去认为亚里士多德可能不知道（或者有意排斥）第四格，实际上亚里士多德是知道并承认第四格的五个式的[2]。在《前分析篇》中亚里士多德主要通过对已知式的结论换位的方法来证明这五个式的存在，不过亚里士多德确实还没有提出第四格这种三段论的形式，而且在系统划分三段论时也漏掉了这些式。波亨斯基在《德奥弗拉斯特的逻辑》一书中提出这样一种假定，即亚里士多德的《工具论》中提到这些新的式的《前分析篇》第一卷第七章及第二卷第一章，是亚里士多德在第一卷第四至第六章系统解说之后才写成的。卢卡西维茨也比较同意这种假定，因为在《前分析篇》中还有很多地方也表明这部著作的内容在其写作过程中是有所发展的，而亚里士多德没有时间系统地编排他所作出的新发现，把继续他的逻辑著作的工作留给了他的学生德奥弗拉斯特。德奥弗拉斯特在第一格中增补了五个后来属于第四格的式，他将这些式称之为“间接的第一格”。这五个式是：

（a）所有的 M 是 P；

所有的 S 是 M；

所以，有些 P 是 S。（Baralipton）

---

[1] 参阅肖尔兹：《简明逻辑史》，第 35 页。

[2] 参阅卢卡西维茨：《亚里士多德的三段论》第二章第九节，“三段论的格”。

（b）所有的 M 不是 P；

所有的 S 是 M；

所以，所有的 P 不是 S。（Celantes）

（c）所有的 M 是 P；

有些 S 是 M；

所以，有些 P 是 S。（Dabitis）

（d）所有的 M 是 P；

所有的 S 不是 M；

所以，有些 P 不是 S。（Fapesmo）

（e）有些 M 是 P；

所有的 S 不是 M；

所以，有些 P 不是 S。（Frisesomorum）

为了能在第一格中增补这五个式，德奥弗拉斯特对亚里士多德的第一格的定义作了些微的修正。亚里士多德说，在第一格中，中项是大前提的主项和小前提的谓项[1]。而德奥弗拉斯特则一般地说，在第一格中，中项是一个前提的主项和另一个前提的谓项。上述五个式如果将两个前提加以调换，并且将变元“P”和“S”加以调换，就形成后来所说的第四格的五个式：Bramantip、Camenes、Dimaris、 Fesapo 和 Fresison。

（2）

德奥弗拉斯特对逻辑学的另一个贡献是他在直言三段论的基础上提出一种所谓“外设三段论”（prosleptic syllogism）的理论。这种三段论的一个前提是一个外设命题。所谓外设命题是一种具有如下形式的命题：

（a）“任何实体，如果 B 全称地加以述说，那末 A 也全称地加以述说。”更精确一点说：“对于所有的 X，如果 B 述说所有的 X，那末 A 也述说所有的 X。”或者：“对于所有的 X，如果所有的 X 是 B，那末所有的 X 是 A。”

（b）“任何实体，如果 B 在每一种情况下都加以述说，那末 A 就任何

[1] 见《前分析篇》第一卷第二十三章 41a13。“如果我们必须选取某种对两者都是共同有关的东西，而这可能有三种方式（或者以 A 述说 C，并且以 C 述说 B，或 以 C 述说 A、B 两者，或以 A、B 两者述说 C），而这就是我们已经说过的各个格。”

情况下都不予述说。”更精确一点说：“对于所有的X，如果B述说所有的X，那末A就不述说任一X。”或者：“对于所有的X，如果所有的X是B，那末所有的X都不是A。”

这种命题，一般都具有这样的形式，即“对于所有的X，如果F（X），那末G（X）”。这里F（X）和G（X）都代表直言命题，其中的变项X是作为一个词项而出现，例如：“对于所有的X，如果每个X是人，那末每个X是实体。”不过要注意的是这里的X是一个由全称量词（即表达式“对于所有的X”）所约束的变项。德奥弗拉斯特将这种命题称之为外设命题（prosleptic proposition）。他将这种命题分析为具有三个词项，其中两个词项（即上例中的A与B）是确定的，而第三个词项（即上例中的约束变项X）是不定的，这个不定词项就是中项。由于这个中项的位置的不同，外设命题可以划分为三个格（其中第一格是在德奥弗拉斯特所理解的意义上的，即X是一个直言命题的主项和另一个直言命题的谓项）。一个外设命题与一个相适应的直言命题相结合，就产生一个有效的推理式。例如：

对于所有的X，如果B述说所有的X，

那末，A述说所有的X；

B述说所有的C；

所以，A述说所有的C。

这就是一个外设三段论，它要求那个直言前提与直言结论必须与那个外设前提中的前件与后件相应地具有同样的类型。由于每一个外设前提都包括两个直言命题（一个是前件，一个是后件），而直言命题有A、E、I、O四种类型，因此我们就获得在德奥弗拉斯特意义上的第一格的32个不同的外设前提，而另两个格又各有16个外设前提，一共有64个外设前提。每一个外设前提可以组合成一个外设三段论，所以一共有64种不同的外设三段论式。

德奥弗拉斯特将有些外设前提等同于直言前提，例如“对于所有的X，如果B述说所有的X，那末A也述说所有的X”，就等于“A述说所有的B”；“对于所有的X，如果B述说所有的X，那末A就不述说任一X”，就等于“A不述说任一B”。但是这并不是说每一个外设前提都可以用这种简单的方式化归为一个直言前提，但古代却认为这是可以的。古代还有些逻辑学家认为外设三段论不过是一种以伪装形式出现的直言三段论，看来这种看法是不正确的，例如“对于所有的 X，如果 X 不述说有些 B，那末 A 述说所有的 X”这样的外设命题就不能化归为一个以 B 与 A 为主目的直言命题。如果以这个外设命题为前提组成一个外设三段论，就很难将它看作一般的直言三段论。

（3）

德奥弗拉斯特还发展了一种“纯假言三段论”（或称“全假言三段论”）的理论。德奥弗拉斯特将这种三段论也分为三个格：

第一格：如果 A 那末 B；
如果 B 那末 C；
所以，如果 A 那末 C。
或者
如果 A 那末 B；
如果 B 那末 C；
所以，如果非 C 那末非 A。

第二格：如果 A 那末 B；
如果非 A 那末 C；
所以，如果非 B 那末 C。
或者
如果 A 那末 B；
如果非 A 那末 C；
所以，如果非 C 那末 B。

第三格：如果 A 那末 C；
如果 B 那末非 C；
所以，如果 A 那末非 B。
或者
如果 A 那末 C
如果 B 那末非 C；
所以，如果 B 那末非 A。

上述纯假言三段论显然属于命题逻辑的范围，属于一个全新的逻辑领域，其中 A、B、C 这些符号是代表整个命题。看来德奥弗拉斯特是第一个使用命题变项的人。因此，可以说德奥弗拉斯特是最早考虑命题逻辑的逻辑学家。但是，德奥弗拉斯特虽然在这一方面有所发展，他却不一定已经意识到这种创新的重大意义，恐怕还只能说德奥弗拉斯特只是事实上对蕴涵或析取这样的复合命题进行了研究。命题逻辑在德奥弗拉斯特那里只是作了一个开端，在整个吕克昂学派中这种逻辑并没有受到重视也没有得到发展，只有在麦加拉派和斯多葛学派的逻辑学家那里，命题逻辑才成为研究的中心论题。

公元二世纪末，亚里士多德著作的注释者亚里山大曾提出过将纯假言三段论第二格、第三格化归为第一格的问题，这很像是根据德奥弗拉斯特的意见而做出的。

（4）

德奥弗拉斯特还在模态逻辑方面作出了一定的创新与发展。这首先在于他在他的系统中省略了偶然性概念，而以可能性概念代替了偶然性概念。

亚里士多德在他的模态逻辑系统中，是在两重含义上使用“偶然性”（ενδεχόμενον）一词的。一种含义是：“它不是必然的，但是假定了，得出结果也不是不可能的。”[1]也就是说，一件事是偶然的，当且仅当它不是必然的又不是不可能的。用公式来表示就是：$Z(G(x))\equiv\neg\Box(G(x))\wedge\neg\Box(\neg G(x))$[2]。

但是，在《解释篇》中，亚里士多德又将“偶然的”完全定义为“可能的”[3]。也就是说：一件事是偶然的，当且仅当不出现这件事不是必然的。这跟亚里士多德给“可能性”下的定义完全相同，因为他曾说：“从命题‘那是可能的’推出命题‘那并非必然不是的’。”[4]用公式表示就是：$\Diamond(G(x))\equiv\neg\Box(G(x))$[5]。

由于亚里士多德给“偶然性”以两种含义，使得亚里士多德的模态逻辑出现了理论上的困难。正如卢卡西维茨在《亚里士多德的三段论》一书中所

[1] 见《前分析篇》A12，32a18—20。
[2] “Z”表示“偶然的”，“□“表示”必然的”。
[3] 见《解释篇》13，22_a24
[4] 见《解释篇》13，22^b22
[5] “◇”表示“可能的”。

说：“一个词在两种意义上使用总是危险的，这两种意义可能在无意中被混淆，这种危险正象使用具有同一意义的两个不同的词一样。亚里士多德有时说ἐγχωρεῖ以代替ἐνδέ- χεται，而也将后者在两种意义上，我们不能总有把握地确定他在什么意义上使用ἐνδέχεται一词。或许正是这个名词的歧义性导致了他跟他的朋友德奥弗拉斯特和欧德谟斯的争论。”[1]

波亨斯基收集与研究了大量的材料，包括亚历山大所留下的残篇，在《德奥弗拉斯特的逻辑》与《古代形式逻辑》两书中指出，德奥弗拉斯特在三段论中用“可能性”代替了“偶然性”的概念，这样就避免了亚里士多德所使用的“偶然性”一词的歧义性。依据亚里士多德对“偶然性”一词的第一种解释，亚里士多德认为：“如果A属于B是偶然的，则它不属于B也是偶然的；并且，如果它属于全体分子是偶然的，则它不属于全体分子也是偶然的。这在特称肯定的事例中也同样有效。”[2]用公式来表示就是：

（a）$Z(G(x)) \equiv Z(\neg G(x))$

（b）$Z(SaP) \equiv Z(SeP)$

（c）$Z(SiP) \equiv Z(SoP)$

亚里士多德认为这些公式都是有效的，而根据德奥弗拉斯特的观点，这些公式都是非有效的[3]。

根据亚历山大所留下的残篇，我们知道德奥弗拉斯特提出了在模态三段论中结论是由最弱的前提规定的原则（peiorem semper sequitur conclusio partem），其强弱的次序是这样排列的：必然的、实然的、可能的。这样，如果一个三段论中包含一个实然性的前提，就决不会得出一个必然性的结论；如果包含一个可能性的前提，就决不会得出一个必然性的或实然性的结论，也就是说结论一定是可能性的。

例如，下面三式德奥弗拉斯特认为是有效的。

（d）$\Box(MaP) \wedge SaM \rightarrow SaP$

---

[1] 卢卡西维茨：《亚里士多德的三段论》中译本，第236页。
[2]《前分析篇》32_a37—40。
[3]参阅波亨斯基：《古代形式逻辑》英文版第60、74页。并参阅亚历山大《前分析篇》注释123，18ff。

（e）$\Diamond$（MoP）∧ MaS →$\Diamond$（SoP）

（f）$\Diamond$（MaP）∧$\Box$（SiM）→$\Diamond$（SiP）

而下述这样的式却是非有效的：

（g）$\Box$（MaP）∧ SaM →$\Box$（SaP）

（h）（MaP）∧$\Box$（SaM）→$\Box$（SaP）

（g）与（h）都是 Barbara 式，不过（g）具有一个必然性的大前提与实然性的小前提，而推出一个必然性的结论；（h）具有一个实然性的大前提与必然性的小前提，而推出一个必然性的结论。奇怪的是亚里士多德认为（g）式是有效的而（h）式是非有效的。关于（g）式的有效性亚里士多德并没有给予任何证明，可能是他将这个式看作“完全的三段论”，即“无须证明的三段论”，而对（h）式的非有效性却作过两次证明，一是用归谬法，一是用具体例证[1]。德奥弗拉斯特认为两个式都是非有效的。他对（g）式的非有效性是这样证明的：“由于小前提不是必然的，两个词项之间的联结也不是必然的，因此小项与中项是‘可分开的’。而如果是这样，那末，即使大项与中项是必然联结着的，小项与另个端项即大项也是‘可分开的’。”[2]这里引起我们注意的是这个“可分开性”的概念，它在这里是作为一个空间的类比而被使用，至于德奥弗拉斯特所给予的具体词项的证明，这里就不再赘述了。

用“可能性”概念代替“偶然性”概念，接受模态三段论是由最弱的前提规定的原则，可以使模态三段论大大简化。但是依据某些逻辑学家的意见，接受了这条原则，模态逻辑本身仍会产一些不好解决的问题。

（5）

德奥弗拉斯特对逻辑科学除了作出了上述一些创新与发展外，还专门研究了逻辑与语言的关系，特别是逻辑与语法的关系。例如，在他留传下来的片段中，有一个片段谈到语词方面的问题。这个片段表明德奥弗拉斯特已经

---

[1] 见《前分析篇》30a20—32.

[2] 见波亨斯基：《德奥佛拉斯特的逻辑》第 79—80 页。另见罗斯关于亚历山大注释的译文（第 41 页）：“如果 B 属于所有的 C，但不是必然的，那末两者是可能分开的，而当 B 与 C 是分开的时候，那末，A 也是与它分开的。”

注意到区分语词分别与事物相关联和与听话者相关联的两重关系，这说明他已初步认识到符号的语用学问题。

在语句方面，他将不定语句与特称语句等同起来，例如说“人是白的”，这个语句应该看作是“某些人是白的”。好像他还全面地检验过具有否定谓词的语句。他还分析过这样的语句：“凡尼亚斯具有科学知识。”他说这个“科学知识”也应予以量化。这就开始引入二重量化（double guantification）的思想，这个语句属于R（a，x）的类型。

德奥弗拉斯特还对亚里士多德关于全称否定语句的换位的证明作了改进。亚里士多德原来是这样证明下述换位的：

SeP → PeS

假定上式是错的，我们就得到“SeP”和“PiS”。如果是这样，就至少有一个个体，称为g，使得g ∈ P并且g ∈ S。根据交换律，我们就得到g ∈ S并且g ∈ P，而如果是这样的话，我们就得到“SiP”，它是“SeP”的否定，但是“SeP”原来是已被假定了的[1]。这里已经假定了

$$((p \wedge \neg q) \rightarrow \neg p) \rightarrow (p \rightarrow q)$$

的定律，不过亚里士多德并没有把这个定律明确地陈述出来。而德奥弗拉斯特却用另外一种方式来证明全称否定命题的换位，即：如果SeP，那末P就与S分离开来，这样，S也与P分离开来，所以PeS。这里也是使用的某种类似空间图解的方法。

除此之外，据说，德奥弗拉斯特还批评了亚里士多德对矛盾原则的证明。

由以上可以看出，德奥弗拉斯特并非只是他老师的忠实的毫无创见的追随者，而是在很多方面（直言三段论、假言三段论、模态三段论）都具有自己独立见解的思想家。过去我国对德奥弗拉斯特的逻辑学说研究不够，今后有必要改变这种状况。

（原载江天骥主编《西方逻辑史研究》，人民出版社1984年出版。）

[1] 见《前分析篇》A2，25a15。

论尼采的逻辑哲学思想

德国十九世纪著名思想家尼采（Friedrich Willhelm Nietzsche, 1844—1990）是哲学家、语文学家、诗人，甚至是音乐评论家，这毫无疑义，但似乎没有人提到他是逻辑学家，也极少有人评论他的逻辑思想。事实上，在尼采的著作中，有大量的话语涉及逻辑问题，而且在许多问题上颇富创见，整理与评述一下这方面的思想，我认为还是有意义的。

一、尼采思想是不是“反理性”、“反逻辑”的?

不可否认，曾经有一段时间，特别在20世纪60年代以前，无论在国内或在国外，都有一些西方哲学史家（例如中国的胡绳、全增嘏、刘放桐等），都曾将尼采定位为“反理性主义者”，陈铨则明确指出：“尼采根本反对逻辑”[1]。有的则将尼采定位为“非理性主义者”，但有人则说，“非理性”与“反理性”是同文异译。这里有必要对“理性主义”、“非理性主义”、“反理性主义”三个概念作一定的阐述。

“理性”这个词是西方哲学中占有极为重要的地位。早在古希腊柏拉图和亚里士多德的著作中就已出现，但其词义相当广泛，不太明确、固定，有一个逐步发展、丰富、明确化的过程。尼采思想源流之一的叔本华曾探索过这个问题。他说：“动物有感觉，有直觉，人则还要思维。还要知道，欲求则为人与动物所同有。动物用姿态和声音传达自己的感觉和情绪，人则使用语言对别人传达思想或隐瞒思想。语言是理性的第一产物，是理性的必要工具。所以，在希腊文和意大利文中，语言和理性是用同一个词来表示的。……

[1] 陈铨：《从叔本华到尼采》，载郜元宝编：《尼采在中国》，上海三联书店2001年版，第404页。

至于所有这些多种多样的，意义深远的成就都是从一个共同原则产生的，这是一切时代，一切民族共同一致的意见。这原则就是人对动物所以占优势的那种特殊精神力。人们称之为理性，希腊文叫做'逻戈斯' λογοξ，'逻辑斯谛拱' λογιστικον，'逻辑蒙' λογιμον，拉丁文叫'拉齐奥' ratio。所有的人也都很知道如何认识这一能力的表现，也知道什么是理性的，什么是非理性的，知道理性在什么地方是和人类其他能力，其他属性相对称的。"叔本华还说："十足纯粹的理性认识，除了我称之为超逻辑的真理那四个定律，同一律，矛盾律，排中律，充分的认识根据律之外，再没有别的了……整个说来，逻辑仍可算作纯粹的理性科学。"[1]

从17世纪起，西方形成了以笛卡尔、斯宾诺莎、莱布尼茨为代表的所谓"唯理论"派，与以英国为首的"经验论"派相对立。所谓"唯理论"派（或译"理性主义派"），就是将人的"理性"推崇到至高无上的地位，"理性"成了检验真理的标准，而感性经验是不可靠的，是极易产生错误的。理性要求人的认识必须经过逻辑思维，从几个无从怀疑的自明的公理推断出来，否则，就应该否定、抛弃。笛卡尔的"我思故我在"是其基本信条。然而，随着自然科学的发展，人们发现并非原初所谓"自明的"公理就那么绝对可靠，由它推断出来的定理并不必定为真。最明显的事例就是欧几里得几何的第五公设："若两直线和第三直线相交且在同一侧所构成的两个同侧内角之和小于两直角，则把这两直线向这一侧适当地延长之后一定相交。"现代的几何课本将此公设简化为一个等价式："过已知直线外的一个已知点只能作一条直线使它和已知直线平行。"这似乎是非常自明的，虽然如此，许多数学家仍试图证明第五公设，一直到19世纪20年代俄罗斯数学家罗巴契夫斯基对此公设提出了怀疑，他认为可能存在另一种几何学，他采用了欧几里得几何除第五公设以外所有公理而废弃了第五公设，代之以另外一个公理："过已知直线外的一点，至少可以作两条直线和已知直线不相交。"他由此建立了一个崭新的几何学体系，其严密性不亚于欧氏几何。这一成就虽遭到教庭的

---

[1]［德］叔本华：《作为意志和表象的世界》，石冲白译，商务印书馆1982年版，第89—90页。

严厉遣责，却获得了科学界的广泛承认与普遍赞许。由此也引起一些人对理性所谓“自明性”的怀疑，也引起所谓“非理性主义”思潮的产生。这一思潮的代表人物在德国有叔本华、尼采，在奥地利有弗洛伊德，在法国有柏格森，在美国则有詹姆士、杜威等。“非理性主义”不同于“反理性主义”。“理性”与“反理性”是一种对立关系，或者说相互否定的关系。人一旦失去理性，他也就不成其为人，例如，当年德国纳粹分子疯狂屠杀犹太人的行为，日军在中国进行杀人比赛的行为，都可以说是一种“反理性”的 。而“非理性”，是指人除了与生俱来的理性之外，还有一些“非理性”的意识因素，例如，“直观”、“情绪”、“本能”等，这些因素在人的认识活动中也能参与，其活动不一定产生负能量，它也可以是正能量的，甚至可以起到非常积极的、不可或缺的作用。

为什么会有人将尼采称为“反理性”的思想家呢？这恐怕跟曾有人将尼采定为纳粹主义分子、“反犹太”分子的先驱有关。其实这是极其冤枉的。在尼采的著作中，非常明确地表达了他的反“德意志民族至上”的狭隘的民族主义观点，表达了他的反对“反犹太民族”的观点，可惜的是希特勒及其奴仆们没有认真阅读尼采的著作，或者说他们有意歪曲了尼采的思想。

从上述论述我们可概括出以下几点：①理性是人的一种特质，无理性则不成其为“人”；②“理性”概念自身有一个逐步发展，逐步完善的过程；③理性与语言表述有着密切的联系；④理性最核心的部分就是人的逻辑思维，即人的推断能力。

那么，接着就产生一个问题，人的理性与逻辑是从哪里来的。有的哲学家（如莱布尼茨和康德）则认为那是人生来具有的，是“天赋的”。但是，尼采则正好相反，认为“理性”来自“非理性”，“逻辑”来自“非逻辑”。尼采非常明确地使用了“非理性”与“非逻辑”两个概念。在《人性的，太人性的》一书的第一章“关于最初的事物与最后的事物”的第 1 节中就提到：“几乎所有的哲学问题都再一次提出过的同样形式的问题：某事物如何能从它的对立面中产生？例如：理性产生于非理性，感觉产生于非感觉，逻辑产生于非逻辑，公正无私的观察产生于贪婪的欲望，为他人而活着产生于自我中心主义，真理产生于谬误。”[1] 在《快乐的知识》的第111章说到“逻辑的来源”时，也说：“逻辑是怎样在头脑中产生的呢？肯定是从非逻辑中产生的，非逻辑的领域一定是非常广阔的。”[2]尼采在他的遗稿中还说：“在理性、逻辑、范畴的构成中，需要曾起过决定性的作用，不是‘认识’的需要，而是归纳和概括的需要，图式化（schematisiren）的需要，目的是为了达到理解和运算……”[3]在这里，可以看出尼采丝毫没有所谓“反理性”、“反逻辑”的意思，而且最后一句还讲到“逻辑”的“运算”的功能，显现出尼采已有一些“现代逻辑”思想的萌芽。这是非常可贵的。

二、逻辑与语言的关系

尼采不仅是哲学家，而且是一位非常优秀的语文学家，他不仅精通德文，而且精通古希腊文、拉丁文、法文，以及其他多门外语。他对语言有很多独特的见解。正是由于他对古希腊文有深入的研究，他从古希腊的文化背景，哲学思想的源流中，发现了很多他人不易发现的特征，他提出一种谱系学的研究方法，他还特别重视语言通过言语交流所出现的变化，看出了语言的无限解释性，尼采是支持“言不尽意”论的。

尼采在自己的写作中，特别注意运用德语的简约性、概括性、隐喻性。许多精通德文的学者都承认尼采文笔的优美、风格的特殊，所以外国学者试图翻译尼采的德文著作，往往感到存在不少困难。

在逻辑和语言的关系问题上，尼采是认为逻辑是通过人的语言生成的。他说：

语言不是已经表明了人生成逻辑的能力吗？它无疑包含有最值得赞叹的逻辑操作和特征。然而语言并不是一瞬间发展起来的。换句话说，它是无限漫长时间的逻辑结论。必须记住，本能的产生是一个相当缓慢的发展过

[1] [德] 尼采：《人性，太人性的》，杨恒达译，中国人民出版社2005年版，第24页。
[2] [德] 尼采：《快乐的知识》，黄明嘉译，中央编译出版社2001年版，第115页。
[3] [德] 尼采：《尼采著作全集第十三卷·1885—1887年遗稿》（《权力意志》下卷），孙周兴译，商务印书馆2010年版，第398页。

程。……亿万年的精神活动沉淀在语言中。[1]

在谈到理性、思维与语言的关系时，尼采说：

我们相信理性，但理性乃是苍白概念的哲学，语言乃是根据最幼稚的偏见构造起来的。

现在我们把不和谐问题穿凿附会地加入事物之中，因为我们唯以语言形式进行思维——因此相信“理性”的“永恒真理”（例如主词、谓词）等等。

如果我们不愿意在语言的强制下进行思维，那我们就会停止思维，我们恰恰还会达到那种怀疑，即在这里把一种界限看作界限。

理性思维乃是一种根据我们不能摆脱的模式进行的阐释。[2]

这里尼采非常明确地表述了“理性思维”必须依靠语言的语式，语言作用于思维具有一定的强制性。后来西方语言学提出一种思想：除了有外在的“自然语言”外，还有一种“内部语言”。我国著名文艺评论家朱光潜先生曾在《哲学研究》上发表过一篇论文，题目是《思维就是使用语言》，尼采可谓是这一理论的创始者。

三、对所谓“逻辑元定律”的质疑

在传统逻辑课本中，长期讲授着所谓“思维三律”，即“同一律”、“矛盾律”和“排中律”，有的还增加一个“充足理由律”，前三律在亚里士多德的《工具论》以及《形而上学》两书中早有论述，后一律则在莱布尼茨与叔本华的著作有较详细的论述。

最早受到质疑的就是“同一律”。莱布尼茨就说过世界上没有两片相同的树叶。最尖锐的是20世纪上半叶曾在西方流行一时的“普通语义学”（general semantics），创始人是波兰籍美国哲学家A·H·S·柯日布斯基，阐释者有美国政论家S·切斯（代表作有《词的暴政》），日裔美国哲学家哈亚卡瓦（日文为“早川一荣”）和数理生物学家A·腊波波尔特，他们办

[1]［德］尼采：《哲学与真理》，田立年译，上海社会科学出版社1993年版，第64页。

[2]［德］尼采：《尼采著作全集第十二卷·1885—1887年遗稿》（《权力意志》上卷），孙周兴译，商务印书馆2010年版，第223—224页。

有刊物名《ETC》。他们认为世界上万事万物皆存在一定的差别，一个事物在不同的时间、地点也有变化。同一个人在童年、青年、中年、老年都会有区别，为此要准确地描述一个事物难以用一个单纯的符号或语词来表示。为了加以区别，他们建议最好在符号或语词下面加个下标或其他标志，如：A1，A2，A3 等等。比如汪精卫这个人，在不同历史时期有着性质完全不同的表现。在清末，他竟敢去刺杀统治者摄政王，那时他是一个热血青年、革命英雄；后来他追随孙中山，成了国民党的左派政客；孙中山去世，他又跟随蒋介石，成为屠杀共产党人的凶手；后来日本侵略中国，他又拜倒在日本天皇面前，成了一个无耻的大汉奸：对这么个人物，用一个什么语词才能充分地表述出他的本性呢？按普通语义学的方法，不妨用“汪精卫 1911 年前”，“汪精卫 1927 年前”，“汪精卫 1927 年后”，“汪精卫 1938 年后”，以示区别。另外，在自然语言中，经常出现“一词多义”的现象。翻开词典，一个词后面列出几个、十几个、几十个义项的情况，绝不少见。而且每一个词，在不同的人口里或笔下，也可能产生语义上的差别。例如在西方哲学史上，同一个“reason”，在柏拉图、亚里士多德、康德、黑格尔、谢林、叔本华、尼采口里，其含义就不尽相同。自然语言如此，改用人工语言，逻辑学家认为似乎可以解决这个问题，其实不然，例如，pp → p(读作“p 并且 p 蕴涵 p”)，谁能保证这前后三个 P 字一定同一，这里存在一个“类”和“型”(type and token)的问题。逻辑学家只是假设其前后同一而已。

尼采对此同样提出质疑。他说：

逻辑也建立在这么一个假定上，这个假定并不与现实世界中任何事物相对应，例如，关于事物相等的假定，同一事物在不同的时间点上的同一性的假定；但是这门科学正是从其相对立的信念中建立起来，这个信念是说，在真实的世界中的确有这样完全同一的事物。[1]

我们无法肯定和否定同一律；它是一个主观的经验定律，其中并不表现必然性，而仅仅表现了一种无能(nichtverm ogen)。

……

[1] [德] 尼采：《人性，太人性的》，第 11 页。

假如根本不存在一个自我同一的 A，而每个逻辑（以及数学）定律都以这样一个 A 为前，假如 A 已经是一种假像，那么，逻辑就是以一个纯粹虚假的世界为前提的[1]。

如果说同一律是整个逻辑科学的元定律，是整个逻辑科学的基础，那么，同一律出了问题，整个逻辑科学就可能出现连锁崩塌的现象。尼采找到出现这个问题的原因。他说："我们的记忆是建立在相同看待和相同认识一切的基础上的，也就是说，建立在观察不精确的基础上的。记忆本来就是最粗略的，几乎一切东西都被视为相同。作为引发性刺激的想象作用来源于，我们把许多想象总是当成相同的东西去想象和感觉，是建立在粗略的记忆基础之上的，此记忆视万物相同，也是建立在幻想基础之上的，由于懒惰，此想象把真实的不同看成相同。"[2]他将这个问题归属于人的心理问题，即观察不精确、记忆不准确的问题；由此造成将"相似"看成"相同"的结果。他说："较粗糙的器官常常见到表面的相同；精神意欲相同，也就是说，把一种感官印象纳入一个现成的序列中，就像躯体同化无机物一样。"为什么精神会"意欲相同"呢？是"求相同的意志，求强力的意志——某物是如此这般这一信念（判断的实质）乃是某物应当是尽可能相同的这一意愿的产物。"[3]这样，尼采就将他的逻辑整个建筑在他的"强力意志"理论的基础上。

尼采不仅对"同一律"提出质疑，还对逻辑学的另一个元定律——"矛盾律"也同样提出质疑。他说：

"主观定律"（指矛盾律）是一种生物学定律：效用的本能（必须像我们正在推理这样地推理）深入于我们的肉体之中，我们几乎就是这一本能……然而，由之引出一个证据，以为我们藉此而拥有了"真理本身"，却是何等的天真，矛盾律证明了一种无能，而非一种"真理"[4]。他还说：

矛盾律给出了一个模式：人们力求通达的真实世界是不能自相矛盾的，是不能变换的，是不能生成的，也是无始无终的。

---

[1][德]尼采：《偶像的黄昏》，周国平译，光明日报出版社 1996 年版，第 125 页。
[2][德]尼采：《尼采遗稿选》，虞龙发译，上海译文出版社 2005 年版，第 60 页。
[3][德]尼采：《偶像的黄昏》，黄明嘉译，中央编译出版社 2001 年版，第 123 页。
[4][德]尼采：《偶像的黄昏》，黄明嘉译，中央编译出版社 2001 年版，第 123 页。

此乃迄今犯下的最大谬误，世上真正灾难性的谬误，人们相信在理性形式中含有实在性的标准，而人们拥有此种理性形式，目的在于主宰实在性，以某种聪明方式误解实在性……

看哪！现在世界变成虚伪的了，而且恰恰是因为那些构成其实在性的特性之故，也即变换、生成、杂多、对立、矛盾战争。

于是，整个厄运出现了[1]。

“矛盾律”，实为“不矛盾律”，也就是说，逻辑要求思维中不要出现自相矛盾，从而也要求现实中不要出现矛盾，但现实中到处都充满矛盾，于是造成巨大的灾难。

总的来说，尼采是认为现实世界是一个毫无秩序的混沌世界，“世界总的特点永远是混乱”，“我们可要当心，别指着宇宙的脊梁说：它无情、无理性，也不要说它的矛盾。它既不完美，又不漂亮、高贵。……它也没有自我保存欲，根本没有本能欲望，它不懂何为规律。”[2]世界无所谓真正的因果联系，是人将世界逻辑化。我们主观信仰逻辑学的必需仅仅表明，我们早在逻辑学本身到达意识之前所做的事情，无非是把逻辑学的要求植入现象。因为，现在我们在现象中发现了逻辑……在我们看来，世界表现出了逻辑性，因为我们事前使世界逻辑化了[3]。

传统的观念中总是把逻辑的“自明性”、“系统性”看作真理的标准，尼采不同意这种观点，他认为，逻辑只是一个命令、一种规范而已，它是人创造出来的。但这种创造对人类的发展是有效的，人对于事物需要等同化、粗糙化、简明化。用尼采的话说，就是“我们需要为自己整理出一个世界，使我们的生存在其中成为可能：——我们藉此创造一个世界，它对于我们是可计算的，简化的，可理解的，如此等等。”[4]逻辑既然是人创造的一种命令和规范，就很难将它树为真理的标准。那么，真理的标准是什么呢？尼

[1]［德］尼采：《尼采著作全集第十三卷·1885—1887年遗稿》（《权力意志》下卷），第401页。
[2]［德］尼采：《快乐的知识》，黄明嘉译，中央编译出版社2001年版，第113页。
[3]［德］尼采：《偶像的黄昏》，黄明嘉译，中央编译出版社2001年版，第130页。
[4]［德］尼采：《偶像的黄昏》，黄明嘉译，中央编译出版社2001年版，第130页。

采说："真理的标准在于强力感的提高。"[1]

四、逻辑的多样性问题

1. 尼采不承认传统逻辑是唯一的逻辑

康德认为，自亚里士多德以来，逻辑没有什么根本性的变化与发展。对康德来说，"逻辑"就是亚里士多德《工具论》中所讲的三段论。康德讲授一辈子的逻辑，但他没有编写自己的课本，自始至终都是使用当时德国教育部门官方许可的教材，即迈尔教授所著的《逻辑学》，不过在讲授过程会加上康德自己的注释与批语，最后由他的学生耶舍根据课堂笔记整理成书，耶舍编写的那本讲义经由康德亲自审定修改，最后编入《康德全集》之中。

到19世纪下半叶，在尼采生活的年代，逻辑学开始出现重大发展与变化，但尼采似乎尚无察觉，不过根据尼采的敏锐性，他已预言传统逻辑，即亚里士多德的三段论式不是人类的唯一逻辑形式。

他说："身为德国人，我们与康德一样，都怀疑自然科学知识的永久有效性，也怀疑万事万物是否必须借助因果律加以认识。对我们而言，可知的东西价值甚低。……同样，我们也不喜欢承认人的逻辑就是唯一的逻辑（而是说服自己，人的逻辑只是一种特殊情况，也许是最怪异和最愚蠢的一种）。"[2]

果然，19世纪末与20世纪初，逻辑学从传统逻辑发展为现代逻辑，从现代经典逻辑又发展出各种非经典逻辑。有些逻辑分支对传统逻辑概念产生了质的变化。例如，传统的二值逻辑发展出三值、四值，以至n值逻辑，一般称为多值逻辑。在多值逻辑中，传统的所谓"排中律"宣布失效。另外，逻辑一向以明确性自诩，后来偏偏出现一种"模糊逻辑"，以测度语词的模糊性（如"秃顶"、"黎明"、"混乱"）进行推理。逻辑，又称"形式逻辑"，但西方高校中，又流行一种适用性极强的"非形式逻辑"。西方的语言哲学中在20世纪50年代有人提出一种"言语行为"理论，创始人为英国

[1]［德］尼采：《偶像的黄昏》，黄明嘉译，中央编译出版社2001年版，第139页。
[2]［德］尼采：《快乐的知识》，黄明嘉译，中央编译出版社2001年版，第273页。

学者奥斯汀（J.Austin），他将“言语行为”（speech act）分为三种，即“语谓行为”（locutionary act）、“语旨行为”（illocutionary act）和“语效行为”（perlocutionary act）。过去的经典逻辑只注意分析语谓行为，即只讨论陈述句逻辑，只考虑人们的陈述、解释、断定，而忽略了大量的语旨行为（如许诺、宣誓、威胁、保证、愿望、命令、建议、请求、警告等）以及“语效行为”（如他使我清醒过来，不再任性下去）。奥斯汀的后继者、美国学者塞尔（J.R.Searle）专门研究了“语旨行为的逻辑”（illocutionary logic），这一部分内容，将来还可能进一步丰富发展。至于“语效行为”能否建立专门的逻辑，则有待后人探索。

2. 尼采提出“无意识逻辑”与“图像逻辑”的概念

尼采曾说过：

所谓的无意识推理可以追溯到所有已存的记忆，这种记忆提供给我们一种类似的经验，使人们预先就对某个行动的结果有所了解。它与其说是对于结果的预期，不如说是由一个记忆下来的形象产生的“相似原因，相似结果”的感觉。[1]

他还说：

无意识推理使我想到，它肯定是一个从形象到形象的过程，而最后获得的形象就成了活动的刺激和动机。无意识推理必须独立于概念发生，所以它只能发生在感觉中。

这就是沉思的哲学家和艺术家进行推理的方式。他们所做的正是第一个人在他们的心理冲动下所做的，只是转移到了一个非个人的世界。

这种图像思维从来就不是严格逻辑的，但多少还具有一定的逻辑性。因此，哲学家试图用概念思维取代这种图像思维。本能似乎也是最终成为刺激和动机的一种图像思维。[2]

这里需要提醒一下，奥地利著名心理学家弗洛伊德提出“无意识”（unconsious）的理论是在尼采之后。尼采将“无意识推理”和“图像思维”

[1]［德］尼采：《哲学与真理》，黄明嘉译，中央编译出版社2001年版，第100页。
[2]［德］尼采：《哲学与真理》，黄明嘉译，中央编译出版社2001年版，第101页。

放在一起，这种图像思维与我国后来文艺界所讨论的“形象思维”极其近似，它是从形象到形象，不依赖抽象概念进行的，是哲学家沉思时与艺术家创作时所使用的一种方法。探讨这种理论对我们进一步分析艺术家的创作特点，是很有启发的。而我们逻辑界过去从未探讨过这类问题。

五、尼采的逻辑哲学思想中有无值得我们吸收的合理因素

尼采的逻辑哲学思想内容非常丰富。我认为其中有些合理因素我们可以考虑吸收，例如，他的隐喻理论是有相当深度的，他的《扎拉图斯特拉如是说》以及《偶像的黄昏》等书已经为我们做出了典范。通过隐喻来证明哲学理论，古希腊柏拉图就已开始，亚里士多德的《修辞学》与《诗学》又从理论上作了阐述。亚里士多德明确提出隐喻是一种推论式，他称之为“修辞三段论”。后来历代哲学家在这一方面都有所实践，例如培根的四种假象（“种族假象”、“洞穴假象”、“市场假象”、“剧场假象”）。我国古代如老子、庄子、墨子、孟子、韩非子都喜欢用隐喻体来阐述哲理，这决非用“生动”二字就足以概括，而忽视其内在的说服力。亚里士多德强调的正是修辞的“说服性”，尼采的追随者丹尼尔·布里吉尔编译的尼采《哲学与真理》一书中，曾多次谈到隐喻的问题。他说：“哲学家的活动是通过隐喻进行的。”[1]还说：“没有隐喻，就没有真正的表达和真正的认识。……认识不过是使用最称心的隐喻，是一种不再被认为是仿制的仿制。”[2]因此，尼采的修辞式论述的出现不能被看作是一种偶然现象。它是有其认识论根源的。

值得我们重视与吸收的另一点是尼采所说的“视角主义”。逻辑工作者由于专业关系，往往视角比较偏狭，离开公式半步，就视为“非逻辑”。这一框框是否也可以冲破一下。本文由于篇幅关系暂时说到这里，不妥之处，请各位方家批评指正。

（原载《中文论坛》第三辑，长江出版社，2016年）

［1］［德］尼采：《哲学与真理》，黄明嘉译，中央编译出版社2001年版，第75页。
［2］［德］尼采：《哲学与真理》，黄明嘉译，中央编译出版社2001年版，第134页。

文化语言学：一个新的研究领域

——兼评邢福义教授主编的《文化语言学》

在众多的语言学著作中，又增添了一本有创新意义的新著，这就是由邢福义教授主编、武汉地区一批中青年语言学者执笔的语言学著作：《文化语言学》（湖北教育出版社出版）。我们认为这是一本有价值的著作，希望对语言学、文化学以及符号学有兴趣的读者认真读一读。

什么是文化语言学？该书作者给予的定义是："文化语言学是研究语言和文化相互之间关系的科学。……是语言学和文化学的交叉学科。"[1]作者一开始就提出："语言是文化的符号，文化是语言的管轨。好比镜子或影集，不同民族的语言反映和记录了不同民族特定的文化风貌；犹如管道或轨道，不同民族的特定文化，对不同民族的语言的发展，在某种程度、某个侧面、某一层次上起着制约的作用。"[2]根据这一基本观点，本书上编是"语言——文化的符号"，下编是"文化——语言的管轨"。

这种交叉学科的研究，目前在许多学科中都得到开展，引起了许多学者的兴趣与重视，例如，生物化学、数理语言学、工程热物理等等，但是对语言与文化的交叉研究又有其特殊之处。这在于语言既是文化的一个组成部分，又与文化的各个部分有着相互制约的关系。也就是说，语言与文化既是部分与整体的包含关系，又是形式与内容的制约关系。一般说，语言属于制度文化的层次，但一切文化知识又都依靠语言来记载与传播，即使是属于文化物质层次的现象，也只有通过语言的命名、阐释，才有意义。因此，编写《文化语言学》，实际上要同时处理这两种关系。这也是本书首先遇到的难以处

[1] 刑福义：《文化语言学》，湖北教育出版社 1990 年版，第 1 页。
[2] 刑福义：《文化语言学》，"序"第 1 页。

理，但终于给予了成功处理的问题。

建立一门新的学科，特别是交叉性学科，必须确定它与相邻学科的关系。本书的作者花了相当的篇幅讨论了文化语言学与一些相关学科的关系与区别。这个问题相当复杂，主要是由于“文化”这一概念本身涵盖得比较广泛。正如作者所说：“它包括人类所有的社会教化、创造活动及其成果。人类全部科学活动和科学知识都是社会教化创造的产物，因此，所有科学，包括自然科学，本身就是一种文化现象”。而且，“所有的社会现象都是文化现象。”[1]“语言”虽是一个内涵相对确定的概念，但其外延、使用范围却极其广泛，它涉及从古到今、从中到外的一切文化现象。因此可以说，文化语言学涉及到一切文化现象、一切学科，要划定文化语言的研究范围，划清与相邻学科的界限，是一件非常复杂细致的工作。作者重点讨论了文化语言学与人类语言学、社会语言学、民族语言学的关系。作者认为，它们之间关系密切，但并非完全等同。文化语言学是具有最广泛的综合性的一门学科，它包括了早期人类学、社会语言学、民族语言学的内容，而后者则可看作文化语言学的分支，这些分支学科从不同的角度研究语言与文化。

将语言与文化进行综合性的研究，其突出的优点就是能“还语言以血肉之躯”，使人感受到活生生的语言，它是在一定的社会环境中载负着具体文化内容的语言。这是一种更高层次的研究，即回复到语言得以存在与表现的具体文化背景中去进行研究，从而发现语言的很多有趣的方面。正如这本书的作者所说：“语言的许多现象，可以通过这方面的研究得到比较合理的解释；语言中的一些问题，可以通过这方面的研究引起种种新的思考。”[2]例如，他们探索了汉民族文化对汉语语法的形成和发展的深刻影响，注意到汉语语法重“意”不重“形”的特点。形式上框架简明，没有繁多的标记；表意上灵活多样，隐性语法关系十分丰富。他们注意到一个普遍的现象，理解汉语，特别是阅读汉语古籍，最主要障碍不是语法。正因为这样，我国古代率先出现的语言学著作是讲词义、讲文字、讲语音的《尔雅》、《说文解字》、《广韵》

[1] 刑福义：《文化语言学》，第26，28页。
[2] 刑福义：《文化语言学》，“序”第1—2页。

等等，而不是语法学的专著。他们进一步从中国古代文化背景探索到，汉语这种重“意”不重“形”的语法，跟汉民族的含而不露的文化心态等等因素可能存在一定的因果联系。此外，汉语语法的意合性和汉人思维的领悟性、汉语语法的简约性和汉人俭朴实用的价值观、汉语语法的灵活性和汉人思维的辩证性也有一定的联系。我们认为，这是一种有意义的探索。的确，汉语没有西方语言那样繁多的语法形态变化，但是汉语的语义表现力并不亚于西方语言，这是有其文化背景原因的。《文化语言学》一书，特别是下编，对此作了多方面的研究。由此我们得到一定的启发，近年来中国逻辑学界进行了中国古代逻辑史的研究，苦心孤诣地试图寻找出类似亚里士多德式的逻辑公式与规律来，但终究难以求得，其根本原因恐怕也跟中国的语言及其文化背景有关。这不是说中国古代没有逻辑，中国古代的逻辑也表现在它的语义与语用的丰富性上。例如中国古代的词义解释法就比亚里士多德的属加种差的定义方法更加丰富多样，中国古代的推理更多的是采用语义或语用推理的形式而非三段论式。逻辑学家们也要像《文化语言学》的作者们那样，不要拘泥于西方固有的格式，而要从文化根源上探索自己所特有的东西，这样可能收获会更大一些。

一门新学科的建立，不仅要有确定的研究对象和研究范围，还得有其特定的方法，这种方法是由其特定的对象的性质所决定的。《文化语言学》的作者认为，他们使用的方法应是文化学方法和语言学方法的融合和提炼。由于方法具有多层面、多内涵、多属性和非封闭性、相对性的特点，文化语言学的方法也是多种多样的。他们概括出三种主要的方法：一是实地参与考察法，也就是一种调查方法；二是共层背景比较法；三是整合外因分析法。作者指出：“文化语言学的比较之特殊点，就在于比较过程的多重性。”它可以进行历时的比较，也可以进行共时的比较。作者所称的整合外因分析法，是将某个或某种文化要素看作整个系统中的一个子系统，从而探求各个子系统之间的联系。他们将语言作为整个文化的一个子系统，致力于研究语言对其他文化要素的影响，也研究其他文化要素对语言的影响。例如，汉语语法具有“意合性”，他们认为形成这一特点的原因不在语言内部，而在于某种外部因素即汉民族思维的领悟性。这些方法的定名是否恰当还有待商榷，但从全书来看，对这些方法的具体运用还是比较成功的。全书所使用的材料是非常丰富与多样的，这体现出作者充分使用了各种调查的方法。作者进行了古今的比较、各种语言之间的比较、各种社会背景的比较，都是很具特色而且颇具成效的。更使人欣赏的是作者使用的结构分析的方法，从语言的结构，特别是古字形的结构的分析探索古代社会的文化背景及其演变。作者研究了古苏美尔文字、古埃及文字，特别是古汉字的形体特征，看出古代物质生活方式的特征、风俗制度的变化，等等。由于古苏美尔文字、古埃及文字没有流传下来，古汉字却流传演变至今，分析古汉字的结构以探索其文化背景就更显现其特殊的意义。例如对“姓”字的分析，指出“姓”是汉族词汇中最古老的成员之一。《说文解字》中说：“姓，人所生也。古之神圣，母感天而生子，故称天子。因生以为姓，从女，从生，生亦声。”这就是说。“姓”是“生”的派生词。因为是群婚，只知其母而不知其父，所以有“感天而生子”的传说，有“因生以为姓”的方法，而“姓”字也就只能具有从“女”从“生”的形体结构。这既是“姓”的词源结构和书写形式所蕴含的文化意义，也是族外群婚存在的“语言化石”[1]。这种分析方法确实体现出文化语言学的特殊的方法。正如古生物学家通过分析化石以寻求远古生物的形态和当时的地貌气候一样，文化语言学则通过对“语言化石”的分析以寻求出古代的文化特征与结构。

《文化语言学》除了确立其特定的研究对象和范围并采用了特定的研究方法外，还有其符号学方面的价值。符号学（semiotics）是最近二三十年蓬勃发展起来的一门新兴学科，它主要研究符号（sign）的一般属性、符号在信息传播过程中的作用、各种符号系统的特殊性。现代符号学的创始人一个是美国的哲学家、逻辑学家 C.S. 皮尔士（1839—1914），另一个是瑞士的语言学家 F.D. 索绪尔（1857—1913）。他在《普通语言学教程》中明确提出：“语言是一种表达观念的符号系统”[2]。近年来我国对符号学作广泛的介绍，翻译了不少符号学名著，国内学者也有不少从事符号学的研究，并出版了一些内容新颖充实的符号学著作，如俞建章、叶舒宪合著的《符号：语言与艺

[1] 参阅刑福义：《文化语言学》，湖北教育出版社 1990 年版，第 98 页。
[2] [瑞士] 索绪尔：《普通语言学教程》中文版，第 37 页。

术》、肖峰的《从哲学看符号》、中国符号研究会编的《逻辑符号学论集》等。《文化语言学》从一定意义上说，也是一本符号学的著作。该书的一个基本观点是“语言是文化的符号”。全书正是根据这一观点进行了论述。作者引述了英国著名文化人类学家怀特的话：“所有的文化都基本上依赖符号，尤其是依赖发音清晰的语言而产生并永存”，“文化是依靠超体质语境的符号表达出来的事物和事件”。作者由此得出结论：“语言以最典型的形式在自身中表现了文化活动，是文化的表达符号”。

索绪尔在《普通语言学教程》中曾举过一个很好的比喻：“语言还可以比作一张纸；思想是正面，声音是反面。”[1]其中思想就是指一个个的观念，声音就是表达该观念的符号。语言与文化的关系，也正是这种声音符号与文化观念的关系，它们是像纸一样的一个事物的两面。根据观念论的语义理论。所谓观念，也就是一个符号的意义。通过语言的结构去分析它所反映的文化内容，实际上也就是通过分析去阐述语言中所包含的意义。例如在上编第一章第二节中谈到词汇系统显示的婚姻形式，举出“上古汉语中‘出’和‘姪’这一对称谓词正是男从女居情形的写照”[2]。依据《尔雅·释亲》的解释：“男子谓姊妹之子为出，女子谓舅弟之子为姪。”这正说明族外群婚，男从女居的写照，对于男子来说，其姊妹之子必然要离开自己的氏族，“出嫁”到对方的氏族，所以称之为“出”；对于女子来说，其兄弟出嫁到对方氏族，与对方氏族女子所生之子，必然要“嫁”到自己氏族中来，所以称之为“姪”，姪者，至也。如果不是男从女居，“出”和“姪”的称谓的命名之意，就都是不可理解的[3]。我们现在仍使用“出”字，但已不使用作为“姪”的反义解的“出”字。如果不从当时的文化背景来解释，我们就难以正确理解这两个字的含义。因此，我们可以说，《文化语言学》可以看作是“历史语义学”。而根据莫里斯的观点，语义学是符号学的重要组成部分（还有两个组成部分是“语形学”与“语用学”），而广义的语义学也就是符号学。实际上这本书还涉及到一些语用问题，即涉及符号与符号的使用者的关系、涉及

[1]《文化语言学》第79页。
[2]刑福义：《文化语言学》，湖北教育出版社1990年版，第98页。
[3]刑福义：《文化语言学》，湖北教育出版社1990年版，第99页。

符号使用的语境等问题。这本书通过对甲骨文的分析，指出古代文字的形成与记录文化背景的方式大致有三种：一是象物方式，二是象事方式，三是象意方式，这是我国传统的训诂学中已经确定的东西，但是由于有许多实例的分析，使我们想到这种三分法与美国皮尔士所作的图象符号、索引符号、象征符号的三分法极其相似。皮尔士还指出，每一个符号实际上都具有这三种属性，只是看哪一种属性占据主导地位而已。在我们的汉字，特别是古汉字中：也同样难以对上述三种组成方式作截然的划分。从古汉字的分析上，进一步证明了我国是一个有丰富的符号学传统的国家[1]。因此，我们可以说：《文化语言学》也是一本优秀的符号学著作。

还值得肯定一点的是这本书的作者们很强调的“湖北意识”，这是过去在学术界与学术著作中少见的一个名词。据书的“编后记”说，1988 年 12 月在华中师范大学召开的武汉地区中青年“语言与文化”学术讨论会上，“几位老一辈学者还郑重提出，希望湖北中青年学者多有一点历史责任感和‘湖北意识’，紧密团结、积极进取、协作编写出一本《文化语言学》，为这门新学科的建设作出我们的贡献。”提出这个“湖北意识”是老一辈学者对湖北中青年学者的一番希望和鼓励。这一批中青年学者果然在这种“意识”的鼓舞下，用一年的时间完成了这部著作。由此可见，强调“湖北意识”，并不是要搞小集团、小帮派，搞排他主义，正好相反，它是要求一个地区的同一学科的学者紧密团结，积极进取，各人发挥所长，不搞门户之见。湖北地区语言学界形成了一个学术集体，而且贡献出了自己的成果，这是非常可贵的。希望他们能继续保持这种精神，不断创造、不断前进，而且能将这种精神推广到其他地区、其他学界，进一步发扬光大。

至于这本书存在的某些不足之处，由于本文作者不是搞语言学专业的，意见不一定准确，仅提以下几点，供书作者参考。一是虽然书的作者对文化语言学的学科性质作了反复的分析与比较，但使人感到仍有某些不够明确之处。书作者强调文化语言学是和文化相互关系的科学，它既不是语言学的一

[1] 参见李先焜著：《中国——一个具有丰富的符号学传统的国家》，英文稿载《国际符号学会第四次学术讨论会议文集》（法国出版），中文稿（有删节）发表在《江汉论坛》1990 年第 1 期。

个分支，又不是文化学的一个分支。但是书作者又认为文化语言学是人类语言学发展的一个新的阶段，它似乎又包含社会语言学，两者有合流的趋势，而民族语言学又是文化语言学的一个分支。这样，就很难说文化语言学不是语言学的分支。而且，从该书的写作倾向来看，仍然使人感到是偏斜于语言学方面。二是有些内容安排与材料使用上前后有些重复，如对亲属关系称谓方面的分析就曾反复出现。三是对萨丕尔——沃尔夫假说，作者在一定程度上持支持态度[1]。如果作者真是持这种看法，就应该作更多的论述，以加强说服力。四是将语用学解释为就是“语言的运用”，似乎过于简单化。语用学是 pragmatics 一词的汉语译名，它有着确定的科学含义，根据莫里斯的解释，语用学是指谓那种符号和它的解释者之间的关系的科学。卡尔纳普则认为语用学不仅研究符号和符号的解释者之间的关系，也应当研究符号的所指与符号的解释者之间的关系。将语用学解释为就是语言的运用，较通俗，但似乎有些不够精确，严格地说，并非所有的语言的运用都是语用学问题，因为语形学、语义学同样包含一个运用问题。

总起来说，《文化语言学》是一部具有学术价值的著作。可能他们所探索的问题，所采用的方法、所得出的结论，不同的学者会有不同的看法，但这并不会减弱这本书的学术价值。现在已经走出了艰难的第一步，今后就有待于书作者以及其他有志者作进一步探讨。马克思在《资本论》的“初版的序”中说：“一切事的开头总是困难的。这句话，在任何一种科学上都是适用的。”看来，对《文化语言学》自然也适用。我们预祝这门新学科的繁荣与发展。

（原载《语言文字应用》1992年第2期，后编入《文化与语言》论文集，外语教学与研究出版社1994年出版）

---

[1] 参阅刑福义：《文化语言学》，湖北教育出版社1990年版，第71，220页。

也论逻辑证明与真理标准

陶德麟教授于1981年曾在《哲学研究》上发表了《逻辑证明与真理标准》一文（以下简称“陶文”），当时正值全国热烈讨论什么是检验真理的标准的时候，除了认为“实践是检验真理的唯一标准”的观点外，还有一部分人主张逻辑也是检验真理的标准。陶德麟教授是坚持前一种观点的，他的文章主要在于反驳后一种观点。文章写得非常全面、深刻，很有说服力，获得学术界的普遍认可。我作为一名逻辑学科的教学工作者，完全赞同这篇文章的观点。现在距这篇文章的发表已有30年了。陶德麟教授今年即将满八十高龄，跨入了“耄耋之年”的边缘。为了表示对陶德麟教授八十寿辰的敬意与祝福，我想在陶文的基础上，从逻辑学发展的角度作一点小的补充。主要有两点：一是逻辑（特别是演绎逻辑）只管命题的真假值并依此进行有效推理，它并没有检验真理的任务；二是逻辑学科仍在不断发展过程中，它自身有待检验，因此无法将它视为检验其他理论系统真理性的最终标准。

一、逻辑只管命题真假，它不具有探寻真理的任务

在确定逻辑学的任务之前，首先有必要区别一下“真”与“真理”两个概念。

英文中的“true”与“truth”（以及拉丁语系中与此二词相对应的词）除了词性上的区别（一个是形容词，一个是名词）外，其基本语义是一致的，即表示一个语句或命题的“真”或“真实”，但在一定条件下，也有汉语中的“真理”的意思。也就是说我们既可以将它译成“真”、“真实”、“真实性”，也可以将它译成“真理”。但作为汉语语词来说，“真”与“真理”却有着一定的语义区别。“真”是指一个语句（或命题）与它所表示的对象相符合，例如，“雪是白的”这个命题所指的对象“雪”确实是“白的”。

而“真理”则除了上述基本含义外，还有其他的要求，即它不是指某个单独的语句（或命题），而是指一种学说或一个理论体系（如牛顿定律、爱因斯坦广义相对论）。它所反映的不是一类对象的表面属性，而是其本质属性及其发展的规律性。还有一点，“真”不一定是善的，它可以是恶的。而“真理”，就一般人理解，它总是对人类有利的。一个杀人犯说：“我杀了人！”这句话是真的，但总不可以说这是一条“真理”。人们的认识，首先是求认识客观事物的真；一门科学、一种理论体系，它除了求事例的真以外，更要求体系的真。这种理论体系的真，我们称之为“真理”。我国著名哲学家金岳霖先生在其以毕生精力完成的力作《知识论》（也就是我们一般所说的《认识论》）一书中，就明确提出“论知识就是论真”[1]，该书的最后一章（第十七章）就题为“真假”。这一章的最后一节才讲到“知识与真理”。可见，金先生认为知识论（即认识论）最基本的问题是探讨命题的真假，而认识“真理”是真假问题的最终目的。金先生说：“真命题是一条一条的，或一丝一丝的，它是分开来说的，它不是真命题的总结构……可是有知识不是已经得到了真理。真理是概念或真命题的总结构。”[2]金先生在这里将“真”与“真理”两个概念的区别与联系阐述得非常透彻，无可怀疑。金先生长期研究西方与中国的认识论理论，又精通英文。他清楚地看到在英文表述中“truth”一词译成汉语需要注意之点。陶德麟教授在他的文章中也注意到这一点。他在《真理阶级性讨论中的一个方法问题》中写道：“‘真理’这个汉语名词是 truth 的译文。truth 在西方哲学中有两种含义：一指认识（理论、陈述、命题、论断等等）与对象的符合关系（或认识之与对象相符合的性质）（含义I），一指与对象相符合的认识（理论、陈述、命题、论断等等）（含义II）。两者判然有别，不可混同。”德麟教授还明确提出：“我想倘译含义I的 truth 为‘真’，译含义II的 truth 为‘真理’，或可省却许多麻烦。”[3]这与金岳霖的观点是一致的。但是在国内，多少年来很多哲学家对西方哲学史中的“truth”一词不分场合，几乎一律译为“真理”，这的确容易造成很

[1] 金岳霖：《知识论》，商务印书馆 1983 年版，第 887 页。
[2] 金岳霖：《知识论》，商务印书馆 1983 年版，第 951—952 页。
[3] 陶德麟：《陶德麟文集》，武汉大学出版社 2007 年版，第 191 页。

多混淆与误解。如一般认为，莱布尼茨坚持两种“真理”观，一种是“推理的真理”（或称“逻辑的真理”、“理性的真理”、“形式的真理”、“必然的真理”），一种是“事实的真理”（或称“经验的真理”、“偶然的真理”）。“推理的真理”是根据其形式就可断定其“真”的语句（命题）。如具有“P 或非 P”形式的语句必真，数学与逻辑的公式都属于这种命题。而所谓“事实的真理”，如“2009 年 10 月 1 日北京天晴”，这是要经过事实来检验的。确实，北京在 2009 年 10 月 1 日那一天是晴天，我们进行了新中国成立 60 周年的阅兵式，所以那是一个真命题。但是，如果我们将事实为真的命题都称为“真理”，则“猫吃老鼠”、“1976 年唐山发生大地震”都成了真理。恩格斯在《反杜林论》中就曾用“二乘二等于四”、“巴黎在法国”、“人不吃饭就会饿死”等命题讽刺过杜林的所谓“永恒真理”论[1]。可见，恩格斯是不赞成将一切表达事实为真的命题都说成真理的。我认为，莱布尼茨在《单子论》中探索的是两类命题为真的性质的区别问题，与其译为“推理的真理”和“事实的真理”，不如译为“推理的真”和“事实的真”。王路教授曾翻译出版了奎因的 Pursuit of Truth 一书，他就译为《真的追求》[2]，而不译为《真理的追求》。他在译序中用大量篇幅阐述了将英文“truth”（相应的德文中的“wahrheit”）译为“真理”引起的误解，认为译为“真”更切合原意。我是支持王路先生的意见的。

金岳霖先生认为认识论主要是讨论如何认识与确定命题的真假问题。而逻辑（我们在这里主要指演绎逻辑）更是如此，从它存在的第一天起，主要关注的就是命题的真假，并依据命题的真假值进行有效的推理，它并不具有探寻真理的任务。在数理逻辑的命题演算中，往往使用一种“真值表”的方法，通过公式中的变元的真假值以检验一个包含该变元的公式是否有效，真值表中的“t”代表“真”，“f”代表“假”，这里绝无“t”代表“真理”，“f”代表“谬误”的意思。例如，数理逻辑命题演算中的“蕴涵式”以符号“→”表示，它相当于自然语言中的“如果……那么”。我们以 p 与 q 分别代表两

[1]《马克思恩格斯选集》第 3 卷，人民出版社 1995 年版，第 427 页。
[2] 王路：《真的追求》，三联书店 1999 年版。

个不同的命题，然后可以用真值表的方法来检验这个蕴涵式的真假：

p	q	p→q
t	t	t
t	f	f
f	t	t
f	f	t

这个表列说明，只有当p真而q假的时候，p→q是假的，其他三种情况p→q都是真的，整个数理逻辑的演算都可以这种方法为基础来检验命题的真假值。我们说这种蕴涵式相当于自然语言中的“如果……那么”，但是如果将自然语言中的语句代入p和q，可能会出现问题。假定p表示“武则天是男的”，q表示“老虎不咬人”，这个蕴涵式就是“如果武则天是男的，那么老虎不咬人”。从自然语言的角度看，这整句话显然是假的，甚至是极其荒谬的，因为“武则天是男的”不符合事实，要“老虎不咬人”也是不可能的，而且，前一句话跟后一句话毫无语义上的联系，谁这么说，只能表示其思维混乱。而从逻辑的角度看，p假，q也假，整个蕴涵式p→q为真。这就说明逻辑公式与自然语言是有差别的。

在逻辑史上确实有人提出过将逻辑作为检验真理的标准，例如康德在他的《逻辑学讲义》一书（是其弟子根据学生们讲课的笔记整理而成的）中就说：“我们这里将提出一条原理，作为真理的普遍的，单纯形式的或逻辑的标准。这些原理是：

1）矛盾律和同一律；

2）充足理由律；

3）排中律。”[1]

这里所谓的“作为真理的普遍的，单纯形式的或逻辑的标准”，其实只是一种理论体系具有真理性的必要条件，而非充分条件。也就是说，一种理论如果概念不清楚、前后不一贯、条理混乱，甚至自相矛盾，必然不成其为真理，甚至语义含糊，使人不知所云。但符合这个形式标准又如何呢？从哲

[1] 康德：《逻辑学讲义》，许景行译，商务印书馆1991年版，第44页。

学史上我们可以发现，曾经有不少经院哲学家依据亚里士多德的逻辑来证明上帝存在；现代西方也有具有严格的数理逻辑素养的宗教学家著有像《宗教的逻辑》这样的著作。我们总不可能说因为它严格地符合逻辑，就承认它是真理吧。所以，符合逻辑，只能是一种理论体系具备的必要条件，它不能成为检验真理的标准。关于这一点，陶德麟教授在其文章中有过精辟的论述："在什么意义上我们说数学定理是真理？我们认为，说数学定理是真理（truth），除了指它们与客观世界的量的关系或空间关系相符合以外，没有别的意义。那么，数学定理是不是正确地反映了这种客观的关系呢？这恰恰是推导所不能证明的。为什么？因为数学的原始论据是公理，推导所遵循的是逻辑规则。公理本身是否与客观现实符合，逻辑规则本身是否普遍有效，推导尚且不能证明，它又怎么能证明由公理推导出来的定理是否与客观现实相符合呢？"[1]这就是说，单靠逻辑是推不出数学定理的真理性的。陶德麟教授的这一论述同样适合于"逻辑的定理"，因为数理逻辑的定理也跟其他数学定理一样，是由公理以及逻辑规则推导出来的。

附带提一下，曾经有一段时间流行过所谓"句句是真理"的话，这句话是难以成立的。前面说到，"真理"是指一种学说、一种理论；一句话，孤立起来，脱离其体系、语境，是否为真可能是个问题。如"二加二等于四"，一般认为它毫无问题地是真的，其实，它的成立无形中依赖于一个潜在的十进位制体系，离开这个体系，它就不一定是真的。在二进位制中，就不存在一个所谓"二加二"，更难说它会"等于四"。自然科学的语言尚且如此，在社会科学中，在日常语言中，每句话的语境参数都非常之多，因此，对每一句话如不考虑其语境因素，任意地断定"句句是真理"，只能说是某种"迷信"，它没有认识论上的根据，也没有逻辑上的根据，所以，这句话本身就不具有真理性。如果依据这种迷信的"真理"去指导工作，必然会脱离实际，产生教条主义。在我们党的历史上，确实有过这样的严重教训。当然，我们也不可能推至它的反面，说"句句非真理"。因为在真理的语句系统中，每个语句可以包含或闪烁真理的"颗粒"，这涉及马克思主义哲学的相对真理

---

[1]《陶德麟文集》，武汉大学出版社2007年版，第162—163页。

与绝对真理的关系问题，这里就不多说了。

可见，主张逻辑也是检验真理标准的人，一是混淆了“真”与“真理”两个概念，二是误解了逻辑的任务，或者说将不是逻辑的任务强加在逻辑的身上。不过，这并不意味逻辑在探寻理论体系的真理性过程中完全不起作用。这一点陶德麟教授说得非常明确[1]，实际上任何人说任何话都离不开逻辑，何况是作为一门科学去探寻真理。我们否认的只是将逻辑作为检验真理的标准而已。

二、逻辑学科本身仍在不断发展中

一般说来，作为检验其他事物或理论的某种性质的标准，其本身必须是比较成型的固定的东西。一种流动性的或尚在发展过程中的东西，也就是还未具有某种确定性的东西，很难被用来作为检验其他事物或理论的标准。

而逻辑学目前仍处于极大的变动与发展的时期。一般认为公元前 4 世纪的古希腊的亚里士多德是西方古典逻辑的创始人，亚里士多德逻辑的基本形式就是三段论，经过漫长的中世纪一直到近代，其基本形式没有什么大的变化。但从 19 世纪末到 20 世纪，逻辑却产生了一次巨大的飞跃，它进入了现代逻辑即数理逻辑的时期。其最突出的标志就是英国的罗素与怀特海合著的《数学原理》，共三卷，于 1910—1913 年出版，以后在第二版中又作了补充。该书不仅建立了一个完全的命题演算和谓词演算系统（一般称为“PM 系统”），而且探讨了关系逻辑的问题。以后希尔伯特和阿克曼对“PM 系统”进行了概括和简化，合著了《数理逻辑基础》一书（通称为“HA 系统”）。之后，特别是 20 世纪 50 年代以后，逻辑科学有了进一步的发展，逻辑出现了很多分支，如多值逻辑、模态逻辑、时态逻辑、道义逻辑以及问题逻辑、信念逻辑、模糊逻辑、弗协调逻辑、自然语言逻辑，等等。这里特别提一下多值逻辑。一般命题演算和谓词演算属于二值逻辑，一个命题非真即假，非假即真，没有第三种情况，传统的“排中律”在这里完全起作用。但是，亚里士多德在其著作中提到“明天将发生一场海战”这样的命题。亚里士多德说：

---

[1] 参见陶德麟：《陶德麟文集》，武汉大学出版社 2007 年版，第 163—165 页。

"关于这类事件的两个互相矛盾的命题中，必须有一个是真的，而另一个是假的，但是不能确定是这一个还是那一个，只能说总有一个可能碰巧出现，其中一个比另一个更为真一些，但任何一个都不能在那个时候就已确定是真的或是假的。"[1]也就是说，在今天说："明天将发生海战。"很难确定这个命题的真假，它可能真，也可能假。波兰逻辑学家卢卡西维茨于20世纪20年代初就此提出了三值逻辑，即命题除了真假二值外，还有一个第三值。后来又发展了四值逻辑，以至n值逻辑，这就是多值逻辑。在卢卡西维茨提出多值逻辑的同时，美国逻辑学家波斯特也提出了多值逻辑。多值逻辑的一个特点就是它打破了二值逻辑的限制，从而也突破了排中律的限制，也就是说，在多值逻辑系统中，我们一般所认为的"思维律"之一的排中律不起作用。

在现代逻辑中还出现一个重大问题，即悖论问题。所谓"悖论"，就是指肯定一个命题为真，则推出它为假；肯定它为假，则推出它为真，从而产生自相矛盾。如一个人说："我说谎。"如果你说这句话为真，那么，他真的在说谎，显然这句话是假话；如果你说这句话为假，则他没有说谎，这句话就成了真话。这是语义悖论。另一种集合论悖论，它比语义悖论要复杂一些。以罗素悖论为例，我想给以较通俗的解释：集合论中一般所讲的集合都不包含该集合自身为其元素，如"牛"这个集合的元素是所有的牛，而不包括"牛"这个集合自身，因为"牛"的集合不是牛，我们且将这样的集合称为"正常的集合"，但有些集合不是这样，如"语词"，它以所有的语词为其元素，而"语词"这个集合自身也是一个语词，所以这个集合自身也是"语词"集合的一个元素。我们且将这样的集合称为"非正常集合"。一个集合要么是"正常的集合"，要么是"非正常集合"。现在问"正常的集合"自身是否为"正常的集合"？如果说是，那么，根据"正常的集合"的规定，它不应该是"正常的集合"，这样它就成了"非正常集合'；如果说不是，则它不属于"正常的集合"，而不以自身为元素的集合，却是"正常的集合"了。这就是一个悖论。罗素悖论出现以后，引起数学界和逻辑界极大的惊恐。著名数学家与逻辑学家弗雷格甚至说，他的《算数的基本法则》的"基

[1] 亚里士多德：《解释篇》19a36。

础垮掉了”。后来，这些悖论虽然通过各种方式被解决了，但谁也无法保证，今后就不会出现新的悖论。

由此可见，逻辑作为学科，自己仍在发展变化中，如果用逻辑作为检验真理的标准，人家可能要问，在那么多逻辑分支中，以什么逻辑作为标准？而且，由于逻辑自身还出现悖论，它怎么可能作为检验其他理论系统真理性的标准？有人会说，我们就以传统逻辑的所谓“思维律”作为检验真理的标准行不行？也不行，因为在现代逻辑系统中已经不包括充足理由律，而同一律、矛盾律、排中律只是系统中由公理、定义和推理规则推出的三条定理，它跟别的定理地位一样，并无优先之处。何况，刚才已经提到排中律在多值逻辑中已经失效，同一律与矛盾律也受到各种质疑。如西方流行过一段时间的普通语义学就是以质疑同一律为其出发点的。尼采则对同一律更是采取批判的态度。所以，从逻辑学发展的情况看，逻辑不可能作为检验真理的标准。

以上只是我对陶德麟教授的《逻辑证明与真理标准》一文的点滴补充，很肤浅。我跟陶德麟教授师出同门，都是20世纪40年代末武汉大学经济系的学友。我们还有一个共同点，即后来都转入了哲学专业。不同之处在于他师从了李达先生，并经过自身的努力，已成为我国著名的马克思主义哲学家，为党的理论事业作出了重大的贡献，而我则偏居于逻辑的狭小领域，从事一些教学研究工作。现在，他虽跨入“耄耋之年”的边缘，但他的学术年龄仍处于壮年时期，仍大有可为。我衷心地祝福他健康长寿！

（原载汪信砚主编《陶德麟先生八十华诞暨新中国马克思主义哲学研究六十年学术研讨会文集》，武汉大学出版社2010年出版）

符号学研究

符号学概述

"符号学"（Semiotics）对我国广大读者来说仍属一门新兴学科，现在我们对"符号学"作一概述。

一、符号与符号过程

"符号"这个词在日常生活以及科学研究中出现的频率相当高。在汉语中与它意义相近的词还有"记号"、"信号"、"讯号"、"征候"、"预兆"、"标记"、"表记"、"标志"等等。它在英语中相对应的词是"sign"，为了避免在汉语中出现用词上的混乱，我国著名逻辑学家与符号学家周礼全先生将它翻译为"指号"[1]。

美国著名哲学家、逻辑学家，也是现代符号学创始人之一的皮尔士（Peirce，C.S. 1839—1934）曾给"符号"下过一个简明的定义："符号是对某人来说，在某一方面，或者有某种能力代表另外某一事物的东西。"[2]皮尔士还对"符号"给予更为全面的阐述："对于符号，我的意思是指任何一个真实的或塑造的东西，它可以具有一种感性的形式，可以应用于它本身之外的另一个已知的东西，并且可以用另一个我称之为'解释'（interpretant）的符号去加以解释，以转达可能在此之前还不知道的关于其对象的某种信息。这样在任何一个符号、对象与解释之间就存在一个三元关系。"[3]这就是说，符号，首先必须是一个物质性的实体，如我们说话时发出的一串声音，或写出的一串文字，无论声波，或书写刻画的图像，本身都是某种物质；其次，它们必然要指称一定的对象，即使这个对象是人们空想的；第三，它们必然

[1] ［美］查尔斯·莫里斯：《指号，语言和行为》，上海人民出版社 2011 年版。
[2] ［美］科尼利斯：《皮尔士选集》英文版第 2 卷，第 228 节。
[3] ［美］科尼利斯：《皮尔士选集》英文版第 654 号，第 7 页。

有至少一个解释者（人，或动物）给予某种解释，即将那个作为符号的事物与那个作为对象的事物联系起来。如人发出一个“niu”的声音，并将这个声音与客观的“牛”那个对象联系起来，这就形成了对“niu”这个符号的一种解释。这样，“符号”、“对象”与“解释”之间就存在一个三元关系。通过这么一个三元关系，一个解释者就传达出某种对另一解释者前所不知的信息。

现代符号学的另一创始人、瑞士著名语言学家索绪尔（Saussure，F.D. ，1857—1913）的说法却有些不同。他说：“语言符号连结的不是事物和名称，而是概念和音响形象。后者不是物质的声音，纯粹物理的东西，而是这声音的心理印迹，我们的感觉给我们证明的声音表象。它是属于感觉的，我们有时把它叫做‘物质的’，那只是在这个意义上说的，而且是跟联想的另一个要素，一般更抽象的概念相对立而言的。”“因此语言符号是一个两面的心理实体，……这两个要素是紧密相连而且彼此呼应的。”“我们把概念和音响形象的结合叫作符号，但是在日常使用上，这个术语一般只指音响形象，例如指词。”[1]索绪尔随后用“所指”（singnified）与“能指”（signifier）来表示“概念”与“音响形象”，“符号”则是“所指”与“能指”相互结合的整体。索绪尔在另一处还用“纸的两面”的比喻来说明“所指”与“能指”的二元关系。这里所说的符号主要是指语词符号，但索绪尔并没有限定“符号”只指“语词符号”，因为他认为符号学是比语言学范围更广的学科，也就是说，“符号”并不限定只指“语词”。

在皮尔士之后的另一位著名美国符号学家莫里斯（Morris.C.W.，1901—1979）给予“符号”的定义是：“如果某个东西 A，是用这样一个方式控制了向着某个目标的行为，而这种方式是类似于（但不必等同于）另一个事物 B 在它被观察到的那个情况下用以控制关于这个目标的行为的那种方式，那么，A 就是一个符号。”[2]莫里斯有时将“符号”称为“符号媒介物”（sign

[1]［瑞士］索绪尔：《普通语言学教程》（中文版），商务印书馆 1982 年版，第 101—102 页。

[2]［美］查尔斯·莫里斯：《指号，语言和行为》，上海人民出版社 2011 年版，第 1 章。

vehicle）。莫里斯的定义的一个特点就在于"符号"不仅与它所代表的对象以及心灵体现者的解释相联系，而且与解释者的行为相联系。莫里斯还举了许多例子来说明这一点，其中一个是："一个人正沿着一条路驾车到某个城市去；他被另外一个人拦住，这个人说：在离这儿不远的地方，路被山崩堵塞了。驾车人听见了这些说出来的声音，就不再继续向这个地方驶去，而转入一条支路，改走另外一条路线到他的目的地去。人们通常会说：一个人所发出的和另外一个人所听到的（其实，发出这些声音的人也听到的）那些声音，对于他们两个人来说，都是关于路上有障碍物的符号，特别是关于路上有障碍物的语言符号，即使这两个人的实际反应是非常不同的。"[1]

从上面的几个定义可以看出，"符号"并不是一个孤零零的某种事物、某个现象，而是体现解释者的心灵与所对应的对象的一种关系。"符号"既是物质的，同时也是一种心灵的现象，它在人的行为过程中产生。人除了生活在物质世界之外，还生活在一个与人的心灵相沟通的符号世界。人的生活一时也离不开用符号进行信息的交流。为此，德国哲学家卡西尔（Cassirer,E.,1874—1945）将"人"定义为"符号的动物"[2]。莫里斯也说过："人是突出地应用符号的动物。"[3]而皮尔士说得更为透彻："人就是一个符号"，或者说"人类本身就是符号"。

当代著名符号学家，意大利的艾科（Eco，U.）给予"符号"的定义是："符号就是任何可以用来有意义地替代另一事物的东西。"[4]我们认为，这个定义与皮尔士的定义非常接近。依据这个定义，世界上任何事物都可以看作符号，条件就是当它被解释为代表另一事物的东西的时候。这样，不仅语言文字，而且像红绿灯、红十字、一片树叶（"一叶知秋"）、一束玫瑰花（表示爱情）、一座建筑物（如长城，标志中华民族的民族精神）、一组雕塑（如秦朝的兵马俑，体现出中国秦时的兵制与科技水平）、一幅字画（如徐悲鸿的"马"，表现出中华民族万马奔腾的气概）、一首歌曲（如《义勇

---

[1]［美］查尔斯·莫里斯:《指号，语言和行为》，上海人民出版社2011年版，第1章。
[2]［德］恩斯特·卡西尔：《人论》，上海译文出版社，第2章。
[3]［美］莫里斯：《符号理论基础》，I.引论。
[4]［法］罗兰·巴尔特：《符号学原理》，英文版第7页。

军进行曲》，表达了中国人民的觉醒与勇往直前的战斗精神）、一段神话、一部文学作品、一套服装、一种发式、一座古墓、一件出土的文物，都可以看成一个或一组符号。

前面已经提到，在汉语中与“sign”相对应的词是“符号”或“记号”。但在古汉语中还没有这两个词，它们是现代汉语的产物。在甲骨文中还没有出现“符”、“记”、“号”这几个字，它们一直到春秋战国时期才出现。“符”是指古代朝廷封爵、置官、命使或调遣兵将的凭证，它是用金、玉、铜、竹、木等原材料制成的，制成后交由交换双方各执其半，需要时合之以验真假，“符”就是表示“符合”。由“符”字逐渐产生“符节”、“符命”、“符瑞”、“符玺”、“符箓”、“符验”等词。“记”表示“记载”、“记忆”，“号”表示高声呼喊。到近代，它们才组合成“符号”、“记号”这样的词。

与“符号”密切关联的另一个词是“符号过程”（Semiosis）。符号过程是指某个事物起着一定的符号作用的过程。例如，一束玫瑰本身只是一束玫瑰而已，只有在一位男士手持一束玫瑰花向一位女士（特别是年轻的姑娘）献礼时，这束玫瑰才表示“爱情”，缺少这个环境，缺少这种关系，我们不一定将它看作表达“爱情”的符号。一组红绿灯，只有当它竖立在交通路口，它才起到“允许通行”或“禁止通行”的作用，如果它横倒在一个废仓库中，谁都不会担心遇到它会违反交通规则。“符号过程”这个词首先是由皮尔士提出来的。这个词与皮尔士的符号三元关系的理论相联系的。就是说，符号自身只有通过解释者（人，或运动）给予解释才能与它的所指的对象相联系。而莫里斯则将皮尔士的三元关系扩充为五元关系。他说：“符号过程被看作是一个五元关系——V，W，X，Y，Z——其中V，在某种条件Z之下，在W中造成以某种方式X对某种对象Y（那时并未作为一种刺激进行活动）作出反应的倾向。在有了这种关系的那些事物中，V就是‘符号’，W是‘解释者’，X是‘解释’，Y是意谓，Z是符号在其中出现的语境。”[1]莫里斯将“符号过程”以及它所包含的五元关系看作符号学的基本术语。

---

［1］［美］莫里斯：《意谓和意义》，英文版，第2页。

符号过程的诸因素是一个相互密切联结的整体，但是各因素之间也存在着一些特殊性。例如，符号与符号之间的关系就属于符号的语形方面，这时就撇开符号与所指对象以及符号与解释者的关系不予考虑。如果这时考虑的是符号与它所指谓的对象之间的关系，就称作符号过程的语义方面。如果还考虑到符号与解释者的关系，就被称为符号过程的语用方面。符号过程的不同方面也体现出不同的层次。涉及语形方面可以撇开语义和语用方面，但探索语义方面却必然要涉及语形方面，而探索语用方面又必然同时要涉及语义和语形方面。

二、符号的分类

由于任何事物在一定条件下都可以作为符号看待，符号的表现形态就可能千变万化。试图按一种标准去划分符号的种类是有困难的，不同的符号学家曾对符号作过许多不同的分类。一般都将符号分为“自然符号”与“人工符号”。例如电闪雷鸣，是暴雨即将降临的征兆，征兆就是符号，这是自然符号。而红绿灯作为一种交通规则的指示器，则是人工符号。自然符号可以定义为一种事物或现象对解释者来说，它具有某种意义不是由解释者依据一定的交际的目的决定的；而人工符号则其意义完全是由解释者依据一定的交际目的的需要而决定的。除了上述这种最初步的符号分类以外，其他的分类则各有千秋。我们介绍的是皮尔士当年提出过的三组基本的三分法以及将它们组合而成的十大类，其他符号学家的分类大体上都借鉴或在皮尔士分类的基础上修订补充而成。

首先，符号按其本身的性质可以分为性质符号（qualisign）、个体符号（sinsign）与法则符号（legisign）。

性质符号就是可以作为符号而起作用的某种性质。在它具体化之前，它还不能实际起到符号的作用，但是，它的具体化对它作为符号的那个特征并没有直接的关系。

例如，“红色”可以作为一种性质符号，但是“红色”只有附着在某个具体事物上（如红布、红灯）才能体现出来，才能起到符号的作用，然而，它是否附着于布还是灯之上，这一点对它作为一个符号的性质并没有直接的影响。

个体符号就是可以作为符号而起作用的某个实际存在的事物或事件。它必须通过它的性质才能起到符号的作用，所以个体符号中包含有一个或多个性质符号，但是这些性质符号属于特殊的一类，它们只有经过被实际具体化之后才能形成一个符号。

法则符号就是可以作为符号而起作用的某条法则。这条法则通常是由人所制订的，每个约定符号都属于法则符号，但是不能逆转过来。法则符号不是一个单独的对象，而是一个一般的类型，它要经过约定之后才具有意义。每个法则符号都要经过应用它的一个实例而有意谓，而每个实例的出现就是一个个体符号。所以每个法则符号都要求许多个体符号。例如，过去有这么一句话："年难过，年难过，年年难过年年过。"这句话中，"年"字有六次出现，它就是六个个体符号，但它们都属于同一个一般类型，即同一个"年"字，这个一般类型的"年"字就是法则符号。

其次，符号按它与所代表的对象的关系分类，可分为图像符号（iconic sign）、索引符号（indexical sign）与象征符号（symbolic sign）。

图像符号是指该符号与它所指示的对象之间具有某种共同的特征或相似性，如地图、相片。索引符号是指该符号与它所指示的对象之间存在某种因素联系，如敲门声是由来访者敲门引起的。象征符号是指该符号与它所指示的对象之间的联系完全是由社会约定的，如十字路口的红绿灯。所有的语言、文字都属于象征符号。

人类可以识别这三类符号，而且人们在日常生括中使用最多的是象征符号；动物有能力识别图象符号也可能识别索引符号，而没有能力使用象征符号（有些动物，如黑猩猩，经过人的培训，可以识别少量象征符号）。这正是人高明于动物的地方。卡西尔说："人是符号的动物"，指的就是象征符号。

第三，符号按对它的解释可以分为意元符号（meme 或 seme）、实存符号（dicisign 或 dicent sign）与论证符号（argument）。

意元符号，对其解释来说，是一种关于定性的可能性的符号，也就是说，它被理解为代表一种如此这般的可能对象。任何意元符号都或许能提供某些信息，但是，它并不被解释为一定提供信息。

实存符号，对其解释来说，是一种有关实际存在的事实的符号，所以，它是一个命题或准命题（quasi-proposition）。它不能是一个图像符号，因为图像符号对指称实际存在的那种解释没有提供根据。一个实存符号必然包含一个意元符号作为其组成部分，以便去描写那个被解释为指示的那个事实。但是，这是一种特别的意元符号，它对实存符号是必要的。

论证符号，对其解释来说是关于法则的符号。或者我们可以这样说，一个意元符号是被理解为仅仅因其特征而代表其对象的符号；一个实存符号是被理解为有关实际存在而代表其对象的符号：而一个论证符号是被理解为由于其特征是符号而代表其对象的符号。

论证符号又可下分为演绎推理（deduction）、归纳推理（induction）与混合模态推理（abduction）三类。演绎推理是这样一种论证，在长期的经验中其绝大部分都是从真的前提获得真的结论。归纳推理是这样一种方法，它对所涉及的问题形成实存的象征符号。这种方法并不表明从真的前提在前期经验的大多数实例中能产生接近于真的结论，而只表明对每个问题只要长期坚持这种方法，就能产生真理或不确定地接近真理。混合模态推理是一种形成一般预言的方法,但它缺乏任何在特殊或通常情况下获得成功的确实保证。它仅仅是一种可能的希望，以便我们去合理地调节我们未来的行为。而归纳却能根据过去的经验给我们提供强有力的支持，以便希望在未来获得成功。

这三种符号是逻辑学中关于命题函项、命题与论证之间的区别的概括。但这里所说的论证较之逻辑学中所说的论证意义更广一些，因为这种论证可能是不像逻辑学中所要求的那种严格的必然论证。

如果将这三种基本的三分法综合起来作为分类的根据，符号可以分成下述十大类：

第一类：性质符号，例如一种关于“红”的感觉，就其作为符号而言，是涉及某种性质的符号。由于某种性质符号只能借助于某种共同的组成因素或相似性来指示一个对象，所以性质符号必然是一个图像符号，同时它也是一个意元符号。

第二类：图像的个体符号，例如一个关于个体的图解。它也是一个意元符号。

第三类：意元的索引个体符号，例如一种自发的喊叫声。

第四类：实存的个体符号，例如一个风标。它是一个直接经验的对象，由此它能提供关于真对象的信息，从而它也是一个索引符号。

第五类：图象的法则符号，例如一个区别于事实上的个体性的图解。它是一个一般法则或类型。作为一个图象符号，它也必然是一个意元符号。

第六类：单元的索引的法则符号，例如一个指示代词，汉语中的“这”、“那”等。

第七类：实存的索引的法则符号，例如街道上的喊叫声。

第八类：意元的象征符号或象征的意元符号，例如普通名词。这种符号很像逻辑学家所说的普通词项。意元的象征符号，正如任一象征符号那样，它本身必然具有一般类型的性质，所以，它也是一个法则符号。

第九类：实存的象征称号，也就是日常的命题，它也必然是一个法则符号。

第十类：论证符号，它的解释表明它的对象是一个隐蔽的符号，通过一定的法则从所有的如此这般的前提推出如此这般的结论，以求达到真理。论证符号的对象必须是一般性的，所以，论证符号必然是一个象征符号，因此也是一个法则符号。

皮尔斯将这十大类列成下述图表：

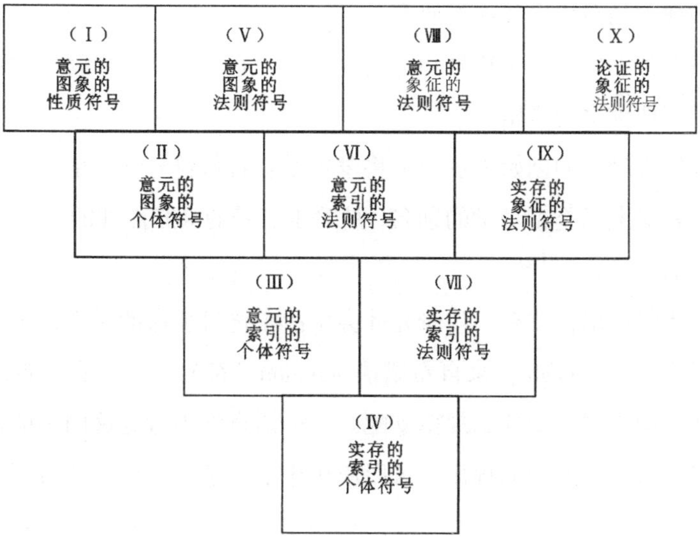

后来的一些符号学家对皮尔士的分类作进一步的组合，分成六十六类符号，皮尔士之后的美国符号学家莫里斯（Morris，C.）和莫里斯的弟子西

比奥克（Sebeok，T. A. ）以及意大利符号学家艾科（Eco. U. ）等都提出过一些新的分类文件。西比奥克在其《符号》[1]一书中将符号分为六大类："信号"、"征候"、"图像"、"索引"、"象征"（symbol）和"名称"。此外，他还提出"零符号"（Zero Signs）的概念。艾科在他的《符号学原理》[2]一书中则专门辟有一节对"图像论"进行批判。可见"符号"分类问题还可以作进一步的探索。

三、符号学的对象、范围与性质

（一）符号学（Semiotics）是一门研究符号（sign）现象一般原理的学科

Semiotics 来源于古希腊词 Semeiotikos，这个词又来源于 Semeion，它的意义是"标记"（mark）或"符号"（sign）。

这个 Semiotics 一词在古希腊有许多不同的用途：音乐家们将它表示音乐的曲谱，医生们将它表示疾病的症候。加达拉（Gadara）的费罗德谟斯（Philodemus）用它表示"一种符号的推理"。

在中世纪，将它看作一种"话语（discourse）的科学"，在这门科学中，逻辑被视为是对语言实体的研究。

洛克将它称为关于符号和意谓的科学，它的主要内容就是逻辑，或者就可以恰当地称之为逻辑。

现代符号学的创始人皮尔士将逻辑学就看作符号学，他说："逻辑学在其一般意义上只是符号学的别名，是关于符号的准必然性的（quasinecessary）或形式的学说。"[3]

索绪尔提出："有一门研究社会生活中符号生命的科学；……我们管它叫符号学（semiologie，来自希腊语 semeion'符号'）。它将告诉我们符号是由什么构成的，受什么规律支配。……语言学不过是这门一般科学的一部分，将来符号学发现的规律也可以应用于语言学，所以后者将高于全部人文

[1]［美］托马斯·西比奥克：《符号》，多伦多大学出版社 1994 年版。
[2]［美］艾科：《符号学原理》，印第安那大学出版社 1979 年版。
[3]［美］皮尔士：《皮尔士论文集》，第 2 卷第 227 节。

事实中一个非常确定的领域。”[1]

莫里斯认为“符号学”是“关于符号过程的科学”。他还说：“符号学作为一门科学，应用了特别的符号去陈述关于符号的那些事实。符号学是一种讨论符号的语言。”[2]

出生于莫斯科，最后移居美国的著名语言学家雅柯布森（Roman Jakobson, 1896—1982）说：“每一个信息都是由符号构成的，因此，称之为符号学的符号科学研究那些作为一切符号结构的基础的一般原则，研究它们在信息中的应用，研究各种各样符号系统的特殊性，以及使用那些不同种类符号的各种信息的特殊性。”（《语言和其他交际系统的关系》）

伊兰姆（K.Elam）在其《戏剧中的符号学》一书中说：“符号学最好定义为从事研究社会中意义产生的一门科学。”

拜利、马特依卡与斯坦纳（R. Bailey，L.Mateika and P.Steiner）在《符号：世界的符号学》一书中则提出：“符号学……（是）研究符号功能，即研究事物作为符号而被辨认的那种过程的。”

当代著名符号学家艾科曾说：“符号学涉及的是任何可以用来作为符号的东西。符号是任何可以用来有意义地替代另外某一事物的东西。这另外的某一事物并不必然地存在，或者并不在那个符号代表它的那个时刻实际上在某个地方。因此，符号学原则上就是研究任何可以用来说谎（to lie）的事物的学科。”[3]

我们举出这么多关于符号学的不同定义，是想说明两点：一是符号学所涉及的内容非常广泛，很难用一两句话就能给予一个明确的定义；二是说明这门学科是一门新兴的学科，每个符号学家主要从自己的特定领域进行符号学的探究，离全面概括还有一段距离。因此，可以列出如此多的定义。苏珊·范·齐尔曾说过：“符号学本身成了无所不指的东西，换句话说，要有多少种定义就有多少种定义。”（《符号学：我们时代的符号》）但是，就目前我们的需要来说，我们知道符号学所研究的对象是符号、符号的特殊功

[1]［瑞士］索绪尔：《普通语言学教程》（中文版），商务印书馆1982年版，第38页。
[2]［美］莫里斯：《符号理论基础》，第2章。
[3]［法］罗兰·巴尔特：《符号学原理》，英文版第7页。

能就够了。

前面我们已经讲到符号过程的不同方面：语形方面、语义方面、语用方面，相应地也就形成研究符号学某一方面的专门学科，即语形学（syntax）、语义学（semantics）和语用学（pragmatics）。这三个学科也就是符号学研究的范围，它们各自有其相对独立性，但它们仍是符号学整体中的一个部分，离开符号学的一般原理，不考虑三者的内在联系，也就无法进行某一方面的深入研究。

（1）语形学。它研究的是符号的形式方面、符号之间的关系、符号的组合问题。

例如，命题逻辑的形成规则与变形规则就属于语形规则，它决定符号的组合哪些是合乎语法的，即它是一个合式公式；哪些是不合乎语法的，即它不是一个合式公式。

语言学中所讨论的语法问题，如汉语中所谓的主谓结构、动宾结构、偏正结构问题，语句中的连动式、兼语式、连锁式问题，也都属于语形问题。

研究语形学，重要的是研究语形分类与语形规则，它暂时撇开了语义与语用问题，但它终究要与语义与语用相结合，可以说语形学是后面将要讨论的语义学与语用学的基础。

（2）语义学。莫里斯认为，语义学研究的是符号与其所指谓之间的关系，因而也研究符号与它们指示的或者可以指示的对象之间的关系。简而言之，语义学就是研究意义的学科。

语义学的任务就是要建立意义的系统理论。这种系统理论不单能解释某一种类型的符号，而且要解释各种类型的符号。当然，就当前的任务来说，主要是解释语言中的各种类型、各种层次的符号。

正如一般的语词符号具有多义性一样，“意义”这个词本身也具有多义性，它也具有不同的层次。有的语义学家建议干脆取消“意义”这个词，而代之以更明确的其他词，但“意义”这个词仍然顽强地存在着，似乎也无法用别的词去完全取代它。根本原因在于“意义”这个词还是有其特定的意义。

正如语形学要研究语形规则一样，语义学要研究语义规则。莫里斯曾指出：“形成规则和变形规则是处理某些符号组合之间的关系；和形成规则和变形规则不同，‘语义规则’在符号学中是指谓这样一条规则，这条规则规定在什么一些条件下一个符号可以用于一个对象或情况；这样的规则把符号和符号所指示的情况对应起来。一个符号指示适合于语义规则所规定的诸条件的任何对象，而语义规则本身则是陈述指谓的诸条件，从而规定了所指谓（诸所指谓的类）。”（《符号理论的基础》）

各种不同类型的符号有其各自的语义规则。

指引符号（用于指向一个东西）的语义规则最简单：符号在任何时候指谓那个手所指着的东西。

描述符号的语义规则是：符号本身表现出一个被指示对象所必须具有的那些性质，即它要描述它能指示的东西。在这种情形下，那个描述符号就是图象符号。如果不是这样的情形，那个描述符号就可以称之为象征符号（symbol）。

象征符号的用法的语义规则，必须用其他的、其规则或用法已经建立了的象征符号来加以陈述；或者，通过指出特定的、作为模型（因而作为图像符号）的对象来加以陈述。也就是说，一个象征符号可以通过其他象征符号来定义，或用实指定义的方法来定义，这样，可以通过一定的语词来建立象征符号的系统。

语句用法的语义规则，包含了关于构成这个语句诸象征符号的语义规则，概括地说，一个复合表达式的意义就是它的各个部分的意义的一个函项，这条规则也称弗雷格原理。

逻辑学中的内涵、外延、指称、指谓、模型、解释、真值等概念都属于语义学的范围。

（3）语用学。语用学是研究那种符号和它们的解释者之间的关系的科学。语用学涉及人们在交际过程对符号的运用，但解释者不一定是人，它也可以是其他动物，例如蜜蜂之间也可能交流信息，也要运用符号（如振动翅膀以表示蜜源方向）。不过从人们交际的角度来解释，可以将语用学解释得更加充分。

从一定意义上说，修辞学可以看作语用学的一种最早的形态。修辞不仅要求达到美学的效果，而且要求达到有效交际的效果。亚里士多德曾说过：

“修辞学的研究，就其严格意义上说，是涉及说服方式的。说服显然是一种论证，因为只有当我们认为一个事物得了证明之后，我们才被完全说服。”[1]

交际过程，特别是运用修辞手法的交际过程，经常出现意义转移的现象，而意义转移又依赖于语境（context），依赖于说话人与听话人的意向（intention）。语境与意向都是语用学需要讨论的问题。

语用学还要重点讨论索引词（indexical terms），包括“我”、“你”、“他”、“这个”、“那个”、“这儿”、“那里”、“今天”、“明天”、“昨天”等词，这类词的最大特点是内涵确定而外延不确定，而要确定它的外延，必须参照一定的语境。

由奥斯汀首创，由赛尔发展的言语行为理论，也是语用学首要探讨的问题。这种理论不仅要求了解说话者说出话语的字面意义，而且要了解说话者的真实意图。

符号学所包含的语形学、语义学、语用学三个方面，是相互联系、相互补充的。它们既形成一个整体，又各自具有各自的特点，甚至可以各自成为一门独立的学科。符号学也并非将三者简单地合并起来，它还有一些为三个学科所无法包含的内容。例如，对于“符号”、“符号过程”这些术语的定义，关于符号的分类，就只有在符号学的范围内来规定，而不在语形学、语义学、语用学的范围内给定。因此可以说符号学较之语形学等是更高层次的学科。

这里要再次强调一下，虽然语言是符号中人们使用最普遍、最有效、形态最发达的一种，但符号决不只是语言，它还包含很多非语言的符号。上述一些分析的例证中，讲的都是语言方面的事例，但我们理解时可以将这些语言方面的规则扩大到非语言的符号中去。我们没有多讲非语言方面的例子，只是由于对人来说，非语言的符号表现出来的符号功能没有语言符号表现的那么明显与充分，在这些规则的表现上也自然受到一些局限。

---

[1]［希腊］亚里士多德：《亚里士多德基本著作选》（英文本），第 1327 页，1355b4–7。

（二）符号学可以看作一门元科学

根据以上所述，可以说符号学是一门科学，是众多科学门类中的一种，但是这门科学又有其一定的特点，它具有元科学的性质。这表现在它的特定对象上，它所使用的语言上，它的工具性上。

符号学的研究对象，正如前面所说，研究的是符号的一般原理。这种符号除了在日常生活中所使用的以外,更普遍的是表现在科学认识的过程中。人们在科学观察与科学研究的过程，时时刻刻都在使用着语言符号，而人们科学研究的成果，又必须记载与表现在语言符号之中。一部物理学教科书，记载的就是物理学家研究物理现象及其内在规律的成果，但是打开一本物理教材，白纸上印制的都是文字符号，而文字符号又是语言符号的符号。那些物理现象与规律则是这些符号的内容，即其语义部分。一部化学或生物教材，也是如此。自然科学如此，人文科学也是如此。一部历史书，记载着人类各民族、各个国家发展的历史，而历史是已经消逝了的现象，人们学习历史，直接接触到的，就是一些历史的文字记载。而真正的历史现象本身，不过是这些文字记载的内容，也就是它的语义部分。自然科学中与人文科学中所使用的语言符号有其共性，也有其各自的特点。不仅如此，自然科学中的各门科学，例如数学与生物学，所使用的语言符号，也表现出各自的一定的特点；人文科学中的各科也是如此，音乐的语言、戏剧的语言、诗歌的语言，以及历史记载和事实描述的语言也表现出各自的一定的特点。符号学正是以各门科学使用的语言符号为其研究对象，研究其语形、语义、语用的共性，也研究其一定的个性，从而形成符号学的一般理论。这种以科学自身的特性为研究对象的科学，我们称之为元科学，或者是广义的科学的科学。

符号学研究的对象是语言符号，它对这些语言符号的特性要进行描述，这种描述语言的语言、刻画符号的符号，我们称之为元语言。符号学中的元语言也有其特定的词汇。例如："符号"这一术语就属于符号学特有的词汇。"符号"本身是一个词，但这个词的外延是指像"金"、"水"、"热"、"人"、"猩猩"、"鲸"这些词，因此，"符号"是高一层次的语言，是元语言。此外，像"内涵"、"外延"、"意义"、"真值"等也属于元语言。莫里斯曾说过："符号学提供了一种普遍语言，它可以应用到任何特殊的语言或符号，因而可以应用到科学所用的语言和在科学中所用的特殊符号。”[1]

符号学作为元科学，还表现于它的工具性。符号学的工具性就在于它为任何科学提供如何正确地、恰当地使用语言符号的知识。人之所以为人，就是人能自觉地、有效地使用符号。人生下来就具有使用语言符号的生理机制，例如人具有发达的大脑神经系统，有适合的比动物完备得多的发音器官。但是要使这些可能性的东西变成现实，即人们真正能运用语言进行交际与认识，都有待于一定的社会环境、一定的学习过程。一个婴儿生下来如果离开了社会群体，不进行学习，他即使有健全的大脑与完备的发音器官，仍然不可能正确地使用语言符号（印度发现的狼孩就是一例）。而且人即使生活在社会群体中，即使从小受到了使用语言的教育，甚至受到了较高程度的教育或专业训练，但仍然可能不善于使用语言符号。而且随着科学的发展，人们使用语言符号的要求也越来越高。例如，人们如果没有受过形式化语言的训练，就不可能在科学表述中正确地使用形式化的语言。为此，科学工作者必须经过一个学习符号学的过程，而符号学也就是为各门科学提供符号的工具。莫里斯也说过：“语言（包括科学的语言）非常需要纯洁化、简单化和系统化。符号的理论，对于消除语言的混乱，是一个有用的工具。”[2]

作为元科学的符号学，我们也可以称之为理论符号学。在理论符号学中还可以区分出不同的层次。对理论符号学如果作纯形式的刻画，也可称为形式符号学或纯粹符号学。

（三）符号学也可以看作一种方法论

符号学既然为各门科学提供工具，它就具有一定的方法论意义，我们可以称之为符号学方法论。

符号学方法论主要有包括三种方法：形式化方法、语言分析的方法及解释的方法。

现代科学求其精确性与严密性，往往使用形式化的方法。所谓形式化，就是对一门科学理论暂时撇开这门科学的具体内容而只作形式的刻画，换句

[1]［美］莫里斯：《符号理论基础》，第1章第1节。
[2]［美］莫里斯：《符号理论基础》，第1章第1节。

话说，也就是使用一种适当的形式系统，将这个理论译成一种形式语言，它所涉及到的只是语句的语形方式，而不涉及语言表达式的意义。

现代逻辑一个特征就是高度形式化。关于这一点我们可以读一下波兰逻辑学家卢卡西维茨的论述："现代形式逻辑力求达到最大可能的确切性。只有运用由固定的、可以辨识的符号构成的精确语言才能达到这个目的。这样一种语言是任何科学所不可缺少的。……因此，现代形式逻辑对语言的精确性恰给以最大的注意。所谓形式化就是这种倾向的结果。"[1]卢卡西维茨以逻辑中的推论规则即现在所称的分离规则为例来说明："形式化要求相同的思想应当总是用由严格相同的方式排列起来的词的严格相同的序列来表达。当一个证明按照这个原则构成时，我们就能够仅仅在它的外在形式的基础上控制它的正确性，而无须牵涉到证明中所使用的词项的意义。"[2]卢卡西维茨认为，形式逻辑（formal logic）与形式化的逻辑（formalistic logic）是两个不同的东西。亚里士多德的逻辑是形式的但不是形式化的，然而斯多亚派的逻辑既是形式的又是形式化的。

形式化系统使用的总是人工的形式语言，以免除自然语言的多义性。由于它是人工的形式语言，因此，多表现为书面语言的形式，即使用一些字母符号，如A，B，C，……P，Q，R以及a，b，c，……，p，q，r等。其优点在于这些字母本身不表达任何意义。这样使用起来易于保持符号的一义性。

在形式化过程中忽略的是语言符号的本真意义（eidetic meaning），即它的指谓意义，但形式化的语句仍有意义，即它具有操作意义（operational meaning）。所谓操作意义，是指一个或一组符号的用法，一般就是指其语形规则。掌握了某一个或某一组符号的操作意义，不一定了解其本真意义，但赋予符号的本真意义时，一定同时赋予了它的操作意义。例如，$((p \rightarrow q) \wedge p) \rightarrow q$这一重言式的本真意义并不明确，即p，q这些符号在这一公式中究竟指谓什么并不明确，但这一公式告诉了我们它的操作意义，即对这些符号如何进行运算（操作）；反之，如果我们对这一公式赋予了本真意义，

[1]［希腊］亚里士多德：《亚里士多德的三段论》，第1章第7节。
[2]［希腊］亚里士多德：《亚里士多德的三段论》，第1章第7节。

即明确了p与q各指谓什么，自然也就明确了由它所组成的语句的操作意义，可以合乎语形规则地对它进行运算。

一种理论或一门学科经过了形式化之后，它就从所有隐藏着的假定中解脱出来，从不能准确表述的规则与公理中解脱出来。它就像一个剔尽了肌肉的骨架一样，随时可以安装上这样或那样解释的躯体。

形式化的方法既适用于人工语言，也适用于自然语言；既适用于某种理论，也适用于整门科学学科。这样，形式化就是一种联结各门学科的因素，它使各门分离着的学科相互联结起来，从而形成一个科学的综合体。

语言分析的方法包括以下几个方面：对语言的表达式作语法上的分析；再建这些表达式的深层结构，或称逻辑结构；列举出它们所具有的语义与语用的特征。

我们可以用历史上凯撒（Julius Caesar，102 B.C.—44 B.C.）曾经说过的一句名言“Veni，Vidi，Vici”为例，来进行语言分析。

从语形上看，这句拉丁文是由三个独词从句用两个省略了的连词et联结而成的一个复句。连词et是具有两个以语句为主目的函子（functor）。三个从句的语序以及整个复句的结构是固定了，即Veni，Vidi，Vici三个词的顺序是不容交换的。依据这几个动词的词形，可以看出它们是表示主动完成式的陈述句。其中没有表示否定的语词，说明整个复句是肯定式。再从语义上看，这三个独词从句跟下面三个汉语表达式同义，即“我来了”、“我看见了”、“我征服了”。它们之间省略了的连词et与汉语表达式“而且”同义。如果我们了解那个著名的历史事实，就可以进一步揭示其语义特征。历史事实是公元前47年，凯撒带领他的大军团在吉拉（Zela）战役中，打败了庞图（Pontus）国王法内西斯（Pharnaces）之后，说出了这句话。据此，我们就知道这里的“我来了”是指谁来了，到了哪儿，什么时候来的，看见并征服了谁，等等，因而我们就可以断定这个语句是真的。

最后从语用上分析，这句话的语用特征是：信息的发讯者是凯撒，也就是说，这句话是由凯撒陈述的；信息的收讯者，按普鲁塔奇（Plutarch）的记载，是凯撒的朋友阿明图斯（Amintus）；说这句话的时间是公元前47年；发讯的地点是在罗马帝国的吉拉的近郊，收讯的地点则是罗马。依据历史事实，这句话表达了凯撒的一种确信，是心理学意义上的一种判断，而不是一种猜测，这样，这句话自身表达了逻辑意义上的一个命题，或者说，包含这样一个命题。

通过语言的分析，我们就能知道这个给定的表达式真正的意思是什么，以及从中可以推导出什么信息，而且可以揭示出表达式中深藏着的东西。另外以揭示出语句中所包含的符号学上的谬误，概括出谬误的类型以及避免和改正谬误的规则。

使用语言分析的方法于各种民族语言，结果就产生了现代理论语言学，它除了区别传统的语言、言语等概念外，还加上了不少新的符号学的概念：例如深层结构与表层结构、预设、语义普遍性、文本一致性、语言能力及其运用等等。

符号学的语言分析法还应用于对各门科学的语言的分析，主要在于检验对特定语言的阐述过程，特别是对它的术语的构成，也可以用公式表述出语言构造的一般范式。这种范式以最精确的形式作为语形规则而表现在演绎系统中，即逻辑或数学系统中。语言分析法运用于各门相互不同的学科，找出其中共同的东西。

这种方法还可以运用于哲学，以消除哲学语言表述不精确之处，揭示出隐蔽在表面上似乎相同的公式之后的不同意义。将它运用于认识论中就形成一种所谓语义认识论，它分析语句（其意义就是命题）与语句所指称的东西之间的关系，以代替分析命题之间的关系，分析在逻辑意义上的认知与现实事实之间的关系。

解释的方法，就是将那些从本质上说不是符号的事物、事件或现象解释为符号。这些事物、事件或现象如建筑、服饰、墓葬、膳食、礼节、习俗、人或动物的行为、人工景物、雕塑，以及一些自然现象如花草、虫鸣、鸟叫、日食、地震、风、脸色的红润、苍白，等等。在解释这些事物、现象时，要给予一定的符号上的显透性，即它可以使人们的注意和能超出这些作为符号的自身而达到该符号所指称、意谓、代表的东西。通过人的解释，那些本质上不是符号的东西就变成了人们交际过程的工具。

例如，我们平常所说："一叶知秋"，从一片落下来的树叶就知道秋天已经或即将来临。树叶本身不具有符号的属性，但通过人的解释，它就成为一个表示秋天到来的符号。又如，鸽子表示和平，白色代表纯洁，红色代表热情、黑色表示肃穆、庄重。实际上鸽子自身、各种颜色自身，并不具有符号的属性，只有经过人的解释，它们才具有各自的意义。

对符号的解释一般具有两方面的因素，即具有客观因素，也具有主观因素。客观因素在于对这个符号的解释表达了客观事物的存在与联系，主观因素则表达了解释者的意向、情感、以至任意的猜测。一般来说科学概念尽可能地保留其客观因素，排除其主观因素，例如物理学对“力”这一符号的解释就是如此。日常生活中使用的符号则多半同时具有两种因素，如上述“一叶知秋”，对它的解释的客观因素在于树叶枯黄后从树上飘落下来与秋天的到来有一定的内在因果联系；主观因素在于解释者通过这一现象在抒发自己的某种情感、哲理。

有些解释也可能是纯主观的臆测，甚至带有神秘的迷信色彩。例如，古代占卜者对占卜的解释；说梦者对梦的解释；占星术者对星相的解释；庙堂侍者对卦形的解释；道士对符咒的解释，等等。这些解释对一些纯属偶然的现象，主观地臆测以至虚构它们之间的某种因果联系，这些解释都是非科学的。从符号学的角度说，这种纯主观臆测性的解释，应予排斥。

但是，这种非科学的解释有的也可以逐渐发展成科学的解释。例如古代说梦者对梦的解释是纯粹主观的臆测。例如中国古代以梦见日为生贵子、得高位的吉兆，以梦见刀为升官的吉兆。这些都是没有科学根据的。而到19世纪末、20世纪初弗洛伊德运用精神分析的方法，认为梦中概括了神经症的心理学，其机制是在梦中，一件事情被凝缩成别的事情，一个人被另一个人所置换，梦者的愿望常以乔装打扮的形式来满足。这就对梦给予了一定的科学的解释。

又如，原始民族中以及科学文化知识水平较低的民族中，往往认为人身上出现某种病症“是由一种看不见的、触摸不到的原因造成的，而且这原因是以许多各不相同的方式来被想象的。”[1]认为“一切疾病都是鬼魂造成的，

[1]［法］列维——布留尔：《原始思维》，中文版第255，261页。

要想使什么疗法有效，必须先驱走身体中的灵魂。”[1]这显然是一种纯主观臆测的解释。现代医学的症候学就能给予各种疾病以科学的解释，同时也就可能给予正确的诊断与治疗。

解释，显然是一个语义学概念。在一阶逻辑中，当我们有一种语言并且能够确定那种语言中的每一个表达式是怎样同这个世界相联系的，我们就有了关于那种语言的解释。换句话说，一种解释就是给出某种语言表达式的外延的方法，把那种语言同这个世界（或一个可能世界）联系起来。如果一个语句在某种解释下是真的，该解释就是这个语句的模型。这里的解释主要是就一阶逻辑这种外延逻辑而言，而在内涵逻辑中，在内涵语境中，通常是内涵的东西可以转化为外延。

解释的方法在现代解释学（Hermeneutics）中得到发展。解释学是一种研究对于意义的理解和解释的理论。最初它主要是解释圣经的学问，但是现代解释学早已超出了这一局限，解释学成为一种人文科学普遍的方法论。解释学认为：人的行为、人所产生的种种现象都具有一定的意义，它们都是以一种符号或象征的形式来传达思想、感情或信息的，这些表达式被称为有意义的形式。这样不仅是人说的话语，就是一个手势、一部文学著作、一个社会机构、一个历史事实，都可以充作这样的符号和象征，这就需要人对这类符号或象征进行解释，进行理解，只有解释了这些符号和象征，我们才能理解其他人。解释是一个过程，解释的目的和结果就是理解，解释的任务就是要让某件事物为人所理解。解释包括理解人们的意向和动机，而这些意向和动机借助于符号间接地表现于人们的行为以及在精神文化领域的创造性活动中。

四、语言——人类使用的最普遍最有效的符号

（一）语言符号的特征

“人是使用符号的动物”，这里所说的符号主要是指语言符号。在人们的交际过程中，语言符号是最普遍使用的而且是最有效的工具。有一本

[1]［法］列维--布留尔：《原始思维》，中文版第255，261页。

外国童话故事叫《格列佛游记》，其中讲到大人国里的百姓不想使用语言而用实物作为交际工具，于是每个人背着个大口袋，将所有说到的东西全部都装在里面，到需要交际时就将所要谈的东西一样一样拿出来。不过，这只是一个童话，实际上是行不通的。因为有些东西口袋里根本装不下，例如一座桥、一栋房子；有些东西无法装，例如水、火；还有一些抽象概念不可能像实物那样放在口袋里，例如真理。所以大人国的这种交际方式即使不说绝对不可能，也要说是具有极大局限性的。在交际过程中，还有一些非语言的手段，例如脸部表情、手势、身势、动作、空间距离等等都可以传达一定的信息，但是这些非语言的手段总是跟一定的语言交际结合起来，才有意义。如果和语言交际毫无联系，人们就会将它看成一些孤立的现象，没有任何意义，也就失去交际的作用。人们也可以运用其他一些方式进行交际，例如旗语、信号灯、电报代码、各门学科的符号公式，但是这些方式都必须以语言符号为基础，没有这个基础，旗语、信号灯等也就失去表达的内容，也就不可能充当一种交际的工具。

从人们的社会实践中也可以看出，只要人们在进行信息交流，人们使用最多的是语言符号，甚至一个人独自在思考问题，他也是在使用语言符号，只不过这时不是人们之间的交际，而变成个人的自我交际，即自己跟自己说话。为什么人最喜欢使用语言符号作为交际的手段呢？这是因为语言确实具有其他一切交际工具很少具有的优点，这就是简明、直接、准确。说它简明，就在于每一种民族语言只需要用几十个音素就可以组合成各种各样的词和句，将人们想到的各种各样的意思表达出来，而且由于发音器官就是人们自身的口腔与鼻腔，人们可以随时使用它而不会增加另外的负担，这跟前面所说的背一大背袋、将所谈及的所有事物都装在里面，然后在交际时一件一件拿出来，相比之下，使用语言符号就简便多了，也明确得多了。说它直接，是说在使用它时不需要再借助于或依赖于其他的手段（虽然可能伴以其他手段，例如做手势等），这比起用旗语、信号灯、电报代码来，就直接多了。说它精确，就在于使用语言比起使用其他方式，意思表达充分得多，精确得多（虽然语言也可能有歧义，但可以通过一定的方式消除）。正是由于语言具有这种简明、直接、精确这些优点，使语言成为人们交际的最普遍、最有效的交际工具。

在众多种类的符号之中，语言符号具有如下一些不同于其他符号的特征：

1．语音组合的复杂性。

人类由于能直立行走，发音器官得到充分发展，其语音结构要比自然界的风吼、海啸、地震的声音，以及动物界的嚎、叫、鸣、啼的声音，显得复杂得多。动物界，包括比较高级的动物如猿猴、猩猩等，只能发几个由个别元音与辅音组成的音节。鹦鹉、八哥之类善学人言，也只能模仿几个简单的语音，而且发音往往不太清晰。而人类语言呢？不管哪一种民族语言，至少也要包括几十个辅音与上十个元音，然后这些辅音与元音进行组合，以形成无数的语词和语句。例如，汉语普通话的声母有二十一个，这些声母都是由辅音充当；单韵母有十个，复韵母十三个（单韵母主要由元音构成，复韵母由复元音构成）。英语、俄语的辅音、元音较之汉语则更多，组合起来也更复杂。

2．音义结合的约定性。

词是语言中最小的独立运用的单位。词作为一种符号，一方面具有固定的语音形式，另一方面具有一定的意义内容。词正是这种语音形式与意义的统一体、语音形式与意义的结合究竟是约定的、任意的，还是必然的，具有内在联系的，历史上曾经有两种完全对立的观点。一种观点可以古希腊的克拉底鲁为代表，他认为："任何存在的东西都有一个正确的天赋的名称。"[1]这里的"名称"就是指一个符号，一个词，一个语音形式，这句话就是说，一个语音形式与它所表达的意义有着天然的、内在的联系。中国古代董仲舒也持类似的观点，认为："名是之正，取之天地。天地为名号之大义也。……名则圣人所发天意，不可不深观也。……是故事各顺于名，名各顺于天，天人之际，合而为一。"还说："名生于真，非其真弗以为名。名者，圣人之所以真物也，名之为言真也。"[2]他认为，一个名称表示某一事物，这里表达了一种天意，名就是圣人用以表现事物真实的，名是真的意思，名与它的意义有着必然的联系。另一种观点可以古希腊的赫尔墨根尼斯为代表，他说：

[1]［希腊］柏拉图：《克拉底鲁》篇。
[2] 董仲舒：《春秋繁露·深察名号》。

"除了习惯和约定之外，你无法使我相信名称还有什么正确性。因为在我看来，似乎给一个事物无论以什么名都是正确的，如果有人将此名称换成彼名称，后者并不比前者差。"[1]我国荀子也说过：名无固宜，约之以命，约定俗成谓之宜，异于约则谓之不宜[2]。考察语言的实际，应该说后一种观点是正确的，因为在语言中，除了个别拟声词如"滴答"、"扑通"、"砰"之外，语音形式与它的意义之间是找不出什么内在必然联系的。如对"能直立行走、有语言、能思维的动物"这一意义，并非必然要以"ren"这样的语音形式来表达，即使在汉民族居住的地区，不同的方言区也可能以不同的语音形式来表达它（如"yin"、"nin"等），至于在其他民族居住区，语音形式显然不同，如英语区称之为man，俄语区称之为 Чедовек。关于这个问题，赵元任先生曾讲过一个非常生动的故事："听说从前有个老太婆，初次跟外国话有点儿接触，她就稀奇得简直不相信。她说，他们的说话真怪，嗄？明明儿是五个，法国人不管五个叫'五个'，偏偏要管它叫'三个'（cinq）；日本人又管"十"叫'九'（じゅう）；明明儿脚上穿的鞋，日本人不管鞋叫'鞋'，偏偏儿要管鞋叫'裤子'（クツ）；这明明儿是水，英国人偏偏儿要叫它'窝头'（water），法国人偏偏儿要叫它'滴漏'（de l'eau），只有咱们中国人好好儿的管它叫'水'！咱们不但是管它叫'水'诶，这东西明明儿是'水'嘿！"[1]这个老太婆显然属于（虽然不自觉地属于）克拉底鲁派，即认为一个语音符号与它所表达的意义有着内在必然联系，水只能叫"水"，不能叫water，也不能叫de l'eau，但是事实上水并不必然叫"水"，它可以叫"water"，也可以叫 de l'eau，以至其他的名称，条件只有一个，即它为这个民族的群体所约定俗成。从这个例子本身说明，约定俗成的观点是正确的。

3．语言符号的系统性与层次性。

语音符号并不是一团杂乱无章的个体的堆聚，而是本身具有严密的系统性与层次性。从系统性方面说，它具有语音系统、语法系统、语义系统。从层次性方面说，它具有音素层次、音位层次、语素层次、语词层次、语句层

---

［1］［希腊］柏拉图：《克拉底鲁》篇。
［2］荀子：《正名》。
［3］赵元任：《语言问题》，商务印书馆 2003 年版，第 3 页。

次、语段层次、篇章层次。

语音系统表现在：人的语音是由音素所组成，音素是语音从音质角度划分出来的最小的单位。全世界各种语言所包含的音素不过二百个左右，一种民族语言所包含的音素更少。音素可以分为元音（如：{a}、{e}、{o}）和辅音（如：{b}、{p}、{m}）两大类。元音可以根据舌位的高低或口腔的开闭，分为高元音、中元音、低元音；根据舌位的前后，分为前元音、央元音、后元音；根据嘴唇的圆展，分为圆唇元音和不圆唇元音。辅音可以根据发音部位或发音方法进行分类。根据发音部位，辅音可以分为双唇音、唇齿音、齿间音、舌尖齿龈音、舌尖前颚音、舌叶前颚音、舌面中颚音、舌面后颚音、舌根音、小舌音、喉壁音、喉音等。根据发音方法，辅音可以分为塞音、鼻音、颤音、闪音、擦音、边音、边擦音、半元音等。一定的辅音与元音组合，就形成各种词的语音形式。

语法系统表现在语言符号之间的组合关系与聚合关系之中：每个符号在一串符号系列中都可以与别的符号相组合，也可以为其他的符号所替换。符号与符号组合的关系称为组合关系。有些符号之间可以互相替换而不影响其语法意义，这种关系称之为聚合关系。例如：

	A	B	C
a	我	读	书
b	你	写	字
c	他	唱	歌
d	我们	打	篮球

组合关系（横向箭头）

聚合关系（纵向箭头）

“我”这个符号与“读”、“书”这两个符号组合，就形成“我读书”这一语句，这一组合形成“主语——谓语——宾语”这样的结构形式。而“我”这个符号可以为“你”、“我们”这些符号所替换，“读”这个符号可以为“写”、“唱”、“打”这些符号所替换，“书”这个符号可以为“字”、

“歌”、“篮球”这些符号所替换。于是，“我”、“你”、“他”、“我们”这些符号形成一个聚合，它们是充作主语的代词；“读”、“写”、“唱”、“打”这些符号形成一个聚合，它们是充作谓语的动词；“书”、“字”、“歌”、“篮球”这些符号形成一个聚合，它们是充作宾语的名词。

组合关系与聚合关系是语法系统中两种根本关系。语言符号都处于一定的组合关系与聚合关系之中而形成一个完整的系统，人们正是依据这种关系来运用这些符号。

语义系统可以从对语义场的分析中体现出来。传统语义学往往将词义看作一个个孤立的现象，现代语义学则注意词义之间的相互联系、相互制约，于是形成了“语义场”（semantic field）的概念。“场”原义是指人或物聚集的地方，如“会场”、“商场”；后来抽象为表示一定的物质空间，如“磁场”、“引力场”；后来又进一步抽象，表示某种范围或系统。语义场是指一些具有一定的共同义素也包含一定的不同义素的语词所组成的系统。例如，“父”、“母”、“子”、“女”这几个词组成“直系亲属”这一语义场，它们之间具有一定的共同义素，如都是“人”，都具有“血缘关系”，但是，它们也具有不同的义素，如性别上的不同、辈份上的不同。如果我们用“+”表示肯定（是），用“–”表示否定（非），我们可对“父”、“母”、“子”、“女”四个词从“性别”、“亲缘关系”、“辈分”几个方面进行分析。“男性”以“+A”表示，“女性”以“–A 表示”；“直系亲属”以“+B”表示，“非直系亲属”以“–B”表示；“长辈”以“+C”表示，“晚辈”以“–C”表示，那么，它们之间的关系可以列表如下：

	父	母	子	女
性别（A）	+	–	+	–
亲缘关系（B）	+	+	+	+
辈份（C）	+	+	–	–

通过对语义场的分析，也看出语词之间哪些词是同义词，哪些是反义词，哪些是上义词，哪些是下义词。小范围内的语义场可以作这样的分析，大范围的语义场也可以作这样的分析，从而看出整个词汇的语义系统。

语言的系统性与层次性是密切联系着的。语言的系统性表现在语音系统、语法系统与语义系统三个方面。而这些系统综合起来又表现出语言的不同层次。从大的方面说，它至少有下列一些层次：音素层次、音位层次、语素层次、语词层次、语句层次、语段层次、篇章层次。在这些大的层次下面，又可以区分出一些小的层次，如语词层次又可分为单词与词组两个层次，语句层次又可分为单句与复句两个层次，单句与复句又可以区分出一些小的层次。语词、语句、语段与篇章又各具有语形、语义、语用等方面的不同的特征。例如语词所表达的意义与语句、语段、篇章所表达的意义就有区别。语言的这些不同层次组成一个完整的系统，要掌握这个完整的系统，就必须掌握住它的各个不同的层次。目前，语言学已对某些层次作了较深入的研究，而对有些层次却还比较陌生，因此，还有待继续深入与全面展开研究的必要。

4. 语言符号的稳定性与渐变性。

语言符号在一定时期、在一定的社会中，是相对稳定的。前面已经讲到语言中意义的结合具有任意性、约定性，但是，一旦结合之后，又具有继承性与强制性。人一生下来，就处于一定的既成的语言环境之中。索绪尔说过："在任何时代，哪怕追溯到最古的时代，语言看来都是前一时代的遗产。""事实上任何社会，现在或过去，都只知道语言是从前代继承下来的产物而照样加以接受。"[1]一个人一定要接受这种语言的制约，他不能任意改变它的语音，也不能任意改变它的语法规则与语义系统。例如，在汉民族聚居区中，谁也不能任意地将"黑板"改称为"白板"，如果有人一定要这样称呼，周围的人就会产生误解，甚至完全不可理解。如汉语中"主语——谓语——宾语"的顺序不容颠倒，如果将主语换到宾语的位置上，宾语换到主语的位置上，听话者就会产生严重的误解。如："狗咬人"的意思是确定的，如果主语、宾语位置更换，变成"人咬狗"，意思就完全变了（俄语中通过变格，将宾语提前，主语挪后，并不使人造成误解）。

语言具有相对稳定性，这是只就一定时期一定范围而言的。从历史上看，语言仍然是在发展变化着的。语音、语法、语义都可能产生变化，如中国古

[1][瑞士]索绪尔：《普通语言学教程》（中文版），商务印书馆1982年版，第2章，第1节。

代汉语中有入声词，现在普通话中已没有入声词了（方言中仍有）。古汉语中，否定句的宾语如果是一个代词，一般放在动词的前面，如：《论语·先进》中有："居则曰：'不吾知也！'""吾"是宾语，却放在动词"知"之前。但是在现代汉语中，这种现象已经消失，否定句的宾语跟肯定句的宾语一样，放在动词的后面。上面孔子的那句话，用现代汉语说，只能是："[你们]平日说：'[人家]不了解我呀！"而不能说："[人家]不我了解呀！"不仅语音、语法会有变化，语义（词义）也会有变化。如"兵"这个词，古代主要用来指"兵器"，引申为持兵器的人，现代汉语中"兵"主要指"士兵"。又如，"走"在古代表示"跑"的意思，现代则表示"行走"，意思已很不一样了。

语言的发展变化采用渐变形式，不易为人所觉察，如果发展变化过快，就会失掉语言的稳定性，甚至失去它的交际功能。

由于语言具有稳定性与渐变性两种属性，索绪尔就提出对语言可以从事共时的研究，也可以从事历时的研究。共时语言学（synchronic linguistics）是研究一种语言或多种语言在其历史发展的某一阶段的情况，而历时语言学（diach ronic linguistics）则着重研究历史上的语言演变。

5. 语言的强生成性。

动物之间也可能进行某些信息交流，如一只蜜蜂发现了蜜源，就会飞回蜂巢以某种特定的舞蹈动作向其他蜜蜂传递信息，告知蜜源的方位、距离、质量，其他蜜蜂就能按此信息去寻找那个蜜源。很多动物遇到危险时会向其他动物传递危险的信号，使其他动物能迅速躲避危险。海豚的智力较高，能发出多种传递信息的声音。有一种猴类，能发出36种不同的声音来传递不同的信息。但是动物这些传递信息的手段有以下几个特点：一是有限性，即传递信息的方式或手段有限，就那么几种，最多几十种；二是先天性，它们掌握这些方式或手段主要是先天遗传的，不需要经过后天的习得；三是封闭性，它们掌握了这些方式或手段之后，就停留于这些方式与手段，反复使用，不会再创造出新的方式或手段。而人类使用语言符号却与此相反，虽然人类的语音也是有限的，但比动物掌握的要多得多，人类的发音器官要比任何动物完善得多；其次，人类的语音虽然具有自然的物理属性，但是整个语言却具有社会的属性，它是在社会的环境中后天习得的，一个人如果离开社会，就不可能掌握语言；第三，人类的语言是开放的，从有限的语音与语法规则能组合成无穷的语句。一个孩子只要他初步掌握了一种语音系统与语法规则就在每时每刻生成新的语句，一直到他成长到青年、壮年、老年，他的话语很少有重复的部分。实际上就是他想到什么，都可以用一定的语言组合形式加以表达。诗人、散文家、小说家、戏剧家则以文艺形式创造出大量的优美词句，给人以美的享受。哲学家则从生活中概括、提炼出各种富于哲理性的语句，给读者以启发；科学家则用严谨的语句，表达出他对客观世界的规律性的认识，给学者以深邃的智慧。历史在不断地向前发展，语言也在不断地创新。语言的这种强生成性是任何其他动物的简单的信息交流所无法比较的。

6. 语言的社会性。

语言这种符号现象一方面具有自然的属性（如语音的物理属性），一方面具有社会的属性，而且后一方面更为突出。语言是人类社会的产物，随着社会的产生而产生，随着社会的发展而发展。随着社会实践的发展，人类信息交流的数量越来越大，内容越来越复杂、越抽象，语言也越来越发展。语言是人们认识的物质载体，人类的历史、文化都要凝聚在语言符号这一形式之中。一旦失去了语言，人类社会也就不复成为人类社会，不仅现实社会如此，就是虚构的童话社会、神话社会也是如此。文学家创作中第一个条件就是预设该社会有一个共同使用的语言。试看《西游记》，不仅唐僧与孙悟空等师徒数人有一种共同的语言，就是在天国、地狱、妖窟、龙宫，以至西域所经各国，最后至如来佛殿，都要使用一种共同的语言，否则，这一切都将崩溃。语言的这种社会性也是其他动物符号所难以比拟的。

综上所述，语言符号区别于其他符号就在于它的语音组合的复杂性，音义结合的任意性、约定性，语言结构的系统性与层次性，语言的稳定性与渐变性，语言的强生成性与语言的社会性。这些特性使得语言符号大大优越于其他符号，从而成为人类使用的最普遍最有效的交际工具。研究符号学也往往以语言符号作为最典型的对象。

（二）自然语言与人工语言

以上我们所讨论的语言都是指人类的自然语言，即人类语言集团所使用的本族语，如汉语、英语、俄语、日语等，以及我国各少数民族的语言，除了自然语言之外，还有一种人工语言（Altificial language），如数学中、数理逻辑中以及计算机中所使用的语言,它也可以是指像柴门霍夫所创造的“世界语”（Esperanto）这样的语言。自然语言之所以称为“自然的”（natural），就在于它是人类自然具有的，个人无法任意挑选更换的。一个人生活于一定的语言集团之中，他就必须掌握那种民族的自然语言，否则，他将无法生活下去，当然他可以选择第二外语、第三外语，但是他必须有一定的母语。如果他离开某一语言集团而到另一个语言集团，那么他就以另一种民族语言为他的自然语言。

自然语言的优点与特点我们在上一节中已经谈到了，但是它仍有美中不足之处，就在于语词符号的多义性。这是一个十分普遍的现象，几乎每一种自然语言中的每一语词都如此。据《现代汉语词典》所载，汉语中一个“打”字就有 23 个义项，如：①用手或工具撞击物体：“打鼓”；②（器物）因撞击而破碎：“碗打了”；③殴打：“打架”；④发生与人交涉的行为：“打赌”；⑤建造：“打坝”；⑥制造：“打首饰”；⑦搅拌：“打糨子”；⑧捆：“打包裹”；……。语词的多义性有它的优点，即可以减少人脑对语词符号形式记忆的负担，如果严格要求一词一义，则上述“打”字有 23 个义项，就应该有 23 个语词形式来表示它的不同的含义，人的大脑就要增加 23 倍的负担，这显然是不经济的。而当词运用于不同语境中时，词的多义性是可以消除了，也就是说，它仍可以保持它的一义性。例如，上述“打”字，当它运用于“打草鞋”的语境中时，人们只会理解这个“打”字具有“编织”的含义，而不会认为它具有“撞击”的含义。

然而，在某种情况下，语言的多义性也可能造成理解上的混乱，即它可能使一个语句产生多种含义，使人无所适从。特别是在严密的科学语言中，如果使用自然语言产生歧义或语义含混的现象，就可能妨碍人们对客观世界的正确认识与有效推理。例如，自然语言中的“是”字，就有数种不同的含义，如说：“巴金是作家”，这里的“是”表示个体属于类的关系；如说：“作家是脑力劳动者”时，这里的“是”表示小类包含于大类的关系；如说：“作家是从事文学创作的人”时，这里的“是”表示类的同一关系，显然，这三个“是”，含义上就有区别。如果不从语言符号上加以标志出来，进行推理时就可能出现混乱。为此哲学家、科学家就提倡创立一种人工语言，它的最大特点就是严格执行一符一义的原则。如上述的“是”字，集合论中就以“∈”、“⊂”、“=”三个符号分别表示“是”的三种含义，意义明确，绝对不会产生混淆。这种人工语言也称为理想语言或形式语言，在数学中、逻辑学中，以及各门自然科学中得到广泛的运用。前面所说的形式化的方法，实际上就是运用形式语言对一种公式或一个系统作精确描述的方法。例如，形式语义学就是运用一种形式语言来刻画语义学的公式或系统。不过，人工语言（形式语言）虽然具有很大的优点，但它终究是一种理想的语言，人们在现实生活与科学认识活动中仍然要大量使用自然语言进行交际，只是在某些关键的环节中使用人工语言。实践已经说明，完全以某种人工语言来代替自然语言作为交际的工具，似乎是不易实现的。而且，人工语言还必须建立在自然语言的基础，离开了自然语言，人工语言的含义本身也难以完全表达清楚。看来，二者都有其各自的职能与优点，实践中应该是相辅相成。正如美国逻辑学家蒙塔古（R. Montague，1932—1971）所说：“我反对这样一种观点，即在形式语言与自然语言之间存在着重要的理论上的区别。”[1]瑞典语言学家奥尔伍德（Jens Allwood）在《语言学中的逻辑》一书中也说：“在形式逻辑中发展起来的研究人工语言的语义学的方法，已经有效地运用于自然语言的语义学中；并且在一般语言言论中，采用逻辑和数学的方法已经变得日益普遍。”这里，逻辑和数学的方法就是指形式语言的方法。自然语言与人工语言二者的结合，是历史发展的必然。

（三）对象语言与元语言

我们使用语言，要注意语言本身的层次性。要注意使用哪一种语言来叙说和叙说哪一种语言之间的区别。那种用来叙说其他语言的语言，我们称之为元语言（metalanguage），作为叙说对象的语言，我们称之为对象语言（object language）。关于对象语言与元语言的意义，卡尔纳普曾经说过：“如果我们研究、分析和描述一种语言 L1，我们需要一种语言 L2，用以表述我们对

---

[1]［美］理查德·蒙太古，《形式哲学：蒙塔古论文选》，英文版第 88 页。

L1 研究的结果，或 L1 使用的规则。在这种情况下，我们将 L1 称之为对象语言，L2 为元语言。”[1]例如，我们学习英语时，读一本用汉语写的关于英语语法规则的书籍（书中自然要使用一定的英语），这时英语就是对象语言，汉语就是元语言。如果学习英语时，读的是用英语写的关于英语语法规则的书籍，这时英语既是对象语言，也是元语言。如果将某种元语言作为叙说的对象，这时用来叙说元语言的语言就是元元语言（meta-meta-language），而被叙说的元语言此时就成为元元语言所叙说的对象语言。循此以往，还可以出现元元元语言，或元元元元语言，以至无穷。前面谈到“自然语言”和“人工语言”的问题，实际上，人工语言的元语言仍然需要自然语言。

相应地，一种给定的形式理论 T 的元理论就是以 T 作为研究对象，并且发现它的各种方法论特征的理论。元逻辑就是关于形式逻辑理论的理论。元科学就是广义的科学的科学。

（四）语言的使用与提述

与对象语言和元语言的区别相对应的是语言的使用（use）与提述（mention）之间的区别。如果我们想借助语言符号指称某一个对象，例如一张沙发，我们就在使用一个语词，使用了这个词，我们就提述了我们所要指称的对象。所使用的词就是那个被提述的对象的名称。为了能将一个对象的名称与它所提述的对象区别开来，一般的做法是将作为名称的那个词用引号括起来，这个词连同它周围的引号就组成一个名称。如说：“马有四条腿”。这里马是指被提述的那个对象，它有四条腿。只要那匹马确实有四条腿，那么这句话就是真的。但是，如果说：“‘沙发’是一个外来词”。这里‘沙发’加上一个引号，说明它不是表示沙发那个对象，而是指“沙发”那个词，即沙发那个对象的名称，只要“沙发”那个词确实是外来词，这句话就是真的。但是，如果说：“沙发是一个外来词”；或“‘沙发’有四条腿”，这两句都是不正确的，因为沙发这个东西怎么会是外来词呢？而“沙发”这个名称怎么会有四条腿呢？这里显然是混淆了使用与提述。从上述区分中也可以看出：那种被提述的语言就是对象语言，因为它是被谈论的对象，而那个

---

[1] 伍谦光：《语义学导论》，湖南教育出版社 1988 年版，第 3—4 页。

被使用来谈论它的语言就是元语言。

（五）语言符号的类型与标记

在区别了“对象语言”与“元语言”，语言的“使用”与“提述”之后，我们还要区别语词符号的类型（type）与标记（token）。一个语词符号的标记是指某个个体在某个具体的时间、空间中的出现。

例如，凯撒大帝的那句话：“我来了，我看见了，我征服了。”

这句话中一共出现三个“我”字，这三个“我”字是由同一个人说的，但是，由于它们是在一个语句中不同的地点与时间中出现的，它们之间就一定存在某种差别，为此，我们将它们算作三个标记，但是它们却属于同一个类型。所谓类型，是指语言符号具有相同形式的标记的类（class）。上述三个“我”字，作为标记是不同的，为此，我们称之为三个“我”字，但它们都表示“我”这个类，为此，我们说它们都是“我”字。下面三个“大”家的大小不同：“大”、“大”、“大”，是三个不同的标记，但都属于一个“类”，我们看了以后认为它们都表示“在体积、面积、数量、力量、强度等方面超过一般或超过所比较的对象”的意思。为了强调标记不同而类型相同，我们可以使用引号来加以区别（如上述三个“大”字）。类型与标记的区别运用于索引表达式（indexical expressions）时特别有用。像“我”、“你”、“他”、“今天”、“明天”、“这里”、“那里”等，都是索引表达式，它们每次作为标记出现时外延都不同（张三说“我”指张三，李四说“我”指李四），但是它们仍属于同一个类（类型），语词“我”始终是语词“我”，都表示说话者本人。街上的各个十字路口都要有红绿灯，每一处的红绿灯都是一个标记，但都属于一个类型，即都表示各个路口车辆、人员可行或不可行。

语言是人类使用最普遍、最有效的符号，但是，由于它具有复杂的内部结构，它具有各个不同的层次，我们如果使用不慎，它就可能出现各种各样的谬误。有些属于表层结构上的错误，这是比较容易改正的，有些则属于深层结构上的问题，往往不易发现，发现了也不易解决。例如，古希腊的克里特岛上有个名叫艾皮曼尼迪斯（Epimenides）的人，说过这么一句话：

“克里特岛上的人都是说谎者。”

这句话如果用更精确的形式表达，就是：

“我说的这句话不是真的。”

试问这句话究竟是假的还是真的，如果它是假的，它就是真的；如果说它是真的，它就是假的。这是哲学史有名的“说谎者悖论”，属于语义悖论。它有一个“自我涉及”的问题，即“我说的这句话”涉及“我说的这句话不是真的”这句话。其中又包含混淆使用与提述、对象语言与元语言的问题。几千年来，不少人为出现这个悖论而困惑，为解决这个悖论而绞尽脑汁。在语言中出现这种悖论还不止一个，这说明，我们确实需要在不同的层次上对语言符号作深入的研究。

话语是一种语音（或文字）现象，话语现象中存在类型（type）和标记（token）的关系。一个标记是指某一个体在某个特定的时间、空间中的出现。而所谓类型，是指语言符号具有相同形式的标记的类。例如，前面引述的凯撒大帝曾经说过“Veni，Vidi，Vici”（我来了，我看见了，我征服了）。如果我们问“凯撒大帝的这句话中由几个拉丁字母所组成？”回答可能有两个。一是：“这句话由 12 个字母所组成。”一是：“这句话由 6 个字母所组成。”第一个回答自然是对的，因为只要我们数一下，这句话确实共有 12 个字母。但是第二个回答也应该说是对的，因为它将所有的 V 看做一个字母，将所有的 i 也看做一个字母，这样一数，它确实是由 6 个字母（V，e，n，i，d，c）所组成。这两句虽然可以说都对，但终究是有区别的，其区别就在于一个着眼于字母的标记，一个着眼于字母的类型。当说这句话由 12 个字母所组成时，他是将每个字母在各个不同时间、空间的出现看做不同的字母，这样 V 字母先后在三个不同位置上出现就算做三个不同的字母，i 字母先后在五个不同位置上出现就算做五个不同的字母，再加上 e，n，d，c 四个字母，就共有 12 个字母，这就是着眼于字母的标记。当说这句话是由 6 个字母所组成时，则着眼于字母的类型。书法家研究字帖，考虑的是每一个字的各种写法，所以他强调的是字的标记；词典学家编写词典时，不是考虑每个词（或字）在每次出现中的具体意义，而是对每个词（或字）的具体出现进行概括，编写出它的类型意义。

（原分载《逻辑与语言学习》在 1986 年第 6 期，1988 年第 6 期，1989 年第 3 期、第 4 期和 1990 年第 4 期）

国际符号学研究近况

符号学是一门最近几十年才发展起来的新兴学科。它具有边缘学科的性质，它的理论核心部分与哲学、逻辑学、语言学关系最为紧密。

符号学（或译为记号学、指号学）一词来自古希腊词 semeiotikos。在柏拉图的《克拉底鲁》一书和亚里士多德的《工具论》以及《诗学》和《修辞学》等著作中，都有关于符号的论述。17 世纪洛克在《人类理解论》一书中开始使用"符号学"这一名词。他将科学分为三类，第一类是物理学，它是关于事物的知识；第二类是实践之学，主要是伦理学；第三类可以称之为符号学，或称为关于符号的学说，这种符号最为常见的就是语词。符号学也可以恰当地称为逻辑学，它研究符号的本质、研究心灵如何来理解事物，或者如何将那些知识传达给他人。

创立现代符号学的最有影响的人物，一是美国的著名哲学家和逻辑学家皮尔士（C.S. Peirce），另一位是瑞士的著名语言学家索绪尔（F.de Saussur）。在他们之后，符号学才逐渐形成一门独立的学科，不过，由于各自的源流不同，哲学观点不同，各个国家研究符号学的方法、重点也有不同、现在分别介绍几个国家符号学研究开展的情况：

一、美国是符号学研究开展较早的国家。皮尔士对符号的性质与分类作了较深入的探讨，揭示了符号、对象、解释者的三项关系。他将符号分为图像符号、索引符号与象征符号。皮尔士虽然在世时早已开始对符号学的研究，但一直到 1931 年出版《皮尔士论文集》第一卷之后才逐渐产生广泛的影响。

从 1930 至 1945 年这段期间，美国符号学的发展表现为三个源流与三条主线。（1）在实用主义哲学与行为主义心理学的影响下，从皮尔士到杜威（J.Dewey）、米德（G.H. Mead）与莫里斯（C.Morris）的理论发展。其中以莫里斯为代表。他出版了《符号理论的基础》（1938）与《符号、语言和行为》

（1946）等一系列符号学著作。莫里斯是以有机体的行为作为出发点来构造一个关于符号的理论体系。他提出符号学应包括语形学、语义学和语用学三个组成部分。（2）由于逻辑经验主义的一些代表人物，如卡尔纳普（R.Carnap）、莱辛巴赫（H. Reichenbach）等由维也纳迁往美国，逻辑经验主义的理论对美国哲学界产生很大的影响，美国实用主义的符号学传统开始与逻辑经验主义相融合。卡尔纳普在符号学方面出版了《语言的逻辑语法》（1934）、《语义学导论》（1942）。卡尔纳普采纳了莫里斯的语形学、语义学、语用学作为符号学分支的理论，而将哲学看作对认知话语结构的符号分析。莫里斯则采纳了逻辑经验主义试图建立一种统一科学的思想。他认为："符号学……提供了一种丰富的语言来谈论一个领域的现象（即符号现象）；这个现象一直是多种特殊的学科片段地加以研究的；它提供了一种工具来分析所有特殊科学的语言之间的关系。符号学既是科学统一中的一个方面，又是描述推进科学统一的工具。"[1]（3）新康德主义的代表人物、德国著名的哲学家卡西勒于1941年移居美国之后，他的哲学观点对美国符号学发展产生了影响，形成美国符号学发展的第三条线索。卡西勒的著作的英文译本是在他1945年去世后才开始出现的，但他的追随者苏珊·朗格（Susannne K. Langer）早已在其著作中传播卡西勒的观点，如认为人从本质上说就是"符号的动物"。一切人类的文化现象和精神活动：如语言、神话、艺术和科学等，都是运用符号的方式来表达人类的种种经验，概念作用不过是符号的一种特殊的运用。朗格从本质上严格区分了信号和符号，认为符号的最纯粹的形式就是语言，但是朗格认为语言不能完成情感的表达，从而产生服务于表现情感的另一种符号，即艺术。

美国符号学界在20世纪40年代以后产生重大影响的是著名符号学家雅柯布逊（R.Jakobson）。他在协助建立了布拉格语言学会与莫斯科语言学小组之后于1941年由欧洲移居美国，又建立了纽约语言学会。在美国他发展了由索绪尔的著作、皮尔士的实用主义哲学以及胡塞尔的符号理论所反映的对语言学、诗歌和民歌研究的符号学方法。他在去世之前曾连任三届国际符

［1］［美］莫里斯：《符号、语言和行为》第8章。

号学会副会长。他的弟子西比奥克（T.A.Sebeok）是目前美国符号学界具有代表性的人物，他在美国印第安那大学创立了语言与符号学研究中心，并担任主任。他是动物符号学的创始人。美国于1964年召开了第一次符号学会议。会议由著名人类学家M·米德（Margaret Mead）主持。1975年在佛罗里达的坦帕召开了北美符号学讨论会，并成立了美国符号学会，以后每年召开一次年会。现任会长就是西比奥克教授。并且他一直兼任国际符号学会"Semiotica"杂志的主编。美国符号学的发展对加拿大也有较大的影响。加拿大成立了多伦多符号学研究小组，并出版了《国际符号学界》杂志。

二、法国符号学的发展与结构主义语言学的发展有密切联系。结构主义语言学的创始人索绪尔也是现代符号学的创始人之一。索绪尔在《普通语言学教程》一书中明确提出了符号学的概念，并指出语言学不过是这门一般科学的一部分。他用符号这个词表示整体，它是由概念和音响形象结合而成。他将概念称为所指（signifie），音响形象称为能指（signifiant）。他还对语言和言语作了区分。索绪尔的理论对语言学、文学以及哲学、社会学、人类学都产生了深远的影响。法国符号学的发展总是以语言为主题，即使讨论文学、艺术问题，也要重视其语言结构，认为语言是文学的生命，是文学赖以生存的世界。他们认为语言应该是符号学所有分支中的"主样式"，语言的结构与其他社会行为的结构有其相似性。法国符号学界的代表人物有本凡尼斯特（Emil Benveniste）、R·巴特（RoIand Barthes）、格雷玛斯（A.J.Greimas）、德雷达尔（G.Deledalle）等。本凡尼斯特曾任国际符号学会第一届与第二届会长（五年一届）。他主要从事语言学的语义学与语用学的研究。他区别了语言的"符号学的式"与"语义学的式"，前者是由具有意谓功能而不具有指称功能的符号形成的；后者是由语句形成的，在这些语句中，符号是在指称与交际的层次而非符号本身的层次上起作用。"语义性"与非语言经验的表达式相联系，它是可转写的；"符号性"不可能从一种语言转写成另一种语言。这种区别是有其重要意义的。巴特从本凡尼斯特和列维斯特劳斯那里接受了语言是探讨文化的惟一途径的观念。他跟索绪尔的观点正好相反，认为符号学是语言学的一部分。巴特还专门写了《符号学原理》，在其"导论"中说："符号学知识实际上只可能是对语言学知识的一种模仿。……因此，我们将把这些符号学原理按照结构语言学分为四大类：Ⅰ、语言和言语；Ⅱ、所指和能指；Ⅲ、系统和组合段；Ⅳ、直接意指与含蓄意指。”在“结论”中他还指出：“符号学研究的目的在于，按照全部结构主义活动的方案，建立不同于天然语言的意指系统的功能作用。”他不仅将语言学中语言与言语的对立的原则应用于文学、艺术领域，而且应用于衣着系统、食物系统、汽车系统与家具系统等。格雷玛斯也是从结构主义语言学的观点出发来研究语义与语用问题。他写过《结构语义学》（1966）、《符号、语言和文化）（1970）等著作，并编写过《符号学和语言分析辞典》（英文版，1982）。德雷达尔是国际符号学会现任秘书长。他主要从事皮尔士与索绪尔的综合研究。在法国，不少学者将“结构主义”与“符号学”看作等义词，但是，美国学者一般都不同意这种观点，因为他们更强调从洛克到皮尔士的符号学源流。

三、意大利的符号学研究方向与方法显然受法国的影响。其代表人物是U. 艾柯（Umberto Eco），著有《结构的分析》（1963）、《视觉信息符号学》（1970）、《研究语义学的符号学方法》（1971）、《图象符号的符号学导论）（1972）、《文化逻辑的探索》（1975）。他的《符号学原理》（1975）一书是目前国际上最流行的一本阐述符号学基本理论的著作。艾柯曾任国际符号学会第二届秘书长与第三届副会长。他也是第一个在大学设立符号学讲座的学者。

苏联符号学的兴起也是最近二三十年的事，它与结构语言学、特别是机器翻译和将数学模型应用于语言这方面的发展有关。苏联符号学形成了一个“莫斯科——塔图学派”，它是由莫斯科的斯拉夫与巴尔干研究所和塔图大学的一些著名符号学学者所组成。伊凡诺夫（V.V.lvanov）及其合作者托波诺夫（V.N.Toporov）、邵勉（S. Shaumyan）、洛特曼（J. M. Lotman）等都是符号学领域中的代表人物。洛特曼（曾任国际符号学会第一、二、三届副会长）曾强调，关于符号的一般理论是一个特殊的科学运动，即结构主义与现代文化动力学两者发展的结果。他们还研究神话、文学、视觉艺术、电影、音乐等方面的符号学问题。

四、东欧一些国家的符号学研究近年来也迅速发展。波兰的符号学研究有其悠久的历史，华沙大学设有符号学系，系主任佩尔茨（J.Pelc）

教授是现连任两届的国际符号学会主席，由他主编的《符号学在波兰：1894—1969》汇集了波兰著名符号学家、逻辑学家的30多篇论文，如特瓦尔多斯基（K.Twardowski）的《形容词逻辑中的问题》，柯塔宾斯基（T. Kotarbinski）的《逻辑与语义问题纵观》、艾裘凯维茨（K.Ajdukiewicz）的《作为语句内涵的命题》，沙夫（A，Schaff）的《含糊语词》、佩尔茨的《自然语言的逻辑语义学的功能方法》等。从这本书可以看出，波兰学者是将（广义的）逻辑学看作符号学的主要分支，而这种观点是与皮尔士所说的"逻辑学就其一般意义来说，只是关于符号的准必然的或形式的学说，即符号学的别名"[1]，以及莫里斯的"逻辑是符号学的一部分"的理论相一致的。

五、亚洲符号学研究开展较早的是日本。日本于1980年成立了日本记号学会，并出版《记号学研究》的集刊，每年编辑出版一集，每一集都有一个主题。例如，第6集（1986）的总标题为《文化的记叙学》，第7集（1987）为《文化的接口——境界；界面和越境》，第8集（1988）为《话语符号学》，第9集（1989）为《都市（建筑）符号学》。坂本百大教授现任日本记号学会会长，山口昌男教授连任两届国际符号学会副会长。

1969年1月在法国正式成立了国际符号学会（简称IASS），以后每五年召开一次国际学术讨论会。1989年4月在西班牙的巴塞罗那与法国的佩皮尼扬两城市召开了第4次讨论会，主题是"人类的符号"，会上选举了两位中国学者参加理事会，一位是中国社会科学院哲学研究所的李幼蒸，另一位是湖北大学政治系的李先焜。

（原载《世界哲学年鉴》，1988—1990）

---

［1］［美］皮尔士：《皮尔士文选》第2卷，第134页。

符号学与逻辑学

一、什么是符号与符号学

符号学（semiotics）是一门研究符号（sign）的一般原理的科学，它在20世纪，特别是最近二三十年，得到深入广泛的发展。

在我们生活的环境中，我们经常要运用、识别、理解各式各样的符号，人们认识过程和生活过程都与这种符号有着密切的联系。我们甚至很难设想，人一旦离开这些符号将怎样生存。现代西方著名哲学家恩斯特·卡西尔（Ernst Cassirer，1874—1945）甚至说："我们应当把人定义为符号的动物（animal symbolicum）来取代把人定义为理性的动物。"[1]他认为："只有这样，我们才能指明人的独特之处，也才能理解对人开放的新路——通向文化之路。"[2]他的看法，就一定意义来说，是有其独到之处的。

什么是符号？从直观上说，我们在街上看见的商店的招牌，在十字路口遇到的红绿灯，偶而看见的救护车上的红十字，听见的消防车的呜呜声，这些都是符号。我们的语言是最主要的符号，我们的文学作品、图画、电影，其表现都是符号。至于数学演算与逻辑中所运用的人工语言，则不言而喻，更是一种符号。符号学的创始人、美国著名哲学家、逻辑学家皮尔士（Peirce，C.S. 1839—1914）曾经给"符号"提出一个简单的定义："符号是对某人来说在某一方面或以某种能力代表另外某一事物的东西。"[3]他还给予过比较复杂、比较全面的定义，以说明符号、对象、解释者之间存在一个三元关系。也就是说，符号是一种可感知的媒介物或表达形式［皮尔士经常称之为"表

[1]［德］恩斯特·卡西尔：《人论》（中文版），上海译文出版社，第34页。
[2]［德］恩斯特·卡西尔：《人论》（中文版），上海译文出版社，第34页。
[3]［美］皮尔士：《皮尔士论文集》，第2卷，第228页。

现者”（representamen）]，它一方面与它所代表的对象发生联系，另一方面与一个相应的心灵的表现者（mental representation）即“解释者”发生联系。

符号学的起源可追溯到古希腊的名医希波克拉特（Hippocrates，约纪元前460—前377年）。逻辑学的创始人亚里士多德在其逻辑学的专著《工具论》中，已探讨了符号的性质问题。他在《解释篇》中说：“口语是心灵的经验的符号，书面语言是口语的符号。”[1]他还说：“我们的经验所反映的那些事物对于一切人也是一样的。”[2]这也就是说，心灵的经验也是事物的符号。相应地，口语也是事物的符号。他也确实说过；“我们使用它们的名称作为符号以代替这些实际事物。”[3]

亚里士多德对逻辑语形学与语义学都作了相当充分的论述。他依据语形与语义相结合的标准将言词（diction）首先区分原子的（如名词和动词）和分子的（如语句），然后再进一步进行分类（见《解释篇》第1~5章以及《诗学》第20~21章）。他注意到名称的多义性问题，他说：“当事物虽然具有共同名称，然而与其名称相应的定义彼此各异时，便被认为是‘同名异义的’。”[4]他对多义性作了分类，并认为多义性可能导致谬误，因此应从论证中加以排除。亚里士多德的语义学理论涉及真理的理论。他认为真与假不在事物之中，而在人的思想之中[5]。并非每一个语句都有所陈述，因此并非都有真假，像祷告词虽是语句，却既非真也非假[6]。因此，亚里士多德强调撇开所有其他类型的句子而只谈命题，因为命题才与所研究的三段论式有关[7]。由此可见，符号理论是亚里士多德逻辑论的一个有机组成部分，甚至可以说是他的基础部分，这样，研究他的逻辑就不可能不研究他的符号学。

亚里士多德的弟子德奥弗拉斯特同样研究了符号学问题。他曾论述过言语具有两重关系；一是它与听者的关系；二是它与事物的关系。这里已涉及

[1]［希腊］亚里士多德：《亚里士多德基本著作选》（英文本），《解释篇》16a4。
[2]［希腊］亚里士多德：《亚里士多德基本著作选》（英文本），《解释篇》16a7。
[3]［希腊］亚里士多德：《亚里士多德基本著作选》（英文本），《辩谬篇》65a7。
[4]［希腊］亚里士多德：《亚里士多德基本著作选》（英文本），1a1—2。
[5]［希腊］亚里士多德：《亚里士多德基本著作选》（英文本），1027b25—27。
[6]［希腊］亚里士多德：《亚里士多德基本著作选》（英文本），17a4。
[7]［希腊］亚里士多德：《亚里士多德基本著作选》（英文本），17a5—6。

符号学中的语用学问题。至于斯多亚派的逻辑更明确地以语言符号作为其研究的主要对象。中世纪的经院逻辑也包括对符号学的研究。斯多亚派的“lecton”与中世纪的“suppositon”二词都具有符号学的功能。

从近代到现代，符号学才得到真正的发展，洛克将科学分为三类，第一类叫物理学,第二类是实践学,第三类就是符号学,他也将符号学称为逻辑学。

对复兴并发展符号学最有影响的是现代著名英国哲学家与逻辑学家皮尔士和瑞士著名语言学家索绪尔，以及皮尔士的后继者莫里斯。皮尔士认为符号学是扩展的逻辑学，因为逻辑就其一般意义来说，其特征就是关于符号形式的科学,他的一篇论文的题名就是《作为符号学的逻辑·关于符号的理论》。皮尔士不仅探索了符号的本质，而且对符号给予分类。他认为符号可分为三种基本类型，即图像（icon）、索引（index）和象征（symbol）。图像是一种包含所意谓的事物的某些性质的符号，也就是说符号与对象之间，具有某种性质的共同性。例如图表或绘画与其对象就具有图像关系。索引是一种招致意念的符号，即符号与对象之间具有一种因果关系，例如敲门是有人来的索引符号，烟是火的索引符号。象征是具有社会上一致同意的内涵的符号，它与对象之间的联系具有任意性，但一旦确立之后，就为社会所普遍接受。例如，语词就是这种象征符号。实际上，每一个符号都有一定程度的图象、索引和象征的作用，不过在某种情况下某一种作用更为显著罢了。皮尔士将符号学的内容分为三个部分，即纯语法（或称思辨语法）、逻辑自身（或称批判逻辑）和纯修辞学（或称思辨辞学）。

索绪尔（F.D. Saussure，1857—1913）是一位从语言学的角度极力提倡符号学的语言学家，他在《普通语言学教程》中给语言下的定义是：“语言是一种表达观念的符号（法语 signe，中文译者译为“符号”系统）。”[1]他接着说：“因此，我们可以设想有一门研究社会生活中符号生命的科学；它将构成社会心理学的一部分，因而也是普通心理学的一部分；我们管它叫符号学（sémiologie，来自希腊语 sēmeion，即“符号”）。它将告诉我们符号是由什么构成的，受什么规律支配，……语言学不过是这门一般科学的一

---

[1] 索绪尔：《普通语言学教程》（中文版），商务印书馆 1982 年版，第 37—38 页。

部分，将来符号学发现的规律也可以应用于语言学，所以后者将属于全部人文事实中一个非常确定的领域。”[1]索绪尔还特别强调：“语言比任何东西都更适宜于使人了解符号学问题的性质，但是要把问题提得适当，又必须研究语言本身，……”[2]

索绪尔区分了符号的所指（signifie）和能指（signifiant），他认为语言符号连接的不是事物和名称，而是概念和音响形象（能指）的结合。

莫里斯（C.W.Morris，）也是一位对现代符号学的发展有杰出贡献的哲学家。他的《符号理论的基础》、《符号、语言和行为》与《开放的自我》等著作都重点探讨了符号学问题。他将符号学看作是哲学的主要内容。他认为符号学包括三个分支，即语形学（Syntactics）、语义学（Semantics）和语用学（Pragmatics）。这一观点后来为很多哲学家、逻辑学家、语言学家所接受。他指出符号学的范围是“以一种关于一切形式和表现的符号的一般理论为其目标，不论这些形式和表现是在动物方面的或在人的方面的，是正常的或病态的，是语言的或非语言的，是个人的或社会的。因此符号是一种介乎诸学科之间的科学事业”。[3]莫里斯还区分了纯粹符号学和描述符号学，前者涉及一般符号的分析，后者则是对实有的符号主要是自然语言中的符号的研究。

正是皮尔士、索绪尔、莫里斯等人的研究与倡导，为符号学的进一步发展打下了一个基础。

现在是符号学蓬勃发展的时期，世界上已有二三十个国家深入地开展了对符号学的研究。美国是一个有研究符号学传统的国家，从皮尔士到莫里斯、卡尔纳普、塔斯基. 雅可布森 . 蒙塔力 .（R.Montague）、费希（M. Fisch）、西比阿克（T.A.Sebeok）等，都从不同角度对符号学作了深入的研究。他们比较强调符号学的方法论意义。例如，费希说：“符号理论的基础就是各门学科的基础。”[4]西比阿克说，符号学的意义“在于这样一个事

[1] 索绪尔：《普通语言学教程》（中文版），商务印书馆 1982 年版，第 38 页。
[2] 索绪尔：《普通语言学教程》（中文版），商务印书馆 1982 年版，第 38 页。
[3] 索绪尔：《普通语言学教程》（中文版），商务印书馆 1982 年版，第 37—38 页。
[4] ［美］皮尔士：《皮尔士关于符号的一般原理》，1978 年版。

实，即它是科学统一的一个步骤，因为它为任何特殊的符号科学如语言学、逻辑学、数学、修辞学……以及美学提供基础。”[1]他们认为，符号学是一门元学科（metadiscipline），它要深究到所有的研究过程。正是这一点，使得符号学虽然逐渐形成一门独立的学科，但仍与哲学有着密切的联系。这不仅因为人的认识总是与一定的符号系统有关，而且因为作为一门元学科自然有其哲学的一般意义。由此我们可以理解到，为什么自古以来，特别是近代与现代的，包括美国在内的许多著名哲学家都会在一定程度上论及符号问题。而由于各个哲学家的哲学观点的不同，自然也影响他对符号性质的理解与解释的不同。美国以及其他国家的不少符号学家与哲学家，现在仍在探讨符号的本体论意义与方法论意义[2]，就说明符号学与哲学的不可分割的联系。

英国、法国、波兰、苏联也都重视对符号学的研究。罗素的很多关于语言和逻辑的论著（如《论指称》）都与符号学有关。维特根斯坦后期的思想以及受其影响的日常语言哲学学派的研究都明显地具有符号学的性质。法国的符号学继承索绪尔的结构主义传统，使这种结构主义的符号学方法渗透到语言学、文学、人类学各方面的研究。波兰也是一个对符号学的研究有着悠久历史的国家。例如，由佩尔茨（J.Pelc，华沙大学哲学学院逻辑符号学系主任）编选的一本《符号学在波兰》（1971 年版）就注明从 1894 年至 1969 年。在这本书编入了 34 篇论文，充分显示出他们研究的深度与广度。苏联从 20 世纪 50 年代中后期由机器翻译与数学模型在语言中的运用，逐渐转到结构类型学的研究，并展开以马克思列宁主义的观点从认识论、逻辑学方面对符号学的探讨。日本也于 1980 年建立了“记号学会”（即“符号学会”），他们比较重视对符号学的综合研究。该会现任会长坂本百大教授著有《哲学的记号论》、《记号学的本质及其现代意义》等文。他在 1986 年访问我国时曾就符号学问题作过报告。

我国自 20 世纪 60 年代以来，已开始了符号学的介绍、研究与传播，莫

[1]［美］西比奥克：《符号及其主人》，1978 年版，第 65 页。
[2] 参见西比奥克主编的《符号学在各国》，1965 年版。

里斯符号学著作已有不少译成中文出版，如:《指号理论的基础》(周礼全译，1966年出版)、《意谓和意念》(陈修斋译，1979年出版)、《开放的自我》(定扬译，1987年出版)，此外还有［波］沙夫的《语义学引论》（周礼全译，1979年出版)。另外，英国、法国、日本一些符号学专著也逐渐地被译成中文。近年来，报刊上出现了一些评价符号学的文章，今后一定会有更多的学者对符号学（特别是注意结合汉语这种特殊的符号）作深入的研究。

二、逻辑符号学是逻辑学的一个重要组成部分

从上面对符号与符号学的介绍中，我们看到符号学与逻辑学有着密切的联系，这主要是由于逻辑学本身研究的对象就是一种符号，即皮尔士所作分类的第三种：象征符号，具体地说，就是语言（包括自然语言与人工语言）。这一观点我在《语言、逻辑与语言逻辑》一文（载《哲学研究》1986年第8期）已经有所阐述。由于它跟传统的观念相距太远甚至背道而驰，因此很难为逻辑学界一些同志所接受。这些同志之所以如此，主要原因在于没有将逻辑学与心理学作严格的区分。我们知道，心理学是研究思维形式的，因为思维本身就是一个心理过程，而似乎谁也难以否认，逻辑学所研究的就其直接对象来说，是语言符号，虽然我们并不否认语言符号与思维有密切联系，但是我们总不能将逻辑学所探求的符号公式直接称为思维形式。例如，在数理逻辑中，下面的公式："$p \wedge q \leftrightarrow q \wedge p$"是一个重言式，在一个形式系统中它是一个可证公式，一般称它为合取（∧）交换律，它表示"∧"的左右两方可以相互交换，它跟数学中的乘法交换律"$a \times b = b \times a$"极其相似。谁都不会怀疑乘法交换律是一个数学符号公式，但是，不少逻辑学家却不将与它极其相似的合取交换律称为符号公式，而称它为一个思维形式，虽然他们从来没有证明过（或试图证明）它何以是一个思维形式。

有人认为，思维形式不是指合取交换律，而是指明传统逻辑中所说的"S是P"或"S不是P"这样的形式，以及由这些形式所组成的推理式。其实，我们普通逻辑教材中所说的"S是P"或"S不是P"仍然只是一种语言形式，它们不过是像"牛是哺乳动物"或"鸵鸟不是哺乳动物"等自然语言语句（更精确地说是汉语语句）的抽象。普通逻辑教材中将它们称之为直言判

断形式，认为它们具有全人类性，似乎各民族都是按此形式作出判断；其实不然，就以 E 判断为例，撇开语音的因素不管，我们汉语认为是“所有 S 不是 P”的形式，英语的对应形式应该是“All S is not P”，俄语的对应形式应该是“Все S не есть P”。但是，我们知道，英语和俄语中决不会用这样的语式来表达 E 判断。在拉达（R.Latta）和麦克白士（A.Macbeth）合著的《逻辑原理》一书中这样说过：“在很多语言中，包括英语，‘All S is not P’确实意谓‘有些 S 不是 P’（Some S is not P），它是以一种修辞方式说明虽然大多数 S 可能是 P，然而至少有某些 S（可能极少）不是 P。‘All is not gold that glitters’意谓有些闪光的东西不是金子。因此，‘All S is not P’的形式至少是有歧义的，而被代之以‘No S is P’。”[1]同样，俄语中表示“所有 S 不是 P”的不是“Все S не есть P”，而是“Ни одно S не есть P”。这一明显差异使我们不得不对像“所有 S 不是 P”这一类的语式被认为是全人类共有的思维形式这一点表示怀疑。我们认为实际上它只是一种民族语言的抽象，它具有一定的民族性，即使进一步形式化为“$\forall x(S(x)\rightarrow P(x))$”这样的公式，仍只是跟其他数学公式一样的符号公式，而不是所谓思维形式。我们认为，现代逻辑称为数理逻辑或符号逻辑，决非偶然，它正是强调了现代逻辑中“符号”这一特征。还需要说明一点，传统所谓的“概念”、“判断”这些所谓“思维形式”的术语，本身语义就很不确定，现代逻辑中已很少使用，即使使用也必须给以确定的解释（如将“概念”解释为词项的内涵）。国外逻辑教材中，往往使用“词项”（term）、“语句”（sentence）、“命题”（proposition）或“陈述”（statement）以代替传统的“概念”和“判断”，这一点值得我们借鉴。

至于由“S 是 P”这类语句组成的推理式，不论是亚里士多德《工具论》中的“如果 R 属于一些 S，而且 P 属于一切 S，P 就一定属于一些 R”[2]；还是斯多亚派的“如果第一，则第二；第一；所以第二”或是《波尔·罗亚尔逻辑》中的“AAA”、“EAE”式，直到现代逻辑中的“$(q\rightarrow r)\rightarrow(p\rightarrow q)$

---

[1]《逻辑原理》英文版，麦克米兰公司 1929 年出版，第 59 页。

[2]［希腊］亚里士多德：《亚里士多德基本著作选》（英文本），《前分析篇》，28b12—13。

→（p→r）”，所有这些，可以说都是以一定的符号所表述的公式，只是它们的表述越来越形式化，越来越精确。这些公式表示的是符号与符号之间的一种关系，我们称之为推理关系（罗素与卢卡西维茨更严格地称之为蕴涵关系），这种关系具有客观的必然性。正是这种性质决定研究这种符号公式的科学为逻辑学，它应当归于符号学中的语形学的范围。由此可见，认为逻辑学研究的对象为语言符号，丝毫不否认它是一门研究推理关系的科学，只是要将这种符号所表述的推理关系与人们实际的推理心理过程区别开来。而且目前普通逻辑教学中普遍存在着将上述两者相混淆的现象，以致将逻辑学变成一门心理描述的科学，这不能不说是我们逻辑教学与研究中的一个严重缺点。

我们说逻辑学研究的对象是语言符号，目的在于从逻辑学的实际出发，将逻辑学从哲学认识论与心理学中进一步分离出来，让它成为一门真正独立的学科。不过，我们并不否认，逻辑学，正如其他学科一样，最终总要与哲学认识论相联系并受其指导。每一个逻辑学家对逻辑的性质进行探讨时，总得从一定的哲学认识论的基本观点出发，何况从历史的角度看，逻辑学较之其他科学，跟哲学的关系向来是更为接近的。

如果说形式逻辑研究符号所表示的客观推理关系，它所使用的是对象语言，那么，研究形式逻辑系统本身形式性质的元逻辑使用的就是元语言，因为它是以形式逻辑所使用的符号（对象语言）本身作为讨论对象。例如，证明论就是研究一个符号系统本身的一致性、完全性和可判定性问题。这种涉及符号与符号之间的关系的学科，我们就称为逻辑语形学。逻辑语形学在莫里斯之后，经过希尔伯特、哥德尔、塔斯基等的研究，有了很大的发展。除此之外，现代逻辑也非常重视逻辑语义学与语用学的研究。逻辑语义学探讨诸如内涵、外延、真值、可满足性、有效性问题，以及定义理论、专名与摹状词理论等问题。数理逻辑中的模型论就属于语义学。至于对逻辑语境的研究，对索引词如“我”、“你”、“他”、“今天”、“此时”、“那儿”的研究，对非形式谬误的研究，则属于逻辑语用学的范围。蒙塔古所建立的内涵逻辑与语用学有着密切的联系，建立内涵逻辑的一个理论基础就是要区分外延语境与内涵语境。蒙塔古自己就说过：“内涵逻辑可以部分地化归为语用学。”[1]语用学还应包括对修辞逻辑分析，选种对修辞的逻辑分析也可称为修辞逻辑。有的同志不承认有修辞逻辑的存在，认为修辞属于语言学，修辞往往有意违背逻辑，而且，关键在于修辞无法表述为符号形式系统。我们认为这是对修辞也是对逻辑的一种误解。古希腊的亚里士多德就将修辞看作是说服论证的工具。他说："修辞是论辩术的配对物。"[2]还说："修辞学的研究，就其严格意义上说，是涉及说服方式的。说服显然是一种论证，因为只有当我们认为一个事物得到了证明之后。我们才被完全说服。"[3]显然，修辞与逻辑有着密切的联系。现在国内外都有人在研究修辞的逻辑，而这种修辞逻辑必然涉及语言的使用者以及语境，它不属于形式逻辑，却属于逻辑语用学。

我们讲到了现代逻辑不仅研究形式逻辑，研究逻辑语形学、而且研究逻辑语义学与逻辑语用学，那么，它们之间是一种什么关系呢？逻辑语形学、语义学、语用学是否属于逻辑的范围呢？

根据瑞斯切尔（Nicholas Rescher）在《哲学逻辑论集》中所列的“逻辑图”，他在“基本逻辑”（指传统逻辑、正统的现代逻辑、非正统的现代逻辑）之后，列出“元逻辑”（metalogic）。他所说的“元逻辑”就包括逻辑语形学、逻辑语义学与逻辑语用学。而根据著名波兰逻辑学家艾裘凯维茨的观点，逻辑语形学、逻辑语义学、逻辑语用学合起来，就是逻辑符号学（参阅《语用逻辑》）。因此，可以说，瑞斯切尔所谓的元逻辑也就是艾裘凯维茨的逻辑符号学。反过来我们也看出，逻辑符号学是涉及元语言的问题，即各门科学所使用的符号本身的问题。

瑞士著名逻辑学家波亨斯基讲得更加明确，他提出一个“一般逻辑”（general logic）的概念，他认为形式逻辑、逻辑符号学、科学方法论均属于一般逻辑。他在《形式逻辑史》一书的开始就探索了“逻辑”的概念。他感到困难的是，“逻辑”这一术语历史上有过不少含义。他说：“有些逻辑学

---

[1] [美]理查德·蒙太古，《形式哲学》（英文版），第136页。

[2] [希腊]亚里士多德：《亚里士多德基本著作选》（英文本），《修辞学》，135a1。

[3] [希腊]亚里士多德：《亚里士多德基本著作选》（英文本），《修辞学》，1355a4—3。

家把他们自己限制在逻辑定义的发现、检验和系统整理上，例如，很多经院逻辑学家和数理逻辑学家，以及亚里士多德自己在《前分析篇》中所作的就是如此。但是，这样来理解逻辑似乎设想得太狭窄了一点。因为有两个问题自然会由这些定理中产生。第一个问题是关于它们的本质问题——它们究竟是语言表达式、语词结构，还是心理形式或功能，客观的复合体？逻辑的规律意谓什么，陈述（statment）意味着什么？这些现在都是涉及到符号学的问题。第二个问题是有关逻辑规律怎样可能正确地运用实际的科学思维的问题。这些是亚里士多德自己，主要是在《后分析篇》中所涉及到的问题，即现在被看作一般方法论的问题。所以符号问题与方法问题是跟逻辑密切联系着的；实际上它们总是建立在符号学的基础上，并且完成于方法论中。那些剩余与超出这两个学科之上的，我们就称之为'形式逻辑'。"接着他又说："这样，一部完整的逻辑问题的历史必须以形式逻辑作为它的核心，但是也应处理符号学与方法论问题的发展史。"[1]波亨斯基在《现代逻辑的一般观念和特征》[2]一文中谈到从处理问题的观点出发来对现代逻辑进行分类，首先他分出"一般逻辑"与"逻辑的特殊发展"。他说："一般逻辑'是指一种应用十分广泛或将演绎方法论应用于一大群科学的理论的集合。"在"一般逻辑"之下，又分"纯逻辑"与"一般应用逻辑"两部分。纯逻辑包括命题逻辑与词项逻辑；一般应用逻辑则包括逻辑符号学（逻辑语形学、逻辑语义学与逻辑语用学）与一般方法论（演绎科学方法论与经验科学方法论）。我们发现，波亨斯基与瑞斯切尔对逻辑的分类细则上有些不同，但他们将逻辑符号学包括在"逻辑"的一般范围之内，这一点是完全相同的。

我们认为，对"逻辑"可以作狭义的与广义的两种理解。这两种理解从亚里士多德时期就已见端倪。作狭义的理解，或者说从严格意义上来理解，逻辑是指形式逻辑，即形式化的演绎逻辑，也就是上面所述的基本逻辑或纯逻辑；而作广义的理解，则逻辑不仅包括形式逻辑，还包括逻辑符号学与科学方法论。我国目前一般学校所讲授的普通逻辑，实际上就包含了上述广义

[1]［希腊］亚里士多德：《形式逻辑史》，1961 年英文版，第 3 页。
[2] 波亨斯基：《现代逻辑的一般观念和特征》，《哲学译丛》1983 年，第 2 期。

逻辑的几个部分。它除了讲授应归于严格意义的形式逻辑即演绎逻辑部分外，还讲授内涵、外延、真值、定义等内容，这些就属于符号学研究的范围，主要是语义学的范围；另外，它还讲授归纳法、归纳推理的内容，这些则应属于科学方法论的范围。由此可见，逻辑学的发展正如其他科学的发展一样，将原来综合性的知识作了分析。它越分越细，研究也越来越深入。我们看到了物理学分出力学、光学、热学、声学、电磁学，以至分子物理学、原子物理学、原子核物理学，而每一个部门又可分出若干分支学科。逻辑学也是如此。有些学者只承认对逻辑的狭义的理解，以致否定广义逻辑的存在，这是他们反对逻辑符号学是逻辑学的一个组成部分的根本原因。

产生这种看法的另一个原因，是一些学者对符号学本身的性质与发展比较陌生，以为符号只是一个纯形式的东西，它毫无内容，谈不上语义和语用。实际上符号的作用就在于它能代表另外一个东西，即它一定有所指称，有使用者，有解释者。将符号理解为纯形式的东西，也就是否定其为符号。另外，最近几十年符号学本身有了飞跃的发展，除了有皮尔士所研究的那种符号学（一般就称为纯粹符号学或像艾裘凯维茨所说的逻辑符号学，虽然它们之间仍可找到细微的差别）外，现在还出现了各种各样的符号学，如神话符号学、文学符号学、美学符号学、音乐符号学、建筑符号学、电影符号学、医学符号学等等。莫里斯与卡尔纳普将这些符号学称之为描述符号学。这些符号学中，逻辑符号学应该是最基本的，它不仅是各门描述符号学的元学科，也是各门科学的元学科，因为它研究的是各门学科的“方法的方法”，是一切科学的“支点”、“工具”。今天我们讨论符号学与逻辑学的关系，具体一点说是讨论逻辑符号学（或纯粹符号学）与逻辑学的关系。显然我们不会将描述符号学归于逻辑学的内容。

这里可能产生另一个问题，如果我们将逻辑学的对象归结为语言符号，又将逻辑符号学看作是逻辑学的一个重要组成部分，这样固然将逻辑学与心理学作了区分，反过来不又将逻辑学跟语言学混淆了吗？

的确，现在西方存在着逻辑学与语言学逐渐融合的现象。例如，乔姆斯基的转换生成语法，特别是在其基础上所形的生成语义学，就非常重视用现代逻辑的方法去分析语法和语义。他们是从语言学的角度注意结合逻辑学；

而另一个方面，著名的逻辑学家蒙塔古却从逻辑出发强调对自然语言的分析，他所创立的蒙塔古语法与内涵逻辑，既为逻辑学界所接受，也为语言学界所赞扬。继承英国奥斯汀言语行动理论并作了重大发展的美国语言学家塞尔（John R.Searle），不仅写了像《言语行动》、《表达与意义》、《意向性》等著作，而且还与凡德尔维肯（D.Vanderveken）合著了《语旨行为逻辑基础》（Foundations of illocutionary logic）一书。但是，我们认为，逻辑学与语言学作为两门学科，至少在目前阶段还是有一定区别的。逻辑学是一门规范性学科，语言学是一门描述性学科；逻辑学主要研究语言符号的定义方法与内在推理关系，语言学主要研究各种词句的表现形式；逻辑学主要研究语言的深层结构，语言学则比较重视语言的表层结构。这种区别具有相对性，但至少说明它们还是两门学科。例如，语言学分析各种复句句式，但它决不考虑各种句式之间的推理关系，而逻辑学却正好揭示这种关系，如德摩根定理：

$$\neg (p \wedge q) \longleftrightarrow \neg p \vee \neg q$$

（¬表示“并非”，∧表示“合取”，∨表示“析取”，↔表示“等值”，p和q表示命题。）它是说：并非p且q等值于非p或非q，用实例说明就是，“并非张三和李四都是教师”等于说：“或者张三不是教师，或者李四不是教师（也有可能张三、李四都不是教师）。”显然，语言学不会管这样的推理关系。由此可以看出，逻辑学与语言学虽然同样以语言符号作为自己的研究对象，但侧重点不同、方法不同，结果也显然不同。因此，我们完全可以分辨出逻辑学与语言学是两门不同的学科。

现在有不少搞形式逻辑教学的学者，同时也在研究语言逻辑。但究竟什么是语言逻辑？既然说逻辑的对象就是语言符号，为什么又提出一种专门的语言逻辑？语言逻辑有没有与形式逻辑不同的研究对象？这是研究语言逻辑以及形式逻辑的学者首先需要明确的问题。

目前在国内外对什么是形式逻辑的问题，还存在一些分歧的意见，一般认为，它研究的是有效的符号演绎推理的理论，其最基础的部分就是命题演算与谓词演算。这也就是波亨斯基所说的一般逻辑之下的形式逻辑。

关于究竟什么是语言逻辑的问题，不论国内也好，国外也好，都有一些不同的看法。我们认为，所谓语言逻辑，就是自然语言的逻辑符号学。在这个问题上，我们基本上接受波兰逻辑学家艾裘凯维茨的观点，他认为逻辑符号学就是语言逻辑（参阅艾裘凯维茨所著《语用逻辑》）。不过，我们认为，艾裘凯维茨所说的逻辑符号学，不仅包括对自然语言与人工语言这些符号的分析，还包括对非语言的符号的分析，范围较广，因此，说它是“语言逻辑”，不一定相称，最好在“逻辑符号学”之前加上“自然语言”的限定语，即语言逻辑就是自然语言的逻辑符号学。

通过对“语言逻辑”的定义之后，我们可以看出，虽然逻辑都以语言符号作为对象，但是语言逻辑则明确：首先，它是以语言中的自然语言为对象，虽然它并不排斥以人工语言作为工具去分析自然语言；其次，它不仅研究语形问题，而且研究语义与语用问题，而且重点在于后者。为此，语言逻辑具有独立成为学科的条件，它也远非讲传统逻辑加几个自然语言的例子可以比拟，而且，我们可以看出，它必须以现代逻辑已有的成果为基础，而决不与现代逻辑相排斥。

我们认为，从明确逻辑研究的对象出发，让逻辑从所谓研究思维形式、思维规律的框框下解放出来，进行切实的改革，并在现代逻辑的基础上，建立语言逻辑，为此，我们也要进行符号学的研究，这就是我们的心愿。

（原载《哲学研究》1988 年第 8 期）

名辩学、逻辑学与符号学

中国古代有“名家”和“辩者”、“辩士”的称呼。但是，相对于“儒家”、“道家”、“法家”等学派来说，“名家”与“辩者”的概念比较模糊。《庄子·天下》篇中所指的“辩者”实际上是指那些“好辩者”或“善辩者”，并非指一个以“论辩”为研究对象的学派。

“名家”是自班固的《汉书·艺文志》起才正式列为古代的六家之一。但《艺文志》并未给予一个明确定义，最多只能说给了一个列举定义。如果以“名家”大体上是以“名”作为主要研究对象，或以“正名实”为其主要任务的学派，那么，不少公认为其他学派的人也可以归于“名家”。

近代西方逻辑理论传入中国之后，一些学者有一个阶段曾用“名学”或“辩学”之名翻译西方的“logic”一词。作为一门学科，翻译者一定是认为西方的“逻辑学”大体上相当于中国古代“名家”或“辩者”之学。这样给人以“名学 = 辩学 = 逻辑学”的印象，但认真分析起来，中国古代的“名学”与“辩学”与西方的逻辑学仍存在某些区别，并不完全等同。

最近二十年，中国新一代逻辑学家经过对古代文献与现代逻辑理论及有关科学的深入对比研究，提出了“名辩学”的概念。刘培育主编的《中国古代哲学精华》（1992 年出版）的“名辩篇”部分，提出“名辩学是中国古代的一门学问。它是关于正名、立辞、明说及论辩的原理、方法和规律的科学，其核心就是今天讲的逻辑学。”周云之所著的《先秦名辩逻辑指要》（1993 年出版）与《名辩学论》（1996 年出版）提出：“名辩学应当是正名学（名学）和论辩学（辩学）的有机结合”，“正名学和论辩学应当包括各家有关正名和论辩的所有思想”，“名辩学可视为中国古代逻辑的代表”。这三本书对“名辩学”提出了比较明确的研究范围和对象，从而也确定了“名辩学”的学科地位，这是十分可喜的。但是三部著作也留下了一些问题有待我们去进一步探讨。

首先就是名辩学与逻辑学的关系问题。如果说名辩学的"核心就是今天所讲的逻辑学"，或者说是"中国古代逻辑的代表"，那么，这里的"逻辑"与今天所讲的"形式逻辑"的内容是不是完全一致？特别是《名辩学论》说："名辩学并不等同或代替中国逻辑史的研究"，"中国逻辑史应当主要是中国形式逻辑的思想发展史"。这里似乎有一句潜台词，即名辩学研究的"逻辑"不是"形式逻辑"。如果名辩学不是形式逻辑，它还算不算逻辑？它又何以成为中国古代逻辑的代表？

对"逻辑"的性质问题一般有两种观点，一种观点是逻辑必然是形式的，也就是说"逻辑"就是"形式逻辑"，无"形式"也就不成为"逻辑"。另一种观点是有一种非形式的逻辑存在。英国逻辑学家凯因斯（J. N. Keynes）是第一种观点的代表，他在其《形式逻辑》(1928)中说：逻辑一定是形式的，或者至少是非实质的。如果严格依据这种观点，恐怕就要难以承认中国古代有逻辑存在，因为从中国古代的文献中很难找到像亚里士多德逻辑或西方传统逻辑或现代逻辑那样的"形式"。亚里士多德的逻辑之所以称为"形式逻辑"，是因为他已经用了一定的人工符号(变项)去刻画推理的形式。如他说："如果 A 属于所有 B，B 属于所有 C，则 A 也属于所有 C。"[1]这里 ABC 都是变项。亚里士多德用变项形成推理的形式结构。传统逻辑发展了亚里士多德逻辑，本世纪 50 年代波兰逻辑学家卢卡西维茨又将亚里士多德的逻辑加以形式化，形成一个严格的形式系统。中国古代不管是名学还是辩学，还没有出现过这种对推理的形式刻画，当然，我并不反对用现代形式逻辑的理论成果去分析中国古代的逻辑思想。但是中国古代的名辩学没有刻画"形式结构"，这是一个事实，因此也无法承认中国古代已经有了"形式逻辑"。有的学者认为中国古代已有变项，如公孙龙与《墨经》中所说的"彼"、"此"等词。我不太同意这种观点，因为如果将这些代词看作变项，那么一切"代词"都具有代换功能，而一切自然语言系统都存在"代词"这一词类，这就得承认一切自然语言天生就具有变项。这反而会贬低发现与使用变项的历史意义。

[1] 苗力田主编《亚里士多德全集》第 1 卷，67a11，中国人民大学出版社。

我认为，代词具有某些变项的功能，但是代词与变项并不完全同一，其主要不同之点就在于代词具有一定的语义和一定的指称对象，而变项仅是一个表示空位的符号，它可以代入变域中的任何一个元素，它没有语义指称的限制。逻辑，是研究正确推理的科学，形式逻辑主要刻画正确推理的形式结构及其规律。我们认为，从逻辑历史的发展过程来看，“逻辑”较之“形式逻辑”是一个更为广泛的概念。非形式逻辑在逻辑发展史上不仅有中国古代的逻辑，还有印度逻辑，即我们所说的因明学。因明学就其原初的文本来说，只有具体的论式而无论式的形式刻画，一直到本世纪的后半叶，西方才有逻辑学家运用现代逻辑的工具去分析与刻画印度的古代逻辑。西方学者并没有因为因明学没有变项或者没有一定的形式刻画就否认它是逻辑。中国古代《墨经》中说过的“或”、“假”、“效”、“侔”、“推”等，这些最多只能算作是某种“推理式”的名称，而不是一种展开了的推理形式。就古代文本自身来说，既没有像亚里士多德那样的变项，也没有亚里士多德逻辑所作的那样的推理式的形式刻画，因此，将名辩学称之为像亚里士多德那样的“形式逻辑”是有困难的。这样，将名辩学称之为逻辑，必须对“逻辑”一词作比较广义的理解，即它是逻辑，但主要是一种非形式逻辑。正名学是研究定义以及防止歪曲语义的方法，论辩学则是讨论论辩的原理、方法与规律，如果与亚里士多德逻辑相比，它有些类似于亚里士多德的“论辩的推理”或“修辞三段论”的东西。

为什么古代中国没有出现像亚里士多德那样的形式逻辑？我认为，这跟汉语言的特点有关。汉语言是一种语义特别丰富的语言，由于语义丰富，人们使用起来就特别强调要语义准确，这样“正名学”（语义学）也就发展起来。又由于政治斗争激烈与学术空气良好，辩论之风盛行，“论辩学”（语用学）也发展迅速。由于汉语汉字的形象性、隐喻性特别丰富，汉语的语序的作用比西方语言强，所以我们的祖先虽然没有系统的语法学，但人们并不会因此而难以“启齿”，实际上我们的祖先说话写文章是合乎语法的，也是合乎逻辑的。

就具体的推理论式来说，中国古代最为盛行的推论式是“喻”。这是名辩学一大特点。从现代西方发展起来的“隐喻”（metaphor）理论来看，《小取》篇中所列举的几种论式都可以归结为“喻”，也就是现代所说的“隐喻”。在人们思维中，隐喻的作用非常重大，它决非像过去某些学者所简单看待的那样，只是一个“类比”，或者只是为了“美化”。我们甚至可以说，一切创造性思维在自然语言的表现中都包含有隐喻的成分，也可以说，语言的本性就是隐喻。离开隐喻人类社会生活都无法正常进行。我们的语言符号大部分都是通过隐喻产生的。我们的科学认识也包含有隐喻。一部《易经》就是一个隐喻的隐涵（implicature）推理系统。中国古代这一“喻”的推理式的发展，值得我们认真研究。当然，名辩学除了“隐喻”以外，还存在许多别的特点，例如，《公孙龙子》与《墨经》中关于“当”的理论，这有些类似于现代言语行为理论（the theory of speech acts）中的“恰当性”（felicity）条件，也值得我们认真研究。

无论是隐喻、隐含，还是恰当性问题，都是语用问题。例如，《小取》篇中说“夫物或乃是而然，或是而不然。”为什么会出现这种情况呢？这就涉及一个语境问题。同样的语言格式，在一种语境中可以“是而然”，在另一种语境中，它就会“是而不然”。如说：“臧，人也；爱臧，爱人也。”但是，当说：“盗，人也”时，“多盗”，却“非多人也。”“无盗，非无人也。”“杀盗，非杀人也。”这里涉及“盗”这个词的感情色彩，以及盗这类人的社会作用问题，当使用这类词形成命题时，就可能出现“当”与“不当”之分。“恰当性”问题只有从语用学的角度才能加以解释。概括一点说，论辩学也就是语用学。

“正名”学说，虽说古代各派有其各自的特点，但有一共同点，那就是他们都涉及如何确定“名”的含义，因此，它属于语义学的范围。中国古代的“正名”理论在各家的文献中得到阐述，但真正的正名不是在这些文本（text）中，而是在训诂学以及一些文献的注释中。我国古代严格按“属加种差”的公式给词下定义的例子并不多见，但不能由此断言中国古代定义不发达。我国古代的定义方法是丰富多彩的。定义，从来是逻辑的一个重要部分。中国的传统定义，多使用同义词定义即语词定义，而同义词定义实际上相当于一种符号转换，这比较接近现代逻辑的理论。另外使用同义词定义方法，当选定同义词的时候，还需要强调语境，在什么时候选定什么样的同义词有一定的限制。这里涉及语用问题。这也是中国名辩学的一个特点。

提到语义学和语用学，似乎与逻辑学相隔甚远，其实，它们从来都是密切相关的。语义学与语用学的发展是与现代逻辑的发展分不开的。即使从传统逻辑的角度看，语义学与语用学也是逻辑学的一部分。传统逻辑中的概念的定义与划分就属于语义学，而论辩与反驳以及对谬误的分析，则属于语用学。现代逻辑的发展，越来越重视这两个领域。所以，当讨论逻辑问题时，说到语义学与语用学，丝毫不意味着离经叛道。现代符号学创始人皮尔士（Charles Sanders Peirce）甚至说：作为符号学的逻辑学，是研究符号（signs）的理论。莫里斯（Charles Morris）将符号学分成语形学（主要是逻辑与语法）、语义学与语用学三个有机组合的部分。因此，语义学与语用学从总体来说属于符号学的研究范围。名辩学中包含着丰富的语义学与语用学的内容，因此说它属于符号学研究的范围。总的来说，中国古代的符号学在语义学与语用学方面内容丰富，而在语形学方面则比较贫乏。这是中国符号学的一个特点。现在中国语形学（现代逻辑与语法学）逐渐发展起来，这有利于促进整个符号学发展的。研究古代的名辩学将是丰富中国的符号学的一个重要手段。

（原载《哲学研究》1998 年增刊）

谎　言

——一种典型的符号现象

"谎言"是社会生活中一种经常出现的现象，是一种人人痛恨而又人人都可能说出的言语行为。大至政治斗争，小至日常生活，几乎时时都出现谎言。美国总统尼克松曾经信誓旦旦地说，他预先并不知道"水门事件"的经过，现在白宫档案揭密之后，发现他当时完全是在撒谎。一代枭雄希特勒的宣传部长戈培尔甚至说："谎言重复一千遍就成了真理。"我们生活中天天看广告，其中的话很多都是谎言，受骗上当者不计其数。一般家庭父母老在教育孩子要说真话，不要撒谎，但是父母自己却经常对孩子撒谎。我们几代人小时候都在小学课文中学过"狼来了"的故事，但现在还要学，说明现在还会发生"狼来了"的故事。我们去看望病人，有时不得不违心地说些谎言，以求安慰病人。医生有时出于一种职业道德，不得不欺骗病人。社会上有各色各样的人，有的爱吹牛，有的爱谦虚，其实吹牛与过分谦虚也是一种谎言。我们如果去作一次调查，问被调查者曾经是否说过谎，恐怕大部分人都要说他从来没有说过谎，或者仅仅说他小时候曾经说过谎，其实他这句话本身就是谎言。可以断言，百分之九十九的人都曾说过谎，那百分之一的人不是书呆子，就是傻子，因为社会经验告诉我们，有些情况下是不允许说真话的。伟大的文学家巴金至今仍以过去在某种特殊环境中说过违心的话而忏悔，而从那个特殊环境中生活过来的人又有几个没有说过违心的话呢？我这里丝毫没有为谎言辩护的意思，而只是揭示一个事实而已。

"谎言"也是哲学史与逻辑史上的一个重要问题。在古希腊的哲学中，早就有了"说谎者"的悖论，在中世纪，"说谎者"悖论也是哲学家和逻辑学家研究的一个重点课题。在现代逻辑中，"说谎者"悖论作为一种语义悖论，更是引起学术界重视，甚至引起一种"惊慌"。不少学者至今仍在孜孜不断地进行研究，以求解脱这种悖论。19世纪末及20世纪初，由美国哲学家与逻辑学家皮尔士（C.S. Peirce，）和瑞士语言学家索绪尔（Ferdinand De Saussure）同时提出并发展了现代符号学，谎言问题同样也是符号学中的一个重要问题。当代著名意大利符号学家艾科（Umberto Eco）的《符号学原理》一书中甚至说："符号学是一门研究可以用来说谎的每一种事物的学科。"可见"谎言"问题在符号学中所占的地位。

一、"谎言"的定义

在词典中往往将"谎言"定义为"假话"或"不真实的话"，是与"真话"相对立的（参阅《现代汉语词典》）。但是将"谎言"简单地定义为"假话"仍不够全面，因为"谎言"必然是"假话"，但"假话"不一定是谎言。公元2世纪亚历山大城的天文学家和数学家托勒密在《天文学大成》一书中提出"地心说"，认为地球是宇宙的中心。他是经过一定论证的，但他所陈述的命题从根本上说是假的。然而，我们不能说那是谎言，因为托勒密的确相信自己说的是真理。有些假命题是由于说话者观察现象的角度，或某个心理状态造成的。曾经在哥腾堡召开过一次心理学会议，参加者都是各国心理学专业工作者。会议进行中，突然进来一个陌生者，紧接着一个人持枪追杀进来，并对空开了一枪，然后两人速跑出会场。与会者一片惊慌。会议主席要求每个目击者立即将刚才所发生的过程记录下来，结果各人所写的都不相同，而且与实况录像对照起来一看，几乎都有出入。这就是说，每个人的记录都有虚假成分，但我们不好说，每个人都在撒谎，因为这是他们观察与记忆的错误，并非有意说假话。那么，什么是谎言呢？谎言是说话者明知为假而"有意"向听话者说的假话。通俗地说，谎言就是说话者"有意骗人"的话。因此，说话者是否说假话，必须考虑其意向性，不知为假而说的假话不能算是"谎言"。"谎言"是与"真话"相对立的，但是，"真"存在一个程度的问题。例如，亚里士多德提出一个"明天将发生海战"命题，波兰逻辑学家卢卡西维茨指出，它的真值既不能算1（真），也不能算0（假），而只能是二分之一，也就是说它可真可假，卢卡西维茨由此建立了多值逻辑。那么，与"真"相对立的"假"也应该存在一个程度问题，"不真"不一定就“假”。有的人说话不够十分精确，只要他不是有意骗人，就不能说他的话是谎言。

二、谎言的符号性

说话是人的一种符号行为。每一个词、每一个字，都是一个符号。语言是一个符号系统，说谎就是用语言进行欺骗人的过程。符号指称事物，事物本身无所谓真假，只有反映事物的思维与表达思维的语言有真假。谎言是人类特有的一种语言现象，但它也是相当普遍的符号现象。探索谎言问题必须从语言的符号性上进行研究。

语言为什么可能出现虚假呢？这是因为,语词符号必须具有指称的功能，一个图像或声音如果什么对象也不指称，它也就不成为一个符号。但是，符号终究只是人的认识对象的一个代表，而非对象本身。语词可以指称眼前可以感触到的事物，也可以指称眼前并不存在或者说人不能直接感触到但可以想象到的事物。这就为出现虚假命题提供条件。人在思维过程中经常出现幻觉的成分，即他认为有而实际并不存在的成分。当然，出现虚假命题的因素是多种多样的，但语词符号具有指称不存在对象的可能性是谎言出现的必要条件。而且即使每一个词都有所指称，而由这些词按一定语法规则组成的语句仍可能是假的。反过来，没有语词，没有语词组合的语法规则，也就不会有谎言出现。简而言之，没有语言，也就无所谓“谎言”。动物为了生存，有时制造一些假相，以欺骗人类或其他动物（例如有的动物出现装死现象），但那是一种求生的行为，不能算是谎言。美国心理学家彭尼曾培养一只一周岁的大猩猩柯柯学习手势语，柯柯五岁时，也出现过撒谎的现象。当凯特和柯柯在一起时，柯柯把水斗砸坏了，柯柯用手势语告诉彭尼，是凯特砸坏的。这个例子并不说明动物本性会撒谎，而只是说明某些灵长类动物经过人的培养，学会了某种语言符号之后（手势语也是一种语言符号）才可能出现撒谎。这更证明了谎言的符号性。

三、谎言的分类

哲学史上曾对“谎言”进行过不同的分类。例如，中世纪奥古斯丁（St

. Augustine）曾将谎言分为八类：第一种是在传授教义时说谎；第二种谎言是不公正地伤害他人，这种谎言无益于任何人而有害于某个人；第三种谎言是使某个人得益，而同时使另一个人受害；第四种谎言是单纯的谎言，目的在于从中取乐；第五种谎言的目的是在逢迎谄媚的对话中取悦于人；第六种谎言是于任何人无害，而有益于某个人；第七种谎言于任何人无害而会使某人受益；第八种谎言是于人无害，而能使某人免受某种玷污。奥古斯丁是中世纪教父哲学的典型代表，他最恨的是第一种谎言，即传授教义时撒谎，认为那是十恶不赦的，应该拒之千里，任何人在任何情况下都不应该这样傚。很有意思的是，宗教世家出身的德国哲学家尼采最痛恨宣传教义，认为传授教义本身就是撒谎，甚至认为捏造一个有赏有罚的上帝就是一个神圣的谎言。

我们将谎言按说话者的目的与效果分为四类：1. 有害于他人而有益于自己的谎言，如在战争中、政治斗争中和法庭上的谎言。尼克松的谎言就属于这一类。2. 有害于他人而无益于自己的谎言，这往往是由于好奇、羡慕以致忌妒而对他人无端恶意的中伤。例如社会上经常流传一些不负责任的关于某些名人、影星的谣言。3. 有益于他人而无害于自己的谎言，如到医院看望病人，说一些安慰病人的话，明知那是不真实的，但必须那么说。谁能对一个癌症患者直述其病情呢？ 4. 无益于他人也无益于自己的谎言，如纯粹地开玩笑。如每年 4 月 1 日愚人节。在西方的报刊上也可能出现谎言。不知者往往信以为真，这种谎言有时也可能产生极其严重的社会后果。谎言之所以难以绝迹，就在于它有时能为某些私利服务，有时还受到某个人甚至某些有权者的鼓励，这显然是为法律与道德所不容的；但有时它又是社会所必需的（如安慰病人），而这些界限有时又难以绝对划分。但整个说来，谎言对社会来说是弊大于利的。教育人们以及孩子不说谎言仍然是广大教育工作者和家长们的长期而又艰巨的任务。

四、谎言的语用性

谎言是一种言语行为，它具有一定的语用性。根据奥斯汀（J.L. Austin）和塞尔（J.R.Searle）的言语行为理论，一个话语由说话者说出来，他同时在实行三种行为，一种是语谓行为（塞尔又将其分为话语行为与命题行为），一种是语旨行为，一种是语效行为。塞尔对语旨行为又深入地研究。他将语旨行为刻画出一个一般的形式，即 F（p），这里 F 表示语旨用意，p 表示命题。每一种语旨用意又各有其不同的恰当性条件，如“陈述”就是一种语旨用意，它具有一些与其他语旨用意（如询问、命令、请求等）不同的恰当性条件。对一般的“陈述”来说，应该具有以下的恰当性条件：其预备性条件是：说话者 S 有证据（理由）证明命题 p 的真实性，并且对说话者与听话者来说，在并不显而易见地提醒的情况下，听话者知道 P；其真诚性条件是说话者相信 P；其实质性条件是将陈述看做对 P 表述一个事态这一结果的承认。谎言按其语旨用意（illoctionary force），似乎属于“陈述”的语旨行为，因为每个谎言都是说话者在陈述某个事件，但它与一般的陈述又有很大的区别。其不同点在于，它的预备性条件是说话者完全有证据证明命题 P 不具有真实性，而具有虚假性，因此说话者不具有相信 P 的真诚条件，但说话者却虚伪地假装自己具有相信 P 的真诚性条件，以试图使听话者相信 P 的真实性。我们将这种语句称为“伪陈述（pseudo – statement）”。“伪陈述”从形式上看，与一般的陈述没有两样，因此，它很容易起到欺骗人的作用，但它终究不是一个真实的陈述。分析谎言不能仅仅从形式上，而必须从说话者的意向性、谎言语句所出现的特定的语境（时间、地点等），以及说话者对听话者所产生的语效行为上来分析。这说明谎言是一个语用问题，离开了它的语用性是难以分析清楚并予解决的。

五、“说谎者悖论”问题

逻辑史上的“说谎者悖论”曾困扰过很多哲学家和逻辑学家。“说谎者悖论”的困难在于如果承认“我说谎”这个语句为真，它就为假；如果认它为假，它就为真。对这种悖论过去多从语义学的角度进行分析，而撇开说话者与听话者，撇开时间、地点等语境来分析，这样是不可能解决其内在矛盾的。这里，首先要明确一下“说谎者”这个语词的含义。如果“说谎者”是指只要曾经说过一次谎的人，那么，正如我们前面指出的那样，几乎每个人都可以算是“说谎者”；如果“说谎者”是指他说的每一句话都是撒慌的人，这种人在今天这个世界恐怕也难以生存，因为他至少要说一句真话，即“我饿了，要吃饭。”那么，究竟说过多少谎言的人算是“说谎者”呢？似乎一般不太考虑这个问题。其次，如果我们从语用学的角度分析，就会发现语句P“我说谎”是说话者在时间t1依据一定的语旨用意对听话者说的，而对“我说谎”这个语句作语义的真假评价（即认为“我说谎”为真或为假），是听话者在时间t2作的，也就是说，“我说谎”与“‘我说谎’是真的”这两句话有时间上的差异。另外，这两句话也有对象语言与元语言的区别，仔细分析下去，可能还有许多其他参数上的区别。这一切都可以归为语境上的区别。第三，从语旨用意上也就是说话者的意向性上分析，说谎者在说谎时的心理状态有两种可能，一是说话者真诚地向听话者忏悔自己曾经说过谎，那么，这句话的完整表达式应该是“我过去说过谎”；一是说话者的语旨用意是要继续欺骗听话者，那么，说话者不可能具有一般“陈述”的真诚性条件，他不可能说出“我说谎”这样的话语，也就是说，说话者不可能坦诚地承认“我说过谎”，更不能承认“我现在说谎”。这正如一个人不可能说出：“我睡得正香，正在做梦”，或当别人敲门的时候，主人在家里说“我不在家”一样。在自然语言中，如果这种语句出现，那是一个不符合言语行为的恰当性条件的非有效的语句。也就是说社会不可能使用这样的语句进行正常的交际，因为正常的交际必须遵守格莱斯（H.P. Grice）所提出的交际中的合作原则，特别是其中的质的原则，即不说你相信为假的话，不说你缺乏充分证据的话。而一个人说谎时正是要说自己相信其为假的话，他还有意将这种假话当做真话说出来以欺骗听话者。因此，对“说谎者”悖论，当它出现的时候，我们无须从逻辑上去论证与分析它，而应该追问说话者的意图，揭穿其欺骗人的动机，而最终排斥它与抛弃它。法庭上法官经常做这样的工作，不幸的是逻辑学家没有去做，那么，就让符号学家做吧。

（原载《哲学译丛》1998年增刊，第一届、第二届东亚符号学国际会议论文集）

中　国
——一个具有丰富的符号学传统的国家

符号学是一门新兴的学科，但是，在古希腊时期就可以找到它的源流。例如，逻辑学的创始人亚里士多德就说过："口语是心灵经验的符号。"[1]他还说："不可能把要讨论的实际事物用于讨论之中，而只能用它们的名称作为符号来代替它们。"[2]那么，作为一个文明古国的中国有没有符号学的传统呢？

英语的 Sign 一词在汉语中一般译为"符号"或"记号"，也有译为"指号"的。"符"是古代朝廷传命令或征调兵将用的凭证，用竹、木、铜、金、玉制成，双方各执一半，合之以验真假。从而产生"符号"这个意思，如"言行相符"。古代字书中解释为"符，信也"。"信，诚也"。用"符"组成的词有"符节"、"符命"、"符瑞"、"符玺"、"符箓"、"符验"等。"符节"就是前面所说的"符"的意思。如墨子曾说："言必信，行必果，使言行之舍，犹合符节也。"孟子和荀子都使用过"合符节"的词组。"符命"、"符瑞"意思是吉祥的征兆，"符玺"表示古代帝王的印章，"符箓"是道士用来驱鬼治病的秘密文书。"符验"意思是符号应验。这些词都有两个部分相符合，从而也产生这一部分可以代表那一部分的意思。"号"的意思是高声呼叫，引申有命令、称谓、名称、标志、记号的意思。"记"的意思是记忆、记住、写下。"符号"、"记号"这两个词出现较晚，在现代汉语中，"符号"一词的适用范围比"记号"的适用范围要广。

我们认为，中国古代不仅有丰富的符号现象，而且具有丰富的符号学理

---

[1]［希腊］亚里士多德：《亚里士多德基本著作选》（英文版），16a4。
[2]［希腊］亚里士多德：《亚里士多德基本著作选》（英文版），165a6—7。

论，其中特别是丰富的语义学理论。而语义学就是符号学的主要组成部分之一（除了语义学之外，符号学还包括语形学与语用学）。中国古代的训诂学、儒家的正名学说、《易经》中的符号理论、《墨经》中的名实理论、《公孙龙子》中的指物学理论，都包含有丰富的理论符号学的内容。此外，中国古代的医学、音乐、美术、雕塑、建筑等，则包含有丰富的应用符号学的内容。本文只就汉语言文字的训诂理论以及儒家的正名学说谈谈中国古代的符号学源流，至于《易经》、《墨经》和《公孙龙子》中的符号学理论问题，则待以后另作专文论述。

一、汉语文字学中的符号学

任何一种语言都有一个符号系统。汉语及其文字也是一个符号系统。按照索绪尔的观点，语言学不过是符号学的一部分，而符号学的规律也可以适用于语言学；汉语及其文字有不同于其他语言文字的特点。汉语是一种分析性语言，形态变化不发达，而语义的表现力却很强，它每个音节（一个音节也就是一个汉字）都有意义。在古代，由于单音节词占优势，往往一个字就是一个词。每个字都有其特定含义。掌握了这些字的特定含义，以及这些字的排列顺序，就能基本掌握这句话的意思。另外，由于古代语言的发展，阐释古典文献中的词义成为一件非常重要的工作，因此在很早以前我国学者就开始重视对语义理论与方法的研究，这样就形成一门特殊的学科，叫训诂学，也就是词义解释学。这门科学如果从东周时期算起，至今已有近三千年的历史。到了汉代，就发展为一门比较完整的学科。当时就出现了两本字书，一本叫《尔雅》，一本叫《说文解字》。这两部字书成了后代训诂学研究字义的主要依据。在这两部著作，特别是后一部著作中，贯彻了以“六书”作为分析字形、字义的基本方法。“六书”一般是指象形、指事、会意、形声、转注和假借。这些方法是根据汉语与汉字这一符号系统的特点而产生的，研究汉语与汉字的符号学，必然要涉及这个“六书”理论。

训诂学对汉字的分析历来重视形、音、义这三个要素。汉字从其源流上说，是从象形发展起来的一种表意文字，它起始于记录、描绘信息的图形，但随后发展逐渐强调以语音为基础。意义就结合在这些形状与声音之中。训诂学由此概括出三种探索语义的方法，一是“以形索义”，二是“因声求义”，三是“直陈词义”。

“以形索义”就是通过汉字形体的分析来解释字义。这是西方语义学所不具有的一种方法。古代汉字来源于对客观事物基本形体的描绘。许慎在《说文解字·叙》中说：“象形者，画成其物，随体诘诎，日月是也。”“日”在甲骨文中为，在金文中为，篆书为，它是从摹仿太阳的形体发展而来的。“月”在甲骨文中为，篆书为，它是从摹仿月亮的形体发展而来的。

从以上二例可以看出，象形是来源于图画，但象形已不是图画，因为它已包含相当程度的抽象性，它刻画的只是客观事物形体的最基本的特征，只保留某种程度的相似性,实际上已与那个客观事物的形态有了相当大的差别。至于现代汉字中的“日”、“月”，则更难找出其相似性，这种相似性只能从其源流上去找了。现代符号学的创始人、美国著名哲学家与逻辑学家皮尔士曾经对符号进行分类，第一种是图像符号与所代表的事物的性质具有某种相似，例如相片、地图。第二种是索引符号，它与所指的对象具有某种因果联系，例如敲门的声音是有人要求进来的引符。第三种是象征符号，它具有为社会所接受的内涵，但它与对象之间的联系却具有任意性，例如，山这个对象汉语称之为“山”，即用“山”这个符号表示它，但在英语、俄语中却不称之为“山”，而用另外的符号加以表示。皮尔士认为，实际上每一个符号都具有一定程度的图象、索引与象征的作用，不过在一定情况下某一种性质更显著罢了。如果说中国古代的甲骨文、金文的图像的性质较为显著，则汉字发展到今天虽然还保留某些图像的性质，但从总体上看，它已经成为象征符号了。所保留的图像符号的性质往往表现在某些偏旁上，如“日”旁、“月”旁、“人”旁、“水”旁、“火”旁上，这些偏旁的图像性质也要到其源流上去找，在它组合的字形中，偏旁一方面起到义符的作用，一方面也表达了一定的类属关系。

不仅是象形，“六书”中还有“指事”与“会意”两种方法，都与字形有关。指事是以一些象征性的符号来表示字义，这些字义往往是比较抽象的。例如，“上”与“下”，它们表示两个事物之间的关系，无法象形，在甲骨文中就

以 𠄞、𠄟 表示，后来发展为“⊥”、“⊤”。会意是指有些字是由两个字（即两个义符）所合成，例如，“明”是由‘日’与‘月’二字合并而成。

训诂学所谓的“以形索义”，其意义理论显然属于语义学中的指称论，这种理论认为语词的意义就是它所指称、命名或代表的那个事物对象。“日”这个符号的意义就是这个符号所指称的那个对象，“月”这个符号的意义就是这个符号所指称的那个对象。“上”这个符号的意义就是它所指称的事物对象之间一个在另一个之上的那种关系，相应地，“下”这个符号的意义就是它所指称的事物对象之间一个在另一个之下的那种关系。指称论在直观上似乎容易接受，但是它的根本缺点是对于比较抽象的性质就无法进行指称，相应地“以形索义”的方法的缺点也在于对某些抽象的认识对象无法从形象上加以刻画。因此，这种方法只能在一定范围内适用，即它只适用于去解释一些古字的本义，超出这个范围，就会出现理解上的困难。

探索语义的第二种方法是“因声求义”，即按照字的声音以探索其意义。

每个汉字不仅有确定的字形，而且有确定的声音。而音与义的结合虽然最初具有一定的社会约定性，它们之间并没有什么内在联系，但一个确定的音与一个确定的义结合于一个确定的形之后，它们的联系又具有一定的稳定性。由于语言与文字的发展，有些本字产生一些派生字，派生字与本字之间以及派生字之间往往有一定的语音上的联系，于是训诂学就有一条“音近义同”的原则，即从两个字的语音上的接近，可以找出它们之间语义上的联系。例如，《论语）中的“政者，正也”，《孟子》中的“庠者养也，校者教也，序者射也”，《尔雅》中的“古，故也”，“诰，告也”，《周易》中的“乾，健也”，“坤，顺也”，均属这一类。

古希腊有一个哲学家叫克拉底鲁，他主张：“任何存在的东西都有一个正确的天赋的名称。”[1]“因声求义”并不同于克拉底鲁的主张，它只探求派生字与本字之间的语音上的渊源关系，而不是认为音与义存在某种天然的联系，更不认为所有的同音字都是同义字。

“因声求义”的语义理论仍然属于指称论，因为它认为一定的声与一定

[1] 见柏拉图：《克拉底鲁》篇。

的义相对应，（指称论本身就是一种对应论），“因声求义”与“以形索义”的区别就在于“以形索义”是指字形与字义的对应，而“因声求义”是指声音与语义的列应。

探索语义的第三种方法就是“直陈词义”，也就是依据文献中已有的定义来说明字义。而中国古代更多的是使用同义词定义法，不像西方在亚里士多德之后更多的是使用真实定义的方法。

如《尔雅》第一章：“初、哉、首、基、肇、祖、元、胎、俶、落、权舆，始也。”就是说，前面的十一个词都是“始”的意思。不过，古代的同义，也不是所有义项上的同义，只是某些义项在某些语境中的同义。

除了同义词定义法之外，还有依靠属种关系来下定义。例如：“李，果也。”这表明“李”是“果”的种，“果”是“李”的属。个别地方出现属加种差定义，例如：“规，正圆之器也。”这里“器”是“规”的属，“正圆”则是其种差。

中国古代也出现否定定义的形式，如《说文》中的“拙，不巧也”，“暂，不久也”，“假，非真也”，这里并不违反形式逻辑中的定义规则，因为这里不是一般的否定定义，而是严格地按照字的反义关系进行定义，如拙与巧是反义关系，暂与久是反义关系，假与真是反义关系，否定一方，就定义了另一方。

古代还有以一种描述对比的方法下定义，如《尔雅》中的“二足而羽谓之禽，四足而毛谓之兽”，“兕，似牛。犀，似豕”。这里不仅有描述，而且有对比，前者将禽与兽相区别，后者将兕与犀相区别，从而达到一定的明确字义的目的。

中国古代的定义方法虽然不及古希腊亚里士多德的定义那么严密，但它表现为多样化的形式。另一个区别就在于亚里士多德认为定义是给事实下定义（虽然亚里士多德也承认语词定义），而中国古代则认为定义是给语词定义，即给字下定义。许慎在《说文解字·言部》中说：“诂，训故言也。”段玉裁注：“训故言者，说释故言以教人，是之谓诂。”这里，“训”就是“解释”的意思。从而中国古代更为发展并且普遍使用的是语词定义。这也是中国古代语义学的一个特点。

训诂学这三种探索语义的方法是有一定根据的。而且在解释古汉语的词义（字义）方面也确实取得了很大的成果，它们不失为古汉语的语义学方法。有些方法就是对现代汉语也是有用的。

二、儒家正名学说中的符号学理论

人们使用的最重要的符号就是自然语言，在自然语言中最主要的符号就是名称。名称不仅是名词，也包括对名词起限定或修饰作用的其他词类。有的逻辑学家（如弥尔），将词项和名称看成是几乎完全等同的，在西方的语义学史中，都很注意对名词的探究，在中国符号学史上，“名”也同样是一个极其重要的范畴。

“名”这个汉字在历史上出现得很早，据历史学家考证，在三千多年前商代的甲骨文中就有“名”这个字，刻为“”或“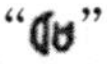”，周代的金文为“”，战国时期的竹简为“”，秦代的篆书为“”。它的意思就是人的名称或事物的名称。许慎在《说文解字》中解释这个字为昏暗中看不见人，就自报名字以告对方。（“名，自命也。从口，从夕。夕者，冥也。冥不相见，故以口自名。”）汉代刘熙所撰《释名》一书，解释为：“名，明也。名实使分明也。”名的作用就是用以使事物分明。在孔子的《论语》中，也说到：“多识于鸟兽草木之名。”（《阳货》）《周礼・大司马》中有“辨号名之用”的句子，这里，“号”也就是“标志”的意思，“号名”就是“徽识所以相别也”。可见名就是一个符号、一个标志，能使一个或一类对象从其他的对象中分别出来。

有了“名”就有了“名”与“实”的关系，即一个符号（能指）与对象（所指）的关系。中国古代从孔子开始特别注重考查名实问题。他深深感到当时社会上存在大量的名不副实的现象，于是提出“正名”的学说，而且将“正名”问题放在政府政策的首位来看待。如当他的学生子路问：“卫君待子而为政，子将奚先？”孔子的回答就是：“必也正名乎。”孔子还运用了反证法来证明这一观点：“名不正则言不顺；言不顺则事不成；事不成则礼乐不兴；礼乐不兴则刑罚不中；刑罚不中则民无所措手足。故君子名之必可言也，言之必可行也。君子于其言，无所敬而已矣。”

孔子在这里所谓的“名”，是指政治上的、伦理上的“名份”，但也有其普遍意义。

首先，孔子已发现，“名”作为一个符号如何用来恰当地指称一个实际事物是一个极端重要的问题。如果一个符号未能恰当地指称它应予指称的事物，就叫做“名不正”。例如，孔子就曾感叹过：“觚不觚，觚哉，觚哉！”意思是现在这个称为“觚”（盛酒的杯子）的东西，已经不是过去觚的样子，这怎么能叫做觚呢？实际上在当时社会生活中，这种名依旧而实已变化发展的现象已大量存在，孔子注意到这个问题，他强调了名（符号）要与它所表达的实严格对应，不允许用旧名去指称变化了的实。

其实，孔子认为对每一个名来说，都有一个确定的规范，这个规范是一个概念性的东西，但它不是纯理念的，而是来自现实的，虽然其中也包含某些理想化的因素。孔子的规范都是以周礼为准则，即使像觚这样一个具体的事物，也要按周朝的规定制成上圆下方的形状才行。这里存在一个语义三角：

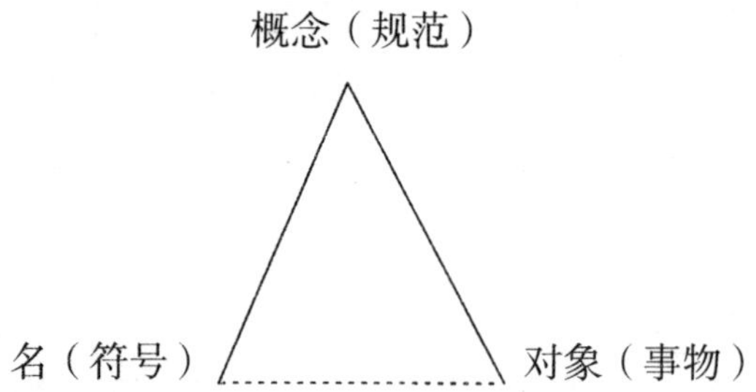

在孔子心目中，“觚”的概念（规范）应是一种上圆下方的盛酒器，一个对象只有当它符合上述规范即当它确实是个上圆下方的盛酒器时，才能用“觚”这个名（符号）去称呼它，如果不符合这个概念，就不能用“觚”这个名（符号）去称呼它，解决的办法就是将这个被不合法地称之为“觚”的东西确实按“觚”这个概念（规范）加以改造，当它改造成上圆下方的形状时，才能称之“觚”。这就是孔子叹惜“觚不觚，觚哉”的意思，第一个“觚”字指眼前这个被称之为“觚”的实体，第二个“觚”字指孔子心目中“觚”的那个概念（规范），第三个“觚”字是指“觚”那个名（符号）。所谓“正名”，就是指实要符合名的规范。孔子在回答齐景公问政时，说：“君君，臣臣，父父，子子。”也是这个意思，第一个“君”字指现在称之为“君”的实体，第二个“君”

字指孔子心目中“君”那个概念（即周礼中规定的“君”那个规范），只有当君这个实体符合“君”这个概念时，才能用“君”这个名（符号）去称呼它，否则就是“名不正”。其他“臣臣，父父，子子”也是如此。

再次，孔子已经看出“名不正”所造成的危害性。“名不正”不仅是“言不顺”，而且会造成“事不成”，以致“民无所措手足”，即失去行为的准则，人们无法进行正常的交际，使得整个社会发生混乱。当然，孔子最终所担心的，还是这种情况会有害于君王对臣民的统治。

孔子这个观点似乎有点像柏拉图的理念论，但是他们之间也有区别。区别在于柏拉图的理念纯粹是一个抽象概念，而孔子的规范，正如前面所说，是以周礼为准则，虽然这些规范、准则带有一些理想化的因素，但总归是较为具体的东西，是人们可以感触到描述出来的东西，只是早已过时了而已。孔子所说的“觚”是如此，其他如“君、臣、父、子”等也是如此。

早期儒家学派中对正名学说不仅继承而且有所发展的学者要数荀子。在荀子著作中有一百二十处提到名的作用，他还专门写了一篇论文“正名”，在这篇论文中，虽然提到是王者制造名称，但那只是一些刑名、爵名与文名（礼节仪式的名称）。荀子认为，万事万物的各种普通名称（散名）则是由普通人民按照人们固有习俗约定而成。荀子说：“名无固宜，约之以命，约定俗成谓之宜，异于约则谓之不宜。名无固实，约之以命实，约定俗成谓之实名。名有固善，径易而不拂，谓之善名。”

柏拉图的对话录《克拉底鲁》篇中，除了有前面提到的那个克拉底鲁所主张的观点以外，还有一位持与他针锋相对的观点的语言约定论者赫尔墨根尼斯，他有这么一段话：“除了习惯和约定之外，你无法使我相信名称还有什么正确性。因为在我看来，似乎给一个事物无论以什么名都是正确的，如果有人将此名称换成彼名称。后者并不比前者差——正如我们给奴隶换名称一样，因为没有任何名称天生就是对应于一特定对象的，而是由使用该名称并用它来称呼事物的那些人的习惯用法决定的。”

我们看出，荀子的观点与赫尔墨根尼斯的观点何其相似。可以说荀子是中国的关于语言符号约定论的创始人。

荀子之所以特别重视名的问题，是与当时的社会条件分不开的。荀子生活在战国后期，当时社会发生着重大的变化，旧的东西逐渐消失，新的东西大量产生，有新物出现，也就有新名出现，旧名新名混用，由于没有相应的统一的规章制度加以限定，就出现人人擅自制作名称的现象。正如荀子所说："今圣王没，名守慢，奇辞起，名实乱，是非之形不明，则虽守法之吏，诵数之儒，亦皆乱也。"其结果是"析辞擅作名以乱正名，使民疑惑，人多辨讼"。荀子将这种人称为"大奸"，这种罪相当于假造印信和度量。这样一个社会条件,使得荀子将制名与正名的问题作为一个重要的问题来加以研究。

分析了这种乱名的危害之后,荀子认为,改变这种状况的办法就是要"正名"。如何来确定一个名是不是正呢？惟一的标准就看它是不是能准确地指称一定的实。荀子说："故知者为之分别制名以指实。"以实现"名闻而实喻"，这样就能"上以明贵贱，下以辨同异"。做到了这一点，"则志无不喻之患，事无困废之祸"，这就是"名之用也"，也就是说，"此所为有名也"。

荀子的这种正名理论与孔子的正名理论有其相同之处，即都考虑到社会上出现"名不正"的现象，而试图用正名方法加以改变。但两人的理论也有差别之处。孔子是要求依据过去的礼制加以正名，实际上孔子说"正名"是"以名正实"，实要按照名所规定的那样去做。这个规定就是周朝以及周朝所遵循的先朝的礼制。孔子就说过："非礼勿视，非礼勿听，非礼勿言，非礼勿动。"孟子只承认当年周武王是诛杀了一名"独夫"（指商朝最后的君主殷纣），而不承认这是臣子弑君，因为殷纣未能按照君的规定去做君。荀子则一方面承认先王已经创制的名称（刑名、爵名与文名）有它一定的继承性，但另一方面更强调后王在创新新名方面的作用。他说："是散名之在人者也，是后王之成名也。"他看见社会发展了，完全拘泥于一些旧名，或对名只作旧的理解，显然是不够的。为此，荀子主张不仅要"有循于旧名"，还要"有作于新名"。而不管是循旧名还是作新名，根本原则就是要求"制名以指实"。"名足以指实"，就算"正名"，不能指实，就算"乱名"。指实，就要"别同异"，即对相同的事物给以相同的名称，不同的事物给以不同的名称。可见，孔子的正名理论，带有复古主义的倾向，而荀子的正名理论则强调正视现实，所以，这种理论是一种现实主义的、发展的理论。

另外，荀子的正名理论也表现出中国古代语义理论上的指称论。“指”的意思是“指涉”、“指出”，“指”字的偏旁是“手”，凡是属于“手”字旁的字在语义上一般都与手有关。荀子所说的“制名以指实”就是要求人们借助所制作的名称用手指出一定的实体。这个实体可能是非常具体的事物，但也可能是比较抽象的词，例如表示“君臣、父子”这样的关系的词，以及表示“礼、义、道”之类范畴的词。实际上，孔子的理论中已包括指称论的因素，不过他自己还没有明确地表述出来而已。

我们看到，孔子以后不仅是儒家，其他各个学派也同样持“指称论”的观点，在这一点上有其共同性。如，庄子提出：“名止于实。”（《至乐》）在古文中，“止”有“足”的意思，也有“至”的意思。“名止于实”是说：“名要达到与实相符的程度。”庄子还说：“名者，实之宾也。”（《逍遥游》）孔子学说的反对者——墨家学派提出过要“察名实之理”（《小取》），还说要“以名举实”（《小取》）。这里的“举”有“言”和“称”的意思，所以“以名举实”也有以名称实，即名称要与实相对应的意思。此外，《邓析子》一书提出“循名责实”；《尹文子》一书提出：“名者，名形者也；形者，应名者也。”这里的“形”就是“实”。《公孙龙子》一书专门有一篇叫《名实论》，提出：“夫名，实谓也。”荀子的“制名以指实”的理论可以说是上述名实理论的继承与发展，是语义学的指称论的明确概括。

儒家的正名学说如果除掉其中的伦理与政治因素，则完全是一种语义学理论。这种学说不仅对以后的儒家学派产生影响，而且对非儒家学派也产生巨大影响。

例如墨家也非常重视名的问题。他们将名进行分类，分成达名、类名与私名。他们认为：“所以谓，名也。所谓，实也。”这里揭示了名的作用是用来称谓实的，实是被所称谓的东西。墨家也说到正名。“正名者，彼此彼此可。”也就是说，正名要求分清彼此，从而确定事物之间的界限。墨家的正名学说，是纯粹语义学的理论。

法家也是强调正名的。《韩非子·扬权》篇中说：“用一之道，以名为首。名正物定，名倚物徙。……上以名举之，不知其名，复修其形。形名参同，用其所生。”在《奸劫弑臣》篇中说：“循名实而定是非，因参验而审言辞。”

名家代表人物公孙龙在《名实论》中说：“以其所正，正其所不正；不以其所不正，疑其所正。其正者，正其实也；正其所实者，正其名也。其名正则唯乎其彼此焉。”

从上述几个方面来看，在中国古代，从先秦时期开始，就已经有了相当丰富的语义理论，不少哲学家、逻辑学家、语言学家探讨了符号学（包括语义学、语用学）的问题，概括出一定的规律和理论。因此，我们可以说，中国——是一个具有丰富的符号学传统的国家。这一宝贵的财富，还有待我们去深入挖掘。

（英文原稿在1949年法国佩皮尼昂大学召开的第四次国际符号学大会宣读，全文刊载于国际符号学会论文集《SIGNS OF HUMANITY）上，由法国MOUTON DE GRUYTER出版社于1992年出版，中文稿载于《江汉论坛》1990年第1期，由于篇幅所限，删节了“周易符号学”、“墨家符号学”以及“名家符号学”的段落。）

论孔子的“正名”学说及其定义方法

——分析孔子对“仁”的定义

一、孔子“正名”学说的特征

中国从先秦起一直到近代和现代都有“正名”的文化传统，而最早提出“正名”的是孔子。有一天孔子的弟子子路问孔子：“卫君侍子而为政，子将奚为先？”孔子回答：“必也正名乎。”孔子接着指出了正名的必要性，说：“名不正，则言不顺；言不顺，则事不成；事不成，则礼乐不兴；礼乐不兴，则刑罚不中；刑罚不中，则民无所措手足。”（《论语》13.3）这不仅在中国政治史上，恐怕也是世界政治史上出现的第一位思想家，在讨论政治问题时居然将“正名”作为施政的首要问题来考虑。

我们现在研究孔子的“正名”学说主要是研究“正名”在中国符号学，特别是语义学发展史上的意义，因为孔子的“正名”不仅影响了儒家学派，而且影响了诸子百家以至整个文化思想。墨家、名家、法家等都将“正名”作为明确语义的一个重要问题来讨论，虽然孔子的弟子以及其余各家的正名理论与孔子的正名学说的观点并不一致。

相对于其他各家来说，孔子的“正名”学说有下述一些特点：

（1）孔子的“正名”主要是就政治、伦理范围来说的。在中国传统文化中，政治、伦理思想始终占据中心地位，孔子的“正名”首先要求的是“君臣、臣臣、父父、子子”（12.11），即君应该像规范的“君”那样去行事，臣应该像规范的“臣”那样去行事，父应该像规范的“父”那样去行事，子应该像规范的“子”那样去行事。当齐景公听到孔子的说教后，大为赞赏，说：“善哉！信如君不君，臣不臣，父不父，子不子，虽有粟，吾得而食诸？”（12.11）齐景公大概认为自己是合乎“君”的规范的，他担心的是“臣不臣”，因为如果“臣不臣”的话，它将没有饭吃。其实，齐景公自己所作所为，很多地方都不合乎“君”的规范，也就是说，他自己就是“君不君”的。孔子的话实际上是针对齐景公自己而言。孔子还听说鲁国的一位大夫季氏“八佾舞于庭”，大为生气，说：“是可忍，孰不可忍也？”（3.1）这是因为内“八佾”之舞（八佾是八行，每行八人，共64人）按规定只能归国君享受，诸侯只能用六佾，大夫只能用四佾，季氏不是国君，根本没有资格享受八佾，所以季氏的“八佾舞于庭”不符合政治规范，也就是“臣不臣”，孔子因此表示反对。当然，孔子在超出政治伦理范围的事也会有所感叹，但那只是感叹而已。如孔子看到一只酒杯不合古制，于是大为感叹：“觚不觚，觚哉，觚哉！”（6.25）“觚”是古代腹部与足部有四条棱角的酒杯，到孔子时期酒杯省去了这四条棱角，因此孔子认为这不应该再叫“觚”。

（2）孔子正名的最高标准是周礼。孔子说：“周监于二代，郁郁乎文哉，吾从周。”（3.14）是说周朝的礼仪是依据夏商二代而来的，极其丰富多彩，因此一切都要遵从周礼，他还说：“周之德可谓至德也已矣。”（8.20）周朝的道德是最高的典范，孔子入太庙，有人怀疑他不懂礼，他赶快解释：“是礼也。”（3.15）据说，孔子曾经向老子请教过周礼，上面所述“君君，臣臣，父父，子子”，就是要按照周礼规定的“君”、“臣”、“父”、“子”的规范行事。到春秋末期，社会出现了大变动，周礼中的很多规范都已行不通了，但孔子看来，那些都是不应该的，社会应该恢复一切旧制，这旧制就是周礼。因此恢复周礼就成了孔子心目中的最高理想。

孔子“正名”的这些特点，有其时代的代表性，也有其明显的局限性。这种局限性表现在，一是只在政治伦理范围实行正名，这显然是不够的，当时“名实乱”的现象并非只限于政治伦理范围，它是整个社会领域的现象，不考虑整个社会领域的名实混乱问题，只在局部进行名的规范化，显然达不到纠正混乱的目的。其次，“正名”以周礼为标准也是行不通的。社会发展了，要它实行全面复古倒退是做不到的。他的弟子子路听了他的施政纲领后，马上说：“有是哉，子之迂也！奚其正？”他说自己的老师真是一个迂老头，说这有什么好正的呢？后来，不仅儒家之外的其余各家不受其制约，就是儒家学派的孟子和荀子，也没有完全加以继承。但是，我们认为，孔子在当时提出“正名”问题作为社会一个中心问题来考虑，这确实有其积极的意义。一是孔子第一个认识到，“名”作为社会交际的重要工具，如果出现混乱，可能影响整个社会的稳定。二是孔子第一个认识到，“名”有其社会约定性，它跟其他自然符号不同，人们可以在一定程度上制约它，既然可以制约，就可以加以正确引导。三是孔子已意识到“名”的表意功能，名的混乱实际上反映了思想认识的混乱，为此孔子主政，一定要从“正名”入手。他的弟子子路不理解这一点，因此反对他的观点。

二、“正名”就是明确词义

到了春秋末期，社会出现了大的发展与变化，相应地也出现事物名称上的变化。语言发展的一个普遍现象就是一个旧的符号可以给新的内容，在中国的春秋战国时期，新的事物大量涌现，人们不可能给每一样新的事物都以一个新的名称，这不可避免地要出现一定程度的“名实乱”的现象。提出正名，使名称规范化，使其适应社会发展的需要，这是完全正确的。“正名”，就是要使每个“名”有确定的含义，确定语词含义的方法就是定义。在中国古代没有出现“定义”这一术语，正如中国古代没有“逻辑”和“符号学”（记号学）这样的术语一样，但并非中国古代就没有逻辑和符号学（记号学）。中国古代的“训诂学”，即“词义解释学”，实际上就是“定义学”。但是，我们要看到，在孔子时代，连系统的训诂学也没有，有的只是定义和训诂的雏形，或者说只是在实际上开始使用定义和训诂的方法。例如老子的《道德经》中有很多定义，而且是给其哲学的根本范畴下定义。例如，在描述“道”的属性时，说：“视之不见，名曰夷，听之不见，名曰希，搏之不得，名曰微。此三者，不可致诘，故混而为一。其上不皦，其下不昧，绳绳不可名，复归于何物。是谓无状之状，无物之象，是谓惚恍。”（第十四章）又如，“夫物芸芸，各归其根。归根曰静，是曰复命，复命曰常，知常曰明。”（第十六章）这里的“名曰”、“曰”、“是谓”都是定义。孔子的《论语》一书中也有属于训诂性质的定义。如：“季康子问政于孔子。孔子对曰：政者，正也，子帅以正，孰敢不正？”这个“政者，正也。”是中国古代一种特殊的定义方法（下面还要讨论）。孔子用“正也”解释了“政”的特殊本质，即政治要求为政者自己行为端正。孔子是通过定义以达到说服对方的目的。这跟古希腊的苏格拉底（Socrates）在对话中通过定义说服对方有些相似。只是苏格拉底的对话经过他弟子柏拉图（Plato）详细记录，我们得以看到它的全貌，而孔子的对话他的弟子只记下了一些片段，不能像读柏拉图的著作那样了解苏格拉底对话的全过程。

三、孔子给“仁”、“政”所下的定义：词语定义方法的运用

在孔子思想中，“仁”是一个最基本的概念，孔子的弟子问的较多的一个概念也是“仁”，在《论语》一书中谈到“仁”的地方有103次，我们现在列举一些孔子对“仁”的论述了解孔子的定义方法。

颜渊问仁子曰：“克己复礼为仁，一日克己复礼，天下归仁焉。为仁由己，而由人乎哉？”颜渊曰：“非礼勿视，非礼勿听，非礼勿言，非礼勿动。”（12.1）

仲弓问仁子曰：“出门如见大宝，使民如承大祭。己所不欲，勿施于人。在邦无怨，在家无怨。”（12.2）

司马牛问仁子曰：“仁者，其言也讱。”曰：“其言也讱，斯谓之仁已乎？”子曰：“为之难，言之得无讱乎？”（12.22）

樊迟问仁子曰：“爱人。”问知，子曰：“知人。”樊迟未达，子曰：“举直措诸枉，能使枉者直。”（12.22）

樊迟问仁子曰：“居处恭，执事敬，与人忠。虽之夷狄，不可弃也。”（13.9）

孔子除给“仁”下了系列定义外，还给“政”也下了系列定义。《论语》中谈到“政”的地方有53处。这是由于孔子十分关心政治，他周游列国，主要是为了找机会实现他的政治上的抱负。不少人要找他请教政治，他也乐于借此机会宣传他的政治主张。他除了给子路说过“为政”必须“正名”，以及向季康子说过“政者，正也”的话外，还说过：

子夏为莒父宰，问政。子曰：“无欲速，无见小利。欲速则不达，见小利则大事不成。”（13.17）

子张问于孔子：“何如斯可以从政矣？”子曰：“尊五美，屏四恶，斯

可以从政矣。”（20.2）

通过这些例子可以看出孔子所下的这些定义都属于词语定义。从语义学发展看，关于定义的对象主要有三种观点。一种认为定义的对象是客观存在的对象，亚里士多德（Aristole）就持这样的观念。他认为：“定义是解释事物本质的词组。”（101b36）一种观点认为定义的对象是概念。康德（Kant）持这样的观点，他说：“所谓下定义，如这词所指出的那样，实在只是在事物概念的范围内把事物之完整的本源的概念表现出来。”（《纯粹理性批评》，b586）第三种观点认为定义的对象是语词符号。定义就是解释语词或符号的意义。这种观点认为词语或符号本无所谓意义，意义是人赋予的。符号与意义的结合具有任意性，但是一旦结合以后，它们就有具有相对的确定性，即人不能任意加以改变。定义就是要将这种结合了的关系揭示出来，使更多的语词和符号的使用者理解、接受和正确使用。洛克（Locke）和罗素（Russell）持这样的观点。洛克是就自然语言而言，罗素是就人工语言而言。实际上亚里士多德也承认有语词定义，不过不承认它是主要的定义方法。在中国古代，与亚里士多德的时代不同，出现的主要是语词定义，（只有在后来的《墨经》中出现了一些其他的定义形式）。孔子《论语》一书中关于“仁”、“政”、“礼”等的定义可以说都属语词定义。后来他的弟子以及弟子的弟子如孟子、荀子等使用的也都是语词定义，可以说在先秦时期，语词定义占据主要地位。

四、中国古代特有的定义方法——形训与音训

语词定义的作用主要是揭示一个语词已经具有的含义。但是中国古代的语词定义又有其与西方语词定义不同的特点，就在于它往往是给一个语词表现的文字形式下定义。而下定义的方法又跟一个词的字形，或这个字的组成部分的声音有关。这就是训诂学中所谓的“形训”和“音训”。例如，孔子说“仁”就是“爱人”（12.22）孟子说得更明确，“仁也者，人也。”（《孟子》14.16）为什么能做这样的解释呢？原因在于，从字形上看，“仁”字就是由“人”与“二”字复合而成的。其甲骨文是“”篆书是“”。《说文解字》中也说：“从人二，会意。”他是一个会意字。“仁”产生于二人以上形成的一种关系。一个人无所谓“仁”的问题。一个人对自己总是“仁”的，当鲁

滨逊（Robinson Crusoe）一个人在孤岛上生活时就无所谓“仁不仁”的问题，但当他遇到“星期五”（Friday）之后，就有“仁不仁”的问题存在了，有了两个人，就要求有爱人之心。由于“仁”的这一基本属性，于是又产生对“仁”的一系列解释，也就是一系列定义，这就是形训。同时这里有包含音训的因素。“仁”与“人”同根，因此也同音，训诂学有一条“因声求义”的方法。清代的训诂学家们总结出音训的规律，他们说：“治经莫重于得义，得义莫切于得音。”（段玉裁：《广雅疏证序》），甚至强调“训诂之旨，本于声音。”（王念孙：《六书音韵表序》）。这是因为古代的文字，音相通，义也会相通，从而为“因声求义”提供基础，但是这种方法只适用于古音，因为几千年来，语音已产生巨大的变化，依据现代语音很难找出它们的意义关系。

依据形训音训的原则，孔子所下的一些定义，包括前面所说的“政者，正也”之类，都是有根据的。

中国的语词定义可以进行形训与音训，跟汉字这种特殊的书写文字符号系统有关。因为汉字本来就是一种表意文字，而且时间越远这一特点也越加明显。一直到今天，汉字大部分仍由表意和表音的两部分所组成，由于汉字的结构复杂，书写起来是有不便之处，但另一方面它对理解词义也确有方便之处，对于使用拼音文字的国家来说，大概是无法使用这种形训和音训方法的。

五、定义与语境的结合

孔子的定义方法，除上述特点外，还有一特点就是定义往往和特定的语境相结合。例如孔子讲“仁”，对不同的对象给“仁”所下的定义有所不同，他对颜渊所讲的“克己复礼为仁”的“仁”是最核心的定义，因为颜渊是他最得意的门生，孔子认为他的学生中只有颜渊好学，而且从来“不迁怒，不二过”（6.3），“其心三月不违仁”（6.7），是最能理解“克己复礼”的真谛，能真正做到“非礼勿视，非礼勿听，非礼勿言，非礼勿动”的，所以孔子将其学术最核心的部分传授给颜渊，好让他继承这一学术传统。可惜颜渊死得太早，没有实现孔子的愿望。孔子对司马牛所讲的“仁”的定义，是因为司马牛平日“多言而躁”，针对他的缺点提出“仁者，其言也讱”，这就是要他言语慎重一些，未经思考，不要轻易发表意见，以通过这个途径达到“仁”的境界。前面已经讲到孔子在齐景公问政时回答“君君，臣臣，父父，子子”，也是针对齐景公自己“君不君”而谈的。孔子这些定义虽然因人而异，但其核心部分并没有改变，这好似结合语境下定义的方法，属于语用定义的范围。在日常语言中，这种定义方法比不考虑语境因素抽象的定义的方法可能更为有效，更能达到说服对方的目的。

孔子的定义方法对后学的影响是相当大的，今天研究它，有助于了解定义方法这一语义现象在中国的发展的特点和规律。

（本文日文译文发表于1997年3月日本青山学院大学总合研究所研究丛书《学际研究》第1号，并在日本青山学院大学与日本记号学会作了学术报告）

《周易》中的符号学思想

中国在公元前22世纪至公元前12世纪，即夏商时代，已有占筮之术，它通过对一些特殊符号的运作，以卜求对未来事件的预测。在夏代这种方法称为“连山”，在商代则称为“归藏”。到了周代（公元前11世纪起），这一套占筮之术形式更为完备，解释也日益丰富，名之为“周易”。“周易”成了先秦六经之首。经过历代学者的注释与补充，“周易”已远远超出了占筮之术的原有性质，而具有精湛深邃的哲学、文学、数学、历史与社会学的内容，也包含有系统丰富的符号学思想。我们现在主要是对它的符号学思想方面一些探析。

一般认为符号学包含语形学、语义学与语用学三个方面。我们先研究“周易”的语形学。

一、《周易》的语形学

相对来说，在先秦文献中，只有《周易》具有一个明显的语形结构系统。这是因为《周易》具有一种以八卦为基本形式的人工符号。这种人工符号不同于我们祖先使用的自然语言文字符号（虽然也有学者，如钱穆，认为八卦就是我国古代的文字）。

《周易》的最基本的语形结构就是“八卦”，它是由两个基本元素组合而成，即一长横“——”（称为阳爻）或是断横“— —”（称为阴爻）。为了书写的方便起见，我们将阳爻代之以阿拉伯数字“1”，将阴爻代之以“0”。八卦的每一卦都是由三爻组成，所以，八卦也称为三画卦，如“乾卦”就是由三长横所组成，这三长横自下而上排列，我们用阿拉伯数字表示就是自左而右，为“111”。“坤卦”由三断横所组成，用阿拉伯数字表示就是“000”。相应的“震卦”是“100”，“巽卦”是“011”，“坎卦”为“010”。“离卦”为“101”，“艮卦”为“001”，“兑卦”为“110”。相应的“乾”、“坤”、“震”、“巽”、“坎”、“离”、“艮”、“兑”分别为其卦名。它们分别象征八种自然界的事物，即天、地、雷、风、水、火、山、泽。

八卦又称“经卦”，或称“单卦”。经卦再两两相重而成六十四卦，这六十四卦也称“别卦”，或“重卦”，也叫“六画卦”。如“泰卦”就是由在下面的乾卦（111）与在上面的坤卦（000）组合而成“111000”，下面的经卦称为“下卦”，或“内卦”，上面的卦则称为“上卦”或“外卦”。为表示各别卦的组成特征，一般在卦画之后注上它由哪两个经卦所组成，如“泰卦”为（乾下坤上），“否卦”为（坤下乾上），“益卦”为（震下巽上），“革卦”为（离下兑上）。别卦也可以是一个经卦自身相重，如乾下乾上仍称“乾卦”，坎下坎上仍为“坎卦”。六十四别卦传统上分为两个部分，前30个称为上经，后34个称为下经。六十四卦有着一定的顺序，不容任意颠倒。其排列顺序如下：

上经的顺序是：

（1）乾，（111111）　（2）坤，（000000）　（3）屯，（100010）
（4）蒙，（010001）　（5）需，（111010）　（6）讼，（010111）
（7）师，（010000）　（8）比，（000010）　（9）小畜，（111011）
（10）履，（110111）　（11）泰，（111000）　（12）否，（000111）
（13）同人，（101111）　（14）大有，（111101）　（15）谦，（001000）
（16）豫，（000100）　（17 随，（100110）　（18）蛊，（011001）
（19）临，（110000）　（20）观，（000011）　（21）噬嗑，（100101）
（22）贲，（101001）　（24）剥，（000001）　（24）复，（100000）
（25）无妄，（100111）　（26）大畜，（111001）　（27）颐，（100001）
（28）大过，（011110）　（29）坎，（010010）　（30）离，（101101）

下经的顺序是：

（31）咸，（001110）　（32）恒，（011100）　（33）遯，（001111）
（34）大壮，（111100）　（35）晋，（000101）（36）明夷，（101000）
（37）家人，（101011）　（38）睽，（110101）　（39）蹇，（001010）
（40）解，（010100）　（41）损，（110001）　（42）益，（100011）

（43）夬，（111110）　（44）姤，（011111）　（45）萃，（000110）
（46）升，（011000）　（47）困，（010110）　（48）井，（011010）
（49）革，（101110）　（50）鼎，（011101）　（51）震，（100100）
（52）艮，（001001）　（53）渐，（001011）　（54）归妹，（110100）
（55）丰，（101100）　（56）旅，（001101）　（57）巽，（011011）
（58）兑，（110110）　（59）涣，（010011）　（60）节，（110010）
（61）中孚，（110011）（62）小过，（001100）（63）既济（101010）
（64）未济，（010101）

六十四卦的排列顺序何以是这样的呢？它是根据一个什么原则来排列的呢？《易传》中有一篇《序卦》是用来专门解释这一问题的，但它没有直接陈述它所一以贯之的原则。根据它前后卦所排列的理由，可以看出它依据的不是一个语形原则，而一个语义原则。它所表述的是前后卦所反映的客观事物具有的某种内在联系。如它说："有天地，然后万物生焉。"这是因为"乾"代表天，"坤"代表地，有了天和地，万物才能得以生长。所以，六十四卦中将"乾""坤"二卦排列在最前面。有了天与地之后，"盈天地之间者唯万物，故受之以'屯'"。"屯"就是"盈"的意思，"受"就是"继"的意思。所以，"屯"卦排在第三位。"屯者，物之始生也。物生必蒙，故受之以蒙。""蒙"表示"蒙昧幼稚"。刚出生的事物一定是蒙昧幼稚的，所以，"蒙"卦排在第四位。如此以往，一直到"未济"卦。可见，这里显示的是作者所认识的事物之间的因果联系，表现在语言上就是一种语义关系。《序卦》作者反复使用了"必"和"不可以"这样的词和词组，说明《序卦》作者认为这些卦的前后联系都是必然的，这里也看出《序卦》作者的哲学观点，如他认为"泰"之后必然走向"否"，"既济"之后必然走向"未济"，表明一件事物当它发展到顶峰时期就要走向它的反面，一件事物即使实现得极其完美，其内部仍会包含"未济"的方面，因此，教导人们当取得一定的成绩时决不能骄傲自满。这种语义原则虽然有一定的客观依据，但它终究不是一个语形原则，作为一个形式系统来说，说明它有不完整性。有的学者认为，《序卦》"浅鄙"、"肤浅"，"不可予以过高的评价"。我们认为，《序卦》至少从一个方面说明六十四卦的有序性，它穷尽了八个经卦两两组合的一切可能，形成一个完整的系统，它对《周易》的研究还是有一定参考价值的。但是，我们知道，《序卦》的写作与《易经》六十四卦的出现晚了好多个世纪，《序卦》只是对既有卦序的一种解释，因此很难断定它完全符合六十四卦编组者的原意。另外，《序卦》有一个根本性的缺点，就是它讲的卦序仅仅是卦名的顺序，而忽略了各卦的实际内容上的联系。而且，我们知道，现在通行的《易》的卦序，并非《易》的唯一卦序，历史上还有过其他的卦序。例如，夏代的《易》称为"连山"，它是以"艮"卦为首而非以"乾"卦为首。商代的"易"称为"归藏"，它是以"坤"卦为首，其次才是"乾"卦。1973年在湖南马王堆出土的《帛书易经》，其顺序与卦名就与当前通行本有所不同。这些不同的《易经》系统有些类似于现代逻辑，现代逻辑由于初始符号与公理的不同而形成不同的系统。当然，现代逻辑虽有不同的系统，但它们都是按照严格的推理规则一步一步推演出来的。这一点，《周易》是难以比拟的。

《周易》卦序除了以义为序的解释外，还有一种"以画为序"的解释，不过，这已经是先秦以后的事。唐代的孔颖达在其《周易正义》中指出："今验六十四卦。二二相耦，非覆即变。覆者，表里视之，遂成两卦，'屯'、'蒙'，'需'、'讼'，'师'、'比'之类是也。变者，反复唯成一卦，则变以对之，'乾'，'坤'，'坎'，'离'，'颐'，'大过'，'中孚'、'小过'之类是也。"所谓"二二相耦"，就是每两个别卦分别组成一对，它们在卦画上形成一种反对关系。这种反对关系有两种情况，或者是覆，或者是变。"覆"就是甲卦自下而上的六爻顺序正好颠倒过来而形成乙卦。如"屯"卦（100010）颠倒过来就形成"蒙"卦（010001），这里可以明显地看出，"蒙"卦的爻序数字正好是"屯"卦爻序的倒读。晋韩康伯称这种关系为"以同相类"。明来知德称它们相互为综卦。"变"，就是甲卦自下而上的各爻都变成其对立的爻，即阳爻变成阴爻，阴爻变成阳爻。如"乾"卦各爻都是阳爻，六爻变成其对立的爻，即都变成阴爻。用阿拉伯数字表示，就是（111111）都变成（000000），于是形成"坤"卦。同理，"需"卦（111010）就变成"晋"卦（000101）。韩伯康称这种关系为"以异相明"，来知德称两卦这种关系为"错卦"。他还将六十四卦分为三十二对错卦。这种"覆变理论”确实是一种语形理论，它从语形上说明了卦与卦之间的关系，但它只说明了部分卦之间的关系，而未全面地说明《周易》的语形系统。现代学者从数学与逻辑的角度进行探索，但仍感到卦对之间的关系无法确定[1]。

我们在前面已经试用了阿拉伯数字“1”和“0”以代替中国古代的阳爻（——）和阴爻（— —）。如果这个方法可行的话，我们会立即想到《周易》的阴阳爻与西方的二进制有某些相似或相通之处。从历史上说，17世纪德国哲学家莱布尼茨在给德雷蒙的信中说到：“我和尊敬的白晋神父发现了这个帝国（指中国——引者）的奠基人伏羲的符号显然是最正确的意义，这些符号是由一些整线和断线组合而成的，这恰恰是二进制算术。这种算术是这位伟大的创造者所掌握而在几千年之后由我发现的。在这个算术中，只有两个符号：0和1，用这两个符号可以写出一切数字。当我把这个算术告诉尊敬的白晋神父时，他一下子就认出伏羲的符号，因为二者恰恰相符：阴爻‘– –’就是0（零），阳爻‘—’就是1。”[2]我们认为，我们远古的祖先能创造出阴爻（– –）与阳爻（—）两个非常简约的符号，并在这两个初始符号的基础上建立整个《易经》体系，以阐述宇宙中各类事物运动发展的一般原理，这的确是一件具有划时代意义的大事。但是，它与二进制终究还有比较大的区别，主要在于阴阳两个符号始终保持着一定的语义，而不能像阿拉伯数字符号那样完全脱离语义。《周易》的创始者将世间一切事物划分为阴阳二类，“阳”始终代表刚强，“阴”始终代表柔弱。《系辞》中说：“《易》有太极，是生两仪，两仪生四象，四象生八卦，八卦定吉凶。”这种一生二，二生四，四生八的数字演算过程，显然不能归为二进制。另外，在殷商时期（公元前14至前11世纪）的甲骨文中，已出现十进位制的萌芽。特别是20世纪80年代张政烺的研究，他识别出甲骨文、青铜器、楚简上长期被人认为是“奇字”的符号，实际上就是卦爻符号的原始形态，这些卦爻符号源于数字，这些数字明显地多于1和0两个数字。因此，说《周易》卦爻符号中已经具有二进制思想，恐怕是难以成立的。至于说莱布尼茨是由于读了《易经》而创

[1] 参阅董光壁著《易学科学史纲》，武汉出版社1993年版，第36页。
[2] 见《世界名人论中国文化》，清华大学思想文化研究所编，湖北人民出版社1991年10月出版，第151—152页。

立二进制，则更是有些脱离实际而夸大其词了。

我们在本节开始时已提到，在先秦文献中，只有《周易》具有一个明显的语形系统，但是，我们也认识到，这个语形系统并不十分完善。它既不相似于西方亚里士多德逻辑的推理结构系统，也不相似于西方语言的语法结构系统，其原因恐怕跟卦爻符号始终未能从具体语义中抽象出来有关。这大概也是中国古代符号学思想的一大特点。也有人认为这是中国古代思想的一大缺点。如果一定说这是缺点的话，那么，大概它从其他方面得到弥补，那就是中国古代的语义学思想特别丰富与发达。

二、《周易》的语义学

《周易》一书包含两大部分，一是《易经》，二是《易传》。《易经》部分相传是周文王所作，但后来的研究者发现，《易经》所记载的事件有些发生在周文王之后，由此断定，《易经》的完书不是周文王，而是在文王之后的西周时期。《易传》相传为孔子所作，但一般确认它应该是孔子之后的战国时期多人创作的产品。《易传》主要是用来解释《易经》的，既然是解释，就必然掺有解释者自己的意见，这些意见不见得符合《易经》的原意。《易经》主要是一本占筮之书，《易传》则往往是将《易经》中的一些关于具体事件的记述进行抽象概括，上升到哲学和方法论的高度，而使《周易》成为一本对华夏民族文化甚至世界文化产生深远影响的著作。可以说，《易传》并非歪曲而是丰富与发展了《易经》中优秀的文化传统。《易传》共有十篇，旧称“十翼”，即“彖”“象”上下篇、“文言”篇、“系辞”上下篇、“说卦”篇、“序卦”篇和“杂卦”篇。《易传》并非一人所作，因此有时会出现上下文不够连贯，缺乏逻辑联系，以及一句话重复出现的现象，但这不会妨碍我们对它的理解与研究。我们主要是从《易传》中研究《周易》的语义学思想。

《周易》的语义学思想可以概括为五个方面：

（一）“象”的理论，（二）“方以类聚，物以群分”的分类理论，（三）“开而当名，辨物正言”的定义理论，（四）“彰往察来，微显阐幽”论，（五）“言不尽意”论。

（一）“象”的理论

“象”是《周易》的一个基本范畴。在《周易》中，“象”字出现的频率是比较高的。但是，“象”字在《周易》中是一个多义词，因此，研究“象”的理论必须先明确“象”的几种含义。

首先，“象”是指一种客观存在的事物。如《系辞》下传说：“古者包牺氏之王天下也，仰则观象于天，俯则观法于地，观鸟兽之文与地之宜，近取诸身，远取诸物，于是始作八卦，以通神明之德，以类万物之情。”这里的“象”显然是指一种客观存在的东西。正是这种客观存在的“象”成为圣人制作八卦的模型。但是，“象”作为一种客观存在的东西仍可以有两种含义，一是指作为“鸟兽之文”的某种事物的表象，二是作为与事物表层相对应的事物中深层的东西。《系辞》上传说：“圣人有以见天下之赜，而拟诸其形容，象其物宜，是故谓之象。”这个“赜”是指一种精微深奥之物，它显然不是一种浅表性的东西，而是深层的东西。但无论表层的也好，深层的也好，按皮尔士的三元关系来看，这种客观的“象”就是卦画符号所指谓的对象。

但是，“象”还有另一种含义，就是指“卦象”，即八卦符号所显示的“象”，它既可以指八经卦的象，也可以指六十四别卦的象，还可以指各爻的象。《系辞》说：“圣人设卦观象。”“八卦以象告。”这里讲的都是“卦象”。一部《周易》，就是显示卦象与说明卦象。不知卦象，就不懂得《周易》。“是故《易》者，象也。”（见《系辞》）这个“卦象”跟前面所述的客观之“象”又是密切相关的。《系辞》说：“象者，像也。”就是说，卦辞或爻辞所表现的象要体现出客观事物中所表现的象。就是两者有一种“反映”或“对应一致”的关系。按皮尔士的符号分类，符号有三种：一是图像符号，二是索引符号，三是象征符号。八卦符号不属于索引符号，但它具有图像符号与象征符号两种性质。图像符号是说符号与对象要有某种形象的相似性。例如，《系辞》说：“作结绳而为网罟，以佃以渔，盖取诸‘离’。”我们不管创作“离”卦与结绳为网罟孰先孰后，这里至少表明“离”卦的卦画（101101）与网罟形象有相似性，也就是说，“离”卦卦画是表现网罟的一种图像符号，不过，有些八卦具有比较明显的图像性，但它一旦进入八卦的系统，就必然具有象征性符号的性质。从《周易》的主体看，大部分卦画主要具有象征性符号的性质，即卦画纯粹是设卦者的一种约定，如“乾”的卦画（111）表示“天”，“坤”的卦画（000）表示“地”，但我们仍可以找到它们图象性的痕迹，正如汉字发展到今天，早已脱离了象形文字的阶段，但仍可以追溯到它象形的原始形态一样。为此，《周易》卦画的“象”，实际上就是这些卦画的意义。从《象传》看，这些“象”往往有两个层次，一个是其图像意义，一个是其象征意义。如《象传》对“需”卦（111010，即“乾下坎上”）的解释是：“云上于天，‘需’。君子以饮食宴乐。”说的是“需”卦表示云在天上，是有待下雨的意思。君子这时可以饮食宴乐，等待时机，以施德于民。“云上于天”，这是“需”卦的图像意义，是它的第一层意义，而君子要等待时机，施德于民，这是它的第二层意义，即它的象征意义。显然，第二层意义是第一层意义的引申。没有第一层意义，也不可能有第二层意义，“设卦观象”，就是要通过观看第一层意义以达到理解第二层意义。将《周易》的卦象符号单纯地看作图像符号或单纯地看作象征符号，都有其偏颇之处。应该说它同时具有二者的性质。

《周易》的“象”的理论，实际上就是《周易》的解释理论，也就是《周易》的意义理论。在《周易》学说史上向来有“象数派”与“义理派”之争，其实，这只是他们研究方法上的侧重点的不同。象数派着重探索《周易》的“图像”意义，而义理派则着重探索《周易》的象征意义。探索图像意义，有待于发展到其象征意义，否则，其解释只涉及事物的表层，意义不大；而探索象征意义又不得不以其图像意义为基础，否则，它只是空中楼阁，纯粹是一种臆测。所以，研究《周易》，无论所侧重的是“象数”还是“义理”，他们依据的都是“象”的解释理论。

（二）“方以类聚，物以群分”的分类理论。

在《周易》中，“类”的概念出现次数相当多。有了类就要进行分类。在“乾”卦“九五”爻辞中说：“飞龙在天，利见大人。”《文言》解释说：“何谓也？子曰：‘同声相应，同气相求。水流湿，火就燥。云从龙，风从虎。圣人作而万物睹。本乎天者亲上，本乎地者亲下。则各从其类也。’”这里已经明确地阐述了类属思想。在“同人”卦的《象传》解释中说：“君子以类族辨物。”这里强调君子要依据类别的同与不同而辨别事物。在《系辞》开始部分就提到“方以类聚，物以群分”。依据高亨在《周易大传今注》中的解释，这里的“方”应解释为“人”，因为在篆文中“人”字与“方”字极易因形似而误认。在上述话里，“方”是与“物”相对的，所以“方以类聚”就是说“人以类聚”。《易传》作者认为人是可以分成不同的类的，相同类的人会聚在一起，不同类的人则不愿聚在一起。相应地事物也应该按照其不同的类别加以区分。这种依据类别来区分人与事物的思想，具有一定的方法论的意义。逻辑上有一种“分类”的方法（与其相反的方向就是“归类”），即一群事物可以按其属性的同与不同区分为不同的类别。《周易》说的“方以类聚，物以群分”就是说的这种方法。在先秦文献中，孟子说过：“故凡同类者，举相似也。”（《告子》上篇）。庄子也说过：“同类相似，同声相应。固天之理也。”（《渔父》篇）《墨经》中说：“一法之相与也尽类。”（“法”指造器之法，引申为事物的规律、特性，参阅周云之著《墨经校注》）在《墨经》的“小取”篇中更是强调“以类取，以类予”。荀子说：“物各从其类也。”（《劝学》篇）还说：“均薪施火，火就燥。平地注水，水流湿。夫类之相从也，如此之著也。”（《大略》篇）在《礼记》的《乐记》篇中也有“方以类聚，物以群分”的字句。这些思想与《周易》都是一脉相通的。它说明“分类”与“归类”的方法在先秦思想中所占的重要地位。另外，《周易》还提出了“触类而长之”的方法。《系辞》说：“是故四营而成《易》，十有八变面成卦，八卦而小成。引而伸之，触类而长之，天下之能事毕矣。”这里是说，八卦引伸为六十四卦，但仍未穷尽，再“触类而长之”，就能将天下之能事都包含其中。这种“触类而长之”的方法，就是逻辑上所谓“类推”的方法。“类推”就是依据事物之间具有类的关系，从而进行推理的方法。这是中国古代使用相当广泛的一种推理的方法。荀子说过：“圣人者。以己度者也。故以人度人，以情度情，以类度类，以说度功，以道观尽。古今一也。类不悖，虽久同理。”（《非相》篇）这里最关键的就是“以类度类”，只要“类不悖”，虽时地相处久远，其理还是相同的。荀子的话将《易传》的话解释得更明白了。

（三）“开而当名，辨物正言”的定义理论。

《系辞》中说：“开而当名，辨物正言”，就是要求开启卦义，使名实相符，达到辨别物象的目的。用现代逻辑的术语说，就是要给每一个名以一个确定的含义，从方法上说，就是给一个“定义”。考察整个《易传》，可以说就是给《易经》的卦画以恰当的解释，也就是给予“定义”。《文言》解释“乾”卦的卦辞“元亨，利贞”时说：“‘元’者，善之长也。‘亨’者，嘉之会也。‘利’者，义之和也。‘贞’者，事之干也。”这就是定义。如果按照西方传统逻辑的“属加种差”的定义方法来要求，这可能不够规范。但是如果按照一般的定义规定，“定义”就是给名词或词组一个确切的含义，则上述解释，可以看作是定义。而且，它是中国古代最多使用的一种定义方法。我们可以名之为“语词定义法”，也就是“以词解词法”。一部《说卦》，就是一部定义的集合，如：“乾，健也。坤，顺也。震，动也。巽，入也。坎，陷也。离，丽也。艮，止也。兑，说也。”在八卦中，卦名往往是多义的。它既然有多种含义，因此，也就有多种定义。如用八卦指示所象的动物时，就说：“乾为马。坤为牛。震为龙。巽为鸡。坎为豕。离为雉。艮为狗。兑为羊。”当指示所象的人的肢体时，就说：“乾为首。坤为腹。震为足。巽为股。坎为耳。离为目。艮为手。兑为口。”有时《说卦》将一卦多义集中起来表述，如：“乾为天，为圆，为君，为父，为玉，为金，为寒，为冰，为大赤，为良马，为老马，为瘠马，为驳马，为木果。”卦的多义性增加了解释的灵活性。它也是自然语言一种比较普遍的现象，但由此也容易产生另外一种现象，即为解释的任意性、不确定性敞开了大门。后来将八卦用来占筮的人也确实利用了《周易》的这一缺点。

（四）“彰往察来，显微阐幽”论。

《系辞》说：“夫易彰往而察来，而微显阐幽。”这里“彰往察来”是指通过对往事的反省以预测未来。“微显阐幽”，根据高亨的解释，似当作“显微而阐幽”，就是显示细微之事，阐明其幽深的含义。从符号学的角度看，“微”是指一种微弱的信号，也就是《易传》中所说的“几”。《系辞》说：“其知几乎。几者，动之微，吉凶之先见者也。君子见几而作。”“幽”是指微弱信号中包含的深邃含义。可以说，每个符号（信号）后面都可能隐含着大量的信息，关键在于符号的发现者与使用者有没有能力揭示和阐述这些信息。例如，一块巨石横搁在山岩上，游览者只将它作为一个大自然的奇迹看待，而地质学家却从中发现极古年代冰川变化的痕迹。一个古墓，普通人只看见一堆破铜烂瓦、枯骨朽衣，而考古学家却从中研究出古代的社会制度。《易经》中的卦爻辞有很多历史往事的记载。这些事件本身只是一些符号的组合，一般人把它当故事来阅读，而《易传》作者却能从这些符号中得到启发与借鉴，并预测出未来事件的发展。如《既济》与《未济》卦中都提到商朝“高宗伐鬼方”的事件，在《既济》卦中是说：“九三：高宗伐鬼方，三年克之，小人勿用。《象》曰：‘三年克之’，惫也。”这是说，高宗曾带领军队讨伐鬼方小国，一共花了三年时间，才取得了胜利。胜利固然是好事，是吉，但人民疲惫不堪，所以，这事对一般庶民不利，它启示决策者今后不要轻易使用武力去征伐别的国家。这就是“彰往察来，显微阐幽”。在《易传》中，绝大部分爻辞都起到了“显微阐幽”的作用。如《既济》卦辞是：“亨，小利贞。初吉终乱。”《象》曰：“水在火上，《既济》。君子以思患而豫防之。”作者从“水在火上”这一微小的事件中看出并阐述其包含的重大意义。告戒读者勿因“事小”或“事成”而麻痹大意，因为火可以将水烧干，但水也随时可能将火浇灭。也就是说，在既济中还可能包含未济的因素，要防患于未然。“彰往察来，显微阐幽”，可以说是《周易》语义学的精髓所在。

（五）“言不尽意”论。

语言是否能完全、充分、准确地表达人们的思想，在中国古代曾经有过很大的争论。道家是主张言不尽意的。如《老子》一书就说过：“道可道，非常道。”这就是说，还有一种叫做“常道”的东西，是不可道（言说）的。庄子更明确地说：“道不可言。”（《知北游》）他还说：“意有所随。意之所随者，不可言传也。”（《天道》）这里承认了有一种不可言传的“意”之存在。《易传·系辞》中将这种思想表述为一个普遍命题，即“书不尽言，言不尽意”。我们分析这句话可能包含两重含义：一是指一些最高的哲学范畴，其含义是无法用语言表述清楚的，也就是如西方哲学家与逻辑学家所说，有些词（如“道”、“善”）是无法定义的，“无法定义”，也就是用语词难以说清楚的。二是指人的认识（意），除了有理性因素外，还包含许多非理性因素，这些非理性因素很难通过语词来充分表达。“言不尽意”，并非说语言根本不能表达人的思想，也不是说每一句话都不可能表达人所需要表达的意思。“言不尽意”论的确揭示了一个极为深刻的语言哲学问题。三国时期的王弼就说过：“言之不能当，称之不能既（‘尽’的意思）。”“言之者失其常，名之者离其真。”（《老子指略》）而西晋时期的欧阳建却专门写了一篇《言尽意论》，以反驳“言不尽意”论，说：“名于物无所施，言于理无所为。”“物非名不辨，理非言不畅。”“名逐物而迁，言因理而变。”欧阳建强调的是“名”作为人的认识工具的重要性，而对“言不尽意”论的反驳却缺少针对性与说服力。因为“言不尽意”论并不否认一般的陈述（言）能够表达意思，因为，如果不是这样，则“言不尽意”论者自己就无法用语言将自己的“言不尽意”的意思表达出来。“言不尽意”论者说的某些最高范畴难以用语言表述，欧阳建却回避了这个问题。《易传》作者虽然与道家的观点有相通之处，但《易传》作者与道家仍有区别，这在于《系辞》在说了“言不尽意”之后立即补充了一句：“圣人立象以尽意。”就是说，虽然言不能尽意，但人们有别的办法来弥补，就是用八卦来“立象以尽意”。这种对八卦的拜物教是否能成立，《易传》作者并没有作出充分的论证，所以这只是他们的一种信念（而且至今仍有人坚持这种信念）。我们觉得，如果认为“言不尽意”，而通过“设卦”“立象”可以“尽意”，则存在一个不可回避的悖论，这些卦象能否完全不借助语言来表达，即《周易》能否完全丢掉卦辞（卦辞就是语言），如果说不行，则又回到了原来的起点命题，这些“卦辞”还是会遇到“言不尽意”的命运。而且，从《周易》的实际情况来看，有些卦象与卦辞是包含至深哲理的，一时用自然语言的确难以表述清楚。为此，至今一些哲学家还在深入探讨。所以，想用“设卦立象”的办法来弥补“言不尽意”的缺陷，本身仍有缺陷。但提出“言不尽意”的思想，在语义学史上是有其重要意义的。

三、《周易》的语用学

语用学是符号学的一个组成部分，它是研究符号与符号使用者的关系的学科。符号的使用者通常是指使用符号的人（也可以是其他动物），而人总是在一定的时间、地点、条件等环境中生活的。一个符号、一个词，或一句话，其具体意义，总是与该符号的使用者所处的具体环境有关，这种环境相对于符号或语句来说，就称为语境。《周易》六十四卦的卦义，都是与该卦出现的语境有关的。

《周易》的语用学首先表现在《周易》中的"时"的概念。例如，《系辞》说："《易》之为书也，原始要终，以为质也。六爻相杂，唯其时物也。"就是说，一卦的六爻阴阳错综。其所象征的是在一定时间内的事物。

在《艮》卦的《彖传》中说："艮，止也。时止则止。时行则行，动静不失其时，其道光明。"这是说，做什么事，该止的时候就应当停止，该动的时候就应当动，应"不失其时"，这样才能成功。

与"时"相联系的是"变"的概念。《易》本身就包含有"变易"的意思。卦爻辞的解释，随着时间条件的变化，也会产生变化。《系辞》说："《易》之为书也不可远，为道也屡迁，变动不居，周流六虚，上下无常，刚柔相易，不可为典要，唯变所适。"这说明一切都不是固定不变的，卦爻也可产生变化，阳爻可以变为阴爻，阴爻可以变为阳爻，刚可以变为柔，柔可以变为刚，所以卦爻辞要"唯变所适"，这是一种很可贵的语用学思想。这里也体现出《周易》关于"道"的概念与儒家和道家关于"道"的概念的区别。儒家与道家对"道"的解释虽然也有区别，但他们都认为"道"是某种永恒不变的东西。而《周易》却认为"道"是"屡迁"的，是"变动不居"的，是"周流六虚"的，是"上下无常"的。连"道"都可以变，其他事物就更可能变了。所以，西方将《周易》干脆译为《变易之书》（BOOK OF CHANGES）。

《周易》的《彖传》中还多次使用"时义"与"时用"的概念。"时义"是指某卦处于某时的意义，如，《豫》卦的《彖辞》说："豫，刚毅而志行，顺以动，豫。豫，顺以动。故天地如之，而况建侯行师乎？天地以顺动，故日月不过，而四时不忒；圣人以顺动，则刑罚清而民服。豫之时义大矣哉！"这里提出了一个"顺以动"的命题，"顺以动"是指顺应时间、条件而动，如果不是"顺以动"，而是在不应动的时候而动，或者逆反条件而动，则可能产生极其不利的结果。

所谓“时用”是指某卦在某时的效用。如《坎》卦的《彖传》说：“习坎，重险也。水流而不盈，行险而不失其信。维心亨，乃以刚中也。行有尚，往有功也。天险，不可升也。地险，山川丘陵也。王公设险，以守其国。险之时用大矣哉！”“坎”为“险”，“习坎”，就是“重险”的意思。据高亨的解释：“人行路遇险，行事遇险，皆不免于艰难，有所不利，此险之对己不利者也。然险亦有对己有利者。天之险是其不可升也；地之险是山川丘陵也，王公既利用地险，再设人为之险如城郭沟地等，使敌人不可登越，以守卫国家。此险之对己有利者也。可见险对己有时不利，有时有利，利或不利以时为转移。险如适应其时之需要，其用处甚大。如王公设险于先，始能却敌于后。”（见《周易大传今注》）所以说：“险之时用大矣哉！”“时义”与“时用”，概括起来都是讲“时”在决定断辞吉凶的重要因素，“时”实际上包括了地点以及其他条件，可以说，“时”的概念，相当于我们现在所说的“语境”的概念。因此，“时”是《周易》语用学的一个非常重要的概念。

第二，《周易》的语用学还体现在《周易》的“言行”观上。在《周易》中，“言”出现了近60次，而“行”则出现125次之多。而且，“言”与“行”常常会结合起来说。“言”，相当于现在所说的“言语”（Speech），而不是指“语言”（Language），“言”，就是一句句具体的话语。《周易》的言行观首先要求的是言语要谨慎，《系辞》说：“言行，君子之枢机。枢机之发，荣辱之主也。言行，君子之所以动天地也，可不慎乎！”这里将“言行”比之为扣发弓弩的枢机。一个人的言行犹如射箭，“枢机”一扣，箭就射出去了，或中或否，或得或失，或成或败，或荣或辱，全在此一举。《系辞》引用夫子的话说：“君子居其室，出其言善，则千里之外应之，况其迩者乎；出其言不善，则千里之外违之，况其迩者乎。言出乎身，加乎民。行发乎迩，见乎远。”在《坤》卦的《文言》中也提到“《易》曰：‘履霜，坚冰至’，盖言顺也。”“《易》曰：‘括囊，无咎无誉’，盖言谨也。”这些都是要求君子的言行要特别慎重。其次，要求言之有物，一定要有具体内容。在《家人》卦的《象传》中说：“风自火出，家人。君子以言有物而行有恒。”《家人》卦是“离下巽上”，“离”代表“火”，“巽”代表“风”，所以说，“风自火出”，但“离”同时象征“明德”，“巽”象征“教化”，君子要用自己的“明德”教化庶民，所以，自己的言语必须言之有物，不能单说空话。其三，言语要有顺序，不允许混乱。在《艮》卦的“六五”爻辞中就说，要“言有序”。用现在的语言说，就是说话要有逻辑性。其四，言语要指导人的行为，也就是要言行结合。从上文引述中我们看到，“言行，君子之枢机。”“言行，君子之所以动天地也。”以及，在《大畜》卦的《象传》中说：“天在山上，大畜。君子以多识前言往行，以畜其德。”可以看出，《周易》是很强调将“言”与“行”结合在一起的。其五，要求言行要有准则。因为言行是为了“以畜其德”，即积蓄其德行，目的性很明确，所以必须要有准则，这个准则就是“德”。其六，行为要持之以恒。上面已经提到：“君子以言有物而行有恒。”君子既然要对庶民进行教化，不在乎说得多，更重要的是君子自己要力行，要持之有恒，要反复作出榜样。孔子也说过，对人要“听其言而观其行。“观其行”显然不会只观一次，两次，这正是对说话者的严格要求。

《周易》的“言行观”与西方的“言语行为理论”是有较大区别的。后者的理论核心就是将言语自身也看作一种行为，说一句话同时也就完成一种行为。但是，《周易》的言行观与西方的言语行为理论两者也有相通之处，即它们都要求言语要见诸行动。我国著名语言学家许国璋就将“言语行为”论翻译成“言有所为”论。西方将“言语行为理论”看作是语用学的一个方面，所以，我们也将《周易》的“言行观”看作是一种语用学。

第三，《周易》的语用学还表现在《周易》的修辞理论上。在《乾》卦的《文言》中说到：“修辞立其诚，所以居业也。”就是说，修饰言辞必须以诚信为基础，以此来建立自己的事业。这是中国思想史上第一次提出“修辞”的概念，虽然在古代文献中早已使用过修辞的手法，如在《诗经》中大量使用了“比兴”的手法。孔子修订《春秋》，创立了一种所谓“春秋笔法”。现代语言哲学与现代符号学将“修辞”也看作一种语用现象。而且，原作为“修辞”手法之一的“隐喻”，现在几乎成了“修辞”的全部。因为“隐喻”，是指一个符号或一个陈述在它的字面意义以外，还隐含着另外一种含义。我们有时也称为“言外之意”。使用修辞手法，就是要在一句话的字面意义之外给予某种“言外之意”。《周易》的《易经》部分，大体上都是用于记述古代占筮的事实，后人读《易经》，主要在于理解其字面意义。而在《易传》中除了给《易经》的卦象辞以字面解释外，更多地是揭示卦爻辞所包含的言外意义，即隐涵意义。如上述《家人》卦，它的卦画是“离下巽上”（101011），就从其字面意义“风自火出”引申出“君子以言有物而行有恒”。就是说君子要像“风自火出”那样，用自身的言行之德去教化他人。一部《周易》可以说全部都是“隐喻”，是“隐喻”的结晶，阅读《周易》，就是解读它的隐喻。《周易》的价值就在于它能将一些卜筮的记录从其表层意义引申出很多更为深刻、抽象的哲理，从而给我们民族以至整个人类留下了一笔具有重大历史价值的文化遗产。中华民族是一个非常善于使用隐喻的民族，这一文化传统跟《周易》的流传是有关系的。从上面语形学、语义学与语用学三个方面看，《周易》的符号学内容都相当丰富，因此可以说，《周易》是中国符号学思想最为重要的源流之一。

（原载《湖北大学学报》（哲学社会科学版）2004 年第 6 期）

《墨经》中的符号学思想

一、《墨经》中的关于名与言的理论

《墨经》是墨翟弟子的著作，其内容涉及逻辑学、符号学、语言哲学，以及很多自然科学和社会科学的知识。它是墨家在劳动实践的基础上对自然界和社会认识的结晶。从写作体例上说，它分为“经”与“说”两部分。大部分的“经”都有一项“说”与之相配合。“经”分为“经上”与“经下”两部分，相应地“说”也分为上下两部分。另外还有《大取》和《小取》两篇，一共六篇。这是中国先秦时期科学知识的结晶，是古代思想中的一部光辉的著作。据孟子所说，当时“杨朱墨翟之言盈天下，天下之言不归杨则归墨。”（《孟子·滕文公下》）韩非以儒墨并为世之显学，可见墨家思想影响之大。但是后来由于儒家思想一统天下，墨家的这一宝贵思想财富长期受到压抑、忽视，以致几乎湮没，文本也被弄得混乱不堪，甚至使人难以卒读。到了清代，经毕沅、张惠言、孙诒让等的校注，才略显条理。近人谭戒甫、高亨、沈有鼎等，以至当代陈孟麟、周云之等学者在前人研究的基础上进一步加以考据、阐述，才使人得以粗通。它的丰富内容还有待后人进一步挖掘。

在《墨经》中包含着丰富的符号学思想，首先，《墨经》中包含有言语行为的理论。

1.“言（话语）”是《墨经》符号学的基本范畴

现代语用学重点研究话语。这是因为语用问题总是体现在话语中，而不是体现在一个个孤零零的语词中。《墨经》已注意从言语的整体性来考察名辩问题。《墨经》中有19处提到“言”。“言”，相当于现代所说的“言语”（speech），也就是“话语”（utterance）。《墨经》从功能上给“言”下了定义。他们说：“言，口之利也。”（经上，92）这就是说，“言”是口的一种功能。又说："执所言而意得见。心之辩也。"（经上，93）墨家认为通过言语可以了解说话者所要传达的意思，也就是说，说话者的话语表达了说话者的思想，而听话者能理解对方所说话语的意思，是因为人的大脑（心）具有辨察和分析的能力。墨家在这里强调了"言"的表意功能，显然在古代"言意之辨"（即"言尽意"与"言不尽意"之争）中，墨家是站在"言尽意"的一派的。

《墨经》还说："言，出举也。言也者，诸口能之，出名者也。名若画虎也。言也谓，言由名致也。"（经上，32）这是说，"言"要求能对事物有所指称，也就是说，"言"与"实"要有对应关系。言是由名组成的，"名"是"言"的组成部分，也是"言"的行为结果。名与言是部分与整体的关系。言通过名去称谓事物。名像画虎一般，"虎"这个名就像所画的"虎"一样，成为客观存在的虎的符号。

《墨经》说："故言多方，殊类，异故，则不可偏观也。"（小取）这就是说，同样的"言"在不同的语境中会出现多种含义表现为多种形式。同一"言"可由不同的"故"推出。因此理解一个话语，必须了解其多种含义，了解产生这多种含义的"故"，这样才能防止表面性和片面性。

《墨经》还说："以言为尽悖，悖。说在其言。"他接着说："以：悖，不可也。之人之言可，是不悖，则是有可也。之人之言不可，以审必不当。"（经下，172）"悖"就是"不可"的意思。这是说，"言"有是非之分，不能说所有的"言"都是错的。如果说"言尽悖"这句话为"可"，而"言尽悖"这句话本身也是"言"，既然承认这句话为可，则应承认是有"可"（不悖）的话存在，它与"言尽悖"这个命题相矛盾，这说明"言尽悖"这句话本身就不对，也就是说这句话本身为"悖"。这跟古希腊传流下来的（相传是爱匹门尼德〈Epimenides〉记载的）所谓，克里特人中有一个人说："克里特岛的人都说谎"（The Cretans are always liars…）的故事有些类似，不过《墨经》表述得更明确，说"以言尽悖"本身为"悖"，其原因在于"言"本身不允许这样，因为"言"要"出举"，即言要以实来进行检验不可能"尽悖"。

2."名"的符号性与行为性

上面的引文中已涉及名的符号性问题。但《墨经》是将符号性与行为性结合起来论述的。

在《墨经·小取》篇中，提出了“以名举实”的原理。就是说一定的“名”要与一定的“实”相对应。如何对应呢?《墨经》提出“举”这个概念。“举，拟实也。告以文名，举彼实故也。”（经上，31）《墨经》的“举”略似于公孙龙的“指”，但“举”比“指”更具有行为性。它表示“名”对“实”不仅要有指谓性，而且要能“拟实”，“拟”就是“模拟”，也具有“描述、反映”的意思，也就是说“名”要能举出实的某些性质。“名”是指称“实”（物）的一个符号。

《墨经》不仅谈到“举”，还谈到与“举”相关的一个概念——“取”。

“[经]知其所以不知，说在以名取。[说]知，杂所知与所不知而问之，则必曰：是所知也，是所不知也。取去俱能之，是两知也。”（经下，149）

“其取之也，有所以取之，其取之也同，其所以取之不必同。”（小取）

《墨子》一书中的《贵义》篇中曾用瞽者取黑白之物的故事：“子墨子曰：今瞽曰，钜者白也；黔者黑也。虽明目者无以易之。兼白黑使瞽取焉，不能知也。故我曰瞽不知白黑者，非以其名也，以其取也。”说明一个人使用一个名是否正确不仅在于他能解释这个“名”的语义，还在于他能在行为上体现出它的意义。所以墨子说：“今天下之君子之名仁也，虽禹汤无以易之。兼仁与不仁，而使天下之君子取焉，不能知也。故我曰天下之君子不知仁者，非以其名也，亦以其取也。”（贵义）“取”涉及名的使用者，涉及人的行为，涉及行为的目的。“举”与“取”都属于语用范畴。可见墨家的语义理论强调，掌握语义不仅要作出静态的描述，而且要作出动态的选择，能在行为上从诸多事物中将所说的事物区别、挑选出来。所以，“举”与“取”是墨家语用学理论中的重要范畴。

3.《墨经》中的正名学说

先秦诸子都涉及“正名”问题。《墨经》特别关注“名实”关系，因此，它自然要讨论“正名”的问题。《墨经·大取》中说：“诸圣人所先为人欲名实。名实不必名。”[1]“欲名实”就是“正名实”，但是墨家看到了有

[1] 张纯一：《墨子集解》，成都古籍书店影印世界书局，1998年本。

的名不一定有相对应的实，也看到了实本身就存在，并不必有名。《墨经》说：“（经）彼彼此此与彼此同，说在不异。（说）彼：正名者彼此彼此可。彼彼止于彼，此此止于此，彼此不可。彼且此也，彼此亦可。若是而彼此也，则彼亦且此也。”（经说下，169）《墨经》这一段传统上认为是对公孙龙《白马论》的批驳，但仔细看起来，似乎不是反驳，而只是补充。公孙龙强调“其名正则唯乎其彼此焉”。他说：“谓彼而彼不唯乎彼，则彼谓不行；谓此而此不唯乎此则此谓不行……故彼彼止于彼，此此止于此，可。彼此而彼且此，此彼而此且彼，不可。”（《名实论》）公孙龙的理论是一种理想语言的要求，即一个符号只具有一个指称、一种含义。在自然语言中实现起来是有困难的。《墨经》并不认为公孙龙的观点不对，《墨经》说：当“彼彼止于彼，此此止于此”的时候，混淆彼此，是不行的。而当“彼且此”即彼此不异的时候，则将彼称为此，将此称为彼，是可以的。例如，“狗”与“犬”不异，因此将狗称为“犬”，将犬称为“狗”，是可以的。因此《墨经》并无反对公孙龙之意，不过认为在某种情况下，不能过于机械。在自然语言中，仍有将“彼、此”通称的情况。

《墨经》讲“正名”是为了“辩”。《墨经》说：“夫辩者，……明同异之处，察名实之理，……以名举实……”（小取），可见他们把正确认识“名实”关系即“正名”看作进行“辩”的一个重要条件。墨家讲“正名”与儒家“正名”有重要的区别，这就在于，儒家认为“名不正”的原因在于违背“周礼”，因此“正名”的目的在于恢复“周礼”，“正名”的标准也是“周礼”。例如，孔子哀叹说：“觚不觚。觚哉！觚哉！”（《论语·雍也》）孔子何以要作“觚不觚”之叹呢？原因就在于孔子时期斟酒的酒杯，其形状已与周代的“觚”有很大的不同，就不应该再称之为“觚”。相应地，孔子要求“君君，臣臣，父父，子子”（《论语·颜渊》），也是认为当时是，“君不君，臣不臣，父不父，子不子”，一切都不合“周礼”。孔子这种严守古制、“正名”就是要倒回过去的观点，是不符合时代发展精神的，这种“正名”完全沦为政治、伦理的工具。墨家则从精确表达思想的角度，从语言学、逻辑学和符号学的角度，对“名”本身进行了分析，找出“名不正”的原因，然后提出正确用“名”的原则，使“正名”超越于政治、伦理的范围，而成为“名辩学”的有机组成部分。从这一点说，墨家比儒家有了重大的进步。

《墨经·大取》篇中提出了几条命名的方法。《大取》篇说：“以形貌命者，必知是之某也，焉（乃）知某也。不可以形貌名者，唯不知是某也知某可也。诸以居运命者，苟人于其中者皆是也，去之因非也。诸以居运命者，若乡、里、齐、荆者皆是。诸以形貌命者，若山、丘、室、庙者，皆是也。”这里提出两种方法：一是以形貌命名，一是不以形貌命名。以形貌命名者，如今日所谓的“五指山”、“狮子山”、“象鼻山”、“蛇山”、“龟山”等等。人们一听说这个名称，就一定知道这个名称所指的实（对象）是什么。不以形貌命名的，也可以依据其居住、运行的地方命名。如“某乡人”、“某里人”、“齐人”、“荆人”等等，听话者虽不能知道其所指的对象究竟是什么，但大体上也知道它指的是什么。《墨经》提出的不以形貌命名的方法，虽然比较空泛，但是听话者从命名中还是能多少了解到某物的某些性状，所以命名对人的认识事物对象是有一定作用的。

二、《墨经》中的定义方法

定义问题是符号学中的一个重要问题。定义，实际上就是给各种符号下定义。罗素与怀德海说：“定义就是表明：某一新引入的符号或符号组合与我们已知的某一其他符号组合的意义相同。”[1]还说：“定义涉及的完全是符号，而不是符号所象征的东西。”[2]任何符号都必须有意义，但是某个特定的符号与某个特定的意义并无必然联系。索绪尔早就指出，能指与所指之间的联系具有任意性，也就是说，它们之间的联系并非必然的。如何明确他们之间的联系呢，只有给于确定的定义。《墨经》的《经上》卷基本上是一组定义的集合，其中的“经”与“说”许多都表述为定义的形式。大部分“经”都是由一个被定义项与一个定义项所组成。虽然《墨经》没有直接讨论定义问题，但它却使用了多种多样的定义形式。这种定义形式比其他诸

[1] 引自《逻辑的某些基础》，载《哲学译丛》1957年第5期。
[2] ［英］罗素：《数学原理》（英文版），第1卷第11页。

子要丰富得多。在先秦的典籍中，这是极其难能可贵的。

1. 语词定义

《经上》的基本定义形式之一是语词定义。所谓语词定义就是以一个意义相同或相近的词去解释一个意义有待明确的词，简单地说，就是以词解词。语词定义也可称为唯名定义。如："义，利也。"（经上，8）（"义是利于他人的意思。"在《大取》篇中也说："义，利。不义，害。志功为辩。""不义"是"义"的反义，所以是"害"。必须将目的与效果两方面综合起来加以分辨。）

"礼，敬也。"（经上，9）（"礼是尊敬的意思。"）

"行，为也。"（经上，10）（"行是为的意思。"）

"实，荣也。"（经上，11）（"实是荣的意思。"）

"益，大也。"（经上，47）（"益是增大的意思。"原文为"大益"，当为"益大也"，转写误倒，又脱一"也"字。依伍非百校）

"更，易也。"（经上，49）（"更是变易的意思。"原文为"庚"，借为"更"，古字通用，采高亨说）

"直，参也。"（经上，58）（"直是参立的意思。"）

"狗，犬也。"（经下，155）（"狗就是犬。"）

这里的被定义项是前一个词（如"义"、"礼"等等），定义项是后一个词（如"利"、"敬"等等）。它们都是用后一个词去说明前一个词的意义，也就是说后一个词与前一个词的意义相同。但是要注意，这里所谓意义相同却有一定的限制，它往往表示后面这个词只表示前面那个词的某一方面的意思。例如，"义"这个词在古代的意义是多方面的，诸子百家给予的解释也不尽相同。墨家抓住其最本质的意义予以解释：义就是要求有利于他人，所以说："义，利也。"礼本来是一种行为，墨家认为，礼最核心的东西就是要表现对人的尊敬，所以说："礼，敬也。"另外，按说两个词如果意义相同，应该允许在语句中自由调换，自由代入，可是在古代的话语中，用"义"的地方并非随时都能用"利"去代入。用"礼"的地方也并非随时都能用"敬"去代入。这是因为这种语词定义具有一定的语用性。它只能在某种场合下作代入，而不能在一切场合下作代入。先秦诸子的著作中，使用语词定义的地方比较多，其中大部分都具有一定的语用性。

2. 描述定义

描述定义就是通过刻画对象的某一特征（可以是本质特征，也可以是非本质特征，但是具有区别性的特征）来下定义。如：

“孝，利亲也。”（经上，13）（“孝是有利于双亲的行为。”）

“信，言合于意也。”（经上，14）（“信是说的话要真能表达自己的心意。”）

“卧，知无知也。”（经上，23）（“卧是感知进入无所知的阶段。”）

“利，所得而喜也。”（经上，26）（“利是使人得到以后感到喜悦的事。”）

“害，所得而恶也。”（经上，27）（“害是使人得到以后感到厌恶的事。”）

“誉，明美也。”（经上，29）（“赞誉是要将好的行为明白揭示出来。”）

“诽，明恶也。”（经上，30）（“批评是要将恶的行为明白揭示出来。”）

“功，利民也。”（经上，35）（“功是作了对人民有利的事。”）

“赏，上报下之功也。”（经上，36）（“奖赏是上级对下级的功劳给予一定的回报。”）

“罪，犯禁也。”（经上，37）（“罪是作了违犯禁令的事。”）

“罚，上报下之罪也。”（经上，38）（“惩罚是上级对下级的罪过给予一定的回报。”）

“平，同高也。”（经上，53）（“平是指高度相同。”）

“中，同长也。”（经上，55）（“圆心至圆的周边的长度是相等的。”）

“圆，一中同长也。”（经上，59）（“圆形的圆心至周边的长度相等。”）

“方，柱隅四灌也。”（经上，60）（“方形其四边与四角均相等。原文为“四讙”，“讙”为“灌”之误，“灌”读为“权”，“权”即相等也。采栾调甫说”）

“端，体之无厚而最前者也。”（经上，62）（“点是几何面上最前端。”原文为“无序”“序”为“厚”之误，采高亨说”）

《墨经》中使用的描述定义相当多。这跟墨家重视科学技术可能有关。我们认为，《墨经》中还没有使用真实定义（属加种差的定义），因为在定义项中没有出现表现属的词项。没有确定其“属”，就很难说那是属加种差的定义。

3. 因果定义

因果定义是通过揭示对象的因果联系来下定义。如：

"知，接也。"（经上，5）（"知识是通过主体对外界的接触而获得的。"）

"智，明也。"（经上，6）（"智慧是认识主体对认识对象有明确理解的结果。"原文为"恕"，"恕"为"怒"之误，"怒"即"智"也，依孙诒让校）

"梦，卧而以为然也。"（经上，24）（梦是由于躺卧而产生的现象。）

在《墨经》一书中，使用因果定义较少。

4. 外延定义

外延定义是从一个词的外延方面给与定义。外延定义是相对于内涵定义而言的。前面所说的几种定义都属于内涵定义，它们揭示的都是词的内涵。外延定义也就是一般逻辑教材中所说的列举或划分。《墨经》中如：

"名：达、类、私。"（经上，79）这是说"名"有三种，即"达名"（相当于现在所说的"范畴"（category），如"物"）、"类名"（如"马"）、"私名"（相当于现在所说的"专有名词"（proper name），如"臧"）。

"谓：命、举、加"（经上，80）这是说："称谓"有三种，即"命谓"（将"狗"命为"犬"），"举谓"（称"狗"时以手指出犬来，相当于现在所说的"实指定义"ostentive definition）和"加谓"（即不是对狗的通称，而是骂狗时对狗所加的恶名）。

"知：闻、说、亲、名、实、合、为。"（经上，81）这是说"知"有七种，即"闻知"、"说知"、"亲知"、"名知"、"实知"、"合知"和"为知"。

"闻：传、亲。"（经上，82）这是说，"闻"有"传闻"和"亲闻"两种。

"见：体、尽。"（经上，83）这是说"见"有"体见"（部分的见）和"尽见"（全部的见）两种。

"合：正（原文为'缶'，'缶'即'正'也，采孙诒让说）、宜、必。"（经上，84）这是说，"相合"有三种情况："正合"（如射箭正中靶心）、"宜合"（个人所为，意志与效果有时相合）、"必合"（意志与效果必然相合）。

“为：存、亡、易、荡、治、化。”（经上，86）这是说，“为”有六种情况：“存为”（如做一个亭台则亭台存）、“亡为”（做一件事使之消亡，如治病）、“易为”（如作买卖）、“荡为”（如清除某物）、“治为”（如治理国家）、“化为”（使此物变化为彼物）。

《墨经》中在使用了外延定义之后，往往又对所述词项进一步加以解释，也就是说，又结合使用一个内涵定义。如果说“经”是定义，那么“说”是对“经”的意义的进一步阐述，实际上“说”是相应的“经”的定义项的一个组成部分，是定义的定义。例如，“同：重、体、合、类。”（经上，87）这是一个外延定义，它通过列举了“同”的四种形态：“重同”、“体同”、“合同”和“类同”来揭示“同”的含义。但是，什么是“重同”、“体同”、“合同”和“类同”，却仍不清楚。于是“说”给与了进一步的阐述：“同：二名一实（即同一个实体有两个名称），重同也；不外于兼（一个物体的两个不同部分，如人体上的手和脚），体同也；俱处于室（在同一空间中的东西，如“床”和“桌”），合同也；有以同（有相同的属性，如“马”与“牛”均为有蹄类动物），类同也。”在《大取》篇中，墨家又对“同”作了更细致的分析：同有“重同、具（俱）同、连同、丘同、鲋（附）同、同类之同、同名之同、同根之同、是之同、然之同”等等。

《墨经》中还使用了另一种外延定义形式，即现在所谓的实指定义。它是通过实际指出某个语词对象而不是使用其他的词来给被定义项下定义。如《墨经》说：“尧：或以名示人或以实示人。举友富商也，是以名示人也。指是霍（鹤）也，是以实示人也。”（经说下，154）就是说话者用手指着鹤说：“这是鹤。”这种以实示人的方法，就是实指定义。

《墨经》较之古代其他经传，使用的定义内容更丰富，形式更多样化。这也说明较之先秦其他各家来说，墨家不仅对自然科学给予了更多的注意，而且对语义问题也给予了更多的关注。

三、《墨经》中的“辩”

1.“辩”的目的

先秦时期，特别是战国时期，是一个“百家争鸣”的时期。诸子百家都很善辩，不善辩他们也就无从立说，甚至无从立脚。为了善辩，他们不仅要研究辩的内容，还要研究辩的形式和辩的方法。我们可以发现在《论语》一书中还未出现“辩”字。孔子的再传弟子孟轲是非常好辩的。一部《孟子》可以说全部都是孟子与他人辩论的记录，但他自己却说：“予岂好辩哉。予不得已也。”他说：“我亦欲正人心，息邪说，距诐行，放淫辞，以承三圣者。岂好辩哉。予不得已也。”（《孟子·滕文公下》）荀况在其《荀子》一书中则大谈其辩，甚至认为“君子必辩。”（《荀子·非相》）但他并没有揭示出“辩”的形式，概括出“辩”的准则。先秦诸子中真正从理论上探讨了“辩”的问题的，要数墨家。

墨家认为“辩”的目的是：“明是非之分，审治乱之纪，明同异之处，察名实之理，处利害，决嫌疑。”（小取）这里虽然也提到“审治乱之纪”、“处利害，决嫌疑”这样的话，但其主要目的还是要解决“是非”、“同异”、“名实”问题，这跟孔孟儒家的观点有着很大的不同。正如前面所说，墨家的“辩”已超越了单纯政治、伦理的范围，谈的是语言学、逻辑学与符号学的问题，特别是逻辑语义学与语用学方面的问题。而即使谈“审治乱”、“处利害”、“决嫌疑”，也不是单纯为了政治的目的，而具有逻辑语用学的性质。

2.“辩”的特征

《墨经》认为进行辩论必须具备一定的条件，即“辩，争彼也。辩胜，当也。”（经上，75）如“或谓之牛，或谓之非牛，是争彼也。是不俱当，不俱当，必或不当，不当若犬”（经说上，75）。这就是说，辩论是对相反命题的争论。辩论得到胜利，是由于论述恰当。例如，有人说“这是牛”，有人说“这不是牛”，这就是对相反命题的争论。辩论不可能两者都胜，究竟哪一方胜，则看谁的论述恰当。如果不胜，一定是有一方论述不恰当。例如有人说这是牛，另一人说这是犬，这样的辩论不能保证一定有一方取胜，因为这不是“争彼世也”，可能这既非牛，也非犬。这里所说的相反命题相当于传统逻辑中所说的矛盾命题即不能同真也不能同假的命题。《墨经》对“辩”的特征的概述是非常准确的。他们是在总结了先秦时期大量辩论的事实，而得出这一结论。

道藏本的《墨经》原文为“辩，争攸也”。“攸”显然在此无解。后来不少学者追随张惠言将“攸”注为“彼”，将“辩”解释为“争彼也”。我们认为，“争彼”不能充分表达出“或谓之牛，或谓之非牛”两个反命题之争的意思。因为“彼”作为代词，只能代表辩论的一方，而不能代表辩论的双方：代表双方必须是“彼此”。依据陈孟麟的解释，“攸”实为“仮”之误。因为在古代篆书中，“攸，彼，仮”三个字颇为相似，“攸”既无解，“彼”又不能充分表达辩论是相反命题之争的意义，这样就只有解释为“仮”了。“仮”是“反”的异体字。“《集韵·阮韵》：“反，或作仮。”《类篇．人部》：“仮，反覆也。””“反”，在这里就是指“或谓之牛，或谓之非牛”这样的相反的命题。而且，在《墨经》中，也多次用到“仮”字。如《经下》128 条说：“挈与收仮，说在薄（迫）。”是说向上提物与向下放物方向正好相反，只有通过加力才能迫使物体上升或下降。131 条说：“贾（价）无贵，说在仮其贾（价）。”是说价格贵贱的相对性，货币值钱则物价低，货币不值钱则物价贵，货币价与物价正好相反。173 条说：“唯吾谓，非名也，则不可，说在仮。”是说如果我任意地称呼别人，不按其正确的名称，这是不行的，原因在于这样会违反通常的约定，从而产生混乱。这里都是将“仮”作为相反的方向理解。可见，所谓“争仮”，就是将一对相反的命题作为对象进行争论，这就是“辩”的意思。

还有一点，《墨经》中所说的“辩”应属于语用学的范畴，因为这里说的不仅涉及命题之争，而且涉及辩论的语境，涉及辩论的人。如“或谓之牛，或谓之非牛”，在古汉语中，“或”表示“有人”。而且前“或”与后“或”是表示不同的人。有学者认为这两个命题是形式逻辑矛盾律的表述，这样解释往往忽略了其中“或谓”二字。有了“或谓”二字，这两命题的关系，不单纯涉及“这是牛”与“这不是牛”之间的矛盾，它还涉及其他的语用学因素。看不到这一点，就无法理解《墨经》的“辩”的实质。概括起来说，《墨经》的“辩”是指在辩论者两方之间的一种特殊的交际行为。它是在两个相反命题（即现代所说的矛盾命题）之间进行的。

3. 辩的准则

《墨经》认为辩论的准则在于论述的理由充分。要论述恰当。认为“辩胜，当也。”（经上，75）还说：“谓辩无胜，必不当，说在辩”（经下，

136）这就是说，辩论双方必有一胜，谁能取胜，就看谁的论述恰当。如果辩论无人得胜，一定是辩论双方的论述都不恰当。有的学者将“当”解释为“真”，我们认为这不一定适合。“当”，不一定真，真也不一定当。“当”表示“言”（话语）的“恰当性”，相当于英语中的“felicity”。“恰当性”是言语行为理论中的一个重要范畴。言语行为理论首创于英国语言哲学家奥斯汀（J. L. Austin，1911—1960），后为美国语言哲学家塞尔（J.R.Searle，1930—）继承和发展。言语行为理论的核心就是把言语作为人类的一种行为来看待。它将言语行为分为语谓行为（locutionary acts）、语旨行为（illocutionary acts）和语效行为（perlocutionary acts）三种（以后有所修正）。他们对语旨行为又有细致的分类。语旨行为是整个言语行为理论的核心。言语行为理论的语义基本概念主要不是真假值，而是“恰当性”，每一种语旨行为的意义都由一定的恰当性条件所决定。这种恰当性条件不仅涉及命题自身，还涉及说话者以及说话的语境。奥斯汀与塞尔对言语行为理论作出了比较严密系统的论述，《墨经》当然达不到这样的高度。但它确实提出了话语的“当”与“不当”的问题，这不能不说是他们的一种贡献。《墨经》还提出“法同则观其同”（经上，97），“法异则观其宜”。（经上，98）这里的“宜”，是指“适宜”，也就是“恰当”。《小取》篇中很多例子都说明这一点。例如说：“盗，人也；多盗，非多人也；无盗，非无人也。”按一般推理，既然承认“盗是人”，那么，应该说“多盗”就是“多人”，但谁也不会在生活中作这样的推理，因为在此语境中“法异”，因此要考虑话语“宜”或“不宜”的问题。说“多盗”就是“多人”，“无盗”就是“无人”，显然“不宜”。“不宜”也就是“不当”。

四、“说”——墨家的语用推理

1. 语义推理和语用推理

在《墨经》中，“说”占据着一个非常重要的地位。“说”是“辩”的组成部分，它们运用的是语用推理，因此，在讨论“说”的推理特征之前，我们先讨论一下语义推理和语用推理的区别，以及它们与语形推理之间的区别。“语形推理”是指命题演算与谓词演算这样的形式系统中的符号之间的推理关系，它不涉及作为前提或结论的命题的具体内容。“语义推理”与“语用推理”则不仅涉及符号之间的形式关系，而且在一定程度上涉及命题中所包含的词项的意义关系。“语义推理”是依据谓词之间的语义关系（不涉及语境）进行的推理，例如，依据反义关系可以由“X是男性”推出“X不是女性”；依据属种关系，可以由“这里有很多学生”推出“这里有很多人”。语用推理也是依据语词或语句的意义关系进行推理，但它需要添加很多其他的参数，如：时间、地点、说话者、听话者、上下文，以及说话者和听话者的知识、信念、意图等等，这些参数组成一个话语的语境。按照周礼全先生的意义层次理论，说出来的言语可以分为四个层次，即抽象语句、语句、话语和在交际语境中的语句，相应地它们的意义也有四个层次。抽象语句是根据语形规则由语词构成的语句。一个抽象语句“A”的意义，就是“A”所表达的命题A，它就是一般所说的语句的字面意义。一个语句除了包含抽象语句的意义外，还包含说话者附加在抽象语句之上对命题的态度，如断定、疑问、要求、愿望、许诺等，用“FA”表示。如“你戒烟了吗？”其中“你戒烟”是一个抽象语句，而加上“了吗？”就表达了说话者对该命题的怀疑态度。一个语句再加上说话者的思想感情的因素，称之为话语，用“U（FA）”表示。如用轻缓的语气说“你戒烟了吗？”和用愤怒的语气说那同一句话，意义就不相同。一句话语“U（FA）”的意义，就是“U（FA）”所表达的意谓U（FA）。处于一定的交际语境中的话语C“（U（FA））”，是话语与语境相结合的产物，它可以产生一个不同于“U（FA）”的意义的意义，（即言外之义），甚至产生一个和“U（FA）”的意谓相反的意义，（即说反话），这是说话者在一定语境中真正所要传达给听话者的话语的意思。在交际语境中的话语的意思除了具有其确实无误的字面意义外，还具有一定的隐涵意义与预设意义。要理解一个话语的隐涵意义与预设意义必须依据一定的语用推理。例如，假定A向B说：“今晚我们去看电影好么？”B说：“啊呀，明天我们要考物理。”B的回答似乎与A的问话完全不相干，实际上B说的话是对A的提问的一种回绝，因为B实际上是说：“今晚我不能去看电影。”而A要推出这句话，必须结合一定的语境，即A知道B的回答并非与他的问话风马牛不相及，而是对他的话语的回答（依据格莱斯的合作原则），A知道B是一个学生，是一个非常诚实的学生（这句话涉及的情况属实），而且是一个一向对学习非常认真的学生，在一般情况下，对学习非常认真的学生在考试的头一天晚上一定要复习功课，然后根据选言推理的形式与规则推出，B今晚有两种选择：即他或者去看电影，或者去复习功课，而他要去复习功课，因此他不能去看电影。这种语用推理在人们日常会话中经常得到运用。从上述例证中可以看到，语义推理具有必然性，语用推理却并非必然的，它具有某种盖然性。《墨经》中的“说”与“辩”都涉及一定的语境，因此都是语用推理的具体运用。（预设意义涉及的问题也很复杂，这里不再赘述。）

2.“说”的语用特征

在《墨经》中，特别在“经下”与“经说下”中，使用“说”的地方相当多。例如：“推类之难，说在类之大小。”（经下，102）“不能而不害，说在宜。”（经下，106）“异类不比，说在量。”（经下，107）“假必悖，说在不然。”（经下，109）“合，一与一，或复否，说在拒。”（经下，112）“说”的作用在于“说，所以明也。”（经上，73）即将不明确的词组或语句给予明确化。如何使它明确化呢？就在于“以说出故。”（小取）即揭示出它的原因或理由。如上述“推类之难，说在类之大小。”（经下，102）是说为什么按照类来进行推论会出现困难呢，原因在于类有大小之别。在“经说”中又举例说明：“推谓四足兽，牛与，马与，物不尽与，大小也。此然是必然则误。”即是说，称四足的东西为兽，牛可以算在内，马也可以算在内，但并非所有四足的东西都可以算在内（例如青蛙有四只脚，但不能称为兽），这是因为有大小的不同。以为这个东西有四足，就必然是兽，那就要产生错误。原因说明了，别人对其意义也就明确了。这就是“说”的逻辑功能。由于它涉及语义和语境，因此它具有语用推理的特征。

3.“说”的论式

《墨经·小取》篇中举出了“说”的四种论式：譬、侔、援、推。

“辟（譬）也者，举也（他）物而以明之也。”譬就是要求举出另外一个已经知道的事物之理，以说明这个还不明确的事物之理。这种“譬”论式不仅在墨家的著作中大量运用，在其他诸子的著作中也大量出现。在《墨子·非攻上》有这么一段："今有一人入人园圃，窃其桃李，众闻则非之，上为政者得则罚之。此何也？以亏人自利也。至攘人犬豕鸡豚者，其不义又甚入人园圃窃桃李。是何故也？以亏人愈多，其不仁兹甚，罪益厚。至入人栏厩，取人马牛者，其不仁义又甚攘人犬豕鸡豚。此何故也？以其亏人愈多，苟亏人愈多，其不仁兹甚，罪益厚。至杀不辜人也拖其衣裘，取戈剑者，其不义又甚入人栏厩取人牛马。是何故也？以其亏人愈多。苟亏人愈多，其不仁兹甚矣，罪益厚。当此天下之君子皆知而非之，谓之不义。今至大为攻国，则弗知非，从而誉之谓之义，此可谓知义与不义之别乎？"这里举出了一个一个的"他物"，这些"他物"其是非是人人皆知的，这些"他物"都用来说明"攻国"的不义，这就是用的"譬"的论证式。由上述例证可以看出，"譬"的论证式绝非只是为了文章生动，它含有一种很大的逻辑说服力。这就是亚里士多德在其《修辞学》一书中所强调的修辞的逻辑力量。他说："在其严格意义上，修辞学的研究是涉及说服方式的。显然说服是一种论证，因为当我们认为一个事物已被证明之后，我们也就被充分说服了。"[1]那些作为"他物"的事例虽各有不同，但它们的确具有相通之处，像上例中的"亏人自利，……亏人愈多，其不仁兹甚矣，罪益厚。"既然说话者与听话者都承认前面的事例都属于"不义"，那么，他们就得承认攻他人之国的行为就更加"不义"。这种推理一定具有一个说话者与听话者共同接受的前提，然后由这共同的前提推出一个必须共同接受的结论。亚里士多德曾经讨论过这种推理。他将推理分为两类。一种叫证明的推理，一种叫论辩的推理。两种推理的区别主要在于前提性质的不同，前者要求前提一定是真的，后者要求前提一定为一般人特别是辩论的双方所接受。这种论辩的推理牵涉到语境，因此它属于语用推理。《墨经》将"譬"作为一种论式，并明确提出"譬"是"举他物而以明之也"的逻辑特征，这是墨家语用学的一大贡献。

《墨经·小取》中还提到侔、援、推等式："侔也者，比辞而俱行也。援也者，曰：'子然，我奚独不可以然也？'推也者，以其所不取之同于其所取者予之也。'是犹谓他者同也，吾岂谓他（原文'也'）者，异也。"

---

［1］［希腊］亚里士多德：《亚里士多德基本著作选》（英文本），1355a4—6。

这是说“侔”式是将依据对方所使用的或所承认的命题相比应地进行推理。例如，对方承认“狗，犬也。”那么，再说：“杀狗非杀犬也，不可。”而说：“杀狗谓之杀犬，可。”（经下与经说下，155）“援”式是既然对方已承认那个命题为真，就我说那个命题对方应该承认也是真的。对此辩论的对方是无法进行反驳的。我们现在还常说“援例而行”，即你做得，我也就做得，就与《墨经》所说的这个意思相仿。“推”，就是以对方所反对的命题，与他所赞成的命题相比，指出它们的相同性，然后说，既然承认它们是相同的，我怎么能又说它们不同呢？这些论式各有不同，但它们都在论述过程中涉及说话者与听话者，即都涉及相关的人，涉及语境。因此这些论式都属于语用推理的范围。

4.“说”的准则

《墨经》说：“效者，为之法也。所效者，所以为之法也。故中效，则是也；不中效，则非也。此效也。”（小取）依据沈有鼎先生的解释，“效”是在“立辞”之先提供一个评判是非的标准，再看所立的“辞”是否符合这个标准。符合这个标准的为“是”，不符合这个标准的为“非”。那个作为标准的东西就是“所效”。“法”是比“效”更广泛的范畴。凡是可以作为事物的标准、原则、模型的东西，都可以称为“法”。《墨经》中谈“法”的地方很多。如：“法，所若而然也。”（经上，71）“意、规、员，三也，俱可以为法。”（经说上，71）就是说，法是按其行事的准则。如要画圆，人心中关于圆的意念，圆规，或已有的圆的图形，都可以作为画圆的准则。

“法同则观其同。”（经上，97）“法，法取同。”（经说上，97）“法异则观其宜。”（经上，98）“法，取此择彼，问故观宜。”（经说上，98）这是说，对于同类事物，可取相同的准则，对于异类的事物，则要选取不同的准则，这就要看哪一条准则适宜。“一法者之相与也尽类。若方之相合也。说在方。”（经下，166）这就是说对属于同一类的事物执行相同“法”。如具有“方”的性质的东西都属于“方”这一类，原因在于它们都适用“方”的准则。

各类事物有各类事物的“法”，但也有适用于所有事物的“法”。《墨子·非命中》说：“故使言有三法。三法者何也？有本之者，有原之者，有用之者。于其本之也，考之天鬼之志，圣王之事；于其原之也，征以先王之书；用之奈何，发而为刑。此言之三法也。”（参阅《非命上》的“言有三表”）墨家认为这三者是一切言语行为的准则，自然也是辩说的最根本的依据。

5.“说”的反驳

反驳也是一种语用行为。既然要辩，必然要对对方的“说”予以反驳。《墨经》将反驳称为“止”。说：“止，同（原文为‘因’，‘因’为‘同’之误，依高亨校）以别道。”（经上，99）“止，彼举然者，以为此其然也，则举不然者而问之。”（经说上，99）这是说，反驳，要在相同的事物中找出有异于对方所认为的普遍性的东西来。如对方说：“所有的鸟类动物都会飞。”反驳说：“鸵鸟属于鸟类，但鸵鸟不会飞。”这就足以将对方驳倒。《墨经》又说：“止，类以行之，说在同。”（经下，101）“止：彼以此其然也说是其然也；我以此其不然也，疑是其然也。”（经说下，101）这是说反驳时必须以同一类的事例进行。如以异类事物去反驳，则没有说服力。如上面那个例子，如果反驳者说“爬行类动物不会飞”，这样的反驳完全无效。

6.“说”的谬误

《墨经》还研究了“说”可能出现的谬误，他将这种谬误称之为“狂举”。他说：“狂举不可以知异，说在有不可。”（经下，167）“狂，牛与马虽异，以牛有齿，马有尾，说牛之非马也，不可。是俱有，不偏有偏无有。曰：牛与马不类，用牛有角，马无角，以是为类之不同也，是狂举也。犹牛有齿马有尾。”（经说下，167）我们前面已经说过，“举”是墨家语用学中的一个非常重要的概念。墨家要求“以名举实”（小取），并进一步阐述，“举，拟实也。”（经上，31）就是说，一个名要求能举出实的特殊的足以使它与其他事物区别开来的性质。而狂举却与此相反，它不能列举出对象的特殊属性，这样就不能区别出一个类，更无从据此进行正确的辩说。在辩论过程中如果发现对方出现狂举，就可揭露其谬误，使己方获得胜利。指出对方犯有“狂举”的错误，也是一种有力的反驳方法。

五、《大取》与《小取》篇中的语用学思想

《大取》、《小取》篇是《墨经》的重要组成部分，其体例不同于《经上》、《经下》部分，其中包含着丰富的语用学思想。墨子的基本理论在这一部分得到进一步论述。我们对其符号学思想单独列节加以讨论。

1.《大取》篇中的语用学

《墨经·大取》篇内容比较芜杂，文句上也非首尾一贯，可能是多篇内容掺杂在一起的缘故，但我们还是可以从中看出一个主题，即讨论行为上以及表述这些行为的语句的意义上的联系。如说："爱人不外己，己在所爱之中。已在所爱，爱加于己。伦列之爱人，爱己也。"这里是说"爱人"这句话的含义中包含了"爱己"的意思，"爱人"与"爱己"在语义上并不互相排斥。

"有（友）有于秦马，有（友）有于马也。知来者之（是）马也。"这里说"有秦马"（秦地产的马）包含了"有马"的意思在内。

"凡学爱人，爱众世与爱寡世相若。兼爱之，有相若。爱尚世与爱后世，一若今世之人也。"这是说，既然讲兼爱，就不管是人口众多国家的，还是人口稀少国家的人，都应该同样地去爱。不管是过去的人，还是今后的人，都应该像爱今世的人那样去爱。也就是说，在"兼爱"的含义中包括了对中外古今一切人的爱。

"小圆之圆与大圆之圆同。不（原文为'方'，'方'为'不'之误，依孙诒让校）至尺之不至也，与不至千里之不至不异。其不至同者，远近之谓也。"这是说，不管圆的大小如何，其作为圆来说，其性质是相同的。相差不足一尺与相差千里，作为"不至"来说，也是相同的。

"人之鬼，非人也。兄之鬼，兄也。"墨家是相信人死以后变鬼，鬼当然不再是人，但兄变的鬼还是兄。

"是璜也。是玉也。意楹，非意木也，意是楹之木也。意指之人也，非意人也。意获也，乃意禽也。"说这是璜，也就是说这是玉，因为璜是玉的一种形态，其质料仍是玉。心里想到堂前的柱子，并非在想一切木料，而只是在想做这根柱子的木料。当想到所指的某人，并非想一切人。但当想到猎

获物的时候，心里就是想到了一切飞禽。

“长人之与短人也同，其貌同者也，故同。指之人也与首之人也异，人之体非一貌同者也，故异。将剑与挺剑异。剑以形貌命者，其形不一，故异。杨木之木与桃木之木也同。诸非以举量数命者，取之尽是也。”相貌相同的人，不管其个子高矮，都说其相貌相同。但人的手指与人的头虽然处于一体，其形状却并非相同。“将剑”（扶剑）与“挺剑”（拔剑）是以形貌命名的，它们的形状不一，所以，它们是不同的。但杨木与桃木作为木来说，却是相同的。凡是不以数量命名的，任取一个来都属于同类。

“故一指，非一人也；是一人之指，乃是一人也。方木之一面，非方也；方木之面，方木也。”一个人的手指，只是人的一部分，不能算是一个人，但说，这一个人的手指，却可以代表一个人。方形物体的一面，不能说是方形，但我们看见方木的一面时，我们说那是方木。上面这些例子说明一个词组处于不同的语境中，意义就产生变化，因此，《墨经》作者要求辩说者必须注意话语的语境。

《大取》篇还着重讨论了“利”与“害”的问题。墨家主张不要抽象地、一般地谈什么是“利”，什么是“害”，而要结合具体语境来谈“利害”。他们提出“利害”的相对性问题。取利害就要有所“权”。“权”就是要“权衡选择”。《大取》篇说：“于所体之中而权轻重之谓权。权，非为是也，亦非为非也。权，正也。”这是说，在所讨论的事体中，要权衡各种利害的轻重，这种权衡利害轻重并非判别是非对错，而是要在这些利害轻重中作出正确的选择。这里固然是谈事体和人的行为，但是也涉及关于这件事的表述，涉及语境，因此也是语用问题。《大取》篇强调一个原则，就是“利之中取大，害之中取小”。《大取》篇用具体实例来说明这一点：“断指以存腕，利之中取大，害之中取小也。害之中取小也，非取害也，取利也。其所取者，人之所执也。遇盗人，而断指以免身，利也。其遇盗人，害也。断指与断腕，利于天下相若，无择也。死生利若一，无择也。杀一人以存天下，非杀人以利天下也。杀己以存天下，是杀己以利天下也。于事为之中，而权轻重之谓求。求为之非也。害之中取小，非取害也。……利之中取大，非不得已也。害之中取小，不得已也。于所未有而取焉，是利之中取大也。于所既有而弃焉，是害之中取小也。”这就是告诉我们在看待问题，作出决断时，不能过于绝对，要考虑当时的具体情况。例如一个人遇到了强盗，这当然是坏事，强盗砍断其手指，也当然是坏事，这是利害中属于害的方面，但是强盗是为了谋财害命，至少也要断其手臂，在这种情况下，如果能够用断指的办法，保全性命，保住手臂，这就是“害之中取小，非取害也取利也。”将“断指”称为“利”，只能在特定的条件下，离开这特定的条件，肯定“为非”的。文章还举了一个例子“利”的条件性。他说“杀一人以存天下，非杀人以利天下也。”也就是说，“杀一人以存天下”与“杀人以利天下”两句话的意义是不同的。这里，“杀一人”是有量的限制的，涉及具体的条件，具体的语境，它并非任意杀人，而是有所“权衡”，有所选择。《大取》篇最后一段所说：“爱之相若，择而杀其一人，其类在阬下鼠。”如“杀盗”，“盗”就“其类在阬下鼠”，杀盗显然有利于天下，所以说“杀盗人非杀人也”（小取）而“杀人”没有量与语境的限制，没有限制，没有选择，其结果就是“乱杀无辜”，而“乱杀无辜”不可能“以利天下”。所以，“杀一人”与“杀人”两者的语义不同，由此得出命题“杀一人以存天下，非杀人以利天下也”。《大取》还进一步提出：“杀己以存天下，是杀己以利天下。”这是由于“杀己”属于“杀一人”的范围，它与“乱杀无辜”不同，它也是有所权衡、有所选择的。

《大取》篇中还注意到语义在不同时间所出现的变化。如“昔之知啬，非今日之知啬也。”同样是讲“节用”，但过去所说的“节用”与今天所讲的“节用”含义上就有区别。《墨经》对待词义在历史上的变化，与孔子显然不同。孔子看见一个词今日的所指与过去的所指出现变化，往往采取不以为然的态度。如他说：“觚不觚，觚哉！觚哉！”（《论语·雍也》）意思是今天的“觚”已经不是昨天的“觚”的样子，因此就不该叫“觚”。墨家不采取这样的态度，他们一是承认这种变化，二是要注意区别这种变化，三是要在语句中分析出这种词义上的变化。

《墨经·大取》所阐述的“同异”、“利害”，都涉及语境问题因此都涉及语用问题。《大取》篇说：“三物必具然后辞足以生。夫辞以故生，以理长，以类行者也。立辞而不明于其所生，妄也。……夫辞以类行者也，立辞而不明于其类，则必困矣。”这里“三物”是指说出一句话语的“故”、“理”、“类”。这个“故”，在《经上》的第一条作了解释：“所得而后成也。”《经说上》进一步解释为“故：小故，有之不必然，无之必不然。体也，若尺有端。大故，有之必然，无之必不然，若见之成见也。”我们认为，这里的“小故”，包含着那种影响语义的语境条件，该语境一旦发生变化，语义也就会出现变化。

2.《小取》篇中的语用学

《小取》篇着重谈了“辩”的目的、准则和辩的论式，其中也谈到语句在特定语境中语义上的变化。它说：“夫物有以同而不率遂同。辞之侔也有所止而正。其然也，有所以然也。其然也同，其所以然也不必同。其取之也有所以取之。其取之也同，其所以取之不必同。是故辟、侔、援、推之辞，行而异转而危（诡），远而失流而离本。不可不审也，不可常用也。故言多方、殊类、异故，则不可偏观也。”这是说，某些事物之间，有其相同的一面，但又不尽相同，因此，表述这些相同面的侔辞要有所限制方能达到正确。有些事物表面现象上相同，但促使其相同的原因、条件却不尽相同。其指称（取）相同，使其指称的原因、条件也不尽相同。这样我们表述的各种论式（如辟、侔、援、推之辞），如果对此不予注意，就很容易离开本义，成为诡辩。所以，言语表达的形式多样，类别不同，理由、条件各异，语言的表述者不能有片面性。

《小取》篇分析了四种不同的情况：“夫物或乃是而然，或是而不然，或一周而一不周，或一是而一不是也。”

第一种情况是“乃是而然”。如：“白马，马也；乘白马，乘马也。……获（奴婢的贱称），人也；爱获，爱人也。……此乃是而然者也。”既然“白马”属于“马”，所以“乘白马”也就是“乘马”。这是话语最正常的意义。所以，说它们是“是而然者也”。这里“是”是指前提，“然”是指由前提推出结论，“是而然”是说由这样的前提就能正常地推出这样的结论。

第二种情况是“是而不然”。如：“……车，木也，乘车，非乘木也。船，木也，入船，非入木也。盗，人也，多盗，非多人也；无盗，非无人也。……”车子属于木类，因为它是由木头做的，但说“乘车”不能说是“乘木”。“盗”

属于“人”，但说“多盗”并不意味着“多人”；“无盗”并不意味着“无人”。这里前提似乎与第一种情况相同，但推出的结论却完全不同。所以说它们是“是而不然者也”。其所以“不然”，是由于“木车”与“白马”两个词组的结构性质是不同的。“马”是“白马”、“黄马”、“黑马”各色马的抽象，各色马均属于“马”的类，各种颜色词只是对中心词“马”的限定，因此说“乘白马”就是“乘马”。而“船”（“车”也是一样）是“木船”、“铁船”、“水泥船”、“玻璃钢船”（《墨经》时代除了“木船”外，还没有“铁船”等别的质料的船）的抽象，“木”是对“船”的限定词，我们只能说“乘木船”是“乘船”，而不能说“乘木船”是“乘木”，同理，也不能说“入船”就是“入木”。不过，由于当时语法学还没有发展起来，《墨经》不可能像我们今天这样作出细致的分析。这里说“是而不然”，是说从这样的前提不能推出如第一种情况那样的结论。

《小取》又举例说，“夫且读书，非读书也；好读书，好书也。……且出门，非出门也；止且出门，止出门也。”这是指语句中包含时态词与意愿词所产生的语义变化。“且”表示将要进行而尚未进行的事，属将来时态，所以说，“且读书”是“尚未读书”，也就是“非读书也”。但是说“好读书”是说他已经读了书而且对读书很有兴趣，是爱好读书，属已然时态，“爱读书”与“好读书”同义，所以两个语句可以互换。又说，“且出门”，是指将要出门尚未出门，所以说是“非出门”，而“止出门”却是阻止他出门，可以说，“止出门”。前提的句式结构相同，而结论不同，这就是又一种“是而不然”的情况。

第三种情况是“一周一不周”。如：“爱人，待周爱人而后为爱人。不爱人。不待周不爱人，不周爱，因为不爱人矣。乘马，不待周乘马然后为乘马也；有乘于马，因为乘马矣。逮至不乘马，待周不乘马而后为不乘马。”墨家主张“兼爱”，他们认为要爱所有的人才算“爱人”，爱一个两个，不算“兼爱”；但是，说“不爱人”，并不需要不爱所有的人才算，因为“不周爱”也就是不“兼爱”，就违背了墨家“爱人”的主张。说“乘马”，只要你乘了一匹马，就算“乘马”，但是，说“不乘马”，要不乘所有的马才算。这就是《墨经》所谓“一周一不周”的情况。这里的“周”，并不相当于传统逻辑中直言命题主项的周延性，而谈的是一个二项关系的关系命题中后域的量化问题。

第四种情况是“一是而一非”。如：“桃之实，桃也；棘之实，非棘也。问人病，问人也；恶人之病，非恶人也。……之牛之毛黄，则谓之牛黄；之牛之毛众，而不谓之牛众……”人们将桃树的果实称为“桃”，但不将棘树的果子称为“棘”。问候一个病人，可以说是问候人，但是，厌恶一个人的疾病，并不是厌恶这个人。说一头牛的毛是黄的，就说，这条牛是黄色的；但一头牛的毛多，却不能说是牛多。这就是“一是而一非”，即在一种情况下可以那样说，而在另一种情况下不可能那样说。

显然这四种情况都涉及话语的语境，也都是语用学方面的问题。《墨经》对这些问题进行了列举与分类，只是还没有并且在当时也不可能作出细致的分析。不过，跟先秦其他各家相比，墨家能从语用学的角度提出这些问题已经是相当的难能可贵。我们应该很好地继承与发扬这一笔极有价值的丰富的思想遗产。

（原载《湖北大学学报》1996 年第 3 期）

先秦名家邓析、尹文、惠施的符号学思想

名家的代表人物有邓析、尹文、惠施和公孙龙。邓析、尹文、惠施等的现存著作，虽然经由后人转述，并掺有后人仿作之嫌，但据考证大体上还反映了他们的观点。

一、邓析的符号学思想

《汉书·艺文志》在名家部分首先列了“邓析二篇”。现留有《无厚篇》与《转辞篇》，据考证并非他的原作，但仍反映了他的思想。伍非百在其《中国古名家言》中也说：“名家之学，始于邓析。”邓析（大约公元前545—约公元前501年）是春秋末年的人，曾作过郑国大夫，制过“竹刑”。其所以称为“竹刑”，是由于他“欲改郑所铸旧制，不受君命，而私造刑书，书之于竹简”之故。

邓析的语义理论就是“循名责实”，要求“见其象，致其形；循其理，正其名，得其端，知其性”。可见，邓析认为“名”是在“见其象，致其形，循其理”的基础上得出的，“名”与客观对象的“象”、“形”有联系，而且通过人们“循其理”而求的。这种理论说明表达“名”的“字”还是有一定道理的，但是用来说明“名”自身却不一定恰当。

对邓析的评论，历来认为他善于“操两可之说”。《列子·力命篇》中说：“邓析操两可之说，设无穷之辞。”汉朝刘向在其《别录》中也有这样的话：“邓析者，郑人也。好刑（形）名，操两可之说，设无穷之辞。”这里所谓“两可之说”，其典型事例就是《吕氏春秋·离谓篇》中所记载的一个故事：“洧水甚大，郑之富人有溺者。人得其死者，富人请赎之；其人求金甚多，以告邓析。邓析曰：‘安之，人必莫之卖矣’，得死者患之，以告邓析。邓析又答之曰：‘安之，此必无所更买矣。’《吕氏春秋》接着说，

邓析“以非为是，以是为非，是非无度，而可与不可日变，所欲胜因胜，所欲罪因罪，郑国大乱。”这里说他“是非无度”、“可与不可日变”，也就是说他“操两可之说”，认为这种“两可之说”可以导致严重的政治后果。

认为邓析在这里“操两可之说”在于他说了两个“安之”，而这两个“安之”从意义上说是相对立的。但是我们看到，邓析这两段话语是在不同的时间、对不同的对象（赎尸者与得尸者）、就不同的方面（买与卖）作出的回答，应该说这两个回答都是恰当的。因为从言语行为的角度来分析，这两个话语的语旨行为都是一种“建议”，语旨行为“建议”的恰当性条件是：（1）听话者可以做事件 A，而且说话者相信听话者可以做事件 A；（2）对说话者与听话者来说，并不显而易见听话者在事件 A 的正常过程中会自发地去做 A；（3）说话者说出该话语是为了使听话者去做 A 的一次尝试。符合上述条件的“建议”都是恰当的。邓析的两段话语应该说都是符合这些条件的。我们很难找出这两个回答有什么立论上的错误，因为从买者与卖者的不同角度来考虑，两个“安之”都有其合理性，从逻辑上看它们既未违反矛盾律，也未违反排中律，在常理上它们也都无可指责（“安之”这句话的含义是说要他暂时耐心等待，并非要他不买或不卖。当然，如果双方真的长时间僵持，则两人都将遇到无可解脱的困难）。由此可见，邓析在此并未犯什么错误，前人对他的指责只能说是一种误解。

这里关键在于那些责难忽略了一个根本性的问题，即语境问题，忽略了邓析是在不同的语境中说的两段不同的话语。因为对于同一个人在不同的语境中说出不同的话语是完全允许的。不幸的是邓析为了别人的责难甚至遭到杀身之祸。

邓析在其《无厚篇》与《转辞篇》中还对其他语用问题作出阐述。例如，他提出“大辩”与“小辩”的区分：“所谓大辩者，别天下之行，具天下之物，选善退恶，时措其宜，而功立德至矣。小辩则不然，别言异道，以言相射，以行相伐，使民不知其要，无他故焉，故知浅也。”（《无厚篇》）“辩”是一种语用行为，“辩”必然有辩论的双方，有一定的时间、地点，有一定的辩论主题与辩论的准则。邓析提出“大辩”、“小辩”之分，其用意显然在于提倡“辩”要有重大意义的主题，不宜搞一些文字游戏，搞诡辩，认为

“非所宣宜，勿言”（《转辞篇》）。他还提出依据辩论对象的不同而采用不同的辩论策略。他说：“夫言之术，与知者言依于博，与博者言依于敢，与愚者言依于说，此言之术也。”（《转辞篇》）这就是说，辩论对象的不同，也就是语境的不同，谈话的方法也应不同。说话者应根据不同的对象使用不同的方法以达到说服对方的目的。由此可见，语境对话语的形式与内容都有相当的制约作用。

二、尹文的符号学

尹文（约公元前350—前250年）是战国时齐国人，曾到齐国都城临淄的稷下学官讲学。相传公孙龙曾是他的学生。现留有《大道上》与《大道下》两篇，主要讨论名实的语义问题。如他提出：“名者，名形者也；形者，应名者也。”这里正确地阐述了名与形的关系。他还说：“有形者必有名，有名者未必有形。形而不名，未必失其方圆白黑之实，名而不可不寻名以检其差，故亦有名以检形，行以定名，名以定事，事以检名。察其所以然，则形、名之与事物，无所隐其理矣。”他将名分为三类，说：“名有三科，……一曰命物之名，方圆白墨是也；二曰毁誉之名，善恶贵贱是也；三曰况谓之名，贤愚爱憎是也。”他将“命物之名”放在第一位，体现了名家的特点。他还提出“名”的作用，说：“名称者，别（原作‘和’，依孙诒让改）彼此而检虚实也。”他多次提及“名不可不辩也。”“名称者，不可不察也。”“名分不可相乱也。”强调了辩名、察名的重要性。他还研究了“复名”的问题，说：“语曰：‘好牛’。又曰：‘不可不察也。’‘好’，则物之通称；‘牛’，则物之定形。以通称随定形。不可穷极者也，设复言‘好马’，则复连于马矣。则‘好’所通无方也，设复言‘好人’，则彼属于人矣。则‘好’所通无方也，设复言‘好人’，则彼属于人矣。则‘好’非‘人’，‘人’非‘好’也；则‘好牛’、‘好马’、‘好人’之名自离矣。”（以上均见《大道上》）尹文对复名的分析，可能给公孙龙对复名的研究提供了基础。

尹文提出，“世有违名以得实，亦有因名以失实”的情况。前者的事例是：“齐有黄公者，好谦卑。有二女，皆国色，以其美也，常谦辞毁之，以为丑恶，丑恶之名远布。年过而一国无聘者。卫有鳏夫失时，冒娶之，果国色……此违名而得实矣。”后者的事例是：“［齐］宣王好射，说人之谓己能用强也，其实所用不过三石……而终身自以为九石。三石，实也；九石，名也，宣王悦其名而丧其实。”（《大道上》）尹文还另外举出过好几个例子以说明“因名以失实”的。如有一个丈人，将长子取名为“盗”，次子取各为“殴”。当他呼叫他的儿子的名字时，引起别人误解，以为真是坏人来了，于是将他的儿子捆起来，猛打一顿，几乎打死。这些例子说明“名”也可能有欺骗性。意大利著名符号学家艾科在其《符号学原理》一书中说过：“符号学原则上是一种研究可以用来撒谎的每一事物的学科。”[1]这是因为“符号学涉及的是每一种可以看作符号的东西。符号是每种可以有意义地代替另外某个事物的东西。这另外的事物在该符号代表它的某个时刻在某个地点并不必然存在或事实上存在”（同上）。尹文正好强调了“名”的这种欺骗性，为此提醒人们不可不察，不可不辨。

在《公孙龙子》的《迹府》篇中有这么一个故事：

齐王之谓尹文曰：“寡人甚好士，以齐国无士，何也？”尹文曰：“愿闻大王之所谓士者。”齐王无以应。尹文曰：“今有人于此，事君则忠，事亲则孝，交友则信，处乡则顺，有此四行，可谓士乎？”齐王曰：“善！此真吾所谓士也。”尹文曰：“王得此人，肯以为臣乎？”王曰：“所愿而不可得也。”是时齐王好勇，于是尹文曰：“使此人广庭大众之中见侵侮而终不敢斗，王将以为臣乎？”王曰：“钜士也？见侮而不斗，辱也！辱则寡人不以为臣矣。”尹文曰：“唯见侮而不斗，未失其四行也，是人未失其四行，是未失其所以为士也。然而王一以为臣，一不以为臣，则向之所谓士者，乃非士乎？”齐王无以应。

这个故事涉及定义问题，尹文以“四行”给“士”下定义，却针对“齐王好勇”这一特点，有意遗漏一个非常重要的方面，即“见侵侮而终不敢斗”的人是否能称为“士”。齐宣王因为这个问题而陷于自相矛盾之中，从而使齐王认识到他口头上说“好士”，却并不真正知道何以为“士“，而并非齐国真正无“士”。这种定义只对齐宣王有效，如果换成另一个不“好勇”的

［1］［美］艾科：《符号学原理》（英文本），第7页。

君王，则这样的定义不一定能够产生说服齐王的效果。这种从特定对象出发用定义的方法，以揭露对方的自相矛盾，达到说服对方的目的，也是一种语用学方法。

尹文还反对“佞辩”之说，所谓“佞辩”，就是“佞人之辩”，这种人善于“探人之心，度人之欲，顺人之嗜好而不敢逆，纳人于邪恶而求其利，人喜闻己之美也，善能扬之；恶闻己之过也，善能饰之，得之于眉睫之间，承之于言行之先”。（《大道下》）这种人善辩，但很不正派，为了达到一己私利的目的，不惜使用一切手段。“顺人之嗜好”，“纳入于邪恶”，善饰人之过，吹牛拍马。它很容易荧惑人，所以尹文说：“夫佞辩者，虽不能荧惑鬼神，荧惑人明矣。”“佞巧之辩，靡不入也。”所以要人特别注意防止。

三、惠施的符号学

惠施（约公元前370—前310年）战国时宋国人，曾任魏相，博学善辩，也是名家的一个代表人物。《庄子·天下》中专门一段写惠施的：

惠施多方，其书五车，其道舛驳，其言也不中，历物之意，曰：至大无外，谓之大一；至小无内，谓之小一。无厚，不可积也，其大千里。天与地卑，山与泽平。日方中方睨，物方生方死，大同而与小同异，此之谓小同异；万物毕同毕异，此之谓大同异。南方无穷而有穷，今日适越而昔来，连环可解也，我知天下之中央，燕之北、越之南是也，泛爱万物，天地一体也。

这就是哲学史上所谓“历物十事”。这些命题，由于古代文献已经失传，无从考证其具体论证的方法。从一般常理上看，似乎觉得不太好理解，但是如果将它们放在一定语境中，这些命题也都有其合理性。例如，“天与地卑，山与泽平”，如果从无穷宇宙的某一点（近的来说，如从月球或其他行星，甚至从在轨道上运行的宇宙飞船上）来观察天与地、山与泽，它们之间的高低差距，就可以忽略不计，以致完全可以看作一个平面。从这一例子来看，上述这些命题如果都加上某个或某些参考点的话，也就是说给予一定语境，它们都是可以理解的。

惠施不仅“善辩”，而且“善譬”，他的“譬”是他的“辩”的一个有机组成部分，刘向《说苑·善说》记有这么一个故事：

客谓梁王曰："惠子之言事也善譬，王使无譬，则不能言矣。"王曰："诺"。明日见，谓惠子曰："愿先生言事则直言耳，无譬也。"惠子曰："今有人于此，而不知弹者，曰：'弹之状若何？'应曰：'弹之状如弹。'则喻乎？"王曰："未喻也。"于是更应曰："'弹之状如弓，而以竹为弦。'则知乎？"王曰："可知矣。"惠子曰："夫说者固以其所知喻其所不知，而使人知之，今王曰无譬，则不可矣。"王曰："善。"

这是一个很典型的"譬"的例子，它是用"譬"来说明"譬"的特点、作用与重要性的。"譬"就是"隐喻"，通称"比喻"，隐喻的最主要特征在于"意义的转换"。当说话者使用一个隐喻时，说话者除了表达语句的字面意义外，还向听话者传达了语句隐含着的另一个意义，这种隐含着的另一意义通称"话语意义"；而这种隐含的意义，正是说话者所真正需要传达给听话者的意见。诗歌中经常使用这种方法，例如《诗经》中的《硕鼠》篇，表面上说的是大老鼠，实际上指的是贪得无厌的剥削者，这就出现意义的转换现象。隐喻是一种间接言语行为（所谓"间接言语行为"，是指说话者说出话语的意义与语句的字面意义不相一致，前着往往超出后者，甚至背离后者。但并非所有间接言语行为者都是隐喻）。隐喻不仅具有修饰词句的作用，而且具有极其重要的论证作用，只要使用恰当，是很有说服力的。中国古代的思想家（特别是老子、庄子、孟子、荀子），都很注意使用隐喻，在他们的著作中，隐喻比比皆是。庄子的著作，有时通篇都是隐喻。惠施的著作由于早已失传，他所使用的隐喻已经无从查考。但是从上述故事中可以看出，惠施不仅善于使用隐喻，而且对隐喻的特征与作用有着深刻的理解，而且将隐喻看作是一种重要的论证方法。

（原载《湖北大学学报》1995 年第 5 期）

公孙龙《名实论》中的符号学理论

在先秦诸子中，其学术观点遭到当时与后世的学者误解、指责、非难最多的恐怕要数公孙龙。公孙龙生活于战国末期，赵国人，曾为平原君的门客，大约生卒时间是公元前320至前250年。他的著作据史料记载有14篇，但是流传至今的只有6篇，即《迹府》、《白马论》、《指物论》、《通变论》、《坚白论》、《名实论》。其中《迹府》是其弟子所编纂的他的传略。对公孙龙的评述，历来贬词多于褒词。例如，《庄子·天下》篇中说："桓团、公孙龙，辩者之徒。饰人之心，易人之意，能胜人之口，不能服人之心，辩者之囿也。"《荀子·正名》篇说：他是"惑于用名以乱实者也。"20世纪以来，人们对之往往冠以主观唯心主义、客观唯心主义或诡辩论的帽子。实际上，从现代符号学的观点看来，公孙龙的著作中包含有丰富的符号学内容，其价值并不亚于古希腊的一些符号学家的著作。在先秦诸子中，恐怕只有公孙龙，才能够集中地、深入地讨论"名"（符号）的问题，所以古代将他称之为"名家"，是有其充分理由的，而"名家"，实际上就是今天所说的"符号学家"。我们现在重点分析他的《名实论》中的符号学理论。

一、《名实论》名实对应的指称论

公孙龙所留的诸篇论著中，比较简明扼要、易于理解的，要数他的《名实论》。《名实论》主要讨论名实关系问题。"名"就是表述事物的"名称"。公孙龙是以连锁定义的方式给"名"下定义。首先，他给"物"下定义："天地与其所产者，物也。"然后通过"物"给"实"下定义："物以物其所物而不过焉，实也。"最后通过"实"再给"名"下定义："夫名，实谓也。"就是说，名是对实的称谓或指谓。根据现代符号学的创始人之一、美国哲学家与逻辑学家皮尔士（C.S.Peirce，1839—1914）给"符号"（sign，或译"记号”或“指号”）一词所下的定义：“符号是对某人来说在某一方面或以某种能力代表另外某一事物的东西。”[1]公孙龙所说的“名”（包括先秦诸子所说的“名”），就是一种符号，因为“名”是用来代表另一事物的东西。“马”这个名称就是用来代表马那个东西，“白马”这个名称就是用来代表白马那个东西。符号与它所代表对象之间的关系，被称为语义关系，语义关系属于符号学研究的范围。因此，公孙龙的《名实论》具有重大的符号学意义。

先秦诸子，不少人都涉及名实关系的语义问题。例如，管子主张“修（循）名而督实，按实而定名”（《九守》）。庄子提出“名者，实之宾也”（《逍遥游》）、《墨经》主张“以名举实”（《小取》）荀子提出“制名以指实”（《正名》），韩非子主张“循名而责实”（《定法》），这些命题都恰当地指出了一定的“名”应该对应于一定的“实”。但是，最充分地揭示出“名”的特有属性的，是公孙龙在《名实论》中给“名”所下的定义：“夫名，实谓也。”因为，不管是说名的作用在于“督实”、“举实”、“指实”、“责实”，还是说“名者、实之宾也”，都只指出“名”的某一方面的属性，而“名”的最本质的属性就在于人们在言语交际过程中用“名”称谓“实”。

在语义学史上，曾出现过各种各样的语义理论，其中一种较早出现的理论是“指称论”（referential theory）。所谓指称论，是说一个名称的意义就是它所指示或所命名的那个事物、对象，或者更精确地说，一个名称的意义就是名称与它所指示的对象之间的某种关系。例如，“黄鹤楼”这个词的意义就是它所指示、所命名、所代表的武昌蛇山顶上的黄鹤楼那个对象，或者说，就是“黄鹤楼”这个词跟黄鹤楼那个对象之间所存在的对应关系。

古希腊也有不少哲学家讨论了名实关系与正名问题。最早集中与系统地讨论这个问题的著作是柏拉图的《克拉底鲁篇》，古代曾有人给它一个副标题：《论正名》。它主要讨论语言的性质和起源问题，其一种观点认为：任何存在的东西都有一个正确的天赋的名称，也就是说，名称是由事物的性质决定的。另一种观点认为：名称的正确性完全是约定俗成的，如果有谁为某物确定了一个名称，那个名称也就是正确的名称，因为任何名称对任何人都

---

[1]《皮尔士选集》第2卷，第228节。

不是天赋的，也就是说，名称是人们约定的产物。不管哪一种观点，都是将一个名称直接对应于某个事物，它们只是对名称与事物之间的联系的性质解释有所不同。柏拉图所记述的这些理论，都属于指称论。

从上面的引述可以看出，无论是古代中国还是古希腊，指称论都是一种较早出现的语义理论。这种理论之所以出现得比较早，并且最易为人们所接受，跟这种理论具有直观性有关，即人们从直观上容易看出一个特定的符号（名称）与它所指示的对象的关系。但是，经过人们深入的探索，发现了这种理论所面临的各种困难。不过，在古代能集中地探讨语义问题并提出这种指称论，还是有其积极意义的。

公孙龙提出的“夫名，实谓也”的命题与先秦其他诸子所提出的语义理论虽然都属于指称论，但也有其特点，这主要表现在公孙龙超越了先秦其他诸子从封建名位、政权统治、伦理纲常方面来讨论“名”问题的局限。先秦其他诸子，如孔子、邓析、管子、荀子、申子、尸子、韩非子等所说的“名”，主要是讲政治制度上的“名分”，是“官爵之名”、“毁誉之名”。孔子所说的“正名”，就是要“君君、臣臣、父父、子子”，他认为为政必先正名。当子路问他：“卫君待子而为政，子将奚先？”孔子答曰：“必也正名乎！”（《子路》）邓析说：“循名责实，君子事也。奉法宣令，臣之职也。……循名责实，察法立威，是明王也。……上循名以督实，下奉教而不违。所美观其所终，所恶计其所穷。喜不以赏，怒不以罚。可谓治世。”（《无厚篇》）管子也说：“名正则治，名倚则乱，无名则死，故先王贵名。”《枢言》）荀子说：“故王者之制名，名定而实辨，道行而志通，则慎率民而一焉。……故其民莫敢托为奇辞以乱正名，故其民悫；悫则易使，易使则公。”（《正名》）尸子说：“治天下之要，在于正名。”（《发蒙》）申子说：“昔者尧之治天下也以名，其名正则天下治；桀之治天下也亦以名，其名倚而天下乱。”（《大体》）韩非子说：“用一之道，以名为首，名正物定，名倚物徒。”（《扬权》）《吕氏春秋》中也说：“名正则治，名丧则乱。……凡乱者，形名不当也。”（《正名》）可见以上诸家所说的“正名”，都是讲君王统治臣民之术，他们所谓的“名”，主要是指一个人在社会上的地位、名分，他们所讨论的名实关系（或名形关系）更多地属于政治学或伦理学研究的范围。而公孙龙在《名实论》中所讨论的名实关系，显然超出了上述局限。公孙龙所讨论的是纯属语义学范围的名实关系，通篇很少涉及政治、伦理问题，这一特点也基本上贯穿于《指物论》、《白马论》、《坚白论》诸篇之中。可以说《名实论》是一篇纯粹的语义学著作，公孙龙是纯粹意义上的语义学家、符号学家。在这一点上，荀子的《正名》篇相比之下也显得有些逊色。先秦著作中可以与之相比的恐怕只有《墨经》，特别是其中的《小取》篇。《小取》篇中也提出“以名举实”的命题，并在《经上》中给以解释“举，拟实也。……告以之名，举被实也。”这也属于指称论的语义理论。但是，《小取》篇中，“名”只是立论的基础，主题是讨论“辩”。至于《墨经》中的其他诸篇，是诸种论题的集合，缺少系统的论述，而“名”也只是其中的部分论题。从这一方面比较，《墨经》对名实关系的讨论也不及公孙龙的《名实论》系统与深刻。

有些学者将公孙龙的《名实论》（以及先秦其他诸子论著）中的“名”直接解释为“概念”，这不一定恰当。“名”，就其直接意义上说，就是“名称”，名称与概念有联系，但不等同。从现代逻辑与语义学的观点看来，名称具有指称与含义两个方面，或者说具有外延意义与内涵意义两个方面；概念只相当于一个名称的内涵意义方面。公孙龙的（以及先秦其他诸子的）语义理论属指称论，也就是说，只考虑名称的外延意义，即看一个名称究竟指称一个什么对象，而忽略其内涵意义，就是一般所说的含义或概念。现代语义学提出一种语义三角的分析方法是由奥格登与里查兹在1923年出版的《意义的意义》一书首先提出，是说一个符号（或名称）直接指示的是人的思想或概念，概念才与所谓指示的对象相对应，符号与对象之间并无直接的联系，符号与对象之间的联系要经过概念的中介。

用图形来表示就是：

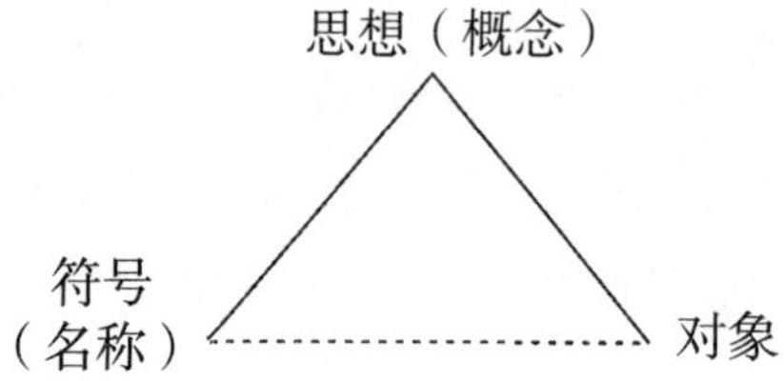

这里符号（名称）与对象的联系用虚线表示，而符号（名称）与思想（概念）的联系和思想（概念）与对象的联系则用实线表示，这充分揭示了它们联系之间的区别。如果将“名”（名称）直接解释为概念，不仅模糊了符号与思想，名称与概念之间的区别，也模糊了符号（名称）与对象之间和概念与对象之间联系的性质上的区别。而且，语义三角的分析是属于观念论的语义理论，观念论与指称论虽然同属对应论，都认为一个名称的意义就在于它与某个东西相对应，但是，前者主张对应的是观念（概念），后者主张对应的是外在的事物，因此，两种理论有着重大的区别。公孙龙的《名实论》如前所述属于指称论，显然不能将它归于观念论，不能将它的“名”直接等同于概念。

二、正名的准则——“唯乎其彼此”

在春秋战国时期，由于社会的激剧变动与迅速发展，产生了一个严重的社会问题，就是名实散乱。用荀子的话说就是：“今圣王没，名守慢，奇辞起，名实乱，是非之形不明，则虽守法之吏，诵数之儒，亦皆乱也。”（《正名》）于是先秦诸子纷纷从各自的立场提出“正名”的要求。不过，先秦诸哲中除公孙龙外，一般都没有提出过究竟怎样才算是正名的准则。只有荀子《正名》篇中提出了“制名之枢要”，认为“名无固宜，约之以命，约定俗成谓之宜，异于约则谓之不宜：名无固实，约之以命实，约定俗成谓之实名。”这种“名无固宜”、“名无固实”的观点，较之孔子的“君君、臣臣、父父、子子”的“固宜”、“固实”的思想是一大进步。但这种约定俗成的理论仍无法排除语言中的歧义、含混现象。公孙龙的《名实论》提出“其名正则唯乎其彼此”的准则，正是有助于消除这一类现象。他在《名实论》中首先从反面论述：“谓彼而彼不唯乎彼，则彼谓不行；谓此而此不唯乎此，则此谓不行。其以当不当也，不当而乱也。”这就是说，如果用一个名称既可以用来称谓彼又可以用来称谓此，这样的名称就不可行，就会造成混乱。接着公孙龙又从正面进行了论述：“故彼彼当乎彼，则唯乎彼，其谓行彼；此此当乎此，则唯乎此，其谓行此。其以当而当，以当而当，正也。”这就是说，如果用一个名称称谓彼则仅仅称谓彼，用来称谓此则仅仅称谓此，这样的名称就可行，这样的称谓就恰当，这就是正确的名称。在正反论述之后，文章作出总结：“故彼彼止于彼，此此止于此，可。彼此而彼且此，此彼而此且彼，不可。”这就是“其名正则唯乎其彼此”这句话的具体阐释：一个正确的名称与其所指对象之间只能具有一一对应关系，而不能具有一多或多一关系。例如，“孔丘”这一专名，只能专指孔丘这个人而不能再指他人。“白马”这一类名只能特指白马一类，而不能用来指黑马或黄马，也不能泛指马这一大类，所以公孙龙提出了“白马非马”的命题。

公孙龙提出“其名正则唯乎其彼此”的准则，不单是为了实现孔子所说的“君君、臣臣、父父、子子”的要求，更重要的是为了消除春秋战国时期，特别是战国中后期所出现的言语交际中所出现的严重的歧义、含混问题，这种歧义、含混现象必然会影响人们的思想交流与对事物的认识。例如，在《吕氏春秋·察传》中曾讲过这么一个故事：“鲁哀公问于孔子曰：‘乐正夔一足，信乎？”孔子曰：“昔者舜欲以乐传教于天下，乃令重黎举夔于草莽之中而进之，舜以为乐正。夔于是正六律，和五声，以通八风，而天下大服。重黎又欲益求人。舜曰：夫乐，天地之精也，得失之节也，故唯圣人为能和。乐之本也。夔能和之，以平天下。若夔者一而足矣。故曰夔一足，非一足也。”这显然是由于在先秦语言中，“足”这个词是个多义词，它不能遵从“彼彼止于彼，此此止于此”即“唯乎其彼此”的准则，而出现“彼此而彼且此，此彼而此且彼”的现象，从而造成鲁哀公对“乐正夔一足”这句话的严重的误解。

造成语言的歧义、含混现象可能由于多种的社会原因，例如，持各地方言的人在一起交流，就可能出现语词的误解。在《尹文子·大道下》中，就有这样一个关于乱名的故事：“郑人谓玉未理者为璞，周人谓鼠未腊者为璞。周人怀璞谓郑贾曰：‘欲买璞乎？’郑贾曰：‘欲之。’出其璞视之，乃鼠也，因谢不取。”这种因为言而产生的乱名现象，绝非个别例子，在那种社会大变动、大交流、大统一的过程中，名实散乱已达到相当严重的程度。例如，在周秦时每年八月朝廷要派使者乘轻车到各地采集方言，这些资料长期积累下来，但到秦以后，散失了不少。西汉时期扬雄利用职务之便，整理这些材料，又进行了普遍的采访，于是编成了一本九千字的《方言》（全称为

《輶轩使者绝代语释别国方言》，“輶轩”就是古代的一种轻车，“绝代”是指远代）。例如，其中有一条说：

“党、晓、哲，知也。楚谓之党。或曰晓。齐宋之间谓之哲。”

这就是说，“党”、“晓”、“哲”、“知”四个词意义相同，只是它们各自使用的地区不同。一旦不同地区的人碰在一起进行交流，必然会出现你听不懂我说什么，我听不懂你说什么的现象。这样的例子还可以举出很多。

公孙龙针对此提出“其名正则唯乎其彼此”的准则，从符号学的角度说，就是要求一个正确的符号必须具有严格的单义性，但这是一种理想语言的原则。严格地说，这一原则只有在数学或逻辑学中才能得到真正的贯彻。在数学或逻辑学所特别制造的人工语言中，符号的单义性是其必具的条件，否则就无法进行正确的演算和推理。在自然语言中，要求严格贯彻这一原则却有一定难度，因为自然语言中的语词一般都具有多义性，这从词典中一般的词都具有多种义项就可以得到证明。如果要消除这种多义性，一种语言系统的词汇量将增加几倍以至几十倍，这对人们的言语交际不一定有利。但是词的多义性，从语用学上说，可以在一定的语境中自然消失，也就是说，“唯乎其彼此”的准则可以在语用学中得到贯彻。例如，前面所说的“乐正夔一足”这句话脱离语境来说，是有意义的，即“谓彼而彼不唯乎彼，……谓此而此不唯乎此”，但是当孔子将这句话置于一定的语境中时，则只有“若夔者一而足矣”的意思。而没有“夔只有一只脚”的意思。公孙龙能在两千多年前提出这一“正名”的准则，虽然有些理想化，但对促进言语表达的精确性来说，是有其积极意义的。

正如前面所说，在古希腊柏拉图已论述到正名问题，但那只是讨论语言的性质与起源问题，即一个正确的名称与它所指的事物之间的联系究竟是必然的还是约定的。当时并未确定正名的准则。到 17 世纪，有些哲学家、逻辑学家提出构造某种人工语言的建议，使所有的人都能使用这种具有严格语法规则的语言，以便更好地交流思想。后来德国哲学家、逻辑学家莱布尼茨明确提出构造理想语言的设想，他称之为“普遍语言”（characteristica universais），这种普遍语言实际上是一种文字记号，这种记事情之间的关系与它所表示的外部世界的元素之间的关系有一定的类似性。他在 1677 年写的一篇论文《通向一种普遍文字》中说："我们可以对一切对象指派其确定的特征数字（characteristic number）。……长期以来，不少杰出的人已经宣布了一种'普遍语言'或'文字'，在其中，各种各样的概念和事物都能用一个合适的顺序加以组合。……一般说来，这种语言的符号和文字，将会起到像计数的算术符号和计量的代数符号一样的作用。"他还说："当这种特征数字能以其明晰和确定在所有事物中显示出理智的时候，它的权威才不再受到怀疑。这种明晰和确定，迄今只是在算术中才具备。"[1]莱布尼茨的思想为数理逻辑的创立与发展奠定了基础。他在这里已提出符号的结构与客观世界元素的结构的类似性。符号的明晰性和确定性，实际上也就是名与实的严格对应性。对比起来，莱布尼茨的理论既涉及逻辑语形学也涉及逻辑语义学，其逻辑语义学是建立在逻辑语形学的基础上；而公孙龙的正名准则主要涉及逻辑语义学（相应于传统逻辑中的内涵、外延、定义、划分之类）。偶尔涉及逻辑语用学［如"当"（恰当）的概念］，而未涉及逻辑语形学的内容。从这一方面说，公孙龙的正名准则对符号学与逻辑学的贡献不及莱布尼茨的普遍语言的原则。但是，当想到公孙龙是在比莱布尼茨早了将近两千年的时间就提出这一准则时，我们就不得不承认公孙龙的正名准则在符号学方面的重大的学术价值。

三、《名实论》的内在逻辑结构

公孙龙的著作，特别是他的《名实论》，较之先秦其他诸子的著作，有一个明显的特点，就是公孙龙的著作较多地使用分析的方法、演绎论证的方法，而较少使用归纳、类比论证的方法。老子庄子的著作，主要是用隐喻的方法，试图从隐喻中概括出人生哲理；孟子与荀子著作中少用分析的方法，多用归纳、例证的方法；韩非与《吕氏春秋》则主要是用例证法。《墨经》中多用定义法，有分析，但缺少系统的论证。而公孙龙的著作主要是用分析、演绎论证的方法。我们试就《名实论》这一篇作些逻辑结构的分析。

《名实论》从结构上看，全篇可以分成三个部分。

［1］《莱布尼茨自然哲学著作选》，中国社会科学出版社1985年版。

第一部分是从“物”与“实”的定义推出“正实”与“正名”。现逐句进行一些分析，为了引述上的方便，我们在每一句之前加上一个编号。

（1）“天地与其所产者，物也。”

公孙龙是试图以“物”这个最普遍的名称来给“实”下一个定义。但在此之前，首先要给“物”这一名称自身下一个定义。由于“物”已是一个最普遍的名称，无法用“属加种差”的方法给它下定义。公孙龙是以列举定义的方法来解释什么是“物”。“天”、“地”以及天地间所产生的各种各样的东西，是人们最直观地感受到的东西，这些都可以称之为“物”。这种列举定义属于外延定义。作者在给“物”下了定义之后，再给“实”下定义。

（2）“物以物其所物而不过焉，实也。”

这是说，“实”与“物”的区别在于“实”不仅是一种客观存在的东西，而且是具有某种特殊属性的东西，或者说“实”是“物”的某种具体形态，如“日”、“月”、“山”、“水”等等。“物以物其所物”就是对物的某一种具体对象赋予某种特殊属性。“所物”，其结构正如“所指”、“所说”一样，成为一个名词性短语，意思是“被赋予某种特殊物质性的对象”。“不过”是指具有而不超越这些属性，即不可能既是此物又是他物。这一定义具有真实定义即属加种差的定义形式。

（3）“实以实其所实而不旷焉，位也。”

这是又通过“实”给“位”下定义，定义形式与（2）同。它是说事物不仅具有某种属性，而且这种属性是处于一定的时空条件之下而不超越这些条件。换句话说，“位”就是处于一定时空条件之下的具体的“实”。

（4）“出其所位，非位；位其所位焉，正也。”

公孙龙在此揭示了“正位”与“非位”的矛盾关系。“实”处于其应处的外延之中，就是“正”，即“正位”，如果超出了它应处的外延，就成了“非位”。孔子所说的“君君、臣臣、父父、子子”，就是说要求“君”能处于君的正位，“臣”能处于臣的正位，“父”能处于父的正位，“子”能处于子的正位，也就是要求他们能正常地处于“君”、“臣”、“父”、“子”的外延之内，而不要超出这一范围。否则，就处于“非位”，就成了“君不君、臣不臣、父不父、子不子”。

（5）“以其所正，正其所不正；不以其所不正，疑其所正。”

上面提到何谓“正（位）”，即要求“实”位其所位，在（5）中进一步阐述了对“正”的要求；人们应该依据那处于正位上的实的标准，去纠正那些处于非位（即不正）上的实，而不应相反，用处于非位上的实的标准，去评价、怀疑处于正位上的实。

（6）“其正者，正其所实也。正其所实者，正其名也。”

上面（5）所说的“正”都是对实的要求，即要求实应处于正位。（6）则从“正实”转到“正名”的问题。一个或一类实处于正位，人们就可以用一定的名去称谓它。所以“正其所实”，就可以“正其名”。

第一部分使用了连锁定义的方法给一系列名称下了定义，而且前一个定义所说明的被定义项又成为后一定义的定义项。中国古代通行的定义式是定义项在前，被定义项在后。这种定义式非常适合作这种连锁定义。

第二部分主要阐述正名的准则。

（7）“其名正则唯乎其彼此焉。谓彼而彼不唯乎彼，则彼谓不行；谓此而此不唯乎此，则此谓不行。”

这一部分首先提出正名的准则：“其名正则唯乎其彼此。”接着对此准则进行正反两方面的阐述，先从反面说明违此准则的称谓是“不行”的。

（8）“其以当不当也，不当而当，乱也。”

“不行”是就名称本身说的，“不当”是就名称的使用者说的。说话者如果使用“不行”的名称去称谓“实”，就是“不当”。如果名称使用“不当”，偏偏还自以为“当”，必然会造成名实混乱的结果。

“行”与“不行”属于语义问题；“当”与“不当”属于语用问题。

（9）“故彼彼当乎彼，则唯乎彼，其谓行彼；此此当乎此，则唯乎此。其谓行此。其以当而当，以当而当，正也。”

“故”，表示一种推理关系。从（7）、（8）到（9）使用的是一种反证法，其推理式简述如下：

论题 p（其名正则唯首乎彼此）。

反证：如果非 p（谓彼而彼不唯乎彼，谓此而此不唯乎此），则 q（不当而乱）。非 q（省略，因尽人皆知“乱”不可取）

结论：故非非p，也就是p（彼彼当乎彼，此此当乎此。以当而当，正也。）

这也就是从正面阐述了正名的准则，说明这样的称谓“可行”，使用这样的称谓就“当”，“以当而当”，就是“正名”。

（10）“故彼彼止于彼，此此止于此。可。彼此而彼且此，此彼而此且彼，不可。”

这里的“故”，也表示一种推理关系。（10）实际上为（7）与（9）的合取，说明怎样为“可”，怎样为“不可”。

整个第二部分是一个严格的演绎推理式。

第三部分是在前面论述的基础上，对说话者，即“名”的使用者提出要求。

（11）“夫名，实谓也。知此之非此也，知此之不在此也，则不谓也；知彼这非彼也，知彼之不在彼也，则不谓也。”

这一般在进一步明确名与实的关系以后，要求说话者在什么条件下“不谓”，相应地也隐含着在什么条件下“可谓”。

（12）“至矣哉，古之明王。审其名实，慎其所谓。至矣哉！古之明王！”

这一段是全文的中心论题：“审其名实，慎其所谓。”

从以上的分析可以看出，公孙龙的《名实论》通篇主要使用演绎的方法，而未使用先秦诸子流行的例证归纳的方法。第一部分主要使用连锁定义，第二部分主要使用反证法与合取法，在定义与演绎论证中都包含细致的语义分析，通篇结构严谨，逻辑的说服力强，以致公孙龙的反对者往往批驳公孙龙的其他各篇，而很少批驳他的《名实论》。这种连锁定义方法的运用与演绎论证方法的运用，也是公孙龙对中国古代逻辑学的一种贡献。正如皮尔士曾将逻辑学看作符号学的一个别名一样，公孙龙对逻辑学的贡献也是对符号学的贡献。

此外还要注意一点，公孙龙在《名实论》中较多地使用代词“彼”和“此”，以代替具体的名称。有人认为自然语言中的代词相当于逻辑系统中的“变元”（variables），我们认为，代词确实具有某种程度的“变元”的性质，因为代词可以在一定论域内代入一个确定的名称。但是也要看到，代词与“变元”仍然有着某种程度的差别，即代词仍具有一定的语义。如“我”表示说话者自身，“你”表示听话者，“他”表示说话者与听话者之外的第三者。代词

“彼”、“此”也如此，它们在一定的语境中要表出时间上或空间上的某种差别。“彼”一定是指相对于说话者在时间或空间上距离较远的事物，“此”则指在时间或空间上距离较近的事物。而逻辑中的变元则不具有这种含义，因此可以说，“变元”是比代词更进一层次的抽象。在古希腊亚里士多德的《工具》诸篇中，特别是他的《前分析篇》与《后分析篇》中，已经提出了逻辑变元，这在我国古代是缺少的。但在公孙龙的时代，能用“彼”、“此”之类的代词来代替具体的名称以作理论论述，这不能不说是公孙龙对逻辑学与符号的一大贡献。

四、《名实论》——公孙龙符号学的理论基础

在公孙龙现存的五篇著作中（《迹府》除外），《名实论》应该占有一个特殊的地位，实际上它可以说为其他诸篇提供了符号学的理论基础，因为其他诸篇都涉及一个名实关系问题，都为了解决现实生活中的名实散乱问题，这些也都是符号学的问题。他在其他诸篇中，始终贯穿一个基本观念，即“名者，实谓也”，始终强调“审其名实，慎其所谓”，始终注意贯彻一个准则，即“其名正则唯乎其彼此”的单义准则，虽然这一准则在当时难以严格贯彻，但针对当时严重的“名实散乱”的情况，提出这一要求，是有其科学意义的。再看公孙龙对“白马非马”命题的分析，对“物莫非指，而指非指”的分析，对“坚”、“白”、“石”的分析，对“羊合牛非马”的分析等，也无不体现“其名正则唯乎其彼此”的要求，都贯彻“审其名实，慎其所谓”的目的。因此，只有抓住诸篇中的这一合理内核，才能理解诸篇的真正旨意。如果将各篇相互割裂开来，将个别命题跟其整个系统割裂开来，孤立地讨论所谓“白马非马”、“物莫非指，而指非指”的命题，就必然会统统斥之为诡辩术。我们认为，以现代符号学的观点与方法去研究公孙龙的著作，可以挖掘出一些闪烁异彩的晶莹宝石，这些宝贵遗产我们不要随意抛弃。

（原载《哲学研究》1993 年第 6 期）

公孙龙《白马论》中的符号学思想

公孙龙最受人指责与非难的命题就是他的“白马非马”，不少人认为这纯属诡辩。

现在我们探索一下公孙龙说的“白马非马”究竟是什么意思；他为什么要提出这么一个与常识相违背的命题；提出这一命题究竟有没有语言学、逻辑学以至符号学方面的意义。

一般人都承认“白马是马”，实际上公孙龙自己也不否认“白马是马”。因为他说过：“求马，黄、黑马皆可致。”这就是说“黄马、黑马都是马”，既然他承认黄马、黑马都是马，从逻辑上说自然也不应否认“白马是马”了。

为了了解公孙龙是怎样论证“白马非马”这一命题的，我们先看一下公孙龙《白马论》的全文，这是一种对话体，正如柏拉图的著作《对话录》通过表示苏格拉底与他人的辩论来阐述自己的观点一样，公孙龙也是在与客人（反对他的观点的人）的辩论过程中阐述自己的观点，为方便引述计，我们在每一段话语之前加上一个标号。单数号表示是反对者说的，双数号则表示是公孙龙说的。

《白马论》

（一）（曰）：“白马非马，可乎？”

（二）曰：“可。”

（三）曰：“何哉？”

（四）曰：“马者所以命形也，白者所以命色也，命色者非命形也，故曰白马非马。”

（五）曰：“有白马，不可谓无马也；不可谓无马者，非马也？有白马为有马，白之非马，何也？”

（六）曰：“求马，黄、黑马皆可致；求白马，黄、黑马不可致，使白马乃马也，是所求一也。所求一者，白者不异马也。所求不异，如黄、黑马有可有不可，何也？可与不可，其相非明，故黄、黑马一也，而可以应有马，而不可以应有白马，是白马之非马，审矣。”

（七）曰：“以马之有色为非马，天下非有无色之马也，天下无马，可乎？”

（八）曰：“马固有色，故有白马。使马无色，有马如已耳，安取白马？故白者非马也，白马者，马与白也，马与白，非马也，故曰白马非马也。”

（九）曰：“马未与白为马，白未与马为白；合马与白，复名白马，是相与以不相与为名，未可。故曰白马非马未可。”

（十）曰：“以有白马为有马，谓有白马为有黄马，可乎？”

（十一）曰：“未可。”

（十二）曰：“以有马为异有黄马，是异黄马于马也。异黄马于马，是以黄马为非马，以黄马为非马，而以白马为有马，此飞者入池，而棺椁异处，此天下之悖言乱辞也。”

（十三）曰：“有白马不可谓无马者，离白之谓也，不离者，有白马不可谓有马也，故所以为有马者，独以马为有马耳。非以白马为有马，故其为有马也，不可以谓马马也。”

（十四）曰：“白者不定所白，忘之而可也，白马者言白，定所白也，定所白者，非白也。马者无去取于色，故黄、黑马皆可以应。白马者，有去取于色，黄、黑马皆以所色去，故唯白马独可以应耳，无去者，非有去也，故曰白马非马。”

从上引述的《白马论》的全文，我们可以看出公孙龙并非简单地抛出一个“白马非马”的论题，而是对它作了严格的论证，这种论证可以概括为以下几个方面：

一、公孙龙作出了“命形”与“命色”的两类不同符号的区别[见（四）]，他认为“马”这一符号属于前者，“白”这一符号属于后者。按传统逻辑的分类，“马”属于“实体”范畴，“白”属于“性质”范畴。“马“是一种实体，它具有马的外形；“白”是一种性质，它可以与“马”的实体相结合，也可以与其他的实体相结合（如“白纸”、”白云”、“白鹤”、“白墙”等）；

另外还有一些性质如“黄”、“黑”、“棕”也可以与马这个实体相结合，于是形成“黄马”、“黑马”、“棕马”等。应该看到，在中国古代，由于汉语的一些特点，使得语形学（syntactics）没有得到充分的发展，而语义学却有较大的发展。中国古代只有实词，虚词之分，但无名词、动词、形容词之分（中国一直到20世纪初才出现第一本语法教材《马氏文通》，才有词的分类），不少词在某些语境中作为名词使用，到另外一个语境中又可以作为动词或形容词使用。公孙龙并未能从语形上对词作出词性的分类，但是他确实看到了不同符号的范畴上的区别，从而强调“命色者非命形也”，指出了指称性质的符号不同于指称实体的符号。如在词组“白马”中包含有修饰性质的符号“白”，因此它不同于单指指称形体的符号“马”，由此他证明“白马非马”。这里的“非”是“不等同于”的意思。在自然语言中，系词“是”具有三种不同的含义，现代逻辑已对它们作了严格的区分：一种表示元素（element）对于集合（set）的“属于”（belonging to）关系，另一种表示一个集合对另一个集合的“包含于”（including in）的关系；还有一种是表示集合与集合之间的“等同于”（identical）关系。公孙龙显然是在第三种含义上使用“是”。应该注意，在先秦文献中，作为系词（copula）的“是”尚未出现，系词是用其他形式表示，而在“非”字中已包含对“是”的否定的含义，公孙龙说的“白马非马”，就是说“白马”这个词不能等同于“马”这个词，这里讨论的完全是符号之间的关系，而不少反对者却往往从本体论（ontology）的角度来讨论“白马”与“马”的关系，认为在客观实际中“有白马为有马”［见（五））］，“天下非有无色之马也”［见（七）］。从而断定“白马非马”这个命题纯属诡辩，看来这完全是对公孙龙原话的误解。

二、公孙龙不仅从内涵上而且从外延上分析了“白马”与“马”两个集合的区别。公孙龙是从行为上来加以说明的。他说：“求马，黄、黑马皆可致；求白马，黄、黑马不可致。”［见（六）］这里所说的“可致”与“不可致”，就是说黄马与黑马可以包括在求“马”的范围，而不可以包括在求“白马”的范围，用逻辑的术语说就是黄马与黑马可以包括在“马”的外延之内，而不能包括在“白马”的外延之内，由此证明，“白马”与“马”这两个集合的外延是不一致的。公孙龙还反驳对方说：“使白马乃马也，是所求一也；所求一者，白马不异马也”。也就是说，如果认为“白马”就是“马”的话，那么就会说两者的外延完全一致。但是，求“马”与“白马”时，黄马、黑马有时可致，而有时又不可致，如果“马”与“白马”的外延完全一致，何以会出现这种情况呢？根据这一点，公孙龙认为：“是白马之非马，审矣。”这种从外延上的证明与反驳，是有相当说服力的。

三、公孙龙初步探索了集合运算中的“交”（intersection）的运算，他说：“白马者，马与白也，马与白，非马也。”［见（八）］这里这个“与”字就相当于集合运算中“交”。他是说，“马”这个集合与“白”这个集合之“交”，就形成一个新的集合“白马”，这个新的集合必然要不同于原有的集合“马”与“白”。所以他特别强调“马与白，非马也”。也就是说：“白马非马也”［见（八）］。

四、公孙龙分析了人们在说“白马非马”时的“离”的心理过程。他说：有白马不可谓无马者，离白之谓也。”［见（十三）］就是说，当人们说“白马是马”的时候，无形中已经将“白”的属性从“白马”中“分离”出去，口头上说“白马是马”，而在心理上暂时不考虑“白”而只是说“马是马”。所以公孙龙说：“故所以为有马者，独以马为有马耳。”［见（十三）］如果不将“白”分离出去，就不能说“白马是马”。［“不离者，有白马不可谓有马也。”（同上）］公孙龙不仅在（白马论）中提到了“离”，而且在《坚白论》中进一步阐述了“离”在分析“坚、白、石”三者关系中的作用，并且明确定义说：“离也者，藏也。”就是说，“离”并非就是完全无视“白”而只是暂时将“白”藏起来不予考虑。公孙龙将“离”看作他学说中的一个非常重要的概念，从传统逻辑与心理学的观点来看，所谓“离”，实际上就是一个“抽象过程”。它从许多并列的下位概念（种概念）经过抽象的过程到达一个共同的上位概念（属概念），必然包含两方面的功能：一是要从许多下位概念中抽引出一些共同的属性，二是要从许多下位概念中舍弃一些特殊的、非共有的属性。例如从“白马”、“黑马”、“棕马”中抽象出“马”的共同属性，必然要舍弃它们的“白”、“黑”、“黄”、“棕”等特殊属性，这一舍弃的功能就是公孙龙所说的“离”。但公孙龙还进一步阐述“离”并非完全“隔离”，而只是暂时“藏匿”起来，这是合理的。因为客观存在的实体具有各种各样的属性，这些属性是相互联系着的，但是人们在实践过程中，根据需要只认识与研究其中的部分属性，而暂时不研究其余的属性，例如物理学家研究的是物体的物理属性，化学家研究的则是物体的化学属性，美学家研究的则是物体的美的属性，但是这并不是说物理学在研究物体的物理属性时其化学属性与美学属性已经完全不存在了，而只是暂时的“藏”在一边，也就是说公孙龙所说的暂时“离”去。由此可见，公孙龙关于“离”的理论有其相当合理的因素。

五、公孙龙还研究了抽象的“白”与具体的“白”的区别。他根据“离”与“藏”的功能，将离去了形体（马）的“白”称之为“不定所白”，这种“白”没有与具体的形体相结合而具有某种抽象的属性；他将与一定形体相结合了的“白”称之为“定所白”，这种“白”显然具有某种具体的属性。公孙龙认为“定所白”的“白”与“不定所白”的“白”是有区别的。［见（十四）］。我们知道，在英语中，作为形容词的“white”与作为名词的“whiteness”从形式与发音上都是有区别的。但是在汉语中两种“白”在形式与发音上没有任何区别。公孙龙在实际运用中发现了这种区别，明确提出“定所白者，非白也”。并以此作为他论证“白马非马”的一个论据。我们看到中国一直到清末严复翻译出版《穆勒名学》一书时通过与英语的对比才讨论到抽象的“白”与具体的“白”的区别问题。不过我们也要看到，英语中的“white”与公孙龙所说的“定所白”仍有一定的区别。公孙龙是说“白”只有与“马”、“云”、“纸”、“墙”这些表示实体的词结合以后，形成了“白马”、“白云”、“白纸”、“白墙”这些词组时，才算是“定所白”的“白”。而英语中的“white”即使没有与其他词结合，它仍保持其具体性，我们可以姑且名之为“可定所白”，以示其与“定所白”和“不定所白”的区别。

此外，公孙龙还分析了“有去取于色”的“白马”与“无去取于色”的“马”的区别，［见（十四）］。这里也涉及一个词义的具体性和抽象性（即“horse”与“horse－ness”）的问题，我们认为这些在中国逻辑史上与符号学史上都有其重要意义。

有人认为，公孙龙这里所说的“不定所白”，就相当于古希腊柏拉图理念论中的“理念”，因此是一种客观唯心主义，我们认为并非如此，因为公孙龙并未论证过“不定所白”的“白”是某种像柏拉图所谓的客观存在的理念，而认为它只是由于某种原因对认识者来说暂时隐藏起来而并未消失的事物属性，而不是一种独立存在的实体。

公孙龙的《白马论》完全是对人们认识过程与言语行为过程的分析，也可以说是对符号过程（semiosis）的分析，他确实看到了一些常人看不到的问题，分析了一些常人不容易发现的语言哲学现象。有些人单纯从常识的角度来看待这些命题，从而责备说它纯属诡辩，这样的责备确实有失偏颇。公孙龙提出“白马非马”的命题，并非是为了与常识开一个玩笑，而是有其深刻理论基础的。从“白马非马”这一命题本身看，似乎可以说它毫无现实意义。但考究公孙龙的整个著作（就其现有的六篇而言），而且分析这一命题之所以能在当时引起普遍的重视，可以看出这一命题在那个时代提出来是有其现实意义的。《迹府》篇中说过，他提出这一命题主要是为了纠正战国末期名实混乱的现象，要求“欲推是辩，以正名实，而化天下焉。”（《迹府》）他的基本原则就是“其名正，则唯乎其彼此。”（《名实论》），要求时人“审其名实，慎其所谓。”（《名实论》公孙龙就是要用“白马非马”这一实例来说明人们在使用各种语词符号时一定要求做到精确、恰当，在某种语境中该说“马”时就要说“马”，该说“白马”时就要说“白马”，而不允许混用。从这一方面看，公孙龙的“白马非马”的论题在当时对促进人们准确地使用语言符号来说，是有其积极意义的。可以说，公孙龙是中国古代一位非常重要的符号学家。而且从公孙龙对“白马非马”与“坚白石”的分析来看，可以断定中国古代并非完全缺乏分析的传统，只是这一传统长期未被很好地继承与发扬，反而受到了一定程度的误解和歧视甚至打击，这不能不说是一个悲剧。今天我们从符号学的角度可以挖掘出中国哲学史上曾经闪烁过的这一光辉思想，摘掉历史上曾经不公正地给公孙龙戴上的“诡辩家”的帽子，恢复他在中国哲学史上应有的地位。

（英文稿原载波兰华沙大学主编的《符号世界》一书，1998年出版）

公孙龙《指物论》中的符号学思想

我们现在来研究公孙龙诸篇中公认最难理解的篇目——《指物论》。《指物论》能否算是符号学著作，关键在于对其中心论题：“物莫非指，而指非指”中的“指”字的理解。近年来国内不少学者将“指”字解释为“概念”、“观念”或“共相”。从而推出《指物论》完全是唯心主义的结论，这样解释会出现几方面理论上的困难。一是“指”虽然可以通假为“旨”，“旨”有“意”的意思，但是，按现代语义学的观点，一个词（符号）的意义可以有两个方面：一方面是含义（sense），一方面是指称（reference），依据《指物论》的通篇语气看，“指”应该是指“指称”，而非“含义”。断定它是指“含义”（即概念）并无太多根据。二是依据“而指非指”的公式将“概念”、“观念”、“共相”作代入，就会出现“概念不是概念”、“观念不是观念”、“共相不是共相”等自相矛盾的命题。三是一个思想家的哲学观点应该有其一定的内在一致性，即使出现变化，也是有其内在联系。公孙龙在《名实论》中对“物”的解释完全是唯物主义的，何以到《指物论》来了一个 180 度的大转弯，这不太容易给予合理的解释。除非有人考证出这两篇并非出于一人之手。为此，我们倾向于对“指”作合乎本义的解释，如《尔雅》说：“指，示也。”《说文解字》说：“指，手指也。”而手指的一个重要功能就是指示事物，以形成一个实指定义，如“这是老虎”，“这是巴黎铁塔”。在将“指按其本义给予解释的众多学者中，伍非百作的解释颇具代表性，他在《公孙龙子发微》中说：“是此‘指’字，皆当作‘指而谓之指’解。其含义有三：一、‘能指’，二、‘所指’三、‘指所能指之指’。三义有时并用，有时独用。有时用其一遗其二，有时用其二遗其三。须视所谓而定，不可执一以求。”他还说：“本篇意指谓天下之所谓物者，其本体不可径而知也，可得而知者，皆‘指’而已。故曰‘物莫非指’。然指非物也。指为‘能指’，物为‘所指’。所指虽藉能指而显，而能指究竟不是所指。故曰‘而指非指’。上指字，谓能指。下指字，谓所指也。”[1]纯属巧合又很有意思的是，伍非百对“能指”、“所指”的分析，跟现代符号学创始人之一、瑞士著名语言学家索绪尔（F.D.Saussure，1857—1913）关于 signifiant（中译“能指”）与 sigifie（中译“所指”）的分析非常相似，真可谓异曲而同工（我们猜测伍先生在生前不太可能读过索绪尔的《普通语言学教程》一书，该书法文版 1916 年出版，中文版 1982 年出版）。索绪尔说：“语言符号连结的不是事物和名称，而是概念和音响形象。”“我们把概念和音响形象的结合叫作符号”，“我们建议保留用符号这个词表示整体，用所指和能指分别代替概念和音响形象。”索绪尔还举过一个比喻，说“所指”和“能指”就像一张纸的正面与反面一样，紧密结合，不可分割，索绪尔的语义理论属于观念论，从这一点上说，与公孙龙的观点和伍非百的解释是完全不同的。但是，索绪尔关于“能指”与“所指”是一张纸的两面的比喻，对我们理解公孙龙的“指”以及伍非百的“能指”与“所指”的确很有帮助。索绪尔将“能指”与“所指”连结的整体称为符号。伍非百认为，公孙龙的“指”有时可以解释为“能指”，有时可以解释为“所指”，并未把“指”看作“能指”与“所指”的连结体，但是他至少看到“能指”与“所指”的不可分性，指出“无能指则所指不可表现。无所指则能指亦无所附丽。二者相为宾主，相为表里，不能密合为一，又不能分离为二。”我们认为伍先生的这种解释，相对于前人来说，具有重大的创新意义。近年来不少学者在伍非百和现代符号学理论的启发下，进一步研究了公孙龙的学说，特别是他的《指物论》，发表了一些很有价值的论文。如刘宗棠的《〈指物论〉与指号学》[2]就是一篇颇有价值的论文，他提出：“笔者斗胆从一个全新的角度——从指号学的角度来阐释《指物论》，把‘指’解释为‘指号’（作名词用）或‘指称’（‘指谓’，‘指认’等，作动词用）。”我们认为，这确实是一条研究公孙龙的《指物论》以及其他著作的一条重要途径（可能在某些具体的问题上，我与刘文的观点不尽一致）。我

[1] 任非百：《中国古名家言》之四，四川大学出版社 2009 年版。
[2] 刘宗棠：《〈指物论〉与指号学》，《哲学研究》1989 年第 12 期。

准备沿此方向继续作一些研究，以探讨《指物论》中的符号学理论，以及公孙龙在中国先秦符号学发展史上所占据的重要地位。

关于现代符号学的基本观点，我在《指号学与逻辑学》一文（载《哲学研究》1988年第9期，后编入《逻辑符号学论集》时，为求术语的统一改为《符号学与逻辑学》）中已有初步介绍。这里特别要说明一下中国当代逻辑学家与符号学家周礼全先生在翻译与介绍西方指号学著作对我们的启示。周礼全在他所译的莫里斯的《指号理论的基础》（载商务印书馆：《资产阶级哲学资料选辑》第十八辑，1966年出版）一书的注释中说："一个事物之所以是一个sign，就是在于它有所指，或有所指谓。这是我们把sign译成指号而不译成记号的理由。"周礼全正是抓住sign这一最本质的特征，将"符号"或"记号"译成"指号"。这对我们解释公孙龙的《指物论》无异给了一把关键的钥匙。我们可以理解："指者，指号也。""指号"，也就是一般所谓的"符号"。这样，刘宗棠所主张的"《指物论》应该是'指号与事物关系的理论'"的观点是完全有根据的。而这与我们前面所讨论的公孙龙的《名实论》的主题内在一致性就十分明显了。因为名称问题在中国古代也就是语言问题，按照索绪尔的观点，语言的特征之一就是它的符号性。索绪尔甚至说："语言学可以成为整个符号学中的典范。"[1]符号学是比语言学范围更为广泛的科学，可见，《指物论》讨论的是比《名实论》的论题更为广泛的问题。这样，从两者的内在一致性来理解《指物论》，比孤立地研究《指物论》自然会更为有效。

现在讨论一下《指物论》中几个关键性的命题与问题：

1.《指物论》中"指"与"物"的关系是直接的对应关系，还是经过某种中介，例如经过"概念"的中间环节？这是一个非常重要的问题。如果认为它们是直接的对应关系，那么，这种语义关系属于指称论，如果认为需要经过概念的中介，那么，这种语义关系就属于观念论。索绪尔的语义理论显然属于观念论，因为他认为"语言符号连结的不是事物和名称，而是概念和音响形象"。我们在前面分析公孙龙的《名实论》时指出，它讨论的是名

[1]［瑞士］索绪尔：《普通语言学教程》第36页与第103页。

称与事物的对应关系，它属于指称论。现在看《指物论》，通篇没有谈到一个中间环节，而是直接讨论“指”与“物”的对应关系，它不适于使用语义三角的形式进行分析，因为按照英国的奥格登（C.K.Ogden）和里察兹（J.A.Richards）在20世纪20年代出版的《意义的意义》一书首次提出的语义三角的图形（如图）：

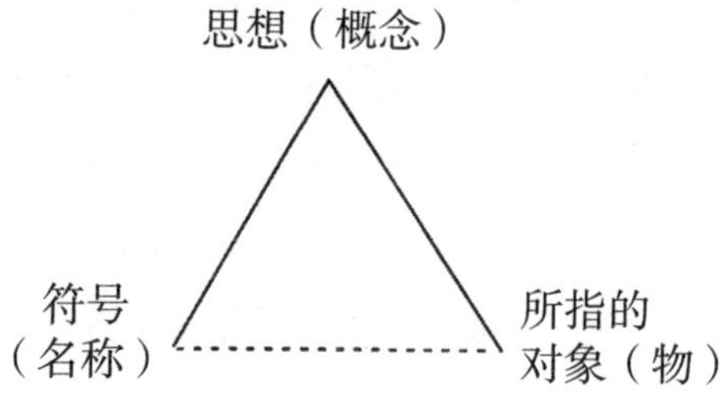

符号与所指对象之间并没有直接的指称关系，符号必须经过概念（思想）的中介才与所指的对象发生联系。为此，符号与所指对象之间的关系用虚线而不用实线表示。《指物论》与《名实论》中所表达的语义关系应该如下（如图）：

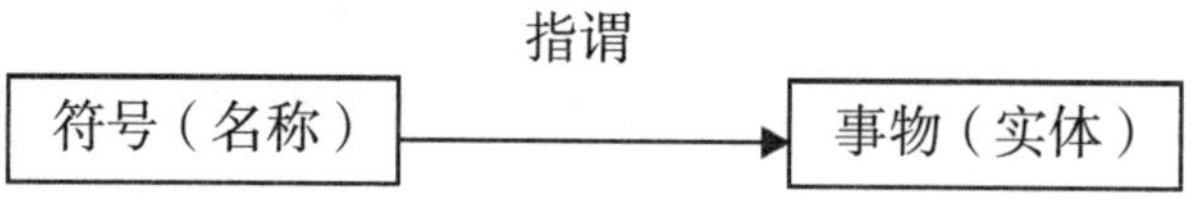

正如我们在前面已经表述的那样，先秦诸子一般都主张这种语义的指称理论，这种理论一般都冠之以“正名”的总称。一直到20世纪初仍将明确语义称为正名，其主要原则仍然是要求“名副其实”、“名实相符”，也就是将一定的名对应于一定的实。

2.“物莫非指”，一般解释为：所有的事物皆能为一定的符号所指谓，即给予一个实指定义。但是，我们认为，这句话还有另一方面的含义，即“任何事物都可以（在一定条件下）充当指谓其他事物的符号”，也就是说任何事物都能（在一定条件下）起到符号的作用。例如，对熟练的猎者来说，某些自然现象的显现可以作为某些动物活动的迹象，即符号；对善感的诗人来说，“一叶知秋”，这一片枯黄的落叶就是秋天到来的符号；某些动物出现异常的生活现象，往往意味着有某种灾害（如地震、水灾或其他现象）的到来，这种动物的异常现象也就是灾害的符号；医生观察病人的某些生理变态，就能确定病情，这种生理变态也就成了病情的符号；青年男女互送一束花、一本书或一条手帕，这些花、书、手帕就成为表达爱慕之情的符号，将“物莫非指”解释为任何事物都能充作指谓他物的符号。是符合现代符号学理论的。通观《指物论》的全文，应该说这种解释是“物莫非指”的主要含义。

3. “而指非指”，这是《指物论》中最受误解、歪曲和指责的命题。我们依据伍非百的解释，将前一个“指”表示“能指”（即符号自身的物质形态，如一组声音，或一组字体，或某个具体事物）。后一个“指”表示这个符号“所指的对象”，简称“所指”符号与它所指对象之间的关系是一种物质关系。从这一点上说，我们虽然也使用“能指”与“所指”两个词，但这两个词与索绪尔所规定的“能指”与“所指”两词有着很大的区别。索绪尔认为这两个词所表达的都是心理的东西，他认为符号的所指只能是概念。我们认为，公孙龙所说的“指非指”可以解释为“能指不为其自身所指”，也就是说：“能指”这个符号自身不属于这个符号所指的外延。例如，“牛”是一个词、一个符号，它可以用来指称所有的牛。但它不能指称“牛”这个词，“牛”这个词不属于“牛”这个词的外延。谁都可以牵着牛去犁田，但谁也无法牵着“牛”字去犁田。有的学者将“指非指”解释为“指号”不能指称自身，这是指号的“不自返性”。我们认为这个解释不及上面所说的解释明确，它容易引起误解，因为如果将这种“指号”解释为罗素在讨论逻辑悖论时所说的“正常的集合”，则这句话可以成立：如果是指向“指号”、“概念”、“词”等“非正常集合”，这句话则不能成立。因为“指号”、“概念”、“词”是可以自返的，即“指号”本身是一个指号，“概念”本身是一个概念，“词”本身是一个词，所以，将“指”字笼统地解释为“指号”，不如分解为“能指”与“所指”更为恰当。我们认为，公孙龙在先秦提出了“指非指”即“能指不是其自身所指”的命题，是一种非常卓越的思想。

4. “非指”，这是在《指物论》中多次出现的一个名词性词组。通观全文，看来不能简单地看作是对“指”的否定，或者说，是“指”的补集。我们将它解释为“事物不能成为所指”，而这是公孙龙所反对的一个命题。它往往被公孙龙运用归谬法加以反驳。公孙龙说得较多而且是他所主张的命题是“非有非指也”，即“并非事物不能成为所指”。

在解释了《指物论》中的几个关键的词之后，现在开始尝试对通篇文章进行解释。我们采用传统的逐段翻译与注释的方法。

《指物论》（原文附译文及注释）

（主曰）物莫非指，而指非指。

（译文）任何事物都可以（在一定条件下）充作指谓它物的符号，但符号的能指不为其自身所指。

（客曰）天下无指，物无可以谓物。非指者天下，而物可谓指乎？

指也者，天下之所无也，物也者，天下之所有也，以天下之所有，为天下之所无，未可。

（译文）天下本来没有符号这么一种东西，事物不可能用来指谓其他事物。不为所指的事物充满天下，能说事物是符号吗？

符号，本是天下没有的东西；事物则是天下存在的东西。以天下存在的东西，去充作天下所没有的东西（即将事物充作符号），那是不可以的。

（主曰）天下无指，而物不可谓指也。不可谓指者，非指也。非指者，物莫非指也。

天下无指而物不可谓指者，非有非指也，非有非指者，物莫非指也，物莫非指者，而指非指也。

（译文）如果你说天下没有符号这么一种东西，那么事物就不能成为能指（即符号）。如果事物不能成为能指，它也就不能成为所指，如果事物不能成为所指，（它就不能为人所认识），所以事物都能成为指谓它物的符号。

如果你说天下没有符号这么一种东西，则事物不能成为能指，那么，这并非意味着它不能成为所指。并非它不能成为所指，那么，就有东西能指谓它，这种指谓它的事物就叫做符号，所以，事物能成为指谓它物的符号。任何事物都可以（在一定条件下）充作指谓它物的符号，但是符号的能指不为其自身所指。

（注释）这两段是主方对客方上一段议论的反驳，两段组合起来形成一个二难推理，而二难推理的每一肢又都包含一串连锁推理，采用如果 p，那么 q；如果 q，那么 r；如果 r，那么 s。又如果 p，那么 q；如果 q，那么非 r；

如果非 r，那么 s。所以，如果 p，那么 s 的形式。推理的前提是客方的论点："天下没有符号这么一种东西。事物不能用来充作符号。"主方从这一观点出发，从正反两个方面进行一串连锁推理，得出的最终结论都是"事物都能充作指谓他物的符号，而符号的能指不为其自身所指"。沈有鼎先生认为此两段的第二段与第一段矛盾，应作为衍文删去。我们认为第二段不是衍文，它与第一段矛盾是因为它是二难推理中的反面的一肢，因此不应删去。

（客曰）天下无指者，生于物之各有名，不为指也。不为指而谓之指，是无不为指，以有不为指为无不为指，未可。

（译文）天下之所以没有符号这么一种东西，是由于事物各有其与物俱生的名称，而不是由于有符号进行指谓才有那个事物。把不是由于有了符号进行指谓才有该事物，说成都是由于有了符号的指谓才有该事物，那么就什么都可以称为符号了，从有些事物不能充作符号推出什么都能充作符号，这是不可以的。

（主曰）且指者天下之所无。天下无指者，物不可谓无指也；不可谓无指者，非有非指也；非有非指者，物莫非指。指非非指也，指与物非指也。

使天下无物指，谁径谓非指？天下无物，谁径谓指？天下有指无物指，谁径谓非指？径谓无物非指。

且夫指固自为非指，奚待于物而乃与为非指？

（译文）这类作为能指的符号原来是天下没有的。但是天下原没有符号这类东西，却不能说就无法对事物进行指谓；不能说无法对事物进行指谓，就是说并非事物不能成为所指；并非事物不能成为所指，事物就能充作指谓他物的符号。而且能指并非绝对不能为其自身所指，只有指谓了某个事物的能指不为其自身所指。

（注释）这里"指非非指"，是说"能指并非绝对不能成为自身所指"，如前面所说的"非正常集合"，如"词"、"概念"、"符号"等就能为其自身所指。公孙龙通篇讲"指非指"，但是在这里又讲"指非非指"，这里并非自相矛盾，而是他看到了某些符号的特殊性，揭示了"能指不为其自身所指"的条件，这种非正常性（即某些集合具有自返性）是使得罗素发现逻辑悖论的原因之一，当然，我们还不能说公孙龙已发现了这类悖论。

（译文）假使天下没有指谓某个事物的能指，那么谁能说该事物就不能成为所指？假使天下没有事物存在，谁还能说有能指存在？假使天下有能指存在，但它没有指谓某个确定的事物（即无所指），谁能说事物就不能成为所指？所以应该说事物没有不能为符号所指谓的。

（注释）这里使用了一连串归谬法来反驳客方提出的“天下没有指谓事物的符号”的观点。

（译文）而且，能指就其本性来说，不能为其自身所指谓，何必非要等待有了一定的事物并指谓了这一事物之后，才不为其自身所指谓？

（注释）这一段分析了“能指不是其自身的所指”，是语言符号所固有的本性。

通过对《指物论》的分析，可以看到这篇文章阐述了许多非常深刻的符号学原理，这些命题今天看来仍然有其重要的理论意义。公孙龙的其他几篇著作如《白马论》、《坚白论》、《通变论》等，也涉及不少符号学方面的问题，其共同点就是它们都对语言进行了逻辑语义的分析。可惜这些均不为当时甚至当今的学者所理解，反而被斥为诡辩，这确实是公孙龙的不幸。公孙龙在其他各篇也作了这种精致、深刻、独到的语言分析，因此，我们有理由将公孙龙称为中国先秦时期杰出的符号学家，也是杰出的语言哲学家。他的符号学理论是与其语言哲学密切结合着的。我们要揭去不少人给他披上的神秘面纱，以还其学术的本来面目。

（本文原为《公孙龙〈名实论〉中的符号学思想》一文的后续部分，《公孙龙〈名实论〉中的符号学思想》在《哲学研究》1993 年第 6 期发表时，由于篇幅关系，删去了对公孙龙《指物论》论述的部分。作者将本文翻译成英文后发表在《欧洲符号学杂志》1998 年卷 10—3 期，英文题名为《论公孙龙的“指非指”》）

中国古代的礼仪符号学

一、礼仪是一种约定的行为符号

中国向来被誉为“礼仪之邦”，礼仪制度源远流长，至少从夏朝起就已经有了一套明确的礼仪制度。孔子说过：“殷因于夏礼，所损益，可知也；周因于殷礼，所损益，可知也。其或继周者，虽百世，可知也。”（《为政》）又说：“夏礼吾能言之，杞不足徵也。殷礼吾能言之，宋不足徵也。文献不足故也。足，则吾能徵之矣。”还说：“周监于二代，郁郁乎文哉！吾从周。”（《论语·八佾》）可见，夏商二代的礼仪制度已相当完整。孔子虽然说“不足徵也”，但“可知也”，并能“言之”。因为周礼是从夏商二代继承与发展过来的，周礼郁郁乎文哉，从中可以找到夏商礼制的痕迹，所以，孔子说，在礼制方面，我还是依从周朝的。

礼仪是什么？礼仪是一种社会约定的行为符号。首先，礼仪是一种符号，因为它除了本身行为以外，还表示人与人之间另一种社会关系，也就是说它还具有另一种含义。例如，一个人向另一个人鞠躬，就是一种礼仪符号的表现，它表达了一个人对另一个人的敬意。随着鞠躬弯度的不同，也表明两者身份的差异。一般来说，晚辈向长辈，年轻者向年老者，下级向上级鞠躬的度数要大于受礼者的还礼的度数，有时受礼者还可以不还礼。中国从古代一直沿袭到清代的跪拜也是一种礼仪符号。同样，在中国近代才出现的鼓掌也是一种礼仪符号。其次，礼仪符号绝大部分情况下都表现为一种行为符号，用另一种术语说，它属于一种非语言交流。我国古代的甲骨文中已出现“礼”字，繁体字为“禮”。《尔雅》中解释：“履，礼也。”《说文解字》中解释：“礼，履也，所以事神致福也。”“履”有“实行”的意思，可见，“礼”已经包含有行为的性质。李孝定在《甲骨文字集释》中解说：“以言事神之事则为豊，以言事神之器则为豐，以言牺牲玉帛之腆美则为禮。其始实为一字也。”这说明，“礼”，最初是指“以言事神”的一种祭祀行为。后来“礼”逐渐扩大到社会的其他方面，如社会组织、政治体制、社会伦理秩序等诸多方面。《仪礼》一书中所载的古代“士冠礼”、“士昏（婚）礼”、“士相见礼”、“乡饮酒礼”、“乡射礼”、“燕礼”、“大射仪”、“聘礼”、“公食大夫礼”、“覲礼”、“丧服”、“士丧礼”、“既夕礼”、“士虞礼”、“特牲馈食礼”、“少牢馈食礼”、“有司彻”等都表现了一种社会行为。可以说，人们的任何交往都存在一个礼仪问题。即使像晋代嵇康在院子里与向秀打铁，当时的名士钟会来访，嵇康装作没有看见，照样打铁。这当然是一种非礼的行为，但它也是一种符号行为，它表现了嵇康对人对事的一种特殊性格。固然，在行为符号中也可能以某种言语符号作补充。如现代晚辈对长辈除了作礼节性的行为以外，说话语调往往要低沉缓和一些，第二人称要用“您”而不用“你”。上述嵇康打铁的故事，当钟会离开时，嵇康还是要问：“何所闻而来？何所见而去？”钟会回答说：“闻所闻而来，见所见而去。”这就是言语符号对行为符号的一种补充。第三，这种礼仪符号不是自然符号，而纯粹是一种社会约定。在《尚书·尧典》中就说道：尧因年迈而禅让给舜，舜接位后的第二个月去东方巡视，在祭祀了泰山以后，召见了东方诸侯，“协时月正日。同律度量衡。修五礼、五玉、二帛、二生、一死贽。如五器，卒乃复。”这里“修”是“制定”的意思。“修五礼”就是制定了公、侯、伯、子、男五等礼节，这充分说明了“礼”的约定性。但“礼”在约定之后，又具有一定的普遍性，强制性。如中国古代实行的跪拜礼，臣子见君王一定要下跪，明清时期，有外国使臣来访，不会也不愿行下跪礼，中国君臣反而觉得不可理解。第四，由于“礼”的符号性与约定性，它是可发展与变化的。随着社会经济、文化、政治的发展，很多古代的礼节有的已经消失，有的为新的礼节形式所代替，如现代社会已很少见到下跪礼，而代之以鞠躬或其他礼节。

二、孔孟的礼仪符号学思想

在中国古代文献中，有很多关于“礼”的论述。在《尚书》、《诗经》、

《春秋·左传》中都涉及了“礼”的问题。上面已经讲到《尚书》中关于“修五礼”的论述。在《诗经》中说：“相鼠有体，人而无礼；人而无礼，胡不遄死？”（《相鼠》）就是说，人如果不讲礼仪，不如赶快死去。《左传》引君子的话说：“君子谓郑庄公于是乎有礼。礼，经国家，定社稷。序民人，利后嗣者也。许无刑而伐之，服而舍之，度德而处之，量力而行之，相时而动，无累后人，可谓知礼矣。”（隐公十一年）这里对何谓“礼”，何谓“知礼”作了说明。

将“礼”作为重要的社会伦理范畴来认识的第一人是孔子。当孟懿子问何以为“孝”时，孔子答曰：“无违”，就是不要违背“礼节”。孔子又对他的学生樊迟作了进一步的解释，所谓“无违”，就是“生，事之以礼；死，葬之以礼，祭之以礼。”（《为政》）这是从家族的范围来说。从国家的范围来说，“君使臣以礼，臣事君以忠。”孔子还提到对一般人民要“道之以德，齐之以礼。”（《为政》）他说：“君子博学于文，约之以礼，亦可以弗畔矣夫！”（《雍也》）他还说：“兴于诗，立于礼，成于乐。”（《泰伯》）孔子对他最得意的门生颜渊说：“克己复礼为仁。一日克己复礼，天下归仁焉。”他还进一步要求“非礼勿视，非礼勿听，非礼勿言，非礼勿动。”（《颜渊》）他还说：“礼之用，和为贵。”这里的“和”有“中和”、“发而中节”的意思，就是实现“礼”一定要恰当，不要不到，也不要过分。他从反面说：“恭而无礼则劳，慎而无礼则葸，勇而无礼则乱，直而无礼则绞。”（《泰伯》）他特别强调：“不知礼，无以立也。”（《尧曰》）孔子对不合礼的现象是深恶痛绝的。他说季氏：“八佾舞于庭，是可忍也，孰不可忍也？”（《八佾》）这是因为季氏行“八佾之舞”是违背周礼的。对这种行为，他是忍无可忍的。

从上面的引述述可以看出，“礼”在孔子那里已经上升到最高的伦理范畴、最基本的社会行为准则，如果谁违背了礼，谁就将为社会所不容。不过，从孔子对礼的强调与哀叹，可以看出，到了春秋晚期，周礼已经逐渐失去了它的权威性与强制性。很多地方出现了礼崩乐坏的现象，不少新的礼仪形式逐渐为社会所接受。

孟子作为孔子的再传弟子，也是非常重视“礼”的范畴的，他进一步阐述了孔子关于“礼”的理论。他肯定了礼的符号性。如孟子引曾子的话说：“见其礼而知其政，闻其乐而知其德，由百世之后，等百世之王，莫之能违也。”（《公孙丑上》）看见了一个国家的礼就知道这个国家的政治状况如何，听到一个国家的音乐就知道这个国家的道德情况如何。这就是说，“礼”成了“政”的一种表征符号，“乐”成了“德”的一种表征符号。孟子还将他的礼论与人性善论结合起来。如他在反驳告子的“性无善无不善也”的理论时说：“恻隐之心，人皆有之；羞恶之心，人皆有之；恭敬之心，人皆有之；是非之心，人皆有之。恻隐之心，仁也。羞恶之心，义也。恭敬之心，礼也。是非之心，智也。仁义礼智，非由外铄我也，我固有之也。”（《告子上》）“仁义礼智根于心。”（《尽心上》）可见，礼是人天性所具有的，它也是人性善的一种表现。孟子特别强调礼的必要性。他说：“非仁无为也，非礼无行也。”（《离娄下》）“无礼义则上下乱。”（《尽心下》）而“易其田畴，薄其税敛，民可使富也。食之以时，用之以礼，财不可胜用也。”可见礼的作用之大。

三、荀子的礼仪符号学思想

在儒家学派中，荀子关于礼的理论有着重大的发展。在《荀子》一书中，几乎每一章都涉及到“礼”问题，其中《劝学》、《修身》、《儒效》、《王制》、《王霸》、《君道》、《议兵》、《强国》、《性恶》、《大略》诸篇谈得比较多，而最为集中的是专门论述礼仪的《礼论》篇。它充分表达了荀子关于礼的观点。

荀子的礼仪符号学思想可以概述为以下几个方面：

（一）“礼”的起源

荀子在《礼论》篇一开始就讨论了礼的起源问题。他说：“礼起于何也？曰：人生而有欲，欲而不得，则不能无求，求而无度量分界，则不能不争。争则乱，乱则穷。先王恶其乱也，故制礼义以分之，以养人之欲，给人之求。使欲必不穷乎物，物必不屈于欲，两者相持而长，是礼之所起也。”在《性恶》篇中，荀子说：“人之性恶，其善者伪也。今人之性，生而有好利焉，顺是，故争夺生而辞让亡焉；生而有疾恶焉，顺是，故残贼生而忠信亡焉；

生而有耳目之欲，有好声色焉，顺是，故淫乱生而礼义文理亡焉。然则从人之性，顺人之情，必出于争夺，合于犯分乱理而归于暴。故必将有师法之化，礼义之道，然后出于辞让，合于文理，而归于治。”“今人之性恶，必将待师法然后正，得礼义然后治。今人无师法，则偏险而不正；无礼义，则悖乱而不治。古者圣王以人之性恶，以为偏险而不正，悖乱而不治。”荀子是从人性恶的角度推出礼仪符号的社会约定性。荀子认为由于人生而有欲，有欲就会相争，先王为了避免由人欲引起的争夺动乱而后天制定出礼仪来。荀子在其著作中多次阐述了“礼”是人为约定性。可见，荀子关于礼仪起源的观点与孟子正好相反。

（二）“礼”的性质

荀子从下面几个方面论述了“礼”的性质：

1. 礼的实用性。荀子在《礼论》中讲述礼的起源之后接着讲道：“礼者，养也。”这是一个非常重要的命题。荀子是用比喻论证的方法来论述“礼者，养也”的原理。他说：“刍豢稻粱”是养口的，“椒兰芬苾”是养鼻的，“雕琢刻镂”是养目的，“钟鼓管磬”是养耳的，“越席床笫”是养体的，这些笼统起来说都是养生的，而另外还有一类东西，就是“恭敬辞让”可以用来养安，“礼义文理”可以用来养情。所谓“情”，就是人的情操，“养情”，就是要提高个人情操修养。人如果只顾养生，而不去养情，必然要产生危难。“故儒者将使人两得之也”。用通俗一点的话说，就是礼仪对于人来说，正如吃饭穿衣那样重要，甚至更为重要，因为，礼是使人类得以生存延续的根本需要。这就是荀子之所以反复强调“礼者，养也”的意思。

2. 礼的“终始如一”性。荀子说：“礼者，谨于治生死者也。生，人之始也；死，人之终也。终始俱善，人道毕矣。故君子敬始而慎终。始终如一，是君子之道，礼义之文也。”（《礼论》）他在《礼论》中用很多篇幅讲述了“丧礼”的制度，这是针对墨子“节葬”而说的。他说：“丧礼者，以生者饰死者也。大象其生以送其死也。”“凡礼，事生，饰欢也；送死。饰哀也；祭祀，饰敬也；师旅，饰威也。是百王之所同，古今之所一也。”“故丧礼者，无它焉，明死生之义，送其哀敬而终周藏也。故葬埋，敬藏其形也；祭祀，敬事其神也。其铭诔系世，敬传其名也。事生，饰始也；送死，饰终也。终始具而孝子之事毕，圣人之道备矣。”这里虽然是讲具体的丧礼，但其意思是强调人执行礼仪应该终始如一。

3. 礼的至高无上性。孔孟已经认识到“礼”是一个重要的伦理范畴。孔子已经说到：“不知礼，无以立。”（《尧曰》）但是，荀子更明确地说出“礼”的至高无上性。他说：“天地以合，日月以明，四时以序，星辰以行，江河以流，万物以昌，好恶以节，喜怒以当，以为下则顺，以为上则明，万物变而不乱，贰之则丧也。礼岂不至矣哉！”“故绳者，直之至；衡者，平之至；规矩者，方圆之至；礼者，人道之至也。”“厚者，礼之积也；大者，礼之广也；高者，礼之隆也；明者，礼之尽也。”（《礼论》）他还说：“礼者，治辨之极也，强固之本也，威行之道也。”（《议兵》）“人之命在天，国之命在礼。”（《天论》）他甚至说：“礼也者，理之不可易者也。”（《乐论》）在《荀子》一书中几乎无处不联系到“礼”。可见，“礼”在荀子学说中占据着极为重要的地位。可以说，不理解荀子的“礼”的学说，就无法理解荀子。

4. 礼的行为性。荀子说：“礼者，人之所履也。”“夫行也者，行礼之谓也。礼也者，贵者敬焉，老者孝焉，长者弟焉，幼者慈焉，贱者惠焉。”可见，礼仪制度主要在于执行。他还说：“诸侯召其臣，臣不俟驾，颠倒衣裳而走，礼也。”“天子召诸侯，诸侯辇舆就马，礼也。”（《大略》）这些礼都表现为行为。《仪礼》一书记载的都是古代的仪礼行为，如《士冠礼第一》中说：“主人戒宾。宾礼辞，许。主人再拜，宾答拜。主人退，宾拜送。前期三日，筮宾，如求日之仪。乃宿宾。宾如主人服，出门左，西面再拜。主人东面答拜，乃宿宾；宾许。主人再拜，宾答拜。主人退，宾拜送，宿赞冠者一人，亦如之。”（“戒”是“通知”的意思，“宿”是“邀请”的意思。“筮宾”就是“从所通知的宾友中筮定一人。”）显然，这里说的都是行为。所以，礼的行为性是贯彻始终的。

5. 礼的符号性。荀子在其著作中多次谈到“礼者，表也。”“表”就是“表征”，广泛一点说，就是“符号”。如他说：“水行者表深，表不明则陷；治民者表道，表不明则乱。礼者，表也。非礼，昏世也；昏世，大乱也。”（《天论》）这是说，行船一定要表明水道的深浅，否则，船就会陷入泥淖之中；治民必须表明治民之道，否则，就会产生混乱。礼，就是这种表征性的东西。没有礼，就会出现昏世，昏世就出现大乱。荀子在《大略》篇中也说道："水行者表深，使人无陷；治民者表乱，使人无失。礼者，其表也，先王以礼表天下之乱，今废礼者，是去表也。故民迷惑而陷祸患，此刑罚之所以繁也。"这是说，"礼"是社会行为的一种"表征"，转义为一种"标准"，大家按此标准行事，则天下得治，否则，就会产生祸患，就要依赖刑罚来惩治。礼的表征性，也就是它的符号性。

（三）"礼"的作用

1."礼"是一种政治准则。荀子说："礼者，政之挽也。为政不以礼，政不行矣。"（《大略》）"挽"是"引车"的意思，将礼看作"引车"，可见礼在政治中的地位之重要。荀子还说："国无礼则不正。礼之所以正国也，譬之犹衡之于轻重也，犹绳墨之于曲直也，犹规矩之于方圆也，既错（"置"的意思）之而人莫之能诬（"欺"的意思）也。"（《王霸》）"礼者，人之所以为群臣寸尺寻丈检式（"准则"的意思）也。"（《儒效》）荀子将礼与法作为相互补充的手段。他说："听政之大分（"要领"的意思），以善至者待之以礼，以不善至者待之以刑。两者分别，则贤不肖不杂，是非不乱。贤不肖不杂则英杰至，是非不乱则国家治。"（《王制》）

2."礼"是一种伦理准则。荀子认为，礼的功能之一在于提高个人的精神修养。《荀子》一书中专门有一篇论述"修身"的，题名为《修身》。他说："扁（遍）善之度：以治气养生，则后彭祖；以修身自名，则配尧禹。宜于时通，利于处穷，礼信是也。凡用血气，志意，知虑，由礼则治通，不由礼则勃乱（悖乱）提僈（滞慢）；食饮，衣服，居处，动静，由礼则和节，不由礼则触陷生疾；容貌，态度，进退，趋行，由礼则雅，不由礼则夷固僻违，庸众而野。故人无礼则不生，事无礼则不成，国家无礼则不宁。诗曰：'礼仪卒度，笑语卒（"完全符合"的意思）获。'此之谓也。"荀子还说："凡治气养心之术，莫径由礼，莫要得师，莫神一好。夫是之谓治气养心之术也。"荀子在其他篇章中也多次论述了礼的修身的功能，如他说："礼及身而行修"、"礼以定伦"（《致士》）等。

3."礼"是一种认知准则。荀子认为，礼的作用主要在于"辨"，"辨"

就是“区别”。他说：“人之所以为人者，非特以其二足而无毛也，以其有辨也。夫禽兽有父子而无父子之亲，有牝牡而无男女之别。故人道莫不有辨。辨莫大于分，分莫大于礼，礼莫大于圣王。”（《非相》）这是说，人的最主要的能区别于其他动物的特点就在于“辨”，即能区分人群中的上下亲疏关系，而区别上下亲疏关系的主要依据就在礼，而礼的制定在于圣王。在《哀公》篇中，荀子对“辨”作了更详细的阐述：“所谓大圣者，知通乎大道，应变而不穷，辨（辨别）乎万物之情性者也。大道者，所以变化遂成万物也；情性者，所以理然不取舍也。是故其事大辨（通“遍”）乎天地，明察乎日月，总要万物于风雨，缪缪（通“穆穆”）纯纯，其事不可循，若天之嗣，其事不可识，百姓浅然不识其邻，若是则可谓大圣矣。”这里是荀子记述孔子关于“大圣”的解释，“大圣”的一个特征在于能识别“万物之情性”，这是就自然现象而言，而就社会来言，“辨”的功能就在于识别上下亲疏的关系。

（四）“礼”“法后王”

孔子时时处处都以先王制定的周礼为行为的准则，到了战国晚期，社会经济、政治、文化等各个方面都已经有了重大发展，如果一切礼制都因循守旧，那么什么事都难以行得通。因此，荀子提出礼“法后王”的问题。在《非相》篇中，荀子说：“辨莫大于分，分莫大于礼，礼莫大于圣王。圣王有百，吾孰法焉？故曰：文久而息，节族久而绝，守法数之有司极礼而褫。故曰：欲观圣王之迹，则于其粲然者矣，后王是也。彼后王者，天下之君也，舍后王而道上古，譬之是犹舍己之君而事人之君也。故曰：欲观千岁，则数今日；欲知亿万，则审一二；欲知上世，则审周道，欲知周道，则审其人，所贵君子。故曰：以近知远，以一知万，以微知明。此之谓也。”荀子并不完全否定先王的作用。他说：“物不能澹（同“赡”）则必争，争则必乱，乱则穷矣。先王恶其乱也。故制礼义以分之，使有贫富贵贱之等，足以相兼临者，是养天下之本。”（《王制》）他还说：“先王之道，仁之隆也，比中而行之。曷谓中？曰：礼义是也。”（《儒效》）但是，荀子也看到，先王上百，究竟应该依从谁，无从决定，最好的办法是“法后王”，荀子不仅提出论题，而且从认识论与逻辑上作了论证。他还认为，不是任何后王都可法从，还要

“观圣王之迹，于其粲然者”，也就是要看其实际政绩最好的“圣王”。荀子特别批判了“法二（违背）后王”的现象。他说：“言道德之求，不二后王。”（《儒效》）“王者之制，道不过三代，法不二后王。道过三代谓之荡，法二后王谓之不雅。”（《王制》）总之，荀子是认为礼仪必须随着时代的发展而发展。在这一点上，荀子的理论比孔孟有所进步。

（五）“礼”与“乐”的关系

将“乐”于“礼”密切结合起来，甚至将“乐”看作“礼”的一部分，这是中国古代礼仪符号学的一大特点。音乐显然是一个符号系统，因为在音乐中可以表达人们用语言或其他形式所难以表达的思想感情。在中国古代，不仅有复杂的声乐系统，而且有复杂的乐器系统，如浙江与河南出土的骨笛，开有5至8个音空，其中已有3～4和7～i的半音。经碳14的年代测定，这些骨笛距今已有八千年历史。在史籍中早有祭祀乐舞的记载。在甲骨卜辞中有“奏舞”、“庸舞”以及乐器“遯（小笙）”、“庸（一般叫‘铙’）”、“龠（编管吹奏乐器）”等字。到西周已有完整的编钟系列。1978年在湖北随县发掘出的曾侯乙墓，其中乐器竟达125件，包括一套编钟有65件，重达2567公斤。这是用实物表达了中国二千四百年前的辉煌音乐史。孔子是一位伟大的思想家，也是一位伟大的音乐教育家，他教的课程就包括音乐。在孔子的著作中，他总是往往将“乐”和“礼”并提。如《论语》中说；“先进于礼乐，野人也；后进于礼乐，君子也。如用之，则吾取先进。”（《先进》）“名不正，则言不顺；言不顺，则事不成；事不成，则礼乐不兴；礼乐不兴，则刑罚不中；刑罚不中，则民无所措手足。”（《子路》）“文之以礼乐，亦可以为成人矣。”（《宪问》）“天下有道，则礼乐征伐自天子出；天下无道，则礼乐征伐自诸侯出。”（《季氏》）还指出：“兴于诗，立于礼，成于乐。”（《泰伯》）不过，在《论语》一书中，孔子尚未对礼与乐的关系作出论述。孟子则多谈“礼义”而少谈“礼乐”。荀子继承并且发展了儒家的理论，专门写了《乐论》篇，对礼与乐的性质与关系做了比较细致的论述。荀子说：“夫乐者，乐也，人情之所必不可免也，故人不能无乐。”“故乐者，审一以定和者也，比物以饰节者也，合奏以成文者也；足以率一道，足以治万变。是先王立乐之术也。”“且乐也者，和之不可变者也；礼也者，理之不可易者也。乐合同，礼别异。礼乐之统，管乎人心矣。穷本极变，乐之情也；著诚去伪，礼之经也。”在《臣道》篇中，荀子说：“恭敬，礼也；调和，乐也；谨慎，利也；斗怒，害也；故君子安礼，乐乐（原文为‘乐利’，依王先谦《荀子集解》改），谨慎而无斗怒，是以百举不过也。”可见，荀子认为，礼与乐具有相互协调、相互补充而且缺一不可的关系。礼，主要是用于区别社会上的等级、差异；乐，则主要使这些等级、差异协和起来。荀子在《乐论》中对墨子的“非乐”论进行了批判。他说：“墨子曰：‘乐者，圣王之所非也，而儒者为之，过也。’君子以为不然。乐者，圣人之所乐也，而可以善民心，其感人深，其移风易俗，故先王导之以礼乐而民和睦。”他还说：“先王之道，礼乐正其盛者也，而墨子非之。故曰：墨子之于道也，犹瞽之于白黑也，犹聋之于清浊也，犹欲之楚而北求之也。”荀子认为，对待礼乐的态度，正是“儒墨之分”的所在。

四、《礼记》中的符号学思想

中国先秦流传下来关于礼仪的专著有三部，合称“三礼”，即《周礼》、《仪礼》和《礼记》。《周礼》是记述古代官职制度的著作，《仪礼》是记述古代礼节仪式的著作，《礼记》则是关于上述著作的解释，它既涉及古代礼制的具体内容，也涉及古代礼仪的发展变迁的历史，更重要的是它对“礼”的理论作出了一定的阐述，它可以说是关于礼论的论文集。本文主要讨论古代礼仪的符号学思想，而这些符号学思想主要表现在《礼记》的《曲礼上》《礼运》、《礼器》、《乐记》、《仲尼燕居》、《仲尼闲居》以及《中庸》诸篇中。从这些著作中，可以明显地看出它继承了儒家的传统思想（特别是荀子的思想），同时也掺有道家、法家以及阴阳五行家的思想。由此可见，这些著作大体上完书于战国后期。

（一）“礼”起源于古代的祭祀

《礼记》的《礼运》篇中首先谈论礼的起源问题。《礼运》篇的作者认为：“礼”起源于祭祀，这一假说与孟子的“礼”起源于“人性善”和荀子的“礼”起源于“人性恶”都不相同，但也不相悖。因为他们是从不同的方面、不同的角度来说的。《礼运》说：“夫礼之初，始诸饮食，其燔黍捭豚、汙尊而抔饮，蕢桴而土鼓，犹若可以致其敬于鬼神。”以饮食致其敬于鬼神，就是一种祭祀行为。《礼记》的各个篇章几乎都谈到祭祀，有些章节对祭祀的礼仪形式叙述得相当具体。祭祀，显然是一种符号形式。在《祭统》篇中说：“礼有五经（指吉凶军宾嘉五礼），莫重于祭。”“祭者，所以追养继孝也。”这表明了中华民族重视祭祀的主要目的在于“追养继孝”，即不忘祖先和长辈的养育之恩。但从上述引文中可以看出，进行祭祀的物质基础仍在“饮食”。当其他动物觅得食物之后首先是互相争夺，不可能有所谓“谦让”，但人类不同于其他动物，就在于人觅得食物之后，首先要由人群中的领头者进行分配，不仅要给获取食物的身强力壮的“立功者”，还要照顾年老体衰者和年幼体弱者，另外他们还不忘死去的祖先、长者，还要像他们活着那样奉上食物，这就是祭祀，也就是“礼”。可见，这种祭祀，不纯是一种迷信，而是有着深厚的情感与理性的因素。在原始社会，祭祀在各个氏族和部落的原始社会中都已存在。这在［法］列维—布留尔在20世纪初所著的《原始思维》一书作了比较充分的叙述。书中依据传教士格鲁特（J. J. M. de Groot）的书《中国的宗教系统》也谈到中国古代社会的祭祀问题。布留尔将这种现象归之于原始人的思维方式，它为一种所谓“互渗（Participation）律”所支配。他认为：“在原始人的思维的集体表象中，客体、存在物，现象能够以我们不可思议的方式同时是自身，又是其他什么东西。它们也以差不多同样不可思议的方式发出或接受那些在它们之外被感觉的，继续留在它们里面的神秘的力量、能力、性质、作用。”[1]原始人认为活着的人与死去的人在现世与彼世之间仍然可以顺利地交流。布留尔将这种思维称为“原逻辑思维”，它既不是反逻辑的，也不是非逻辑的，它是同一个基本属性的两个方面。但他同时认为：“如果从表象的内涵来看，应当把它叫做神秘的思维。”我们认为，原始人类具有神秘思维是可能的，祭祀与这种神秘思维有联系也是可能的，但是将祭祀完全看作仅是一种活者的人为了与死去的人对话，而忽略它们的“追养继孝”的情感与理性因素，那是片面的。而且，就中国古代的“先

［1］［法］列维－布留尔：《原始思维》，商务印书馆中文译本1981年版，第69—70页。

王”时期而言，在中国古代已经有着明确的宗教信仰时期而言，那已经不是原始社会时期，而是早已进入有着语言、文字和严密的政治制度的时期，也就是说已经进入了文明社会时期。从现在保留的史册和文献资料来看，当时的人已经有着相当严密的逻辑思维，很难说那是一种所谓“原逻辑思维”。祭祀，不仅起到“追养继孝”的作用，而且起到加强氏族和部落内部凝聚力，维系一个氏族或部落以至国家统一的作用。到后来，祭祀这种礼仪形式有时甚至是一种民族精神的表现（一直到今天,我国还保留了祭祀黄帝陵的传统）。因此，祭礼也就成了统治者维护统治的一种手段，巫师往往也就是氏族或部落首领或首领之一。谁有了祭祀权，谁也就有了统治权。因此，我们认为，布留尔用中国的历史事实来论证他的“原逻辑思维”的理论是不恰当的。至于布留尔所说的原始人相信所谓“现世”与“彼世”的交流，不仅亚非拉的一些文明发展比较不发达的民族与国家过去存在，而且在一些高度发展的文明国家与民族过去甚至现代也同样存在，例如现代基督教的一些宗教祷告仪式,不就是祷告者想象与上帝或别的神进行所谓“现世”与“彼世”的交流吗?

（二）“礼”是人的一种社会特征

在历史上关于“人”曾有过各种不同的定义。如说：“人是两足无毛直立行走的动物”，“人是理性的动物”等等。德国哲学家恩斯特·卡西尔从符号学的角度甚至将“人”定义为“符号的动物”（animal symbolicum）以取代把人定义为“理性的动物。”[1]这些定义我们很难说哪个正确、哪个错误，我们只能说它们表述的角度或深度不同。而在《礼记》的《曲礼上》篇中说：“鹦鹉能言，不离飞鸟；猩猩能言，不离禽兽。今人而无礼，虽能言，不亦禽兽之心乎？夫惟禽兽无礼，故父子聚麀。是故圣人作，为礼以教人，使人以有礼，自别于禽兽。人有礼则安，无礼则危，故曰，礼者，不可不学也。”这里虽然不具有逻辑学上所谓的属加种差的定义形式，但它实质上是一个定义，因为它正是以“有礼”这一属性使人区别于其他动物。简单地说，就是“人是礼仪的动物。”《礼记》还说：“故礼义也者，人之大端也。故礼之于人也，犹酒之有蘖也。”（《礼运》）“凡人之所以为人者，礼义也。”

---

[1]［德］恩斯特·卡西尔：《人论》，上海译文出版社1985年中文版，第34页。

（《冠义》）这些都说明“人”的特点就在于他有“礼义”。这里的“礼义”，实际上就是讲“礼”，因为《礼记》认为，“礼也者，义之实也。”（《礼运》）这与卡西尔的“人是符号的动物”是一致的，因为“礼仪”本身就是一种符号，“礼”是社会的一个符号系统。

（三）礼的功能

《礼记》中谈礼的功能与荀子的观点基本相同，它可以概括为三个方面，即“安民”的功能、“修身”的功能和“认知”的功能。

1.“礼”的安民功能。《曲礼上》说：“毋不敬，俨若思，安定辞。安民哉！”这就是说，礼归根结底是为了安民。所谓安民，其实就是治民。《祭统》篇说：“凡治人之道，莫急于礼。”而“安民”，实际上是为了“安君”。《礼运》篇说：“是故礼者，君之大柄也。所以别嫌明微，傧鬼神，考制度，别仁义，所以治政安君也。故政不争，则君位危，君位危则大臣倍，小臣窃。刑肃而俗敝，则法无常；法无常而礼无列。礼无列，则士不事也。刑肃而俗敝，则民弗归也。是谓疵国。”这一段将礼的“安民”的实质是“安君”充分地表达出来。此外，在其他地方也有这方面的论述，如说：“礼者何也？即事制治也。君子有其事，必有其治。治国而无礼，譬犹瞽之无相与，伥伥乎其何之。”（《仲尼燕居》）还说：“礼之所兴，众之所治也；礼之所废，众之所乱也。”（《仲尼燕居》）可见，在古代，“安民”是“礼”的一种主要功能。

2.“礼”的修身功能。上面所引《曲礼上》的“毋不敬，俨若思，安定辞”，讲的就是修身问题。朱熹在他所作的注中说：“首章言君子修身，其要在此三者，而其效足以安民，乃礼之本，故以冠篇。”《曲礼上》还说：“修身践言，谓之善行。行修言道，礼之质也。礼闻取于人，不闻取人。礼闻来学，不闻往教。道德仁义，非礼不成，教训正俗，非礼不备，分争辩讼，非礼不决。君臣上下，父子兄弟，非礼不定。宦学事师，非礼不亲。班朝治军，莅官行法，非礼威严不行。祷祠祭祀，供给鬼神，非礼不诚不庄。是以君子恭敬撙节退让以明礼。”“夫礼者，自卑而尊人，虽负贩者，必有尊也，而况富贵乎。富贵而知好礼，则不骄不淫，贫贱而知好礼，则志不慑。”这里都涉及修身问题。《礼记》中的《大学》篇，主要讲“修身”。它说：“物有本末，事有终始，知所先后，则近道矣。古至欲明明德于天下者，先治其国；欲治其国者，先齐其家；欲齐其家者，先修其身；欲修其身者，先正其心；欲正其心者，先诚其意；欲诚其意者，先致其知；致知在格物。”这里将“修身”看作齐家治国平天下的基础。

3.“礼”的认知功能。《曲礼上》说：“夫礼者，所以定亲疏，决嫌疑，别同异，明是非也。”这与荀子认为礼的作用在于“辨”的观点是一致的。就是说，我们要依据“礼”来确定一切事物的亲疏、远近、上下、同异、是非关系。这显然是认知方面的问题。在《墨经·小取》篇中，说道：“夫辩者，将以明是非之分，审治乱之纪，明同异之处，察名实之理，处利害，决嫌疑。焉摩略万物之然，论求群言之比。”我们可以看出，《礼记》中的话与《墨经》中的话何其相似乃尔。可以说《礼记》中的“礼”与《墨经》中的“辩”（古文“辨”“辩”通）有其相似的属性。《墨经·小取》中关于“辩”的论述，一般都认为是中国古代关于认知的经典论述，显然《礼记》作者吸取了墨家思想的精华。《礼记》中其他地方也有类似的论述，如：“子云：夫礼者，所以章疑别微，以为民坊者也。”“欲察物而不由礼，弗之得矣。”（《礼器》）这些都说明，古人认为“礼”对人们的认知能力与认知水平有着直接的关系。

（四）“礼从宜”论

《曲礼上》说：“礼从宜，使从俗。”所谓“礼从宜，使从俗”，是说行礼要适应每一种的具体环境，不能拘泥于固有的条文；使者到别的国家要遵从当地的风俗，不能抱着自己的习惯不放。这在后人给《礼记》一书作的注疏中，有较好的说明。如“郑氏曰：‘事不可常也。’吕氏曰：‘敬者礼之常。礼时为大。时者，礼之变。体常尽变，则达之天下，周旋无穷。’应氏曰：‘大而百王百世，质文损益之时；小而一事一物，泛应酬酢之节。’又曰：‘五方皆有性，千里不同风，所以入国而必问俗也。’”这是说，什么事情都会有个“时”与“变”的问题，即条件问题。礼也一样。用符号学的术语说，就是“语境”问题。《礼器》篇中说：“礼也者，合于天使，设于地财，顺于鬼神，合于人心，理万物者也。是故天时有生也，地理有宜也，人官又能也。物曲有利也，古天不生，地不养，君子不以为礼，鬼神弗飨也。

居山以鱼鳖为礼，居泽以鹿豕为礼，君子谓之不知礼。”这是说，礼要符合自然运行的时序，如果山里人偏以不是本地生长的鱼鳖为祭品，水边的人偏以不是本地生长的鹿豕为祭品，君子认为是“不知礼”。《礼器》还举了大量的例子，说明“礼”有时以多为贵，有时以少为贵；有时以大为贵，有时以小为贵；有时以高为贵，有时以下为贵；有时以文为贵，有时以素为贵。这种“礼从宜”的理论，有着深刻含义，也使礼具有比较广泛使用的灵活性。

（五）“乐统同，礼辨异”论

《礼记》中很多篇都谈到礼乐问题，其中最为集中的是《乐论》篇。其内容比荀子的《乐论》篇更为丰富，而且两者的很多观点是一脉相承的。

1.音乐是人心对外界感受的反应。《乐论》说：“乐者，音之所由生也。其本在人心之感于物也。是故其哀心感者，其声噍以杀（急促而低沉）；其乐心感者，其声啴以缓（宽舒而徐缓）；其喜心感者，其声发以散（高昂而悠扬）；其怒心感者，其声粗以厉；其敬心感者，其声直以廉（正直而整齐）；其爱心感者，其声和以柔；六者非性也，感于物而后动。”这里说明音乐是表达由于外界事物引发的情感的符号。反过来，从一个人的声音可以听出这个人内心的情感，扩而大之，从一个国家的声音可以看出这个国家的治理情况。“是故治世之音安以乐，其政和；乱世之音怨以怒，其政乖；亡国之音哀以思，其民困。声音之道，与政通矣。”如果“宫商角徵羽”五音皆乱，“如此则国之灭亡无日矣。”《乐论》还认为，整个“礼乐刑政，其极一也。”就是说，礼乐刑政，它们的道理是一致的。

2.礼乐各有专职。礼乐虽然“其极一也”，但它们的属性又各有所专。“乐者为同，礼者为异。同则相亲，异则相敬。乐胜则流（放纵），礼胜则离（隔膜）。”“乐由中出，礼自外作。乐由中出故静，礼自外作故文。大乐必易，大礼必简。乐至则无怨，礼至则不争。揖让而治天下者，礼乐之谓也。”“乐也者，施也；礼也者，报也。乐，乐其所自生；礼，反其所自始。乐章德，礼报情，反始也。”“乐也者，情之不可变者也；礼也者，理之不可易者也。乐统同，礼辨异。礼乐之说，管乎人情矣。”“故乐也者，动与内者也；礼也者，动于外者也。乐极和，礼极顺，内和而外顺，则民瞻其颜色而弗与争也，望其容貌而民不生易慢焉。”这些观点显然是与荀子的观点不仅一脉相承，而且有所补充与发展。它们说明，礼乐的职责与属性各有不同，但它们相互依存，相互支持，不可须臾分离。这种观点在其他民族的音乐理论中是少见的。

3."声歌各有所宜"论。《乐论》认为"声歌各有所宜。"当子贡见到师乙，子贡向师乙请教，说："赐闻声歌各有所宜，如赐者宜歌何歌也？"师乙答曰："请诵其所闻而吾子自执焉。"就是要子贡根据情况自己来选择。师乙说："爱者宜歌商，温良而能断者宜歌齐。夫歌者，直己而陈德也。动己而天地应焉，四时和焉，星辰理焉，万物育焉。故商者，五帝之遗音也。宽而静、柔而正者，宜歌颂；广大而静、疏达而信者，宜歌大雅；恭俭而好礼者，宜歌小雅；正直而静、廉而谦者，宜歌风。肆直而慈爱，商之遗声也。商人识之，故谓之商。齐者，三代之遗声也，齐人识之，故谓之齐。明乎商之音者，临事而屡短；明乎齐之音者，见利而让。临事而屡断，勇也；见利而让，义也。有勇有义，非歌孰能保此？"这充分说明，不同的歌声有着不同的含义，歌者应该根据需要选择不同的曲调以表达不同的感情。《乐论》最后的结论是："故歌之为言也，长言之也，说之故言之，言之不足故长言之，长言之不足故嗟叹之，嗟叹之不足故不知手之舞之，足之蹈之也。"说明，歌和言本质上是一样的，都是人用以表达思想感情的符号系统，但当短话不足以表达思想感情的时候，就长言之，有时长言也不足以表达思想感情，就会歌之舞之。歌舞，实际上就是言语的延伸。

（原载《符号学导论》，河南人民出版社 2004 年出版）

中国古代医学中的符号学

西方符号学源于自古希腊的医学奠基人希波克拉底（Hippocratres, 460？—377？ B.C.），所以，希波克拉底被称为西方“医学之父”，同时也被称为“符号学之父”（father and master of semiotics）。符号学（Semiotics）一词最初是用来指研究可观察的生理征候（physiological symptoms）的，这种生理征候表示某种特殊疾病的特殊症状，医生也就是依据这些症状来确定病因并予诊治。到公元2世纪，有一位加伦医生（Galen of Pergamum, A.D.130？—200？）以为诊断就是确定病症的符号过程（process of semiosis）。在罗马帝国初期，拉丁词“Semiotica”也是用来指研究病症的医学科学。一直到现在，英文Semiotics同时包含有“符号学”与“症候学”两种含义。因此，所谓“医学符号学”，基本上就是医学中的“症候学”。

同样，中国符号学思想也可以追溯到古代的传统医学。在远古时期，我们的祖先由于长时间与大自然作斗争，逐渐积累了一些治疗伤痛疾病的经验，例如，吃了某些食物可以消灭身上某些症状，用石块或石针击打身上某些部位可以减轻这些部位的疼痛，敷上某些草叶可以止血和消失红肿溃烂，这些经验代代相传，并越来越丰富。随着文字的出现，人们将这些经验记录下来，并加以系统化，给予某些理论阐释，就成为古代原始的医学知识。后来积累多了，逐渐编辑成册，但真正可以称为医学著作的要首推《黄帝内经》（以下简称《内经》）。这本书实际上是后人假托黄帝之名，记载黄帝与其医疗大臣岐伯的对话，它应该算是许多代人的集体著作，最后成书约在战国后期或汉代初期，距今已有两千余年。这本书中不仅讲述了古代具体的治疗方法，也讲述了各种诊断的方法，以及使用这些方法的原理。现在我们从五个方面探索其中包含的符号学思想：①“天人合一”思想的符号学意义；②“阴阳”、“五行”的符号结构；③“望、闻、问、切”——获取人体征候的主要方法；

④人体的“经络”系统；⑤针灸配穴中的“聚合”与“组合”关系。

一、“天人合一”思想的符号学意义

“天”与“人”的关系是中国传统哲学普遍关注的一个问题，各派哲学家对此有着不同的解释，但从主流上来说，都是主张“天人合一”的。当代中国著名哲学家钱穆在他的《中国文化对人类未来所有的贡献》一文中说：“我以为‘天人合一’观，是中国古代文化最古老最有贡献的一种主张。”[1]“天人合一”思想在《尚书·洪范》一文中就有所表现，后来庄子明确提出：“人与天一也。”（《庄子·山木》）还说：“有人，天也；有天，亦天也。”这里的“天”是指“自然”的“天”，也就是泛指整个自然界，“人与天一也”是说人自身就是自然的一部分，人的行为要顺应而不能违背自然的规律。不过，庄子的理论过分夸大了自然的力量而忽略了人的主观能动性，将人完全陷入消极无为的地步。荀子则与庄子不同，他一方面强调：“天行有常，不为尧存，不为桀亡。应之以治则吉，应之以乱则凶。”人要“知天”，而“不与天争职”，但另一方面人对天可以“物畜而制之”，“制天命而用之”，“应时而使之”（《天论》）。荀子是承认人对天可以有所为的，也就是说人是可以发挥一定的主观能动性，是可以在一定程度上制约“天”的。

庄子的“人与天一也”与荀子的“制天命而用之”的两种思想在中国传统医学中得到了统一。《内经》既强调人体必须顺应自然的规律，“天人合一”；同时又强调人要预防与治疗疾病，这就是“制天命而用之”。而预防与治疗疾病，要以顺应自然规律为前提。

如《内经·素问·四气调神大论篇》说：“夫四时阴阳者，万物之根本也，所以圣人春夏养阳，秋冬养阴，以从其根，故与万物沉浮于生长之门。逆其根，则伐其本、坏其真矣。故阴阳四时者，万物之终始也，死生之本也，逆之则灾害生，从之则苛疾不起，是谓得道。道者，圣人行之，愚者佩之。从阴阳则生，逆之则死，从之则治，逆之则乱，反顺为逆，是谓内格。”“四时”、“阴阳”、“春夏秋冬”显然属于自然现象，是荀子所谓的“天职”，

---

[1] 载刘梦溪主编的《中国文化》，1991年8月第4期。

是“万物之根本”，人不可“逆之”，否则社会“灾害生”，但人可以“得道”而“从之”，“苛疾不起”。

在《内经·灵枢·顺气一日分为四时》篇中说：“黄帝曰：愿闻四时之气，岐伯曰：春生，夏长，秋收，冬藏，是气之常也。人亦应之，以一日分为四时：朝则为春，日中为夏，日入为秋，夜半为冬。朝则人气始生，病气衰，故旦慧；日中人气长，长则胜邪，故安；夕则人气始衰，邪气始生，故加；夜半人气入脏，邪气独居于身，故甚也。黄帝曰：其时有反者何也？岐伯曰：是不应四时之气，脏独主其病者，是必以脏气之所不胜时者甚，以其所胜时者起也。黄帝曰：治之奈何？岐伯曰：顺天之时，而病可与期。顺者为工，逆者为粗。”

这里讲的都是人应顺应天时，以预防和治疗疾病。

从上述引文中可以看出中国古代医学中的一个符号学特点，即人们往往是使用同一套符号系统，既指称自然界的现象，也指称人体的生理、病理现象。例如，自然界有阴阳，人体也有阴阳；自然界分四时，人体也分四时；自然界有“五行相克”，人体中也有五行相克。这在西方医学理论中是极少见的。

理想语言强调符号的单义性，认为只有符号的单义性才能保证表达与交际的精确性。但在自然语言中往往语词符号具有多义性。多义性就是说一个符号可以用来指称多个对象，具有多种含义。而在中医理论中，“天人合一”论不仅表示符号的多义，同时也表达了这种多义现象之间的内在联系或内在统一性。例如，自然界有“春夏秋冬”四时变化，人体实际上并没有什么“春夏秋冬”，但是人的一日，确实有早晚的变化，早上“人气始生”，人的精神特别好，就像一年四季的春天，万物蓬勃生长；日中气长，就像自然界的夏天；傍晚人气始衰，就像秋天一样，万物开始凋零；深夜邪气上升，就像自然界的冬天。可以看出，人体一天的变化与自然界春夏秋冬的变化有其相似性。所以，人体的“四时”概念实际上是自然界“春夏秋冬”四时概念的一种隐喻。所以，中医理论中的“天人合一”思想，也表现出自然界与人的符号系统的“同一性”，而这种“同一性”也是语言隐喻性的一种表现。

二、“阴阳”、“五行”的符号结构

“阴阳”、“五行”是古代中国哲学的基本范畴，也是中国传统医学的基本范畴。“阴”、“阳”概念在中国古代形成甚早。在甲骨文中已出现“阳”字，在金文中已出现“阴”字。从词义上看，当时“阴”、“阳”二字表示的都是具体概念，即反映的是具体的事物或属性。如“阳”表示“日”，“阴”表示“月”；“阳”表示“明亮”，“阴”表示“晦暗”。《说文》中说：“阳，高明也。”“阴，闇也。”《周易·系辞》中说：“阴阳之义配日月。”随后，人们注意到“阴”“阳”在词义上的对立统一关系，于是“阴”，“阳”从它们的具体词义逐步加以抽象，在“周易”中，“阳”以一连横（—）表示。“阴”以一断横（- -）表示，通过这两个抽象符号的组合，以形成八经卦和六十四重卦。这里的“阴”“阳”表示万事万物中普遍存在的两种最基本的属性：“阳”表示一种积极的、刚强的、勇猛的、向上的属性，“阴”则表示一种消极的、柔弱的、退缩的、向下的属性，如天为阳，地为阴；外为阳，内为阴；动为阳，静为阴；出为阳，入为阴；昼为阳，夜为阴；热为阳，寒为阴；干为阳，湿为阴。总之，它们表达了两种互相排斥、互相对立，又互相依赖、互相转化的属性。《周易·系辞》中说：“一阴一阳之谓道。”这种至高无上的“道”是无法言说的。南朝顾野王所撰《王篇·阜部》指出：“阴阳，二气也。”唐代孔颖达在注疏“一阴一阳之谓道”这句话时也说，阴阳“皆虚无之谓也，圣人以人事名之，随其义理，立其称号”。他们将“阴阳”解释为“气”或“虚无”，可见“阴阳”在某种程度上已失去其具体性，成为最广泛地表达事物中对立统一的抽象符号。到后来，“阴阳”二字也具有一定程度的不可分割性，二者几乎组合成一个固定的词组，它也成为中国古人观察事物、分析事物的一种方法。索绪尔曾在《普通语言学教程》中将“能指”与“所指”比喻为一张纸的两面。中国的“阴”“阳”概念也颇似一张纸的两面：正面离不开反面，反面也离不开正面，但反面终究不是正面，正面也不是反面。同样，“阳”离不开“阴”，“阴”也离不开“阳”，但“阳”终究不是“阴”，“阴”也终究不是“阳”，虽然它们可以转化，但转化后又组成新的阴阳对立面。这种性质不仅在自然界得到体现，在中国传统医学中同样得到体现，或者说，体现得更加系统与明显。

在中医典籍的《黄帝内经》中有大量的篇幅谈论“阴阳”范畴。“阴阳”成了中医传统理论的基础，可以说不懂“阴阳”，就不懂中医。《内经·素问》共八十一篇，其中直接以“阴阳”为篇名的就有六篇，其余各篇几乎篇篇都涉及“阴阳”。在《上古天真论篇》中一开始就说：“上古之人，其知道者，法于阴阳，和于术数，食饮有节，起居有常，不妄作劳，故能形与神俱，而尽终其天年，度百岁乃去。”篇中将人分为“真人”、“至人”、“贤人”。“真人者，提挈天地，把握阴阳”；“至人者，淳德全道，和于阴阳”，这是说“把握阴阳”、“和于阴阳”是使人健康长寿的根本。

《阴阳应象大论篇》中也说：“阴阳者，天地之道也，万物之纲纪，变化之父母，生杀之本始，神明之府也。治病必求于本，故积阳为天，积阴为地。阴静阳躁，阳生阴长，阳杀阴藏。阳化气，阴成形。寒极生热，热极生寒。寒气生浊，热气生清。清气在下，则生飧泄。浊气在上，则生䐜胀。此阴阳反作，病之逆从也。”

这里强调的都是人“顺从阴阳则生，逆从阴阳则死”的原理。所以，辨别阴阳是治病的首要方法。

自然界要区别阴阳，人体作为一种自然现象也要区别阴阳。在《金匮真言论篇》中说：“夫言人之阴阳，则外为阳，内为阴。言人身之阴阳，则背为阳，腹为阴。言人身之脏腑中阴阳，则脏者为阴，腑者为阳。肝心脾肺肾五脏皆为阴，胆胃大肠小肠膀胱三焦六腑皆为阳。所以欲知阴中之阴、阳中之阳者何也？为冬病在阴，夏病在阳，春病在阴，秋病在阳，皆视其所在，为施针石也。故背为阳，阳中之阳，心也；背为阳，阳中之阴，肺也；腹为阴，阴中之阴，肾也；腹为阴，阴中之阳，肝也；腹为阴，阴中之至阴，脾也。此皆阴阳表里内外雌雄相输应也，故以应天之阴阳也。”

这里的阴阳表示的是表里内外雌雄的一种对应关系，人体任何部分都与另一部分处于某种联系之中，这里并不意味脏腑的哪一部分刚强，哪一部分柔弱。例如，“心”为五脏之一，应该属于“阴”，我们很难说“心”特别柔弱，而且，《内经》又说：“背为阳，阳中之阳，心也。”这里“心”又属于“阳”，而且是“阳中之阳”。我们更难说“心”既柔弱，有刚强。可见，这里所谓“阴阳”，只表示人体外部与内部，以及内部各个部分之间的对立统一的联系，它们表达人体内部外部，以及内部的各个部分是一个结构系统。

“五行”思想也是如此。最早提出“五行”思想的是《尚书·洪范》篇。它说：“五行：一曰水，二曰火，三曰木，四曰金，五曰土。水曰润下，火曰炎上，木曰曲直，金曰从革，土爰稼穑。润下作咸，炎上作苦，曲直作酸，从革作辛，稼穑作甘。”《墨子·经下》也说：“经：五行毋常胜。说在多。”“说：五：金水土火木。然（燃）火铄金，火多也。金靡炭，金多也。金之府（附）水，火离（附）木识（炽）。若麋与鱼之数，惟所剩。”（第144条）很明显，这里的“五行”也是指自然界的五种元素的相互关系。

中国传统医学认为人体中也存在一种“五行”的关系，也就是说人体各部分也具有“水、火、木、金、土”的属性。

在《素问·五运行大论篇》中说：“南方生热，热生火，火生苦，苦生心，心生血，血生脾。其在天为热，在地为火，在体为脉，在气为息，在脏为心。……中央生湿，湿生土，土生甘，甘生脾，脾生肉，肉生肺。其在天为湿，在地为土，在体为肉，在气为充，在脏为脾。……西方生燥，燥生金，金生辛，辛生肺，肺生皮毛，皮毛生肾，其在天为燥，在地为金，在体为皮毛，在气为成，在脏为肺。……北方生寒，寒生水，水生咸，咸生肾，肾生骨髓，髓生肝，其在天为寒，在地为水，在体为骨，在气为坚，在脏为肾。……五气更立，各有所先，非其位则邪，当其位则正。”

在自然界中，“五行”具有“相生”、“相克”的性质，中国传统医学认为，在人体中，“五行”同样具有“相生”、“相克”的性质。

在中医理论中，将人体各部分归属人“五行”之中，可以列表如下：

五行	木	火	土	金	水
脏	肝	心	脾	肺	肾
腑	胆	小肠	胃	大肠	膀胱
五观	目	舌	口	鼻	耳
五体	筋	脉	肉	皮毛	骨
情志	怒	喜	思	悲	恐

按照“五行”“木生火，火生土，土生金，金生水”的理论，我们应当

解释肝生心，心生脾，脾生肺，肺生肾；按照“木克土，土克水，水克火，火克金，金克木”的理论我们应该解释目克口，口克耳，耳克舌，舌克鼻，鼻克目。传统医学曾给予过一些解释，但是，这些解释使人从直觉上感到多少有些勉强。我们觉得实际上传统医学使用“五行”学说只能说是使用的一种隐喻手法。“木”、“火”、“土”、“金”、“水”只能看作是表达人体各个部分相互联系、相互制约的符号，它们并不具有其原来的实体意义。人体的“阴阳”、“五行”这些隐喻性符号组成人体的一个严密的系统，它们要求医生在解释病因与治疗疾病时必须要有一个整体概念，要找出病症之间的因果联系，而不是头痛医头，脚痛医脚。在《内经·阴阳应象大论篇》中说：“故善用针者，从阴引阳，从阳引阴，以右治左，以左治右，以我知彼，以表知里，以观过与不及之理，见微得过，用之不殆。”还说：“审其阴阳，以别柔刚。阳病治阴，阴病治阳，定其血气，各守其乡。”可见，强调人体各部相互联系、相互制约的整体观念是中医理论中的一大特色。

此外，中国传统医学还特别强调“五行”思想必须与“四时”观念以及“地域”观念相结合。《内经·阴阳应象大论篇》中说“天有四时五行，以生长收藏，以生寒暑燥湿风，人有五脏化五气，以生喜怒悲忧恐。”还说：“东方生风，——南方生热，——中央生湿，——西方生燥，——北方生寒，——。”在《异法方宜论篇》中也说：“医之治病也，一病而治各不同。”原因在于“地势使然也。故东方之域，天地之所始生也，鱼盐之地，海滨傍水，其民食鱼而嗜咸，皆安其处，善其食。鱼者使人热中，盐者胜血，故其民皆黑色疏理，其病皆为痈疡，其治宜砭石，故砭石者，亦从东方来。”随后又讲了“西方者”如何如何，“北方者”如何如何，“南方者”如何如何，“中央者”如何如何。我们求其合理内核，就在于，它要求诊断病情一定要与时间地点环境相结合。从符号学的角度看，就是作出判断，一定要与“语境”相结合，除了要考察患者身体的内在症状，还要考察患者所处的外部环境。

三、“望，闻，问，切”——获取人体疾病征候的主要方法

“望，闻，问，切”是中国传统医学最常用的诊断方法。诊断病情主要依据患者所表现出来的症状，如发烧、咳嗽、疼痛等，从符号学的角度看，

就是治病必须掌握患者所出现的“征候”（symptoms）。一般符号学将符号分为三类，即“图像符号”、“索引符号”、与“象征符号”。“征候”（或称“征兆”）则属于“索引符号”，这种符号的特征主要在于符号与所指称的对象之间存在一定的因果联系。例如，乌云是即将下雨的征候，有烟是有火的征候，敲门声是门外有人的征候，身上出现疹子是小儿患有麻疹的征候。人不论患有什么疾病，必然会有一定的征候，即使一时不太明显，也会潜伏着某种征候，这种征候在慢慢地发展，到一定时候就会明显甚至严重暴露出来。癌症患者初期不一定有什么自我感觉，但用现代医学仪器检查，就会发现癌症初期的征候。另外，一般疾病很少只出现某种单一的征候，它往往会出现多种征候。例如，感冒（伤风）并不只是头痛，它还会伴有鼻咽部发干、发痒，以及鼻塞、咳嗽、声音嘶哑，或发烧畏寒、周身疼痛等。所以一个医生必须善于依据患者出现的多种征候进行综合判断，否则就可能产生误诊或延误治疗的严重后果。

“望诊”就是医生通过自己的视觉观察患者机体的外部神色形态以及患者的分泌物、排泄物等，以确定病情的一种诊断方法。例如，观望患者目光是否有神，面色是否红润，五官是否出现异常，皮肤是否有光泽、是否浮肿、是否有斑点，关节是否变形，敲击后反应是否正常，患者行动是否方便，分泌物、排泄物形态是否有异，等等。在中国传统医学中，望诊是医生观察患者首先采用的方法。

“闻诊”是通过医生的嗅觉或听觉了解患者病情的一种方法。例如，听患者讲话是否清晰，呼吸是否急促，是否出现咳嗽、哮喘、呃逆、嗳气的现象，口腔鼻腔是否散发异味，等等。

“问诊”是医生通过与患者或患者家属的对话以了解上述望诊、闻诊难以直接了解到的信息，如患者过去的病史，患者此时此刻的自我感觉，患者的饮食状况，大小便的情况，患者近期接触过什么人或什么东西，等等。

“切诊”就是通过医生手指把握患者手腕上的桡动脉以了解病情的一种方法。虽然西医也注意把脉，但中国传统医学在切诊的方法、目的、病理分析上，与西医有着一定的区别。中国传统医学认为人的左右手的桡动脉的表现着不同的脉象，不同的脉象又是与不同的脏腑相连接的。例如手的桡动脉自外向内分为寸脉、关脉、尺脉，左手的寸脉、关脉、尺脉分别与心、肝、肾相联系，右手的寸脉、关脉、尺脉则与肺、脾、命（即命门）相联系。不同部位的脉动现象表达了不同部位的内脏情况。传统医学将脉分为：浮脉、沉脉、迟脉、数脉、滑脉、涩脉、虚脉、实脉、长脉、短脉、洪脉、微脉、紧脉、缓脉、弦脉、芤脉、革脉、牢脉、濡脉、弱脉、散脉、细脉、伏脉、动脉、促脉、结脉、代脉、疾脉等共二十八类。不同的脉象表现不同的病因。例如，“浮脉”的部位较浅，浮取搏动有力，重按搏动减弱，概括起来说就是：“举之有余，按之不足”。它见于外感表征及热病初期。所以，浮脉就是外感或热病初期的征候。又如，“洪脉”是以脉形粗大，搏动有力，重按不减弱为特征，它表示热盛，即各种热病的极期。患者会出现高烧、烦渴、大汗、便秘等症状。所以，洪脉是热症的征候。将脉象看作疾病的征候，是中国传统医学观察患者的一个不可或缺的环节。但脉象也不是孤立的现象，它可能因患者的生理条件、气候条件或其他因素而有所变化，医生必须结合其他征候来综合考虑，而避免治疗上的片面性。

上述这些在《内经》一书中已早有论述。如《阴阳应象大论篇》中就说过：“善诊者察色按脉，先别阴阳，审清浊，而知部分；视喘息，听音声，而知所苦，观权衡规矩，而知病所主；按尺寸，观浮沉滑涩，而知病所生；以治无过，以诊则不失矣。”在《脉要精微论篇》中也说：“切脉动静而视精明，察五色，观五脏有余不足，六腑强弱，形之盛衰，以此参伍，决死生之分。”

现代西方医学对疾病征候的掌握随着科学仪器的发展而日益精确，中国的传统医学应该吸取这些先进的方法，但“望，闻，问，切”至今仍是传统中医经常使用而且是可行的方法，也是获取人体疾病征候的主要方法。

四、人体的“经络”系统

中国传统医学认为人体（甚至动物体中）存在一个“经络”系统。“经”就是“路径”的意思；“络”就是“网络”的意思。“经络”包括“经脉”和“络脉”两个部分。经脉是指人体由上至下的主干路线，络脉是指由主干分出的许多横向分支。经脉与络脉组成一个完整的系统。在《内经》一书中，特别是在《灵枢》篇中，主要谈论的就是经络以及利用经络理论进行针刺治疗的内容。经络系统从现代解剖学上说，既非神经系统，也非心血管系统，也就是说，到目前仍未找到它的实体，但是通过针刺与推拿，人们可以非常明显地感觉到它的存在，而且它也有着显著的疗效。因此，可以说经络理论是中国传统医学的一个“奇迹”，是我们先祖的一个伟大发现。

传统医学将经络分为十二经脉，奇经八脉，十二经别，十五络脉，以及无数的细小络脉。现将经络系统分列如下：

1. 十二经脉：分手三阴经、手三阳经、足三阴经、足三阳经、阴经为“里”，阳经为“表”，它们是气血运行的主要通道。

2. 奇经八脉：十二经脉以外的另一些重要经脉，包括督脉、任脉、冲脉、带脉、阴跷脉、阳跷脉、阴维脉、阳维脉。

3. 十二经别：从十二经脉分出的支脉，通向“表”，“里”脏腑和经脉，构成“六合”关系。

4. 十五络脉：从十二经脉分出各一络，再加任脉络、督脉络和脾之大路，主要分布在四肢及躯干和前、后、侧面，起到沟通表里经脉和渗灌气血的作用。

5. 细小络脉：络脉的细小分支，一般可称为“孙络”（或“孙脉”），浮现于体表的叫“浮络”，充血的叫“血络”。

十二经脉加上奇经八脉中的督脉和任脉，称为“十四经”。

每一条经络上有不少于脏腑相连接的点，通常称为“穴位”，或称“俞”（音“输”，同“腧”）。穴位的主要功能在于使经络之气得以散发、通行。穴位还具有反应病痛的作用。中医认为，“痛则不通，通则不痛”，也就是说，按在什么地方有痛感，表明与之相联系的脏腑有病。《内经·灵枢·九针十二原》篇中说：“节（即穴位）之交，三百六十五会，……所言节者，神气之所游行出入也，非皮肉筋骨也。”还说：“五脏有疾也，应出十二原。十二原各有所出。明知其原睹其应，而知五脏之害矣。”这就是说：五脏有疾病，应出自十二原穴。因为十二原穴各有所属的内脏，清楚地知道了原穴，通过观察原穴的反应情况，就可以知道五脏的疾病所在。依据这个理论，中医使用针灸或推拿的方法，刺激一定的穴位，就可以治疗疾病。例如，刺激手厥阴心包络经的内关穴（在腕关节正中直上二寸处），就可以治疗心脏方面的疾病；刺激足阳明胃经的足三里穴（在膝盖下端外边一寸处），就可以治疗胃肠方面的疾病。用针灸或推拿刺激穴位时，穴位处会产生一种酸胀甚至酸痛的感觉，中医称之为“得气”。“气”在中国传统哲学中是一个非常重要的范畴，在中国哲学史上不同的哲学家曾对它有过不同的理解，在中国传统医学中也是一个十分重要的概念。在《内经》一书中曾从不同的方面对它进行过论述。不过也如“阴阳”概念一样，他们对“气”有论述却无精确的定义，它是人可以感受但难以直接观察的非常细微的物质存在。中医认为，人之有生命，就在于他有“精气”。《内经·宝命全形论篇》中说：“天覆地载，万物悉备，莫贵于人。人以天地之气生，四时之法成。”人如果得了疾病，就在于他得了“邪气”。用针灸治病，就是要激发人的正气以战胜邪气。我们说中医所谓的“气”是物质性的，在于针刺“得气”的酸胀感觉并不以个人的意志为转移，并不是谁说有就有，谁说无就无。患者在“得气”后，酸胀感觉的移动路线是基本相同的，它就是沿着所取的经络路线移动的。

以现代符号学的观点看中国传统医学的“经络”理论，所谓“经络系统”，就是人体中的一种索引性符号系统，“穴位”相当于索引符号的“能指”，与其相对应的脏腑就是索引符号的“所指”，针刺穴位后人体的得气反应就表现符号与其所指对象的符号过程得到实现。这种符号过程一般都是一对一的关系，如“足三里”对应于“胃脏”，但是由于人体经络是互相联系着的，因此针刺的效果不仅表现在本穴位所在的经络上，也可能影响到与其相连接的其他经络上。因此，中国的针灸学特别考虑针刺配穴的问题。中国传统医学一反所谓‘头痛医头，脚痛医脚“的方法，配穴一定要从人体整体的经络系统考虑，实行所谓“上病下治，内病外治”。例如，头痛，除了在头部的“百会”、“风池”取穴外，还可以到手部的“合谷”和脚部的“足三里”取穴。这种远处取穴的方法，其反应非常迅速，效果也非常明显。

五、针灸配穴中的“组合”与“聚合”关系

针刺配穴还存在一个“组合”和“聚合”问题。“组合”与“聚合”本来是语言学的现象，后来符号学也对这种关系进行探讨。语句都是由语词符号组合而成的。例如，汉语句式一般都是“主—谓—宾”的格式。如“张三

读书”，“张三”是主语、“读”是“谓语”、“书”是”宾语”。“张三”、“读”、“书”三个词就具有组合关系。但是，“张三”这个词可用其他的词代替，如“李四读书”、“王五读书”；“读”这个词与“书”这个词也可以由别的词代替，如“张三写信”，“张三看电影”。这些句子都是合乎汉语语法规则的，是有意义的，人们都是可以理解的。这样，“张三”、“李四”、“王五”就存在“聚合”关系；“读”、“写”、“看”也存在聚合关系。“书”、“信”、“电影”同样存在“聚合”关系。了解语词的组合与聚合关系，可以帮助人们理解什么样的符号组合和聚合是合适的，什么是不合适的，什么是无意义的。例如，在汉语中，“书读张三”就是不合适的。而“么呢可以我”则是无意义的。

这种“聚合”、“组合”关系不仅在语言符号系统中有，在其他符号系统也有。例如，在针灸中，医生确诊患者的病情后，就要选择将哪些穴位组合起来，进行治疗，也要考虑哪些穴位可以经常替换，以免总是在同一穴位上针刺。如胃痛，可以取穴“‘中脘’与‘足三里’”，也可以取穴“‘中脘’与‘梁丘’”，也可以取穴“‘合谷’与‘劳宫’”，也可以取穴“内关’与‘公孙’”。这样，“中脘”与“足三里”就存在组合关系，而“足三里”，“梁丘”、“劳宫”等就存在聚合关系，有经验的医生，就知道针对患者的具体情况，采取不同的组合与聚合的配穴方法去治疗疾病。

总之，中国传统医学中有着丰富的符号学内容，有待我们去进一步探索。

（原载《符号学导论》，河南人民出版社 2004 年出版）

李先焜文集

中国逻辑史研究

中国古代逻辑史是非形式逻辑的发展史

（一）

中国古代有没有逻辑科学？有没有逻辑发展史？对这个问题国内外逻辑学专家有着不同的看法，根本原因在于这些逻辑学家对于逻辑学的性质有着不同的理解。很多逻辑学家认为逻辑必然是形式的，就像亚里士多德的三段论式那样，因此，“逻辑”与“形式逻辑”实际上是同义词。也就是说，无“形式”即无“逻辑”。20 世纪 20 年代英国逻辑学家凯因斯（J. N. Keynes）在他的《形式逻辑》一书中就说过：“逻辑一定是形式的，或者至少是非实质的。”[1]至于数理逻辑更是强调其形式性与系统性。正如卢卡西维茨所说，它不仅是形式的，而且是形式化的。根据这一点，不少逻辑学家就认为，中国古代（主要指明清以前）找不出像亚里士多德那样变元（或称变项）与推理形式的逻辑，因此，中国古代最多只能算是有逻辑推理的实例，而没有逻辑学，它还处于前逻辑或原逻辑阶段。

中国自 19 世纪末起，已经有学者开始探索中国古代的逻辑思想，至 20 世纪上半叶已取得一定的成果。汪奠基先生是其中的代表人物。20 世纪下半叶，特别是 80—90 年代，更取得了辉煌的成就的时代，出版了很多逻辑史专著，但上述根本问题仍未解决，有些学者仍在质疑中国古代有没有系统的逻辑学说。

国外有影响的逻辑史著作，一般都没有专章讨论中国的逻辑思想。例如，罗伯特·阿当姆森（《大英百科全书》第 19 版“逻辑学说史”的作者）的《简明逻辑史》（1911）就根本不提中国逻辑史。涅尔夫妇的《逻辑发展史》（1962，

[1] 凯因斯：《形式逻辑》，1928 年英文版，第 2 页。

1975）也没有关于中国与印度逻辑思想的记述。波亨斯基的《逻辑发展史》（1961）最后有一章专门论述了"印度的另类逻辑"，却不谈中国逻辑思想。杜米特留的《逻辑史》（罗马尼亚文版1975，英文版1977）第一卷包含了"中国古代的逻辑"与"印度逻辑"的专章，但在论述中国逻辑史时一开始就谈到中国哲学对于欧洲学者来说非常难懂，并分析了其中的原因，且以举老子《道德经》为例。其结论是："中国古代哲学没有发展出一套像亚里士多德在古希腊系统化巅峰时期那样的逻辑工具（Organon），但是仍有许多关于几乎逻辑所有方面的有趣的论述，它证明了逻辑问题并未处于中国人的思维之外。"[1]

中国的一些逻辑史专家为了强调中国古代有系统的逻辑思想，就提出中国同样有"形式逻辑"，因此中国古代逻辑史跟西方逻辑史一样，是"形式逻辑发展史"。遗憾的是，一部《中国逻辑史资料选》前四卷没有列出一个其中包含有"逻辑形式"的文献，所出版的逻辑史著作也并没有找出真正像亚里士多德那样的推理形式，即使作者分析出某些逻辑形式，如"或、假、效、辟、侔、援、推"等，也只能说是后人的猜测，而不是古代思想家原来提供的。正如卢卡西维茨将亚里士多德的逻辑思想予以形式化、系统化一样，也只能说是卢卡西维茨建立的是亚里士多德的三段论形式系统，而不是亚里士多德自己建立的三段论形式系统。所以，卢卡西维茨说，亚里士多德的逻辑是形式的，而不是形式化的。[2]

印度逻辑也有类似的情况，不少现代逻辑学家将印度古代逻辑予以现代化，建立了逻辑形式体系，而形式逻辑史专家波亨斯基在其《逻辑发展史》一书于"印度的另类逻辑"小结中说，印度逻辑与西方逻辑的一个重大区别，就是"印度逻辑没有变项，其倾向明显的是内涵性（intensional）的，而西方逻辑却是以外延性（extensional）占优势"[3]。杜米特留在《逻辑史》专著中重复并强调了波亨斯基的这一论点。中国逻辑史专家温公颐先生曾经说过中国逻辑史是内涵的逻辑，这与波亨斯基和杜米特留对印度逻辑的评论真

---

[1] 杜米特留：《逻辑史》第一卷，1977年英文版，第36页。
[2] 参见卢卡西维茨《亚里士多德的三段论》。
[3] 波亨斯基：《形式逻辑史》，1961年英文版，第446页。

有异曲同工之妙。

波亨斯基指出印度逻辑是一种不同于西方形式逻辑的“另类逻辑”（variety of logic），这同样也适用于中国古代的逻辑思想，即它不是“外延性的”，而是“内涵性的”，我们可以将它称为“非形式的”（informal）逻辑。这里出现“非形式逻辑”一词，并非我们杜撰。德国著名逻辑专家亨利·肖尔兹在《简明逻辑史》一书中就曾说过：

A）我们科学论的概念作为形式的和非形式的逻辑的上位概念，其定义是：最广义的获得科学认识的工具的理论。

B）形式逻辑同科学论的一部分相符合。科学论的这一部分是用公式表达推理规则的，而推理规则是为了建立任何一门科学所必需的，这里包括着为了严格表达这些规则所必需的一切。

C）最后我们把非形式的逻辑理解为属于科学论的整个余下的部分，这就是说，归属于科学论而又与形式逻辑不同的逻辑。[1]

归纳法显然属于科学论体系，它是一种逻辑，但不是形式逻辑，从而属于非形式逻辑。从肖尔兹的论述，可以看出，不仅形式逻辑是一种获得科学认识的工具的理论，非形式逻辑也是一种获得科学认识的工具。

非形式逻辑在现代西方已得到很大的发展。在许多高等院校，非形式逻辑已成为一门重要的课程，并有不少非形式逻辑的教材出版。其具体内容我们可以作一概括的介绍：①语词的意义问题；②语词与语句的含混与歧义问题；③定义与分类；④语言的使用：从目的上看它包括讨论、说服、批判与评价；从方式上看包括命令式、评价式（伦理性评价、美学性评价、使用性评价）、表情式（表达感觉、情绪、态度）与信息式等；⑤论证（包括演绎论证和归纳论证）与反驳；⑥谬误与诡辩；⑦类比与例证；等等。

很显然，这种逻辑一是与自然语言结合得非常紧密，二是实用性强，特别在理论性的表述中、法律与政治性辩论中、经济活动中以及日常生活中实

---

[1] 亨利·肖尔兹著，张家龙译：《简明逻辑史》，商务印书馆1977年版，第9—20页。

用性很强。

非形式逻辑（Informal logic）并不是与形式逻辑（Formal logic）相对立的东西，它们相辅相成。在精确的科学领域中，形式逻辑是必需的证明手段，而在日常一般活动中我们使用更多的是非形式逻辑。这两种逻辑都可以溯源到亚里士多德。亚里士多德是形式逻辑的创始人，但在《工具论》的《分析篇》之外的许多篇章中（如《范畴篇》、《解释篇》、《论题篇》、《辩谬篇》），以及《修辞学》、《诗学》中，很多讲述都涉及到非形式逻辑问题。比利时修辞逻辑学家佩雷尔曼（CH. PERELMAN）就认为要发展亚里士多德的为人所忽视的另一支逻辑，即亚里士多德的论辩的逻辑，这种论辩的逻辑实质上就是非形式逻辑。

（二）

我国古代有着非常丰富的这种与亚里士多德论辩逻辑极其近似的逻辑，即我们所谓的“名辩学”。首先，关于语词的意义问题，中国传统上非常强调“名正”与“名不正”的问题。（这里简单补充一点，古代文献中的“名实”问题，很大部分属于哲学认识论的问题，因此在中国逻辑史著作中将所有涉及“名实”的语句都看做逻辑的内容是不妥的）如何做到“名正”，就涉及语词的意义问题。现代语言哲学揭示了意义的“指称论”（意义就是语词所指称的对象）与“概念论”（语词的意义就是它所表达的概念）的很多缺陷。但是，中国古代的“正名”学说，不管是荀子的“制名以指实”，还是《墨经》的“以名举实”，以及韩非子的“名正物定，名倚物徙”，都属于指称论。指称论经过进一步发展，公孙龙提出了“其名正则唯乎其彼此”的要求，就是要求“名”极其精确地指称它所标示的“实”，在外延上不能多也不能少。这有些像现代逻辑中的人工语言那样近乎理想主义，但是在中国古代，它作为一种论辩的要求，有着非常积极的意义。

中国古代还有“言尽意”与“言不尽意”之争，这也属于意义问题。《周易·系辞》认为，“言不尽意”可以通过一定的方法来补救，那就是“立象以尽意”。于是发展了八卦学说。中国的语义理论还发展了“词义学”或称“字义学”，从探索词义到探索字义，从探索字义到探索字源，从“以形求义”到“以声求义”，并制定了“六书说”。“六书”在《周礼》中已经提及，但没有具体阐述。到东汉学者许慎所著的《说文解字》中才有系统地论述：“一曰指事。指事者，视而可识，察而见意，上下是也。二曰象形。象形者，画成其物，随体诘诎，日月是也。三曰形声。形声者，以事为名，取譬相成，江河是也。四曰会意。会意，比类合谊，以见指挥，武信是也。五曰转注。转注者，建类一首，同意相受，考老是也。六曰假借。假借者，本无其事，依声托事，令长是也。”后来的学者对“六书”又作了详细的解释、补充与修正，并继承许慎的方法，发展成训诂学。

从意义探索就会出现定义的方法。中国古代由于文字与语音的发展变化，很早以前就出现“释词”，释词就是定义。《论语》中孔子对“仁”就下过很多定义；《墨经》可以说是一部定义集，其定义方法是多种多样的，有语词定义、描述定义、因果定义，还有别的定义。《尔雅》更是一部定义集：“语词之释，肇于尔雅。”[1]它的定义方法除了用一般的同义词定义法外，还利用同义词束来下定义，就是用一组同义词来给这一组每一个词下定义，如“初，哉，首，基，肇，祖，元，胎，俶，落，权舆：始也”。东汉许慎所著《说文解字》可以说是中国语言学上集定义之大成者，其特点是每一个字在定义前加一个所属偏旁，然后标音，然后释义，有些少见之字，还引出该词的出处。到清代，发展了朴学（又称考据学），认为解经应由文字入手，以音韵通训诂，以训诂通义理。定义的方法更进了一步。

定义的一种特殊类型，就是划分，或称分类。《周易》中已提到“方以类聚，物以群分”。其对万事万物的“阴”、“阳”划分，对中国传统思想特别对传统医学理论，产生了极大的影响。《墨经》中也有划分（分类），如“名，达，类，私”。

分类的反过程就是归类，即将若干具有某种共性的事物归在一起，形成一类。《尔雅》中已初步体现出归类的方法，它是将关涉一类事物的词集中在一起来解释其含义。它除第一、第二、第三章外，其余都是按类集中解释，如“释亲”、“释宫”、“释器”、“释乐”、“释天”、“释地”、“释

[1]（清）王引之：《经传释词》“自序”。

丘”、“释山”、“释水”、“释草”、“释木”等。《说文解字》作为一部字典，进一步继承发展了这种归类的方法，创造了汉字偏旁，文字按偏旁归类。这大大有利于人们查字检字。一个偏旁能将很多字归于一类。一个汉字出现，我们不知其读音，不知其精确的语义，但我们可以大致了解其标志的对象所属类别。汉字偏旁起到了语义指示作用，也起到了逻辑的归类作用，这在世界各种语言文字中是独一无二的。中国人从小学习汉字，学习查字典，也同时在某种程度上接受了逻辑归类的训练，这也是汉字的伟大之处。

中国古代文献中有很多地方涉及语词语句的含混歧义问题。例如，在《韩非子》与《吕氏春秋》中都讲到“夔一足”的故事，[1]就是一个语句歧义的例子。“夔一足”这个语句可以产生两种解释，一是“夔这个人只有一只脚”，另一种解释是“像夔这样的人有一个就足够了，不需要更多的了”。这个故事用以说明听到传言必须审慎，不要随便相信，要“验之以理”。“验之以理”就是要用逻辑的方法进行分析。《墨经》的《大取》与《小取》篇很多地方都涉及精确用词，不要产生歧义与误解。这些都是非形式逻辑所要研究的问题。公孙龙的“白马非马”的命题，引起了两千多年的争论。其实，它也是一个有歧义命题。用现代语言文字的手段，很容易将它的歧义揭示出来。如果说“白马不是马”，那显然是一个假命题，如果说“‘白马’与‘马’是两个不同的名词符号”，则谁也不会反对。用现代语言哲学的术语来解释，这里存在一个语词的“使用”（use）与“提述”（mention）的区别。当说“白马不是马”时，是用（use）“白马”这个词指白马这个实体；当说“‘白马’这个符号与‘马’这个符号不同”，却是对语词符号“白马”与“马”的提述。公孙龙是在“提述”的意义上说“白马非马”（我们很难设想公孙龙能弱智到不知道白马是马，或者故意诡辩说“白马不是马”），反驳者是在“使用”的意义上说“白马非马”。现代语义学要求在“提述”意义上使用语词时须加上一个引号，而在一般“使用”意义上使用语词时无须加引号。可见，两千多年关于“白马非马”的争论，就是由于“白马非马”句的歧义引起的。

---

[1] 见《吕氏春秋·察传》。

（三）

名辩学除了“名”的问题，另一个重要问题就是“辩”。辩主要有两方面的功能，一是论证自己的观点，一是反驳对方的观点。先秦诸子都是论辩的高手，他们除了其学术观点有各自的特点外，还有一条就是他们都能说善辩，而且他们各自总结了一套辩论的技巧，并进行了理论上的概括。概括最全面的是墨家，在《墨经·小取》篇中说：“夫辩者，将以明是非之分，审治乱之纪，明同异之处，察名实之理，处利害，决嫌疑。焉摹略万物之然，论求群言之比。以名举实，以辞抒意，以说出故。以类取，以类予。有诸己不非诸人，无诸己不求诸人。”《墨经下》还说：“辩也者，或谓之是，或谓之非，当者胜也。”这里将辩的目的、辩的方法、辩的原则，一起表述了出来。

西方非形式逻辑讲到论证的方法主要是演绎与归纳，我国古代文献中很难找到像亚里士多德那样的典型的三段论的演绎论式，也很难寻找像穆勒那样的典型的归纳论式，更多的是用《墨经》中概括的“以类取，以类予”的“类推”式。类推式一般都是首先举出一个或多个同类的具体事例，从这个事例中得出一个非常明显的结论，并取得对方的认同，然后举出自己所要论证的属于同类的命题，使对方不得不接受自己所推出的结论。如《墨子·非攻上》中的“今有一人，入人园圃，窃其桃李”之例。其推理步骤是：第一步先立一命题：“窃人桃李为不义”，该“罚”。这不仅是论辩双方，而且是所有的人都会接受的一个命题。第二步立另一命题“窃人犬豕鸡豚，其不仁兹甚，罪益厚”，这与第一个命题同类（“亏人自利”）的命题，只是在程度上有所加重，所以论辩双方也是同意的。然后第三步立第三个命题“至杀不辜人，其不仁兹甚矣，罪益厚”，这也是与第一、第二个命题同类（“亏人自利更甚”）的命题，因此辩论双方也都同意的。最后，说话者提出：“今至大为攻国，则弗知非，从而誉之，谓之义。此可谓知义与不义之别乎？”这是说话者的主要意旨。这里四个命题包含论证与反驳两个部分，第一部分是论证“亏人利己愈多，其不仁兹甚”的道理，第二部分是对第四命题“弗知非，从而誉之，谓之义”的反驳。第一部分就是“以类取”，即通过同类命题的表述以取得辩论双方的共识，第二部分反驳“今至大为攻国，则弗知非，从而誉之，谓之义”。这就是“以类予”，即依据前面三个命题取得的共识推出第四个命题的谬误。这里需要强调第一、第二、第三、第四个命题必须是同一类命题，都是“亏人自利”，只是在程度上有区别。“以类取”是就论证说的，“以类予”是就反驳说的。这一论证是很有说服力的，相应的这一反驳也是很有说服力的。这就是墨子所用的“类推法”。它不仅不同于一般的演绎法与归纳法，甚至与传统所谓的“类比法”也有所不同，因为它不是从两个同类事物有某些属性相同来推出另一个属性可能相同。它是一种颇有特色的论证与反驳方法。

类推法还涉及一个修辞的问题。在《周易·乾·文言》中已经提到“修辞立其诚”。亚里士多德的《修辞学》对修辞的性质有了极为明确的规定—修辞，是为了“说服”。说服，就要注意文章言辞的结构、语句的安排、风格的选择、各种修辞手法的运用，从而作出充分有力的论证与反驳。在古希腊和欧洲中世纪，修辞是与逻辑学、雄辩术紧密结合着的，这种修辞显然大大超出将修辞学仅仅看做语句的美化过程。现代修辞学也注意与逻辑相结合。前面提到的比利时逻辑学家佩雷尔曼就发展了修辞逻辑学。现代语言哲学重点讨论了“隐喻”问题。过去修辞学将隐喻看做比喻的一种，现在则将隐喻看做与修辞几乎同义，以致将各种修辞手法都看作隐喻。亚里士多德曾给隐喻下了一个经典定义：“隐喻就是为一个事物借用属于另一事务的名称。”[1]现代认为隐喻的主要特征就是某个话语在一个特定语境中产生意义转移的现象。很多语词我们已经使用得异常熟悉，以至于忘记了它是一个隐喻，或来自隐喻。隐喻不仅表现为语词，也表现为语句，甚至比语句更大的语言单位。很多寓言故事就是隐喻，如《列子》中的《愚公移山》，整篇就是一个隐喻。又如中国古代的许多成语都是隐喻。中国古代的论证与反驳很多都是运用隐喻进行的，而从推理的角度看它又是类推法。这种隐喻性的类推法值得我们认真研究。将它看作一种简单的类比法是不妥的。

[1] 亚里士多德：《诗学》第 21 章。

（四）

上述例证，是为了说明中国古代逻辑史具有非形式逻辑的性质，这丝毫不会贬低中国逻辑史的价值。有些逻辑史专家特别强调中国逻辑史是“形式逻辑”的发展史，用意是好的，是为了取得中国逻辑史的生存权，但强调“形式逻辑”却找不出相应“形式”，终究有欠缺，不如承认其非形式逻辑的性质更具有说服力。

但还有一种现象值得注意，即有学者在提出中国古代逻辑的非形式逻辑性质时对形式逻辑有所贬抑，这是不需要的。两者并非相互对立，正如非经典逻辑与经典逻辑并非相互对立一样。它们是相辅相成的。我们可以定义为例：现代形式逻辑认为系统内的定义只是系统符号的一种简约。金岳霖先生在其《逻辑》一书中就说：“定义既是以比较简单的符号代替比较复杂的符号，所以严格说来，系统无定义也可以推行，不过不甚方便而已。”[1]金岳霖先生的观点是与罗素一致的。在一个形式逻辑的系统中，定义的作用确实如此。但是，在非形式逻辑中，以及在各门学科的运用中，定义不仅是一种必要的逻辑方法，而且它的方式是多种多样的。如果一门学科对其术语没有精确的定义，几乎是难以成立的。

再如，现代形式逻辑的教材中对分类问题不太关注，而在非形式逻辑中及各门学科的运用中，分类问题却极其重要。又如揭露逻辑谬误，在现代形式逻辑中不可能过多涉及，而在非形式逻辑中却要广泛涉及，它揭露出逻辑谬误竟有二三十种之多。可见，非形式逻辑绝非形式逻辑的对立物，而是其有益的补充。

中国古代的逻辑思想相对于西方逻辑思想来说有其特点，但缺乏形式的表述终究是一个很大的缺点。没有“形式”的逻辑虽然还算逻辑，但它是一种缺了一条腿的逻辑，是跛脚的逻辑。一直到近代西方逻辑引进，我们才逐渐补上那条腿。

在中国古代逻辑发展史的研究中，需要贯彻“实事求是”的原则，既不

---

[1] 金岳霖：《逻辑》，三联书店 1961 年版，第 147 页。

妄自尊大，也不妄自菲薄。如胡适认为："依我看来，墨家的名学在世界的名学史上，应该占一个重要的位置。法式的（formal）一方面，自然远不如印度的因明和欧洲的逻辑……凭心而论，墨家名学所有法式上的缺点，未必就是它的弱点，未必不是它的长处……墨家的名学虽然不中法式，却把推论的一切根本观念，如'故'的观念，'法'的观念，'类'的观念，'辩'的方法，都说得很明白透彻，有学理的基本，却没有法式的累赘。这是第一长处。"[1]显然，胡适是将中国古代名学没有"法式"看作它的"长处"，而且将逻辑的形式化看做一种"累赘"，这是一种极其偏颇的看法。胡适是为中国古代逻辑思想护短。我们可以设想亚里士多德的三段论式如果没有其"法式的"即"形式的"表述，那逻辑学能有今天这种发展吗？有"法式"显然是它的一种"长处"，丝毫不成为一种"累赘"。

有学者因中国古代缺乏"形式的"表述就说中国古代没有逻辑思想，没有逻辑学说，甚至说古代中国仍处于如法国人类学家列维—布留尔所称的澳大利亚的原始民族的原逻辑的思维时期，这也是不妥的。前面提到，像波亨斯基这样的形式逻辑专家都承认印度逻辑的"内涵性"而非"外延性"的逻辑仍属于逻辑的一种，或者称为"它类的逻辑"，由此可见，同样性质的中国古代逻辑思想也应该是一种逻辑，即或称为"它类的逻辑"也可，因为承认"它类"至少说它不是"无类"，而这种"它类"，最适合最妥当的提法，大概就是承认它是一种"非形式逻辑"，即亚里士多德首先提出，曾经得到发展，而后长期未受重视的"论辩的逻辑"。中国现在不仅要接受、学习西方的高度形式化的数理逻辑，也要总结、探索经过了长期积累，颇有价值的非形式逻辑，以促进中华民族逻辑科学的发展。

（原载于《南开哲学》第四辑，南开大学出版社 2009 年 10 月出版，编选入《文集》时有删节）

---

[1] 胡适：《中国哲学史大纲》卷上，商务印书馆 1987 年版，第 234 页。

清代诸子学及其对中国逻辑科学发展的影响

清中叶至清末叶，乾嘉学派逐渐形成。清代学者以考据训诂的方法解释古籍，促使了诸子学的发展。诸子学的研究，使古代思想家的一些著作得到了历史的考证和科学的整理，从而为近现代中国逻辑思想及比较逻辑研究提供了不可或缺的前提，因之，在论及近、现代中国逻辑科学的发展时，应对清代诸子学及其对中国逻辑学科学发展的影响予以说明。

诸子学的主要成绩表现在：

1. 使中国传统的解释学方法得以进一步完善与发展。明清以前在训诂方面虽然取得一定的成就，但由于方法上的局限性，解释往往产生很大的片面性。清代特别注意校勘之学，使古籍中的许多错误或遗漏之处得以校正。

2. 使久被忽视的《墨辩》与名学重新得到重视。清代学者把注释的重点从经书转到子书，这使长期被忽视的荀、墨、名诸家的作品受到了人们的注意，素称难读的《墨经》也基本上能够被读通了。有了清代学者所取得的学术成就作基础，后人才有可能对中国古代丰富的逻辑思想进行挖掘、整理和发扬。因此，清代诸子学的研究在中国逻辑史上有重要的地位。

3. 使语词的定义进一步精确化。这实际上是以上两点所产生的必然结果。

清中叶至清末研究诸子学的代表人物有章学诚、汪中、孙星衍、卢文弨、王念孙、孙诒让等。现重点介绍章学诚、汪中、孙诒让三人。

一、章学诚的《文史通义》

章学诚（1738—1801），字实斋，会稽（浙江绍兴）人，清乾隆进士，官国子监典籍，曾在定州定武书院、保定莲池书院、归德文正书院等处讲学，后入湖广总督毕沅（训诂学家、金石学家）幕府。他的主要著作有《文史通义》、《校雠通义》等。他在史学、经学、文学方面都有精深独到的论述。

章学诚将诸子之学看作“其源皆出于六艺”[1]，认为诸子道同而术异，给予了诸子学以一定的地位，这对于破除儒家学说的独尊地位，促进思想解放是有其积极意义的。章学诚的“辨章学术、考镜源流”的主张，对发展诸子学起到了一定的促进作用。

章学诚多次论到名家、名及名实关系。他认为，名家学派虽然后世不传，但其主要观点“辨名正物”对后世是有影响的。他通过分析名、法两家相通之处指出，名家主要是“论其理”，这个理就是上面所说的“辨名正物”之理；而法家主要是“详其事”，也就是将这种“辨名正物”之理具体贯彻于刑法事理之中。

章学诚对名的划分提出了自己的见解：

名家之言，分为三科：一曰命物之名，方圆黑白是也。二曰毁誉之名，善恶贵贱是也。三曰况谓之名，贤愚爱憎是也。尹文之言云尔。然而命物之名，其体也。毁誉况谓之名，其用也。名家言治道，大率综核毁誉，整齐况谓，所谓循名责实之义尔。命物之名，其源实本于《尔雅》，后世经解家言，辨名正物，盖亦名家之支别也。由此溯之，名之得失可辨矣。[2]

这里引用了尹文关于名的划分理论，但作了发挥，即由三分变成二分：“命物之名，其体也。毁誉况谓之名，其用也。”所谓用，就是要“循名责实”，通过“循名责实”，以求“治道”。

他也论到了名实关系：

名者，实之宾。实至而名归，自然之理也。非必然之事也。君子顺自然之理，不求必然之事也。君子之学，知有当务而已矣；未知所谓名，安有见其为实哉？好名者流，徇名而忘实，于是见不忘者之为实尔。识者病之，乃欲使人后名而先实也。虽然，犹未忘夫名实之见者也……然谓好名者丧名，自然之理，非必然之事也……故好名者，德之贼也。[3]

“名者，实之宾也”的观点，在庄子的《逍遥游》中就已提到。这种观点认为“实”是主位，“名”是宾位，名是用来表示实的。章学诚继承了这

[1] 章学诚著，叶瑛校注《文史通义校注》，中华书局 1985 年版，第 60 页。
[2] 章学诚著，叶瑛校注《文史通义校注》，第 1044 页。
[3] 章学诚著，叶瑛校注《文史通义校注》，第 444—445 页。

一观点。他要求“实至而名归”，首先要有那个实，然后才有那个名，这是“自然之理”，但非“必然之事”，也就是说，实与名之间并无内在的必然联系。但有些“好名者流，徇名而忘实”，这样就会出有名而无实的情况，但是“好名者流”虽然能得“一时之名”，最终仍会“并其所求之名而失之矣”。

章学诚的语义理论继承了荀子“约定俗成”的思想，认为事物本身是无所谓名的，名是人们加在事物身上的。如他说：

夫天，浑然而无名者也；三垣、七曜、二十八宿、一十二次、三百六十五度、黄道、赤道，历家强名之以纪数尔……当其始也，但有见于当然，而为乎其所不得不为，浑然无定名也……后人不察其故而徇于其名，以谓是可自命其流品，而纷绥有入主出奴之势焉。汉学宋学之交讥，训诂辞章之互诋，德性学问之纷争，是皆知其然而不知其所以然也。[1]这就是说，他认为事物（像“天”）本来是“浑然而无名”的，名是人们“强”加上去的。

他认为修辞是为了有助于说理：

《易》曰：“修辞立其诚”。诚不必于圣人至诚之极致，始足当于修辞之立也；学者有事于文辞，毋论辞之如何，其持之必有其故，而初非徒为文具者，皆诚也。有其故而修辞以副焉，是其求工于是者，所以求达其诚也。[2]这就是说学者写文章，首要一条是“持之必有其故”，也就是论述要有根据，“有其故而修辞以副焉”，这样，修辞就成了有助于说理的工具，以达到求其“诚”的目的。古希腊亚里士多德在《修辞学》一书中给“修辞”所下的定义是：“修辞可以定义为在任何情况下观察到那种有效说服方式的能力。”[3]“有效说服方式”显然是指一种逻辑论证的方式。章学诚的观点与亚里士多德的观点有其相通之处。

二、汪中的《述学》

汪中（1744—1794），江苏江都人，扬州学派代表人物。因家境贫困，

[1] 章学诚著，叶瑛校注《文史通义校注》，第310页。
[2] 章学诚著，叶瑛校注《文史通义校注》，第185页。
[3] 里查德·麦克依昂主编：《亚里士多德著作选》，1941年英文版，第1329页。

生活困难，51岁就去世了。他的主要著作有《述学》，包括《墨子序》、《墨子后序》、《荀卿子通论》等篇。他一反秦代以来排斥和轻视墨学的思想，认为儒墨并称乃历史事实。他在《述学·墨子序》中说：

自儒者言之，孔子之尊，固生民以来所未有矣；自墨者言之，则孔子鲁之大夫也。而墨子宋之大夫也，其位相埒，其年又相近，其操述不同，而立言务以求胜。此在诸子百家莫不如是。是故墨子之诬孔子，犹老子之绌儒学也，归于不相为谋而已矣。[1]

汪中不仅推崇已成绝学之墨学，也十分肯定荀子。他在《荀卿子通论》中指出："荀卿之学出于孔氏而尤有功于诸经。"并指出："知荀卿之学实出于子夏、仲弓也。"这里一反传统的孔孟相承说，而认为荀子是孔学的正统，给荀子之学以应有的学术地位。由于持上述求实和批判的观点，汪中的学术活动推动了诸子学（尤其是墨学）的发展，使墨学由被忽视而逐渐走向复兴。

汪中还研究了语言，特别是语义的发展变化的问题。如他《释三九中》篇说：

古之名物制度不与今同也，古之语不与今同也，故古之事不尽知也。若其辞则又有二焉，曰曲，曰形容……周人尚文，君子之于言不径而致也，是以有曲焉。辞不过其意则不畅，是以有形容焉。名物制度可考也，语可通也。至于二者，非好学深思，莫知其意焉。故学古者知其意则不疑其语言矣。[2]

这里的"曲"即一般所谓"曲笔"，相当于现代修辞学中所说的"隐喻"，所谓"形容"，就是现代修辞学中所说的"夸张"。汪中在这里明显指出了古语与今语的不同，是由于古今名物制度的不同而产生的，如果不了解这一点，就会"莫知其意焉"。

汪中在《述学》一书中对古文字作了很多考证，主要是从词源学的角度来释名，这是一种特殊的定义方法，如在《释夫子》一文中指出：

古者孤卿大夫皆称子，子者五等之爵也……称子而不成词，则曰夫子。

[1]《四部丛刊初编（307）·述学·内篇三》，商务印书馆1926年版，第2页。
[2]《四部丛刊初编（307）·述学·内篇一》，第1页。

夫者人所指名也……以夫配子，所谓取足以成词尔。凡为大夫自适以下，皆称之曰夫子……故知为大夫者，例称夫子，不以亲别也。孔子为鲁司寇，其门人称之曰子，曰夫子。后人沿袭以为师长之通称，而莫有原其始者。[1]

这就是用“原其始”的方法来解释“夫子”一名的形成，同时还用了很多文献来加以考证，这样，不仅了解了一个名的现有词义，而且了解了其历史演变的根源。

汪中还研究了“异名而同实”的问题。如在《释阙》一文中说：

天子诸侯宫城皆四周，辟其南为门城，至此而阙，故谓之阙……亦谓之阙门……库门在外，路门在内，居二门之中，亦谓之中阙……其异名，鲁周公世家炀公筑茅阙门，秦本纪孝公筑冀阙，战国策摩燕乌集阙是也。阙巍然而高，故谓之巍阙……正月之吉，县治象、教象、政象、形象之法于此，故谓之象巍……使万民观象，故谓之观……《尔雅》释宫观谓之阙是也。观有台，故谓之观台……即门为台，故谓之台门……亦谓之门台……观有左右，故谓之两观……在宫之南，故谓之南门……亦谓之大门……亦谓之宫门……亦谓之公门……亦谓之中门，与中阙同义……故宫城之门谓之雉门……十有六者异名而同实。[2]这里不仅指出十六个同义词，也指出这些同义词得以出现的内在语义联系。从逻辑上说，这是以不同的语词表达相同的概念。

三、孙诒让的《墨子间诂》

孙诒让（1818—1908年），浙江瑞安人，清同治举人，曾做过刑部主事，后返乡专门研究古籍古字，著有《周礼正义》、《墨子间诂》、《契文举例》、《古籀拾遗》、《尚书骈枝》等。通过这些著作，他对我国古书的校勘解释作出了一定的贡献。

孙诒让的《墨子间诂》一书是一部研究墨子颇有影响的著作。《墨子》一书经毕沅（1730—1797）、孙星衍（1753—1818）、王念孙（1744—1832）、王引之（1766—1834）、俞樾（1821—1907）等人的详细校订之后，

---

[1]《四部丛刊初编（307）述学·别录》，第1页。
[2]《四部丛刊初编（307）·述学·内篇一》，第1—2页。

使原来难以卒读的文字初步得以理顺。孙诒让在前人的校勘基础上，“集诸说之大成，著《墨子间诂》。凡诸家之说，是者从之，非者正之，阙略者补之。至经说及备城门以下诸篇，尤不易读，整纷剔蠹，脉摘无遗，旁行之文，尽还旧观，讹夺之处，咸秩无紊。盖自有《墨子》以来，未有此书也。”[1]应当说这个评价是不过分的。

《墨子间诂》最有贡献的部分是对《墨经》的校订。《墨子》一书中讹文错简最严重的，恐怕要算《墨经》了。孙诒让在《墨子间诂》的自序也说：“经、说、兵法诸篇，文尤奥衍凌杂，检揽旧校，疑滞殊众。研核数年，用思略尽，谨依经谊字例，为之诠释。”

对于《墨经》，毕沅在《墨子注》中已作了初步整理。他根据《经上》最后所说：“读此书旁行”，于是“依录为两截，旁读成文”。但毕沅只止于《经上》。后来，张惠言（1761—1802）在《墨子经说解》中，又将《经下》援例录为两截，孙诒让又在他们的基础上有所阐发。孙诒让指出前人解释和分列中的错误，对《经》、《说》及《大取》、《小取》重加核定，其成就更超过前辈。

尤应指出的是，孙诒让于1907年完成定本《墨子间诂》时，西方逻辑和因明对他已不是完全陌生的事情了。他在《与梁卓如论墨子书》中说：“尝谓《墨经》楬举精理，引而不发，为周名家言之宗；窃疑其必有微言大义，如欧士亚里大得勒之演绎法，培根之归纳法，及佛氏之因明论者。”[2]因此，孙诒让对《墨经》的研究，不是孤立地说文解字，还含有挖掘其中逻辑思想的因素。事实上，孙诒让在校勘诠释《墨经》的过程中也运用了一些逻辑知识。例如，《经上》第一条：“故，所得而后成也。”他反驳了毕沅和张惠言将“故”解释为“与固同”或“故者，非性所生，得人为乃成”的观点，认为：“此言故之为辞，凡事因得此而成彼之谓。”[3]这里，“辞”相当于现在所说的命题，“因得此而成彼”已包含有推理的意思。又如，他把“在诸其所然，未者然，说在于是推之”校为“在诸其所已然，推之

[1]《墨子间诂·俞樾序》，中华书局1986年版，第2页。
[2]转自方授楚：《墨学源流》，中华书局、上海书局1989年联合出版，第219页。
[3]《墨子间诂》，第279页。

诸未然”。[1]这里从“已然”推之于“未然”，显然也有推理的意思。又如，他把“夫辞”二字置于“以故生，以理长，以类行”之前，使“故”、“理”、“类”成为立辞的三个概念[2]。而且他将在此之前出现，相隔甚远的“三物必具，然后足以生”一句提到“以故生，以理长，以类行也者”句之前，并指出：“三物，即指故、理、类而言之，谓辞之所由生也。”[3]通过他这样的移植，我们才逐渐形成所谓“三物逻辑”的概念。这不能不说首先归功于孙诒让的贡献。

不难看出，孙诒让的逻辑思想是以校注古代逻辑著作的形式表现出来的，因而是零散不系统的。但是作为西方逻辑传入我国后的一种反响和中西逻辑比较研究的较早表现，这种思想是值得我们注意的。

由于诸子学的发展，使《墨经》与诸名家言又重昭于世，后学在此基础上深入探讨了中国名辩之学的传统。清末民初，又有西方逻辑的再输入以及因明学的复苏。所有这些都促进了中国逻辑科学的发展。

（原载《中国逻辑史教程》，上海人民出版社 1988 年出版）

---

[1]《墨子间诂》，第 294—295 页。
[2]《墨子间诂》，第 377 页。
[3]《墨子间诂》，第 370 页。

严复与西方逻辑的再输入

一、严复的逻辑学译著

自 1631 年李之藻翻译与出版《名理探》之后，西方的逻辑学开始传入中国，然而由于当时的历史条件，西方逻辑并没有在中国真正扎下根来，并产生相应的影响。

到了清末，西方逻辑对我国的再次输入。当时已经出现了多本西方逻辑的译本，如《名学类通》、《名理学》以及总税务司赫德译的《辩学启蒙》（耶方斯著），但这些书出版后均影响不大。在这个再输入的过程中起巨大作用的是严复。

严复（1853—1921），福建侯官（今福州）人，字又陵，又字几道。14岁时，因家贫不能走科举入仕的道路，于是考入福州船政学堂。毕业后在军舰上实习，后又派到英国海军学校留学。在英国，他阅读了大量的西方资产阶级思想家的著作。他 26 岁时（1879 年）回国，27 岁时调往北洋水师学堂任总教习（教务长），十年以后任总办（校长），以后还担任过上海复旦公学（复旦大学前身）校长与京师大学堂（北京大学）总监督（校长），1921 年病逝于福州。

1898 年（光绪二十四年），严复翻译与出版了英国生物学家赫胥黎（T.H.Huxley）的著作《天演论》（原名《进化与伦理学》），开始将达尔文的进化论学说介绍给中国，严复因此而负盛名。之后，他又翻译了许多西方著名的经济学与社会学的著作，同时，他也翻译出版了 19 世纪英国颇为流行的逻辑学著作，如约翰·穆勒的《穆勒名学》（1905 年），以及耶方斯的《名学浅说》（1908 年）。严复也正是通过这些译著来阐述自己的逻辑观点。

严复关于逻辑方面的译述与论说有三种情况。一是《穆勒名学》这样的译著，译者对原著作了基本忠实的翻译，但也并非按字句严格对译（这部书只译了一半）。严复在译文中加了大量的按语（共有39则，约1万余字）。这些按语有的是用来注释原文的，有的是结合中国的典籍，进行对比研究的，有的是阐述译者自己观点的。通过这些按语并参照原著，可以了解译者的逻辑思想。

其次是《名学浅说》这样的译著，译者只是取原书的基本观点及其纲目，而后按译者自己的意思予以解释。正如译者在该书"译者自序"中所说："中间义旨，则承用原书；而所引喻设譬，则多用己意更易。盖吾之为书，取足喻人而已，谨合原文与否，所不论也。"这样的译著，可以看作译述，也可以基本上看作严复自己逻辑思想的表述。

第三种情况是，严复在其他译著（如《天演论》、《原富》等）和在他自己的论文和讲演中（如《救亡决论》、《西学门径功用说》、《政治讲义》）中附带阐述的逻辑观点，这就完全代表了严复自己的逻辑思想。

所以，严复虽然自己没有写一本逻辑学专著，但是他通过译述所阐述的逻辑思想还是相当丰富，也是极其明确的。这使严复在中国近代逻辑史上占有重要地位。事实上，这些译著也确实产生了很大的影响，严复也为此而感到欣慰。所以当有的朋友怪他"不自为书，而独拾人牙后慧为译，非卓然能自树者所为"时，他只是"笑颔之而已"[1]。

严复所译的《穆勒名学》一书，英文原名是《逻辑体系——推理的和归纳的》（SYSTEM OF LOGIC——Ratiocinative and Inductive），另外还有一个副标题，叫做《作为与证明原理与科学研究方法相关联的观点》。《穆勒名学》一书的原作者是英国19世纪著名逻辑学家和经济学家约翰·斯图亚特·穆勒（John Stusrt Mill，1806—1873年，现通译为弥尔）。他在哲学上继承了以休谟为代表的英国经验主义的传统，强调人类一切知识都起源于经验，但他同时也受到法国实证主义哲学家孔德的影响，成为实证主义的代表之一。这些观点也正好是他在逻辑上强调归纳法的哲学基础。他是近代古典归纳逻

[1] 严复：《名学浅说·译者自序》，三联书店1961年版。

辑的集大成者。

穆勒的《逻辑体系》，原著共分六卷，外加一个“引论”。第一卷是“论名称和命题”，第二卷是“论推理”，第三卷是“论归纳”，第四卷是“属于归纳的方法”，第五卷是“论谬误”，第六卷是“论道德科学的逻辑”。严复只译了“引论”与前三卷，而第三卷还没有译完。

穆勒的《逻辑体系》一书内容比较丰富，自1843年出版以来多次重印，对逻辑界、哲学界以至当时的科学发展，都产生过很大的影响，在西方逻辑史中占有一定的地位。这本书的中文译本出版后，在我国也产生了一定的影响。它是我国19世纪末、20世纪初进行资产阶级启蒙教育时产生过相当作用的著作之一。

严复所译的另一本逻辑书《名学浅说》，原作者是英国的耶方斯（W.S.Jevons，1835—1882），他既是哲学家、逻辑学家，也是一位经济学家。耶方斯属于布尔的符号逻辑学派，曾对布尔代数作了一定的修正与补充，在1869年他还成功地构造了一部逻辑计算机。

《名学浅说》原名叫《逻辑入门》（PRIMER OF LOGIC），1878年出第一版。严复所以译这本书，首先在于这本书的内容比较通俗易懂，其次也多少有续补《穆勒名学》未译完部分的意思。耶方斯的著作晚于穆勒的《逻辑体系》，他吸收了穆勒关于归纳法的论述。但是总的来说，耶方斯比较偏重于演绎。他认为演绎推理是基本的，归纳只是演绎的一个逆过程，正如除法是乘法的逆过程一样，归纳可以看作一个一般性的假说推出某个已知的特殊事例的演绎过程。

二、严复对中国逻辑学发展的贡献

严复通过对这两本著作的翻译和出版，以及他自己对逻辑的论述，对我国逻辑科学事业的发展作出了如下的贡献。

1. 肯定逻辑在科学中的地位与作用，使西方的逻辑科学通过再传入而在中国扎了根

逻辑的发展总是与科学的发展相联系的。亚里士多德创立演绎是与古希腊时期的几何学、生物学、物理学的发展相联系的。培根与穆勒建立的归纳逻辑是与欧洲中世纪以后自然科学的发展相联系的。中国到19世纪末，成为世界上很多帝国主义国家口中的脔肉，一些有识之士也开始注意学习与发展自然科学。随着自然科学（数学、物理学、化学、生物学、天文学、地理学）的发展，也就存在一个学习与研究的方法问题，而这个方法问题也就涉及逻辑问题。这是因为严复将逻辑看作“一切法之法，一切学之学”[1]，也就是说，只有掌握了逻辑，才能学好其他科学知识。在《译〈天演论〉自序》中，严复说得很明确：“及观西人名学，则见其于格物致知之事，有内籀（指归纳）之术焉，有外籀（指演绎）之术焉。内籀云者，察其曲而知其全者也，执其微以会其通者也。外籀云者，据公理以断众事者也，设定数以逆未然者也。乃推卷起曰：有是哉，是固吾《易》、《春秋》之学也。迁所谓本隐之显者，外籀也；所谓推见至隐者，内籀也。其言若诏之矣。二者即物穷理之最要涂术也。而后人不知广而用之者，未尝事其事，则亦未尝咨其术而已矣。”[2]

严复强调逻辑对格物致知即发展科学的指导意义，从根本上反对那些不讲科学，单讲性理的繁琐哲学。如他在《原强》一文中说：

非为教学，名学，则其心不足以察不遁之理，必然之数也；非为力学、质学，则不如因果功效之相生也。[3]

在《救亡决论》中，他说：

夫陆王之学，质而言之，则直师心自用而已。自以为不出户可以知天下，而天下事与其所谓知者，果相合否？不径庭否？不复问也。自以为闭门造车，出而合辙，而门外之辙与其所造之车，果相合否？不龃龉否？又不察也。向壁虚造，顺非而泽，持之似有故，言之若成理。其甚也，如骊山博士说瓜，不问瓜之有无，议论先行蜂起，秦王坑之，未为过也[4]。

他还说：

周、程、张、朱，关、闽、濂、洛。学案几部，语录百篇……夫如是，吾又得一言以蔽之曰：无实。[5]

---

[1]《严复集》第四册，中华书局1986年版，第1028页。
[2]《严复集》第五册，第1320页。
[3]《严复集》第一册，第6—7页。
[4]《严复集》第一册，第44—45页。
[5]《严复集》第一册，第44页。

所谓“无实”，就是毫无实际内容，全凭抽象臆测。而要废除那些“无实”之学，消灭那些愚昧现象，必须接受西方的逻辑科学。

严复不仅翻译逻辑名著，而且组织“名学会”（1900年）以讲授逻辑，“一时风靡，学者闻所未闻，吾国政论之根柢名学理论者，自此始也”[1]。这样，使逻辑这门科学在我国真正扎下根来。

2. 严复对逻辑术语的译语的定名工作作了很大的贡献

首先，将Logic译为“逻辑”，这是严复开始的，虽然他同时也将它译为“名学”，并且将书名定为“穆勒名学”。严复在《穆勒名学》的第一个按语中就说：

案逻辑此翻名学。其名义始于希腊，为逻各斯一根之转。逻各斯一名兼二义，在心之意，出口之词皆以此名。引而申之，则为论、为学……精而微之，则吾生最贵之一物亦名逻各斯……故逻各斯各义最为奥衍。而本学之所以称为逻辑者，以如贝根（即培根）言，是学为一切法之法，一切学之学，明其为体之尊，为用之广，则变逻各斯为逻辑以名之。[2]

不过，严复的书名仍然冠以“穆勒名学”，那是因为在他研究了《名理探》与《辩学启蒙》等译名之后，认为都不尽如人意。他说：

曰探，曰辩，皆不足与本学之深广相副，必求其近，姑以名学译之。盖中文惟“名”字所涵。其奥衍精博与逻各斯字差相若，而学问思辨皆所以求诚、正名之事，不得不舍其全而用其偏也。[3]

可见，严复是想给“逻辑”一个准确的中文译名，觉得前人译过的“探”、“辩”不足以表示它的全部含义，用“名学”译之，比较接近原意，但仍不够理想。这样，“逻辑”一名的正式翻译，是在十几年之后，经章士钊的推崇，才在我国固定下来。不过，严复首译之功，还是不能磨灭的。

严复在《穆勒名学》与《名学浅说》这两本书中的译名，大部分与今天通用的逻辑术语的汉语译名不太一致，这是可以理解的。因为他是第一个将

[1] 王蘧常：《严几道年谱》。
[2]《严复集》第四册，第1027—1028页。
[3]《严复集》第四册，第1028页。

西方逻辑向中国传入的颇有影响的人物。这门科学在当时对中国是比较陌生的，他的翻译过程实际上是很多术语的定名过程。正如他自己所说："新理踵出，名目纷繁，索之中文，渺不可得，即有牵合，终嫌参差，译者遇此，独有自具衡量，即义定名……此以见定名之难，虽欲避生吞活剥之诮，有不可得者矣。他如物竞、天择、储能、效实诸名，皆由我始。一名之立，旬月踟蹰，我罪我知，是存明哲。"[1]这种术语定名的工作可见是相当艰巨的。严复翻译逻辑术语有两种方式，一是音译，一是意译。像"逻辑"与"名学"两词就是音译与意译的典型。他译的有些术语到现在仍在使用，例如，"界说"（即"定义"）、"内函"（即"内涵"）、"因果"、"丐词"、"试验"。有的则跟现在的用法相似，例如，"推证"（推理）、"外举"（或译"外帜"，即"外延"）、"中端"（中词）、"大端"（大词）、"小端"（小词）。有的在今天已不使用，但严复定名时仍有其合理的因素，如将"归纳"定名为"内籀"（induction），将演绎定名为"外籀"（deduction）。他将"推理"（reasoning）称为"思籀"用"内"、"外"两个词素正好表现了相反的推理方向。他所创的译音词今天多已不用，但是这些词在逻辑再传入的初期，也起到了一定的作用。

3. 严复将西方的语义学理论与中国传统的正名理论联系起来，促进了汉语语词使用的精确化

严复一贯强调语词意义的明确性。他说：

讲科学，与吾国寻常议论不同，中有难处：一是求名义了晰，截然不紊之难；二是思想层析，非所习惯之难。故或言者视为无疑，而闻者犹或待辨；有时语意已极明白，而犹以为深远难明；或自谓已悟，而去实甚远。今不佞惟力求其显易，用一名义，必先界释明白。[2]

他将这种要求，跟我国传统的"正名"学说联系起来，认为"科学入手，第一层工夫便是正名"[3]。并认为：

夫科学之一名词，只涵一义，若有二义，则当问此二者果相合否。合则

[1]《天演论·译例言》，见《严复集》第五册，第1322页。
[2]《政治讲义》，见《严复集》第五册，第1253页。
[3]《政治讲义》，见《严复集》第五册，第1247页。

固善，假使冲突不合，则取其一者，必去其一，而后其名词可行，不至犯文义违反之条禁。……此正是科学紧要事业，不如此者，无科学也。孔子曰："必也正名乎。"未有名义含糊，所讲事理得明白者。[1]

他在《穆勒名学》中，将部（甲）篇一标题译为"论名学必以分析语言为始事"，并注说"凡及语言皆兼文字。在第一节前加一标题为："论名之不可苟"。文章一开始就说：

言名学者深浅精粗虽殊，要皆以正名为始事……夫讲名学者，将以为致思之术，而语言者思之大器；使其器不具、不精、抑用之而不得其术，其事将有纷淆、括滞之忧，而所得有不可深信者矣……此名学始教所以莫不先治语言而求祛其蔽也。[2]

严复还说：

夫名学者知言之学者，言必有名；使于名之义蕴昧然，则无以察言，而知言学废。故正名事不仅以救过已也，欲知言先正名，其事有不容已者。[3]

严复将西方关于名称的理论跟我国传统的正名理论联系起来，而且将正名看作"科学入手"之处，一反传统的将正名仅与封建的政治等级、伦理纲常相联系，这显然是正名理论的一大发展。

严复指出制名与用名中出现的逻辑错误对于"致知穷理"是非常有害的。他在《穆勒名学》部(甲)篇二第五节的按语中列举了汉语中用名不当的例子。

案所谓一物之名，驰称日远，至无可举之定义，此弊诸国之语言皆然。而中国尤甚。……其训诂非界说也，同名互训，以见古今之异言而已。……夫语言之纷至于此，则欲用之以为致知穷理之事，毫厘不可苟之功，遂至难矣。且科学弗治，则不能尽物之性，用名虽误，无由自知。[4]

严复认为要清除这种语言混乱的现象，首先要审名。他说："欲观物宜先审名。"要审名就要明确的分类。他不但研究了西方语词分类的特点，也考虑到汉语语词分类的特点。他说：

---

[1]《政治讲义》，见《严复集》第五册，第1285页。
[2]《穆勒名学》，商务印书馆1981年版，第17页。
[3]《穆勒名学》，商务印书馆1981年版，第17页。
[4]《穆勒名学》，第35—36页。

> 案西字区分八类：一曰名物，二曰动作，三曰区别，四曰形况，五曰代名，六曰缀句，七曰缀名，八曰嗟叹……而中文则宜增语助一类，“焉”、“哉”、“乎”、“也”，为西文之所无者。[1]

严复看到了西方语言的形态发达，所以，很容易从形态上辨别词类，即“五尺之蒙有以知之”，而汉语形态不发达，必须考虑语义，用声调、平仄、缓急的变化来区别词类。

严复按照穆勒（与耶方斯）的观点，将名分为公名与专名，察名（具体名词）与玄名（抽象名词），他还举出一些汉语的例子来说明公名、专名、察名、玄名。他之所以将“抽象名词”译为“玄名”。是因为属性“以其附于物而后见，又可离其物而为言，故曰玄”。严复加注说：“中文之义，玄者悬也；意离于物，若孤悬然，故以取译。[2]他将事物的属性看作可以脱离事物而孤悬出来的东西，而在穆勒的原著中，并没有这样的意思，看来这只是表达了严复自己的哲学观点。不过，严复研究了汉语的特点，看到英语有“White”（形容词）与“Whiteness”（抽象名词）的区别，汉语的“白”没有这种区别，所以他认为名或可玄可察，视其用之如何。严复的这种分析是有创见的。

严复认为要消除语言的混乱现象，还需要明确内涵与外延的两种意义。他也同意穆勒的观点，认为：“公名有涵……独至专名，实皆无涵。盖专名之立，理同徽识，取便指呼，施诸言论，不必命名皆有义也。”[3]即认为普遍名词有外延也有内涵，专名则有外延而无内涵。“然亦有专名而涵者”，他们所举的例子，就是后来罗素所说的“有定摹状词”如“某公之独子”、“罗马之始皇帝”、“苏格拉底之父”、“今英国首相”。这里，严复跟穆勒一样，混淆了“专名”与“摹状词”的界限，虽然两者都是指称单一对象，但在逻辑属性上是有区别的。不过，在我国语义学史上，由此逐渐明确名有内涵与外延之别，认识到专名的特有的逻辑属性，这不能不承认是严复的功绩。

为了使名词含义明确，严复很强调定义的作用，他说：“科学名词，含

[1]《穆勒名学》，第23页。
[2]《穆勒名学》，第27页。
[3]《穆勒名学》，第30页。

义不容两歧，更不容矛盾”[1]，为此“用一名义，必先界释明白”[2]。

在《穆勒名学》部（甲）篇八第四节的按语中，严复还引述了穆勒原著中的注，即培因（Alexandria Bain，1818—1903，英国逻辑学家、哲学家）关于定义的理论。培因将所有那些“言物之所固有而无所发明”的定义都认为不是真词（真实命题），而看作是申词（语词命题）。严复不同意培因的观点，他在按语中指出；

顾使其义为凡俗所不知，而以一二专家独明先觉之故，遂谓词之标其义者为无所发明、无所谕告，而其义为此名之所本有，无乃过欤？故吾谓一名常义，只取众人之心有所识别而已……则界说所毕宣之含义不必尽如培因氏之说亦明矣。[3]

这就是说，严复认为作出一个定义，起到使人“有所识别”就算达到目的，并不要求每个定义都要有所发明，不然的话，一般定义都要看作语词定义了。另外，严复还一再指出训诂与定义的区别。他将定义看作比我国传统的训诂更有价值的揭示词义的方法。

严复在翻译《穆勒名学》的过程中加了不少按语，以此来表达译者自己对某些问题的看法。严复在“引论”中加一个按语，在“部（甲）”中加了17个按语，“引论”与“部（甲）”的按语将近占全书按语的一半（全书共39个按语），这些按语主要是阐述严复对语义问题的观点，从这五方面也可看出他对语义问题的重视。

经过严复介绍之后，西方关于语义学的研究的方法在中国得到传播，特别是关于定义的方法，在每一门科学中都得到运用，这比我国传统的释义方法确实前进了一大步。

4. 严复对演绎，尤其是归纳作用的肯定，有助于我国科学的发展

严复译的《穆勒名学》，部（乙）（即第二卷）讲演绎，部（丙）（即第三卷）讲归纳，原书中第三卷十四章至二十五章以及第四卷还有不少关于归纳的重要内容，严复没有译出来，但是关于穆勒对待演绎与归纳的基本观

[1]《政治讲义》，见《严复集》第五册，第1290页。
[2]《严复集》第五册，第1243页。
[3]《穆勒名学》，第132页。

点还是表达出来了。穆勒承认演绎与归纳在科学中具有同样重要的作用，他说：

科学之正鹄，在成外籀，其不为外籀者，坐未成熟耳。外籀之科学也。辐凑交臻，道通为一。全学之成也，所基之公例至寡，而所推之物理至繁；虽天下之至赜，皆可由其例以通之。而是例之成，则内籀之术为之也。[1]

这里承认外籀、内籀相辅相成，同样重要。他也看到“诸科学皆有渐成外籀之势。”[2]但是他最终又认为演绎是建立在归纳的基础之上的，这样，归纳成了更根本的推理方法。他认为：“夫成学程途，固常由实测试验而趋外籀矣，然不得以其渐趋外籀，而遂曰此非内籀之学也。外籀之为推。一一皆本于内籀。”[3]“故内外二籀同资推证，而内籀之所系尤重。”[4]（这句话的英文原意是：“这样，归纳是一个真的推理过程。”）严复基本上接受了穆勒的观点，不过，严复自己没有轻视外籀的意思。他在《名学浅说》中说过：“盖非先了然于外籀术者，于内籀术固无由明也。”“且人为内籀时。非借径于外籀固不可。”[5]严复甚至认为中国的《周易》运用的就是外籀法。可是，严复确实在其著作或按语中更为强调归纳，这是由于他认为中国科学的不发达，就是由于过去中国的“旧学”（主要指陆王是学）都是运用演绎，专门讲一些抽象的义理。他说：

旧学之所以多无补者，其外籀非不为也，为之又未尝不如法也，第其所本者大抵心成之说，持之似有故，言之似成理……初何尝取其公例而一考其所推概者之诚妄乎？此学术之所以多诬，而国计民生之所以病也。[6]

他也说：

然而外籀术重矣，内籀之术乃更重……吾国向来为学，偏于外籀，而内籀能事极微……故曰：生今为学，内籀之术，乃更重要也。[7]

---

[1]《穆勒名学》，第197页。
[2]《穆勒名学》，第415页。
[3]《穆勒名学》，第198页。
[4]《穆勒名学》，第155页。
[5]《名学浅说》，第5—6页。
[6]《穆勒名学》，第199页。
[7]《名学浅说》，第64页。

可见，严复强调归纳，是针对中国当时的现状说的。中国要祛除积弱，走向富强，必须要学好自然科学，要学好这些经验科学，必须掌握科学方法。严复在《救亡决论》中强调：

然而西学格致，则其道与是适相反。一理之明，一法之立，必验之物物事事而皆然，而后定之为不易。其所验也贵多，故博大；其收效也必恒，故悠久；其究极也，必道通为一，左右逢源，故高明。[1]

这时所说的“西学格致”，就是指那些具有实验性的科学，如物理学、化学、天文学等，在这些科学实验中，都必须运用逻辑的方法，要“必验之物物事事而皆然”，运用归纳的求同法，“而后定之为不易”即成为不易之理，不易之法。严复对中国旧学的这种看法，不一定全面，但至少说明他并非轻视演绎，而是针对中国当时的具体情况，强调要学习过去不为人熟悉和重视的归纳法。

严复在清末大力宣传逻辑学，翻译介绍国外逻辑名著，使国人耳目为之一新。正如后人章士钊在其《逻辑指要》（三联书店 1961 年版）一书的“例言”中所说：“为国人开示逻辑举途径，侯官严氏允称巨子。本编译名泰半宗之，译文间亦有取，用示景仰前贤之意。”由此可见，严复的译著确实起到了促进我国逻辑科学迅速普及与发展的作用，而且经过他的启发，不少学者将长期以来被忽视的中国古代逻辑——名辩之学挖掘出来，并作了深入的比较研究，使它重放光彩。严复在我国近代逻辑的发展史上，应该占有重要的地位。

（原载《湖北大学学报》1987 年第 2 期）

[1]《严复集》第一册，第 45 页。

章太炎、梁启超、章士钊对中西逻辑的比较研究

一、章太炎对名学、因明与西方逻辑的比较研究

章太炎（1869—1936），浙江余杭人，本名章炳麟，别号太炎。早年，他曾支持康、梁维新变法和孙中山的革命活动。辛亥革命后，日渐消沉。他一生著述很多，编有《章氏丛书》、《章氏丛书续编》、《章氏丛书三编》等，内容涉及史学、语言学、文学、逻辑学诸方面，另外还写了不少宣传革命的文章，也有很大影响。

章太炎在逻辑学方面的主要成绩在于进行西方逻辑、中国名学与印度因明的比较研究。在章太炎之前，严复对西方逻辑作介绍时，已经注意到将西方逻辑与中国传统名学进行比较研究，但严复还没有注意到世界另一支逻辑的重要流派——印度因明。章太炎弥补了这方面的缺陷。

印度因明自唐代正式传入汉地以后，曾经兴盛过一段时间，后随佛教法相宗的衰落而衰落，到明清之际，因明几乎成了绝学。到了清代晚期，佛学法相宗又趋向复兴，因明也随着得以复苏。当时对复兴佛学较有影响的人物是杨文会（又名杨仁山，1837—1911年），他是安徽石埭（今安徽石台）人，27岁时开始学佛，是个居士。他几经努力，从日本搜求购回我国失传的佛教经文300多种，其中包括早已散失的唐代玄奘、窥基等翻译与著述因明的著作多种。窥基的《因明大疏》就是由他从日本取回后，审编石刻印出来的。这使研究因明学的人有了可信的原始资料。杨文会不仅刻经，还开设佛学学堂，取名“祇洹精舍”，另成立佛学研究会，他自任会长，每周讲经一次。通过学习形式，杨文会培养了一批佛学弟子，其中有太虚法师、谢无量、欧阳竟无、谭嗣同以及章太炎等。

章太炎对西方逻辑与中国名学都有较深入的研究，但总的说来，他还是

比较推崇印度的因明。他的逻辑论文主要有《原名》与《语言缘起说》，以及《诸子学略说》等篇。

章太炎继承中国古代名学理论，特别是荀子《正名》篇中以及《墨经》中关于“名”的理论。他在《诸子学略说》中说：

凡正名者，亦非一家之术，儒、道、墨、法，必兼是学，然后能立能破，故儒有荀子《正名》，墨有《经说》上、下，皆名家之真谛，散在余子者也。若惠施、公孙龙辈，专以名家著闻；而苟为釽析者多，其术反同诡辩。[1]

章太炎很重视名的形成问题。他在《原名》中说：

名之成，始于受，中于想，终于思。领纳之谓受，受非爱憎不箸。取像之谓想，想非呼召不征。造作之谓思，思非动变不形。名言者，自取像生。[2]

这就是说，名的形成开始于对外界“感受”，中间要经过“想”的阶段，然后通过“思”而完成。所谓“感受”，就是要对外界有所“领纳”。所谓“想”，就是要进行抽象。所谓“思”就是要进行造作加工。语言中的名就是通过这三个步骤而形成。

他认为名有一个发展过程。在《语言缘起说》一文中，他说：

虽然，大古草昧之世，其言语惟以表实，而德业之名为后起……世稍文，则德之语早成，而后施名于实。[3]

这是说，在原始社会，言语只有表达个体的具体名词，后来才产生表类的抽象的普遍名词。待文化发达以后，人们就大量地使用抽象的普遍名词去表达具体的事物。

在《原名》篇中他也谈到：

泰始之名，有私名足也；思以综之，名益多。故《墨经》曰：“名：达、类、私。”孙卿曰：“万物虽众，有时而欲遍举之，故谓之物。物也者，大共名也。有时而欲偏举之，故谓之鸟兽。鸟兽也者，大别名也。”[4]这就是说，原始社会有关于个体的私名就足够了，后来由于思维活动的发展，经过“综”（概

[1] 汤志钧编：《章太炎政论选集·诸子学略说》，中华书局，1977年版，第300—301页。

[2] 章太炎：《国故论衡·原名》，中西书局1924年版，第217页。

[3] 章太炎：《国故论衡·语言缘起说》，中西书局1924年版，第61页。

[4] 章太炎：《国故论衡·原名》，中西书局1924年版，第218—219页。

括）而产生的普遍名词越来越多，于是就产生了像《墨经》中所谓的达名、类名、私名以及荀子所谓的共名与别名，以及单名与兼名的分类。如："骐"为私名，"马"为类名，"畜"为达名，"兽"为别名，"物"为共名，至于兼名，就是一般所谓的集合名词，如"丛马曰驷"、"丛木曰林"。

在名的形成问题上，章太炎有时是支持荀子关于名的约定理论的。在《原名》篇中，章太炎非常肯定荀子在《正名》篇中关于名的约定俗成的观点，但是他在《语言缘起说》中，却主张"诸言语皆有根"，即立名都要依据事物的某种自然本性。他说：

语言者不冯虚起。呼马而马，呼牛而牛，此必非恣意妄称也。诸言语皆有根。先征之有形之物，则可睹矣。何以言雀？谓其音即足也。何以言鹊？谓其音错错也。何以言雅？谓其音亚亚也。……此皆以音为表者也。何以言马？马者，武也。（古音马武同在鱼部）何以言牛？牛者，事也。（古音牛、事同在之部）何以言羊？羊者，祥也……此皆以德为表者也。要之以音为表，惟鸟为众；以德为表者，则万物太抵皆是……故物名必有由起。[1]

这就是认为名称与它所称呼的对象（实）有着内在必然的联系。古希腊柏拉图在《克拉底鲁》的"对话录"中，表述了关于名称起源于自然本性（nature）还是起源于约定俗成（convention）的两种对立的理论。不幸的是，这两种对立的理论竟统一在章太炎一个人身上。章太炎可能是混淆了"名"与"字"的区别。根据现代语言学的理论，一般都认为"名称"对于一定的事物来说，完全是约定的（即使是象声词也不具有必然联系）；而表达名的字，特别像汉字这样的表意文字，在一定条件下，可能有某种意义上的联系，从而对汉字的传统训诂方法中，有所谓"以形索义"（形训）、"因声求义"（音训）的方法。如果采用章太炎的理论，就无法解释汉语中"呼马而马"、"呼牛为牛"，而英语却呼马为"horse"，呼牛为"ox"这种一物异名的现象。

章太炎非常推崇推理的认识作用。他在讲到"辩说之道"时说：有些事

［1］章太炎：《国故论衡·原名》，中西书局 1924 年版，第 60—61 页。

物“遇而可知，历而可识”[1]。但是，有些事物由于“阻于方域，蔽于昏冥，县于今昔，非可以究省也”[2]。这时，就要依靠逻辑推理，“而以其所省者，善隐度其未所省者”[3]。也就是说要从已知的前提推出未知的结论。他举例说：

故审堂下之阴，而知日月之行，阴阳之变；见瓶水之冰，而知天下之寒，鱼鳖之臧也；尝一味肉，而知一镬之味，一鼎之调……此所以为辩者也。[4]

“辩”，就是“推理”。

关于推理形式问题，章太炎作了较深入的讨论。他说：

辩说之道，先见其恉，次明其柢。取譬相成，物故可形，因明所谓宗因喻也。[5]

这里的“恉”指“宗旨”、“论旨”，“柢”指“根柢”、“根据”。按照这种先有旨，次明柢，然后取譬相成的推理形式的要求，章太炎认为最典范的形式应该是因明所谓的宗、因、喻。他根据这种形式对西方逻辑的三段论式和中国《墨经》的辩式也进行了分析。他发现：

印度之辩，初宗，次因，次喻（兼喻体、喻依）。大秦（指西方——引者）之辩，初喻体（近人译为大前提），次因（近人译为小前提），次宗，其为三支比量一矣。《墨经》以因为故，其立量次第，初因，次喻体，次宗，悉异印度、大秦。[6]

章太炎认为因明与三段论式都是同样的“三支比量”，而《墨经》的辩式却与印度因明、西方逻辑有很大的不同。章太炎为了说明这一点，举例如下：

如印度量：声是无常，所作性故，凡所作者，皆是无常，喻如瓶。大秦量：凡所作者皆无常，声是所作，故声无常。如墨子量：声是所作，凡所作者皆无常，故声无常。[7]

将这三种论式分列出来是这样的：

---

[1] 章太炎：《国故论衡·原名》，中西书局1924年版，第220页。
[2] 章太炎：《国故论衡·原名》，中西书局1924年版，第220页。
[3] 章太炎：《国故论衡·原名》，中西书局1924年版，第220页。
[4] 章太炎：《国故论衡·原名》，中西书局1924年版，第220—221页。
[5] 章太炎：《国故论衡·原名》，中西书局1924年版，第221页。
[6] 章太炎：《国故论衡·原名》，中西书局1924年版，第221页。
[7] 章太炎：《国故论衡·原名》，中西书局1924年版，第221页。

因明的三支作法是：

声是无常，　（宗）
所作性故，　（因）
凡所作者皆是无常，（喻体）喻如瓶。（喻依）

西方逻辑的三段论式是：

凡所作者皆是无常，（喻体，大前提）
声是所作，　　（因，小前提）
故声无常。　　（宗）

《墨经》的辩式是：

声是所作，　　（因）
凡所作者皆是无常，（喻体）
故声无常。　　（宗）

的确，从上述的排列来看，它们都具有宗、因、喻三个组成部分，也就是说都具有“三支比量”的形式。章太炎还进一步分析了《墨经》中的“小故”就是因明中的“因”与三段论中的小前提，“大故”就是因明中的“喻体”与三段论中的大前提，所以，它们都符合章太炎所规定的“辩说之道”的基本要求。不过他也注意到有些论式间的差别，如三支的排列顺序显然有所不同。不仅如此，章太炎还特别强调，因明的喻，有喻体（如：凡作者皆是无常）、喻依（喻如瓶）两个部分。“喻依者以检喻体而制其款言”[1]，即喻依是用来作为检验喻体是否能够确立的论据，无喻依也就是无喻体。一个论式中，有无喻依，对喻体能否成立，从而能否通过喻与因来推出宗，关系重大。章太炎认为：“大秦与墨子者，其量皆先喻体后宗。先喻体者无所容喻依。”[2]照他看来。西方逻辑的三段论式。以及中国墨家的辩式，都不及印度因明的三支作法的形式完善，从而，三支作法无形中成了最标准的论式。这种仅仅根据有无喻依来确定一种推理式完善与否，其理由是不够充分的。而且，《墨经》的辩式是否具有像印度因明那样的“三支比量”，这本身还有待研究。

[1] 章太炎：《国故论衡·原名》，中西书局1924年版，第223页。
[2] 章太炎：《国故论衡·原名》，中西书局1924年版，第223页。

另外，《墨经》中的“小故”是否类同于因明中的“因”与三段论中的“小前提”，“大故”是否类同于因明中的“喻体”与三段论中的“大前提”，这也需要研究。不过，章太炎看出世界上三大逻辑体系——西方逻辑、印度因明以及中国名辩之学的某些共同点，也探索了它们之间的差异之处，特别是看出中国名辩之学的特点，这种比较研究应该说是很有意义的。

二、梁启超对中西逻辑的比较研究

梁启超（1873—1929），字卓如，号任公，广东新会人，光绪举人。幼年接受儒家教育，青年时期又学习西方知识。1891 年至 1894 年在广州听康有为讲学，受其改良主义的思想影响。后与康有为一起倡导变法维新，失败后逃亡日本，但仍主张立宪保皇。辛亥革命后曾担任过北洋军阀政府中的司法总长与财政总长。后离开政界，赴欧洲考察。晚年主要从事学术著作和讲学活动。曾执教于清华研究院，担任过京师图书馆馆长。一生著述甚多，编为《饮冰室合集》。他对墨子与《墨经》颇有研究，著有《子墨子学说》、《墨子之论理学》、《墨经校释》、《墨子学案》等，重点探讨了墨家的辩学，即墨家的逻辑，不过他主要是参照西方逻辑的体系、理论，间或也参照因明的论式，来探讨墨家的辩学。他还著文介绍了亚里士多德、培根、笛卡尔等人的逻辑学。

梁启超认为，《墨经》是一部符合现代科学精神的著作。他在《墨经校释·自序》中说：“在吾国古籍中，欲求与今世所谓科学精神相悬契者，《墨经》而已矣。”[1]他极高地肯定了《墨经》在逻辑学上的学术价值，说：“《墨经》殆世界最古名学书之一也。”[2]他还感叹地说：“欧洲之逻辑，创自亚里士多德，后墨子可百岁，然代有增损改作，日益光大，至今治百学者咸利赖之。《墨经》则秦汉以降，漫漫长夜，兹学既绝，则学者徒以空疏玄渺肤廓模棱破碎之说相高，而智识界之榛塞穷饿，乃极于今日。吁，可悲已。”[3]

[1]《墨经校释》，中华书局 1941 年版，第 1 页。
[2]《墨经校释》，中华书局 1941 年版，第 1 页。
[3]《墨经校释》，中华书局 1941 年版，第 1 页。

梁启超在给张其煌的《墨经通解》一书所写的序中对自清以来关于《墨经》的校勘注释工作作了比较全面的回顾。他认为："《墨经》最重要之部分，自然是在名学。经中论名学原理者约居四之一，其他亦皆用'名学的'之演绎归纳为立义者也。"[1]他还说："'墨辩'两字，用现在的通行语翻出来，就是'墨家论理学'。"[2]梁启超之所以用"论理学"。而不用"名学"来称呼Logic，是因为他认为"名学"之名不足以概括全部Logic的内容。他说："Logic之原语，前明李之藻译为名理，近侯官严氏译为名学，此实用九流'名家'之旧名，惟于原语意，似有所未尽，今从东译通行语，作论理学。"[3]

梁启超谈墨辩逻辑较集中的两篇，一是《墨子之论理学》，它是《子墨子学说》一书的附录；一是《墨子之论理学及其他科学》，是《墨子学案》一书的第七章。

他在《墨子之论理学》中说："墨子全书，殆无一处不用论理学之法则，至专言其法则之所以成立者，则惟经说上、经说下、大取、小取、非命诸篇为特详。今引而释之，与泰西治此学者相印证焉。"[4]可见，在这一篇中主要是对照西方的逻辑来进行对《墨经》的分析。

该文第一部分是释名。他认为："辩"即论理学，"名"即论理学中所谓的"名词"；"辞"即"命题"；"说"即"前提"，或更恰当地说是"小前提"；"实意故"即"断案"（今称"结论"）；"类"是三段论中的"媒词"（今称"中词"）；"或"是特称命题；"假"是"假言命题"；"效"含"法式"之义，兼有英语中的Form和Law两字的意思，又相当于三段论的"格"；"侔"是"比较"。"援"，梁启超认为其义不甚分明，有点像三段论的"积叠式"（今称"复合三段论"）；"推"，梁启超认为："论理学本推论之学，故推为本学中之第一要件，无待言。但墨子之定义颇奥古，不敢强解。"[5]

第二部分是法式。他认为"法式"就是"小取"篇所谓的"效"。这里主要是引述墨子著作中的一些例子来阐述普通逻辑中的内涵、外延，及其反

[1]《读墨经余记》，见《墨经校释》，第7页。
[2]《墨子学案》，商务印书馆1921年版，第79页。
[3]《墨子之论理学》，见《子墨子学说》，中华书局1936年版，第55页。
[4]《子墨子学说》，第56页。
[5]《子墨子学说》，第56—58页。

变关系，以及词项之间的关系和周延问题。这里还引述了三段论的规则，但未说明。这一部分附带提了惠施、公孙龙，“若夫惠施、公孙龙之徒，以名家标宗，其实乃如希腊之诡辩派，其论理学盖下子墨子数等也。”[1]

第三部分讲应用，引用了一些墨子著作中的例子来说明三段论式。

第四部分讲“归纳法之论理学”。他说：归纳法与演绎法的区别在于：“演绎法者，据总以推分；归纳法者由分以求总。”[2]“演绎法只能推论其所已知之理，而归纳法专以研究其所未知之理。倍根氏所以独荷近世文明初祖之名誉者，皆以此也。而数百年来全世界种种学术之进步亦罔不赖之，而乌知我祖国二千年前，有专提倡此论法以自张其军者，则墨子其人也。”[3]

《墨子学案》第七章“墨家之论理学及其他科学”大体上也谈到这些问题，不过比较详细与具体一点，有些地方观点上有些改变。他说：“我们的知识，用什么方法得来呢？《墨经》说：有三种方法。第一是‘闻知’，从传授得来。第二是‘说知’，从推论得来。第三是‘亲知’，从经验得来……亲知是归纳的论理学，说知是演绎的论理学，这两种都是纯靠自力得来的知识。闻知是其他听受记诵之学，是借助他力得来的知识。三种变相为用，各有所宜，不能偏废。最靠得住的，自然是亲知……所以现代科学精神，无论治何种学问，总以经验为重。”[4]他依据这种观点，认为；“秦汉以后儒者所学，大率偏于闻知说知两方面。偏于闻知，不免盲从古人，摧残创造力。偏于说知，易陷于‘思而不学则殆’之弊，成为无价值之空想。中国思想界之受病确在此。墨经三者并用，便调和无弊了。”[5]可见，梁启超强调三种方法的并用，而没有偏废哪一种。但是，他看到中国知识界传统上都忽视经验与归纳，而单纯地盲从古人，所以更强调亲知一些。

他认为《小取》篇中所说的“以名举实，以辞抒意，以说出故”，就相当于论理学家所谓的思维作用的三种形式：概念、判断、推理。梁启超还特别提出一个“意”的概念。他引述：“（经）信，言合于意也。（经说）信：

[1]《子墨子学说》，第63页。。
[2]《子墨子学说》，第68页。。
[3]《子墨子学说》，第69页。。
[4]《子墨子学说》，第84—86页。
[5]《墨子学案》，第87页。

必以其言之当也。使人视，诚得金。”从而说明：“此条说‘意’字，含忖度判断的意思。”[1]这个“意”字，相当于“假说”（梁启超称为“臆说”），他认为《墨经》用这个“意”字是“表示谨慎态度”[2]。他将“故”解释为原因，指事物所以然之故。《墨经》第一条就解释“故”字，是因为“因果律为论理学第一要件”[3]。

在这本书中，比较注意讲“论理的方式”即“逻辑形式”。他说：“《墨经》论理学的特长，在于发明原理及法则，若论到方式，自不能如西洋和印度的精密，但相同之处亦甚多。”[4]梁启超对印度的因明、西方的逻辑与《墨经》三种逻辑形式进行了比较研究。他认为：

因明的三支论式是：

宗 = 声，无常。

因 = 何以故？所作故。

喻 = 凡所作皆无常。例如瓶。

《墨经》是引“说”就“经”，这样也得三支：

宗 = “知，材也。”

因 = 何以故：“所以知”故。

喻 = 凡材皆可以知。“若目”。

这条是宗在“经”，因、喻在“说”。梁启超认为，“经上”、“经说上”多半是用这种形式。而“经下”、“经说下”则往往是宗、因在“经”，喻在“说”。如：

宗 = “损而不害”。

因 = 说在余。

喻 = “若饱者去余，若疟病人之于疟也”。

梁认为，全部《墨经》用这两种形式最多，和因明的三支极相类似。三支中最要紧的是“因”，“因”就是“以说出故”的“故”。

---

[1]《墨子学案》，第104页。
[2]《墨子学案》，第104—105页。
[3]《墨子学案》，第106页。
[4]《墨子学案》，第107页。

梁启超也将《墨经》与西方逻辑的三段论式作了比较，例如：

大前提 =“假必非也而后假”。

小前提 =“狗，假虎也”。

断　案 =“狗，非虎也”。

他还将《墨经》中“非诽者悖，说在弗非”一条解释为复合三段论式：

一：弗非者悖，

二：何以故？无是非之心故。

三：有非者则吾从而非之，则诽也。

四：非诽者，谓不可诽人也。

五：谓不可诽人，则是虽有非亦不可非也。

六：然则非诽是教人无是非之心，故悖。

梁启超认为，墨子全书，大半都是用这些论式构成。

梁启超将《墨经》中的“推”解释为归纳法，他认为这是论理学中最重要的部分，是增加知识的不二法门。梁启超还为穆勒的归纳五法从《墨经》中都找到解说和说明。例如，“（经）同：异而俱于此一也”；这是讲“求同法”。“（经）法异则观其宜”；这是讲“求异法”。（经）同异交得知有无”。这是讲“同异交得法”，即“求同求异并用法”。至于另外两法。梁启超认为，共变法不过是求异法的附属，求余（乘余法）不过是求同法的附属[1]。

总的来说，梁启超更多的是以西方逻辑的形式与《墨经》的辨学作机械的类比，这种方法本身就有偏颇之处，梁启超在给张其煌的《墨经通解》(1928年独志堂刊本）的序中说：

近人或以经文全部，与印之因明、欧之逻辑同视，子武（即张其煌）以为……经说虽往往应用辩术，然并非以释辨为主。若事事以因明、逻辑相傅会，或反有削趾适履之虞。

看来将墨子的著作，特别是《墨经》，处处套成因明或逻辑的论式，的确使人有“削趾适履”之感。梁启超自己后来已经发现了这种毛病。

---

[1]《墨子学案》，第137—139页。

三、章士钊《逻辑指要》中对中西逻辑的比较研究

章士钊（1881—1973），字行严，湖南长沙人，1907年去英国苏格兰大学，开始跟随戴蔚孙教授（Prof. Davidsen）学习逻辑，回国后于1918年在北京大学讲授逻辑，1931年到沈阳东北大学“讲授名理，以墨辩与逻辑杂为之”。当时讲课“止于口授，未遑著录”。为了讲课，他于1917年准备过一份讲稿，“虽经整理印行一次，外界流布极少”（见该书“自序”）。直到1939年才在重庆正式出版，书名为《逻辑指要》。1959年由三联书店作为逻辑丛刊的一本而再版。章士钊在“重版说明”中说：“事关进修，辞不获已。于是以一个月工夫，躬自校勘一遍……全稿计削去不合时宜者大约二十分之一。增补者略多一点，都只限于古籍应用例子而已。”书后附有他过去的逻辑论文六篇，即：《论翻译名义》、《名墨訾应论》、《名学他辨》、《墨议》、《原指》、《名墨方行辨》。

该书的体例与传统逻辑的体例基本一致。不过第一章“定名”专门讨论在汉语中“逻辑”一名的定名问题，这是当时一般教材中少见的。另外，最后一章（第二十八章）为“诸悖”，专门讨论了各种逻辑谬误，内容比较全面而丰富，这也为当时一般教材所少见。

这本著作的一大特点就是在文章的各个部分都进行了中西逻辑的比较研究，正如作者所说该书是：“以欧洲逻辑为经，本邦名理为纬，密密比排，蔚成一学，为此科开一生面”（见“自序”）；“是一部逻辑发展史……的速写”（见“重版说明”）。所以，该书实际上是一部中西逻辑比较研究的教材。该书所用的术语，多半是沿袭严复所用的术语，如“外籀”、“内籀”等，但有时也用音译，如“题达”（deduction）和“阴达”（induction）。

这本书比较充分地论证了中国古代有自己的逻辑，并批判了所谓“中国无逻辑”的观点。他在“自序”中说：“寻逻辑之名，起于欧洲，而逻辑之理，存乎天壤。其谓欧洲有逻辑，中国无逻辑者，妄言也。其谓人不重逻辑之名，而即未解逻辑之理者，尤妄说也。”他在“例言”中也说：“逻辑起于欧洲，而理则吾国所固有……先秦名学与欧洲逻辑，信如车之两轮，相辅而行。”章士钊不仅从理论上说明这一点，而且由于他在本书的每个部分都

引述了《墨经》以及其他中国古代著作来阐述逻辑的原理，这就用事实证明了中国古代是有逻辑的，说中国无逻辑，确实是“妄说”。

章士钊《逻辑指要》一书的一大功绩是为“逻辑”一词在汉语中的定名作了贡献。在章士钊之前，有将“Logic”译为“名学”、“辩学”、“论理学”的，也有称之为“致知”或“理则学”的。例如，严复就将穆勒的《逻辑体系》译为《名学》，虽然严复也是第一个使用“逻辑”这一术语的人。将 Logic 译为“名”、“辩”或“理”有一定的根据，它已揭示出中国古代的名、辩之学或名理之学跟 Logic 的内在联系，但问题是中国古代这些词都已有确定的含义，这些含义跟 Logic 一词的含义虽有部分重复，但并不完全相同。章士钊在本书所附的《论翻译名义》[1]一文中，讨论了关于 Logic 一词义译、音译的得失。他说：“严氏以名名此学，愚敢决其所含义解，是尽亚里士多德之逻辑，而未能语于培根以后所开发也。”就是说“名学”只能覆盖亚里士多德的逻辑内容，而不能覆盖培根归纳逻辑的内容。他认为“辩学”的名称要比“名学”较为合适一些。“然辩虽能范围吾国形名诸家，究之吾形名之实质，与西方逻辑有殊。”[2]至于译为“论理学”，这是从日文中借来的词，章士钊认为，“论理”一词的意义过于广泛，“若泛言论理，则天下论理之学，何独逻辑？不论理而能成科之学，固未之前闻也……故论理二字，义既泛浮，词复暖昧，无足道也”[3]；而且，这还会“使术语与定义相复”，得出：“论理学者论理学也”，出现“重赘之悖”，即同语反复或循环定义[4]。这样，“论理与名与辩，皆不可用……愚意不如直截以音译之，可以省却无数葛藤”[5]。他甚至说：“至 Logic，吾取音译而曰逻辑，实大声宏，颠扑不破，为仁智之所同见，江汉之所同归，乃崭焉无复置疑者矣。”[6]在经过章士钊疾呼之后，再译名学、辩学或论理学者，逐渐减少，现在除个别地

---

[1]《逻辑指要》，三联书店 1961 年版，第 247 页，此文最初发表于 1909 年《国风报》。

[2]见第一章“定名”，《逻辑指要》，第 3 页。

[3]《逻辑指要》，第 1 版，248 页。

[4]《逻辑指要》，第 1 版，248 页。

[5]见第一章“定名”，《逻辑指要》，第 3 页。

[6]见《论翻译名义》，《逻辑指要》，第 252 页。

区因某种特殊原因有时仍用“理则学”或“论理学”者外，我国其他地区所编著或翻译的教材，都使用“逻辑”一名。

关于逻辑的研究对象及范围，章士钊认为逻辑是研究正确思维的科学。“逻辑者，正思之学也，或曰思思之学（a study to think about thought）。思思云者，即凡所有思想，立为种种法式，推校焉，参互焉，以斯所得信为最正确者而归依焉也。”[1]章士钊认为逻辑研究有形式与方法两个方面。“思想有一定程式，离于事物而立，而又律之事物无违。达此鹄的，斯谓之正。上来所述，思之所由得正，名实之所由得合，非苟焉而已也，有法式在。”[2]这个“法式”就是“形式”，“逻辑者依据法式综核名实以正其思之学”[3]。除了形式方面之外，逻辑还有方法方面。“英语有 order 一字，亦曰 natural order，此在吾文，曰秩、曰序……逻辑，欧人或径称之曰 science of order。”[4]逻辑可以分为两部分：“一曰规范之学，一曰秩序之学。易而言之：一曰形式之理，一曰方法之用。Methodology，即从形式应用于各学科之方法。”但是，“逻辑原始要终，整然一体”[5]。也就是说，逻辑的形式与方法是统一的。

章士钊推崇逻辑的形式方面，推崇逻辑的数学化，以至数理逻辑。“旧逻辑一方以心理社会诸学为敌，辙乱而旗靡；一方又以数学为友，异军苍头以起。盖有棣么甘 De—Morgan、蒲尔（Boole）诸家，远绍莱布尼茨之说，以数理之巧思，立逻辑之本系，形式论得此高呼，万象昭苏……罗素与槐特赫德（即怀特海德——引者）者，数理逻辑之两斗星也。平生用力，在以全部数学，沉浸于逻辑方式之中。甚而物理，而力学，而其他诸科，亦俱令假途数学。逐渐偕化于形式逻辑封域之内……数学派为形式张目，欲并应用逻辑与规范逻辑而一之，向之亦愈甚。”不过，章士钊特别声明：“作者于学派不为之祖，本编为逻辑初程，志切指要，而不在偏至。”[6]这表明，这本逻辑初级教程，不偏向于任一学派的观点，而只介绍逻辑最基本的知识。

---

[1] 见第二章“立界”，《逻辑指要》，第 7 页。
[2]《逻辑指要》，第 8 页。
[3]《逻辑指要》，第 8 页。
[4]《逻辑指要》，第 9—10 页。
[5]《逻辑指要》，第 11 页。
[6]《逻辑指要》，第 11 页。

章士钊还特别注意逻辑形式在汉语中的表现形式。例如，当讲到“思想律”中的“毋相反律”（即矛盾律）时，指出在古汉语中，“字有假借相反者，如臭本腐气，反借香也；扰本烦杂，反借驯也；乱本繁紊，反借治也。（胡三省注，周秦以来，以乱为治。）杨用修《丹铅录》亦述之等语。杨氏谓古文多倒语，自上列数字外，他如溃之为遂，衅之为祥，结之为解，皆美恶相对，而反其义以用之云云。曰假借相反，曰倒语，曰美恶相对，反其义以用之，皆为本律之所不许，灿然明白”[1]。这种语言现象是违反矛盾律的，但又是确实存在的。不过，掌握了这一点之后，反而可以解释很多语言现象。章士钊举出，“近世译语所谓不自由毋宁死，即其例也。此谓毋宁，与宁何异。”“毋宁”就是“宁”的意思。章士钊还说：中国语言，往往包括相反两面，如言‘要害’。颜师古云：在我为要，在敌为害，是槩括敌我两面也。推之，言利害，意害而不意非害；言缓急，意急而不意非急；言早晚，意早而不意晚。凡出语两意兼收，令相克而相成，诸如此类，不胜枚举。”[2]随时注意通过对语言现象的分析，促使更好地理解逻辑形式与逻辑规律，这是该书的一大特点。值得注意的是，黑格尔在《逻辑学》一书的第一部分第一章“有”的最后注释中提到德文中的“扬弃”（旧译“奥伏赫变”）一词时说：“扬弃在语言中，有双重意义，它即意谓保存、保持，又意谓停止、终结……一种语言竟可以将同一个字用于两种相反的规定，是很可以注目的事。语言中可以找到自身就有思辨意义的字眼，这对于思辨是很愉快的：德语就有很多这类字眼。”[3]黑格尔以德语有一词有相反两义而自豪，其实，汉语中同样存在这种现象。章士钊提出的上述例子就说明这一点。钱锺书在《管锥编》第一册第一章“论《周易》这三名”时也提到这件事。因为《周易》的“易”字就有“简易”、“变易”、“不易”三解。钱氏还举出很多例子来说明汉语中的这类现象。他说：“黑格尔尝鄙薄吾国语文，以为不宜思辨……其不知汉语，不必责也；无知而掉以轻心，发为高论，又老师巨子之常态惯技，无足怪也；然而遂使东西海之名理同者如南北海之风马牛，则

[1]《逻辑指要》，第16—17页。
[2]《逻辑指要》，第18页。
[3]黑格尔：《逻辑学》上卷，杨一之译，商务印书馆1974年版，第98页。

不得不为承学之士惜之。”[1]钱锺书指出了黑格尔的无知，我们也由此可见，一词具有相反意义的现象在很多自然语言中都是有的，人们理解其意义，这并不违反矛盾律。

章士钊在讨论三段论的推理式时，用大量事例对西方逻辑、印度因明与中国名学三者进行了比较研究。他说：“三段者，指三辞而言也。虽曰三辞，包含之词亦止于三，所谓（three terms）是也。词以命物，故三词一曰三物。《大取篇》曰：语经，语经也……三物必具，然后足以生……此其结构，全然与逻辑三段合符；以是三段论法，亦可曰三物语经。”[2]

他说：“墨家以‘争彼’诂辩，可证外籀逻辑的通体结构，存乎三段，中外之理解悉同。”又说：“公孙龙子之他辩，他犹彼然，亦即三段论法也。”[3]

章士钊不仅认为三段论式与中国古代的“三物语经”、“他辩”、“争彼”之学是相同的，而且看到三段论式与印度因明具有相通之处。他说：“因明论式，依量而立；作法以五支为之，比于三段，多出两项，所谓宗因喻合结是也……宗者，断案（即结论——引者）也。因，与媒词（即中词——引者）相当。喻，视大前提。于是以三段式部勒之，其道相通。”[4]这实际上是说因明的五支（后简为三支）作法与三段论式是相通的。为此，他在该书所附的《名学他辩》（发表于1922年）中总结说：“以三物论事，号为常经，可见当时立论之体制，与逻辑三段，因明三支相合。”[5]

章士钊在“内籀”一章中提到“阴达三段”（inductive syllogism）的推理式，在“诸悖”一章中将逻辑谬误分为原于语言者——外于语言者两种，前者称为“语悖”，后者称为“质悖”，这些从逻辑发展史的角度看，都有一定的意义。

（原载《湖北大学学报》，1988年第3期）

---

[1]《管锥篇》第一册，第1—2页。
[2]《逻辑指要》，第92页。
[3]《逻辑指要》，第93—94页。
[4]《逻辑指要》，第99页。
[5]《逻辑指要》，第257页。

胡适对中国古代逻辑的研究

胡适（1891—1962），字适之，安徽绩溪人，中国近代著名的启蒙运动学者。自幼在家攻读“程朱之学”，后到上海中国公学求学，开始接触西方的学术文化。1910年去美国康乃尔大学，初学农业，后转文学院学哲学。1915年转哥伦比亚大学攻读博士学位，成为美国著名实用主义哲学家杜威的门生。1917年回国，到北京大学任教授。1922年起，胡适任北京大学教务长。1945年任北京大学校长，1948年去美国，后到台湾，1957年当选为台湾的“中央研究院”院长。1962年2月24日病逝于台湾。

胡适从事过哲学、文学、历史等方面的研究。他的《先秦名学史》是我国有关中国逻辑史方面的第一部专著，在中国逻辑思想的研究方面具有开拓的性质。他的《中国哲学史大纲》（卷上），在许多方面继承并深化了《先秦名学史》的思想，也是一本对中国逻辑史研究有价值的著作。

一、胡适的《先秦名学史》

《先秦名学史》（The Development of the Logical Method in Ancient China）是胡适留学美国哥伦比亚大学时（1915年9月—1917年4月）用英文写成的博士论文。1917年7月胡适回国，任教于北京大学，1922年将该论文交由上海亚东图书馆以英文刊行，先后发行了三版。直到1983年正式出版中文译本（由中国逻辑史研究会的几位学者集体翻译，李匡武教授校订，学林出版社出版）。中文译本附有温公颐教授撰写的专文：《关于胡适的〈先秦名学史〉》，文章肯定了“该书是胡适早年的一部重要著作，也是颇有学术价值的中国逻辑史的专著”。温公颐指出在中国逻辑史的研究中，该书地位不容否定。胡适熟悉西方哲学史，他参照西方哲学史的方法整理先秦名学史，还注意将逻辑史与哲学史明确地区别开来，在写作过程中特别重视逻辑史料的考证。

《先秦名学史》有前言、导论和正文。导论是讲逻辑与哲学的关系。正文第一编：历史背景。第二编：孔子的逻辑。第三编：墨翟及其学派的逻辑。第四编：进化和逻辑。最后是结束语。从本书的内容安排，可以看出作者的重点是在孔子的逻辑、墨家的逻辑，其中墨家的逻辑又是重点中的重点。胡适将惠施、公孙龙的逻辑思想列为“别墨的逻辑”一部分。

胡适强调，哲学是受它的方法制约的，也就是说，“哲学的发展是决定于逻辑方法的发展的”[1]。他认为：“近代中国哲学与科学的发展曾极大地受害于没有适当的逻辑方法。”[2]“中国哲学的未来，似乎大有赖于那些伟大的哲学学派的恢复，这些学派在中国古代一度与儒家学派同时盛行。”胡适强调：“我认为非儒家派的恢复是绝对需要的，因为在这些学派中可望找到移植西方哲学和科学最佳成果的合适土壤。”[3]

下面，我们分别谈谈胡适对儒、墨等各家逻辑思想的分析。

胡适在介绍孔子的逻辑思想时，着重介绍了《易经》与孔子正名主义的逻辑。胡适说：

我认为那本包含着孔子逻辑的基本学说的书以《易》或《易经》的名字著称，是很有意义的。[4]

在《易经》中，孔子发现了一套表明天地万物的错综复杂的变化的符号。……变化的错综复杂能够用一套图形作为符号来表明，这些图形又能化为基本的线画（—）。[5]

《易经》里最重要的逻辑学说是象的学说。……象就是人们对事物所构成的映象或者“意象”。在《易经》里，象字被用在两种稍有不同的意思上。第一个意思，象只是人们注意到或感知到的自然界的一种现象……第二个意思，象是能用某种符号表示的、或者在某些活动、器物中所能认知的意象或者观念。象字最广泛地用于《易经》里的正是第二个意思。[6]

---

[1]《先秦名学史》，学林出版社 1983 年版，第 4 页。
[2]《先秦名学史》，学林出版社 1983 年版，第 7 页。
[3]《先秦名学史》，学林出版社 1983 年版，第 9 页。
[4]《先秦名学史》，学林出版社 1983 年版，第 30 页。
[5]《先秦名学史》，学林出版社 1983 年版，，第 34 页。
[6]《先秦名学史》，学林出版社 1983 年版，第 36 页。

他认为："意象"在孔子的逻辑中被认为最重要，不只是作为象卦或字这样的符号的"意义"。"易象"是古代圣人设想并且试图用各种活动、器物和制度来表现的理想的形式。他说：

孔子关于"意象"的概念更加近似于亚里士多德的而不是培根的"形式"的概念。"意象"是事物和制度的"形相因。"[1]

除"意象"的学说之外，《易经》还包括另一个重要的逻辑理论，这就是辞（或称判断）的理论。

辩吉凶者存乎辞……辞也者，各指其（卦或爻）所之。[2]

胡适发现了辞的一个功能定义，即"辞指出事物趋向何处"，它的功能就是"分辨吉凶"[3]。"因此，辞的真谛基本上是注重实用的。它们告知事物的趋向，指明吉凶，从而'鼓天下之动'。"[4]

肯定《易经》中包含有重大的逻辑意义是从严复开始的。严复在《穆勒名学》的按语中提出《易经》中所运用的是演绎的方法。只是严复对《易经》的逻辑没有给予系统的论述,而胡适正好在这方面补充与发展了严复的理论。胡适对《易经》还作了语法、语义与语用的全面论述。但是，胡适对《易经》的论述有一个根本性的缺点，就是他仍沿袭传统观念，认为"十翼"大部分是孔子作的，因此将《易经》看作"包含着孔子逻辑的基本学说"，并将它与孔子的正名主义相联系，这是极其牵强的。因为对"十翼"为孔子所作这一点，前人早有怀疑。胡适在《先秦逻辑史》的"前言"中，特别强调要"断定原始资料的确实性"，"凡未经审定的材料都加以否认，并只根据事物本身所具有的证据和当代的证明以确定日期"。偏偏在他认为"没有疑问的一个年代——孔子的年代"中出了问题。不过，不管怎样，正如他自己所说："我相信我把《易经》作为一部逻辑著作的论述所提出的新观点，似乎比以前任何其他论述都更能解决其中的困难问题。"[5]

---

[1]《先秦名学史》，学林出版社 1983 年版，第 39 页。
[2]《先秦名学史》，第 42 页，参阅《周易·系辞上》。
[3]《先秦名学史》，第 42 页，参阅《周易·系辞上》。
[4]《先秦名学史》，第 43 页，参阅《周易·系辞上》。
[5]《先秦名学史》，第 2 页。

关于孔子的正名逻辑，胡适提出了正名与正辞两方面的问题，并举出《春秋》为例。胡适认为：

《春秋》远非一个只是日期和事件的年表，它有着深远的逻辑意义……它的逻辑意义是双重的：首先，使语言的严谨的意义成为改进逻辑的工具；其次……这种语言的严谨性正是孔子的逻辑哲学的一个主要部分。[1]

他认为，由于语言严谨，《春秋》不仅对春秋时期的大事作了记载，而且在措辞中对这些大事作了隐含的伦理上的判断。

胡适在论述孔子的逻辑之后，接着论述的“墨翟及其学派的逻辑”，这是全书的重点。胡适一反中国哲学史认为儒家是哲学的正统的传统观念，指出:“墨翟也许是在中国出现过的最伟大人物”。[2]这些论断都是前无古人的。在先秦的各派哲学中。墨家的逻辑确实是中国古代逻辑发展史上的一朵奇葩，它屹立于世界逻辑科学之林，与亚里士多德的逻辑和古因明相比，并不逊色。就这点而言，胡适对墨家逻辑的充分肯定是合理的。

胡适是第一个对“三表法”的逻辑意义予以充分注意的人。所谓“三表法”就是要求“言必有三表……有本之者，有原之者，有用之者”。“本”就是要“上本之于古圣王之事”。“原”就是要“下原察百姓耳目之实”。而“用”就是要“废以为刑政，观其中国家百姓人民之利”[3]。胡适特别强调其中的第三表。

胡适还分析了墨翟的意义理论。墨翟的意义理论从总体上说应该是“名”的理论，但是胡适却同时也强调“辞”的理论，因为所谓信念、理念、制度、政策决不止是一个表示概念的名，而是表示命题的辞。胡适认为，按照墨翟的理论，一个“辞”的意义就是这个“辞”在行为中将产生一个什么样的“实际效果”。从一个语句的行为效果来确定其语义，这种语义理论在西方称之为行为论。行为主义的语义理论克服了指称论的一些缺点。胡适在美国留学和回国执教的时候，正是西方行为主义理论盛行的时候，胡适参照这种理论，挖掘出中国古代墨家学说中包含的行为主义理论因素，应该说是一种发展。

---

[1]《先秦名学史》，第47—48页。
[2]《先秦名学史》，第53页。
[3]见《墨子·非命上》。

胡适对别墨的逻辑论述得比较细致。胡适说："虽然墨翟确曾提出一个极为重要的逻辑方法，可是他不能同时是逻辑体系的创始人。"[1]墨家的逻辑体系是在《墨辩》的六篇文章（即"经上"、"经下"、"经说上"、"经说下"、"大取"、"小取"）中体现出来。胡适非常肯定地说："现在《墨子》书中这六篇，决非墨子所作。"它们的作者应是墨子的弟子或再传弟子，统称"别墨"。胡适也认为，《大取》篇是六篇中最难读的一篇，而《小取》篇则"是整个《墨辩》中最好读的，或许也是最有趣味的"，"是一篇关于逻辑的完整的论文"。他认为《小取》篇讲了逻辑的一般性质及作用，给"效、辟、侔、援、推"五种推论的方法下了定义，其中，"第四节讲到形式逻辑的五种（原文中只有四种）困难。其中多数的困难是由汉语的特点造成的。汉语既不为复数名词提供符号，也不区分名词总称和分称的用法。其余五节分别详细地说明了这种困难。"[2]这里，胡适明确肯定《墨辩》建立了墨家的"逻辑体系"。他分析了《墨辩》六篇的内容，以及《墨辩》所认为的产生某些逻辑错误的原因在于汉语这种语言的语形特点。所有这些都是颇有创见的。

胡适在解释演绎法的过程时指出，《墨经》中的"说"可以理解是完全的故，即各种"小故"的总和；"小故"则是部分的或不完全的故。"法"是"效法或仿制"的意思，法可以分为三种：一种是事物的概念或思想，一种是制作事物的工具，一种是一类事物中的典型事物。法和故是一致的，甚至可以说是一回事，只是观察的角度不同。找出"物之所以然"是归纳的任务。根据法或已知的、被明确论述的故进行推论，是演绎法的任务。这样，两大推理方法的性质就区别得很清楚了。胡适不同意章炳麟将"大故"和"小故"解释为三段论法的"大前提"、"小前提"的观点。因为，据胡适的分析，别墨的演绎法的理论不是三段论的理论，它基本上是一种正确地作出论断的理论。"法"是主词所属的类名，如"苏格拉底必死，因为他是人"，"人"就是"苏格拉底"所属的类。要找到"法"，就是找出主词所属的类。正确的演绎法必须依靠正确的分类[3]。

---

［1］《先秦名学史》，见 76 页。
［2］《先秦名学史》，见 78—79 页。
［3］《先秦名学史》，见 86—88 页。

胡适认为：“辟”是比喻或说明的方法，“侔”是比较的方法，“援”是类推的方法，“推”是归纳的方法，也看作估计原因的方法。他们的归纳法理论包含“同”法、“异”法和“同异交得”法，其中“同异交得法”是真正的科学归纳的方法。归纳法发现“故”又变成演绎法的“故”，归纳概括的可靠性恰恰就在它适于成为演绎的前提。

胡适在《先秦名学史》一书中，将惠施与公孙龙的逻辑包括在“别墨的逻辑”一卷中。他认为惠施与公孙龙都是伟大的辩者，认为惠施喜欢用极其引人注目的悖论来表达他的思想。胡适认为，荀子的逻辑就是在后来非儒家学派的影响下，作了重大修改的儒家逻辑。荀子并不完全同意孔子的正名理论，他否认名的神秘起源，代之以感觉经验和理智活动产生名这种理论。他认为凡经过社会约定而流行的名就是正确的。

荀子所考虑的正名的三个基本问题是：（1）为什么要有名，（2）为什么名有异同，（3）什么是制名的基本原则。胡适认为这些问题构成了荀子名学的精髓。

胡适认为，孔子的“正名”学说含有某些因素，它们可以作为法哲学的开端。法治逻辑的首要因素是普遍性原则，与普遍性原则紧密联系的是客观性原则。照胡适看来，法治逻辑的最重要之处在于强调法治实施观念中所蕴涵的结果。

强调实际效果学说的雄辩思想家是韩非。韩非的实验主张对法进行检验就是看它是否适合时代的实际需要。可惜，胡适在谈这一部分的时候，正如其他部分一样，往往出现谈哲学多于谈逻辑（包括最广义的逻辑）的现象。胡适的《先秦名学史》作为第一部中国逻辑史的专著，其内容是相当丰富的，对后代中国逻辑史研究者颇有参考价值。胡适反对西方某些学者认为中国古代根本没有逻辑的观点，而用大量材料证明了中国古代（比亚里士多德更早）就产生了系统的逻辑理论。不过，胡适在论述中也存在一些根本缺点，就是在谈逻辑理论时往往掺杂了很多非逻辑的（主要是哲学的）理论。胡适作为一位实用主义者，并不将逻辑看作是形式推理系统，而是看作一种方法论，如杜威所说的五步法。这种五步法方法论只能归于广义的逻辑的范围。实际上，《先集名学史》的英文原名就是《中国古代逻辑方法发展史》，而谈逻辑方法必然涉及认识论及哲学其他方面的问题。但不管怎样，这本书对后世进一步研究中国逻辑史总是有一定启发作用的。

二、胡适的《中国哲学史大纲》（卷上）中的逻辑思想

胡适于 1917 年由美国回国到北京大学任教，1919 年初出版《中国哲学史大纲》（卷上），这本书在当时的条件下两年就印行了 7 次，发行 16000 册。胡适在 1922 年为该书所写的“附注”中说：“它所涉及的时期与这篇学位论文（指《先秦名学史》——引者）相同。而实际所用的资料都包括在这本较早的英文著作中。但是，不断的研究，较成熟的判断，文字的简明以及专家的指教，使我的中文著作增加了许多新材料，这都是我在美国写这篇学位论文时所得不到的。”从这段“附注”中不仅可以看出《中国哲学史大纲》（卷上）与《先秦名学史》两本书的内在联系，而且可以从中看出在胡适心目中的哲学与逻辑方法的关系。不过，我们现在主要是分析其中的逻辑问题，特别是《先秦名学史》中未曾深入谈及的问题。

在《中国哲学史大纲》（卷上）中，胡适认为，名实之争是中国古代哲学的一个重要问题，而老子是最初提出这个问题的人。老子：“自古及今，其名不去，以阅众甫。吾何以知众甫之状哉？以此。”（《老子》第二十一章）“众甫”即是“万物”，“此”字指“名”。我们所以能知万物，多靠名的作用。老子虽深知名的用处，但他又极力崇拜“无名”。名是知识的利器，老子是主张绝对弃智，故主张废名。

在“孔子”一篇中，首先讲到“易”。胡适说：

我讲易，以为一部《易经》，只有三个基本概念：（一）易，（二）象，（三）辞。[1]

这比《先秦名学史》的论述更为系统与明确。易便是变易的易，天地万物都不是一成不变的，都是时时刻刻在那里变化的。《易·系辞上·传》说：“是故易有太极，是生两仪，两仪生四象，四象生八卦。”胡适认为，“这是代表万物由极简易的变为极繁杂的公式”[2]。胡适由此认为：

[1]《中国哲学史大纲》（上卷），商务印书馆 1928 年版，第 78 页。
[2]《中国哲学史大纲》（上卷），第 79 页。

孔子深信万物变化都是由简而繁，成一条前后不断的直线，所以能由前段推知后段，由前因推到后果。[1]

《易经》的象字是法象之意（法象即是模法）……这些法象大约可分两种：一种是天然界的种种“现象”，一种是物象所引起的“意象”，又名“观念”。[2]

这些“现象”或“意象”都用卦来表示。后来的圣人从这些物象、意象上，又生出别的新意象来。“象”可表示各种“意象”，若要表示“象”的吉凶动静，须要用“辞”。“辞”的作用在于指出卦象或爻象的吉凶。胡适举例说：“‘谦亨’一句，谦是‘所谓’，亨是‘所以谓’，合起来成为一辞，用‘所以谓’来断定‘所谓’，故叫做辞。”[3]所以胡适认为，“易”、“象”、”辞”三个观念，便是《易经》的精华。显然，胡适在《中国哲学史大纲》（卷上）中，对《易经》中的逻辑论述得比《先秦名学史》更明确更深刻。

在论述孔子的“正名主义”时，胡适说：“《春秋》正名的方法，可分三层说：“第一，正名字。《春秋》的第一个方法，是要订正一切名字的意义。这是言语学、文法学的事业。”“第二，定名分。上一条是‘别异同’，这一条是‘辩上下’。”“第三，寓褒贬。《春秋》的方法，最重要的，在于把褒贬的判断寄托在记事之中。”[4]“《春秋》的三种方法——正名字、定名分、寓褒贬——都是孔子实行‘正名’、‘正辞’的方法。”[5]胡适认为，这种学说，在中国学术思想上有绝大的影响：第一是语言文字上的影响。孔子的正名说，无形之中含有提倡训诂学的影响。第二是名学上的影响。自从孔子提出“正名”的问题之后，古代哲学家都受了这种学说的影响。如荀子的“正名论”、法家的“正名论”，这自不用说。墨子的名学，杨朱的“名无实，实无名”论，也可以是这种学说的反动。可以说孔子的正名主义，实是中国名学的始祖。第三就是历史上的影响。

胡适还特别强调孔子的“一以贯之”的逻辑意义。孔子认定宇宙间天地

[1]《中国哲学史大纲》（上卷），第80页。
[2]《中国哲学史大纲》（上卷），第82页。
[3]《中国哲学史大纲》（上卷），第89页。
[4]《中国哲学史大纲》（上卷），第98—100页。
[5]《中国哲学史大纲》（上卷），第103—104页。

万物，虽然头绪纷繁，却有系统条理可寻。所谓真知识，就在于能寻出事物的条理系统，即在于能“一以贯之”。贯字本义为空、为通、为统。“一以贯之”即是后来荀子所说的“以一知万”、“以一持万”。这就是孔子的哲学方法。曾子曾把“一以贯之”解作“忠恕”，忠、恕两字意义本相近，“忠恕”两字与“恕”字同义，恕字本训“如”，《声类》说：“以心度物曰恕”。恕即是推论（inference），推论总以类似为根据。胡适认为，孔子说的“一以贯之”，和曾子说的“忠恕”，只是要寻出事物的条理系统用来推论，要使人闻一知十，举一反三。这也就是孔门的方法论。

胡适在《中国哲学史大纲）（卷上）中指出：

儒墨两家根本上不同之处，在于两家哲学的方法不同，在于两家的“逻辑”不同。[1]

这种区别在于孔子说的是一个“什么”，墨子说的是一个“怎样”和“为什么”。

胡适在论述墨子之后，还介绍了杨朱的“无名主义”。杨朱说：‘实无名，名无实。名者，伪而已矣。”又说：“实者，固非名之所与也。”

胡适认为，名学上的“实”字，含有“寔”字“这个”的意思，和“实”字“充实”的意思。两义合起来说，“实”即是“这个物事”。天地万物每个都是一个“实”，每一个“实”的称谓便是那实的“名”。可以说实是个体的、特别的；名是代表实的共相的。有了代表共相的名，就可以包举一切同名的事物。所以在人的知识上，一切名都是人造的，没有实际的存在，故说“实无名，名无实”。这种学说，最接近西洋的唯名主义（nominalism）。唯名主义以为“名”不过是人造的空名，没有实体，故唯名论其实即是无名论。

胡适认为《墨辩》乃是中国古代名学最重要的书。古代本没有什么“名家”。无论哪一家的哲学，都有一种为学的方法。这个方法，便是这一家的名学（逻辑）。所以老子要无名，孔子要正名，墨子说：“言有三表”，公孙龙有《名实论》，荀子有《正名篇》，庄子有《齐物论》，尹文子有刑名之论，这都是各家的“名学”。因为家家都有“名学”，所以没有什么“名家”。不过

[1]《中国哲学史大纲》，第152页。

墨家后进如公孙龙之流，在这一方面研究得比别家稍为高深一些罢了。

胡适在谈到墨家名学的价值时说：

依我看来，墨家的名学在世界的名学史上，应该占一个重要的位置。法式的（formal）一方面，自然远不如印度的因明和欧洲的逻辑……凭心而论，墨家名学所有法式上的缺陷，未必就是他的弱点，未必不是他的长处……墨家的名学虽然不重法式，却能把推论的一切根本观念，如“故”的观念，“法”的观念，“类”的观念，“辩”的方法，都说得很明白透彻，有学理的基本，却没有法式的累赘。这是第一长处。印度希腊的名学多偏重演绎，墨家的名学却能把演绎、归纳一样看重……墨家因深知归纳法的用处，故有“同异之辩”，故能成一科学的学派。这是第二长处。[1]

胡适极力称赞墨家名学的价值，将它与印度的因明和欧洲的逻辑相媲美，这是好的；但是，胡适也确实有点为墨家名学护短。他认为墨家名学所有法式（即形式）上的缺陷，未必不是他的长处。胡适甚至将法式（形式）看作是逻辑学的“累赘”。但是，从逻辑学发展的事实来看，逻辑学只有高度形式化，才能对推理过程作出精密的刻画。早在古希腊时期，亚里士多德已开始在他的逻辑著作中，使用人工符号来表述推理的公式。在现代逻辑中，更强调使用人工语言，以促进逻辑科学的形式化和精确化。这只能说是保持与发展了亚里士多德的传统，而很难说“离亚里士多德的本意越远了”。胡适否定逻辑形式化的意义，将墨家逻辑的缺点说成是优点、“长处”，这是不妥当的。

胡适的《中国哲学史大纲》（卷上）写到先秦的韩非为止。这本书既称为“哲学史”，显然是以写哲学为主，名学只是其中一个部分，不过据胡适看来，它是极其重要的部分。我们从逻辑的角度看，其中确有不少创造性的见解。胡适参照西方哲学史的方法整理先秦逻辑史，使读者在比较参证的过程中。掌握先秦逻辑思想发展的来龙去脉。这是胡适显然优于前人的地方。

（原载《湖北大学学报》，1987 年第 6 期）

---

［1］《中国哲学史大纲》，第 224 页。

张东荪对逻辑与语言关系的研究

我国有一位在20世纪前五十年声名显赫而后半叶几乎销声匿迹的哲学家张东荪（1886—1973），在他的哲学著作中，用不少篇幅讨论了逻辑问题，特别是逻辑与语言（他称为言语）的关系问题。

他祖籍浙江钱塘，1886年出生于江苏吴县。他年幼时在其哥哥督导下接受了传统的经学教育，1905年19岁时去日本东京帝国大学留学，毕业后回国，任过报社与刊物的编辑与主编。从1925年起一直在高校任教，先在上海光华大学任教授和文学院主任、吴淞中国公学校长，1930年赴北平任燕京大学教授，解放以后，改任北京大学教授。1958年被迫辞去教职，“文革”中去世。主要著作有《科学与哲学》（1924）、《认识论》（1934）、《从西洋哲学史观点看老庄》（1934）、《知识文化》（1946）、《理性与民主》（1946）等，还发表了不少论文与译著。他的哲学思想受康德哲学、新实在论与实用主义（他译为“唯用论”）的影响较深，但在很多问题上也有其独到的见解。他在从事哲学研究与教学的过程中，特别重视逻辑与语言关系的研究，也涉及一些后来所谓的逻辑哲学的问题，与此相联也涉及不少中国逻辑史方面的问题。他对逻辑（有时也称“名学”）的论述比较集中于《认识论》（上海世界书局1934年出版）、《知识与文化》（上海商务印书馆1946年出版）、《理性与民主》（上海商务印书馆1946年出版）三书中。

近年出版了两本他的文集，一本是张汝伦编选的《理性与良知——张东荪文选》（上海远东出版社1995年出版），另一本是张耀南编的《知识与文化——张东荪文化论著辑要》（中国广播电视出版社1995年出版）。两本文集虽各有所偏重，但合起来也能比较全面地反映张东荪的哲学与逻辑思想。

张东荪整个哲学都重视对语言的分析，当他讨论逻辑问题时也离不开讨论语言问题。这一点是与西方重视语言哲学的思潮相合的。他在《知识与文化》一书的第二编第三章讨论“哲学”问题时就提出“言语正足以助长思想”。他还提出：“言语在一方面创造思想，或开辟思想，而在他方面却又因新名词而发生新问题。换言之，即又把人们困在这些名词中使其思想有了固定的轨道，而一时无法解放。”[1]张东荪在这一方面与西方语言学中的萨丕尔——沃尔夫假说（即认为“语言决定我们思维的方式”）有其相通之处。不过张东荪自己并不完全承认这一点。他在看了一位日本学者对他的《从言语构造上看中西哲学的差异》一文的评述时写道：“似乎评者以为我主张言语决定思想，乃是本末倒置。我敢说评者依然囿于旧观点中。殊不知从函数关系的观点看，如说言语是因，而思想是果，固然不对；而说思想是因，言语是果亦同样不对。我只是主张言语、逻辑与哲学思想，三者互相倚靠（interdependent），互相关联（interconnected）而已。评者之言可谓无的放矢。”[2]这里张东荪至少部分地承认了言语对思想的影响作用，从以后的引述中我们看出张东荪还是颇为坚持这种观点的。

张东荪在论述传统逻辑时十分强调逻辑与语言的密切关系。他在《知识与文化》一书的第二编《逻辑》一章中说：

逻辑（指传统逻辑——引者）是由于言语上有了问题而始发生的。所以逻辑不外乎是想调整言语。为甚么言语会有调整的必要呢？乃是因为辩论。在希腊，其逻辑的始祖就是修辞学（rhetoric），而这种修辞学却为了辩论而设的，不像后世那样为了美文。在印度最古的逻辑亦只是辩驳之术。即在中国却从无所谓形式逻辑（formal logic），但最早即有辩学，这种学者名之曰辩士。可见乃是因为有辩论遂有调整言语的必要。[3]

据逻辑史家研究，亚里士多德的逻辑包括两个方面，一个是论证的逻辑，一个是论辩的逻辑，传统逻辑中的三段论的推理式主要发展其论证逻辑的部分，后者却长期受到忽视。20世纪后半叶西方有些学者才注意研究后一种逻辑，这种逻辑特别注意逻辑与修辞的结合，认为修辞的功能主要在于加强

[1] 张东荪：《理性与良知》，上海远东出版社1995年版，第253页。
[2] 张东荪：《理性与良知》，上海远东出版社1995年版，第283页。
[3] 张东荪：《知识与文化》，中国广播电视出版社1995年版，第240页。

逻辑的说服力（参阅比利时逻辑学家佩雷尔曼（Ch.Perelman 1912 —1984）20 世纪 50 年代所著的《新修辞学——关于论辩的论文》与 20 世纪 80 年代的《修辞的王国》）。而张东荪能在 20 世纪 40 年代强调这一侧面，以恢复亚里士多德逻辑的全貌，这是难能可贵的。

他又说：

逻辑与言语可以说是一而二，是二而一。就其是一而言，逻辑虽是言语中所表现的普遍语法，然而这个理法却必须宿于言语中。不但离了言语，使无处觅此理法，并且此理法在实际上连跟着言语的构造而生……逻辑上有许多问题只是因言语构造而生的；至于解决这个问题的理法亦是因问题的存在而发明的。一旦问题根本不起，所有的理法自必改观。所以这种逻辑，其主要用处在于整理言语。因为言语有因习惯而致有不合理法的。乃是出一种需要。由这个需要就逼迫出来一个办法。把不合乎理法的言语变为合乎理法的，就是把言语使其合乎逻辑了……这种需要乃是社会的，并不是后来学者所想的那样属于理性的。[1]

张东荪最后得出结论：“我对于传统逻辑的看法是以为这种逻辑就是研究‘人类说话’（human discourse）中所宿有的‘本然结构’（intrinsic structure）。”[2]张东荪在这里已含有某些现代的“语言逻辑”的思想，即注意到逻辑在语言交际过程中的语用问题。

关于逻辑规则，张东荪接受“游戏规则”的理论。他说：

逻辑本身就是一个玩艺或把戏（game）。其所以能玩得有效就因为它自身所定的规则是自足的。如符号逻辑上的所谓 principle of permutation,addition,substitution,summation,association 等等哪一条不是等于象棋上马跳车走的规则。根据这些规则所演成的“演绎系统”（deductive system）在本身没有不是重言叠说的（即“重言式”，tautology——引者），当然是自足的与“自圆的”（consistent）。但须知这些系统都是所谓随意的系统。[3]

---

[1] 张东荪：《理性与良知》，第 388—389 页。
[2] 张东荪：《理性与良知》，第 389 页。
[3] 张东荪：《知识与文化》，第 253 页。

把逻辑称之为“玩艺或把戏（game）”也就是卡尔纳普的逻辑规则约定论的观点。

他认为，要制定这些规则，就是“为了要把心内的思想变为表出的思想。详言之，即要把不能告人的思想变为可以告人的思想；要把只有自己知道的思想变成可以当作他人的来看待的思想；要把不清楚的思想变成清楚的思想。要把含凝在内心的思想变成铺在纸上的思想”[1]。为此，张东荪提出一个在自然界（在外的）与心理界（在内的）以外另一个“名理界”（Realm of logic or discourse）的概念。而这个“名理界”既不是事物界的摹本，也不是心理界的映射，它自有其“本有的规则”（intrinsic structure）。他认为逻辑学就是要研究这个“本有的规则”。张东荪以这个名理上的先验格式（The logical a priori）来补充康德的认知上的先验格式（The cognitive a priori）。

张东荪在《知识与文化》的附录三《思想言语与文化》中，比较全面地阐述他对思想、言语与文化的关系。他认为：

从文化的观点来看，逻辑，形而上学，道德，社会，政治都是在一个需要上打成一片。再打穿后壁来说，即表面是逻辑，而暗中只是一种社会思想；表面上是形而上学，而暗中只是一个道德问题；表面上是道德理论，而暗中只是一种政治运动。再换言之，即某种政治运动必需某种道德为基础；某种道德必需要某种形而上学为其保障；某种形而上学必需要某种逻辑为工具。所以文化是一个整个儿的。[2]

张东荪认为这种观点完全是由他自己想出来。不管怎样，这种将一门学科与其所处的整个文化背景结合起来进行探索，有其独特之处，跟近年来不少学者从整体上研究一个民族或多民族的文化史有其相通之处。张东荪正是把逻辑融在文化全体之中来讲，不拿它当作一个独立的东西。他在附录四中坦诚地说：“我最初研究哲学的时候，即不很注意于逻辑。到了现在（指20世纪40年代中期——引者）依然是想从逻辑以外而观看逻辑；不愿钻入逻辑中，为其所迷困。我研究逻辑乃是近六七年来的事，因为我以前从不相

[1] 张东荪：《知识与文化》，第141页。
[2] 张东荪：《理性与良知》，第419页。

信逻辑就几乎等于哲学。现在我研究了以后，乃发现逻辑是由文化的需要而逼迫出来的，跟着哲学思想走。这就是说逻辑不是普遍的与根本的。并且没有‘惟一的逻辑’（logic as such），而只有各种不同的逻辑。这种主张或许对于中国的逻辑学者是一个挑战亦未可知。”[1]

张东荪主张有“各种不同的逻辑”，但究竟有哪些不同的逻辑，他在各个不同的篇章中有过不同的提法。但最主要的分类是四种，第一种是所谓“传统逻辑”，它是由亚里士多德传下来而经后人不断增修了的；第二种是“数学逻辑”；第三种他名之为“形而上学的逻辑”；第四种他名之为“社会政治思想的逻辑”[2]。第一、二种逻辑好理解。第三种逻辑其特性在于满足我们的神秘经验，其最有代表性的就是印度的哲学。例如云“空即是色，色即是空”，“一即一切，一切即一”。又如云“非有非非有，非无非非无”。以及像《起信论》上所说的：“非有相，非无相，非非有相，非非无相，非有无俱相，非一相，非异相，非非一相，非非异相，非一异俱相。”张东荪认为这是印度思想的特征。此法乃是对于相反的两概念加以双是，同时又加以双非。这是一种相反者的同一（the identity of opposites）。张东荪又将这种逻辑称为“超越的逻辑”（logic of transcendence）[3]。张东荪认为这种逻辑是一种特别的逻辑，是由神秘经验逼迫出来的。它只能用于绝对，以说明绝对，而不能用于他处。他还认为凡宗教都具有这种神秘经验，只是程度不同而已。宗教在古代几乎包括文化的全部，在后世也不失为文化中的一个重要方面。所以这种形而上学的逻辑是根据文化中这一方面构成的。在西方现在也有一些学者从事宗教逻辑的研究，当然不一定是张东荪所说的那样，但至少也不为一家之言。至于第四种逻辑，其特性就是用相反律（law of opposition），并以相反视为相争，其结果可得相成。从他所举的例子看，相当于黑格尔与马克思的“辩证逻辑”，不过他用的是“对演法的逻辑”（dialectic logic）一词。这种逻辑主要用于社会政治运动，所以称为社会政治思想的逻辑。他对这四种逻辑从各自的文化来源与背景上作了说明。他认为第一种逻

[1] 张东荪：《理性与良知》，第 387 页。
[2] 张东荪：《理性与良知》，第 388 页。
[3] 张东荪：《理性与良知》，第 393—394 页。

辑是表现言语内固有的结构中的理性；第二种逻辑是表现数理中的潜伏的普遍原则；第三种逻辑是表现对于绝对本体思想时所用的方法；第四种逻辑是表现实际社会问题政治运动中所自然演成的思想态度。它们在相当范围内是互相包含的（mutual inclusive），但也有互相冲突的地方，所以不能归并为一种逻辑。总的来说，他认为逻辑是跟着文化走的，即因文化上某一方面的需要逼使人们的思想不得不另有一种“联结”（connection）。所以逻辑的联结是为其背后的文化与概念所左右，而不是逻辑左右文化。张东荪这样叙述是为了说明不存在一种唯一的逻辑，这种逻辑是普遍必然的，通贯于一切文化中的。他这样把逻辑当作文化的产物，用文化来解释逻辑，就把逻辑的先在性、最高性、普遍性、必然性都取消了，逻辑与文化上的各种需要交织成一片，共同表示人类生活中的一个方面。张东荪强调逻辑与某种民族文化的联系，也有其一定的历史与社会的根据，但有一个根本问题不好解决，即张东荪认为文化包含着逻辑，而且逻辑又是一种文化中具有最根本特性的东西，这就是说逻辑的特性决定文化的特性，现在又说文化左右逻辑。这等于说逻辑自身左右逻辑。为了自圆其说，张东荪必须明确，是文化中除了逻辑以外的其余部分如语言、哲学、道德等等或者说这些部分的综合体决定逻辑，才能不出现自相矛盾。

对于张东荪的观点，金岳霖曾于1941年在《清华学报》第13卷第1期上发表了《论不同的逻辑》一文予以批驳[1]。金岳霖是主张只有一种逻辑，而没有不同的逻辑的，也认为逻辑是不受语言文化支配的。他认为张文“在逻辑方面，他的思想似乎非常之混乱”。根本一点就是张东荪混淆了“逻辑”与“逻辑学”两个概念，也混淆了“逻辑”与“研究逻辑”这两个相关但不完全相同的方面。金岳霖说：“逻辑是逻辑学的对象，逻辑学是研究这些对象而有所得的内容……张先生所说的逻辑有时是逻辑，大多数的时候是逻辑学。”[2]金岳霖指出，数理逻辑使用人工语言符号，这种“符号的用处就在减少，甚至于消灭普通语言的影响”[3]。就是说人工语言的功能就是要

[1] 张东荪：《金岳霖学术论文选》，中国社会科学出版社1990年出版，第531页。
[2] 张东荪：《金岳霖学术论文选》，第533页。
[3] 张东荪：《金岳霖学术论文选》，第534页。

消除自然语言的含混、多义等妨碍人们进行精确的推理、表达与交际的现象。

为了说明中国语言的构造的特殊性而大大影响中国人的思维，张东荪在《知识与文化》的附录二“以中国言语构造上看中国哲学”一文中列举了很多语言材料。他的理由是中国语言的构造上主语（subject）与谓语（predicate）的分别极不分明，另外中国语言不像西方语言那样具有语尾的形态变化，从而说明中国人的思维中缺乏“主体”的范畴，因此中国哲学中就缺少“本体论”。由于中国的语句主谓不分，又缺乏像西方语言中表述主体存在的“to be”（是）这样的词，也就是说中国语言中（特别是古代）没有传统逻辑中说的“系词”，因此也就无法构成西方逻辑所说的“命题”（proposition，张东荪译为“句辞”），因此也无从建立亚里士多德那样的逻辑系统。他还认为中国古书中没有类乎西方的“属加种差”那样的定义。由于缺乏“主体”的概念与“属加种类”的定义方法，中国人的思维中不注重同一律。张东荪最后的结论是中国人的思维是“非亚里士多德的”，“中国人的思想是根本不能套入于西方名学的格式内。而中国人所用的名学只好说是另外一个系统”[1]。他为此提出“中国人所用的名学”的概念，并姑妄名之曰“相关律名学”（correlation logic），或更冗长些，名之曰“两元相关律名学”（logic of correlative duality）。这种名学注重于那些有无相生、高下相形、前后相随的方面，这种思想充分表现在《周易》一书中。他认为这是中国的正统思想。这种思想方法是想到阳就预想有阴，想到阴也预想到阳。二者相待而相成。他甚至提到这就是“辩证法的名学”（dialectical logic）。

通过上面的引述，我们可以说张东荪有些具体论证现在看来不一定能成立。有人说他的学术思想属于“古今中外派”，他自己认为“古今中外派不一定是坏名词。拿古今中外来胡乱附会，自可鄙弃。倘使真能把古今中外会合而通之，似亦不必认为不可”。就哲学来说，这一点能否成立，我们在这里不予讨论，但就逻辑学科来说，企图将古今中外“会合而通之”，恐怕是难以成立的。不过就其个别思想来说，也不无富有启发性的地方。如从文化、语言的角度来考察各民族逻辑思维的特点及其发展过程，这对研究中国逻辑

---

[1] 张东荪：《理性与良知》，第365页。

史是一条重要途径。将《周易》的思维方法看作中国的正统思想，看作中国逻辑史的开端，是有创见的，因为《周易》的逻辑实比墨辩逻辑产生得更早。一般承认古印度的逻辑是一种与亚里士多德逻辑有区别的逻辑类型，那么承认中国古代的逻辑也有不同于上述两种逻辑的某种特性,这也并非说不过去。因为一定要按亚里士多德逻辑类型的“图”去索中国逻辑之“骥”，必然会得出中国古代无逻辑的结论。而继承亚里士多德的论辩逻辑的传统，将逻辑与语言表达、与论辩结合起来研究，探索语用逻辑的形式与规律，现在国内外已经有不少人在作这方面的尝试，并且取得了一定的成果。张东荪首先提出来，还是有远见的。

（原载《中国逻辑史教程（修订本）》南开大学出版社 2001 年出版）

张申府对罗素与维特根斯坦逻辑理论的引进

张申府（1893—1986），原名崧年，祖籍河北献县。自幼勤奋好学，1913年以优异成绩考入北京大学数学系。先是预科，后是本科，1917年毕业，留校任教，教数学与逻辑。1920年升为讲师。同年应聘到法国里昂大学中国学院任教授。1924年回国，受聘任广东大学（中山大学前身）教授兼图书馆主任。以后长期在北京、上海等地大学任教，曾在北京大学、清华大学、燕京大学等校讲授西洋哲学史和逻辑。新中国成立后任北京图书馆研究员。1986年在北京去世。主要著译有：

《名理论》（逻辑哲学论），［奥］路·维特根斯坦原著，中文译本发表于《哲学评论》第1卷第5期（1927年）和第6期（1928年）。1988年经陈启伟校订后由北京大学出版社重新出版。

《所思》，1933年出版，三联书店1986年重印。

《张申府学术论文集》，齐鲁书社1985年出版。

《罗素哲学译述集》，教育科学出版社1989年出版。

另由张燕妮编：《张申府散文》，中国广播电视出版社1993年出版。

张申府对逻辑学的贡献在于：他是我国最早引进与介绍罗素与维特根斯坦的现代逻辑理论的学者之一，而且在其长期的教学生涯中都以现代逻辑为主要课程。

张申府在北京大学读数学系本科时，经常到藏书楼的阅览室去翻阅图书。1914年有一次偶然翻到一本英国哲学家罗素（Bertrand Russell）所著的《我们的外界知识》（Our Knowledge of the External World），是由美国刚刚出版的精装本。张申府翻了一遍以后，觉得很有新意，又接连看了两遍，由此他对罗素发生了浓厚的兴趣。

罗素（1872—1970）是英国著名的哲学家、逻辑学家与社会活动家。他在1890年18岁时进入剑桥大学数学系学习，头三年主要兴趣在数学，第四年起改学哲学。就从先学数学后转哲学这一点来说，张申府与罗素有其相同之处。罗素后来出版了两本《数学原理》：一本是由罗素个人完成的，叫The Principles of Mathematics，1903年出版；一本是罗素与他的老师怀特海（Alfred North Whitehead，1861—1947）合著的三卷本Principia Mathematica（简称MP，1910、1912、1913年分别出版）。1919年又出版了《数理哲学导论》（Introduction to Mathematical Philosophy）。这几本书的出版标志着从莱布尼茨开始研究的现代形式逻辑即数理逻辑，经过两个世纪的历程，终于趋向成熟。

张申府自读了《我们的外界知识》以后，开始广泛搜集罗素的文章、著作。不仅自己醉心于罗素的研究，翻译罗素的文章，而且将罗素的文章推荐给自己的同学阅读。他在1910年至1920年之间就翻译了《我们所能做的》、《哲学的价值》等篇，并写了几篇介绍罗素的文章，发表在《新青年》和《每周评论》等刊物上。如1920年就曾写过一篇《罗素》，发表在《新青年》第8卷第2期上，热情地介绍了罗素在哲学，特别是在逻辑学上的成就。他说：

罗素是现代世界至极伟大的数理哲学家，是于近世在科学思想的发展上开一新时期的一种最高妙的新学（即数理逻辑，名学，也叫记号逻辑或逻辑斯蒂科Logistic）很有创发而且集大成者的。本着数学之批评的研究，他在哲学里也成立了一种新方法（言精神是哲学里的科学法，言方式就是“逻辑的和解析的方法”或翻译为“名理·解析法”）。他的哲学（名叫“名理原子论”或“绝对多元论”，认有种种的个体和关系，而不认有个包括一切的宇宙根基。简单说，是由于“关系”的新研究，而在于“关系在外说”。）在现代哲学界思想界，要算最有影响的。最近，他又拿那在数学与哲学已著大效的“名理·解析法”为心理学的新研究，得出与在美发生的“行动主义”（Behaviourism，最新的心理学）与“中立一元论”（即美派的新实在论）大部分相同的结论，认心物的分别不是实质的，只是他俩所从的因果律的等级不同。[1]

---

[1]《罗素哲学译述集》，第31页。

张申府在此大力推崇罗素的数理逻辑（也称记号逻辑或逻辑斯蒂科），及其所用的方法——逻辑分析法。

罗素偕女友勃拉克女士于1920年10月应梁启超所办的“学术讲演会”与北京大学之邀，来华讲学。先到上海。张申府与赵元任等赴上海迎接。上海各界举行了欢迎晚会，罗素在席间作了讲演。随后赵元任陪同去长沙讲学，11月间又到了北京。张申府曾多次前往拜访、请教，多半是谈哲学问题。张申府此时已办好去法国任教的手续，离京前夕，去向罗素道别，又交谈甚久。罗素表示今后愿意继续通信，一起研究哲学问题。虽然这也是张申府与罗素最后一次见面，但张申府以后对学习与向国内介绍罗素的哲学逻辑思想仍不遗余力。他们离别后始终保持着通讯联系，主要是研究哲学与逻辑问题。

张申府从法国回来后，在各地高校教西方哲学史与逻辑，继续撰文以介绍罗素或译述罗素的文章。他于1930年在《哲学评论》第3卷第3期上发表了一篇文章，叫《罗素的演绎论》，主要是对PM系统作简要介绍。文章说：“凡是数学里，且用数学的方法，可以知道的东西，都是可以由纯粹逻辑演绎出来的。”“在演绎里，是先有一个或几个叫作前提的命题，由此推断一个叫作结论的命题，……可把演绎看为一种借以由对于某一个命题即前提的知识，而过渡到对于另一个命题，即结论的知识的程术……在演绎的逻辑说上，主要有关切的，就是那一种关系。”“要能够妥当地推断一个命题的真，必须晓得一个别的命题真，而且晓得两个之间有一个那种叫作‘含蕴’（‘implication’，现在通译‘蕴涵’——引者）的关系，即那（照常说的）前提‘含蕴’结论……或者，也可以晓得某一个别的命题妄，并晓得有一个那种叫作‘析取’（disjunction）的关系，以‘p’或‘q’表示的，（p，q，r，s，t等字母，当均用以指示变量命题）在两命题间，因而由知道这个妄，便得推断那个真……”[1]文章举了四个推断的例子以后说：“心思如总在推断上头，似乎自然要拿‘含蕴’作为原始根本关系，因为这个关系就是那如要能由p的真推断q的真则必须在p与q间成立的关系。”文章又介绍了“负”、“析取”、“不相容”及“含蕴”五种命题函数关系，这五种函数关系都有其一

[1]《罗素哲学译述集》，第167—168页。

致的地方，就是“其真理值都但只依附于那为其目数（arguments，现在通译为‘主目’——引者）的真理值。有了p的，或p与q的（随例所是）真或妄。便有了那负，或析取，契合，不相容，又或含蕴的真或妄。命题的函数有这种性德者叫作‘真理函数’（‘truth— function’）”[1]文章接着介绍了蛇斐（H.M. Sheffer，现通译“舍弗”——引者）、尼构（Jean Nicod，现通译“尼科”——引者）和路易斯（C.I.Lewis）三个不同的符号系统。这篇文章可以说以最简短的形式勾画出现代逻辑特别是PM的基本原理。

张申府在《所思》一书中也不时谈到罗素和他的数理逻辑，以及由此而引发出来的一些感触，这些感触确如黑夜中一闪的火光，它给人以无穷的回味与启发。如关于“逻辑”这门学科的特点及“Logic”一词的中文翻译如何确定问题，张申府在他所著的《所思》中的第三十六节与第一三七节中曾有下面的表述：

（三十六）

逻辑两字是严几道所译，现在总算很通行了。

逻辑原语，谊本多歧，译以逻辑，深为了便。

……

可是，以为学名，则我近于逻辑与名学，无可无不可。犹之我于算学与数学无择。

人皆知逻辑原语，原出希腊，谊为名，若理，若言，若道。

然此非初原。初原乃当于拉丁文字Legere，英云to gather（见耶芳斯科学原理），中云集。正合“逻辑”之字谊。

……

是故逻辑之音宜兼摄，确是兼摄得妙。

……

名学者形学也。（形或作型。）

……

罗素于《二十世纪之哲学》中说，不言形式逻辑，为逻辑没有不是形式

---

[1]《罗素哲学译述集》，第169—170页。

的。（形或作型。形式或译法模，也便音谊并慑。）

……

是故我所谓名学，乃谓形学。

论形不论质。一切质可入之。

为一切学之型。一切学以为法。[1]

（一三七）

以前的逻辑教人怎样去推。

现在的逻辑教人怎样不去推。

以前的逻辑假先天的原理，加人以桎梏，以障可能的开发。

现在的逻辑是“想象力的伟大的解放者”，开发种种可能，供献无数的可遁之途，可取之理。

这样的逻辑是数理逻辑，是惟一能解决哲学问题即逻辑问题的。[2]

张申府在这几段话中将现代逻辑即数理逻辑的根本特征及其优越于传统逻辑之处揭示得非常明确。现代逻辑考虑的是一切学科内命题之间的形式结构问题，即如何从真实的前提推出真实结论的问题，而不关切各门学科的实质内容，所以说“论形不论质”，正因为这样，才能使“一切质可入之”，即不管你讨论的是天文、地质、还是物理、化学，都可以用相同的逻辑形式从真实的前提推出真实的结论。

张申府学术生涯中的另一件大事就是翻译维特根斯坦的《逻辑哲学论》。维特根斯坦（Ludwig.J.J.Wittgenstein，1889—1951）出生于奥地利的维也纳，1908 年到英国曼彻斯特大学学航空工程。他在英国阅读了罗素与怀特海合著的《数学原理》（PM），后经德国数理逻辑学弗雷格（Gottlob Frege，1884—1925 年）的引荐，去剑桥拜罗素为师。他经历第一次世界大战的艰苦历程，于 1918 年完成了《逻辑哲学论》的写作，1921 年以德文书名 Logish—Philosophische Ahbanlungen 刊登奥斯瓦尔德（W.Oswald）主编的《自然科学年鉴》上。1922 年以 Tractatus Logico—Philosophicus 为书名在英国出

[1] 张申府，张燕妮：《张申府散文》，第 51 页。
[2] 张申府，张燕妮：《张申府散文》，第 101 页。

版了德英对照本。书前附有罗素写的序言，虽然维特根斯坦对此序言并不满意。这是维特根斯坦一本成名之作，也是他生前发表的惟一的哲学著作。这是一本哲学著作，也是一本逻辑学著作。其实这在维特根斯坦思想上是统一的，因为“哲学的目的是从逻辑上澄清思想”（4.112）。这本书是用一种格言体写的，文句非常简练，排列得像一行行诗句。该书出版后立即在欧洲的哲学界产生巨大的影响。维也纳学派的成员将这本书视为经典。这本书的主要论点按艾耶尔在《二十世纪哲学》一书中抟示，可以简要地概括如下：世界是一个事实的集合，这些事实本身是原子事实（或译“事态”）的存在。这些事态由简单对象组成，表示这些事态的逻辑上彼此独立的基本命题。一个语句要有真正的意义就必须表达一个或真或假的基本命题，或者表一个把一定的真假值分配给基本命题的命题。在后一种情况下，复合命题被认为是所涉及的基本命题的真值函项。有两种极限情况：一种是重言式，是指一个命题对于所有基本命题的真值可能性为真；一种是矛盾式，是指一个命题对于所有基本命题的真值可能性为假。重言式的否定就是矛盾式，反之亦然。逻辑的真命题都是重言式，维特根斯坦称之为同一。重言式和同一是用于进行演绎推论的，它们对这个世界什么也没有说。真正的命题是可能事态的图画，这些图画本身也是事实，并且同它们所代表的东西具有共同的图像形式逻辑形式。一个语句如果不是任何可能事态的图画，还要声称有真假值，那么它就不表示任何东西。形而上学的话语不表示任何东西，因为它们既不是基本命题，也不是基本命题的真值函项。维特根斯坦在这本书的最后一句话是：“对于不可说的东西，必须沉默。”[1]

张申府在20世纪20年代（1927年）就翻译出这本在哲学与逻辑领域划时代的著作，确实有特殊的意义。这本书的中文译本是德、英文本之外的第一种外文译本。离德英文对照本出版的1922年只隔五年。维特根斯坦自己恐怕也没有想到他的那本著作能这么早地在东方、在中国产生影响。

这本书的用词都有其特定的含义，从德文译成英文时就遇到过不少困难。

---

［1］参阅艾耶尔：《二十世纪哲学》，李步楼等译，上海译文出版社1987年版，第128页。

如德文的“Sachverhalt”，最初的英文译成“atomic fact”（原子事实），这是按罗素的用语译的，后来发现与维特根斯坦的原义不尽相符，第二个英文译本译成“State of affairs”（中文现译“事态”）。如果说从德文译成英文都如此艰难，张申府于20世纪20年代将它从德、英文译成完全不同语种的汉语，其艰难的程度就更可想而知了，但张申府当时还是比较能忠实地将它翻译出来，这是凭着张申府外语水平与理论基础才得以实现的。只是由于20世纪20年代的文风与现今的文风有所不同，术语方面也有区别，所以张申府的这个中文译本在六十年后不得不请陈启伟作一些技术上的修订。修订本既保存了原来的风貌，又使其明畅易解。这种修订工作，也是相当艰辛的。

张申府在介绍罗素思想的同时，也注意介绍维特根斯坦（前期）的思想，而且往往将两个人结合在一起引述。他说，维特根斯坦是罗素的“第一个高足”（见《所思》第六十七节），是“神秘的逻辑奇才”（见《续所思》）。张申府还引述了维特根斯坦关于“死”（见《续所思》）、“唯我论”（《所思》第一三八节）、“神秘”（第五十五节）和“哲学与逻辑”的论述（第四十节）。

很有意思的是张申府异常热情地推崇现代逻辑及由它引申的逻辑解析（分析）法，也非常热情地推崇唯物辩证法，并试图将两者结合起来。这与历来的辩证法家贬斥形式逻辑和（形式）逻辑学家贬斥辩证法的态度大相径庭。他多次论证形式逻辑与辩证法并非相贬相斥，而是相辅相成，他在《家常话》第三十节中说：

> 逻辑主在辩；而辩证法要在活，重在通。
>
> 逻辑是原子的；而辩证法是经络的，上下文的。
>
> 逻辑诚或局于片断；而辩证法偏于过程全体。
>
> 逻辑末流之弊在支离破碎；辩证滥用之弊在笼笼统统，漠忽迷蒙。
>
> 是故，逻辑与辩证法，非特相需以为用，也相资以补正，不宜偏废。[1]

张申府的上述观点确实闪耀着一串串思想的火花，令人遗憾的是张申府没有具体地发展这一思想，没有编出一套现代逻辑与唯物辩证法相结合的教

[1] 张申府，张燕妮：《张申府散文》，中国广播电视出版社1993年版，第322页。

材来。不仅如此，同样令人遗憾的是，张申府终生从事逻辑教学，却没有编纂出一套现代逻辑的教材，而往往是借用他人的逻辑课本作为教材。但是无独有偶，在哲学史上也出现过类似的情况。康德教了一辈子逻辑，也没有编写过一本专用的逻辑教材（《纯粹理性批判》谈逻辑，但不是逻辑教材）。他用的是迈埃尔（Grg. Frdr.Meier，1718—1777）的逻辑课本，康德讲课时在课本上写上很多自己的话，积累多了，就形成了现在大家所熟悉的《逻辑学讲义》。可惜的是张申府连这样一本讲义也没有留下。本来 1949 年以后他应该有时间来完成这一工作，但他又脱离了教学，而且由于整个政治气氛的原因，使他荒废了近三十年的太好时光。等到文革后解冻，他已垂垂老矣。不过令人宽慰的是，在他九十高龄的时候，终于得知他的著作即将重新出版。这是应该高兴的，不幸他却离开了人世。张申府为引进、推广与发展现代逻辑，尽其一生精力，作出了巨大贡献，后一辈莘莘学子是不会忘记这一点的。

（原载《中国逻辑史教程（修订本）》南开大学出版社 2001 年版）

金岳霖对中国现代逻辑的奠基

金岳霖（1895—1984），湖南长沙人，1914年从清华学校毕业后，赴美留学。1920年在哥伦比亚大学研究院获政治学博士学位。1921年赴英国伦敦大学后转剑桥大学做研究工作。正如他后来自己所说，这一段时间“有两部书对于我的影响特大：一部是罗素底 Prinicples of Mathematics，一部是休谟底 Treatise（即“A Treatise Human Nature”，中译为《人性论》——引者）。罗素底那本书……使我想到哲理不一定要靠大题目，就是日常生活中所常用的概念也可以有很精深的分析，而此精深的分析也就是哲学。从此以后我注重分析，在思想上慢慢地与 Green 分家”[1]。所谓与 Green 分家，就是与金岳霖原来所研究的 Green 的政治学分家，而逐渐转向了罗素哲学与逻辑学。金岳霖在游历了德国与法国之后，于1925年（31岁）回国。1926年他应聘到清华继赵元任之后讲授逻辑学，并创办哲学系。以后长期在清华大学任教（抗战时在西南联大任教），讲授西方哲学与逻辑学等课程。还曾在北京大学兼过课，讲授符号逻辑。解放以后院系调整，他调到北京大学任哲学系主任，后调科学院哲学研究所任副所长。在解放前，他除发表了一系列逻辑学论文外，还编写了《逻辑》一书，于1935年在清华大学出版部印成讲义（这本讲义除金岳霖自己教学使用外，外校教师如张申府、殷海光等都曾作为教本使用过），后又列入“大学丛书”，由商务印书馆于1937年正式出版。该书出版后在我国学术界产生了巨大影响。《逻辑》一书是金岳霖前期的精心之作，其内容全面地表达了金岳霖的逻辑思想，它大大地超出了当时一般的逻辑教材水平，使现代逻辑通过这本书的传播在我国真正奠定了基础。此外他在的《论道》与《知识论》两书中也涉及了不少逻辑理论问题。在此，

[1] 金岳霖：《论道》，“绪论”，商务印书馆1978年版，第3—4页。

我们重点介绍《逻辑》一书。

《逻辑》一书共分四个部分：

第一部分是介绍传统的演绎逻辑。这本书中没有论述归纳的问题，原因是作者认为："归纳与演绎大不相同……它们终久是要分家的。"还有一个原因是作者认为："自己在知识论方面还没有弄出条理的时候，我不能写归纳的书。"[1]

在这本书中，作者是以现代逻辑的眼光来介绍传统的演绎逻辑的。如在"名词"（Terms）一节中说："从历史方面着想，逻辑最初就与知识论混在一块……自数理逻辑或符号逻辑兴，知识论与逻辑学始慢慢地变成两种不同的学问……逻辑与知识在事实上虽然联在一块，而逻辑学与知识论不能不分开。"[2]

当说到内包（即"内涵"）与外延的分别时，作者说："现在仍有所谓内包逻辑与外延逻辑的人几乎免不了以为外延逻辑根本不是逻辑，而是算学。主张外延逻辑的人，事实上是注重算学，但它们的系统在形式方面仍是逻辑。"[3]接着作者举出路易斯（C .I.Lewis）与罗素的系统为例。"路易斯的系统似乎是所谓'内包'逻辑的系统，而罗素的系统普遍以为是'外延'的系统。"[4]路易斯批评罗素的系统，说它"与我们心目意识中的逻辑大不同，尤其是蕴涵（Implication）的意义与普通蕴涵的意义大不同"[5]。路易斯认为："罗素系统中一部分的思想可容纳到路易斯的严格蕴涵系统中，而路易斯系统中有一部分的思想不能容纳到罗素系统中去。"[6]我们注意到罗素的《数学原理》（PM）三卷本分别出版于 1910、1912 年与 1914 年。路易斯提出"严格蕴涵"（strict implication）的理论是表达在 1914 年发表的《严格蕴涵的演算》和《蕴涵的矩阵代数》两篇文章中，并综合论述于 1918 年出版《符号逻辑概论》一书中。随后他对系统作了不断的修改与扩充，并完

[1] 金岳霖：《逻辑》，三联书店 1978 年版，"序"，第 1 页。
[2] 金岳霖：《逻辑》，三联书店 1978 年版，"序"，第 2—3 页。
[3] 金岳霖：《逻辑》，三联书店 1978 年版，"序"，第 4—5 页。
[4] 金岳霖：《逻辑》，三联书店 1978 年版，"序"，第 5 页。
[5] 金岳霖：《逻辑》，三联书店 1978 年版，"序"，第 5 页。
[6] 金岳霖：《逻辑》，三联书店 1978 年版，"序"，第 5 页。

整地阐述了他与朗佛德（G. H.Langford）合著的，于1932年出版的《符号逻辑》一书。金岳霖在1935年出版的《逻辑》一书已对“实质蕴涵”与“严格蕴涵”两种系统的讨论作了介绍。这可以说是非常迅速、非常及时的。

在这第一部分中还评析了传统逻辑由于把命题限制到主宾词式，导致非常混沌。如他指出，“甲是乙”（如“所有的人是有死的”）这命题中的“是”字，意义就不太清楚。他分析了“是”在不同句式中的九种不同含义。一是把主宾词视为类词，“是”字表示两类的包含关系。二是把主词代表具体的个体，而宾词代表类词，“是”字表示什么样的个体属于“有死”类。三是把主词视为具体的东西而宾词视为属性，“是”字表示宾词所代表的属性可以形容主词所代表的东西。四是把主词与宾词视为两种概念，“是”表示两概念之关系。五是以主词的存在为条件而宾词或为概念，或为类词，或为表示属性的名词。如此则此命题在此条件满足之下才有意义，不然无意义。“是”字表示在相当条件之下的一种一定的情形。六是以主词存在为事实而宾词如上一条所述。如此，则此命题表示事实，“是”字表示一种实然的情形。七是“所有的”一词可以当作“所有已经及现在的”的解释，则此命题中的“是”有“已经是”与“仍是”的两重意义，以后怎样则不曾说起。八是“所有的”这一词可以当作“所有已经，现在及将来的”解释，则此命题的“是”字无时间的限制。九是“所有的”这一词可以当作一个集团的解释，但大都不至于有此解释。可是如果用此解释，则“是”字的意义又与以上的不同，而在此解释之下，又有各种不同的意义的可能[1]。金岳霖在这里充分运用了逻辑分析的方法，分析了命题中的系词“是”的不同含义，一般传统逻辑教材对此是完全忽略的，而传统逻辑对主宾词式之外的命题更是忽略的。正由于这样，金岳霖认为传统逻辑在很多问题上显得非常混沌。这种对“是”字的逻辑分析，在我国20世纪30年代的逻辑教材中，可以说是绝无仅有、首屈一指的。据我们所知，在我国逻辑界中，直到20世纪80年代，即在五十年后，才有对“是”字（特别是对汉语中的“是”字）作进一步的分析。

在《逻辑》一书的第二部分，是作者对于传统逻辑的批评。作者在这一部

[1] 金岳霖：《逻辑》，三联书店1978年版，“序”，第9—10页。

分着重提出主宾式命题主词存在与否的问题。作者说："所谓有主词存在问题不是事实上主词所代表的东西究竟存在与否，而是这些命题对于这些东西的存在与不存在的态度。这个态度影响到各命题的意义与它们彼此的关系。"[1]

作者认为："对于主词存在与否（即主词所代表的东西存在与否），我们可有以下五个不同的态度：

（1）肯定主词不存在，

（2）假设主词不存在，

（3）不假设主词存在或不存在，

（4）假设主词存在，

（5）肯定主词存在。"

在讨论中作者撇开了头两种态度，因为作者认为我们提出一命题大约不至于肯定主词不存在，或假设主词不存在。作者认为第三种态度是逻辑里通常的态度，而四、五两种态度在日常生活中也是经常有的。

金岳霖用加下标的方法将 AEIO 可能出现的后三种情况分别标为：

（1）不假设主词存在或不存在。

SA_nP 表示：无论有 S 与否，凡 S 皆 P

SE_nP 表示：无论有 S 与否，无 S 是 P

SI_nP 表示：有 S 是 P，或无 S

SO_nP 表示：有 S 不是 P，或无 S

（2）假设主词存在。

SA_hP 表示：如有 S，凡 S 皆 P

SE_hP 表示：如有 S，无 S 是 P

SI_hP 表示：如有 S，有 S 是 P

SO_hP 表示：如有 S，有 S 不是 P

（3）肯定主词存在。

SA_cP 表示：有 S，所有的 S 皆是 P

SE_cP 表示：有 S，无一 S 是 P

---

[1] 金岳霖：《逻辑》，三联书店 1978 年版，"序"，第 69 页。

SI_cP 表示：有 S，有些 S 是 P

SO_cP 表示：有 S，有些 S 不是 P

在《逻辑》一书中，金岳霖分别探讨了各种不同情况的对当关系（金称为“对等关系”），指出如果将传统逻辑的 AEIO 当作 An，En，In，On 解，或当作 Ac，Ec，Ic，Oc 解，其对当关系均与传统的对当关系有区别；我们只有将 AEIO 作为 A_h，E_h，I_h，O_h 看待，传统的对当关系才能成立，这也就是说传统的对当关系（表现为逻辑方阵）是假设主词存在的，但是它忽略了空类或无分子的类的问题。从直接推理与间接推理来检验，在第一种情况（即不假设主词存在或不存在）和第三种情况（即肯定主词存在）下，它们所产生的结论，都可能出现与传统的直接推论与间接推论所产生的结论不同的地方。所以，金岳霖认为：“总而言之，主词不存在的可能，不能不顾虑到。现在许多人的办法，是把 A、E 两命题为不假设主词存在的命题，I、O 两命题为肯定主词存在的命题。”[1]金岳霖认为，这是一种使逻辑限制于实用的命题的办法，但是如果我们把逻辑限制于实用的命题，其结果反而可能使逻辑不适用。显然，我们看出，只有站在现代逻辑的高度的人，才能揭示出这样的问题。

金岳霖在 20 世纪 30 年代对逻辑命题主词存在与否的分析是相当细致和富有创造性的。在 20 世纪 30 年代我国出版的逻辑教材中，这也是绝无仅有的。当然，金岳霖并非凭空作出这一分析。正如张家龙在《金岳霖教授论主词存在问题》一文中所说：“主词存在问题已为中世纪逻辑学家所重视，他们还提出了一些初步方案。在数理逻辑兴起之后，一些逻辑学家用数理逻辑的工具（类演算、狭谓词演算）来解决主词存在问题。金岳霖教授在继承前人成果的基础上，对 A、E、I、O 的逻辑含义作了详尽的讨论。”[2]但是，就我们所知的国外 20 世纪二三十年代出版的一些著名和流行的逻辑教材而言，一般都未分析 AEIO 命题主词存在的问题。1952 年英国斯特劳森（P.F.Strawson）出版了《逻辑原理引论》，在第六章“主项、谓项和存

[1] 金岳霖：《逻辑》，三联书店 1978 年版，“序”，第 117 页。
[2] 金岳霖：《金岳霖学术思想研究》，四川人民出版社 1987 年版，第 294 页。

在”中，讨论了主宾式命题的主项存在问题。斯特劳森由此而提出“预设”（presupposition）与推出（entail）的区别[1]。张家龙说：“《逻辑》一书对于假设词存在的定义同预设主词存在的定义是完全一致的。我们完全有根据认为，金岳霖教授早在1937年（实际上更早——引者）就对传统的A、E、I、O作了预设主词存在的解释……金岳霖教授的论述比斯特劳森的论述要早十五年……这是金岳霖教授的历史功绩。”[2]

除此之外，金岳霖在讨论主词存在的问题的同时，还提出了一个“命题态度”问题。正如前面所引的文本所说：“主词存在问题……是这些命题对于这些东西存在与不存在的态度。”并且作者还说：“这个态度影响到各命题的意义与它们彼此的关系。”“命题态度”是西方逻辑在20世纪后半叶逐渐深入探讨的问题，例如“相信”、“疑问”、“命令”等等都是一种命题态度。美国的语言哲学家塞尔（John R. Searle）继承与发展了奥斯汀（J.L.Austin）的言语行为理论（The Theory of Speech Acts），将言语行为中的语旨行为形式化为一个公式：F（p），这里p表示一个命题，而F就是表现于该命题中的语旨行为（illocutionary acts）。塞尔将语旨行为作了详细的分类。这种语旨行为也就是命题态度。命题逻辑中的“断定”符号实际上也表达一种命题态度。金岳霖在20世纪30年代就提出了“命题态度”问题，虽然没有形成系统理论，但仍然是很有价值的。

金岳霖在《逻辑》一书中还相当详细地介绍了传统逻辑的三段论式，但同时他也指出传统的三段论免不了范围太狭的毛病，这是因为三段论不限于主宾词式的命题。金岳霖从现代逻辑的观点出发指出：“三段论限于主宾词式的命题，而命题的三段论、类称的三段论及其他三段论或数段论，均不能容纳在狭义范围之内。‘A比B长，B比C长，所以A比C长’明明是三段论，而传统逻辑反无法承认其为三段式。”[3]金岳霖还指出即以主宾词式的命题而论，传统的A，E，I，O也不是惟一的主宾词式的命题。此外，主宾词

[1] 参阅周礼全：《A、E、I、O的逻辑意义》一文对《逻辑原理引论》一书对有关问题的介绍，该文发表在中国社会科学出版社1983年出版的《逻辑与语言研究》（3），第183—206页。

[2]《金岳霖学术思想研究》，第294页。

[3] 金岳霖：《逻辑》，三联书店1978年版，“序”，第131页。

式的命题是文法方面的主宾词，但在文法上是主宾词式能否完全与三段论式所要求的命题形式相一致，还颇成问题。金岳霖还指出："命题与命题间有好几种'蕴涵'关系。"[1]他具体地列出如路易斯的严格蕴涵关系、Moore 的 Entailment 或意义蕴涵关系、形式蕴涵关系、真值蕴涵关系等，而传统逻辑究竟属于怎样的蕴涵关系、颇不清楚。这样，金岳霖一方面肯定传统逻辑的成绩，它对初学者进行逻辑训练的必要性，一方面也明确揭示了传统三段论的局限性与含混性。这是非常犀利的。

为了有所对比，金岳霖在《逻辑》一书的第三部分介绍一个现代逻辑系统，说明它完全避免了传统逻辑的上述缺点，其标题也就是"介绍一逻辑系统"。这个逻辑系统实际上就是怀特海德与罗素合著的《数学原理》（PM）三大本中的前 23 章的内容，也是这本书的最基本的内容。其中对命题逻辑的介绍比较详细，其余部分则比较简略。

《逻辑》一书第三部分第一章是"未解析的命题的推演"。

A. 关于符号与推论的解释

B. 基本概念与基本命题

1. 基本概念：

a. "p，q，r……"等等表示未解析的命题；

b. "∨"，表示"或"；"p ∨ q"表示 p，q，中至少有一为真；

c. "~"，表示"非"或"假"；"~p"表示"非 p"，或"p 是假的"。

2. 基本定义：

a · p ⊃ q · = · ~p ∨ q　Df；

b · p · q · = · ~（~p ∨ ~q）Df；

c · p ≡ q · = · p ⊃ q · q ⊃ p　Df。

3. 基本命题：

1*1，真命题所蕴涵的命题是真命题。

1*2，⊢:p ∨ p · ⊃ · p

1*3，⊢:q · ⊃ · p ∨ q

---

[1] 金岳霖：《逻辑》，三联书店 1978 年版，"序"，第 130 页。

1*4，$\vdash : p \vee q \cdot \supset q \vee p$

1*5，$\vdash : p \vee (q \vee r) \supset q \vee (p \vee r)$

1*6，$\vdash : q \cdot \supset \cdot r \cdot \supset : p \vee q \cdot \supset p \vee r$

C．命题的推演。

2*01，$\vdash : p \supset {\sim}p \supset {\sim}p$

证 $[1{*}2 \frac{\sim p}{p}]$ $\vdash : {\sim}p \vee {\sim}p \supset {\sim}p$

[（1）（*Dfa）] $\vdash : p \supset {\sim}p \supset {\sim}p$

（这个命题说：如果一命题p是真的蕴涵它自己是假的，则它是假的。）

《逻辑》一书一共列出67个命题推演式。随后又介绍了“由未解析的命题到类与关系的推演”以及“类与关系的推演”。读者学完了这一部分可以说对PM系统的推演方法就有了一个初步的了解。在20世纪二三十年代，这是我国出版的第一本简要而又细致地介绍现代逻辑的教材。正是在这本教材的启示下，金岳霖为我国培养出一些具有世界影响的现代逻辑学家。这本书标志着中国逻辑学在清末严复介绍与翻译《穆勒名学》之后，由传统逻辑向现代逻辑的一次质的飞跃。

该书还有第四部分，是讨论逻辑哲学问题的。金岳霖在该书的“序”中说：“第四部所提出的问题最杂，它的可靠性的程度或者最低，而教员用它们的时候发生意见不同的地方或者最多；我们似乎可以说它的内容不是逻辑，而是一种逻辑哲学的导言。”[1]第四部分的标题叫“关于逻辑系统之种种”。其中有些思想是很具有启发性的。例如，该书提出取消“思想律”的说法。书中说：“‘律’字的意义有二，一为‘Jus’，一为‘Lex’；若以这两意义为标准，普通所谓思想律者不是律。有些人的‘思想’似乎不遵守思想律。有理性的思想，就是遵守思想律的思想；其结果是遵守思想律的思想，遵守思想律。思想‘律’的‘律’与其他的律大不相同，为免除误会起见，最好是把思想律这名称根本取消。”[2]在现代逻辑中并未给所谓“思维三律”以任何特殊的地方，它们跟一个逻辑系统中的其他定理一样，只是系统

[1] 金岳霖：《逻辑》，三联书店1978年版，“序”，第1页。
[2] 金岳霖：《逻辑》，三联书店1978年版，“序”，第239页。

中的一个定理而已。现代逻辑称“思维律”往往加上引号，以示它是一个传统的说法。有的语言哲学家，如英国哲学家A．J．艾耶尔于1936年提出逻辑并不描述“思想律”。艾耶尔说：“亚里士多德的三个‘思想律’，即同一律，排中律和不矛盾律是包括在一个系统中，但是这些思想律比起其他分析命题来并不被认为更加重要。”[1]波兰逻辑学家卢卡西维茨于1951年在《亚里士多德的三段论》一书中更进一步说：“认为逻辑是关于思维规律的科学是不对的。研究我们实际上如何思维或我们应当如何思维并不是逻辑学的对象……逻辑与思维的关系并不比数学与思维的关系多。”[2]金岳霖的逻辑思想是与艾耶尔和卢卡西维茨的理论有其相通之处的，而金岳霖提出其观点比后者要早。

在第四部分还提出了定义问题。金岳霖在谈到一个逻辑系统的定义的性质与作用时说：“a，系统中的定义表示引用名词之自由，b，系统中定义的职责在化复杂为简单，c，系统中的定义无所谓真假，d，系统中的定义不在系统所要表示的实质范围之内。”[3]他还认为：“普通以为定义有名词与实质之分，其实只有名词的定义，没有实质的定义。”[4]《逻辑》这本书在谈论定义问题时前后有某些差别。在该书第一部分中谈传统逻辑时，作者特别强调定义的重要性。他说：“定义之重要……若所用的名词意义不定，则无谈话的可能，无语言文字的可能，当然也无逻辑的可能”[5]，因此，“定义是不可缺的”[6]。但在第三部分介绍PM系统与第四部分讨论“逻辑系统之种种”时，却说：“定义不是本系统的命题，它不过表示符号的用法而已。等号之后，加上‘Df’，即表示定义；那就是说，左边符号的意义就是右边符号的意义。定义既是比较简单的符号代替比较复杂的符号，所以严格地说来，系统无定义也可以推行，不过不甚方便而已。”[7]这种前后之间的差异，我们可以看到显然是就不同逻辑的不同功能而言的。传统逻辑中的

[1] 艾耶尔：《语言、真理与逻辑》，上海译文出版社1981年版，第88页。
[2] 卢卡西维茨：《亚里士多德的三段论》，商务印书馆1981年版，第22页。
[3] 金岳霖：《逻辑》，三联书店1978年版，“序”，第292页。
[4] 金岳霖：《逻辑》，三联书店1978年版，“序”，第292页。
[5]《逻辑》，第5—6页。
[6]《逻辑》，第5—6页。
[7]《逻辑》，第147页。

定义是就其认识的功能而言，是将人们认识的成果以定义的形式凝缩在一个语词中。现代逻辑中的定义，正如罗素在PM中所说："是一种说明，即某个新引入的符号或符号的组合是与另外某个其意义为已知的符号组合具有相同的意义。"[1]金岳霖自己也说："传统逻辑里的定义问题颇为重要，但与现在的定义不同。"[2]功能不同，定义在逻辑中的作用与地位也自然不同。

金岳霖在《逻辑》一书中并未给"逻辑"下过严格的定义。但是，他在1927年用英文发表的一本著作的"序"中谈到了这个问题。他说："逻辑得到各种方式的定义，定义一般受到、也许无意识地受到有关透辑学家的形而上学观点的影响。坦白地说，除了任何定义中包含的困难外，我们并不确切地知道逻辑是什么，我们不能在任何严格程度上定义它；但是我们，并且也许大多数人都对逻辑教科书的主要内容留下深刻的印象。"[3]对一门科学下定义，一般都会遇到这样或那样的困难，这是由于人们对学科的认识随着学科的发展在不断的加深与发展中。往往在给予一个定义之后，又会为另一个更新的定义所修订或替代。我们只有通过学习全部内容而获得对该学科的了解。不过，金岳霖仍然从现代逻辑的观点揭示了逻辑是什么。他说："逻辑是一个命题或判断序列，或可任意命名的从一个得出另一个的序列。但是它不是任意一个序列或具有许多可选序列的序列，它是一个序列并且只是这个序列。它是一个必然序列。"[4]但是这里立刻涉及何谓"必然"，何谓"得出"的问题。为此金岳霖自己说："现在，逻辑的本质有些清楚了。当然这决不是严格的。"[5]我们认为这个不严格的"逻辑"定义，对我们了解与学习这门学科还是有很大帮助的。

另外一个现象不得不引起我们的思考，即金岳霖在后期对他在前期的逻辑思想（主要是针对《逻辑》这本书）竟作了彻底的批判，这篇题为《对旧著'逻辑'一书的自我批判》的文章作者仍让它附在再版的《逻辑》一书的

---

[1] 怀特海与罗素：《教学原理》（P.M.）第一卷，英文版第12页。
[2]《逻辑》，第5页。
[3]《金岳霖学术论文选》，中国社会科学出版社1990年版，第462页。
[4]《金岳霖学术论文选》，第463页。
[5]《金岳霖学术论文选》，第464页。

前面。大概作者是为了保留历史的真实吧。不过，一般认为这种批判过于极端，其原因可能是多种多样的，我们今天还难以作详细的分析。我们认为，金岳霖前期所著的《逻辑》一书，不仅在当时，就是在今天仍然具有非常丰富和深刻的理论意义。其中所包含的宝贵的逻辑思想至今仍值得我们新一代逻辑工作者认真学习与借鉴。金岳霖的《逻辑》一书是我国逻辑发展史上一部划时代的著作。

（原载《中国逻辑史教程（修订本）》南开大学出版社 2001 年出版）

汪奠基与中国逻辑史的系统研究

自从西方逻辑学正式传入中国之后，不少学者就开始思索中国古代是否有自己的逻辑思想。严复、章太炎、梁启超、章士钊、胡适等都曾给过肯定的答复，但他们只在自己的著作中对中国逻辑史作了断代的，或者个别学派、或个别人的逻辑思想的零散的研究。对中国逻辑史作出全面系统研究的创始者是汪奠基。

汪奠基（1900—1979），湖北鄂州人，16岁时进北京大学补习班学习。1919年赴法国勤工俭学。曾在巴黎大学、里昂中法大学等校学习高等数学、数理逻辑以及哲学等课程。1924年入巴黎大学研究班继续深造。1925年回国，曾在北京大学、北京师范大学、四川大学、武汉大学、国立湖北师范学院等院校任教，讲授逻辑学、西方逻辑史、哲学等课程。1952年调北京大学哲学系，后转入中国科学院哲学社会科学部哲学研究所（1978年更名为中国社会科学院哲学研究所），主要从事中国逻辑思想史的研究工作。主要著作有：《逻辑与数学逻辑论》（1927年）、《现代逻辑》（1937年）、《老子朴素辩证的逻辑思想——无名论》（1958年）、《中国逻辑思想史料分析（第一辑）》（1961年）、《中国逻辑思想史》（1979年）等。

《逻辑与数学逻辑论》于1927年由商务印书馆出版，是我国出版的第一本由中国逻辑学家自己写作的数理逻辑专著。该书第一部讲“形式逻辑”，主要叙述亚里士多德以来的传统逻辑，其中涉及逻辑学研究的对象、逻辑学与相关科学的关系、亚里士多德逻辑的基本内容、逻辑史上演绎批评论派和归纳批评论派的历史，以及推理的科学结构等。第二部讲“数学逻辑原理”。汪奠基认为新数学逻辑的产生主要是由于亚里士多德派的逻辑根本太狭与赖布尼支（今译“莱布尼茨”）的普通数学逻辑也不完备。在第二部中，汪奠基着重介绍了罗素的命题演算、类演算和关系演算。他区分了“属于”（∈）

与“包含于”（⊂）两个不同的概念。如“凡人是有死的”一句中，主词与谓词是类与类的“包含于”关系，而“孔子是人”则是元素与类的“属于”关系。自然语言中的“是”字对上述关系的区分不甚分明。“包含于”关系具有传递性（书中称为“转化的”），而“属于”关系不具有传递性（书中称为“非转化的”）。汪奠基是我国系统介绍数理逻辑的第一人。

汪奠基后期的工作主要是研究中国古代的逻辑思想史。其研究成果主要集中于《中国逻辑思想史》一书。该书在1960年就已完成初稿。1961年春,《中国哲学》召集京津地区的逻辑与哲学方面的专家四十余人开座谈会，对书稿进行讨论。讨论结果《光明日报》予以详细报道。不过由于多种原因，书稿延至1979年才由上海人民出版社正式出版。在此之前，他已编纂了一本《中国逻辑思想史料分析》（第一辑），由中华书局1961年正式出版。这本书不仅为作者自己提供了研究的资料，也为后学者提供了研究的线索，其作用也是很大的。

《中国逻辑思想史》一书除绪论外，共分三编十五章。第一编为“先秦逻辑思想的产生和发展”，共有六章。第一章是“先秦名辩学派的逻辑思想”，第二章是“墨辩的逻辑思想”，第三章是“儒家正名论的逻辑思想”。这三章已经基本概述了中国古代逻辑思想的源流。第二编是介绍“秦汉至魏晋六朝时代的逻辑思想”，共四章。在第八章中除谈到正名主义的思想传统外，还重点评述了“扬雄《法言》与《太玄》中的辩说与推类的逻辑”以及“王充的逻辑思想”和这种逻辑思想的影响。在第九章中介绍“魏晋六朝的名理思想”，特别介绍了晋鲁胜的《墨辩论》、欧阳建的“言尽意论”与当时名言争论的问题，以及关于连珠形式的表述方法。第三编论述了“唐宋至明清时代的逻辑思想。因明学与西方逻辑的输入”。重点介绍了“玄奘的时代与因明学的输入”、“李之藻的《名理探》的翻译”、“严复的《穆勒名学》译述中的逻辑思想”，等等。

从上述简介中可以看出，汪奠基的《中国逻辑思想史》中重点突出了几条线索：一是名辩学派的逻辑思想及其发展，二是《墨辩》的逻辑思想的产生与发展，三是正名学说的产生与发展，四是因明学的传入与发展，五是西方传统逻辑思想的输入与发展。书中没有谈及现代数理逻辑的传入。但是，实际上他早已在《逻辑与数学逻辑论》中论述了这一问题。

在“绪论”中，汪奠基首先说到逻辑史的对象。他认为“逻辑史的对象，一般都以普通逻辑理论的研究为范围，或者说得更明白些，就是研究从亚里士多德开始的形式逻辑发展史。”[1]不过，汪奠基又看到，由于在旧哲学长期发展过程中，逻辑曾被当作形而上学哲学的一个组成部分，这样，“只要是哲学对象有了变化，逻辑的对象，甚至于连它在当时科学体系中的地位和关系，也都会随之发生相应的变化。”[2]他说：“我们对逻辑史的对象或内容的理解,确实有与一般所谓形式逻辑史的含义不完全一样的东西。我们主张把对象的范围放开些，这正是要尽量吸收所有逻辑遗产的意思，并不是要跑野马，特别是要与那些‘鱼目混珠’的虚伪对象划分清楚。”[3]可见汪奠基是认为逻辑史的对象是以亚里士多德开创的形式逻辑发展史为中心，但同时承认，在长期发展过程中，逻辑史的对象也有变化，这是事实，因此其对象的范围应该放开些。我们认为这种提法是有其合理因素的。汪奠基接着讨论了“中国逻辑思想史的内容及其特征”。他首先提出：“因为逻辑的规律和规则都是普遍性的和全人类性的东西，人们思维过程赖以实现的各种形式，如概念、判断、推理等等，也都是共同的形式，因此它们当然应作为中国逻辑史的主要内容之一。”[4]随后他又说：“真正要说明中国逻辑史对象的特点，应当从下面四个方面的问题加以研究……这些问题不限于狭义的思维形式。而是包括逻辑思想理论的重要问题在内的。”[5]这四个方面的问题是：

（1）中国历史上关于“名言”的逻辑形式，基本上都与伦理规范的原则一致；逻辑是服务于伦理善恶的思想范畴的。

（2）“形名”、“审分”的政治逻辑代替了正确的思维形式的逻辑基本认识。

（3）古代名实的逻辑思想与形而上学的名理思想，在演绎形式上完全

[1] 汪奠基：《中国逻辑思想史》，上海人民出版杜 1979 年版，第 2 页。
[2] 汪奠基：《中国逻辑思想史》，第 10 页。
[3] 汪奠基：《中国逻辑思想史》，上海人民出版杜 1979 年版，第 2 页。
[4] 汪奠基：《中国逻辑思想史》，第 18, 页。
[5] 汪奠基：《中国逻辑思想史》，第 20 页。

混同；思辨的玄学方法占据了思维的逻辑地位。

（4）正名主义的“正统”思想与历代名辩科学思想的矛盾斗争和发展的情况[1]。

汪奠基指出这四个方面的问题，实际上就是要求我们在研究中国逻辑史的过程中将真正的逻辑问题从与其交错在一起的其他非逻辑问题中分离出来，这是一件非常细致，但又是不得不从事的工作。我们读《中国逻辑思想史料分析》一书，就是感到它将具有逻辑理论意义的丰富史料从许多纠缠其身的非逻辑的因素中剥离出来的既得成果。这特别表现于将正名逻辑从正名的政治思想中剥离出来。如书中说：“正名主义的逻辑思想问题，就应该是一个更具有总括性的逻辑思想表现。正名主义的逻辑，直认‘逻辑’为有阶级性的学问，是统治者用以正政、率民的思想工具。正名主义者认为只有从正名的逻辑观点出发，才能正确地运用名实的手段，求得至治的的”[2]。我们的任务就是要从繁杂的政治思想中分析出真正的逻辑思想。

汪奠基在书中很强调中国古代“类”概念的逻辑意义，从而也强调“推类”的逻辑方法。他说：“中国逻辑史上讲‘类’的说法很多。公孙龙谓‘正举’、‘狂举’，以‘知类’为断；墨辩讲‘类名、类同、类行、推类’；荀子讲‘统类、别类、比类、伦类’以及孟子由‘知类’以至‘无类’的说法，都是属于逻辑范围的问题。古代逻辑思想家们关于‘类’的观念非常丰富。他们所谓‘类’，不仅有概念的包含关系，而且具有概念的辩证关系。”[3]汪奠基从墨辩中概括出来的推类法，是主张把经验事实同理论推知相结合的方法。他认为：“墨家所谓‘类取类予’、‘类以行之’，正是这一思想的逻辑原则。”[4]汪奠基在该书第一编第二章“墨辩的逻辑思想”中进一步对《小取》篇中所说的“以类取，以类予”作了论述。他说这句话“明确了类取、类予两种方法的同异关系。这两种方法除了归纳的以类取，演绎的以类予外，还可以理解为一方面取同观异、求同异的辩证理由，是为类取；另

[1] 汪奠基：《中国逻辑思想史》，第20—21页。
[2]《中国逻辑思想史》，第37，页。
[3]《中国逻辑思想史》，第46页。
[4]《中国逻辑思想史》，第48页。

一方面，依类为推、过物、则予以深切著明的断定，间为类予。”[1]他还说：“在全部《墨子》里有许多‘推类’、‘推故’的例证，实际上这里都具有演绎与归纳并用的情况。”[2]书中不仅讨论了《墨辩》中对“类”的论述，也讨论了孟子、荀子及先秦其他思想家对“类”的论述。推类法的确是中国古代一种重要的逻辑方法。

《中国逻辑思想史》还强调的一个方面是：“研究逻辑史必须联系到历代科学思想发展的情况。中国古代逻辑思想，在这方面有显著的特点。”[3]汪奠基举了很多事例以反驳那种“认为中国科学思想与逻辑的关系非常少”的观点。他认为中国历史上医农两方面的积累起来的科学分类和分类的定义认识，中国古代筹策演算的形式等等，都与逻辑有密切联系。这就是说中国逻辑史在这一点与西方逻辑的发展有共同之处。汪奠基的观点至今仍对逻辑史的后学者们具有很重要的启示作用。

汪奠基说：“我们认为一部逻辑史，应该包括希腊、中国、印度以及在逻辑发展过程中所有中亚细亚、高加索和许多东欧逻辑思想家们对逻辑研究的成果在内。”[4]汪奠基这部著作不仅充分肯定了中国逻辑史的存在，而且也为中国逻辑史的进一步研究提供了一个很好的基础。

同时，《中国逻辑思想史》书后附有《关于中国逻辑思想史参考文献》。该附录及《中国逻辑思想史料分析》（第一辑）为其后的中国逻辑史研究提供了资料线索，对中国逻辑史研究工作的进一步开展也有重要意义。

（原载《中国逻辑史教程（修订本）》，南开大学出版社 2001 年版）

---

[1]《中国逻辑思想史》，第 20 页。
[2]《中国逻辑思想史》，第 20 页。
[3]《中国逻辑思想史》，第 50 页。
[4]《中国逻辑思想史》，第 2 页。

汪奠基中国逻辑思想史研究四题

汪奠基先生是从数学和数理逻辑转向到研究中国逻辑史的，他发现了中国逻辑史与世界其他国家的逻辑史的共同方面。同时也看出中国逻辑史的许多特殊方面，为此，他提出了许多创造性见解，值得我们认真学习、继承与发展。我们初步将其创造性见解归结为以下四点：①中国逻辑史具有人类共同的思维形式，但它同时具有人类不同语言，即不同的民族历史类型的表达形式。②“名辩”问题属于中国逻辑史的研究对象与范围，“名辩”具有一般逻辑的基本内容。过去有些中国学者过多地按西方形式逻辑的模式探索名辩问题的“形式”属性，而从现代逻辑发展的趋势看，名辩问题包括了“名”，也包括了“辩”。“名”主要是定义和分类；而“辩”则主要是论证与反驳。它们都属于非形式逻辑的范围。③“推类”是中国传统推理的主要形式。中国传统中的“类”概念，与西方的“类”概念不尽相同，“推类”过程也很难用类比、演绎或归纳简单地加以概括。它具有非形式逻辑的特点。④研究中国逻辑史不仅要研究人文历史的资料，更要重视研究自然科学，尤其是数学发展的资料。正如亚里士多德创立形式逻辑学科，跟他深入研究古希腊的自然科学，特别是欧几里德几何学的发展有着密切联系一样。

一、逻辑形式的人类共同性与民族语言表述的特殊性

汪奠基在《中国逻辑思想史料分析》（第一辑）第一章就提到一个研究逻辑史的基本问题。他说：“一般地说，逻辑思维形式，包括简单辩证思维形式，都是人类思维的共同形式。但是逻辑科学的具体发展，则不能孤立地脱离人们自己民族社会的历史而独立存在。……以为逻辑的共同性只能是一部亚里士多德的范畴形式，这也是否定中国逻辑科学创造的历史成绩。中国逻辑史是说明中国历代逻辑科学思想的发展情况的，它具有人类共通性的

思维形式，亦显有人类不同语言的即民族历史类型的表述方式。”[1]他强调：“这里所提出的问题，当然很复杂。首先就要求我们能如实地有个中国逻辑思想发生发展的全面史料研究，特别是与它关联的语法——民族语言的问题的研究。这是中国逻辑史的一个中心问题。”[2]。他还说：“对于‘共同的逻辑’来说，逻辑同语言文法方面的问题或语言表述方式的问题，本来是密切联系的。从中国正名的逻辑思想来看，历史上的‘正名’早同‘方言’的研究联系在一起了。……《荀子·正名篇》说：‘散名加于万物者，则从诸夏之成俗曲期，而远方易俗之乡，则因之而为通。’这已经科学地肯定了语言逻辑对人们共同生活的重要关系。因此在逻辑史的研究范围内，正视中国民族语言的历史发展与所有语言表述的特殊形式，当然也是必要的。”[3]

我们认为，汪先生在这里确实抓住了一个非常重要的问题。研究一个民族的逻辑发展史，无论研究中国逻辑史，还是研究印度逻辑史，都必须考虑这个民族自己的语言（包括古代语言的历史特征），而不能简单地机械地用以古希腊语写成的亚里士多德的逻辑模式硬套。

我们就以传统逻辑中的一个命题形式为例加以阐明：一般认为“S是P”是各个民族普遍的逻辑形式，其实，我们在古希腊的文献中，包括柏拉图和亚里士多德的著作中，究竟有多少语句是以“S是P”的形式表述的，恐怕很少。传统逻辑中举的一个经典例子是“所有的人是有死的”。但是，深谙古希腊语的波兰逻辑学家卢卡西维茨在其专著《亚里士多德的三段论》一书中，就明确指出，亚里士多德并不用这种句式，而是用“P表述所有的S”的语句形式（如“有死的表述所有的人”），或者用“P属于所有的S”的语句形式（如“有死的属于所有的人”）来表述的。

在传统逻辑中，这个“是”字称为“系词”（或称“联词”），S表示语句的主项，P表示语句的谓项。三段论的前提与结论中的语句，其主项与谓项就靠系词来连接。如果是个否定句，则在“是”之前加一个“不”字。古希腊逻辑的创始人亚里士多德在其著作中，对这个“是”字有过细致的分

[1] 汪奠基. 中国逻辑思想史料分析：第一辑［M］. 北京：中华书局，1961.
[2] 汪奠基. 中国逻辑思想史料分析：第一辑［M］. 北京：中华书局，1961.
[3] 刘培育，等. 中国逻辑思想论文选（1949—1979）［M］. 北京：三联书店，1981.

析。“是”字在古希腊语中既有“是”的含义，也有“存在”的含义（英译本译为“being”名词，或“to be”动词）。所以，中文译者将它译为“是”或译为“存在”。20世纪存在主义的主要代表海德格尔从存在主义的角度，对“being”与“to be”从词源及其发展上作了更为细致的分析。在其他西方语言中，与英语“to be”相对应的词，除用法上有一定的差异以外，其基本含义就是“是”、“存在”与“有”，而且这些含义都是相通的（因篇幅关系，我们不可能在此作过多的引述）。

“是”这个词在汉语中，是一个有很多义项的多义词，无论从词源上考察，还是从语法结构的作用上来分析，它与英语中的那个“to be”都有着很大的不同。在中国古代甲骨文中，已出现“是”字，它是一个会意字，上面是一个“日”字，下面是两个“止”，表示人的两个脚趾，就是太阳从头顶直照下来，人显露出两个脚趾。商周时期的金铭器或石刻中也有“是”这个词。上面是一个“日”，下面是一个“正”，所以，其本义就是“直”和“正”的意思。许慎在《说文解字》中说：“是，直也。”段玉裁注曰：“以日为正则曰是。”“天下之物莫正于日也。”这是说古代人认为日对万事万物是最正直的。”

“是”字在先秦文献中出现的频率相当大，如在《诗经》、《尚书》、《老子》、《论语》、《孟子》、《墨子》、《周易》、《荀子》等著作中，都可以发现“是”这个词，但是，这些“是”字大多数情况下都不是作为一个判断语句的系词，仅在《孟子·告子》篇中作为系词出现过一次如“公都子问曰：‘钧是人也，或为大人，或为小人，何也？’”“是”字在古汉语中可以用作代词（如《论语·八佾篇》：“是可忍也，孰不可忍也？”）；可用作形容词，表示正确（如《吕氏春秋·察传》：“是非之经，不可不分”）；也可用作动词，表示肯定（如《荀子·非十二子》：“不法先王，不是礼义。”）；更多的是用作连词，表示一种因果推论关系如“是以”、“是故”，相当于现代汉语中的“所以”。这种用法在先秦文献中比比皆是，如：《老子》：“上德不德，是以有德。”《论语·先进篇》：“（子）曰：‘为国以礼，其言不让，是故晒之。’”《墨子·辞过》：“是以富贵者奢侈。”《周易·系辞》：“是故吉凶者，失得之象也。”一直到现代“是”的这些用法还显示出强大的生命力。这些不同的含义与用法，仔细探究起来，它们之间还有其一定的内在联系。但是，这些含义与用法在西方语言中是少见或完全没有的。我们汉语中的这个“是”字，直到现代，在日常生活中以及哲学与逻辑学上，才与英语中的“to be”的意思出现交融，但至今仍然不是全等。这一特点，我们在研究中国哲学史与中国逻辑史时，不得不有所甄别。

以上，我们仅用“S 是 P”这种逻辑形式中的一个系词为例，就足以说明各民族语言表述上的差别，更不要说其他更为复杂的公式了。试图拿一个死公式到各种民族语言中去硬套，肯定是行不通的。

那么，在古汉语中，表达一个判断句，特别是表达定义，是用什么语词呢？很有意思的是它不用什么系动词，而是用一种语气词。如：“政者，正也。”（《论语·颜渊篇》）这里“者”、“也”都是语气词。古代的定义一般都用“者，……也”的形式，如“仁也者，人也”。（《孟子·尽心下》）甚至“者”字也可以省略，如“平，同高也。”“梦，卧而以为然也”。“罪，犯禁也。”（《墨经》）我们可以说，《尔雅》和《墨经》，基本上是两部定义集，其定义形式多种多样，它们是无法用一种所谓“属加种差”或“A 是（或 =）B”的形式来定义的。由此可见，别说用现代逻辑的框架，即使用传统逻辑的那些所谓“公式”去探求它们在古代语言中的严格表述，不仅在中国古代和印度找不到，恐怕在古希腊都难以找到。我们不妨到柏拉图或亚里士多德的著作中（特别是古希腊文本中），去寻找一下标准的三段论式或“属加种差”的定义形式，看究竟能找出多少个？汪奠基先生对中国逻辑史研究方法上的提示，对我们有很大的启发意义，我们绝不要等闲视之。

二、名辩学就是中国古代的逻辑，它属于非形式逻辑的范围

古代有“名家”、“辩者”之称。明末李之藻翻译了《名理探》一书，算是中国第一本逻辑学著作，实际上这本书并非当时西方先进的逻辑教材。李之藻以“名理”来表达当时的西方逻辑。一直到清末民初，严复翻译了英国约翰·密尔的《逻辑系统》一书，严复称之为《穆勒（即密尔）名学》，后来他又翻译了英国耶方斯的《名学浅说》，严复在这里显然是用“名学”来表达英语中的“logic”一词。后来王国维翻译了《辩学》一书（即耶方斯

的《逻辑读本》，可见那时以“名学”或“辩学”表达西方的“逻辑”一词，已见普遍。日本将“逻辑”译为“论理学”，中国学者中也有不少人采用了此种译法（日本到现在仍称“论理学”）。后来有些中国学者对这些译法是否妥当有所怀疑，有人主张直接音译为“逻辑”。真正说起来，“逻辑”的名称在严复译《穆勒名学》中就已出现，如在“部首·引论”第二节说：“案逻辑此翻名学，其名义始于希腊，为逻各斯一根之转。而本学之所以称逻辑者，以如贝根言，是学为一切法之法，一切学之学；明其为体之尊，为用之广，则变逻各斯为逻辑以名之。”严复虽然认为可用“逻辑”之名称呼此学，但他最后仍然用了“名学”之名。真正使用“逻辑”这个名称来表述英语中的“logic”的是章士钊先生。20世纪上半叶，在中国各种称呼都有，如“名学”、“辩学”、“论理学”、“理则学”、“逻辑学”，到下半叶，在大陆逐渐统一称为“逻辑”，其他的名称就成为历史古迹了。

这里出现一个问题，中国古代与印度古代有没有像西方那样的逻辑？对印度的逻辑，不仅中国人不怀疑，连西方人都不怀疑，所谓“印度逻辑”，或者说“印度佛家逻辑”，中国早已传入，称之为“因明”，并且由中国传入到东瀛日本和其他周边国家。但对中国古代有没有逻辑，怀疑者却颇多。汪奠基先生是完全肯定中国古代有逻辑的，他也是最早系统研究中国古代逻辑史的学者之一。在他之前，如梁启超、王国维、章太炎、章士钊等都在一定程度上，一定范围内涉及了中国古代逻辑的问题，但他们没有做出系统研究。而像汪奠基先生那样，既具备西方现代逻辑与数学专业知识，又熟悉中国古代经典，对中国古代逻辑史进行系统研究者，却少有。汪奠基先生不仅充分肯定并全面研究了中国古代逻辑发展史，而且有力地反驳了中国古代无逻辑的虚无主义观点。他认为，中国逻辑史的对象与范围可以概括为三个方面：（1）主要探索自先秦以来，长期封建社会统治的社会历史进程中，有关逻辑思想法则及其理论认识的学说发生和发展的具体情况；（2）因明学的输入及其影响；（3）西方逻辑的输入及其影响[1]。他特别强调“要破斥

[1] 刘培育，等．中国逻辑思想论文选（1949—1979）［M］．北京：三联书店，1981.

旧中国哲学史对中国科学与逻辑历史的虚无主义思想”[1]。我们认为，对第二、第三条是无人能予否认的，主要在于第一条，有没有一种先秦以来的有关逻辑思想法则及其理论认识的学说，汪先生用大量的历史资料说明是有的。

汪先生在《中国逻辑思想史》的第一编“先秦逻辑思想的产生和发展”中，讲述了六个方面的问题：①先秦名辩学派的逻辑思想；②墨辩的逻辑思想；③儒家正名论的逻辑思想；④道家无名论的逻辑思想；⑤法家刑名法术的逻辑思想；⑥先秦兵法及医书中朴素辩证的思想方法。汪先生论述先秦逻辑思想几乎占据了全书的一半篇幅，可见汪先生对这一部分的重视，也可看出这一部分内容的重要。我们觉得，汪先生将中国先秦的逻辑思想讲清楚了，也基本上将中国逻辑史讲清楚了。我们认为：如果印度的佛家逻辑在中国可以用“因明”加以概括的话，我们中国的古代逻辑也应该用一个单一的名称加以概括，使其既能表示它是中国的逻辑思想史，又能表示与西方逻辑相比有它自己的特点。我们觉得后来许多学者使用的“名辩学”的名称，最为适合。汪先生将名辩学派视为先秦逻辑思想中的一派，主要是指惠施、公孙龙这一派，但我们觉得不妨将“名辩学”的范围扩大一点，统称先秦的六派。因为先秦六派深入分析起来，它们之间虽然有些差别与不同，但从总体上看，它们涉及的都是“名”与“辩”的问题。“名”与“辩”是密切关联着的。所谓“辩”，首先一条就是“正名”，名不正，或名极其混乱，则无从进行辩论。我们看到，墨辩中包含着正名问题。《墨经·小取》中说：“夫辩者，将以明是非之分，审治乱之纪，明同异之处，察名实之理，处利害，决嫌疑。”这里将辩与名的关系讲的非常明确。辩的任务之一就是要“察名实之理”。荀子的《正名篇》讲到：“名也者，所以期累实也。辞也者，兼异实之名以论一意也。辩说也者，不异实名以喻动静之道也。”这里可以看出讲“正名”就必然联系到“辩说”。至于公孙龙等人，虽被后人称为“名家”、“辩者”，但他口口声声讲的却是“正名”，公孙龙在《名实论》中说：“其名正，则唯乎其彼此焉。”可见，“辩者之徒”（《庄

[1] 刘培育，等. 中国逻辑思想论文选（1949—1979）［M］. 北京：三联书店，1981.

子·天下篇》）的首要任务就是“正名”。所以，用“名辩学”来概括各家的逻辑思想，是非常适合的。

有的学者可能认为“名辩”的范围超出了逻辑学的范围，将中国古代逻辑称为“名辩学”不一定恰当。我们认为“名辩”的有些具体内容确实超出了逻辑的范围，但如果我们抽掉这些具体的东西（如，君应该怎样才是一个合格的“君”，“白马”能不能通过禁“马”的关等等），而就其一般内容而言，比如如何实现“正名”；“辩说”如何做到“以名举实，以辞抒意，以说出故，以类取，以类予”，这些可以说全是逻辑的内容，它们并没有超出逻辑的界限。

也可能有人说，这不是“形式逻辑”，这里没有所谓“形式”。我们说，是的，它们不能冠以“形式逻辑”之名，但它们是“逻辑”！属于当前西方相当流行的所谓“非形式逻辑”的范围。因为，所谓“正名”，归根结底就是要求一个“名”有确定的适当的含义，从逻辑上说，就是要有一个恰当的“定义”。定义是逻辑的一种基本功能，这大概无人可以反对。从现代逻辑的角度看，一个逻辑系统，可以不要定义，不过麻烦一点而已[1]，但现代逻辑仍然使用定义。至于传统逻辑，则定义是其不可或缺的部分。翻阅中国古代关于“正名”学说，无一家不讨论定义问题。而定义和分类，都属于“非形式逻辑”的范围。至于“辩”，即“辩说”，说明确一点，就是论证与反驳，论证与反驳必然涉及具体内容，但论证与反驳的规则要求则完全是“非形式逻辑”的范围。《墨经》中讲到论辩的规则要求相当具体，也相当丰富。汪奠基先生在其《中国逻辑思想史》一书中，对它有专章讨论。因此可以说，中国古代有逻辑思想，而且有丰富的逻辑思想，它是“非形式逻辑”的逻辑思想。

三、“推类”是中国古代逻辑的一种主要的推理形式

“类”是逻辑学的一个基本范畴，通过“类”的关系进行推理正是逻辑

[1] 参阅金岳霖先生著《逻辑》，三联书店 1961 年版 147、226、296 页。

学要探讨的问题。“演绎”、“归纳”都离不开“类”，不知“类”，就不能进行推理，就不懂得逻辑。中国古代“类”的概念出现较晚。据吴建国先生考证，在甲骨、金文中尚未发现“类”字。在《尚书·周书》中，“类”是作为一种祭名。在《诗经》、《左传》中，“类”成为一种伦理概念，表示“善”。在《春秋》中它已表示族类，随后扩大表示物类、事类。一直到后期墨家，在《墨经·小取》中完全成为一个逻辑的“类”范畴[1]。《小取》篇中提出“以类取，以类予”。就是要求依据类的关系进行推理。汪奠基先生指出：“古代‘辩’的中心学说都集中在讨论‘辞’与‘类’的关系问题。”[2]我们认为中国古代的“类”与西方逻辑所谓的“类”有些不同，中国古代的“类”着重于内涵，西方逻辑讲“类”着重于外延。另外中国古代所说的“类”，很少指同一类或不同类的具体事物（仅在《公孙龙子》中见到指“马”与“白马”这样具体事物的“类”），而是指同一类或不同类的社会现象。

在中国古代，讲到“类”就涉及到一个“推类问题”。《墨经下》中讲到：“推类之难，说在类之大小。”《荀子·正名》篇中也提到“推类”：“辨异而不过，推类而不悖，听则合文，辩则尽故。”有些学者将“推类”看作西方的“类比”（analogy）。我们认为，“推类”与“类比”有些相似，但也有区别。类比一般是指：两个事物甲和乙都具有某些共同属性 a、b、c、d，由于甲事物还具有另一属性 e，以此为据推出乙事物也具有属性 e。这种推论具有相当大的或然性，在科学认识过程，这种方法可以提出某种假说，以帮助人们进一步研究，但单靠它作为理由是不充分的。而“推类”则不是这样，推类可以是两个现象也可以是众多现象，它们并不要求具有一系列相同属性，但要求有一共同属性 p，甲现象由于有此属性而导致一个结果 q，乙现象由于也具有这一属性 p，而必然导致结果 q，这种推理可以继续往下延伸，丙现象由于同样具有属性 p，所以，也将导致结果 q。p 与 q 之间具有充分条件关系，即“如果 p，那么 q”。

---

[1] 刘培育，等. 中国逻辑思想论文选（1949—1979）[M]. 北京：三联书店，1981.

[2] 刘培育，等. 中国逻辑思想论文选（1949—1979）[M]. 北京：三联书店，1981.

我们用一个实例表示这种推理过程，最典型的就是《墨子·非攻》中的故事："今有一人，入人园圃，窃其桃李，众闻则非之，上为政者得则罚之。此何也？以亏人自利也。至攘人犬豕鸡豚者，其不义，又甚入人园圃窃桃李。是何故也？以亏人愈多。苟亏人愈多，其不仁兹甚，罪益厚。至入人栏厩，取人马牛者，其不仁义又甚攘人犬豕鸡豚。此何故也？以其亏人愈多，苟亏人愈多，其不仁兹甚，罪益厚。至杀不辜人也，拖其衣裘、取戈剑者，其不义又甚入人栏厩、取人马牛。此何故也？以其亏人愈多。苟亏人愈多，其不仁兹甚矣，罪益厚。当此天下之君子皆知而非之，谓之不义。今至大为攻国，则弗知非，从而誉之，谓之义。此可谓知义与不义之别乎？"在这些众多现象中，很多属性都不相同，但有一个属性相同，即"亏人自利"。这里存在一个说话者与听话者共同认可的推理前提："亏人自利，上为政者得则罚之"，而且"亏人自利"的程度越严重，则受罚也越严重（"苟亏人愈多，罪益厚"）。说话者从"入人园圃窃其桃李"开始，一步一步深入，到"至大为攻国"，按照此类推理，结论必然是应该给予最严重的惩罚。这个结论虽然没有明说，但已包含在语义中。但听话者（假定他是攻国的支持者）没有这样做，反而"誉之"，这就陷入了自相矛盾，也就是宣布了他辩论的失败。显然，这里的逻辑性很强，你如果承认前提就必须承认结论，前提与结论之间的联系不是或然的，而是必然的。但这种"必然"不是自然规律性的必然，而是社会约定性的必然，就像我们社会上约定的"杀人者必偿命"那样的"必然"，其说服力显然强于西方逻辑所谓的"类比"。

"推类法"运用到辩说中是很有说服力的。这种推类法实际上就是亚里士多德所创，后来没有得到很好发展的"论辩的逻辑"，是一种非形式逻辑。很多修辞的论证手法，如隐喻等等，皆属于这一类推理，它是与演绎和归纳都有区别的推理。比利时逻辑学家佩雷尔曼就是专门研究这类推理的专家，我国逻辑界早有介绍。研究中国逻辑史，不妨从这个角度进行探索。我们可以发现中国古代善辩者往往使用这种方法，把对方置于必败之地，在《墨子》、《孟子》、《荀子》、《吕氏春秋》等著作中都有很多这类推理的实例。这种"推类"方法最适用于人文现象的辩论，在自然科学中使用起来，则受到一定的限制。汪奠基先生在《略谈中国古代的"推类"与"连珠式"》一文中已经较深入地讨论了推类问题。他将“假物取譬”、“引喻察类”，即现在人们所说的“隐喻”都包括在“推类”的范围内。他说：“古代名辩学说中，‘推类’的方法都表现为‘立辞’‘辩类’的基本形式上，这里既有经验归纳的简单知识，亦有演绎公例的普遍原则的认识。‘立辞’、属于一般推类的语言表述问题；‘辩类’，属于推类察断的形式问题。”[1]87 他还说：“我们必须分别的是，古代辩者所谓‘推类’，并不就是普通逻辑上的类比推论。”[2]88 我们认为，这些都是我们研究推类问题时需要认真思索的。

四、研究中国逻辑史要与自然科学特别是数学思想发展史相结合

汪奠基先生曾说：“逻辑历史的发展不是孤立的。它同科学史有不可分割的联系；它的研究对象，是在科学认识的基础上展开的。”[3]2 汪先生的说法是很有见地的，逻辑理论的产生与发展，不仅和日常辩论有着密切的联系，而且与自然科学特别是数学的产生和发展有着密切的联系。因此，研究中国逻辑史也要与中国古代的自然科学特别是中国古代数学思想的发展史相结合。

中国古代是一个数学思想高度发达的国度。据数学史家李严先生考证，早在公元前2700年，中国人的祖先就开始结绳计数。“上古之初，未有文字，先以‘结绳’为记。”[4]1 说明那时的中国人就有了数的观念。随着生产劳动和日常生活的需要，人们不仅要计数，而且要对数进行运算，中国最早的运算工具是“筹”。“运算和把头算都用竹制的算筹，上面有刻纹或齿的个数”[5]6，运算方法称为筹算，“惟有积算——又称筹算的制度是比较最完善的，曾沿用过很久的时期。”运算时“五以下的数每一筹各当一，五以上的以一筹当五，余筹各当一”[6]6。从筹算的过程中我们就可以看到中国古代数学

[1] 刘培育，等. 中国逻辑思想论文选（1949—1979）［M］. 北京：三联书店，1981.
[2] 刘培育，等. 中国逻辑思想论文选（1949—1979）［M］. 北京：三联书店，1981.
[3] 汪奠基. 中国逻辑思想史［M］. 上海：上海人民出版社，1979.
[4] 李严. 中国算学史［M］. 北京：商务印书馆，1955.
[5] 许莼舫. 中国算术故事［M］. 北京：开明书店，1952.
[6] 许莼舫. 中国算术故事［M］. 北京：开明书店，1952.

中的“归类”思想，五以下的数归为一类，五以上的数归为另一类。数学中的这种“归类”思想对中国古代逻辑中的“推类”思想的产生肯定是有启迪作用的，孔子曾说：“举一隅不以三隅反者，则不复也”（《论语·述而》），“举一反三”的类推方法与筹算方法是多么高度地契合啊！荀子提出的“稽实定数”的正名方法也与古代的计数方法有密切联系，他说：“状同而为异所者，虽可合，谓之二实。状变而实无别而谓异者，谓之化；有化而无别，谓之一实。此事之所以稽实定数也，此制名之枢要也。”（《荀子·正名》）另外荀子提出的“以类行杂，以一行万”（《荀子·王制》）推类方法也与数学中“归类”思想有密切相关性。

不仅中国古代数学的产生和发展影响了中国古代逻辑思想的产生和发展；反过来，中国古代逻辑思想的发展也促进了中国古代数学的进一步发展。《墨经》中的定义理论对数学的发展就起了很好的推动作用，通过定义使数学中的一些最基本的概念更加明晰了。例如《墨经》中关于“圆”的定义：“圆，一中同长也”（《经上》），第一次明确揭示了圆的内涵。这里的“中”是指中心，也就是圆心，“同长”则是说从圆心到圆周的任何一点都具有相同的长度。“圆”就是有一个圆心，并且从圆心到圆周的任何一点距离相等的一种图形。为了使这个概念更加清晰，《经说上》又作了进一步地说明：“圆，规写交也。”“规”是指圆规，也就说“圆”是用圆规画出的、终点和起点相交的曲线。《墨经》从性质和形成这两个角度定义了“圆”，这两个定义与现代几何学中关于“圆”的定义几乎是完全一致的。另外还有关于“方”、“平”、“直”、“尺”（线）、“端”（点）等概念的定义，都为理论数学的形成奠定了坚实的基础。周瀚光先生曾说：“先秦理论数学的萌芽之所以出现在《墨经》中，绝不是一种偶然的现象，而是《墨经》丰富的逻辑思想所开出的一朵奇葩。正如梁宗臣《世界数学史简编》所说：‘其定义的确切，立论的精辟，实不下于欧几里得的《几何原本》’。”[1] 27

中国古代逻辑中关于“类”和“推类”理论对古代数学的发展作用就更大了。在我国最早的数学著作——《周髀算经》（大约成书于公元前一世纪）

[1] 周瀚光．先秦数学与诸子哲学［M］．上海：上海古籍出版社，1994．

中，我们就可以看出逻辑中关于“类”和“推类”思想对它的影响。据《周髀算经》记载：荣方向陈子学习测量、计算天体的方法，陈子先叫他“累思”（多思考），当“荣方归而思之，数日不得”，又来请教陈子时，陈子说：“子之于数未能通类，是智有所不及而神有所穷。夫道术言约而用博者，智类之明；问一事而以万事达者，谓之知道。……是故能类以合类，是贤者业精习智之质也。”（《周髀算经》）从这段文字中可以看出：陈子认为荣方“不能得”，是因为“未能通类，是智有所不及而神有所穷”造成的，如果能“通类”，就能有所得。陈子最后还总结出：“能类以合类，是贤者业精习智之质也”，意思是说，善于“类以合类”（“推类”）是贤者精于数学、习于智慧的本质体现。能够“问一事而以万事达者”，才是真正的贤者。可见，能通类、善推类对于掌握“算数之术”是何等的重要。

中国古代数学名著《九章算术》就是在这种“类以合类”的思想指导下编纂的，该书作者把264个数学问题及其解法，归为9类，称为《九章算术》。其中有几章是按照问题的性质分类的：如《方田》、《粟米》、《商功》等章；另外几章是按照解题的方法分类的：如《盈不足》、《方程》、《勾股》等章。正如刘纯先生所说：“一般来说，所谓一个‘术’就是从若干同类应用问题中提炼出来的普遍方法，连同该类问题的首‘问’，一起构成一个正则的数学模型。周代官学所授之‘九数’，实际上就是九类数学模型；……一部出色的中国古算书，就是由形形色色的数学模型串起来的。”[1]《九章算术》中所使用的模型化方法，其基础就是归类、推类。只有归类，才能形成“术”，只有进行“类以合类”的推类，才能实现推演过程的程序化。以“类以合类”为基础的模型化方法对中国古代数学的发展产生了深远的影响。

从以上论述可以看出：中国古代逻辑思想的产生和发展与中国古代数学思想的产生和发展是密切相关的，它们之间是相互影响、相互促进的。因此，我们研究中国古代的逻辑思想史就要与中国古代的自然科学特别是数学思想的发展史相结合，这样才能更好地理清中国逻辑思想的发展脉络。

汪奠基先生对中国逻辑思想史的贡献并不局限于以上几点，还有很多方

---

[1] 刘纯. 谈中国数学史上的正则模型化方法［J］科学月刊，1994，（5）

面值得我们认真研究与吸取。汪先生以毕生精力研究中国逻辑思想史，充分肯定中国逻辑思想史的存在，给我们探索出一条前进的道路，为我们进一步研究中国逻辑思想史开辟了一条航道，我们十分感谢他。我们要继承这笔宝贵的遗产，并加以发扬光大。亚里士多德的形式逻辑，古印度的因明学，中国古代的名辩学，是世界逻辑发展史的三大源流，我们不要妄自菲薄与随意丢弃。

（原载《湖北大学学报》（哲学社会科学版），2011 年第 1 期）

周礼全先生的语用学思想[1]

现代符号学与现代逻辑学有着密切的关系，它们同样在20世纪得到蓬勃的发展。周礼全先生不仅是我国一位著名的逻辑学家，而且是最早引进与研究现代符号学的学者。他在20世纪40年代末期已经与美国著名哲学家与符号学家莫里斯（Charlts Morris，1901—1979）有过联系，20世纪60年代他就翻译了莫里斯的主要符号学著作，如《指号，语言和行为》，《指号理论基础》，还校译了《意谓和意义》一书。在他的逻辑学著作与论文中，除了深入研究了作为语形学的逻辑问题以外，还讨论了很多有关语义学与语用学方面的问题。

由美国哲学家与逻辑学家皮尔士（Charles S.Peirce，1839—1914）和瑞士语言学家索绪尔（Ferdinand de Saussure，1857—1913）创立的现代符号学（Semiotics，周先生译为“指号学”）是一门研究符号（signs，或译“指号”）的性质、原理、符号过程，以及符号分类的学科。皮尔士甚至提出：“逻辑学，按其一般意义来说，正如我相信已经表明的那样，它仅仅是符号学的另一个名称。”[2]莫里斯认为符号学包含三个分支，即语形学（syntax）、语义学（semantics）、和语用学（pragmatics）。语形学是研究符号与符号之间的关系的学科，语义学是研究符号与其所指对象之间关系的学科，语用学则是研究符号与其使用者之间的关系的学科。这一观点已为现代符号学界所普遍接受。莫里斯之后，语义学与语用学又有了重大的发展。例如，语用学不仅研究索引词、时态词、人称代词、上下文，还研究言语行为、预设、隐涵和隐喻，以至整个人文背景与历史背景。概括起来说，就是研究一个语句

[1] 在“庆贺周礼全先生80寿辰暨逻辑与哲学学术研讨会”开幕式上的发言。

[2] Peirce.C.S.Philotophical Writings of Peirce（edited by J.Buchler）,Dover Publication, New York，1955.P.58.

出现的整个语境。从现在学科发展的实际情况来看，语义学与语用学之间的界限已很难作严格的划分。周礼全先生在《逻辑——正确思维和成功交际的理论》一书就说过："如果一个语言逻辑学家对语义学采取一种狭义的理解，他就会把别人认为属于语义学的许多内容都看作语用学的内容；相反地，如果一个语言逻辑学家对语义学采取一种广义的理解，他就会把别人认为属于语用学的许多看作是语义学的内容。"[1]

周礼全先生长期从事逻辑学与符号学的研究，在符号学中，他特别着重语用学的研究，他的符号学思想也有一个发展过程。他在20世纪50年代就提到"具体概念"问题。他说："一个具体概念是许许多多的概念所构成的有机联系着的概念总体。"[2]从现代符号学的观点来看，所谓概念所构成的有机联系的总体,也就是说表达概念的符号处于普遍联系的复杂语境之中。由于"一个语词的意义，就是这个语词所表达的概念"[3]那么，了解一个语词的具体意义，就必须掌握这个语词所表达的概念所处的具体语境。这里已经涉及语用学问题。

后来，他提到形式逻辑的研究要"结合我国的语法与修辞"[4]，如果说语法还属于语形学的话（实际上语法学也涉及一定的语义问题），那么，修辞（现代语用学把"修辞"（rhetoric）几乎看作"隐喻"（metaphor）的等义词），就显然属于语用学的范围。

在20世纪60年代，他更是明确提出：

一个（或一组）语句，常常不是孤立出现的，总是有它的上下文，总是同一些别的语句先后出现。一个（或一组）语句同它的上下文有着有机的联系。一个（或一组）语句的上下文，我们把它叫做这个语句的语言环境。

一个（或一组）语句，除了有它的语言环境以外，还有它的语言以外的客观环境。一个（或一组）语句，总是由一定的人说的，总是在一定的时间

---

[1] 周礼全：《逻辑——正确思维和成功交际的理论》，人民出版社1994年，第24—25页。

[2] 周礼全：《论概念发展的两个主要阶段》，载《哲学研究》1996年第3、4期。

[3] 周礼全:《逻辑——正确思维和成功交际的理论》,人民出版社1994年,第17页。

[4] 周礼全：《形式逻辑必须在马克思主义指导下大力修正》，载《哲学研究》1959年第6期。

与一定的地点说的，总是用一定的声调与姿态说的，总是针对一定的情况说的，也常常是对一定的人说的。这些就构成一个（或一组）语句的客观环境。

一个（或一组）语句的语言环境与客观环境，构成了一个有机整体，我们把它叫做这个（或这组）语句的具体环境。

一个（或一组）语句同它的具体环境有着有机的联系。一个（或一组）语句的意义，受它的具体环境的影响与制约。同样的一个（或一组）语句，在不同的具体环境中，就有不同的有时甚至相反的意义。[1]

周礼全先生在探讨了形式逻辑的软弱性之后，提出形式逻辑研究语言具体意义的必要性，这里已经明确地表达了他的语用学思想。

在20世纪90年代的他主编的《逻辑——正确思维和成功交际的理论》一书中，周礼全先生的语用学思想有了更新的发展。他在亲自执笔的几章，比较全面地论述了语言逻辑和语用学问题，他将语言逻辑与语用学密切结合几乎成为一体，不仅对西方的语用学理论有所引述，并且有所创新。本文着重介绍他创新的部分。

在这本著作中，第一个有创新意义的是周礼全先生将成功交际的问题划归逻辑的范围。“交际”，这里是指人们之间（也包括一个人自己对自己）的语言或非语言的思想感情的交流。交际过程也就是人们不断使用符号（指号）传递信息的过程。交际是语言的重要特性之一。周礼全先生说：“语言的产生和应用都和交际活动密切相关。人们要协调行动，就要互相交际思想感情。要互相交流思想感情，就需要应用语言。语言是交际的工具。”[2]这种交际的特性不仅自然语言具有，人工语言也同样具有。人们创造人工语言，其目的归根结底还是为了交际。语言的符号性和交际性决定了它与逻辑的关系。波兰著名符号学家、华沙学派的当今代表、华沙大学的佩尔茨（Jerzy Pelc）教授曾提出，任何符号的应用和理解，都包含有推理过程。推理，自然是逻辑学的范畴。交际过程，就是语言符号和非语言符号的应用和理解过程，其中必然包含推理。周先生指出，该书的第二部分中的“认知逻辑”、

[1] 周礼全：《形式逻辑应该尝试研究自然语言的具体意义》，载《光明日报》1961年5月26日。

[2] 周礼全：《逻辑——正确思维和成功交际的理论》，第6页。

“命令逻辑”和“问题逻辑”已经涉及了言语行为和交际活动。该书的第三部分和第四部分，都是关于交际活动的理论。第三部分是关于交际活动的一般理论，第四部分是关于谈话、讲演和辩论这三种特殊形态的交际活动的理论。周先生还指出，此书的重点是成功交际的理论。成功交际理论自然属于符号学中的语用学范围，它同时是语言逻辑的重要部分。

周先生提出的另一个突出的创新理论就是四层次语义论。他在提出四层次语义之前，先分析了语言和言语的构成。他依据现代符号学和言语行为理论，提出：“语言是一个符号系统，言语则是人们应用语言传递讯息的活动。一个和言语密切相关的重要概念是话语。话语是在一个语境中说话者传递讯息所说出一串语音或写出一串笔画。话语可以具有一个语词，一个词组，或一个语句的形式。正如语句是语言的基本单位一样，具有一句语句形式的话语则是言语和话语的基本单位。”将“话语”作为该书的出发点，是该书突出语用性的一个明显标志。接着该书对“话语”、“语句”和“抽象语句”作区分。一句话语所包含的一串语词以及它们之间的先后关系是这句话语的语词成分。而一句话语除了有它的语词成分外，还有它的节律成分，即一句话语的间歇、重音和语调。在语词成分和节律成分之外，话语还有它的副语言成分，即超出音高、音强和音强的正常范围以及正常发音方式的语言特点，它是说话者有意用来表达感情的那些附加在节律上的声音性质。话语本身除了具有这些性质以外，它还出现在一定的交际语境中，也就是说，同样的话语可以出现在不同的语境中。于是，周礼全先生将语言形式分析为抽象语句、语句、话语和在交际语境中的话语四个层次，从而也区分出四个意义层次。第一个层次是抽象语句的意义，即命题。一个抽象语句表达一个命题，命题是语言使用者的思想，而命题所描述的（或抽象话句所指谓的）事态是存在于思想之外的客观存在，但也可以不存在，一个命题如果它所描述的事态存在，则该命题为真，否则为假。第二个层次是语句的意义，即命题态度，也就是说话者附加在命题上的感情和承诺，如：断定、疑问、要求、愿望、许诺等。它是通过语言中的节律表现出来的。第三个层次是话语的意义，即意谓。它是一个语句加上副语言成分，也就是说话者附加在命题态度上的思想感情。第四个层次是交际语境中的话语的意义，即意思。它是相应于交际语境，说话者所具有的某种思想感情，和说话者遵守交际规则（即合作准则）所表达的意愿。周礼全先生认为，在“四层次意义中，每一个后者都比前者具体，是由前者和一个新因素所构成的有机整体；前者则比后者抽象，它是后者这个有机整体中的一个构成因素。只有意思才是语言交际中抽象的和部分的意义，都只是意思的构成部分。”[1]四层次意义理论是周先生意义理论研究的最新成果。这种理论克服了过去试图从一个平面上，以一种理论解释一切意义现象的做法的片面性。过去，不仅指称论、观念论难以解释一切语义现象，即使使用论也具有一定限度和一定的模糊性。四层次理论吸收了以前各种语义理论的优点，把它们放在不同的语言层次上加以应用，避免了它们各自的局限性。相对于四十年前周先生在《形式逻辑应该尝试研究自然语言的具体意义》一文，现在周先生对“具体意义”的具体性有了更为明确详尽的解释。可以说现代逻辑基本上仍停留在第一层次语义理解的解释上，随着模态逻辑，特别是非标准模态逻辑的发展，这种在抽象语句平面上作指称论解释的语义理论，遇到的困难会越来越多。采用四层次理论，可以既不排斥已有理论的作用，又不为其所局限。所以，四层次理论在语义理论上是一个重要发展。

语境是研究语言逻辑中必然涉及的一个重要概念，也是语用学中的一个重要概念。在这本书的第 11 章《语境》中，周先生首先介绍了刘易斯（D. Lewis）的语义语境和莱昂斯（J. Lyons）的语用语境的理论，然后从新的角度对语用语境作了划分。他认为语境可以分为四种：即 Co、Cs、Ch、Csh。他将符号 Co 表示一句话语的具体语境。它包含下列各种因素：

（A）当前情境，即说话者和听话者在谈话时能直接感知的事物和事态，如说出某一话语的时间，地点，说话者和听话者，以及他们在说出话语时面部表情和身体姿势等。（B）话语出现的上下文。（C）该话语所涉及的事物和事态。（D）说话者的情况。（E）听话者的情况。语境 Co 所包含的五种因素都是客观存在的，但是说话者与听话者不一定完全知道。周先生将说话者知道的语境知识称为 C_S，听话者所知道的语境知识称为 C_h，说话者与

[1] 周礼全：《逻辑——正确思维和成功交际的理论》，第 22 页。

听话者共同具有的语境知识称为 C_{sh} 。一次谈话中这些语境可能不断地发生变化。因此，要正确地了解话语的语境以及其变化，是正确表达、传达和理解的必要条件和重要条件，也是成功交际的必要条件和重要条件。

周礼全先生在语用学思想还突出表现在将逻辑与修辞密切结合的理论上。在《逻辑》一书中，“修辞”一章虽然不是周先生亲自执笔，但是在周先生亲自指导下写成的。周先生在 20 世纪 50 年代发表的《形式逻辑必须在马克思主义指导下大力修正》一文中已经提出逻辑与修辞密切结合的问题。可见，周礼全先生在研究修辞与逻辑的结合方面并不晚于西方对这些问题的研究。在《逻辑》一书中，他再次强调逻辑应该与修辞相结合。从西方逻辑史上看，亚里士多德已经认识到修辞的逻辑说服功能。他在《修辞学》一书中，提到修辞三段论与修辞归纳法的概念。在亚里士多德的著作中，“三段论”就是“推理式”的意思。可见亚里士多德是将修辞看作是一种推理式，其目的在于辩论时说服对方。周先生在论述“逻辑”概念的发展史时，指出古希腊的“逻辑包括了辩证法和修辞学”，“古罗马的逻辑学家继承亚里士多德和麦加拉——斯多阿学派的传统，他们所说的辩证法，是逻辑、辩论术和修辞学的统一体”[1]。周先生还说：“由以上的叙述，我们可以看出，西方的古代和中古的逻辑，是以对话和辩论的原则和技术作为一个重要研究对象的。是和当时的语法学、修辞学密切结构的。”[2]“从亚里士多德的《工具论》到现代逻辑出现以前的逻辑传统是：逻辑、语法或修辞总是相结合的，语形、语义和语用总是相结合的。……传统逻辑的三结合只能是一个较低水平的三结合。本书企图在现代的逻辑、语法和修辞的基础上，实现一个新的三结合。”[3]周先生正是从语用学的角度阐述修辞在逻辑中的作用。这既符合亚里士多德的逻辑传统，也是现代逻辑，特别是作为现代逻辑的一个分支——语言逻辑发展的一个重要内容。

周先生在语用学方面的另一突出思想是关于情感问题的论述。在上面的引述中我们已经看到周先生多次谈到情感问题。在传统逻辑以及现代逻辑中，

---

[1] 周礼全：《逻辑——正确思维和成功交际的理论》第 25 页。
[2] 周礼全：《逻辑——正确思维和成功交际的理论》第 26 页。
[3] 周礼全：《逻辑——正确思维和成功交际的理论》第 27—28 页。

谈论推理过程一般都是排斥情感因素的。因为一般认为，“情感”是心理学研究的对象，在思维过程如果不排斥情感因素往往会导致错误的结论。但是在实际的语言交际过程中，情感因素是无法排斥的。在当代西方哲学中，特别是欧洲大陆哲学中，情感问题越来越受到重视。在现代逻辑，特别是在道义逻辑中，当使用“应当”、“允许”、“禁止”等模态算子时，无意中已经涉及情感问题。因为人们在使用这一类语言符号时，它所包含的命题态度，以及在表达时的副语言成分都包含有情感因素。当我们说：“我们应该热爱祖国”时，我们的话语不可避免地会有“热爱”的情感流露，当我们说：“禁止随地吐痰”，我们不可避免地会有“厌恶”的情感流露。而要达到成功的交际，也必须有这样的情感因素。周先生在上面的四层次意义理论中已经开始阐述了情感在意义理论中和推理中的作用，不过，要建立一套涉及情感的逻辑系统，还有待逻辑工作者作进一步的研究。

总之，周先生主编的《逻辑——正确思维和成功交际的理论》一书，正如周先生在第一章中所说，“是一本自然语言逻辑的著作”[1]。“根据多数人通常的理解，本书的大部分内容或主要内容是属于语用学的范围”[2]。本文对周先生的语用思想的评述只是挂一漏万。我们注意到，在20世纪60年代，华沙曾出版了波兰逻辑学艾裘凯维茨（Kazimierz Ajdukiewicz）的《语用逻辑》（Pragmatic Logic）一书，20世纪70年代又出现了该书的英文译本，其主要内容大体上在现代经典逻辑的范围，不过讨论了表达式的歧义性，定义的错误、主观上确定与不确定推理（统计、概率等）、科学方法（演绎和归纳）等。按照艾裘凯维茨的观点，逻辑语形学、逻辑语义学与逻辑语用学组合成逻辑符号学，这种逻辑符号学也就是语言逻辑。他认为，一种语言的非形式化的逻辑语形学构成语言逻辑的一个分支，而相应的非形式化的逻辑语义学与语用学构成语言逻辑的另一个分支。艾裘凯维茨所说的语言逻辑既包括人工语言，也包括自然语言。如果加以适当限制，只指自然语言，就相当于我们所说的“自然语言的逻辑”了。20世纪80年代，美国逻辑学家索

---

［1］周礼全：《逻辑——正确思维和成功交际的理论》第27页。
［2］周礼全：《逻辑——正确思维和成功交际的理论》第25页。

摩尔斯（Fred Sommers）曾出版过一本《自然语言的逻辑》的书，他采用一些新的符号形式，对传统逻辑作了全新的表述。他可以使用相同的符号表达传统逻辑以及命题逻辑和谓词逻辑内在的一致性。索摩尔斯的符号系统既保持了传统逻辑比较接近自然语言的优点，也发挥了现代逻辑高度形式化，使表述更为明确与精确的优点。美国当代语言哲学家塞尔（John R. Searle）继承与发展了英国语言哲学家奥斯汀（J.L. Austin）言语行为理论，提出言语行为可分为三个方面，即“语谓行为”（locutionary acts），“语旨行为”（illocutioonary acts）和“语效行为”（perlocutionary acts）。后来他与凡德尔维肯合著了《语旨逻辑基础》（foundationa of illocutionary logic）一书，将其理论给予形式化。这些都是当代语言逻辑方面具有一定代表性的著作。我们认为，周礼全先生主编的《逻辑》一书在内容涉及的范围与深度上较之上述几本书来说均有所超越。因此，我们认为，周礼全先生对语用学理论，或者说对语言逻辑的发展上，都是颇有创新意义的。

（原载《逻辑、语言与思维》一书，中国科学文化出版社 2002 年出版）

严谨治学　贵有创见

——为纪念南开大学温公颐教授百年诞辰而作

温公颐先生去世八年多了，我一直在怀念着他。虽然我没有直接在他的门下听过课，但是在与他的接触过程中，我深切感受到他对我热情的关怀与指导。正是由于他（以及李匡武先生）的指引督促，我才走进中国逻辑史的研究领域。值此温公颐先生百年诞辰之际，我谨以此文表达我对温公颐先生的哀思与敬意。

我首先感受到的是温公颐先生治学的严谨性。温先生在“文革”中曾被造反派学生打瞎一只眼睛（我不知这些人今天是否有悔恨之意），“文革”后他已年过七旬，但他仍然兢兢业业，一方面做好研究生与本科生的教学工作，另一方面每天都在他那并不宽敞的书房里，用他那剩下的一只眼睛孜孜不倦地读书，艰难地撰写书稿与论文。直到 1996 年他 92 岁（1996）去世时，他后期出版的书稿竟达近 200 万字之多，大大超过他“文革”前的写作数量。这近 200 万字决非草率之作，而是经过认真的分析考证，深思熟虑而结出的成果。就以引文为例，他对引文的严肃认真的态度，真使我敬佩。即使一句话、一个字，他也从不马虎。我记得曾经有一次为了查考一句古书的引文，温先生竟多次写信给我，要我一定认真负责地将这句引文核实清楚告诉他。他认为这决非小事。他在 1983 年曾写过一篇《治学三要》的短文，就强调要“贵查原文”。他说：“治学不能只依据第二手资料，必须根据原著。马克思就注重原著的查找，而不满足于间接得来的材料。因为第二手资料固然可作参考用，但它究竟不是完整的，而且难免有误。我们如果依照它，就不免上当。”（《温公颐文集》第 17 页）由此可见温公颐先生一丝不苟的治学态度。

其次，我感到温公颐先生的读书方法有其特别精到之处。温先生读书，真可谓博古通今。他年轻时生活在福建一个穷乡僻壤的小山沟里，那时他已打好了坚实的古文基础。后来他直接考上北京大学，从预科到本科，又受到严师的指点与培育。如教他“西方哲学史”的是张颐教授，在大一时用的是美国康乃尔大学教授席勒的《哲学史》的原文课本。导师要求学生在上课之后，每月都要写一篇论文，谈自己的心得。温先生每次都要写两三万字，深受导师的重视与欣赏。到大二时，温公颐先生就开始读康德的《纯粹理性批判》（张颐教授认为译为“批导”为好）英文译本，三年级时又学了《实践理性批判》一书的英文译本。在学习“西方哲学史”的同时，温先生又学了“中国哲学史”的课程。毕业后，温先生应邀在北大主讲“哲学概论”的课程，并编写了《哲学概论》与《道德学》的教本，由上海商务印书馆出版，并列入当时的“大学丛书”。新中国成立以后，他又转入逻辑学的教学，编写了系列的逻辑学与中国逻辑史的教材，并在高校开设了这方面的课程。

温先生在讲自己的读书方法时，特别介绍了“朱子读书法”，即要“循序渐进”、“熟读精思”、“虚心涵泳”、“切己体察”、“著繁用功”、“居教持志”，也介绍了怀特海德（温先生译为“怀悌黑得”）的“循环学习理论”，即无论何种学习的成就，必须经过兴趣、训练和自由的三阶段，即把指定的哲学书分三次去读，第一次的目的在于满足兴趣的条件，可以把那些有趣的先行阅读；第二次即要进一步去满足训练的条件，得平心静气，慢慢细读，对书中艰难晦涩的语句或文意，要细细考察；第三步就是满足自由的条件的阅读，即采取批评的态度学习，对作者开始思想上的问答，对于作者的观点无论赞成或反对，都会有全盘的了解。

温先生读书时特别注意理解书中哲学专门术语的含义。因为哲学家在使用某些哲学专门术语时，往往会依据自己的体系给予某些新的含义，阅读时不仔细体察，很容易造成误解。在读懂原著之后，温先生又强调要“贵得要旨”，因为“每一哲学家的思想是复杂的，我们必须拨云雾而抓要害。纲举目张，自可理出头绪”。（同上，第17页）有人读一辈子书，由于得不到要旨，虽然记住某些词句，但还是如坠云里雾中，说不清到底说了一些什么。我觉得温先生讲的这一条，确实是至理名言。

第三，温公颐先生还强调“为学贵有创见”。他说：“我国古代，百家争鸣，先哲各抒卓见，蔚为先秦的光辉灿烂时代。西哲尝谓哲学家为独立的思想家。康德以11年的思考写成他的巨著《纯粹理性批判》，其尤为著者。印哲言‘见’（Darsana），益指能如实了知，契会中道之谓。东西古哲，所见皆同。”（同上，第16页）温先生自己的著作充分体现了这一点。例如，温先生在他的《〈先秦逻辑史〉编写中的几个问题》一文中，谈到“中国逻辑有无自己的特点”时说：“中国逻辑与西方三段论和印度三支逻辑既有相同的方面，又有不同的方面；既有共性，又有个性。中国的名、辞、说（说辞），有一般的逻辑特征，但不能和古希腊、古印度等同。‘名’既指概念，也指语言中的词，同时还有名位、名守等意义。‘辞’的含义和判断也有不同之处，主宾结构式不能概括中的‘辞’，有主无宾、有宾无主都有。‘说’更为复杂，推理论证很难用西方的格式套进，如连珠体西方以类属关系为依据，可以说是外延的逻辑。这与中国的三物逻辑有所不同。我国的三物逻辑重在内涵，‘类不可必推’，‘推类之难，说在名之大小’。‘类’既应作为推论依据，又不能完全依靠。公孙龙曾注重内涵的分析，我姑且名为内涵的逻辑。这是中国逻辑的特点。”（同上，第264页）我认为，这一段话是温先生对中国逻辑史长期研究的独到心得，很有创见。温先生在这里使用了“内涵的逻辑”这个名称，显然，这与西方当代发展起来的，经丘奇、卡尔纳普、霍瓦尔德、斯科特等的探索，最后由蒙太古所建立的“内涵逻辑”系统（对这一系统的简要介绍，可参阅我写的，编入杨百顺主编的《现代逻辑启蒙》一书第十八章的“内涵逻辑”）完全不是一回事。温先生在这里使用的就是一般逻辑教材中通常意义上的“内涵”，通俗一点说，就是语词和语句的含义。中国古代逻辑的特点之一，就是它并没有完全抽象出一套形式化系统，在推理论式中往往涉及语义与语用问题。研究中国逻辑史不能不考虑这一特点。而且，现代逻辑也有语义推理与语用推理的说法。可见，温先生在这里使用“内涵的逻辑”一词并非误用。

第四，温先生治学精到却又对人极其平易谦虚，这一点使我深受感动也深受教育。温先生对他的师辈，向来是非常尊敬的，一直到他自己也达高龄，当去拜望金岳霖先生时，仍拜行师礼。对他的同辈人他也是虚怀若谷，甚至对我们这些晚辈，也从无傲慢之气，写信时还以“兄”相称。我们接到信时，颇觉汗颜。他指出我们的不妥之处，也总是以商量的口吻。温先生这种长者之风，学者之风、充分体现了中国文化的高尚传统。温先生是我们各方面学习的榜样。

温先生虽已离开我们，但他的学术思想，他的师者风范，将永存于我辈心中。

（原载《教学通讯》，2005 年第 1 期）

李先焜文集

译著

亚里士多德的模态三段论

可以认为，亚里士多德的模态三段论跟他的实然三段论或者他在模态命题逻辑方面的贡献相比，意义要小得多。这系统看来好似一个逻辑练习，虽然表面上很精密，却充满了粗心的错误，并且对科学问题没有任何适用之处。虽然如此，在这个三段论中却有两个争论问题主要由于历史的原因而有研究的价值，这就是关于带有一个实然前提和一个必然前提的三段论问题，和关于带有偶然前提的三段论问题。

一、有两个必然前提的各式

亚里士多德是模仿他的实然三段论的样子来论述模态三段论的。三段论划分为各种格和式，有些式被当作完全的式，这些式作为自明的而无需证明；不完全的式则通过换位法、归谬法或者通过所谓“显示法”而得到证明。不正确的式则通过用具体词项加以说明的方法而予以排斥。奇怪的是，只有一个例外，亚里士多德没有使用他的模态命题逻辑的定理。我们将看到，在某些情况下这会得出比他所作的证明更好并且更简单的证明。

必然命题的换位律和实然命题的换位律相类似。下述一些命题因此是真的：“如果必然任何 b 都不是 a，那么必然任何 a 都不是 b”，用符号表达：

98．CLEbaLEab.

和“如果必然所有的 b 或者有些 b 是 a，那末必然有些 a 是 b”，用符号表达：

99．CLAbaLIab 和 100.CLIbaLIab[1]。

亚里士多德所作的证明是不能令人满意的[2]。他没有注意到，定律 98~100

[1]《前分析篇》，i.3，25a29“……如果 A 必然不属于任何 B，那末，B 必然也不属于任何 A。”25a32，“如果 A 必然属于所有的或有些 B，那末，B 也必然属于有些 A。”

[2] 参阅 A. 贝克尔，《亚里士多德的可能性推论的学说》，第 90 页。

可以从实然三段论类似的定律借助于定理 18 直接推出。

18. CCpqCLpLq.

例如，从 18 式，用 Eba 替代 p，用 Eab 替代 q，我们在前件中得出实然的换位律，由此我们可以分离出它的后件，即定律 98。

按照亚里士多德的意见，带有两个必然前提的三段论，除了对前提和结论都必须加上必然性记号以外，其余跟实然三段论都相同[1]。因此，关于 Barbara 式的公式将表述为：

101. CKLAbaLAcbLAca.

亚里士多德默然承认了，第一格的各式是完全的并且是不需要证明的。其他各格的各种式是不完全的，除了 Baroco 和 Bocardo 式以外，都需要按照对实然三段论的证明方法予以证明。Baroco 和 Bocardo 两个式在实然三段论中是用归谬法证明的，而这里须要用显示法加以证明[2]。我们再一次指出：对所有这些证明，运用定理 18 要容易得多，这将在以后的例子中看出。

通过输出律和输入律 CCKpqrCpCqr 和 CCpCqrCKpqr，可以表明 15 式，即实然的 Barbara 式与公式

102. CAba CAcbAca，

等值。这个纯粹的蕴涵形式比合取形式更便于推出结论。按照断定命题 3.CLpp，我们有：

103. CLAbaAba，

而从 103 和 102 借助于假言三段论，我们得出：

104.CtAbaCAcbAca.

而另一方面，由于替代 18 式的结果，我们有

105.CCAcbAcaCLAcbLAca，

而从 104 和 105 推出结论：

106.CLAbaCLAcbLAca

［1］《前分析篇》，i.8,29b35，“必然［属于］跟属于的情形几乎完全一样，因为，在［前提中］‘属于’和‘必然属于或不属于’对词项位置相同的情况下，得出和不得出的三段论仅仅具有这样的区别：给词项加上‘必然属于’或者‘必然不属于’”。

［2］《前分析篇》，i.8,30a3—14。

它与101等值。所有其余的带有两个必然前提的三段论的各式都可以用这样的方法加以证明，而不需要新的公理、换位律、归谬法，或者使用显示法的论证。

二、有一个必然前提和一个实然前提的各式[1]

对带有一个必然前提和一个实然前提的第一格的三段论各式，亚里士多德是按照哪一个前提（大前提还是小前提）是必然前提而分别加以论述的。他说，当大前提是必然的，而小前提是实然的，我们就得出一个必然的结论；但是，当小前提是必然的，而大前提是实然的，我们就可能得出一个实然的结论[2]。这种区别借助于下述一些Barbara式的例子就显得很清楚。亚里士多德断定了三段论："如果必然所有的b是a，那末，如果所有的c是b，则必然所有的c是a"。但是，他排斥了三段论："如果所有的b是a，那末，如果必然所有的c是b，则必然所有的c是a"。用符号表达：

（∈） CLAbaCAcbLAca 被断定，

（δ） CAbaCLAcbLAca 被排斥。

亚里士多德将三段论（∈）看作是自明的。他说："因为所有的b必然是a或者不是a，而c是b中的一个，那末显然（ ρανερόυ），c也将必然是a或者不是a"[3]。由于下面将要说到的原因，用例子来表明这一点是困难的。但是下述实例或者可以使三段论（∈）在直观上比较好接受一些。让我仍设想，表达式LAba表示："所有的b通过金属丝跟a联结起来"。因此，显然所有的c（因为所有的c是b）也通过金属丝跟a联结起来，即LAca。因为任何东西以某种方式涉及所有的b是真的，那末如果所有的c是b的话，则它以同样的方式涉及所有的c，也是真的。最后那个命题的自明

---

［1］参阅杨·卢卡西维茨：《论亚里士多德模态三段沦中的一个争论的问题》，（One controversial Problem Of Aristotles Modal Syllogistic）载《多米尼卡研究》，卷VII，1954年，第114—128页。

［2］《前分析篇》，i.9，30a15—25，"也有这样的情况：当一个前提表达必然性，但不是任一前提，而是其中包含大项的前提，其结论是关于必然属于的。例如，如果断定A必然属于或不属于B，而B简单地属于C，而如果前提正是这样安排的，那末，A就必然地属于或不属于C。"（以下的语句我们将在下面的附注中引述）。"而如果前提AB不表达必然性，而BC表达必然性，那末，结论就不是关于必然属于的了"。

［3］《前分析篇》，i.9，30a21，"……因为A必然地属于或不属于所有的B，而C是B中的一个，显然，C也就必然属于或不属于A"。

性就没有什么好怀疑的了。

但是，我们从亚历山大那里知道，亚里士多德所断定的三段论（∈）的自明性，并没有为他的朋友们即他的学生德奥弗拉斯特斯和欧德谟斯所完全信服[1]。他们反对亚里士多德，他们坚持这样的观点：如果有一个前提是实然的，那末结论也应当是实然的；正像如果有一个前提是否定的，则结论也应当是否定的，并且如果有一个前提是特称的，则结论也应当是特殊的一样；也就是说，符合于后来经院哲学家所表述的一个一般规则：Peiorem sequitur semper conclusio partem[2]。

这样的论证很容易遭到驳斥。三段论（∈）是演绎地等值于第三格或然的 Bocardo 式："如果可能有些 c 不是 a，那末，如果所有的 c 是 b，则可能有些 b 不是 a"，用符号表达：

（η）CMOca CAcb MOba.

三段论（η）跟（∈）一样，也是自明的。它的自明性可以用例子来说明。我们假设，一只箱子里装着票签，从 1 号编到 90 号，设 c 表示"从箱子中抽出的号码"，b 表示"从箱子中抽出的偶数号"，而 a 表示"被 3 除尽的号码"。我们假定，在某一情况下，从箱中抽出了五个偶数号，因此，前提"从箱中抽出的所有的号码都是从箱中抽出的偶数号"，即 Acb 事实上是真的。由此，我们有把握推断，如果可能在这种情况下，从箱中抽出的有些号码不被 3 除尽，即 MOca，那末，也可能在这种情况下，从箱中抽出的有些偶数号不被 3 除尽，即 MOba。

亚里士多德断定了三段论（η），并且从三段论∈通过归谬法对它加以证明[3]。但是他没有从（η）推演出（∈），虽然，他一定知道，这是可

---

[1] 亚历山大在注释第 225 页注②所引述的段落时说（124，8）："这句话就是这样陈述的。但是他的朋友、即学生德奥弗拉斯特斯和欧德谟斯不同意他的意见。他们说：在所有这样的结合中，即它的一个前提表达必然性，而另一个前提指的是普通的属于，这时如果是以三段论进行讨沦，结论说的只是普通的属于……（17）'普通的属于'弱于'必然的属于"。

[2] 结论永远由最弱的部分规定。

[3]《前分析篇》，i.21，39b33–39，"设 B 属于所有的 C，而 A 可能不属于有些 C，那末必然地，A 可能不属于有些 B。因为如果 A 必然属于所有的 B，而按照假设，B 属于所有的 C，那末 A 就象上面已经证明的那样，必然属于所有的 C，但是要知道原已假定：A 可能不属于有些 C"。

能做到的。亚历山大看到了这一点，并且借助于归谬法从（η）明确地证明了（∈）。他说，这样的证明应当看作有利于亚里士多德学说的最合理的证明[1]。因为，按照他的意见，亚里士多德的朋友断定了满足于“最弱部分规则”的三段论（η），而（∈）是可以从（η）推演出的，他们就不能根据这个规则去排斥（∈）。这个规则运用于模态时就变成错误的了。

在下一节中，我们将看到，德奥弗拉斯特斯和欧德谟斯反对三段论（∈）还提出了另外一个论据，它没有被亚历山大所驳倒，因为它与亚里士多德的一个论据相符合或相一致。不管亚历山大怎样谈到“最合理的证明”，人们还是感觉到有某些值得怀疑之处，因为他在提出很多论据支持亚里士多德的意见以后（上面引述的论据是最后一个），最终又指出，在另外的著作中，他更为严密地证明了：在这些论据中哪些是合理的，哪些是不合理的[2]。亚历山大这里指的是他的著作《论亚里士多德和他的朋友之间的关于混合式的争论》和他的《逻辑注释》[3]。可惜，这两本书都失传了。

这个争论在我们这个时代又复活起来。大卫·罗斯爵士，在注释三段论（∈）和从三段论（η）对它所作的证明时，明确地表示[4]：“亚里士多德的学说依然有明显的错误。因为他试图证明的东西是：前提不仅证明所有的C是A，而且还证明它们必然是A，正如所有的B必然是A那样；即由于它自身本性中具有一种永久的必然性；然而它们所证明的只是在所有的C是B的时候，它同样也是A，这不是由于它自身本性中具有一种永久的必然性，而是由于暂时分得B的性质中的一种暂时的必然性”。

这个论证是一种形而上学的，因为“事物的性质”和“它的本性中的永久的必然性”等术语都属于形而上学。但是在这些形而上学的术语后边却藏

[1] 亚历山大，注释三段论（∈）（127.3）时写道：“这证实了亚里士多德所说的，特别是如果使用第三格通过归谬法作出的证明，是正确的……（12）不论亚里士多德还是他的朋友都发现，按第三格所作的这种结合可能得出特称否定的结论。”

[2] 亚历山大，127，14，“谁都可以用同样重要的论据去支持亚里士多德所陈述的意见。正如上面所说的那样，我在另外的著作中更为严密地证明了：其中哪些论据被认为是正确的和哪些是不正确的。”

[3] 第一种著作标题为（亚历山大，125.30）《论亚里士多德和他的朋友们之间关于混合式的争论》。参阅：亚历山大，249.38—250.2，那里使用“δ ι α φ ω ν α ”（意见分歧）代替“δ ι α φ ο ρ α ”（争论）一词；他引述的另一著作题为《辑注释》。

[4] 大卫·罗斯编《前分析篇》，第43页。

着一个逻辑问题，这个问题可以用我们的四值模态逻辑加以解决。现在我们转向亚里士多德所排斥的三段论。

三、有一个必然前提和一个实然前提的被排斥的各式

三段论（ζ）正如三段论（∈）一样，是自明的。奇怪的是，亚里士多德排斥了三段论

（ζ） CAbaCLAcbLAca，

尽管很明显，这个三段论是与被断定的三段论（∈）相对等的。为了表明它的自明性，我们使用与上面相同的实例。如果 LAcb 表示所有的 c 通过金属丝与 b 联结起来，而所有的 b 是 a，即 Aba，那末显然，所有的 c 通过金属丝与 a 联结起来，即 LAca。一般地说，如果每一个 b 都是 a，那末，如果每一个 c 以某种方式与 b 联结起来，则它必须以同样的方式与 a 联结起来。这看来是自明的。

三段论（ζ）是正确的，最能使人信服的论据是它从它的演绎等值式第二格或然的 Baroco 式推出的。这个等值式是：

（θ） CAbaCMOcaMOcb，用语言表达：

“如果每一个 b 是 a，那末，如果可能有些 c 不是 a，则可有些 c 不是 b”。这可以用例子说明。让我们回到我们的箱子，从箱子中抽出了五个号码，让我们假定，从箱中抽出的所有的偶数号（b）都被 3 除尽（a），即 Aba，从这个实际上为真的事实，我们可以有把握地推出，如果可能有些从箱子中抽出的号码（c）不被 3 除尽，即 MOca，那末同样可能有些从箱子中抽出的号码不是偶数号即 MOcb。这个三段论看来完全是自明的。不管它看来是怎样完全是自明的，亚里士多德却否证了三段论（ζ），首先是用一个纯粹逻辑的论证，它将在下面被考察，然后是借助于下面的例子：设 c 表示“人”，b 表示“动物”，a 表示“正在运动”。他断定命题“每一个人都是动物”必然是真的，即 LAcb；但是所有的动物都在运动却不是必然的，这只能断定事实上为真，即 Aba，因而每一个人都在运动，也不是必然的，

即 LAca，不是真的[1]。

亚里士多德的例子并不足以使人信服，因为我们不可能把“所有的动物都在运动”看作事实上是真的。一个最好的例子为我们的箱子所提供。设 c 表示“从箱子中抽出并且为 4 除尽的号码”。b 表示“从箱子中抽出的偶数号”，而 a 表示“被 3 除尽的数”。亚里士多德将会同意，命题“每一个从箱子中抽出的并且为 4 除尽的偶数号都是从箱子中抽出的偶数号”必然是真的，即 LAcb，但是前提“每一个从箱子中抽出的偶数号被 3 除尽”只能断定为事实上是真的，即 Aba，而结论“每一个从箱子中抽出并且为 4 除尽的号码都被 3 除尽”同样只能是事实上为真的，即 Aca，而不是 LAca。从箱子中抽出并为 4 除尽的号码的“性质”并不包含任何它可能被 3 除尽的“永久的必然性”。

由此看来，亚里士多德排斥三段论（ζ）似乎是正确的。但是问题变得很复杂，因为它表明，正是这同一论证也可以用以反对三段论。

（∈） CLAbaCAcbLAca.

这已为德奥弗拉斯特斯和欧德谟斯所发现，他们用了亚里士多德用以否证（ζ）的同样的词项按另一种顺序去驳斥（∈）。设 b 表示“人”，a 表示“动物”，而 c 表示“在运动”。他们同意亚里士多德的意见，命题“每一个人都是动物”必然是真的，即 LAba，而他们断定“所有在运动的东西都是人”是事实上真的，即 Acb。这样，（∈）的前提被证实了，但是很明显，结论“所有在运动的东西都是动物”，即 Aca，不是必然真的[2]。这个例子，正如亚里士多德相应的例子一样，是同样没有说服力的，因为我们不能允许前提 Acb 事实上是真的。

我们可以将我们的箱子作为一个更好的例子。设：b 表示“用 6 除尽的号码”，a 表示“用 3 除尽的号码”，并且 c 表示“从箱子中抽出的偶数号”。亚里士多德会接受：命题“每一个被 6 除尽的号码都可以被 3 除尽”必然是

[1]《前分析篇》i.9，30a28，“此外，用一个例子表明结论不是必然的。设 A 指运动，B 指动物，而 C 指人。人必然是动物，但是动物也好，人也好，却不是必然在运动”。

[2] 亚历山大，124.21，“他们证明，按实际材料来说，情况也正是这样……（24）所有的人必然是动物，所有运动着的东西却是人，但是，并非必然地所有运动着的东西都是动物。”

真的，即 LAba，但是，“每一个从箱子中抽出的偶数号能被 6 除尽”只能事实上是真的，即 Acb，因此，“每一个从箱子中抽出的偶数号能被 3 除尽”也只能事实上是真的，即 Aca。命题 Acb 和 Aca，显然是相互等值的，而如果其中一个只是事实上为真的，那末另一个就不能是必然的。

亚里士多德和德奥弗拉斯特斯之间关于带有一个必然前提和一个实然前提的各式的争论将我们带到一个自相矛盾的地步，因为存在表面上同样有力的论证去赞成和反对三段论（∈）和（ζ）。用 Barbara 式的例子所说明的争论可以推广到这一类所有其它式中去。这个争论表明：错误正潜伏在模态逻辑的基础之中，并且有它关于必然性的错误概念的根源。

四、争论的解决

上面所说的自相矛盾的情况与我们将模态逻辑运用于“同一理论”时所遇到的困难十分类似。一方面，这里所谈的三段论不仅是自明的，而且在我们的模态逻辑系统中是能够加以证明的。我这里根据强的 L 扩展定律以及其它定律给三段论（∈）和（ζ）一个充分的证明，这个扩展定律是亚里士多德已经知道的。

前提：

3.CLpp

18.CCpqCLpLq

24.CCpqCCqrCpr

33.CCpCqrCqCpr

102.CAbaCAcbAca.

推演：

18.p / Aba，q / Aca × 107

107. CCAbaAcaCLAbaLAca

33.P / Aba，q / Acb，r / Aca × C102—108

108. CAcbCAbaAca

24.P / Acb，q / CAbaAca

r / CLAbaLAca × C108—C107—109

109. CAcbCLAbaLAca

33.P / Acb，q / LAba，r / LAca × Cl09—110

110. CLAbaCAcbLAca （∈）

18. p / Acb，q / Aca × lll

111.CCAcbAca CLAcbLAca

24.p / Aba，q / CAcbAca，

r / CLAcbLAca × Cl02—C111—112

112.CAbaCLAcbLAca （ζ）。

可以看到，三段论（∈）和（ζ）（这里用110和112标志），是我们模态逻辑的断定的表达式。

另一方面，我们从110通过替代b / a得出（断定）命题113，以及从112通过替代b / c和交换前件得出断定命题114：

113.CLAaaCAcaLAca　　114.CLAccCAcaLAca.

这两个命题在后件中部包含表达式CAcaLAca，即命题："如果每一个c是a，那末，必然每一个c是a"。如果这个命题被断定，则所有真的全称肯定命题都是必然真的，这与直观相矛盾。不但如此，由于CAcaLAca是与CNLAcaNAca等值的，而Aca与NOca意义相同，我们就有了CNLNOcaNNOca或CMOcaOca。这最后的命题，它表示："如果可能有些c不是a，那末有些c不是a"，就不是真的，因为，从箱子中抽出的号码不是偶数号，的确是可能的，因此，如果这个命题是真的，则从箱子中抽出的每一组都须包含一个奇数——这个结果显然与事实相矛盾。

因此，表达式CAcaLAca是应当被排斥的，而我们就得到：

*115. CAcaLAca，

从这个表达式，按照我们关于排斥的表达式的规则，就推出：

113. × C*116—*115

*116.LAaa.

亚里士多德的必然的同一律正如必然的同一原则LFxx一样，应当被排斥。这符合于我们一般的观点，按照这个观点，任何必然命题都不是真的。表达式113的后件，即CAcaLAca，不能分离出，而承认有真的必然命题和

断定强的 L—扩展定律之间的不相容性，得到了有利于扩展定律的解决。我不相信，任何其它模态逻辑系统能够圆满地解决这个古代的争论。

我在前面已经提到，亚里士多德企图驳斥三段论（ζ）不仅借助于例证，而且借助于一个纯粹逻辑的论证。他断定：前提 Aba 和 LAcb 不能给出一个必然的结论，他说："如果结论是必然的，那末，通过三段论第一格或第三格，从它就将推出有些 b 必然是 a，但这是不正确的，因为 b 可以是这样：即可能任何一个 b 都不是 a"[1]。亚里士多德这里指的是必然的 Darii 式和 Darapti 式，因为（ζ）与一个这样的式相结合，我们就能从它得出结果 CAbaCLAcbLIba。从 Darapti 所作的证明是：

117.CCpCqrCCrCqsCpCqs

112.CAbaCLAcbLAca　（ζ）

118.CLAcaCLAcbLIba　（Darapti）

117.P / Aba，q / LAcb，r / LAca，S / LIba × Cll2—C118—119

119．CAba CLAcbLIba

从 Darii 所作的证明提供同样的结果，但是比较复杂一些。亚里士多德似乎不注意前提 LAcb，并且将这个结果解释为一个简单的蕴涵式：

*120 CAbaLIba，

它显然是假的，而应予排斥。或者也可能他想通过适当地对 c 的替代和省略，可以使 LAcb 成为真的。如果是这样，他就错了，并且他的证明是失败的。除此以外，我们还看到在这个例子中，借助于产生某些似乎是真的必然前提的词项去确定像 119，112 或 110 这样的断定命题的正确性，是多么困难。因为很多逻辑学家相信，这样的命题实际上是真的，要用例子去使他们信服这些三段论的正确性是不可能的。

在结束这些讨论时，我们可以说，亚里士多德断定（∈）是正确的，而排斥（ζ）却是错误的。德奥弗拉斯特斯和欧德谟斯在两个问题上都是错误的。

---

[1]《前分析篇》i.9，30a25，（继续第 225 页注②的引文）"因为，如果结论是必然的，那末，按照第一格和第三格，A 也必然属于有些 B。但是，这是不正确的，因为 B 完全可能是这样的，即 A 可能根本不属于它。"

五、有可能前提的各式

亚里士多德的或然三段论的学说显露出一个非常奇怪的缺陷：为了有利于带有偶然前提的各式，带有可能前提的各式完全被忽略了。按照大卫·罗斯爵士的意见，“亚里士多德经常在一个前提中，在‘既非不可能也非必然的意义上使用’ ἐνδέχεσθαι 一词，这里唯一正确的结论是其中 ἐνδέχεσθαι 表示‘不是不可能的’的意思，他象通常那样细心地指出了这一点”[1]。亚里士多德的确似乎细心地区分了的两种含义，当他说到，例如在阐述带有两个或然前提的第一格的各式时，在这些式中，ἐνδέχεσθαι 一词按照他所给的定义，即作为“偶然的”，而不是在“可能的”的意义上去理解。但是，他又说，这有时是被忽略的[2]。谁能忽略这一点呢？自然是亚里士多德自己或者他的某些学生，正由于 ἐνδέχεσθαι 一词的歧义性而造成的。在《解释篇》中，ἐνδεχόμενον 与 δυνατόν 表示同一含义[3]，而在《前分析篇》中，它具有两种意义。一个词在两种意义上使用总是危险的，这两种意义可能在无意中被混淆，这种危险正象使用具有同一意义的两个不同的词一样。亚里士多德有时说 ἐγχωρεῖ 以代替 ἐνδέχεται，而也将后者在两种意义上使用[4]我们不能总有把握地确定他在什么意义上使用一词。或许正是这个名词的歧义性导致了他和他的朋友德奥弗拉斯特斯和欧德谟斯的争论。因此，亚里士多德在引进偶然性以前，没有分别论述具有可能前提的各式。这是深为遗憾的。我们将弥补这个缺陷，而这个缺陷至今仍未为学者们所注意。

我们首先考察换位律。亚里士多德是在《前分析篇》第一卷第三章开始说明这些定律的，在那里他说 ἐνδέχεσθαι 一词具有几种含义。然后他在对这个名词的不同含义没有给予解释的情况下说：肯定命题的换位律对于

---

[1] 大卫·罗斯编《前分析篇》，第 44 页；也参阅载于第 286 页的有效各式的表。

[2]《前分析篇》，i.14，33b2l……“不应该在‘必然的’意义上来理解‘可能的’，而应该按照上面引述的定义来理解，但是这有时被忽视。”

[3] 参阅第 166 页。

[4]例如，参照《前分析篇》，i.3，25b10（见注 22）和 i.9，30a27（注 17）以 i.13,32b30（注 23）。

ἐνδέχεσθαι的各种含义都是一样的，但是否定命题的换位律对此却有区别。他明白地陈述了：或然命题“每一个 b 可能是 a”和“有些 b 可能是 a”，（我使用“可能”一词，为的是包括两类或然命题），可以换成命题“有些 a 可能是 b”，它给出了可能性的公式：

121.CMAbaMIab 和 122.CMIbaMIab.

全称否定命题的换位律只是用例子解释的，从这个例子我们可以得出公式：

123.CMEbaMEab.

特称否定可能命题不能换位就被默然假定了[1]。由此我们看到，亚里士多德在论述可能命题的换位律时多少有些粗心。他显然不认为“可能性”概念具有任何重要意义。

公式 121—123 是正确的，并且容易从类似的关于实然命题的换位律借助于定理。

19. CCpqCMpMq

而推出。这同一定理，即强的 M—扩展定律，可以使我们建立带有可能前提的整个三段论理论。借助于古典命题演算我们从 19 式得出下述公式：

124.CCpCqrCMpCMqMr 和

125.CCpCqrCpCMqMr.

公式 124 得出带有两个可能前提和一个可能的结论的式，因此，我们只需要在有效的实然式的前提和结论前面加上可能性的记号就行了。例如，按照 124 式，从实然的 Barbara 式通过替代 p / Aba，q / Acb，r / Aca，我们就得出三段论：

126.CMAbaCMAcbMAca.

公式 125 产生了带一个实然前提和一个可能前提的式，究竟是怎样排列，那是无关紧要的，例如：

［1］《前分析篇》，i.3,25a37—25b14，“‘可能的’一词具有各种不同的含义……所有那些肯定判断，其换位的情况完全是一样。的确，如果 A 可能属于所有的或有些 B，那末 B 也可能属于有些 A……（25b3）而否定判断的情况却不是这样。但是，在我们将‘可能的’理解为或者是必然不属于、或者是不必然属于的地方，其情况却完全是一样……（25b9）因为如果任何一个人可能不是马，那末，任何一匹马也可能不是人……（25b13）特称否定判断的情况也是一样。”

127.CAbaCMAcbMAca 和 128.CMAbaCAcbMAca.

这个系统是非常丰富的。任何前提可以借助于以必然命题去代替相应的实然的或或然的命题而得以强化。除此以外，还有带一个或然前提和一个必然前提的式，它按照下述公式得出必然的结论：

129.CCpCqrCMpCLqLr.

这样，我们就有了例如下式

130. CMAbaCLAcbLAca，

它与德奥弗拉斯特斯和欧德谟斯所断定的结论最弱部分规定的规则相矛盾。

我认为，亚里士多德仅仅承认了（自然不是最后一个三段论式，而是）带有可能前提的式，特别是 126 式和 128 式。确实，在《前分析篇》中有一个关于或然三段论理论的有趣的导言，照我看来，这个导言既可以用于可能性，也可以用于偶然性。亚里士多德说："为 b 所表述的任何东西，a 都可能加以表述"，这个表达式具有两重意义，这句话最好的翻译看来是这样："对于所有的 c，如果每一个 c 是 b，那末，每一个 c 可能是 a" 和 "对于所有的 c，如果每一个 c 可能是 b，那末，每一个 c 可能是 a"。后来他又说，表达式："为 b 所表述的任何东西，a 也可能加以表述" 与 "每一个 b 可能是 a" 具有相同的意思[1]。这样，我们就有两个等值式："每一个 b 可能是 a" 或者意味着 "对于所有的 c，如果每一个 c 是 b，那末，每一个 c 可能是 a"，或者意味着 "对于所有的 c，如果每一个 c 可能是 b，那末，每一个 c 可能是 a"。如果我们是在可能性这个意义上来解释 "可能" 一词，那末，我们就得出公式：

131.QMAba Ⅱ cCAcbMAca 和

132.QMAba Ⅱ cCMAcbMAca，

它们在我们的模态逻辑系统中都是真的，而从它们就容易推出 128 和 126 式来。但是，如果是在偶然性意义上来解释 "可能" 一词（亚里士多德似乎正是这样认为的），那末，上面所得的公式就成为错误的了。

---

［1］《前分析篇》，i.13,32b27，"……如果说：'A 可能属于 B 所表述的东西'，这表示两种意思中的一种：或者它属于 B 所表述的东西，或者它属于 B 可能表述的东西。'A 可能属于 B 所表述的东西，与 'A 可能属于所有的 B' 表示同样的意思"。

六、偶然命题的换位律

亚里士多德在继续阐述他的模态命题的换位律时，于《前分析篇》的开始部分说道，全称否定的偶然命题不能换位，然而特称否定的偶然命题却是可以换位的。[1]

这个奇怪的断定要求细心地加以研究。我首先不是从我的模态系统的观点，而是从亚里士多德和所有逻辑学家都接受的基本模态逻辑的观点去批判地讨论这个断定。

按照亚里士多德的意见，偶然性是既非必然也非不可能的。偶然性的这个含义是明显地包含在亚里士多德的有点臃肿的定义之中，并且为亚历山大精确地证实了的。[2]我们重复这一点是为了保证充分的清晰性：“‘P是偶然的’，它的意思与‘p不是必然的并且p不是不可能的’完全相同”，或者用符号表示：

48.QTpKNLpNLNp.

这个公式显然等值于表达式

50.QTpKMpMNp，

即：偶然的东西是可能存在也可能不存在的。

公式48和50是非常一般的并且适用于任何命题p。让我们将它们用于全称否定命题Eba。我们从50得出：

133. QTEbaKMEbaMNEba。

因为NEba等值于Iba，我们又有：

134.QTEbaKMEbaMIba.

现在我们从换位律：

123． CMEbaMEab 和 122.CMIbaMIab

可以推出：MEba等值于MEab，而MIba等值于MIab；由此我们有：

---

[1]《前分析篇》，i.3，25b14，（继续第236页注③引述的原文）“而如果说的是作为最常发现的和事物的本性的可能，（按照我们给可能所下的定义），那末关于否定判断的换位的情况却不是这样，因为全称否定判断不能换位，而特称否定判断可以换位。”

[2] 参阅上面的第45节，特别是第190页注④和第192页注①。

135.QKMEbaMIbaKMEabMIab.

这个公式的第一部分 KMEbaMIba 等值于 TEba，第二部分 KMEabMIab 等值于 TEab；由此，我们得出结论：

136.QTEbaTEab.

这个公式表示，偶然的全称否定命题是可以换位的。

为什么当亚里士多德有其为此所需的一切前提的时候，会看不到这个简单的证明呢？这里我们接触到他的模态逻辑的被污染的另一部分，这比亚里士多德的必然性观念使之所受的创伤更难医治。现在让我们看一看，他是企图怎样否证公式 136 的。

亚里士多德非常一般地陈述过：带有对立主目的偶然命题，它们的主目可以相互交换。下述例子将说明这个不十分清楚的公式。"偶然地 b 是 a"，可以与"偶然地 b 不是 a"互换；"偶然地每一个 b 是 a"可以与"偶然地每一个 b 不是 a"互换；"偶然地有些 b 是 a"可以与"偶然地有些 b 不是 a"互换[1]。这一类的换位，我按照大卫・罗斯爵士的意见，称之为"补充的换位"。[2]

亚里士多德会由此断定，命题"偶然地每一个 b 是 a"与命题"偶然地任何 b 都不是 a"可以互换，或者用符号表达：

（1） QTAbaTEba（为亚里士多德所断定）。

这是他的证明的出发点，这个证明是用归谬法作出的。他实际上是这样证明的：如果 TEba 与 TEab 可以互换，那末，TAba 与 TEab 也可以互换，而因为 TEab 与 TAab 可以互换，我们就得出错误的结果：

（k） QTAbaTAab（为亚里士多德所排斥）[3]。

---

[1]《前分析篇》，i.13，32a29，"由此产生，所有关于可能的前提都可以互相换位，我指的不是肯定前提可以换成否定前提，而是指可以转换为和它相互反对的具有肯定形式的前提，例如：'可能属于'换成'可能不属于'。而也可以将'可能属于所有的'换成'可能不属于任何一个'或'不属于所有的'，也可以将'可能属于有些'换成'可能不属于有些'"。

[2] 大卫・罗斯，所编《前分析篇》，第 44 页。

[3]《前分析篇》，i.17，36b35，"首先应该证明的是：可能属于的否定判断不能换位。例如，如果 A 可能不属于任何一个 B，那并不必然地 B 可能不属于任何一个 A，假设是这样，而且假设 B 可能不属于任何一个 A，由于可能属于的肯定判断允许将它换成否定的与它相矛盾的或相反对的判断，而 B 可能不屈于任何一个 A，那显然，B 还可以属于所有的 A。但这是不正确的，因为如果这种东西可能属于所有的那种东西，则不是必然地所有那种东西可能属于这种东西。所以，可能属于的否定判断不能换位。"

对这样的论证我们需要说些什么呢，十分显然，亚里士多德所采用的偶然性定义引伸出偶然的全称否定命题的可换位性。因此，否定这种换位必定是错误的。因为它在形式上是正确的，它的错误一定出于前提，而由于这种否证所根据的有两个前提：被断定的公式（l）和被排斥的公式（k）——因此，或者断定（l）是错误的，或者排斥（k）是错误的。然而这不可能在基本模态逻辑的范围内加以决定。

在基本模态逻辑的范围内，我们只能说，被断定的公式（l）的真不是由所采用的偶然性定义所证实的。从定义：

50．QTpKMpMNp

通过替代 p / Np，我们得出公式 QTNpKMNpMNNp，而由于按照基本模态逻辑命题 9，MNNp 与 Mp 等值，我们有

137．QTNpKMpMNp.

从 50 和 137 推出结果：

138．QTpTNp，

将这个结果运用于前提 Eba，我们得出：

139.QTEbaTNEba 或　140.QTEbaTIba，

因为 NEba 与 Iba 意义相同。我们看到，QTEbaTIba 从偶然性定义得到证实，但 QTEbaTAba 未得证实。这后一公式却被亚里士多德错误地断定了。

如果我们考察了亚里士多德对用归谬法证明 TEba 的换位律的企图所作的反驳，我们就会更清楚地了解到这个错误。这种企图就是：如果我们假定偶然地任何 b 都不是 a，那末，偶然地任何 a 都不是 b，因为，如果后一命题是假的，那末，必然有些 a 是 b，而由此必然有些 b 是 a，这和我们的假定是相矛盾的[1]。用符号形式表示就是：如果假定 TEba 是真的，那末，TEab 也应当是真的。因为从 NTEab 可推出 LIab，从而又推出 LIba，这与假定 TEba 是不相容的。

[1]《前分析篇》，i.17，37a9，“但是用归谬法不可能证明这些命题的可换位性。例如，如果谁允许自己作出这样的推论：由于 B 可能不属任何一个 A，这是假的，那 B 不可能不属于任何一个 A，这就是真的，因为一个命题是另一个命题的矛盾。但是如果这是正确的，那末 B 就必然属于有些 A，所以，A 也必然属于有些 B，就是真的。但这是不可能的……”。

亚里士多德驳斥了这个论证，正确地指出 LIab 不是从 NTEab 推出的[1]。确实，按照 48 式，我们有等值式：

141. QTEabKNLEabNLNEab　或者

142.QTEabKNLEabNLIab.

于是将 QNKNpNqHpq，即所谓“德·摩尔根定律”之一，[2]用于 NTEab，我们有公式：

143.QNTEabHLEabLIab，

可以看到，借助于 143 式和断定命题 CCHpqrCqr，我们可以从 LIab 推出 NTEab，但是逆换的蕴涵式却不能成立，因为从 NTEab，我们只可能推出析取式 HLEabLIab，从这个析取式自然不能推出 LIab。这个企图要作的证明是错误的，但不能由此得出被证明的结论是假的。

在这化归的过程中，有一点值得我们注意，代替 143 式，亚里士多德明显地断定了公式：

（λ） QNTEabHLOabLIab，

这个公式不能用定义 48 加以证实。对于 NTAab 的情况也相同，他断定了公式：[3]

（μ） QNTAabHLOabLIab，

它仍然不能用 48 式加以证实，而正确的公式是

144.QNTAabHLOabLAab.

从（λ）和（μ），亚里士多德可以推出等值式 QNTAabNTEab，而后推出（ι），而（ι）不是由他的偶然性定义所证实的。

---

[1]《前分析篇》，i.17，37a14（继续上面的注释）。“因为如果 B 不可能不属于任何一个 A，那末，不是必然地它就属于有些 A，因为表达式‘不可能不属于任何一个’可以在两重意义上使用：第一种意义是必然属于有些，第二种意义是必然不属于有些。”

[2]它们真正地应该称为奥卡姆定律，因为据我所知，奥卡姆第一个陈述了它们。见：波埃纳尔：《经院哲学中德·摩尔根定律的历史的考察》，Bemerkungen zur Geschichte der De Morganschen Gesetze in der Scholastik，载《哲学文库》（《Archiv fur Philosophie），1951 年 9 月，第 115 页注。

[3]《前分析篇》，i.17,37a24，“因此，‘可能属于所有’以及：‘必然属于有些’和‘必然不属于有些’相反对”。

七、纠正亚里士多德的错误

亚里士多德的偶然三段论的理论充满着严重的错误。亚里士多德从他的偶然性定义没有得出正确的结论，并且他否定了全称否定偶然命题的可换位性，虽然这种可换位性显然是可以允许的。但是，他的威望是这样的高，以致很有才能的逻辑学家们在过去都不能看出这些错误。很明显，如果有人（例如，阿尔布列希特·贝克尔）接受了以 p 作为命题变项的定义：

48. QTpKNLpNLNp，

那末，他也应当接受公式：

141.QTEabKNLEabNLNEab，

这个公式是从 48 式通过替代 p ／ Eab 而推出的。而因为通过正确的逻辑变换，公式 141 产生断定命题：

143. QNTEabHLEabLIab，

他也应当接受 143 式。但贝克尔为了偏心于自己虚构的产物即所谓“结构的公式”，却排斥了这个断定命题。[1]

前一节的评述是从基本模态逻辑的观点作出的，而基本模态逻辑是一个不完整的系统。现在让我们从四值模态逻辑的观点来讨论这个问题。

从亚里士多德的偶然性定义我们得出结果 138 式，QTpTNp，从它我们可以推出蕴涵式：

145.CTpTNp.

现在我们从前提：

51　CδpCδNpδq　（C—N—δ—p 系统的公理）

146.　CCpCqrCCpqCpr　（弗莱格原则）

得出结果：

51. δ ／ T’ ×147

147.CTpCTNpTq

---

［1］参阅 A·贝克尔，《亚里士多德的可能性推论的学说》第 14 页，那里公式 T11=48（用另一种符号记述的，不过带有命题变项 P）是被接受的。而在第 27 页，公式 143 是被排斥的。

146.P / Tp. q / TNp, r / Tq × C147—C145—148

148.CTpTq,

而由于逆换的蕴涵式 CTqTp 也是真的，因为它通过 148 式中的替代 p / q 和 q / p 可以得到证明，我们有了等值式：

149.QTpTq.

从 149 式我们通过替代首先得出换位律 136 式 QTEbaTEab，然后又得出公式（l）QTAbaTEba（它为亚里士多德所断定）和公式（κ）QTAbaTAab（它为亚里士多德所排斥）。我们现在可以肯定，亚里士多德驳斥换位律的缺陷是在于：亚里士多德错误地排斥了（κ）。

公式 QTpTq 表明函项 Tp 的真值是不依赖于主目 p 的；这表示 Tp 是一个常项。我们实际上从 52 节知道 KMpMNp（它是 Tp 的定义项）具有恒值 3，所以，Tp 也具有恒值 3 而在任何时候都不是真的。因为这个原因，Tp 不可以适用于标志一个在亚里士多德意义上的偶然命题，因为亚里士多德相信有些偶然命题是真的。Tp 应当为 Xp 或 Yp 所代替，也就是说，换成函项：“p 是 X—偶然的”，或者它的孪生式：“p 是 Y—偶然的”。我将只考察 X—偶然性，因为对于 X—偶然性是真的东西，对 Y—偶然性也同样是真的。

首先，我想指出，全称否定偶然命题的可换位性不依赖于任何关于偶然性的定义。因为 Eba 等值于 Eab，按照扩展原则 CQpq—CδpδqE（它是从我们的公理 51 推出来的），我们应当断定公式

150.CδEbaδEab.

从 150 我们得出对 δ 的任何值皆真的命题，因此同样也对 δ / x’为真：

151.CXEbaXEab.

亚历山大说到，德奥弗拉斯特斯和欧德谟斯与亚里士多德不同，他们断定了全称否定偶然命题的可换位性[1]，但是在另一处地方他又说，在证明这个定律时，他们使用了归谬法[2]。这看来是值得怀疑的，因为由

[1] 亚历山大，220.9。“德奥弗拉斯特斯和欧德谟斯……肯定，可以使可能属于的全称否定命题换位，因为可以使属于和必然属于的全称否定命题换位”。

[2] 亚历山大，223.3，“关于可能属于的全称否定命题换位的可能性可以用归谬法加以证明。而他的朋友也正是使用了这种证明”。

亚里士多德在这个问题上所作的唯一正确的事情就是驳斥用归谬法去证明可换位性，这种驳斥不可能不为他的学生们所知。归谬法可以用于从CLIbaLIab证明全称否定命题的可换位性，是当这些命题是可能的（即证明CMEbaMEab），而不是当它们是偶然的时候。另一个证明是由亚历山大在上述引文的后面所提供的，但是，他没有充分清晰地将它表述出来。我们知道德奥弗拉斯特斯和欧德谟斯将全称否定前提（Eba和Eab）解释为标志b与a之间的一种对称的分离关系[1]，他们可能由此论证了：如果偶然地b与a是分离的，那末，也偶然地a与b是分离的[2]。这个证明遵守了扩展原则。无论如何，德奥弗拉斯特斯和欧德谟斯纠正了亚里士多德在偶然性原理上所犯的严重错误。

其次，从X—偶然性的定义

82 C δ KMpWNp δ Xp

得出：所谓"补充的换位"是不能允许的。QTpTNp是真的，但是QxpXNp应当被排斥，因为它的否定式，即：

152. NQXpXNp

在我们的系统中作为可用真值表方法加以验证的命题而被断定。所以，在我们的系统中，将命题"偶然地每一个b是a"，换成命题"偶然地有些b不是a"，或者换成命题"偶然地任何一个b都不是a"，是不正确的；亚里士多德所断定的这些变换没有任何证明。[3]我认为，亚里士多德是由于"偶然的"（ἐνδχόμενοι）一词的歧义性而被导致一个关于"补充换位"的错误观念。在《解释篇》中，他将这个词用作"可能的"（δυνατόν）一词的同义词[4]，并且在《前分析篇》中继续在这个意义上使用，虽然语句"p是偶然的"在这里具有另一种含义，即："p是可能的，并且非p是可能的"。如果在后一语句中象亚里士多德公开所作的那样，用"偶然的"一词代替"可

[1] 参阅亚历山大,31.4—10。

[2] 亚历山大，220.12，"他们用下面的方式证明换位的可能性：'如果A可能不属于任何一个B，那末B也可能不属于任何一个A。因为A可能不属于任何一个B，那末，由于A不属于B，所有的A就可能分离于所有B所包含的东西，但是如果是这样，那末B也分离于A。如果是这样，那末B可能不属于任何一个A'"。

[3] 参阅第240页注①。

[4] 参阅第166页。

能的”一词，那末，我们就得出废话：“p是偶然的”与“p是偶然的，并且非p是偶然的”意义是相同的。据我所知，这种废话到现在为止没有为任何人所注意到。

第三，从定义82推出，Xp比Mp更强，因为我们有断定命题：

153．CXpMp

但不能反转过来。这个断定命题很重要，因为它使我们可以稍加修正就能保留住大多数带有偶然前提的三段论，虽然亚里士多德在这一方面犯了很严重的错误。

八、有偶然前提的各式

没有必要详尽地叙述带有偶然前提的三段论的各式，因为亚里士多德的偶然性定义是错误的，而他的三段论应当按照正确的定义加以重新改造。但是这种改造看来不值得去枉费时间，因为一个带有偶然前提的三段论是否能终究找到一个有效的应用，是十分值得怀疑的。我认为有下面一般的评述就足够了。

首先，可以证明，亚里士多德的所有带有一个偶然结论的式都是错误的。让我们举带有偶然前提和偶然结论的Barbara式为例，即式

*154 CXAbaCXAcbXAca.

这个式虽然为亚里士多德所断定，[1]却是应当被排斥的。设Aba和Acb是假的，而Aca是真的。这个条件满足Barbara的实然式，但是，运用真值表M9和M15，我们从154式得出下述等式：CX0CX0Xl=C3C32=C32=2

同样地，为亚里士多德所断定的式[2]

*155，CXAbaCAcbXAca，

也应当被排斥，因为，当Aba=0和Acb=Aca=1时，我们有：CX0ClXl=C3C12

[1]《前分析篇》，i.14，32b38，“如果A可能属于所有的B，而B可能属于所有的C，那末得出一个完全的三段论，其结论是A可能属于所有的C。从定义来看这是明显的。因为我们正是这样来理解：‘可能属于所有的’”。

[2]《前分析篇》，i.15，33b25，“如果现在假定一个前提是关于简单属于的判断，而另一个是关于可能属于的判断，并且包含大项的前提是关于可能属于的判断，那末整个三段论是完全的，并且按照所引述的定义，同时具有一个关于可能属于的结论。”

= C32=2。当我在第 58 节末尾时说：如果我们将解释为“偶然的”，亚里士多德所断定的公式 131 和 132 就成为错误的了，我所指的正是 154 和 155 两公式。也可以说，如果用 T 代替 X 的话，公式 154 和 155 就成为真的，但是 T—偶然性乃是一个无用的概念。

其次，所有通过补充换位所得出的式，都是应当被排斥的。我将用一个例子来说明，亚里士多德是怎样处理这一类式的。他将公式

*156.QXAbaXEba

用于 154 式，（公式 156 是应当被排斥的，取 Aba=1，并且 Eba=0），就得出下列各式：

*157．CXAbaCXEcbXAca

*158. CXEbaCXEcbXAca，

它们也是应当被排斥的[1]。为了表明这一点，只需以这样一种方式去选取 157 式的词项 a，b 和 c 就够了，即 Aba=Ecb=0，而 Aca=1，也可以用这样一种方式去选取 158 式的词项，即 Eba=Ecb=0，而 Aca=1。那时，在两种情况下我们都有：CX0CX0Xl=C3C32=C32=2。

看来亚里士多德是不太相信这样一些式的，因为他甚至不称它们为三段论。他只说，它们可以通过补充的换位化归为三段论。但是，通过通常的换位化归的式是被他称为三段论的；如果两种换位是同样有效的，那末，为什么他要在通常的换位和补充的换位之间造成某种区别呢？

亚历山大对这个问题作了说明，他在注释这段引文时提到他的老师论偶然性的两个具有本体论意义的非常重要的意见：“在一个意义上‘偶然的’意指‘通常的’，（ἐπὶ τὸ πολύ），但不是‘必然的’或‘自然的’，例如，偶然地在人的头上长出白发；在另一个意义上它意指某种不确定的东西，它可能是这样，也可能不是这样，或者一般地意指那种碰机会的东西。在两

---

［1］《前分析篇》，i.14,33a5，“……如果 A 可能属于所有的 B，而 B 可能不属于任何一个 C，那末从所采用的前提不能得出任何三段论。而如果使前提 BC 按照可能［属于］的命题换位，那就得出与前面相同的三段论。”33a12，“如果在两个前提中将否定与可能性的表达结合起来，情况也是一样。我指的是这样一种情况，例如，当 A 可能不属于任何一个 B，而 B 可能不属于任何一个 C。从所采用的前提的确不能得出任何三段论，但是如果使它们换位，那末又得出与前面相同的三段论。”

种意义上，偶然命题的相互矛盾的主目可以换，但不是由于同样理由：‘自然的’命题之所以可以转换是因为它们不表达某种必然的东西，‘不定的’命题之所以可能转换是因为在那种情况下没有一种使它成为这样比不成为这样更强的趋势。没有关于不定的东西的科学或三段论的论证，因为中项只是偶然地联系于端项；只有关于‘自然的’命题才有这样的东西。而大多数论证和探究都是涉及到在这个意义上的‘偶然的’东西”。[1]

亚历山大论述了这节引文。他的思想看来是这样：如果我们举出任何一个在科学上有用的三段论，它的前提是在“通常的。”（ἐπὶ τὸ πολύ），或者甚至在“极为通常的”（ἐπὶ τὸ πλεῖστον）这个意义上的偶然的，那末，我们就得出前提和一个结论，它们的确是偶然的，但是很少（ἐπ' ἄλαττον）能实现的，这种三段论是无用的（ἄχρηστος）。或者这正是为什么亚里士多德拒绝将这样得出的东西称为三段论的原因。[2]

这一点比任何其他的地方都更暴露出在亚里士多德三段论中的一个主要错误，即他对单称命题的忽视。可能一个个体Z，当他衰老时头发就要变白，的确这是可能的，虽然不是必然的，因为这是自然的趋向。也有可能，虽然宁可说未必就会，Z的头发不变白。亚历山大说到关于可能性的不同等级，这话当运用于单称命题时是真实的，但是当运用于全称或特称命题时就变成错误了。如果没有一般的规律规定每一个老人的头发都要变白，因为这只是“通常的”，而有些老人的头发并不变白，那末，后述的命题自然是真的，也因而是可能的，但前述的命题却完全是假的，而从我们的观点看来。一个

---

[1]《前分析篇》，i.13，32b4—21，“‘是可能的’在两种意义上加以使用：一种意义是‘可能的’指那经常发生但不是必然发生的东西。例如人长出白发……这对人来说按其本性一般都要发生……另一种意义是，‘是可能的’表示某种不确定的东西，它可以是这样也可以不是这样……一般来说，它都是那种碰机会的东西。”32b13，“所以，这两种形式的可能性的判断，每一个都可以与它的反对的判断互换，但不是以同样的方式：按事物本性发生的判断可以换成并非必然属于的判断……而不定事物的判断可以换成在同样方式上可以这样也可以那样的事物的判断。没有关于不定可能性的科学，也没有关于它的直接三段论，因为其中缺少牢固地确立起来的中项。但是按事物本性发生的判断却有这样的中项。而一般的讨论和研究都是涉及这最后意义上的可能。”

[2]亚历山大，169.l，“关于可能属于的否定命题多半难以换成肯定命题。”5，“如果我们提出这样的前提，那末就得出三段论，但是这种三段论，正如他自己所说的那样，没有任何用处。因此，当我们研究这种结合时……就发现它们是无益的，并且没有三段论的性质。”10，“当他说：‘或者不能得出三段论’时，他自己也正好同样猜到了这一点。”对照W. D. 罗斯关于这一段的译文，见所编《前分析篇》第326页。

虚假的命题是既非可能是真的，也非偶然为真的。

第三，从一个带有可能前提的有效式通过将一个可能的前提代之以相应的偶然前提，我们可以得出另一些有效式。这个规则是根据于公式 153，这个公式陈述 Xp 比 Mp 较强，而且显然，任何一个蕴涵式，如果它的一个或者更多的前件被一个较强的前件所代替，那末，它将仍是真的。例如，我们从

126．CMAbaCMAcbMAca 得出

159．CXAbaCXAcbMAca 式，

而从

128．CMAbaCAcaMAca 得出

160．CXAbaCAcbMAca 式。

将排斥式 154 与 155 和断定式 159 与 160 加以比较，我们看到，它们的差别只在于在结论中以 M 替代了 X。如果我们考查了亚里士多德带有或然前提的三段论各式的表（它由大卫·罗斯爵士所提供[1]。）我们就会发现它有一个有用的规则：通过这样一个很小的修正——在结论中以 M 代换 X，所有这些式都变成有效式。只有通过补充换位得出的各式不能得到改正，而必须确定地加以排斥。

九、模态逻辑的哲学含义

表面上似乎亚里士多德的模态三段论即使经过了修正都不能有效地运用于科学或哲学问题。但是，实际上，亚里士多德的模态命题逻辑不论从历史的观点还是从系统的观点来看，对于哲学都具有重大的意义。在他的著作中可以找到对于一个完整的模态逻辑体系所需要的一切因素，如基本模态逻辑和扩展性原理。但是亚里士多德不能以正确的方式将这些因素组合起来。他不了解命题逻辑，这种逻辑是由在他之后的斯多亚派所创立的；他默然地断定了逻辑的二值原则，按照这种原则，一切命题或者是真的或者是假的，而模态逻辑却不可能是一个二值系统。当他讨论未来海战的偶然性时，他已非

[1] 大卫·罗斯编《前分析篇》，第 286 页。在结论中，标志 C 每一处都应当代之以 P。

常接近于一个多值逻辑的概念，但是他没有着重发展这个重要的思想，而经过多少世纪他的启示依然没有成果。正由于亚里士多德的这种启示，我才能够在 1920 年发现这个观念，并且建立了与至今已知的逻辑（我称之为“二值逻辑”）相对立的第一个多值逻辑系统，而这样引入的一个术语，现在已为逻辑学家们所普遍接受[1]。

在柏拉图的理念论的影响下，亚里士多德发展了一个普遍词项的逻辑，并且陈述了关于必然性的观点，这种观点照我看来，对于哲学是有害的。将本质的属性归之于客体的命题，按照他的意见，不仅事实上是真的，而且必然是真的。这种错误的区分正是一个导致将科学分为两类的长期发展的开始：一类是由必然性原理所组成的先验的（a priori）科学，如逻辑和数学；另一类主要是由根据经验作出的实然命题所组成的后验的（a posteriori）或经验的科学。这种区分，我认为是错误的。真正的必然命题是没有的，而从逻辑的观点看来，数学真理与经验真理之间是没有区别的。模态逻辑可以描述为普通逻辑通过导入一个“较强的”和一个“较弱的”肯定而实现的一种扩充；必然的肯定 Lp 比实然的肯定 p 强，而或然的肯定 Mp 比实然的肯定弱。如果我们使用非通用的语句“较强的”，和“较弱的”去代替“必然的”，和“偶然的”，我们就免除了某些与模态名词相联系的危险的联想。必然性包含着强迫性，偶然性包含着机遇性。我们断定“必然的”，是因为我们感到不得不这样做。但是，如果 $L\alpha$ 只是一个比 α 较强的肯定，并且 α 是真的，那末，我们有什么必要去断定 $L\alpha$ 呢，真理是足够强的，没有必要有一个比真理更强的“超真理”。

亚里士多德的 a priori 是根据定义作出的分析命题，而定义是在任何科学中都可能出现的。亚里士多德的例子“人必然是动物”就是根据“人”是“两足动物”这个定义作出的，这个例子就属于经验科学的范围。自然，任何科学都应当有便当的精确构成的语言，而为了这个目的，正确形成的定义是必

[1] 参阅：杨·卢卡西维茨：《二值逻辑》（Logika dwuwarto ciowa），载《哲学评论》（Przeglad Filozoficzny）第 23 期，华沙（1921 年）。这篇论文中涉及二值原则的一节，由西尔平斯基译成法文。《集代数》（Alg è bre des ensembles），载《数学论文》（Monografie Matematyczne）第 23 期，第 2 页，华沙—佛罗克拉夫（1951 年）。在第 205 页注①中所提到的我这篇沦文的德文版的附录是用以阐述这个原则在古代的历史。

不可少的，因为它们解释了词的含义，但是它们不能代替经验。一个人陈述一个分析命题“我是动物”（它所以是分析的，是因为“动物”属于人的本质）并不能传达出有用的知识；与经验的命题“我出生于1878年12月21日”相比时就能看出，这是一句空话。如果我们希望了解人的“本质”究竟是什么——如果有“本质”这样一种东西的话——我们不能依赖于词的含义，而应当探究人的个体自身，它们的解剖、组织、生理、心理情况等等，而这是一个没有止境的任务。甚至今天说：“人是一种不可知的生物”，这都是不足为奇的。

对于演绎科学来说这也同样是真实的。任何演绎系统都不能建筑在将定义作为它的最后根据这样的基础上。每一个定义都须假定有某些基本词项，通过这些词项可以定义其他的词项，但是基本词项的含义又须要借助于根据经验作出的例证、公理或规则加以解释。一个真的 a priori 总是综合的。但是，它并不是由心灵的某种神秘的能力所产生，而是由在任何时候都能重复的极为简单的实验所产生。如果通过观察我知道在某个票箱里只装有白球，那末我可以 a priori 地说从箱子里只能取出一个白球。而如果箱子里装着白球和黑球，并且从里面一次取两个，那末，我可以 a priori 地预先说，只有四种组合可能出现：白球和白球、白球和黑球、黑球和白球、黑球和黑球。逻辑和数学的公理就是以这样的实验为基础的；在 a priori 和 a posteriori 科学之间不存在任何根本的区别。

虽然亚里士多德对必然性的论述，照我看来是一种失败，但是，他的对立的可能性（ambivalent possibility）或偶然性的观念却是一种重要的和丰富的思想。我认为，这思想可以成功地用来驳斥决定论。

根据决定论，我了解一个原理，它断定：如果某个事件 E 在 t 瞬间发生，那末，E 在 t 瞬间发生对 t 以前的任何时刻都是真的。支持这种原理的最有力的论据是建筑在因果律的基础上，这个定律断定每一个事件都有一个原因，这个原因存在于在它之前的事件中。如果是这样，那末，显然所有未来的事件都有原因，它在今天就存在，并且自古以来就存在，所以，一切都是预先决定了的。

但是，因果律就其最大的普遍性来说，只应当看作是一种假说。自然，天文学家们真的能够依靠某些支配宇宙的已知规律，高度精确地预言天体在未来年代的位置和运动。正当我写完前面的句子时，一只蜜蜂嗡嗡地飞过我的耳朵。我是不是相信，这个事件在无限久之前就为支配宇宙的某些未知的规律所预先决定了呢？接受这种思想，看来像比之依靠可以科学地加以验证的断定，更为喜欢沉醉于奇怪的思辨。

但是，即使我们认为因果律普遍地是真的，上面提供的论证也不是最终的。我们可以假定，每一个事件都有一个原因，都不是碰机会发生的，然而产生一个未来事件的原因的链条，虽然是无限的，却不会达到现在的时刻。这可以用一个数学的类比来解释。让我们用 0 来标志现在的时刻，用 1 标志未来事件的时刻，而用大于 1/2 的分数标志它的原因的时刻。因为不存在大于 1/2 的最小的分数，每一个事件都有一个在较早事件中的原因，但是这些原因和结果的整个链条都有一个在 1/2 时刻晚于 0 的极限。

所以，我们可以假定，亚里士多德所说的明天的海战，虽然它也有一个原因，而这个原因同样又有自己的原因，如此等等，但是，在今天却没有一个原因。同样，我们可以假定，今天也不存在某种东西，它会防止明天发生海战。如果真理在于思想符合于现实，那末，我们可以说，那种符合于今天的现实或者符合于为今天存在的原因所预先决定了的未来的现实的命题，今天是真的。由于明天的海战今天未成为现实，而它明天实现或不实现在今天缺少现实的原因，那末，命题“明天将发生一场海战”在今天既不真也不假。我们只能说：“明天可能发生一场海战”和“明天可能不发生一场海战”。明天的海战是偶然的事件，而如果有这样的事件，那末，决定论就被反驳掉了。

（原载[波兰]卢卡西维茨著，李真、李先焜译《亚里士多德的三段论》，商务印书馆，1981 年。1991 年，该书作为“汉译世界学术名著丛书”之一再版。本文是书中的第八章）

语用学

迄今为止，语用学——研究与语言使用者有关的语言的科学——一直是符号学研究里传统的三个组成部分中未被重视的一部分。这三个组成部分是语形学、语义学和语用学。语用学中的问题已由哲学家在研究日常语言传统范围内和一些语言学家进行了非形式化的探讨，但是一些注意心灵的形式化框架的逻辑学家和哲学家普遍忽视语用学的问题，或者把它们纳入语义学和语形学之中。我这篇论文的方案是刻画出一项主题，它应该可以合理地称之为语用学，它是在目前研究的形式语义学的传统之中，讨论将按部就班地进行。我的目的不是要解决我将涉及的那些问题，而是要使你相信我所简述的理论是允许的。虽然本文所给的是非形式的表达，但这个主题可以以一个相对简单的方法作为形式语用学而得到发展，其严密性绝不亚于目前的逻辑语形学和语义学。我认为，这项主题值得加以发展，首先在于，它将为探讨在传统形式语言学范围内得不到充分解决的某些哲学问题提供一个框架，其次，它将明确逻辑学和形式语义学同自然语言研究的关系。

我将首先探讨三者中的第二部分，即语义学。这项主题并不象所想象的那样界限清楚，由于语用用学同语义学像毗连，这些界限将决定我们的主题从何处开始。在确立了语用学的范围后，我将描述属于这个范围内的一些任务并试图捍卫一项关键性的区别，而语义学和语用学的划分就基于这个区别之上。

一、语义学

如果我们考察一下莫里斯和卡尔纳普所提供的语义学的一般特征，就会发现它像是一个难以捉摸的主题。按照他们的看法，语义学关心的是符号与它们的所指（designata）之间的关系。莫里斯写道，一个符号的所指就是“由于符号的出现而受到考虑的那种东西”。他还说道：“一项所指不是一件东西，而是一种对象，或是一类对象”[1]，卡尔纳普在举出其一般特征时是同样含糊的，他说道，一个表达式的所指就是这个表达式的使用者通过这个表达式想要指称的东西。“例如，指一个对象，或是一种性质，或是一种事态（我暂时不打算给‘所指’下一个精确的定义，这个词只是作为一个方便的普通术语来表达不同的内容——对象，性质，等等。它在其他方向的差别并不由此受到否定）”[2]。

虽然很难提出一个清楚的一般定义，但是形式语义学的历史发展却是描述得很清楚的。语义学的中心问题涉及到某些语言中句子的真实性或真值条件的定义。形式语义学把为句子提供真值条件的问题从有关句子表述什么的目的的问题中抽象出来。人们是用语言来做很多事情的，其中一项便是因这样或那样的原因表达命题，因为命题是代表真值条件的抽象对象，语义学对语言使用的这一方面进行了独立于其它方面的研究，由此，我认为语义学是对命题的研究。

在形式语义学中给予命题的解释是建立在非常朴素的直觉之上的：当作出一项陈述时，两个因素决定它的真假。第一，这项陈述说了什么，即断定了什么样的命题？第二，这个世界是怎样的；所说的情况与它相符吗？我们可能要问，一个命题须是怎样的才能使这个简单的叙述正确？它必须是一条规则或是一个函项，使我们从这个世界所是的那种方式进入一个真值。但是由于关于这个世界那些观念是变化着的，并且可能考虑假设的和想象情况的有关陈述，就需要一个函项。它不仅将这个世界的实际状况，而且将这个世界的各种可能的状况代入真值。既然存在两个真值，所以一个命题就是一种方式——任何一种方式——可能把这个世界的一组状况分为两个部分：被命题的真值排除的部分，和不被排除的部分[3]。

---

[1] 查尔斯·W·莫里斯（Charles W.Morris）《指号理论基础》，芝加哥 1938 年，第 4–5 页。

[2] 鲁道尔夫·卡尔纳普：（Rudolf Carnap）《逻辑与数学基础》，芝加哥 1939 年，第 4 页。

[3] 丹纳·斯科特：（Dana Scott）《求教模态逻辑》，载《逻辑中的哲学问题——现代发展》（由卡罗·兰伯特编）. D. 雷多出版公司（多德瑞奇）1970 年出版，第 143—173 页。

那些可能觉得世界这个概念晦涩难懂的人，可能感到关于命题的这种解释毫无用处，因为形式语义学通常把那个概念，像个体概念那样，当作原初词项[1]。可能需要某种解释，但是究竟需要何种解释我却难以肯定。即使不加解释,我认为这个概念也具有足够的直观内容使之在语义学中富有成果。要想说的只是，对于辨认一个可能世界的要求，就是要指定存在于那个世界中的个体域。[2]

如果我们把命题解释成从可能世界到真值的函项，这些命题将具有传统上归于它们的性质。命题是这样一些东西，它们一方面可以抽象地从特殊的语言和语言的公式（表达这些公式的语句）加以研究；另一方面可以从命题出现于其中的语言行为中加以研究（例如断定和命令，它们或者断定了一个命题，或者发出关于一个命题的命令）。这样上文已提过的朴素的直觉一旦起了作用，我们就可以忘掉断定而研究命题本身，以及研究比如把个体代入命题的函项和把命题代入命题的函项等这样一些相似的东西。

一般说来，进行形式语义学的研究，首先在于建立一种语言，然后制定规则来使这种语言的句子和命题或真值相配合。但是建立语言通常除了表达命题以外再没有别的目的，或者这至少是哲学家们如何使用形式化语言的方法。组织起来或形式化仅仅是一种方法，它使得真值条件是什么——什么样的命题是以什么样的语言组织起来或形式化来加以表达——变得更为清晰。但是只要它本身具有的一个适当的命题理论，这样的哲学分析可在不用严密组织或形式化的对象语言的中介下进行。与其把一个有疑问的短语（locution）译成一种对象语言，在这种对象语言中句子表达了什么样的命题是清楚的，不如直接陈述那个语句表达了什么样的命题，效果是一样的。除非某人关心

[1] 这并不是一个必不可少的方法，代替将个体和可能世界看作原初词项，将属性和关系定义为从一项到其它项的函项，人们可以将个体，属性和关系看作原初词项，并且借助它们来定义可能世界。

[2] 可能世界的理论以及借助于可能世界而定义的命题并不受任何同义性或分析性等绝对概念所约束。因为命题是将可能世界看作主目的函项，可能世界的域必须被制定为这个函项的域。但是域却在任何绝对的或形而上学的意义上并不必须是所有的可能世界。我们可以给这种可能性留下空间，即这个域可以随着我们的发展想象，随着发现的作出，随着我们兴趣的变化而得以扩展。当然，命题的同一性相对于可能世界的域的指定而言的。

证明的理论，否则他可能完全离开语言而毫无损失。

那么，根据语义学这一特性，这个主题与不管是自然语言还是人工语言，都没有本质上的联系（当然语义学的理论是用语言来表达的，但是关于岩石的理论也同样如此）。这不是否定在语言和关于命题的概念之间存在一种因果联系的可能性。例如我们把一个可能世界看作一个个体域，连同将属性归之于它们这样一个事实，可能就是我们的语言具有一主谓结构这个事实的结果。这也不是否定对自然语言语法的研究，可能是深入了解命题的本性的丰富源泉及为命题间的区别提供证据的源泉。如果我们在语法中发现了标明区别内容的方法，我们就可以假定存在一种被标明的内容之间的区别。但无论有何种因果的或证明的事实，我们仍可能从语言的研究中把命题研究抽象出来。通过这样做，对存在于它们之间的关系就有了一个更为清晰的概念。

虽然我们可以脱离语言来研究命题，但是对语言与命题之间关系的解释仍然部分地存在于语义学的范围之中。自然语言的任务之一就是要表达命题，而为了使自然语言的句子与它们表达的命题相配合指明规则，则是一个语义问题。不过，在大多数情况下，这些规则不会使句子直接与命题相配合，而是相应于使用句子时的语境特点而使它们相配合。这些语境特点是语用学主题的一个部分。下面就转入对语用学的研究。

二、语用学

语形学研究句子，语义学研究命题。语用学研究的是语言行为和表现这些行为时的语境。语用学主要有两类问题需要解决。第一，是确定言语行为和言语成果的类型；第二，找出言语环境的特征，这种言语环境的特征帮助我们确定所给定的句子表达了哪个命题，对言外行为（illocutionary act）的分析是第一类问题的例子；对索引表达式的研究是第二类问题的例子。我主要的精力将放在第二类问题上，但在此之前，我将对第一类问题谈几个基本要点。

断定、命令、反事实语句、主张、猜测和反驳、请求、辩驳、预言、允诺、恳求、推究、解释、侮辱、推理、猜想、概括、回答和撒谎是语言行为的全部类型。在各种情况下对问题的分析是为了找出成功地（或者在某些情况下正常地）表现这些行为所需的必要的和充足的条件，这是个语用学问题，因为这些必要的和充足的条件一般说来包含语境的不同性质存在或不存在两种情况，而在这种语境中，言语行为才能得以表现[1]，例如，说话者的意图、知识、信仰、期望或者兴趣以及他们的听众，在同一语境中业已表现的言语行为，说话的时间、效果，被表达命题的真值，被表达命题与其它一些在某个方面相关的事物间的语义关系。

几乎上述所有的言语行为种类都包含对一个命题的表达，而在第一类的语用学问题中，那个命题的同一性被看作是毫无问题的。不过在大多数情况下，话语的语境不仅影响表达命题的力量，也影响命题本身。可能语义规则确定被一个句子或分句所表达的命题仅仅同使用句子时的环境的某个特征有关。

考虑这样一个句子："每一个人都有过愉快的时候。"我假定你对这个句子理解得很透彻，现在还假定关于人们过得很愉快这个问题你全然知晓。对于每一个曾经活着的人和迄今为止的每一次，你都知道那个人是否在那一次过得愉快。在这种情况下，你仍可能至少有两点理由对这个句子的真实性产生怀疑：首先，你不知道这个句子在什么时候说的；其次，你不知道它指的哪一类人。说话者不可能指论域中的每一个人。他可能指的是某个舞会的每一个成员，或某个哲学讲座的每一个听众，如果这样，那么在知道所说内容前，我们必须知道是什么舞会或什么讲座，而不是所说内容是否真实。

包括人称代词和指示代词的陈述为这类情况提供了最明显的例子。当你说："我们将征服"，我需要知道你是谁，在对谁说话。如果你说"那是一幅伟大的图画"，我需要知道你注视着什么，或指着什么，或者在你前面的话语里指称的是什么。情态动词的解释更是众所周知地取决于语境。对于一个运用了 can,may,might 或者 ought 的句子来说，要无歧义地确定一个命题，就必须说明或意指"所有可能地界"的范围。它不需是在任何绝对意义上（如

[1] 然而这并不是必须如此的。因为言语行为的类型可以是任何一种辨别一类特殊的言语行为的方式，人们可以用这样一种方式定义一种类型。即语境是不相干的，而分析的问题归结为语形或语义的问题，例如像陈述一个英语的合乎语法的句子这样的言语行为，或者表达命题 X 的言语行为。

果有这种绝对意义的话）所有可想象的世界。含有情态动词的句子通常被认为与所有的可能世界有关，这些可能世界与说话者的知识或某种预设，与道德上或法律上正确的东西，或者正常的东西，或与某人权力范围内的东西相一致、除非在语境中可能世界的有关范围明白无误，否则被表达命题就是未被确定的。

对含有普遍性和必然性这样一些概念的形式语义分析，是不涉及一种解释的有关语境或语用参数的（比如像古典一阶逻辑中的论域，可能世界的集合，以及刻里普克模态逻辑语义学中关于它们的相对可能性的关系），并且限定有关于这些参数的真值条件。第二类语用问题是为了解释这些参数相互之间的关系，以及这些参数同语言的语境的更易于辨认的特征之间的关系。

笔者提出的方案大致如下：一种语言的语形和语义规则确定一个被解释的句子或分句；这与运用句子或分句时语境的某些特征一起，确定一个命题；依次下来，这与一个可能世界一起，确定一个真值。这样，一个被解释的句子相当于一个从语境到命题的函项，而一个命题就是一个从可能世界到真值的函项。

根据这个方案，语境和可能世界二者均为由所给句子表达出的命题的真值的部分决定因素，如果把一道命题看作是一个从语境可能世界（context—possible world）（把它们称作参考点 points of reference）到真值的函项，我们就可完全将它们融合到一起。这样，就可以认为语用—语义学研究的是一种方法，其中，不是命题而是真值依赖于语境，而语境的一部分就是可能世界，句子就是在这个可能世界中被陈述的。笔者认为，这就是理查德·蒙塔古提出并发展的语用学的那种分析[1]。这是比我概述的那种分析更为简单的分析；需要一些对从句子到真值的道路上多出的那一步的必要性和可期望性的论证。仅当中介物（命题）具有某种独立的重要性。并且仅当语境与可能世界之间存在某种功能差异时，这多出的一步才会被证明是正当的。命题

[1] R·蒙塔古：《语用学》，载《现代哲学》（R·克里班斯基主编），1968 年佛罗伦萨出版，第一卷，第 102—122 页。蒙塔古使用了“参考点”（point of heference）的短语，正如上面注释中所引述的丹纳·斯科特的论文所用的一样。

的独立的重要性来自这样一个事实：这些命题是言外行为和命题态度的对象。一个命题被假定为陈述、判断、允诺、愿望和需要、问题和回答、可能或或然的事物的共同内容。句子的意义或者直接从语境来确定真值的规则，似乎不可能代表这些对象。

如果奥里尔列说："你打算参加舞会吗？"而你答道："对，我打算去"，你的回答是恰当的，因为你肯定的命题正是在他的提问中所表达的命题。如果作更为简要的分析，除了真值以外就不存在任何东西可作为问题和回答的共同内容。命题可以从不同的参考点来加以表达，根据较简单的分析，它们是不同的命题。当然，真值不足以成为共同的内容。如果奥里尔列问："你打算去参加舞会吗？"你回答"对，雪是白的。"便不恰当了。

当奥里尔列在舞会上说，"你知道我并不是非来这里不可"，他的意思是：奥里尔列参加舞会并非必要。单词"我"和"这里"有助于命题的确定，这个命题就是奥里尔列所声明的并非必要的那个东西。假如他并没有义务或没有被迫去参加舞会，他所说的就是正确的。但是，如果声明并非必要的那个命题是像句子的意义那样的东西。那么奥里尔列就犯了错误，因为"我来这里"这个句子从所有的参考点来看都是真的，由此在作较简明的分析时也必然是真的。

假定你看着丹尼尔斯和奥里尔列的方向说："他是个傻子"。假定你清楚奥里尔列是个傻子而丹尼尔斯不傻，但我不清楚你说的是谁。我们把这种情况同另一种情况比较一下，你毫不含混地指着奥里尔列说："他是个傻子"。但是我对他是不是一个傻子还有怀疑。在这两种情况下，我对你所说的真实性都无从断定，但不确定的原因似乎具有根本差别。在第一例中，怀疑在于表达了什么样的命题，而在第二例中，却在于事实的不确定性。

这些例句并未提供任何标准。以把作为语境一部分的真值的决定因素同作为可能世界的一部分的那些东西区分开来，但它们确实支持了这样一个主张，即存在一个区别点，并且我们对这一点具有直觉性。我肯定不愿认为区别是毫无问题的，也不愿意认为有时把某种真值决定因素描绘成语义的或语用的这种会并无困难且并不随意。我仅仅认为，有一些明显的情况，其中语境和可能世界的区别就建立于其上，以及语言使用上的差别依赖于它是如何造成的。为了对这项意见提供更为详细的支持，我将首先讨论语用预设这一概念，它与可能世界相对立，是刻画语境的核心，其次我将描述一种取决于那种区别的一种语用歧义。

三、预设

笔者所要解释的预设概念，是一个语用学概念，必须把它与凡·弗拉森（Van Frassen）[1]所分析的预设概念区别开来。根据语义学的观点，当且仅当Q为P和非P两者必需时，命题P才预设命题Q。这就是说，在P为真的或为假的每一个模型里，Q都是真的。从语用学的观点看，预设是命题态度而不是语义关系。是人，而不是语句或者命题具有或产生这种意义上的预设。更一般地说，一个语言环境的任何参与者（一个人、一个群体、一个社会组织，或许是一部机器）都可以是预设的主体，任何命题都可以是预设的对象或内容。

语义的和语用的预设概念并不是相互抵触的；它们是对相关而不相同的观念的解释。一般地说，任何在给定的语境中表达出来的命题的语义预设将是在那个语境中的人的语用预设，但是，反之则不然。

在语用学的意义上，预设一个命题就是把它的真看作当然无疑的，并且假定包含在同一语境中的其他命题都是如此。这并不意味着预设者需要对那个命题有任何特殊的内心态度，或是对同一语境中其他命题的内心态度作任何假定。预设最好被视为在语言行为中显示出来的复杂的配置。一个人是借助于他作出陈述，提出问题，发出一道命令而具有预设。预设是在有关的语言事实执行之前暗含的假设命题。

在给定语境中个人所产生的所有预设的集合确定一个与所有预设一致的可能世界的类。这个类设立这个语言环境的边界。例如，如果这个环境是一项询问，那么问题就是：与预设相一致的可能世界中的哪一个是现实世界？

[1] 例如，时态和时间（teases and fime）就是一个有趣的情况。一个时态语句能决定一个命题有时真有时假吗？或者它在不同的时间表达不同的无时间性的命题？我对能给予一个单一的总的回答这一点表示怀疑，但是我觉得一个人的关于时间的哲学观点可能被他用这样一种方式或那样一种方式进行思考的倾向所影响。

如果环境是一次思考，那么问题就是我们将要使这些可能世界中的哪一个成为现实？如果是一次演讲，问题就是把现实世界在可能世界的类中所处的位置更确切的告诉听众。命令和许诺就是希望在预设的范围内得到听从和执行。由于预设在确定什么将在语言环境中进行这一方面起这样大的作用，因此，如果要避免误解的话，一个单独语境中所有参与者具有相同的预设集合，是相当重要的。这就是为什么预设不仅包含了把某个命题认为当然是真的，而且还假定其他命题也是如此。

由预设所确定的边界有两个方面。人们不能正常地断定、命令、允诺，或者甚至推测什么与被预设的东西不一致。也无法断定、命令、允诺本身所预设的东西。除非一个命题在可能世界中区分出在语境中哪些是大家当前感兴趣的选项，否则，表达这个命题就毫无意义。

当然，预设并不一定是真的。在它们被证明为假的场合，有时候那些询问、思考、讲演、命令或许诺就成为毫无意义的，但在另外一些时候，它却并不产生什么影响。例如，假设我们正在讨论应该选丹尼尔斯还是奥里尔列去当总统，并预设他们分别是民主党和共和党的总统候选人，如果我们的真正兴趣在于就总统选举中投谁的票的问题作出决定，那么，当我们发现实际上候选人是尼克松和马斯基时，这场争论似乎是白白浪费时间。但是无论如何，如果我们真正关心的是丹尼尔斯和奥里尔列二人个性上的有关优点和其施政能力的强弱，即使预设是假的也没有关系，稍加修正就能使我们的争论同新的预设统一起来。同样的对比运用于以一种预设的理论框架为背景所进行的科学实验之上。它或者可能在旧的理论被否定时失去意义，或者可能容易地适应于这种新的理论。其实，解决疑难和说明异常是由于发现预设的假而实现的，或者预设了一种虚假性。一项实验的结果较之旧的预设来说，它可能更易于适应那些新的预设。

正常情况下，预设至少被相信是真的。这就是我们常常从一个人的断定中比从他谈及自己信仰的话语中，可以更多地推断出他的信念的原因。但是在某些场合，预设可能是我们不能肯定的东西。甚至相信的与已知的命题都是假的。这在行骗的场合就可能出现：说话人预设某些其听众信以为真而说话人明知为假的东西，目的在于使听众进而相信更为虚假的东西。比较无害的是，说话人可以预设一些并非真实的东西以便于交际，正如人类学家在询问他的基本资料提供人时，采用这个最初的资料提供者的预设一样。最为无害的是虚构和假装的场合：说者和听者可以共同预设某些不真的东西，正如小说作者预设作品的头几章里他所描述的某些事物一样。在有的语境里，真不真的问题语所讨论的主题无关。因为现实世界终究只是众多可能世界的一个。

在一个语言环境中，参与者所分担的预设也许是一个语境的最重要的组成成份，不论是在对各种各样的言语行为，诸如断定、预言或反事实陈述的定义中，还是在解释语句同与语境相关的命题相系起来的语义规则方面，语用预设的概念都将起一定的作用。

四、语用歧义

笔者将要描述的歧义类型最佳例证是由克士·唐纳兰关于有定摹状词的指称用法与限定用法之间的区别所提供的[1]。在简要概述他的语用学理论范围内所做的上述区别之后，我们将提供具有相似解释的其他一些语用歧义的例证。

考虑下列三个陈述，同时注意它们所由产生的由括号注明的语境：

（1）查尔斯·丹尼尔斯是秃顶的（这是哲学家名叫查尔斯·丹尼尔斯的朋友在谈论丹尼尔斯）。

（2）我是秃顶的（这是上文提到的丹尼尔斯这个人自已说的）

（3)那个穿紫色高领衬衫的人是秃顶的(这是一间房子里的某个人说的，在这间房子里有一个也只有一个穿紫色高领衬衫的人,这个人就是丹尼尔斯）

问题是，这三种场合中各表达了什么命题。在第一种场合里，既然丹尼尔斯是专名，并且话语人也很了解他意图指称的对象，毫无疑问，这命题就是说，那个人具有秃顶这样的属性。在同一个丹尼尔斯是秃顶的可能世界里，这项陈述是真的，在他不是秃顶的可能世界里，这项陈述为假。在他并不存

[1] 巴斯·C. 凡·弗拉森：《单独词项、真值沟和自由逻辑》，载《哲学杂志》第63期（1966年），第481–495页；以及凡·弗拉森：《预设、蕴含、和自我指称》，载《哲学杂志》第65期（1968年）第136—151页。

在的可能世界里,真值是什么呢？或者这个函项对那些主目来说是不确定的。但我们不必为此担心，因为在这个命题所由出现的任何语境里，都预设了丹尼尔斯的存在。

第二个陈述所表述的命题同第一项陈述所表述的是完全相同的命题，因为在代词“我”所指称的对象——尼尔斯是秃顶的可能世界里，它是真的，反之则是假的。相信一个陈述所表述的，也就是相信其他陈述所表述的；第二个陈述能够看作是第一个陈述所表达的东西的转述。要解释第二个语句，人们需要了解如何解释第一个语句，但更需要了解关于这个语境的不同的东西，可是一旦两个陈述都得到理解之后，它们之间便不存在重要的差别了。

在两种场合里，都存在一个从那个语境确定单独词项究竟指示哪一个个体的语用学问题。对这个问题的回答决定那个命题，即所说的东西的内容。在场合（1）包含了一条相对地说不系统的约定，这个约定使专有名称同个体相对应。在场合（2）中，有一条系统的规则，它使语境（说话人）的一个特征同单独词项“我”相对应。不同的规则运用于不同语境中的不同语句，决定着相同的命题。

第三种场合怎样呢？这里有两种方法可以分析由唐纳兰所区分的与有定摹状词的指称用法和限定用法相应的环境，我们可以说单独词项“穿紫色高领衬衫的人”和其所指称的对象——查尔斯·丹尼尔斯之间的关系是由特定语境所确定的，这样，它所表述的命题同陈述（1）（2）所表述的命题是同一的。正如具有词项“我”一样，有一条将有定摹状词同它们在一个语境中的所指对应起来的相对系统的规则：所指称的东西是在适当的域里的一个也是仅有的一个成员，这个成员被预设具有这个摹状词所表述的属性。这条规则并不能总是适用，但是在上面所描述的场合中，它是可以适用的。

另一种办法，我们可以将区别单独词项的指称的规则理解为其本身就是那个命题的一部分。这意味着有定摹状词与其所指之间的关系是一个函项，不是语境的而是可能世界的函项。在不同的可能世界里，命题的真值可以由不同的个体来决定。这也意味着我们不用知道穿紫色高领衫的是谁，就可以理解那个命题，即那个陈述的内容，虽然我们为了知道这个命题是真的，也许非得知道那人是谁不可。

对把可能世界同语境结合起来的语用学的更为简单的说明并不能解释唐纳兰的所谓区别。如果人们直接从语句（连同语境）到达真值，他就会免去歧义，因为在一个确定语境中，语句的真值条件（至少在正常情况下）是与那两种解释一致的。然而，如果人们从语句连同语境到达命题，又从命题连同可能世界到达真值，那么，歧义就会在这个过程中间产生。在摹状词的指称用法和限定用法之间，至少有三个重要的差别。这些差别为一种理论提供了进一步的论证，这种理论允许差别产生并给他们以一定的解释。

首先，在模态语境和含有命题态度的语境里，即使是对摹状词在其中出现的陈述的真值，这种区分也造成一种差别，试比较：

（4）那个穿紫色高领衫的人也许是另外某一个人。

（5）那个穿紫色高领衫的人也许还系着白色的领带和穿着白色的燕尾服。

两个陈述都几乎在说某一命题可能是真的。但是在每个场合都能意指着两个命题，而究竟选择哪一个，就可能造成将可能性归于命题的真假上的差别。如果第一个陈述只简单地意味着丹尼尔斯可能是另外某个人，那么它是假的，或者是矛盾的。另一方面，如果它意味着另外某个人可能穿着紫色的高领衫（可能他把紫色的高领衫借给我了），那么，它可能是真的。第二个陈述可能意味着：或者丹尼尔斯也许系着白色领带和穿着白色燕尾服，或者它也许是这样一种情况，即任一穿紫色高领衫的人也都系着白色领带和穿着白色燕尾服。显然，对于这两种解释来说，它们的真值条件是不一样的。

在包含模态算子或认知算子和摹状词的形式语言中，这种区别可以解释为语形上的区别，也就是说，陈述（4）和（5）都可以各自用两种在语形上不同的方法加以形式化，一是摹状词在模态算子的辖域之内；一是摹状词在模态算子的辖域之外[1]。但这程序有两个限制：（a）认为上述（4）和（5）两个英语语句在语形上有歧义，也许是毫无道理的。不存在能消除（4）和（5）两句的自然的语形转换。（b）可以包含模态和命题态度的概念，不仅

[1] 克士·唐纳兰：《指称和有定摹状词》，载《哲学评论》第75期（1966年），第281—304页。

把它作为陈述的一部分，而且还可以作为有关陈述的说明和对待陈述的态度。上述陈述（3）的内容——即使在一种形式化语言中，也无法把它当作语形歧义来处理——可以被怀疑、肯定、相信或是叹惜等。人们在取这些态度或行动时在做什么，取决于这两种意义哪一种被赋予这个陈述。

其次，如唐纳兰指出的，对于陈述从中产生的语句所需要的预设，这种区分造成一种差别。一般讲来，我们可以说：当作出一个简单的主谓陈述时，就正常地预设着主语的存在。当你说“穿紫色高领衬衫的人是秃顶的”时，你就预设了那个穿紫色高领衬衫的人存在。但是，同样的歧义自然也会影响那个预设的陈述，它该怎样表述取决于对最初的陈述给予何种解释。如果对陈述给予的是指称解释，那么预设一定是这样。被预设的东西就是丹尼尔斯存在。如果对陈述给予的是限定的解释，那么预设就是：有一个人，并且只有一个人（在适当的域之内）穿紫色高领衫。这正是唐纳兰所指出的预设的差别。在我使用的体系内，不同的预设可被视为单一原则的例证。

第三，如果人们考虑到当摹状词在一定的语境中不能唯一地得到应用时，将要出现什么情况，这种区分是重要的。在摹状词的指称用法和限定用法两者中，它是一个摹状词得到唯一应用的语境的预设，但是如果这个预设是假的，结果就不同了。唐纳兰已指出，在指称用法的场合，预设失效的这个事实对陈述不会产生什么影响，说话者仍然可以成功地指称某个人，并成功地谈论关于他的某件事。然而，当预设在限定使用的意义上失效时，一般意味着那就谈不上任何真或假了。在我们的体系内，这种差别具有一种自然的解释。

在那些确定单独词项的所指的规则被当作语境的一部分的地方，有关的东西并不就是真的东西，而是被预设了的东西。在上述陈述（3）中的有定摹状词，按照指称的解释，它是指这样一个人，这个人是被预设为（在相关的域之内）一个并仅有的一个穿紫色高领衫的人。如果没有一个被预设为符合于这个摹状词的人，那么这个指称就无效，即使事实上确有人唯一地符合这个摹状词。但是如果有这样一个人，那么不管预设是真是假，它都没有什么区别。预设有助于确定所表达的命题，但一旦命题确定了，它就能单独存在。丹尼尔斯是秃顶的这个事实丝毫不依赖于他的衬衫的颜色。

按照限定的解释，确定摹状词指称的规则是命题的一部分，所以，它是被认为真的东西，而不是被预设的东西。那个命题是关于任一唯一符合那个摹状词的人，如果没有一个人符合那个摹状词，也就没有真值被确定了。

用来区别有定摹状词两种用法的要点可以概括起来适用于其他单独词项。例如，专名一般是用来指称的，但也可以按类似有定摹状词的限定用法来使用。当你问“哪一位是丹尼尔斯？”你并未指称丹尼尔斯。因为你没有预设任一个人他就是丹尼尔斯，当我回答“丹尼尔斯是个秃顶的人”，我是在指称的意义上使用“秃顶的人”，并且在限定的意义上使用丹尼尔斯这个名称。告诉你的并非说丹尼尔斯是秃顶的，而是告诉你他就是丹尼尔斯，运用这个区别，我们可以解释同一性命题是怎样提供信息的，即使当以两个专名来陈述这个同一符号。

许多哲学家都曾强调：指称是人们利用词项所作的事，而不是词项自身所作的事。这就是为什么要说指称是一个语用学问题，并且这也是为什么要说单独词项的作用很少依赖词项（专名、有定摹状词、代词）自身的语形或语义范畴，而是依赖说话人、语境，以及在那个语境中说话人的预设。

语用歧义的概念能够扩展运用于其他类似的场合。一般说，如果包含在那个语句的解释内的一些规则可以或者运用于语境，或者运用于可能世界，这个语句就可能会有语用歧义。把这规则运用于语境，它或者将对确定命题起一定的作用（如在有定摹状词的指称用法的场合），或者它将对用以表达命题的力量起一定的作用。把这个规则运用于可能世界，它就和并列命题本身，确定真值起一定作用。条件语句、包含某个模态词的语句，以及包含着所谓插入动词的语句，是具有这种可能性的语句的另外的例子。

如果有人叙说一件事，具有“如果 A 那么 B”的形式，那么，这可以或者解释为对一个条件命题的直言断定，或者解释为在前件真的时候有条件地作出的对后件的断定。在前一种情况下，一个命题是在语义学的平面上，作为一个由前件与后件所表达的命题函项而被决定。在后一种情况下，前件是临时作出的附加预设,这或者是由于说话者希望只有在前件必须为真的时候，对后件说出自已的看法；或者是由于对后件的断定，除非前件是真的，不然将是不相干的。（例如，在“碗厨里有小甜饼，如果你想要一些的话”这样的语句中）[1]。

一个具有“P，那是可能的”形式的语句，可以解释为表达一个模态命题，这个命题是P的一个函项，或者它也可以解释为是要弄明确，在那个语境中没有预设对P的否定。在后一种情况下，P是唯一被包含的命题。模态词指出了它据以表达的力量。

具有“我假定P”形式的语句的意思可能是作为有关说话者假定的一个表述，或是作为对P的一个某种程度的尝试性的断定。解释它的第二个办法就是把“我假定”作为一个插入性的动词（parenthetical），因为在这种解释下，这个语句与“P，我假定，”是同义的。这两种解释的差别由乌尔姆逊在他的论插入性动词的著名论文中作了考察[2]。

这些例子中的每一个都有其自己的特征和自己的问题。我不想把它们当作具有共同形式的例证。然而在每个场合中，歧义都是建立在语境和可能世界的区别的基础上。

五、结论

本章概括一下我试图作出的主要观点。在第一节里，笔者提出语义学最好重视研究命题的学说，并且论证了命题可以独立于语言之外进行研究。在第二节里，把语用学定义为研究语言行为及这些行为得以实现的语境的学说。考虑了两类语用的问题：第一，言语行为的定义——不是为在行为中所表达的命题的真，而是为所实施的行为提供必要而充分条件的问题；第二，是对语言环境决定在该语境中由给定的语句表达命题的各种方式的研究。对第二类问题的系统的阐述依赖于对命题的语境决定因素和真的命题决定因素之间的基本区别。笔者论述了这种区别有着直觉的基础，在对语言环境的分析中是有用的。在后两节里，我试图通过下述两种方法来论证这种区别：首先，

[1] 参阅R.托玛森和R.斯托内克尔：《模态和指称》载《Nous》，第二期（1968年），第359—372页；和R.斯托内克乐和R.托玛森：《抽象在一阶模态逻辑中的作用》，载《理论》第34期（1968年）第203-207页。

[2] R.斯托内克尔：《条件理论》，载《逻辑理论研究》（尼柯莱·列斯切尔主编），牛津出版，（1968年，第98—112页讨论条件命题的语义理论。努尔·贝尔纳普在《条件断定和限定量词》（《Nous》第4期，1970年）一文中发展了一种条件断定的理论。

是通过刻画出预设这一语用学概念的特征，它是与可能世界相对立的语境的最主要的特征；其次，是通过描写在这种区别的基础上所产生的一类语用歧义。

在以上对语用学理论的概述中，依赖一些未定义的、有问题的概念，例如可能世界，语境及预设等。笔者对这些概念作了些启发性的说明，或依赖另外一些概念的启发性的解释，但是它并不试图将它们相互化归，或者化归为另外的东西。它可能被指责这些概念作为一种理论的基本概念太不清楚了，但是笔者认为，这种非难是误解了基本概念的作用。人们并没有假定这些概念是清楚的。事实上，这种理论的意义之一就是要明确它们。只要某些概念全部具有一些直觉的内容，那么，我们就可以通过把它们互相联系起来的方法来全部加以说明。这种理论的成功，不是看它的一些概念是否可被定义，而是看它是否能提供一种机制以定义看来很有趣的语言行为，并作出那些看来似乎重要的概念上的区分。人们可以运用哲学的和科学的理论解释他们的理论的概念，但这不是通过定义那些概念，而是通过用这些概念去认识现象而实现的。

（原载中国逻辑学会（语言逻辑与符号学专业委员会）编译，《语用学与自然逻辑》，开明出版社，1994 年版。原作者：（美）罗伯特·C·斯托内克尔）

内涵逻辑和范畴语法

一、内涵和外延

在上面几章中我们已经说明逻辑分析怎样平行于语言分析。在这一章中试图把它们结合成一个统一的理论。

在谓词逻辑中，我们通过将我们的语言与一个模型联系起来的方式给语言表达式赋予意义，在这个模型中，给个体常项和谓词常项指派一定的外延，也就是说给个体常项指派单独的对象，对谓词常项指派一组对象。换句话说，对一种语言提供一种语义学，就包括提供这样一种解释，即个体词项和谓词词项应该指称这个世界中的什么对象。经过这样做以后，第二步我们就可以对谓词逻辑的语句表述出真值条件的公式。反过来，这又使我们能够刻划出谓词逻辑的逻辑后承的观念，从而掌握住谓词逻辑中可能有的逻辑推理的种类。但是我们正常使用的很多推理类型并不能为在第五章中所描述的谓词逻辑的简单类型所包括。前面已经讨论怎样增加一些模态算子，现在还要增加更多的算子。过去对谓词逻辑的一种不适当的和过于简单的看法是这样一种语义学概念，它将语言表达式和世界上的对象作简单的配对。人们早已认识到，对意义的这种简单的解释，虽然可能是必要的，而且作为第一步来说也是合适的，但是它是十分不够的。最早的一个论证指出这样解释意义对刻画一些有趣的推理类型是不适当的，是由斯多亚派提出的。他们所说的逻辑悖论（称为厄勒克特拉悖论）就是一个例子。这个例子表明对意义作简单的指称的解释会导致谬误，从而不可能是正确的（参阅论间接推理一节）。它的情节是这样的；奥列斯特回家来了，厄勒克特拉不认识他，虽然她知道奥列斯特是她的哥哥。

（1）厄勒克特拉悖论是：

（a）前提：厄勒克特拉不知道站在她面前的这个人是她的哥哥，

（b）厄勒克特拉知道奥列斯特是她的哥哥，

（c）站在她面前的这个人与奥列斯特是同一个人，

结论：厄勒克特拉既知道又不知道这同一个人是她的哥哥。

相似的例子在一些世纪中曾多次有人提出过。中世纪的经院哲学家弗莱格、罗素、卡尔纳普和车尔契就是少数几个有贡献的人。我们在上面论模态逻辑的一章中，以“晦暗性”为标题对其中某些情况进行了讨论。

解脱这种类型的悖论的通常方式是由斯多亚派他们自己指出的。我们必须在语言表达式和这个世界的对象之外，还要区别出第三种类型的实体（entity），那就是含义（senses）或概念（斯多亚派使用术语为“lecton”）。

当我们对一个语言表达式的意义给予一种解释时，不能满足于将它与一个对象或者对象的集合产生联系；我们还必须对这个表达式提供一种含义或一个概念。在以后的讨论中，将使用近年来已经普遍采用的术语，即将与一个表达式产生联系的含义或概念称为它的内涵；而对于同一表达式的外延，将它解释为它所指称的那些对象。[1]这些概念已作了介绍。

让我们首先指出一种解决我们悖论的形式。这个矛盾的结论是说厄勒克特拉既知道又不知道那个人是她的哥哥。现在如果我们更仔细地考察一下导致这个结论的前提，我们就会发现在（a）和（b）中，使用了两个不同的表达式去指称这个人，即“奥列斯特”和“站在她面前的人”。直观地发现，虽然事实上这两个表达式指称的同一个体，但它们却具有不同的含义。用我们在上面所介绍过的术语说，就是它们具有相同的外延却具有不同的含义。现在我们进一步提出，正是这使得（a）中说厄勒克特拉不知道的命题与（b）

---

［1］内涵与外延的概念原来使用时只与所谓的普遍词项相联系，即那些可以使用于几个不同对象的词项。这样，“树”这个词就指称一个巨大的对象的集合，即它的外延，而这是借助于它的内涵来实现的，这种内涵可以描述为通过对所有的树所共同具有的属性进行抽象而形成的概念（参阅 W·尼尔和 M·尼尔（1962））。以后，这种区别由卡尔纳普又推广运用于单独词项之上。（参阅卡尔纳普（1947））。现在，大体上说，这种区别跟弗莱格所说的。“Sinn”（含义）和“Bedeutung”（指称）的区别具有同样的重要性（弗莱格（1892））。

中说厄勒克特拉知道的命题不同。她在(b)中的知识是属于表达式“奥列斯特”的内涵，而不是属于它的外延。这使得前提（c）不相关，因为它仅仅断定外延的同一性。就外延来说，从内涵的知识不能推出任何东西。因此，这个结论是不合逻辑的。

要注意，促使我们引入内涵的那种困难是依赖于我们所选择的谓词类型的。如果选择了某些像“吻”或“杀”这样的谓词，就不会产生悖论，如（2）：

（2）（a）前提：厄勒克特拉杀死了站在她面前的人，

（b）站在她面前的人是奥列斯特，

结论：厄勒克特拉杀死了奥列斯特。

这样有些谓词可以说是外延的，而另外一些如“知道”、“认识”或者“了解”等则是内涵的。这两类谓词相互之间的区别主要在于它们所关注的是所指称的对象的哪一方面。

所以，如果想了解更多的关于语言和推理的话，内涵和外延看来一样是必要的。内涵和外延的区别可以用来解释如这样的奇怪现象，包括所谓的美国女总统的集合等同于所有会编写计算机程序的狗的集合这样的主张。这些集合在外延上是相等的，但是用来指示这些外延的两个表达式具有不同的内涵。

二、内涵

下面我们将试图讨论我们怎样最好地设想内涵。它们是以某种方式依附于语言表达式的某种理想的抽象实体吗？这种观点被称为概念实在论，因为它的支持者相信内涵（概念）具有真实的独立的存在。或者，除此以外，内涵是使用这些表达式的人所具有的某种心灵的观念吗？这种观点通常被简单地称作概念论。最后，它们或者是某种完全不同的东西。对内涵的分析的一种有益的建议是由那些发展模态逻辑的逻辑学家们提出来的（卡尔纳普、克利普刻、卡普兰、蒙塔古）[1]。他们为了论述内涵而将纯粹外延的语义学

[1] 见卡尔纳普（1947），克利普刻（1963），卡普兰（Kaplan）（1963），蒙塔古（1974）。

的优越之处与模态逻辑中的某些观念结合起来。这些观念基本上是这样的：当我们考虑到“美国的女总统”的内涵时，我们仍然是真实地想到外延，但那不是我们世界的外延（即空集）。我们想到的是这个表达式所具有的在某个可能世界的外延，在那个可能世界中，美国有一个女总统。这个表达式的外延自然不需要在每一个可能世界中都是相同的。我最喜欢吃的菜可以是这个世界的北京烤鸭，也可以是那个世界的肯德基的油炸子鸡，这就意味着名词短语“我最喜欢的菜”在两个世界中具有不同的外延。由此推出即使两个表达式在我们的世界中具有相同的外延，也不需要说它们在某些其他的世界中也具有相同的外延。这样，我们就可以最终区别出“美国的女总统”和“会编写计算机程序的狗”。

但是我们还未满足。究竟在不同的可能世界中，什么是一个表达式的所有不同的外延所共同具有的东西呢？究竟是什么使它们成为例如所有“红的”而不是“蓝的”外延呢？我们的回答是“那个内涵”，而为了详细作出这个回答，我们需要同时对另一个问题作出一个尝试性的回答，而这个问题曾使得语义学家们和逻辑学家们烦恼了很长时间。

那种使我们可能使用语言去述说这个世界的东西是什么？它是怎样可能使我们通过使用“窗子”这个词，不仅使我自己，而且使任一说同一语言的人去识别出这个世界中的一个特殊对象？换一句话说，使语言和这个世界连结起来的黏合物（glue）是什么？

对这个问题的经典回答是命名（naming）或标记（1abelling）关系。所有的语言表达式的确都是标记，它们命名对象或对象的集合。命名关系应该是没有问题的，而问题恰恰在于要说明怎样可以在一种语言中，将每一件事物归约为某种名称。（这基本上是在分析谓词逻辑的语义学时所做的。）现在将提出另一种方法。那就是使用内涵作为所寻求的那种连结语言和这个世界的黏合物。一个内涵就是使一个语言表达式和它的外延产生联系的某种东西。它决定一个语言表达式的外延。当我们具有一个表达式的内涵的知识时，从而就有了一种工具——或者如果愿意的话，可以称作一种原则，使用这种原则就可以识别出在这个世界的那种对象，那种对象也就是这种原则所具有的外延。我们可以使用以前所用的术语，说一个内涵就是一个函项，它是那样一种东西，在每一种可能的情况或世界中，它可以准确地识别出那些对象，那些对象就成为一个给定的表达式的外延。通过引进集合论和模态逻辑，我们从而可以将内涵解释为从可能世界到外延的函项。回到前面提到的一个问题，可以说，一个表达式在不同的可能世界中所共同具有的不同的外延，就在于它们都是一个内涵函项的值，这个内涵函项可以在每个可能世界中准确地识别出相关的外延。

我们可以看到，这种分析跟在前面说的语句的意义紧密联系着。我们在那里论证了一个陈述句的意义，在一个重要的方面是，可以等同于这个语句的真值条件。真值条件反过来也可看作是一个决定语句在特定的可能世界中或者真或者假的工具，换句话说，是从可能世界到真值的函项。如果把真值看作是一个语句的外延（这或者是一个有点奇怪的假定，然而是一个证明为非常适当并且比将外延假定为像事实或事件的情况更简单的假定）[1]，那么，这正是我们希望作为一个语句的外延的那种东西。这样，一个命题（通常就叫做一个语句的内涵），就是一个从可能的世界到真值的函项，同时，谓词和个体词项的内涵就分别是从可能世界到对象集合和对象的函项。

值得提出的是，这种对内涵的分析使得概念基本上是不依赖语言的。一个内涵具有既作为它的域（可能世界）又作为它的值域（对象和真值）的语言外的实体。这里又面临着古典的问题，需要决定一个内涵或者等同于它的主目和值的有序偶的集合，或者等同于真正抽象的无时间性的实体，这种实体与具有对象和真值的世界相联系；或者，按观念论者的观点，等同于一定的心灵的构造。可是我们要解决这个问题，就必须设法将内涵与语言联系起来。我们是通过导入一个一般解释函项 I 来实现这一点，这个一般解释函项 I 对于每一个语言表达式都给予一个适当的内涵。得到下述一般的描述：

（1）I（红）= 内涵$_{红}$

$\mathrm{Int}_{红}(W_n) = \mathrm{Ext}_{wn}(红)$

这里：

---

［1］对这种选择，弗莱格最初的理由之一是，他可以发现，当外延上相等的词项在一个语句中互相替换时，没有其他的对象可以像真值那样保持不变。外延是所需要的不变的对象，因为，如果在语句中词项的外延没有改变，那么这个语句的外延也就不会改变。

Wn= 具有指标为 n 的可能世界

I= 一般的解释函项

$Int_{红}$ = “红” 的内涵

Ext_{wn}（红）= “红” 在 W_n 中的外延

一般解释函项识别出红的内涵（这个内涵本身是一个函项）。然后，“红”的内涵给予我们任意一个可能的世界 W，“红”的内涵就在那个世界之中。我们可以运用图解法将它描述如（2）。

（2）

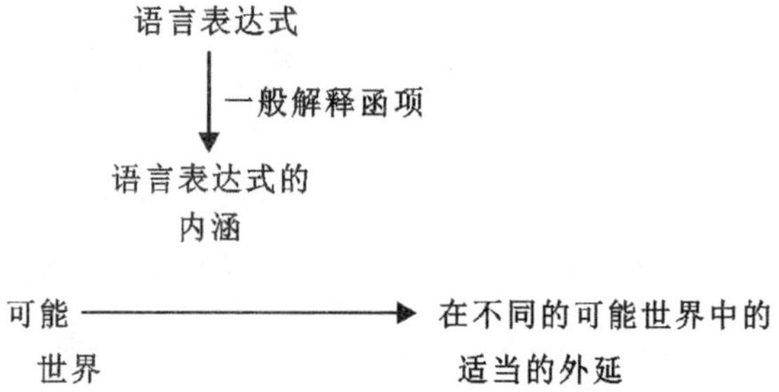

三、弗莱格原理

当我们讨论逻辑联结词的时候，注意到它们具有一个重要的共同特性即作为真值函项的特性。那就是，对简单语句给予任一真值的组合（把真值当作语句的外延），联结词的选择就完全决定了所造成的复合语句的真值。换句话说，它们是那样一些实体，这些实体给予我们这个整体的外延，而这个整体被看作其各个部分的外延的一个函项。这种观点有时就称为弗莱格原理（虽然对弗莱格精确地表述了这个原理这一点还有某些怀疑），它可以更一般地表述如下：

一个复合表达式的意义就是它的各个部分的意义的一个函项。如果不再有别的原因，那么，如果要解释人的语言是怎样可以被了解的话，这个原理看来是需要的。由于对人可能理解的全新的语句的长度和数量似乎并没有硬性的限制，考虑到人脑的有限容量，如果没有某些像弗莱格原理这样的原理，就很难解释这怎么会从根本上说是可能的。如果为了从各个部分的意义演算出整体的意义，需要一个无穷数的函数的知识，那自然是毫无办法的。因此，必须假定有某种递归性包含在内，那就是说可以将相同的运算（函项）一次再次地运用于它自己的结果之上，正如由逻辑联结词所指定的真值函项，原则上可以无限地重复运用一样。

如果对整体的意义必须是它的各部分的意义的一个函项这种观念再增加另外的观念，即一种语言的语法基本上与一种语言的语义相联系。也就是说，语法是一种映射，它表明各个部分的意义是怎样组合到整体的意义中去的，对此再增加我们所介绍的对内涵的分析，于是就达到了那种对语言的语义分析，这为所谓蒙塔古语法所研究（这个名称来源于美国逻辑学家里查德·蒙塔古，他是第一个发展了这类语法的人，参阅蒙塔古（1974））。

对于熟悉乔姆斯基的著作和其他论生成语法的著作的人来说，很明显的是我们简要叙述了的关于语法和语义关系的观点，与乔姆斯基的观点有某种区别。在这里所指出的观点可以简述为主张“语法和语义之间的同构”，而乔姆斯基的观点可以简述为主张“语法的自主”。可是，即使关于语法与语义之间的正确关系有着不同的看法，但对语法和语义两者都需要一个递归原理这一点是完全一致的。

最后，这里需要注意的是，还不清楚将弗莱格原理运用于一个转换语法的框架之内将意味着什么，因为依据这个理论，一个语句不是只有一个语法结构，而是至少有两个（深层结构和表层结构）。事实上，人们可以认为，引入深层结构的概念的历史原因之一，就在于有一种要求存在一种句法结构层次的的愿望，在这一层次上可以运用弗莱格原理［福德（Fodor）和卡茨（Katz）（1963），卡茨和波斯托尔（Postal）（1964）］。可是，在乔姆斯基最近关于转换语法的论述中（所谓扩展的标准理论），弗莱格原理对深层结构层次来说是明显无效的，因为语义解释也是部分地被其他层次面所决定的[1]。

四、弗莱格原理和范畴语法

结果已经证明，一种通常被称为范畴语法的东西，提供了一个很好的形式，同时既达到语法和语义的同构，又坚持了弗莱格原理，还使得一种

［1］这是如此特殊，因为某些转换看来也影响到真值条件，例如被动态转换。

内涵语义学成为可能。范畴语法是由波兰逻辑学家列斯涅夫斯基（Les’niewski）和爱裘凯维茨（Ajdukiewicz）在德国哲学家爱德蒙德·胡塞尔（Edmund Husserl）所提出的某些观点的基础上发展起来的。更近的著作由叶霍舒阿·巴尔—希勒尔（YchoshuaBar—Hillel），彼德·吉奇（Peter Geach）和麦克斯·克雷斯韦尔（Max Cresswell）写出[1]。

基本观点是这样：如果一个人关于语言的交际作某种简单关注的话，那末，他或者可以将它描述为基本上包含两个方面：①识别出这个世界中的某个实体；②关于这个实体述说些什么。识别某个实体的最典型的方法就是使用名称，而关于某种已经识别出来的东西述说些什么的最典型的方法就是说出一个语句。这就是范畴语法的出发点。只有两个基本范畴："指称的负荷者和真值的负荷者"，这就是语法范畴名称（N）和语句（S）。这样，通过选取一个名称，然后实行某种运算，即"关于它述说些什么"，我们就产生了一个语句。描述这种类型的事件的一个正规方式，就是说我们将这个名称用作一个函项的主目，这个函项就产生一个语句以作为它的值。让我们看看在较为具体的语言词项中这包含着什么。什么是从名称"约翰"产生一个语句的简单方式呢？好吧，一个人可以例如在"约翰"的右边增添一个"跑"，这就产生"约翰跑"。（为了描述所出现的情况，我们引入术语连锁（concatenation）以表示在一个语言表达式的右边或左边按线性次序增添另一些语言表达式的过程。）"约翰跑"是通过对"约翰"实行右连锁"跑"而产生的。我们可以说"跑"是一个函项的标记，这个函项对一个名称右连锁词项'跑'而形成一个语句。这样一个标记可以称之为函子。因而，'跑'就是从名称形成语句的一个函项的函子。事实上，所有不及物动词（IV）都可以看作这种函项的函子。一般地说，一个函子可以说是相应于一个特殊函项范畴的语言表达式的集合中的一个元素。

这样，通过使用我们的两个基本范畴——名称和语句以作为一个函项的主目和值，就可以创造一个新的范畴，即将名称映入语句的函项的范畴。在

---

[1] 见爱裘凯维茨（1935），巴尔—希勒尔（1970），吉奇（1972）和克雷斯韦尔（1973）。

范畴语法中，这种范畴称之为S/N（由名称造成语句的范畴），粗略地说，这对应了旧的范畴“不及物动词”。可是，需要记住的重要的一点是：S，N和IV是语言表达式的范畴，而S/N是一个函项的范畴。用IV表示的表达式是用S/N表示的函项的标记或函子。它们是函项在其上进行运算的词汇材料。

原则上对可以在范畴语法中形成的各个范畴或派生范畴没有什么限制。其一般的规则是：

（1）如果$C_1 \cdots\cdots C_n$是范畴，那末$C_1/C_2 \cdots\cdots C_n$是一个范畴。这意味着形成范畴是一个递归的过程。由于$C_1 \cdots\cdots C_n$是关于范畴的元变项（metavariables），我们可以经常形成一个新的范畴，它将许多不同的范畴映到任一范畴上。形式是很灵活的。事实上，这考虑到了在语言分析中太多的范畴并不比一个范畴具有更多用处。在范畴分析中一个重要的问题就是准确地选择那样一些范畴，这些范畴在语言上是相关的。让我们研究对于相关范畴的某些候补者。例如我们可以创造相应于IV/IV的范畴（S/N）/（S/N）。这个范畴从S/N产生出S/N。如果我们不考虑S/N和IV间的区别，可以说是它使从不及物动词产生不及物动词。这个范畴的函子是什么呢？请看，如果将“快”（fast）与“跑”（runs，它是S/N）加起来，在“快跑”（runs fast）中，仍然有一个S/N，它是一些如果将它与一个名称相加，就会产生一个语句的东西。所以，“快”（fast，在作为一个副词的意义使用）就是范畴（S/N）/（S/N）的一个函子。用树形结构图解法表示，“约翰快跑”（John runs fast）将像（2）：

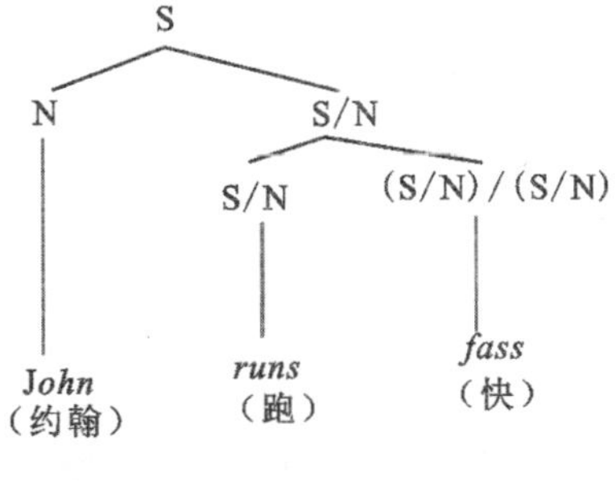

引申出来的范畴其他例子是S/S，S/SS。S/S是由语句产生语句的函项的范畴。“必然地”、“可能地”以及其它模态算子都是这个范畴的函子。考察下面的（3）和（4）：

（3）It’s raining.（正在下雨。）

（4）Necessarily，it’s raining.（必然地正在下雨。）

S/SS 使两个语句成为一个语句。

如果考察的是命题逻辑，那么，语句联结词就可以看作这个范畴的函子；p，q 被映射到 p&q 之上。将怎样来描述英语的量词表达式像 someone（有人）和 everyone（每一个人）呢？它们将谓词映射到语句之上，即 runs（跑）通过加上 someone（有人）而产生一个语句，即 someone runs（有人跑）。将谓词看作是属于范畴 S/N 的，这种范畴已经指派给不及物动词。这种合理性就在于通过将一个名称和一个谓词联结在一起，产生一个语句。因此，一个量词就应当是属于范畴 S/（S/N）的，即由谓词产生语句的那种东西，（然而，还有其他的方式来构成量词。）

概述一下迄今为止对一个简单的范畴语言给予一个语法所说过的话。所有派生的范畴都是函项的范畴，这一事实的结果就是我们不需要任何单独的形成规则。这些规则隐含在范畴的符号系统中，即如果我们知道“或者”是属于 S/SS 范畴的，那么就不需要一个单独的 S → S 或者 S 这样形式的规则。这个规则隐含在范畴的符号系统中。

然而，形成规则也不是完全隐含着的。在我们上面所举的例子中，那两个 S 的排列的次序关系（sequential ordering）并不是决定了的。为了决定像排列的次序关系（左联结和右联结）和屈折变化（inflection）这些东西，或者必须加上所谓的拼出规则（spelling—out—rules），它们拼出所遗留下来未被范畴符号系统所决定的每一样东西，否则将不得不将范畴符号系统本身加以复杂化。J. 兰贝克（J.Lambek）在 1961 年和约翰·莱昂斯（John Lyons）在 1968 年按后一方法提出了建议。这样莱昂斯使用 $\overset{S}{\underset{N}{\leftarrow}}$ 去指定一个元素使它左联结一个名词而形成一个语句，使用 $\overset{S}{\underset{N}{\rightarrow}}$ 去指定一个元素使它右联结一个名词而形成一个语句。

鉴于关心范畴语法原则，仅仅是为了这些原则在这里有助于我们去理解内涵语义学，所以我们感到上面概述过的比较简单的语法已经够用了。

为了完成简单的话法，只需要列出基本范畴以及那些派生的范畴，我们发现其对工作是有用的。最后，还得对每一个范畴列出属于那个范畴的词典（函子）表达式。这可以看作是提供这种语言的词汇表。一个带有解释的语词在这里或者是需要的。并非每一个在一个范畴中的（函子）表达式都是一个词典表达式。例如，“跑”（runs）是一个 S/N 的词典表达式，但是“快跑”（runs fast）虽是 S/N，却是一个派生的函子表达式。由于组成一个语句的表达式总是从其他的范畴派生出来的，所以，没有语句的词典表达式。

（5）一个简单的范畴语法学

基本范畴　　词典表达式

（i）S　　　一个也没有

（ii）N　　　阿瑟，卡努特，特里斯坦，艾索尔德　派生的范畴

（iii）S/S　　必然地，可能地，非

（iv）S/SS　并且，或者，如果…那么，当且仅当

（V）S/N　　跑

（vi）（S/N）/（S/N）快，小心地

（vii）S/（S/N）　有人，每一个人

（viii）（S/N）/N　寻找

每一个函子集合的范畴标记告诉我们把它与什么组合起来，并且由此派生的表达式的范畴是什么。“寻找”（seeks）（S/N）/ N 跟一个 N 像“卡努特”组合起来，就形成一个 S/N“寻找卡努特”（seeks Canute），接着它与一个（S/N）/（S/N）像“小心地”组合起来就形成另一个 S/N“小心地寻找卡努特”（seeks canute carefully）。然后，这可以跟另一个 N 像‘艾索尔德’组合起来，就产生 S“艾索尔德小心地寻找卡努特”（Isolde seeks Canute carefully）。

（6）是将“艾索尔德小心地寻找卡努特”的派生式以一个更为简明的形式表现出来。这时我们将使用一种树形图解法，通常称之为分析树形图（analysis tree），在蒙塔古语法中经常使用它。

(6)

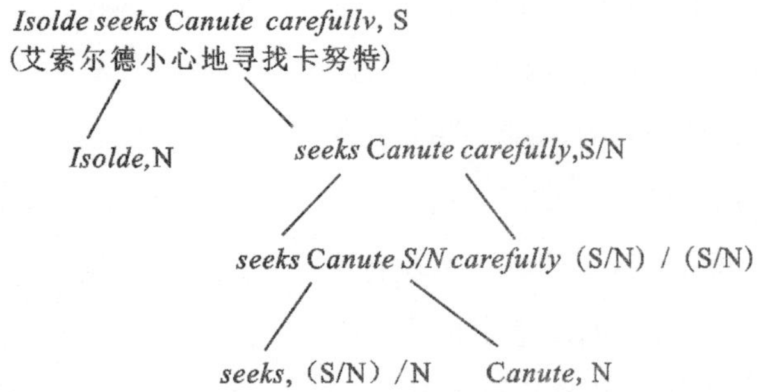

我们看见每一步怎样包括将一个函项运用于一个主目而产生作为下一个更高步骤的值，例如，我们将范畴（S/N）/ N 的函项运用于范畴 N，而得到 S/N。因此，那些隐含于派生范畴之中的形成规则经常被称为函项运用规则（rules of functional application）。

还必须明确的一点是，对除了 S 和 N 之外的所有范畴作语法分析的这种观念，已经给予我们实现弗莱格原理的一个非常有效的方式。所有的复合表达式都是通过一步一步地将函项运用于主目，这样就使最后的结果成为它的各个部分的函项而形成的。然而到目前为止我们只是证明，这对于上面所概述的这种语言的语法是正确的。下一步将要证明它对语义学也是正确的。

五、范畴、内涵和类型

我们希望语义学是内涵的，以便可以从上面所述的与厄勒克特拉悖论相联系的这类麻烦中解脱出来。同时也希望语法与语义是同构的。最后，希望弗莱格原理不但适用于语义学而且适用于语法学。让我们来看怎样做到这一点。语法范畴与语义类型（semantic types）（我们在这里也可以用“范畴”一词，但这样可能造成混淆）具有一对一的对应关系。基本的语义类型相应于语句与名称这两个基本的语法范畴。语句的外延是真值（外延类型 t），而名称的外延是实体（外延类型 e）。语句的内涵（命题）是从可能世界到真值的函项。这种函项用〈s，t〉来表示，这里 s 是对相应于一个任意外延类型 α 的内涵类型的一个标记。它一般地承认如果 α 是一个外延类型，那末〈s，α〉就是相应于 α 的内涵。名称的内涵是从可能世界到实体的函项，因此它是内涵类型〈s，e〉的。这种内涵经常称为个体概念（individual concepts）。

正如我们对语法已做的那样，现在要建立所有其他的基于名称与语句之上的表达式的所有内涵与外延。任一派生类型的外延将是从一个类型的外延到另一类型的外延的一个函项。如果我们以“跑”为例，它的外延就是从名称的外延到语句的外延的函项。考察一下在图解（1）中所表明的“约翰跑”（John runs）的外延是怎样得到的。我们使用从 e 到 t 的特征函（见第一章），以代替假设“跑”的外延是直接从 e 得到的一个集合，这种特征函项识别出这同一个集合以作为“跑”的外延。通过将“跑”的外延看作一个特征函项，我们可以经过将“跑”这个函项运用于任一名称的外延，而派生出一个语句的外延。

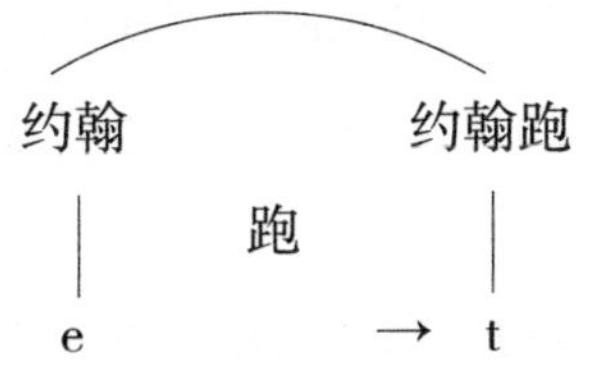

（1） Ext（“跑”）（Ext（“约翰”））=Ext（“约翰跑”）

（2）所说的是：将“跑”（一个函项）的外延运用于“约翰”（一个实体）的外延，我们得到“约翰跑”的外延（一个真值）。

根据已经给予的递归地形成派生的语法范畴的规则，可以给予一个递归地形成派生的外延类型的规则。

（3）如果 C_1……C_n 是范畴而 E_1……E_n 是相应于 C_1……C_n 的适当的外延，那末，相应于一个范畴 C_1/C_2……C_n 的外延就是从 E_2……E_n 到 E_1 的一个函项。

通过这一递归规则，构成相应于基本语义学类型的基本语法范畴，并且构成相应于派生的语义学类型的派生的语法范畴，我们使得两者都符合语法与语义同构以及弗莱格原理的要求。

然而，规则（3）给予的仅仅是外延，由于我们希望语义学成为内涵，所以，还有更进一步的工作要做。正如在上面已经注意到的，内涵可以看作函项，它对于每一个可能世界都给予某个语言表达式的外延。这样，$Ext_{wi}(\alpha)=Int_{\alpha}(wi)$（在世界 i 中的 α 的外延等于相对于世界 i 的 α 的内涵的值）。正如在上面已经见到的那样，我们可以通过在一个表达式的外延类型前面加上 s（代表“含义”（sense））而指示出一个表达式的内涵类型，这样（跑）的内涵将是〈s，〈e，t〉〉。这应当解释为一个函项，这个函项从每一个可能世界中识别出‘跑”的特征函项。

正如我们对外延所作的那样，现在可以提出一个对形成派生的内涵类型的一般递归规则：

（4）如果 C_1……C_n 是范畴，并且 E_1……E_n 是相应于 C_1……C_n 的外延，那么，相应于 C_1/C_2……C_n 的内涵 s 就是从可能世界到由 E_2……E_n 到 E_1 的函项的一个函项。

如果我们使用这种规则而得到相应于范畴（S / N）/（S / N）的内涵，（这种范畴在它的函子中有象“快”这样的副词，）那么，我们就得到一个内涵，这种内涵是一个函项，它是一个从可能世界到函项（这种函项是从相应于 S/N 的外延到其它的相应于 S/N 的外延）的函项。指出这个内涵具有下述方式：〈s，〈〈e，t〉，〈e，t〉〉〉。

然而，我们不得不使事情复杂一点，以便恰当地处理某些直观的情况，正是这种直观促使我们提出内涵和外延之间的区别。按照弗莱格原理，一个复合表达式的外延应当可以从它的各个部分的外延派生出来。因此，让我们看看这个原理在一个内涵语境中将会出现什么情况，我们将个体看作名称的外延，将个体的集合看作谓词的外延，并将真值看作语句的外延。

（5） Bill is thinking of his future wife.

（比尔正在想象他未来的妻子。）

（6） Bill is kissing his future wife.

（比尔正在吻他未来的妻子。）

（5）有一种读法，其中“想象”（think of）可以看作个体之间的一种关系。语句（5）按这种读法是真的，当且仅当比尔和他的未来的妻子在个体的对偶之中可以找到，这些个体的对偶组成“想象”的外延。但是，（5）还有另外一种读法，按这种读法，即使在我们这个世界中，没有真是比尔的未来的妻子的个体（比尔可能在他长到足以结婚的年龄之前死了），这个语句也可以是真的。比尔仍可能想到他希望作为他未来妻子的那种类型的女人。这种解释完全不可能用于句（6），在（6）中，如果这个语句是真的话，比尔的未来的妻子必须存在于我们这个世界上。

但是，我们是怎样说明（5）的第二种读法呢？按照弗莱格原理，每一个复合表达式的外延都应当可以从它的各个部分的外延派生出来。但是按这个读法，“比尔的未来的妻子”在我们这个世界并不需要外延。弗莱格原理还可能保存下来吗？我们所采用的解决办法是弗莱格自己提出来的。有些语言表达式（特别是有定名词短语（definite noun—phrases）在某些语境中没有在通常情况下是它们外延的东西作为外延，代替它的是在通常情况下为其内涵的东西作为外延。（5）的第二种读法为我们明确的提供了一个这一类的语境，即所谓的内涵语境（intensional context）。语句（6）与此完全不同，它提供的是一个纯粹的外延语境（extensional context）。这意味着“想象”既可以提供一个外延语境（在第一种读法中，它指示个体之间的关系），也可提供一个内涵语境（在第二种读法中，它指示个体与个体的概念之间的关系）。所以，在（5）的第二种读法中，“比尔的未来的妻子”所指示的是一个个体概念，而不是一个个体。

正如名称与有定名词短语一样，有时语句具有在正常的情况下是它们内涵的东西作为外延，也就是说，一个语句所表达的命题有时可以变成它的外延。这种情况特别会在这样的语境中遇到，那里一个语句被一个模态语句副词像“必然地”（necessarily）或“可能地”（possibly）所修饰。

（7）Necessarily，it’s raining.（必然地正在下雨。）

正如我们已经看到的那样，必然地是真的意味着在每一个可能世界中都是真的。所以，“必然地”不是作用于语句（7）的外延（它在我们这个世界的真值）之上，而是作用于它的内涵（它所表达的命题）之上，这个内涵给予语句（7）在每一个可能世界中一个真值。“必然地”在这个真值之上加上一个条件。这样模态语句副词按照与“想象”同一类型的动词相类似的方式创造了内涵语境，在这种语境中，通常情况下作为内涵起作用的东西就变成了外延。

为了简化这些和其他的成果，而同时又吸取弗莱格对我们所讨论的问题的解决办法，蒙塔古（1974年）提出人们应当使所有表达式的外延按下面的方式一般地复杂化起来（下面所说的是对蒙塔古的方案多少简化了的描述）。在所有的语境中，名称和语句分别地具有个体概念和命题作为外延。在语境之外，当它们处于孤立状态时，它们有其通常情况下的外延作为外延。由于所有其余的范畴都通过它们的函项特征而依赖语句和名称，这就意味着所有派生的范畴也必须把它们的外延加以改变。所有派生的函项范畴的表达式，现在都具有一个以这个函项范畴的“主目”的“内涵”所产生的函项作为它们的外延，这个函项范畴的最低的平面就是在语境中的一个名称或语句。这样，范畴 S/N 的表达式现在具有不是从 e 到 t 的函项，而是从类型〈s，e〉到 t 的函项以作为它们的外延。所以，我们将相应于 S/N 的外延类型写成〈〈s，e〉，t〉，而将内涵类型写成〈s，〈〈s，e〉，t〉〉。

这样，内涵象前面所述一样按同样方式而获得，只是外延的指派已经改变了。现在函项范畴的外延总是从内涵到外延的函项。在一定意义上我们将整个系统象水压似地提高了一级。我们现在不是从在语境中的 e 和 t 出发，而是从〈s，e〉和〈s，t〉出发。其它方面一切如旧。

但是我们必须对于指派外延给予一个新的规则：

（8）（i）在孤立状态下，N 相应于〈e〉而 S 相应于〈t〉（正如前面所述）。

（ii）如果 C_1……C_n 是范畴而 E_1……E_n。是相应于 C_1……C_n 的外延，那末表示 C_1/C_2……C_n 的外延是一个从〈s，E_2〉……〈s，E_n〉到 E_1 的函项，这里 s 是相应于一个任意外延 E 的内涵。

这个规则，正如（3）中所给予的那样，将给予我们任意复合体范畴的外延。区别在于我们现在已经使它有可能将原来是内涵的东西看作外延。正如我们的新的外延提高一级一样，我们的新的内涵也要提高一级。表示范畴 S/N 的内涵不再是属于类型〈s，〈e，t〉〉，而是属于类型〈s，〈〈s，e〉，t〉。但是并不需要新的关于内涵的规则。给予新的外延，旧的规则仍能起作用。

外延的这种新的指派看起来象什么呢？让我们研究一下（9）的一个外延的派生式：

（9）John runs fast.（约翰快跑。）

我们要使用一种具有角括号的类型标记和另一种图解的描述来表示所进行的情况。我们从描述语句中的三个词的外延和相关的内涵的特征开始，这三个词是“约翰”、“跑”和“快”（s= 内涵，w= 可能世界，e= 实体，t=

真值，而箭头表示‘从……到……的函项”）。

(10)‘约翰’ { 外延：〈e〉
内涵：〈s, e〉

(11)‘跑’ { 外延：〈〈s, e〉, t〉
内涵：〈s, 〈〈s, e〉, t〉〉

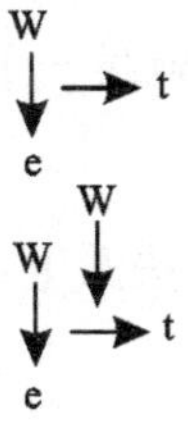

(12)‘快’ 外延：〈〈s, 〈〈s, e〉, t〉〉, 〈〈s, e〉, t〉〉

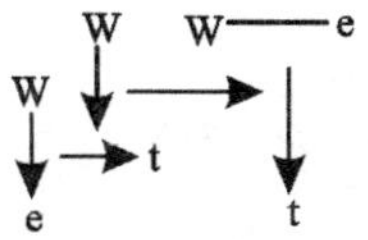

如果记得“快”的语法范畴是（S/N）/（S/N），那么，就会变得比较容易地去分析它的类型表达式。

现在看看简单表达式的解释是怎样组合起来而产生复合表达式的解释的。首先，“快”的内涵〈s，〈〈s，〈〈s，e〉，t〉〉，〈〈s，e〉，t〉〉〉给予我们它在这个世界的外延〈〈s，〈〈s，e〉〉，t〉〉〈〈s，e〉，t〉〉，这是我们在（12）中描述过的函项。然后这个函项就按照（13）而运用于“跑”的内涵。要记住这个派生的类型的主目总是内涵。这就给予我们“快跑”的外延，它正如简单的“跑”的外延一样，是属于类型〈〈s，e〉，t〉的。见（13）：

(13) 跑

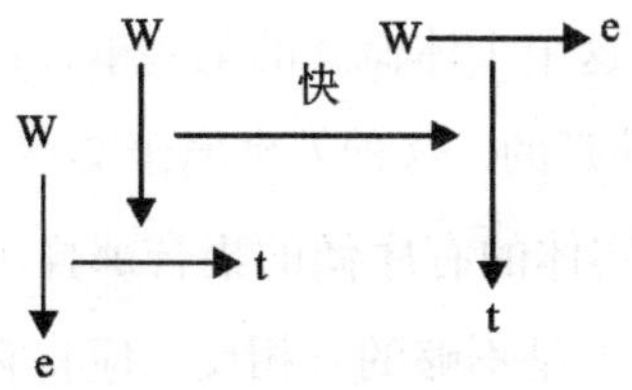

现在我们有了在我们这个世界的对于“快跑”的外延：

（14）
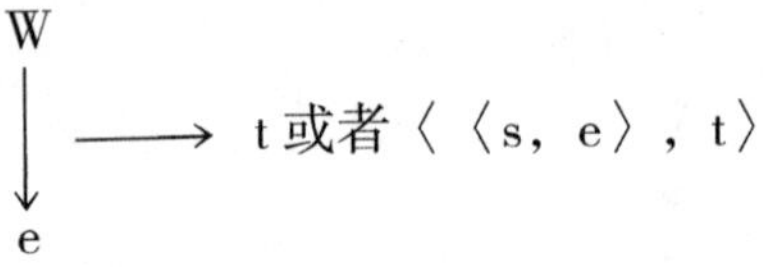

我们将“快跑”的外延运用于“约翰”的外延，它给予我们类型t（15）“约翰快跑”的外延，换句话说就是一个真值：

（15）“约翰快跑”

现在我们比较一下（9）的语法派生式和在（16）中的它的语义派生式，为的说明语法与语义的同构。

（16）

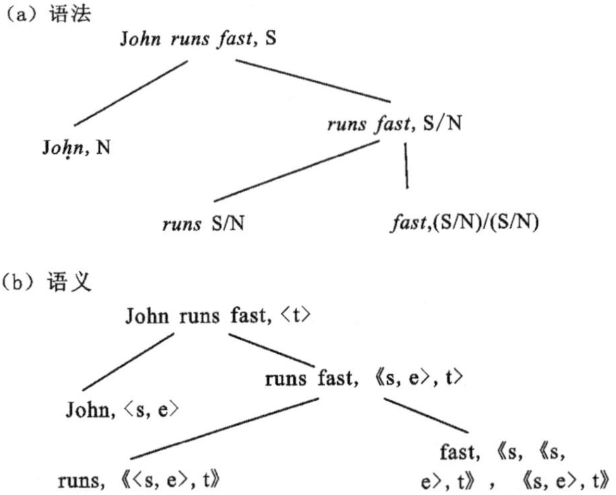

可以清楚地看到语法结构与语义结构的平行性。

有人可能想知道是否所有这些复杂的形式都确有必要。一个纯粹外延的语义学难道还不够充分吗？这种情况之一就是在开始时讨论过的——即厄勒克特拉悖论。厄勒克特拉知道关于奥列斯特这个个体概念的某些事，这种个体概念属于类型〈s，e〉，而不是关于他的外延的，这种外延属于类型〈e〉。这样，将“知道”（know about）看作正如实体的有序偶的集合那样（这种实体具有将它们映射于真值之上的特征函项）是不够的。相反，应将它看作有序偶的集合，每一对包含一个实体和一个个体概念，也就是说每一对包含一个外延和一个内涵。

现将考察两个例子，它们将揭示出一个纯外延处理和一个像现在这样的允许将内涵看作外延的处理。

（17）Tristan seeks Isolde.（特里斯坦寻找艾索尔德。）

在（17）中，为了使特里斯坦去寻找艾索尔德，艾索尔德并不必须存在。因此，“寻找”可以不被看作在一个世界中的个体之间的一种关系。它是一种个体与个体概念之间的内涵关系。特里斯坦是通过“艾索尔德”这个个体概念而寻找一个世界，在这个世界中“艾索尔德”具有外延。对（17）的树形语义学分析是由（18）给予的：

（18）

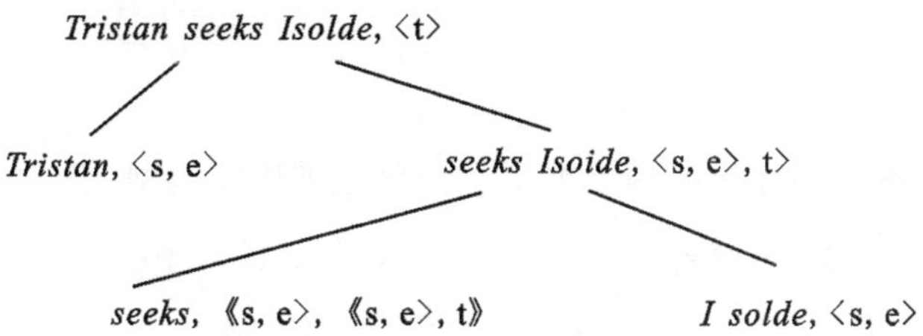

将属于类型〈〈s，e〉，〈〈s，e〉，t〉〉的“寻找”的外延，运用于属于类型〈s，e〉的“艾索尔德”的内涵，产生属于类型〈〈s,e〉，t〉的“寻找艾索尔德”的外延。然后，将“寻找艾索尔德”的外延运用于“特里斯坦”〈s，e〉，产生属于类型〈t〉的“特里斯坦寻找艾索尔德”的外延。

使用我们已经介绍过的处理内涵语境的这种语义学，语句（19）必须象（17）那样来处理。

（19）Tristan kisses Isolde.（特里斯坦吻艾索尔德。）

这是错误的，因为“吻”是两个存在个体之间的一种外延关系，而我们已经看到“寻找”和“想象”并不必须是这种关系。为了保持内涵谓词和外延谓词之间的这种区别，一般引入允许将所有的外延谓词化归为全部外延的特征函项的规则。这样，“吻”可以从类型〈〈s，e〉，t〉化归为类型〈e，t〉，而“寻找”就不行。这样的规则是一般称之为意义公设（meaning postulates）的实例。一般来说，一个意义公设是一条规则或一个陈述，它们以一定的方式规定着一种语言中的词项的解释，这种解释经常具有这种语言中某些表达式之间的假设的等值关系或后承的关系的形式。

现在总结一下已经叙述过的关于范畴、外延类型和内涵类型的某些要点。我们将通过扩大上面提供的具有语义学知识的一部分简单范畴语法来做到这一点。这样，（20）提供了语义语法（semantic grammar）的一个片断，在那里，语法范畴与语义类型之间的对应性清楚地显示出来。

（20）一个非常简单的内涵语法

基本范畴	基本内涵类型	基本外延类型	举例
S	〈s，t〉	〈t〉	
N	〈s，e〉	〈e〉	约翰、比尔、特里斯坦、艾索尔德

派生的范畴	派生的内涵类型	派生的内涵类型	
S/S	s，〈〈s，t〉，t〉〉	〈〈s，t〉，t〉	必然地 可能地
S/N	〈s，〈〈s，e〉，t〉〉	〈〈s，e〉，t〉	跑
（S/N）/（S/N）	〈s, 〈〈s, 〈〈s, e〉, t〉〉, 〈〈s, e〉, t〉〉〉	〈〈s, 〈〈s, e〉, t〉〉, 〈〈se〉, t〉〉	快，小心地
S/（S/N）	〈s,〈〈s,〈〈s,e〉, t〉〉,t〉〉	〈〈s,〈〈s,e〉, t〉〉,t〉	有人，每一个人
（S/N）/N	〈s,〈〈s ,e〉, 〈〈s,e〉,t〉〉〉	〈〈s,e〉,〈〈s, e〉,t〉〉	寻找，吻

在这种语法中的外延是我们已经给定的内涵的外延的值。它们是通过消除每个内涵的第一个 s 而获得的。我们还可以给予“纯粹的”外延并且得到一个语义学，这种语义学跟我们在上面提供给谓词逻辑的语义学非常相似。这样一种语义学可以简化，但是它不能处理促使引入内涵的这种类型的例子。（21）给予（20）的一个“纯粹”外延的描述：

（21）范畴	类型	普通的名称
S	〈t〉	语句
N	〈e〉	名称

S/S	〈t,t〉	一元语句副词
S/N	〈e,t〉	一元谓词
(S/N)/(S/N)	〈〈e,t〉,〈e,t〉〉	副词
S/(S/N)	〈〈e,t〉,t〉	量词
(S/N)/N	〈e,〈e,t〉	及物动词

这个表除了范畴(S/N)/N(及物动词)以外，或多或少相应于在谓词逻辑的语义学中所使用过的语义学类型。因此，通过引入内涵而取得更大的一般性的代价就在于极大地增加了复杂性。对处理及物动词的区别在于与谓词逻辑看待及物动词即二元谓词(作为由两个词项组成而形成一个语句的表达式，其范畴标记是 S/NN)不同，我们在这里是把它们看作函子，这种函子与一个名称在一起就形成一个一元谓词。这样，一个及物语句是经由两个步骤而建成：第一步是我们从“寻找”和“艾索尔德”而得到“寻找艾索尔德”，只有在这以后，才能得到“特里斯坦寻找艾索尔德”。这必须依靠运用函项一步一步地建立意义和语法才能实现。

迄今为止，没有给予任何真值条件。然而这很容易做到。人们可以按照下述方式进行。“约翰跑”是真的，当且仅当个体概念“约翰”在我们的世界中所识别出来的外延，是“跑”的内涵在我们的世界中识别出来的外延的一个元素，这样真实性总是相对于一个世界而被规定。而主要有关的还是我们自己的世界。由于这一章只打算就内涵语义学和范畴语法的某些观念作一个非形式的概括，这里就不提一个具有真值条件的形式语义学。[1]

最后应该提到，这种处理在某些方面跟蒙塔吉语法的通常方法有所不同。区别之一就在于对名词短语的处理。另一个区别就在于方法，在这种方法中，语义的解释是被指派给语句的。一般用来代替在自然语言中对语句直接用公式表示一个语义学的，是一种具有三个步骤的间接的方法。这是由于自然语言的歧义和模糊性，以及由于语义解释的直接指派而迅速导致的难以应付的复杂性所引起来的。这种间接的方法如下所述：首先，将自然语言改编成一

[1]对于这方面有兴趣的读者，可参阅书目提要中的蒙塔古、托马森和帕蒂(Partee)的著作。

种所谓的无歧义的语言。这里每个语句都是无歧义的（虽然并不必然减少模糊性）。然后再将这种无歧义的语言翻译成内涵逻辑的表达式，而只有到了这一阶段，一个语义学才被最后给定了。

对于安排这种程序的理由在于，在内涵逻辑中，可以创造一种自然语言的模型，所以这么说，在这里一切都在我们的控制之下。然后可以将自然语言的现实复杂性的团块慢慢地组合得越来越大。在这一方面，这种自然语言的复杂性与其说是由语义解释的规则来消除（这可以相对简单地做到），不如说是由翻译规则来消除。

这种程序已经取得了成果，那就在于它使得有可能以一个相对简单的方式说明，所谓转换语法的深层结构可以被看作一种无歧义语言，这种无歧义语言可以翻译成内涵逻辑，并且给出一种已经讨论过类型的语义学。参阅库珀（Cooper）和帕尔森斯（Parsons）（1976）。这样，将今天最引入注目的两种理论——蒙塔古语法和转换语法——统一起来的道路已经展现出来。

（原载［瑞典］奥尔伍德著，王维贤 李先焜等译《语言学中的逻辑》，河北人民出版社，1984年版。本文是书中的第八章）

国际符号学会会长、波兰华沙大学逻辑符号学系主任佩尔茨（Jerzy Pelc）教授在第二届东亚符号学研讨会开幕式上的讲话

亲爱的中国朋友们，女士们和先生们：

国际符号学会从它成立的第一天起，就十分强调发展与东方国家学者的合作。国际符号学会非常愿意看到亚洲、印度次大陆、澳大利亚和非洲的符号学正如欧美的符号学那样，在学会内得到充分的表现。在这一方面我们的努力与愿望的内在动机是非常容易理解也是非常明显的。

一个符号学会，如果其中亚洲符号学没有占据一定的地位，它只能说在名义上是国际性的，而事实上却是欧美的。从而我们第一个目的就是要扩大学会的组成范围，使它真正成为国际性的与全球性的。

符号学会的组成范围局限于欧美，特别是局限于西欧、中欧与北美，将导致科学研究的贫困性。所以我们努力扩大我们与亚洲符号学的合作的第二个目的，就是想扩大我们关于所有符号学的概念、问题和理论中的符号知识，而这些概念、问题与理论在世界上的这个广阔的地区已经有了许多世纪的探索，但是我们欧洲与北美的学者们对它却很少了解，很少考虑它们的价值与传统。

语言的障碍形成了西方国家的学者对远东那些丰富的哲学与语言学思想的符号学源流的严重隔膜。我们从直接的经验中与其说是理解不如说是感觉到，这些符号学思想是极富生命力、并激励着知识发展的，是真理与灵感的无穷与巨大的源泉。在中国的格言中以及东方神秘的诗歌中，那些符号（它也是一种记号）的力量和恰当性，使这些对中国符号学不熟悉的人，猜想这里存在着一种发展了的并且极为精致的符号学知识，它潜存于符号机制的熟练使用之中。

为此，我们怀着极大的希望，以发展的眼光看待在世界这一地区所进行的每一项符号学活动，且对这一次符号学研讨会特别重视。我们记得“研讨

会”（SEMINAR）这个词的拉丁文原初的涵义：对我们来说就是要在西方播下前所未知的植物的种子。

我自己是作为一个学生来到这里的，希望从我们的中国同行们那里学习到很多新的东西。这些中国同行毫无疑问地优越于我和其他欧洲符号学家、逻辑学家和哲学家，在于他们实际上已经阅读了西方的经典的科学文献，并且已经将它们翻译成自己的文字。我必须谦虚地承认我对于中国与远东许多其他国家的无知。我对这一次科学会议以及其他类似的活动的成果充满信心。中国的种子一旦撒在富有西方观念的肥沃的土地上，一定会生长出新的、繁荣的、茂盛的果实来。

表达了自己的希望之后，我个人的经历谈三点感想。

当20世纪30年代我还是一个孩子的时候，就从出版物上读到中国士兵浴血抗战的事迹。作为一个波兰人，一个被侵略者占领达两个世纪之久的民族之子，我是站在那些为保卫他们自己国土的人民一边的。

1956年当波兰民族试图推翻外国统治者的时候，我充满希望和非常感激地听到来自中国的支持我们的言论。我还记得中国要求“百花齐放”的比喻式的呼吁，即要求在文化领域多元化的呼吁。

20世纪50年代和60年代我教过很多中国学生，他们毫无例外地都是极其勤奋、遵守纪律、认真工作和非常诚实的学生。他们都是你们国家的出色的外交人才，引起人们对中国的普遍的赞扬和尊敬。

我感谢我们中国主人的热情接待。我衷心祝愿这次会议取得巨大成功，我也衷心祝愿我们新近建立起来的科学合作将会长久地、亲密地、充满活力地发展下去。

（原载《哲学译丛》1998年增刊）

（说明：在李先焜先生的倡议和主持下，1992年10月下旬在湖北大学召开了第一届“东亚符号学研讨会”，1997年10月下旬在华东师范大学召开了第二届“东亚符号学研讨会”。时任国际符号学会长的佩尔茨（Jerzy Pelc）两次都应邀出席，并致辞。本文是他在第二届“东亚符号学研讨会”上的致辞，李先焜先生根据英文稿译成此文。）

符号与推理

一、导论

当我们分析“符号”（Sign）这个概念时，我可以提出问题：我们说某物是另一物的符号，究竟是什么意思，或者，更精确一点说：“一个符号与这个符号所指的事务之间，究竟是一种什么关系。”然而，我们也可以轻易地改用另外一种提法：“当我们在时间点 t 使用某物作为另一物的符号时，究竟是什么意思。”

笔者建议将后一个问题作为原初命题，而将前者视为一个次级问题。这个决定是由于很难相信任何一个事物一次就可以永远充作一个符号，也就是说，当它存在时任何时候它都是那个事物的符号，非常明显，没有一个事物当它在某个给定的环境被用作一个符号就永世成为某物的符号。这个世界不可能堕入两个而且不多于两个分离的部分：符号与非符号。

所以建议，提出一个表达式像“一个符号指示某物”，“一个符号表示某物”，只是作为一个隐喻或省略式，用以表示“P 在时点 t 使用某物指示（denote）或表述（express）另外某物”，或者“在时间点 t，P 使用某物为了识别另一事物，获得关于另一事物的知识或熟悉另外一物。”

二、“Semeion”

（古希腊词，没有相应的汉语词可译，姑译为“征候”——译者）。

古代哲学更多地关注概念“征候”，即指示、指示物，或征兆，而不是概念“指号”（Semainon）。

在一般意义上，“征候”（Semeion）指的是某物它似乎揭示出另外某物：在这种情况下，“征候”用作某物（A）的一个名称，它使人总是注意到另外某物（B），在以往，（B）总是与（A）结合在一起。

在特殊情况下，“征候”是指某物（A）它表示一个隐藏着的客体，它称作（B）的代体（abelon）。

征候往往是某物（等等）的一个征候，那个“等等”却不能与它的征候绞在一起。例如，一个影子是一个身体的征候，但那只是在该身体自身不能被感知的情况下。一个征候可以用来在某种情况下指示这个事物，而在另一种情况下，又指示另一个事物。

斯多亚派将一个征候看作一个命题，也就是说一个命题执行着两个条件，一是作为真的条件，另一个作为真后件被隐藏的真条件语句的前件，例如，她心里设想她有奶。

我们可以看到，斯多亚派相信那征候概念可以凭借一个推理的概念来构造，那就是从称作前提的一个命题或一组命题，随后形成一个事实的征候而得出结论。

然而，这里产生了问题：是不是有了征候就能形成命题；是不是征候就是一个包含真实结论的条件命题的真实前提。一条理由就可以排斥这个观点，即动物不能掌握征候。例如，在某种情况下，一条狗随着竞赛的痕迹前行，它没有参与推理。正如萨克图斯·恩披里克（Sektus Empiricus）所说，那是一线痕迹，所以，竞赛即将开始。

三、符号的使用和推理

皮尔士的假设是：所有人的思想和行动都是依据符号进行推理。符号，或陈述出现符号的语句，是从“似前提”（quasi premisses）的自身从其它的“似前提”推演出来的。（皮尔士，5，264~317）

穆德尔（Mulder）与赫维（Hervey）由此给出定义：“一个实体 a，当且仅当他传达了它之外的某个信息（那个 b）时，它就是一个索引（index）。”“这种传达那个 b 信息的关系”可以写成“从 a 可能推出 b。”（穆德尔，赫维，1971：327）

关于这个问题较为复杂的讨论，即概念征候的外延与概念推理二者的联系，已由柯达宾斯卡提出（1957，104 等处）。她注意到那只是单称征候（或译指示，征兆，即前面所提的Semeion，或index——译者注）。作者的目的，是为了建构一个更一般的符号概念，即它既包括征候，也包括更严格意义上的符号（或译指号——译者注）。“征候”，按柯达宾斯卡的观点，是属于“事实”（facts）范畴之下的，而“符号”，就其严格意义来说，是属于“事物”（things）范畴之下的。她同意胡塞尔和艾裘凯维奇的观点，她陈述作为某物的征候必须具备下列条件。A型现象被称作B型现象的征候，（就其客观意义上说）当且仅当A与B出现一个恒常的关系，它使我们可以从A的出现推出B出现、已出现或将出现。现象A对于某人P就该词的主观意义上说就是B的征候，当且仅当我们希望陈述该人P已经准备推演出随着A的出现而出现B。这也就是说，在A与B之间有着一种恒常的关系，使我们可以借助于A而推出B。这种关系被作者称作推理关系，它们两个被刻画为同时出来，当前提真时衍推出（entails）结论真，以及前者为真，后者只是或然为真。下述作为某物的一种征候的充分条件已由科塔宾斯卡提出，即如果必要条件得到满足，并且在客观意义上使用“征候”这个词的情况下，前者提到的A与B之间的关系是自然联系着的。在科学规律的表述中，或在一个契约或社会习惯的约定关系中，现象A可以视为现象B的征候。用以下公式也可以表示将现象A看作B的征候，任何时间A包含在事实（fact）f（x）中，B包含在事实g（x）中，并且，对于每一个x，如果f（x），那么g（x），同时，对于有些x，它至少接近于情况f（x）。征候的充分条件是，在该词的主观意义上，由科塔宾斯卡用一个类比的方式表述出来：任何时候，一个人P注意到一个现象A出现，他就借助于A推出B出现、已出现或将出现。这个现象A对于P来说，就是B的征候。除此之外（也就是说除了满足上述必要条件之外），按P的意见，下述条件至少要得到满足：“（i）在A与B之间，有一个恒常的自然联系或约定关系，（ii）P的推理的一个前提要陈述出类型f（x）的现象出现，推理的结论陈述出一个类型g（x）的现象出现，A是f（x）型的现象，而B是g（x）型的现象。”（科塔宾斯卡、1957：108~109）

我们要排斥上面引述的客观意义上的“征候”一词的条件。他们其余部分则与我的意见一致，它是讨论符号的使用而非讨论符号本身。然而，分析符号如何使用，能使得确信具有非正常使用的符号或征候，它们没有恒常的、永久的 A 与 B 之间存在所涉及的关系。例如，学校的孩子们经常会因这样一个非正常的推理而感到困惑："如果房屋的编号从这里到另一街口正好相等，那么，它将是我获得今天全班测验的'极优'的征候。"

结果是，我们不得不修正前述关于"征候"一词的主观类的条件，也就是说我们必须消除前述讨论中的恒常性质的条件。

我们现在反映在这个问题上：或者它们是这样一种情况，任一 P 将某物用作另外事物的征候，修改后的必要条件和前述的"征候"的主观意义上的充分条件之一得到满足，也就是说，P 作出了某个推理。

这似乎 P 使用某物作为符号的两种类型都引起了我们的注意与讨论。

（i）当 P 是符号的解释者；

（ii）当 P 是符号的作出者，或特别是产生者。

在第一个情况（i）下，当解释者将某物（A）用作另一物（B）的符号，他是在下述两种动因的影响下作出一个推理："他确信 A 已出现，而且他相信上述类型的 A 与 B 之间关系一定会出现。这里的'推理'我们意谓一种心理过程，其中以接受称作前提的某种程度的确定性为基础，而接受另一个称作结论的语句，达到了到目前为止大于上述的某种程度的确定性。"（艾裘凯维奇，1978,239）

按他的观点，P 的推理中的前提是关于一个确定的实体（A）的语句的，并且是关于断定实体（A）和另一个实体（B）之间的联结（N）的，依据 P 的观点，这个（B）是有助于（N）通过（A）来指称、指点、指示、表示的。P 的推理的结论是陈述（B）发生、已发生或将发生的语句。这一类的推理看来应包含在 P 对（A）作为（B）的（一个广义的、包括"征候"的）符号的解释中。

实体（B），即对象或一组对象、一个现象、一个事件，等等，在某种情况下，可能是该符号所产生的或一种心理的发出物。这特别容易在按 P 的意见，符号是信号的时候，即有意地发出来的东西。然而，它经常需要这个信号事实上是有意发出的，并且不仅是它的解释者这样认为。对于讨论是公开的，或者，在这种情况下，（A）所表述的有两个对象，其中之一是发出者的心理状态（B_1），其二是一个外部世界的实体（B_2）。通常，符号（A）与发出者的心理状态（B_1）是属于语用方面的；符号（A）与外部实体（B_2）的关系是属于语义方面的。或者，那是另一种可能的分析过程，在讨论的情况下，仅有一个征候对象，我们可以将它称之为语用方面的，从法律上说，发出者的心理状态（B_1）；并且，关于心理状态的陈述变成了另一个随后的推理的前提，这个推理导致一个关于某个外部事件，或相应于上述心理状态的某个外部对象的一个前提。

出现在正常交际中的语言话语，可以归类为符号的信号使用，而由此组成上述的推理。在这种情况下，它就导致通常的由两个前提和一个结论组成的推理。第一个前提陈述的是一个给定的语言表达式的出现，第二个前提断定在此使用中的符号学性质，而结论则是关于对象或陈述该表达式在其给定的意义和使用所指称的事态，和关于该表达式所显示出来的心理学状态。

推理的因素可以假设是一个紧缩的、约定的或潜在的形式，特别是在解释者完全熟知在自然的联结状态下符号与其所指称的实体之间关系。他不需要作出一个完整的推理式，他对符号的使用天生就是推理性的，就像他说的母语自动会解释其表达式一样。或者像维特根斯坦（1953，第 20 节以下，第 486 节以下），他对语言学家和哲学家提出不要去问意义问题，而要去问表达式的用法，由此直接注意这些推理式由说话者所参与的语言游戏。

（ii）让我们转向一个更有争议的问题，即由一个符号发出或产生者的使用问题。下述分析只限于这种情况，符号是有意发出的或产生的，而发出者与产生者只限于人类。这里所描述的发出者是否一个人有意地发出或产生一个符号，作出一个推理，类似于上面所述典型的解释过程，我倾向于给予一个正面的回答。有两种情况需要分析。

（ii’）P 在敲门。这样他就发出信号，并且变成了一个给定的符号过程的制作者。然而，这个过程的先决条件是 P 必须参与，或者更准确一点说，P 必须想像他自己是另外一个符号过程的参与者。在那个在先的符号过程中，P 是一个解释者。他安排自己表演敲门这个角色，然后他考虑到存在于由它所表示的行为和事态的社会约定的关系，通常，在这个时候，他会阻断这个推理，因为从他看来，那是无用的，因为他早已，也就是说，在这个推理产生之前，已知道其结果。它的第一步，就是表述出前提以服务于另一目的：P可能引入某个他人通过类比和想像作出一个推理，这个人在同样前提的基础上作出同样的推理。这另个人将是P敲门的事实上的解释者：那个解释者希望使用，事实上是使用同样的前提，（而P则是暂时使用的）以达到同样的结论，该结论也是P将得出的。

（ii”）在第二个不同的假设建构中，P敲门事先就被他们预测或预感这个信号在未来接收者接收后将如何行为。这样，在P心理模拟出接收者同时也是这个信号的解释者将要作出的推理。想像出信号的接收者可能的行为，模拟出P试图预见他自己作为信号的发出者将要产生的效果。

不需要说明的是所描述的两种情况相类似，P的推理是省略的、残缺的、接近于无意识的和未加思索的，没有时间与空间来表述作为完整语句的前提与结论。人们可以甚至疑惑它们是不是由分离的思想所组成，或者仅从一个思想其中有少数判断一个相随一个地以光速闪过，听到敲门，它就是如此这般的一个事件，而我们必须去开门。

如果上述分析是正确的，这就产生所描述的推理因素仍然是在意识状态下产生，而其发出推理的信息是由人类给予的。因为同样的因素正如我们注意的那样，仍只出现在解释的符号的情况下，我们可以假定在所有的可能性中，推理因部分地分组在人对符号的使用中。结果，任何时候，一个人P，在t时，将某物（A）用作另一物（B）的符号，他就作出上面的描述的推理，反过来也是一样。这个推理可以称作符号学的，因为在第一时间，在分析和考虑古希腊哲学中的“Semeion”这个概念时就注意到它了。

必须在心里记住，推理因素虽然在每次某物用作符号的时候都出现，但这个意味着它只有这一次。各种其他的因素也可能伴随它而产生。它们表现为符号的各种特殊的种类中，例如：图像、信号，等等，从而它们可以在符号的有些使用中发现，而在另外一些形态下缺席，虽然这个推理因素此时是经常存在的。在每一次伴随出现中，其职能因素在不同的符号占据不同的优势：图像因素在图像中，信号因素在信号中，如此等等，但这并不意味图像因素，在其从事的推理因素之外，它只能在图像中发现；而信号因素，只在信号中或者在信号的使用中发现。纯粹的符号使用是不存在的，不仅是因为推理因素包含在每一种符号中，而且，因为它们每种符号具有各种职能，除了它所从事的推理成份外，以及这个或那个占据优势的因素；例如，一个破折号可以视作很多图像使用；一个象征性的触觉，或者象征的和图像的元素，在众多的信号使用中，等等。

四、动物可以作符号推理吗?

古希腊哲学没有作出限制，Semeia 的使用只能由人类才能作出和接收。哲学家（指现代哲学家——译者）认为动物也有能力进行符号推理而且取得成效。

没有人说过所有的符号都 Semeia，人们可以尝试在符号的这样一个概念定义下不仅是人类可以掌握符号的使用，至少某些动物也可能做到。

符号的领域已发展到它可以包含某些动物也能使用，那么它必须具有下述情况之一：

（i）放弃上面所述的已完整建立的假设，即将某物用作另一物的符号，使得组成符号推理（Semiotic inference）必要而又充分的条件，或者

（ii）修改符号推理的概念使得可能说动物也能作出符号推理。

但是，符号推理已经由人按照心理活动执行分类的任务，在此基础上人们从某种程度的确定性的语句（或一组语句）而接受获得到目前为止较高确定性的称作结论的语句。不用说，动物是不能表述、接受或排斥语句的。然而它们能不能自己建立确定的或较弱的非语言的欲求、思想或信念呢？我不敢确定。但我个人不敢坚持非科学的信念：当一条狗拉着它的主人到门口，然后坐在他面前开始嚎叫，它是有意地发出一个信号。同样地，一条狗表示了它的热情，它注意到了它的主人要出去散步，在我看来，可能确定的是对符号的解释，那条狗加强了它的信念，它将随着它的主人出去，而他之所以加强信念是依靠它的其它信念，即直接观察了主人的行为。

动物心理专家与大脑生理学专家会说高等动物可以不靠言语、只靠感觉方式来思考，例如，认知空间关系、识别目标方向，等等。神经病学专家认为语言交流是人类智慧的特点，而非语言交流出现在许多动物之间。（柯诺尔斯基，Konorski，1969：259）柯诺尔斯基认为如果某些类型的刺激感觉在

人和动物身上引起行为和生物电能，我们就能说动物也和人一样有了关于一个给定对象或多或少的感知经验。（柯诺尔斯基，1969:9）并且，感知经常被认为包含信念，并将它作为其组成元素。（维特维基，Witwiki，1925：1，71）

认识到动物的这种能力，我们可以由此得出结论，由于信念以及判断组成部分感知，动物可能经验到这种感知，从相关方面来说，类似于人取得这种感知，从而，动物是可能经验到信念的。这样，就可以获得一个更广泛意义上的推理，但这并不意味这场讨论结束了。推理，这样一个意义广泛的名词，它经历了一个从较弱的到较强的非语词的信念发展过程，部分是由于其他的信念，它们直接建立在由感觉刺激的基础上，而部分是建立在直觉的基础上，这要感谢语言基因学无保留的回答，或者本体基因学的有限的回答。那些直接从感性材料基础上非语言信念，类似于传统所理解的人类的符号推理，即直接建立在语词前推中的推理，而“非语词信念”则建立在动物直觉上。相类比的，在人类符号推理中，前提建立在关于符号及所指实体的自然的或习惯的联结上。总之，可以承认在两种推理之间作相应的类比。

如果继续建构这样一种广泛概念的推理，就可能证明人与某些动物作出推理的认知，不仅是人，而且动物也能使用符号去作出广义的符号推理。

然而，现在说解决了这个问题还为时过早，因为我们关于动物心理过程的了解还远不充分。我们现在只能宣布下述三个解决了的问题之一或者与此相对应的观点：

（i）首先，我们可以选择这种观点：每个符号的使用都包含有推理，同时，只有人才能使用符号。尽管动物科学的专家宣称，人类和动物心理之间划有严格的界限。此外，世界倾向于放弃许多关于动物行为的很好的解释，这些行为将变成极少的解释，它假设动物是可能使用符号的。

（ii）其次，你可以同意人与动物都能使用符号，这不包含都可以作出推理。然后，上面采纳的关于符号过程的特征，它自身好像解决了符号推理的具有长久传统的可敬的特征，立即归于无用。

（iii）第三，人们可以继续假设，虽然人与动物都能使用符号作出某类推理，但对于动物来说，使用符号包含着另外一些推理。这样，我们就失去了达到共同的、谱系学的符号概念。

三种观点对我们都无吸引力。我个人认为不如取向将推理概念放宽一点，将符号使用刻画为包含有符号推理的因素，而最后，接受人与至少某些动物都能使用符号的结论。

我认为，这种提议关于可能最一般的推理概念是有用的。我同样认为，按照这种假设，使用符号包含作出符号推理作为其必要与充分的条件，可以发现一个新而又新的、通向一个更概括的、更一般的符号概念而不是符号的使用。如果人们认识到人与动物之间的符号过程有其相似性；如果人们同意将自然科学和人文科学结合在一起；最后，如果人们赞同符号学中的实际状态，那里不断地发现一个非常广泛的符号概念已经存在（因为它实际上遭受模糊性和多义性所折磨），他就会尝试将推理概念在更广泛、更丰富的意义上使用，结果就建构起一个准确的可行的这样符号概念。

【参考文献】

[1] 艾裘凯维奇·卡季米尔兹（Ajdukiewicz Kczimierz）1978，《科学世界观和其他论文》，1931—1963，由杰尔季·切德宁，D. 雷多尔主编并写导论，荷兰，波士顿／美国，辛迪斯图书馆：第 108 卷

[2] 柯诺尔斯基，杰尔季（Konorski,Jerzy）1959，Integracyjnc dzialalnose mozgu ／《行为与大脑的结合》／ PWN—波兰科学出版社，华沙

[3] 科塔宾斯卡，詹妮纳（Kotarbinska，Janina）1957，“perjecie znaku”／《符号的概念》《逻辑研究》，Ⅸ，

[4] 穆德尔，詹·W. F. ，赫尔维·山多尔·G. J. （Mulder,Jan W. F.,Hervey,Sandor G.J.）1971，“Indes and Sygnum”,Semiotics,IV—4

[5] 波尔士，查尔斯·山德尔斯（Peirce，Charles Sanders）1931—1958，《波尔士选集》，由 C. 哈里和 P. 维斯主编，以及卷Ⅶ与Ⅷ，由 A.W. 柏克斯主编，哈佛大学出版社，剑桥，麻塞诸塞州／

【插入语中的参考书目】

[1] 维特根斯坦，路特维格（Wittgenstein Ludwig）1953，《哲学研究》，由G. E. M. 安斯康姆，R. 李斯，巴色尔·布拉克维尔主编，波士顿

[2] 维特维基，乌拉迪斯洛（Witwicki，Wiladyslaw）1925，《大学生的心理学》，奥索林纳姆：沃尔夫·华沙·克拉考

（说明：本文是［波兰］J. 佩尔茨（Jerzy Pelc）1997年在第二届东亚符号学研讨会上所作的学术报告，原文英文稿载《哲学译丛》1998年增刊。李先焜先生根据英文稿译成此文。）

东亚符号学的可能性

一、概述

20世纪后半叶，现代符号学进入全盛时期。它的源头一方面可以追溯到皮尔士哲学，另一方面可以追溯到索绪尔的语言学，因此，它们的原理和方法本质上都是西方的。

然而，近来符号学作为一门新兴学科，越来越成为国际性的、多学科的，也迅速成长于亚洲文化的土壤之上。的确，亚洲文化，特别是东亚文化，是符号学发展的一个宝库。（“东亚”在这里我指中国、韩国与日本）

现在，我相信我们正处在一个建立与欧洲完全不同的符号学的历史时期，即建立一个全新的符号学时期。为了这个目的，我将首先讨论一下东亚文化和东亚符号学名词的某些特征。

二、表意的图像性

首先，我们必须注意到汉字与欧洲字母比较的特殊性。一个汉字本质上就是一个“意符”（ideogram），也就是说每个汉字代表一个单一的意义。而且汉字从本质上都具有一定的图像性，这种图像性来自于自然事物的形象。

希腊罗马字母也说来自于自然事物的形象。例如，“A”来自一个羊头，但是，“A”已完全丧失了它的图像性，而且它也不再具有羊头的意思。它现在仅仅表示一个声音。它现在仅仅是一个构音成分而已。

这些事实甚至隐含地决定了东亚文化的某些特点、世界观、他们的思维和生活方式。首先，东亚人民世界观一般地说，是图画性的、图像性的、形象的，以具体代替抽象的。他们的世界观生动表现在古代的山水画之中。这些绘画生动地表达了他们的理想世界和理想的生活方式。但是，这个理想世界不是在天上，而是在自然的平凡世界中。它是一个理想化的现实，所以说是在图画形式中。而且，这些理想的生活方式，也生动地表示出仙人的生活形式。然而一个仙人并不就是一个神。他也是一个普通的人，不过经过心理和身体的特殊训练而已。

三、书法

在汉字的表达式中，一个同样的字有时意指或代表不仅一个事物，而是表述某个复杂的事件或者由多种事物组成的情境，并且有时它还可以代表某个深层的“真理”。例如，“崩”字代表某个危险的地质情况（山体崩塌）的图像。“道”字表示道家的哲学真理。

这是艺术形式的反映。书法是东亚文化美术形式中的一种特殊形式。当用毛笔与墨写出一个汉字时，它已经获得了书写变形活动和墨水色调的艺术美的美学价值。

它不仅是一门艺术，而且是世界和生活的辉煌展示。一个单独的汉字如“仁”字或“和”字悬挂在墙上，正如欧洲人民在墙上悬挂一幅画。它既是一幅画，同时也告诉了我们人类生活的客观性的真实或直观，以及大量的人类伦理性，一句话，东亚人民使用汉字试图直观地掌握生活真理的完整意义，以及世界上所出现的瞬间偶发事件。

四、非分析性，非二元性

这当然意味着东亚人的思维方式与欧洲人的思维方式是非分析性的（non—analytic）。在大多数欧洲人的语言中，当人们希望追求，或表述一个真实的情况，或者描述一个事实或事件，他们必须用一个“主语”和“谓语”组成一个语句或命题。例如“这座山崩塌了”。欧洲语言的特点必然是至关于世界的二元观点，意思是每一个事件可以分析成两个部分，一是这个事件本身，另一个就是这个事件的对象。这一事实反映在现代哲学的认识论中，就是笛卡尔的二元论，或康德的“主体—对象”的二元论。

亚洲人与此相反，倾向于不按这方式对事件进行分析，而他们倾向于将这个事件作为整体来掌握。这里不分主谓。假如有一位朋友在车祸中死亡。

他们不会说“我很悲伤”，他们会这样说“悲伤呵”，而没有主语。这个表达式可以是下述三个语句的综合表述。

a. 我很悲伤

b. 他（我的）朋友很悲惨

c. 这个事件很可悲

这个汉字或者东亚表达式的特征一般地、必然导致一种一元论哲学，这种哲学强调身心的统一，心与身的二元性是笛卡尔二元论的一个基本问题。而与欧洲的二元论的观点相反，一元论的世界观已经形成一个哲学思想的传统。特别是在佛教哲学中。甚至在将佛教引入中国的初期，中国的思想家们抛弃二元论的思想方法，而代之以采取一元论的生活方式。

在三组僧璨的信心铭中，我们可以发现下述语句：

“元是一空、一空同两（Origine is one emptiness，and one emptiness has two sides）”。

这可能是亚洲一元论哲学的第一次表述。同样，道元，日本禅佛教在13 世纪新流派的创始人，经常宣称“心身一如”，或“心身脱落”，它意味心与身的重大统一。这个倾向，我相信是汉字及其语法特征所给予的重大的不明显的符号学影响的结果。

五、主语的模糊性

在汉字中还会出现同样一个事实，它是中文语法的一个特点。他们经常省略语句的主语（这在日本语言中也会遇到）。这表明在汉语中，中国人的思维方法，主谓二元性是不受重视的。至少在区别主语和对象有时是十分模糊的。

在克里斯蒂瓦主编的《符号的困境》一书中，弗朗乔斯·陈引用了王维的一句诗：

“空山不见人”

这句可以用下述两种方式来读；

1. 这空的山看不见任何人。

2. 我在这空的山上没有看见任何人。

在这一句诗中，句子的主语是十分模糊的，它是漂浮在这儿或那儿的。这是由于他们倾向于将一个时间做一个整体来了解，而我们不是将其主语和对象视作一个交互作用的结果，这再次说明它是汉字系统的特殊性整体影响的结果。

在欧洲语言中，正如相反，一个代词（如“我”）在一个语句中作为一个行为的行使者起着一个非常重要的作用。主语代词除了在会话时可以省略外，一般是不允许省略的。这里“我”是造成该事件的原因。从这个意义上看，欧洲人的思维方式和生活方式从本质上都是依据“因果性”原则的。这里，在欧洲人与东亚人的心理上对掌握一个事件存在着巨大的差别。在汉语与东亚语言中，主语代词作为事件的原因并不是必然孤立的。它可以是整个事件的一个组成部分，所以，它可以轻易地被省略。

六、隐去“自我”（ego）

东亚语言的这一特点在东亚人特别是日本人的心理上将促使实现隐去“自我”的倾向。东亚人并不过分坚持他们那个自我。他们往往会在他人面前实行退让。群体或社会的和谐对他们来说被视为更有价值。“人权”的含义在东亚人民的思想中影响是很微弱的。这可以从下述事实中得到理解。在东亚人的心理上，“我”作为一个主语代词，在某个情境中，或在某个作为整体的自然中，可以设定它只占据事件中很小的一个地位，在这里，我们又发现汉语由于汉字的语法特征所形成的阴影。

七、自然主义

关于这一点，东亚的自然主义有时是极为明显的。汉字保留着自然事物的 图像性。从而，用汉字描述的世界必然是自然主义的。典型的自然主义哲学就是道家的老子与庄子。老子写过：“无名，天地之始；有名，万物之母”。从这些著名的语句中，我们可以读到自然主义的哲学，它蕴含着大自然最原初的存在，而语言通过命名事物而显示出后者。将这个观念与希伯来语的概念“最初始的是语词”（In the beginning was the word）相比较，这里东亚的思维方式的特征是非常明显的。对于他们来说，大自然是极有价值的存在，它也是适应自然的最好的生活方式。

这种思想也反映在中国传统的医学中。要医治好疾病，就是让病人回归到身心的自然状态。为了达此目的，他们仅仅使用自然的事物，如田园和山上的草，树的叶和根，等等。而收集这些药用的草本植物那是山上的仙人的神圣职责。

八、后现代主义与汉字文化

由此，我们尝试从通过思考汉字的价值来发现东亚思维和生活方式的本质特征。我们接触到东亚文化的某些极有价值的特征，例如图像性、非分析性、整体性、一元性、直观性、模糊性、混沌性、非自我性、自然主义性等等。这些特征都是与欧洲文化，如现代科学、现代社会系统、现代哲学等等相背离的。由于这些现代化的特征，东亚文化落后于西方文化很长一段时间。然而，更广义地说，现代主义观在已面临一个严重的障碍，这个“新后现代主义”正在产生。后现代主义文化就是要求一元的、整体性的、模糊的、混沌的，正如汉字文化所具有的那些特征。

由此可见，我坚持广泛的发展东亚符号学的可能性，它将在未来的“后现代” 时期成为最富有成果的研究和学习的领域。

（说明：本文是时任东亚符号学会长，日本东京青山大学教授坂本百大（Hyakudai Sakamoto）在第二届东亚符号学研讨会上所作的学术报告。原文（英文稿）载《哲学译丛》1998 年增刊。李先焜先生根据英文稿译成此文。）

附录

附录一

作者历年主要著作与论文目录[1]

（1）《论逻辑正确性的本性》（译自俄文） 载于《学习译丛》1957年第9期

（2）《论矛盾判断》载于《江汉论坛》1963年第9期

（3）《逻辑科学必须联系思维实际》载于《江汉论坛》1964年第3期

（4）《论荀子的唯物主义的战斗逻辑——读荀子的〈正名篇〉》载于《武汉师范学院学报》1975年第2期

（5）《战斗的逻辑，犀利的笔锋——学习鲁迅杂文中的逻辑》载于《武汉师范学院学报》1976年第3期

（6）《充足理由律在形式逻辑中的地位和作用》载于《哲学研究》1979年第3期

（7）《逻辑学基础》浙江人民出版社1979年10月出版

（8）《论比喻推理》 编入《逻辑学文集》，吉林人民出版社1979年出版

（9）《逻辑学》（合著） 甘肃人民出版社1980年8月出版

（10）《概念反映什么》载于《武汉师范学院学报》1980年第3期

（11）《逻辑与语言》（译自英文）载于《逻辑与语言研究》（一），1980年12月中国社会科学出版社出版

（12）《逻辑小词典》（摘译自英文）载于《逻辑与语言学习》1981年第2，3，4，5期

（13）《要研究自然语言的逻辑》载于《中国语文》1981年第5期

---

［1］本目录是李先生生前自己编写的，收录的论著是先生自己认为比较重要的著作和论文。更详细的情况可参阅附录四：李先焜先生年谱简编。

（14）《亚里士多德的三段论》（与李真合译）商务印书馆 1981 年出版，并编入该馆“汉译世界学术名著丛书”

（15）《论思维的严密性和自然语言表述的灵活性》载于《武汉师范学院学报》1981 年第 2 期，后编入《语言学资料选编》一书，中央广播电视大学出版社 1983 出版

（16）《伦理学词典》（合译，译自俄文）甘肃人民出版社 1983 年出版

（17）《语言逻辑研究的历史和现状》载于《武汉师范学院学报》建国 35 周年专集，《中国哲学年鉴》（1985）编入“论文选介”

（18）《谈谈中学语文课中的逻辑知识教学》编入《语法逻辑修辞教学论集》，新蕾出版社 1984 年出版

（19）《语言学中的逻辑》（三人合译，译自英文）河北人民出版社 1984 年 11 月出版

（20）《德奥弗拉斯特的逻辑学说）编入《西方逻辑史研究》，人民出版社 1984 年 12 月出版

（21）《卢卡西维茨的〈亚里士多德的三段论〉一书的俄文版序言》载于《逻辑语言写作论丛》，南开大学出版社 1984 年 12 月出版

（22）《漫谈歧义》载于《大众逻辑》1985 年第 2 期

（23）《关于语言逻辑的几个问题》载于《黄石社联》1985 年第 2 期

（24）《关于语义的指称理论》载于《逻辑与语言学习》1985 年第 4 期

（25）《逻辑和语言》（上，下）载于《中学语文》1986 年第 7，8 期

（26）《中国逻辑与语言研究会讨论语言逻辑问题》载于《国内哲学动态》1986 年第 8 期

（27）《谈谈词项的内涵和外延》载于《逻辑与语言学习》1986 年第 6 期

（28）《逻辑知识》（一）（二）编入成人中专《语文》教材第一，二册

（29）《语言、逻辑与语言逻辑》载于《哲学研究》1986 年第 8 期

（30）《严复在西方逻辑再输入上的重大贡献》载于《湖北大学学报）1987年第2期

（31）《逻辑基本知识》北京教育出版社1987年11月出版

（32）《胡适对中国古代逻辑的研究》载于《湖北大学学报》1987年第6期

（33）《中国古代的语言和逻辑》评论 载于《世界哲学年鉴》（1986）

（34）《章太炎、梁启超、章士钊的中西逻辑的比较研究》载于《湖北大学学报》1988年第3期

（35）《论黑格尔逻辑学的定义理论》载于《德国哲学》第5辑

（36）《语言逻辑研究的可喜的一步——评马佩教授主编的〈语言逻辑基础〉》载于《哲学动态》，1988年第8期

（37）《符号学与逻辑学》载于《哲学研究》1988年第9期

（38）《浅论记叙文中的逻辑》载于《中学语文》1988年第11期

（39）《什么是符号和符号学》载于《逻辑与语言学习》1988年第6期

（40）《英汉逻辑学词汇》（合编）四川人民出版社1988年11月出版

（41）《语用学与自然逻辑》载于《湖北大学学报》1989年第1期

（42）《内涵逻辑》编入《现代逻辑启蒙》一书，1989年2月中国青年出版社出版

（43）《意义的意义》载于《逻辑与语言学习》1989年第3期

（44）《内涵、外延与定义》同上第4期

（45）《新编哲学词典》（合著，编写其中部分关于逻辑的词条）1989年9月湖北教育出版社出版

（46）《语言逻辑引论》（三人合著，曾获浙江社科一等奖）湖北教育出版社1989年出版

（47）《中国逻辑与语言研究会建会十周年学术讨论会的开幕词与闭幕词》载于《中国逻辑与语言研究会通讯》1989年第1期

（48）《中国——一个具有丰富的符号学传统的国家》，载于《江汉论坛》1989年第1期

（49）《符号过程与符号的分类》载于《逻辑与语言学习》1990 年第 4 期

（50）《试论修辞的逻辑功能》载于《湖北大学学报》1991 年第 2 期

（51）《艰辛的历程——纪念〈逻辑与语言学习〉创刊十周年》载于《逻辑与语言学习》1991 年第 1 期

（52）《自然语言的缺点及其克服》载于香港《文汇报》1991 年 10 月 10 日第 22 版

（53）《逻辑符号学论集》（合著，并作序）百家出版社 1991 年 10 月出版

（54）《国际符号学研究近况》载于《世界哲学年鉴》（1988—1990 年），上海人民出版社 1991 年出版

（55）《文化语言学——一个新的研究领域》载于《语言文字应用》1992 年第 2 期，并编入《文化与语言》一书，外语教学与研究出版社 1994 年出版

（56）《探索社会成人教育中的教育哲学问题》载于《中国逻辑与语言函授大学校庆十周年征文集》1992 年 4 月

（57）《语言哲学与语言逻辑》载于《湖北大学学报》1993 年第 1 期，并编入香港中文大学《分析哲学与语言哲学论文集》（新亚学术集刊第十期），新亚书院 1993 年出版

（58）《公孙龙的〈名实论〉中的符号学理论》载于《哲学研究》1993 年第 6 期

（59）《交际语言学》序 武汉出版社 1993 年出版

（60）《语用学与自然逻辑》（译文集，李参与译校并序），开明出版社 1994 年出版

（61）《逻辑百科辞典》（合著），四川教育出版社 1994 年出版，获中国社会科学院第二届（1992—1994 年）优秀科研成果奖一等奖，1999 年又获国家社会科学基金优秀成果三等奖

（62）《逻辑——正确思维和成功交际的理论》（合著）人民出版社 1994 年出版，1999 年获国家社会科学基金优秀成果 三等奖

（63）《语言逻辑辞典》序世界图书出版公司 1994 年出版

（64）《论语言学与逻辑学的结合》载于《湖北大学学报》1994 年第 5 期

（65）《现代逻辑辞典》（合著）湖北教育出版社 1995 年出版

（66）《论先秦名家的符号学》载于《湖北大学学报》1995 年第 5 期

（67）《论金岳霖的定义理论》载于《哲学研究》1995 年专集

（68）《〈墨经〉中的符号学思想》载于《湖北大学学报》1996 年第 3 期

（69）《语言逻辑与新世纪的逻辑教学》载于《社会科学战线》1996 年第 4 期

（70）《微观语用学与宏观语用学》于 1996 年 10 月在江西上饶召开的语言逻辑与符号学专业委员会 1996 年年会上作的学术报告

（71）《名家语用学思想》编入《中国语用学思想》浙江教育出版社 1997 年 12 月出版

（72）《墨家语用学思想）（同上）

（73）《名辩学、逻辑学与符号学》载于《哲学研究》1998 年增刊

（74）《〈哲学译丛〉1998 年增刊前言》载于《哲学译丛》1998 年增刊

（75）《谎言——一种典型的符号现象》载于《哲学译丛》1998 年增刊

（76）《国际符号学会会长佩尔荻教授在东亚符号学研讨会上的开幕词》（李译）载于《哲学译丛》1998 年增刊

（77）《中国古代的语言和逻辑》（合译，并担任全书审校）社会科学文献出版社 1998 年出版

（78）《道义逻辑》序 湖北人民出版社 1999 年 7 月出版

（79）《汉语一逻辑相应相异研究》再版序 云南教育出版社 2000 年出版

（80）《中国名学——从符号学的观点看》序 海风出版社 2000 年出版

（81）《张东荪对逻辑与语言关系的研究》，编入《中国逻辑史教程》，

由南开大学出版社于 2001 年出版

（82）《张申府对罗素与维特根斯坦逻辑理论的引进》（同上）

（83）《金岳霖对中国现代逻辑的奠基》（同上）

（84）《汪奠基与中国逻辑史的系统研究》（同上）

（85）《吕澂与因明复苏》（同上）

（86）《试论殷海光的语言哲学思想》编入《西方现代自由与中国古典传统》一书，湖北人民出版社 2000 年出版

（87）《人文思维的逻辑——语用学与语用逻辑的维度》序 天津人民出版社 2001 年出版

（88）《周礼全先生的语用学思想》编入《逻辑，语言与思维》一书，中国科学文化出版社 2002 年出版

（89）《〈周易〉的符号学思想》载于《湖北大学学报》2004 年第 6 期

（90）《中国古代的礼仪符号学》编入《符号学导论》，河南人民出版社 2004 年出版

（91）《中国传统医学中的符号学》（同上）

（92）《〈墨经〉中的言、名理论与定义方法》编入《墨学与现代社会》一书，大象出版社 2005 年出版

（93）《论温公颐先生的治学方法》载于《求知与创新》第 181 期，2005 年 1 月 20 日出版

（94）《中国——个具有丰富的符号学传统的国家》（英文稿）编入国际符号学会论文集《SIGNS OF HUMANITY》法国“MOUTONDE GRUYTER”出版社 1992 年出版

（95）《中国古代符号学的特点》（英文稿），编入国际符号学论文集《符号学在世界各国：多样性的综合》法国“MOUTON DEGRUYTER”出版社 1997 年出版

（96）《孔子的正名学说及其定义方法》（日文稿），编入日本青山学院大学研究丛书《二十一世纪自由，权利，正义》一书，1997 年出版

（97）《公孙龙为什么说“白马非马”》（英文稿），编入波兰华沙大

学的论文集《在符号的世界中》一书，1998 年出版

（98）《中国符号学概况》（英文稿），编入《欧洲符号学杂志》1998 年卷 10—3

（99）《论公孙龙的“指非指”》（英文稿），编入《欧洲符号学杂志》1998 年卷 10—3

（100）《中国古代的符号拜物教》（英文稿），德国德累斯顿国际符号学第 7 次大会论文

（101）《论尼采的逻辑哲学思想》载《中文论坛》（第三辑）

（102）《〈符号学视野下的先秦名辨学研究〉·序》人民出版社，2017 年 2 月

附录二

九十春光乐有余

——在李先焜先生学术思想研讨会暨 90 寿诞庆典上的致辞

湖北大学党委书记　尚钢

敬爱的李先生、尊敬的各位专家：

大家下午好！

今天，我们欢聚一堂，怀着无比喜悦与崇敬的心情，共同参加李先焜先生学术思想研讨会暨 90 寿诞庆典。在此，我谨代表湖北大学全体师生，恭祝先生：桃熟三千，樽开北海；春光九十，诗倾南山！同时，我也代表学校，对各位专家学者从四面八方来到沙湖之滨，表示热烈的欢迎和诚挚的感谢！

在这个秋高气爽、阳光明媚的日子，欣逢李先生九十华诞，我们倍感喜悦与温暖。我们以学习和总结先生学术思想的形式来庆祝先生九十华诞，分享先生的生日快乐，或许更具意义，可谓是：寿宇鸿开，图陈百福；名楣喜溢，颂献九如。就在今天上午，先生的挚友、哲学大师张世英先生和著名历史学家冯天瑜先生，分别让我转达他们对李先生的深切祝福。其中，张先生表示："李先焜学友是我国语言逻辑研究和符号学研究的先行者，桃李天下，令我敬佩；可惜我年事已高，不能亲临现场，只能遥祝学友身体健康、一切平安"；冯先生赞誉李先焜先生"学贯中西，德堪楷模"。

先生之学，我辈虽不能至，然心向往之。今年 4 月 5 日、4 月 20 日和 9 月 14 日，我曾三次登门拜访李先生。在向先生请教的过程中，我了解到先生一生致力于语言逻辑和符号学领域的研究，对先生"为学贵有创新"的治学精神至为感佩。这里，我不揣冒昧，将李先生取得的卓越成就，简要归纳为以下三个方面：

一是硕果累累，著书立说建学会。经过数十载辛勤耕耘，李先生撰著十余部，在《哲学研究》等权威刊物上发表学术论文百余篇。其中，先生和周礼全先生合著的成果曾荣获中国社会科学院第二届优秀科研成果一等奖、国家社科基金资助项目优秀成果二等奖；先生和王维贤、陈宗明两位教授合著的成果曾获浙江省人民政府优秀成果一等奖。先生还曾与众多学者一起倡议和组建了"中国逻辑与语言研究会"，并担任两届理事长。该研究会创办了《逻辑与语言学习》双月刊，深受同行学者和读者的欢迎，还创立了"中国逻辑与语言函授大学"，面向全国招生，第一期就招收了24万学员，为社会培养了大量专门人才，得到教育部的充分肯定。

二是中西融通，身体力行传文化。在符号学方面，李先生做了很多开拓性贡献。一方面，先生把当代西方刚刚兴起的符号学引介到中国，并开始从符号学的视角研究中国文化，成为发掘中国传统文化中符号学思想的第一人。另一方面，先生在担任符号学专业委员会、东亚符号学会等多个学术组织负责人期间，广泛邀请美国、法国、德国、日本、波兰等国家的著名符号学专家来中国交流，先生自己也经常被邀请赴相关国家出席高端学术研讨活动，这些都为符号学在中国的研究和传播，并将中国的学术成果推向世界做出了积极贡献。

三是薪火相传，殷殷爱心育后辈。李先生数十年如一日，立德树人，将师恩传递，用殷殷爱心培养学生，广育英才，嘉惠学林。先生不仅在湖北大学培养了大批学生，而且数次应邀到武汉大学、南开大学、浙江大学等知名高校担任学位答辩委员会主任，不少今天的知名学者当年的硕士论文或博士论文都曾得到过李先生的指导。2006年，在先生80大寿之际，由其弟子自发组织的"李先焜学术思想研讨会"，就有国内外30多位知名学者前来参会。

弘扬大师精神，争做大师传人。李先生的卓越成就让我更深刻体会到：湖北大学在85年的办学历程中，正是因为有着如首届荆楚社科名家朱祖延先生、哲学大师张世英先生，以及李先焜先生等一批著作等身、声誉卓著、令人敬仰的哲学社会科学大师，才能一度与武汉大学、华中师范大学成为引领湖北高校哲学社会科学发展的"三驾马车"，才有今天的深厚学术底蕴和浓郁人文氛围。《文心雕龙》上说："振叶以寻根，观澜而索源。"我们将永远感恩李先生对学校事业发展作出的突出贡献，永远牢记学校发展史就是一部学者创新史和学术传承史，永远弘扬光大先辈学术大师的学术财富和治学精神。

八五校庆刚过，共谋发展在即。在开启“十三五”建设新征程，努力创建“双一流”的新形势下，学校要加快行动，进一步收集整理包括李先生在内的这些学术大师的宝贵成果，增强相关学科发展的可持续性；要坚持立足哲学社会科学传统优势，传承创新中华文化，协同打造一流文科群。

最后，再一次祝福李先生生活之树常绿，生命之水长流，智慧之果永在！我们期待在李先生百岁期颐之年再相会。

祝愿各位专家身体安康、生活幸福、家庭美满、工作顺利！

谢谢大家！

2016 年 11 月 5 日

我心中的李先焜教授

——在李先焜先生90华诞庆典上的讲话

中国社会科学院哲学所　刘培育

今天来湖北大学参加李先焜先生学术思想研讨会暨90寿诞庆典，我非常高兴！我和先焜兄交往有38年了，近几年来一直用电子邮箱保持联系，每周发几次邮件，个把月打一次电话，一打就是个把小时，好像有说不完的话。先焜是我的学兄，在交往中我受益很多。

我和先焜兄相识于1978年。当年5月，中国社会科学院哲学所和《哲学研究》编辑部主办的全国首次逻辑学术讨论会在北京中央党校召开，这是“文革”结束后召开的第一个全国性的学术研讨会，先焜兄到会，并提交论文《论比喻推理》。这次会议给逻辑工作者极大的鼓舞，会议休息期间，先焜兄和孙煜、陆征麟等几位老师多次到王维贤先生房间讨论，议定编一本供大学中文系使用的逻辑学教材。当年9月，参加编写教材的各位集中到杭州西子湖畔新新饭店讨论教材编写原则和大纲，明确分工，我被邀请列席会议。次年2月，《逻辑学》教材书稿讨论会在桂林独秀峰下召开，我有幸又被邀请到会。经过十多天的讨论，基本定稿，王维贤先生任主编。此书后来由甘肃人民出版社出版，成为我国第一本集体编写的大学中文系逻辑学教材。这次研讨会后还有另一个重要成果，就是与会者一致同意成立了中国逻辑与语言研究会，由王维贤、李先焜、孙煜、彭子银组成领导小组。这是在中国逻辑学会诞生前成立的唯一一个有关逻辑的研究会。1979年8月在北京通县召开的第二届全国逻辑学术研讨会上，中国逻辑学会成立，确认逻辑与语言研究会是中国逻辑学会下属组织，王维贤为理事长，李先焜为副理事长，孙煜为秘书长。一本中文系逻辑教材的问世、一个逻辑学术组织的诞生，先焜兄都发挥了重要作用。

中国逻辑与语言研究会成立30多年来，组织全国逻辑与语言工作者研究逻辑和语言逻辑，做了大量的工作。创办《逻辑与语言研究》集刊和《逻辑与语言学习》杂志，举办语言逻辑学习班，定期召开学术研讨会等，极大的提升了会员的学术水平，创造了大批学术成果。先焜兄与王维贤、陈宗明合作出版了《语言逻辑引论》一书，参与了周礼全先生主编的《逻辑——正确思维和有效交际的理论》的创作工作。这两本书分别获得了浙江省人民政府优秀科研成果一等奖和国家哲学社会科学基金项目优秀成果二等奖。他还与朋友合译《语言学中的逻辑》一书。

先焜兄在语言逻辑研究的基础上，又开拓了我国的符号学研究，1989年推动成立了中国逻辑学会符号学专业委员会，1997年推动成立东亚符号学会。他先后担任符号学专业委员会主任、东亚符号学会副会长、国际符号学会理事。在先焜兄等人的推动下，我国有一批学者走出国门，出席国际符号学研讨会，也在国内召开几次有国外学者参加的符号学研讨会，有多位学者写出了很有影响力的符号学著作，其中包括先焜兄参与撰写的《符号学导论》、《中国语用学思想》等书，以及他个人的《语言、符号与逻辑》论文集。

先焜兄在中国逻辑史领域也有很多研究，他参与了温公颐先生主编的《中国逻辑史教程》一书写作，发表了多篇有关中国现代和当代逻辑研究的论文。晚年他在美国有短期居留，思考非形式逻辑和中国古代逻辑的关系，提出中国古代逻辑属于非形式逻辑类型，他把写成的文章发给我征求意见，我很赞同他的观点。

我要特别提出的是，中国逻辑与语言研究会成立不久，经过认真的调研，扎实的筹备，于1982年4月在北京成立了中国逻辑与语言函授大学，先焜兄先后担任函授大学的副校长、顾问，为这所学校的创立和发展做了很多工作。这所函授大学始终以逻辑、语言、创新为主课，34年来对近60万名成年人进行了大专、本科和研修生层次的教育，受到了学习者的欢迎，得到了北京市教委和教育部的好评和表彰，荣获了中国成人教育协会、中国民办教育协会、国家语言工作委员会、陈香梅文教办公室等多项奖励。

先焜兄的一生是研思的一生、助人的一生、乐观的一生。

他在20世纪50年代开始学术人生，一直没有间断。他出版了有关逻辑学、语言逻辑、符号学、中国逻辑史的著作十多种，发表论文200多篇，他是我国语言逻辑和符号学领域的带头人，贡献十分突出。晚年他继续思考学术问题，不久前的2016年4月还发表了关于尼采逻辑思想的论文，目前正在思考沈有鼎的音乐理论。所以我说先焜兄是研思的一生。

先焜兄一生乐于助人。当年湖北大学没有逻辑学专业的学位点，他经常被邀请到其他高校讲学和指导逻辑研究生学习，参加他校研究生的毕业论文答辩。对于半路出家搞逻辑的青年教师和逻辑专业的研究生，他是有求必应。在逻辑学界，我听到过很多人对先焜兄表示感谢。我本人也得到过先焜兄的很多帮助。这里我要重点说说他的《论比喻推理》一文，1978年在全国逻辑学术研讨会上他提出“比喻推理”，大家都感到很新奇，当时也有人提出不同意见，但我却受到了很大启发。先焜兄说，比喻推理不同于作为修辞手法的比喻，它有推理功能；但又不同于演绎推理、归纳推理、类比推理，是一种特殊的推理形式。我搞中国逻辑史研究，中国古代推理的特点之一是推类，推类中就有比喻推理，或称譬喻推理。我觉得这个问题很重要，特别是对中国古代逻辑的研究，于是我梳理了从《诗经》到《文心雕龙》有关“譬”、“辟”、“喻”、“譬喻”、“比喻”的思想，完成《譬喻古论》一文，总结出“譬喻推理”之不同于修辞比喻，也不同于类比推理的性质和特点。1982年我们研究室出版的《形式逻辑原理》一书，我写论证部分时提出了“喻证法”。这些想法都是受到先焜兄的启发，谢谢先焜兄！

先焜兄一生乐观豁达，他是我熟悉的同行中音乐细胞最多的学者，他会弹琴，歌唱得也好听，我们无论何时相遇他都是一脸笑容。不幸的是，2007年他在美国发现身体有恙，回国后在天津儿子家治疗休养。2009年回到武汉不久，精心照顾他的老伴因病逝世。2013年他常引以为自豪的儿子又先他而去，这叫人如何受得了？然而先焜兄挺过来了，他怀着悲痛，编写出版了《双兔集》，纪念老伴，我帮助他寄发了100多本书。就是从这个时候起，我们常常电话联系。再后来，他家里有了第四代人，他主动承担起为小重孙弹琴唱歌的任务。有一次，他在电话里对我说，出门“打的”时，出租车司机看他一眼就把车开走了（因他年龄太大，不载他），说完他自己就“哈、哈……”大笑起来。

先焜兄的为学和为人，为我们树立了榜样，我们要好好学习他。

2016 年 11 月 5 日

贺　信

浙江大学人文学院　陈宗明

先焜先生：

欣逢先生 90 华诞，又值全国逻辑讨论会在武汉召开，我本来想去武汉参加会议，更想去看望先生，与先生同忆往事，共话情怀。然而我也是耄耋之年，近些年没有出过远门，思考再三，还是放弃了这个念头，改为写这封信，遥祝先生 90 大寿，快乐安康！

记得在那"万象更新"的年代，您、王维贤先生和我，在周礼全先生的影响和引导下走上了自然语言逻辑和符号学的研究道路，形成了颇相近似的学术观点，同时也形成了我们之间诚挚而深厚的友谊。由于我们三人共同的学术活动，学术界有"三家村"、"铁三角"、"三剑客"之类的称谓。有一位语言学博士则把我们共同的学术观点称之为"自然语言逻辑学派"。在这段时间里，我们合作写的第一本书是《语言逻辑引论》，第二本是《中国语用学思想》，第三本是《符号学导论》。《汉字符号学》一书虽然出自我一个人的笔下，但是你们两位都为这本书写了序言。回忆我们的每一次合作，我都感到非常愉快。

其实，您和维贤先生都比我年长，学术功底远比我深厚，你们俩既是我的良师，又是益友，首先是我的良师。我从你们那里学到了许多。我对先生的学术精神、成就和领导学术活动的艺术，都是由衷地感佩。

先生是中国语言逻辑学会的创建者之一。先生长期领导的语言逻辑学会，成为中国逻辑学会中最活跃的研究队伍。更为重要的是，这次《中国大百科全书》出修订版，语言逻辑作为一个学科收入百科全书。对此，我们语言逻辑工作者感到十分欣慰，无负于这些年来的辛劳和冀盼。

先生还为中国的符号学研究作出了重要贡献。1989 年，在您的主导下成立了中国符号学研究会，并在研究会的组织下，召开了三次东亚符号学研讨会。在您担任中国符号学会会长和国际符号学会理事期间，中国的符号学研究逐渐成为一门显学。此间，先生还写了许多符号学特别是中国符号学史的论著，在符号学界产生了深远的影响。

时值先生 90 大寿之际，我为先生评评功、摆摆好，意思是说，我们为先生的学术和学术活动的成就感到自豪。祝贺先生！

16 世纪，法国思想家蒙田说过，要成为知己的朋友，一是要有某种机缘，二是要能够心灵相通。您、维贤先生，我们三人背景相去甚远，然而历史给了我们机缘：我因为出版《现代汉语逻辑初探》一书来到了中国社会科学院。1988 年，全国逻辑讨论会在通县召开，我们一见如故，很快就成了最佳合作伙伴和心灵相通的朋友。

我记得曾为先生写过一首回文《咏琴台致先焜先生》的诗，诗云：

钟俞仰慕两心知，古韵神琴系梦思。崇岳寄情闲咏志，东流水远漫吟诗。

因为是回文，可以倒过来读为：

诗吟漫远水流东，志咏闲情寄岳崇。思梦系琴神韵古，知心两慕仰俞钟。

我是想通过这种反复咏叹的方式来表达我们之间的情谊。我知道您喜欢这首诗，还请贝新祯书写成条幅。

此次我未能参加盛会，深以为憾，只能通过这封信，与先生同忆往事，共话情怀。

先焜先生，您是福寿双全之人。先生 90 高龄，精神矍铄，思维活跃；先生儿女都事业有成。我给先生 90 华诞的祝词是：

福如东海长流水，寿比南山不老松！

宗　明

2016 年 11 月 5 日于杭州

附录三

李先焜先生的语言逻辑思想[1]

湖北大学哲学学院 陈道德

李先焜，1927 年 8 月生，男，湖南浏阳人，湖北大学教授。李先生长期从事逻辑学、哲学、语言学的教学与研究。他是我国著名的语言逻辑学家、符号学家。曾经担任两届中国逻辑学会的副会长、两届语言逻辑研究会的理事长、两届国际符号学会理事，连任三届中国逻辑学会符号学专业委员会主任。他在语言逻辑、符号学、中国逻辑史、西方逻辑史的研究方面都作出了重要贡献。限于本书的内容，这里主要介绍他在语言逻辑方面的贡献。

李先生从 20 世纪 70 年代就投入到语言逻辑的研究中。1979 年在他的倡导和组织下，成立了“逻辑与语言研究会”。通过这个研究会把全国各大专院校和科研单位的一些逻辑和语言工作者组织起来，开展语言逻辑方面的研究。据粗略统计，在 20 世纪 80 年代中期这个研究会共有会员 400 多人，组建了一支强大的语言逻辑研究队伍。另外，这个研究会还创办了《逻辑与语言学习》杂志、《逻辑与语言研究》集刊，创办了“中国逻辑与语言函授大学”。这样，这个研究会不仅有一支强大的科学研究队伍，而且有了发表科研成果的园地和传播语言逻辑知识的阵地，为逻辑学在中国的普及与传播立下了赫赫战功。“逻辑与语言研究会”是当时国内最有影响、最有生气的一个学术团体，这个研究会推动了中国大陆语言逻辑的研究，发表了一大批很有影响的科研成果，也培养了一大批年轻的语言逻辑研究者，使国内语言逻辑研究薪火相传，不断深入。

李先生在语言逻辑研究方面的贡献，不仅仅在于他是语言逻辑研究队伍的领军人物，更重要的是他在语言逻辑理论方面作出了一些开创性的工作。

[1] 本文原载陈道德等著：《二十世纪意义理论的发展与语言逻辑的兴起》，中国社会科学出版社 2007 年版。本文是原书中的第十一章。

二十多年来他发表有关语言逻辑方面的论文50多篇，出版专著、译著10余部。他与王维贤、陈宗明两位先生合著的《语言逻辑引论》在国内产生了很大的影响，甚至在国际上也有一定影响。

一、逻辑与语言

李先生认为语言逻辑首先要研究“什么是语言”这个问题。虽然语言是一种最常见的社会现象，但是究竟什么是语言，至今仍是一个值得人们深入探讨的问题。李先生考察了历史上几位有代表性的语言学家关于语言的定义，指出这些定义各自从不同方面或在不同程度上，揭示了语言这一社会现象的特殊本质。这对于进一步深入研究语言具有一定的启发意义。

（一）语言的符号性、指谓性与交际性

在李先生看来，语言主要是指自然语言，如汉语、英语、俄语、日语等，它们都是人类语言集团的本族语。李先生认为语言是以语音为形式，语义为内容，由语形、语义、语用规则构成的一种符号体系。语言作为一种社会现象，有它自己的特征。根据国内外关于语言的定义，李先生概括出语言的三个重要特征，即它的符号性、指谓性和交际性。第一，符号性。语言是一种符号系统，符号本身是一种物质性的东西，但它可以用来指代另外一种东西，作为那种东西的标记。与其他符号相比，语言符号又有其自身的一些特点：语言符号是线性的；语音和语义的结合具有任意性；语言符号既具有相对的稳定性，又具有一定的可变性；语言符号具有系统性。第二，指谓性。所谓指谓性，就是说每一个语言单位都要指称或谓述一定的对象，这个对象可以是客观的对象，也可以是人的主观意识中的东西。语言具有指谓性，表明语言符号不可能是一种空洞的、毫无意义的东西，而是有所指的、有意义的。第三，交际性。人在社会的群体中生活，在实践的基础上不仅产生了关于客观外界的感性认识，而且感到自己总有什么东西要告诉别人，同时也想从别人那里获得某种信息，这时人们就得运用语言。尽管人们也可以用其他的方式进行交际，但语言毕竟是人类社会最重要的交际工具。语言符号具有交际的功能，这决定了语言的全民性。我们只有认识到语言的符号性、指谓性与交际性，才有可能进一步探索语言逻辑问题。

（二）语言和言语

“语言”和“言语”两个词在日常语言中很容易混为一谈，但作为科学的术语来说，两者是有区别的。李先生认为，二者的区别在于：语言是一种民族语言的词汇系统和语法系统的总合；言语则是对语言的运用，它既指运用语言的行为，又指运用语言产生的结果，即说出来的话语。语言是社会现象，言语是个人现象。语言逻辑所研究的逻辑形式是从语言中概括出来的，而不是直接从言语中概括出来的。可以说，逻辑形式与语言形式有某种程度的对应关系（但不是严格的一一对应）。需要指出的是，研究语言必须从具体的言语材料入手，研究逻辑形式也需要在一定程度上研究具体的言语材料。强调语言与言语的区别，对于语言逻辑尤其是语用逻辑的研究是非常必要的，因为语用逻辑是研究言语行为的逻辑，主要面向的是言语，即言语行为。

（三）自然语言和人工语言

李先生认为，虽然自然语言是人类社会最重要的交际工具，但也存在着一些缺陷：首先，自然语言存在多义性。其次，自然语言具有一定的模糊性。第三，自然语言的语义依赖语境。由于自然语言的这些缺陷，一些哲学家、逻辑学家和科学家提出了改造语言的问题。他们极力主张建立一种人工语言，至少要设计出这样一种人工语言，在这种人工语言中，自然语言中的上述缺点能够被消除。人工语言最大的特征是它的简明性和一义性。迄今，这种人工语言在数学和逻辑中得到了实现和运用。尽管人工语言有很大的优越性，但它终究是自然语言的派生物，它必须建立在自然语言的基础上。在科学的认识中，这两种语言实际上是相辅相成的。自然语言的多义性，如果给予某种限定，它不但不会妨碍人们的思想交流，反而能取得更好的交流效果，在某种程度上这可以说是自然语言的优点。

（四）逻辑研究的直接对象是语言

传统的观点认为逻辑的研究对象是思维形式及其规律，李先生则认为逻辑的研究对象不是思维形式而是语言。1986 年他在《哲学研究》第 8 期上发表了重要论文《语言、逻辑和语言逻辑》。他在这篇文章谈到：“一般都认为逻辑是研究思维形式和思维规律的科学，逻辑研究的对象是人的思维。实际上，这只是一种历史的观念，而且是一种不太科学的观念。逻辑研究的直接对象应该说是语言。"[1]

首先，他用中外逻辑发展的历史证明了自己的观点。

无论是古希腊还是古代中国，逻辑科学的产生与发展都是与语言分不开的。古希腊的亚里士多德是公认的逻辑科学的奠基人，他的逻辑著作《工具论》大部分讨论的是语言问题。斯多亚学派的逻辑也是以语言作为研究的中心问题。古罗马时期的逻辑主要是研究修辞中的逻辑问题，而讲授修辞的逻辑又是为讲授雄辩术提供理论与方法的基础的。当时有人明确地将逻辑归入所谓"语言的艺术"。

中国先秦时期，无论是《墨经》也好，荀子的《正名》篇也好，还是公孙龙的《白马论》也好，究其内容，主要是谈"名辩"问题，也就是语言问题。《墨经》中提出："以名举实，以辞抒意，以说出故"，这里的"名"、"辞"、"说"就其直接意义来说都是指语言现象。逻辑问题，实际上就是这些语言问题的概括。

中世纪的逻辑学也是如此。这一时期的逻辑学以《圣经》中所使用的希腊文、拉丁文这些自然语言作为主要的研究对象，其目的就是为了解释"神的语言"。当时一些逻辑学家往往以"论辩术"一词来代替逻辑一词，而"论辩术"显然跟语言密切联系在一起。中世纪具有代表性的逻辑著作是 13 世纪出版的西班牙的彼得所著的《逻辑大全》，这部著作主要讨论的也是一些语言问题，其中重点讨论了"指代"（suppositio）问题，而这个指代问题又是直接从语言的运用中概括出来的，也是属于语言问题。

现代形式逻辑则更加明确地排斥所谓思维问题。现代逻辑的代表人物波兰著名逻辑学家卢卡西维茨就极力反对所谓逻辑学中的"心理主义"，反对所谓"逻辑是研究思维形式的"这样的观点。卢氏说："思维是一种心理现象，而心理现象是没有外延的。一个没有外延的对象的形式指的是什么呢？'思维形式'这个表达式是不能精确的，并且这个不精确之处在我看来是来自一个错误的逻辑观念。……认为逻辑是关于思维规律的科学是不对的。"[2]

---

[1] 李先焜：《语言、逻辑和语言逻辑》，《哲学研究》1986 年第 8 期，第 42 页。
[2] 卢卡西维茨《亚里士多德的三段论》中文版，第 22 页。

卢卡西维茨认为逻辑是研究人工符号语言的。我们认为人工语言也是一种语言，这种人工符号按其实质来说仍是自然语言的一种抽象，它所行使的仍然是自然语言的某种职能，这样，现代逻辑所使用的人工符号仍然是一种语言，只不过是一种人造的精确化了的语言。

接着，他又从思维与语言之间的关系方面说明了自己的观点。

马克思说过："语言是思想的直接现实。"[1] 这说明任何语言都要表达思维。我们说逻辑研究的对象是语言，这是就其直接意义而言的。我们并不否认逻辑所研究的语言仍具有表达思维的作用。

思维——作为一种心理现象——不像传统逻辑所理解的那么单纯。思维的分类是很复杂的，不是只有一种抽象思维，或称逻辑思维。心理学把思维分为三种类型：形象思维技术思维和概念思维，概念思维即我们所说的逻辑思维。形象思维与技术思维都是在非语言的形式中实现的。除此之外，还有其他的分类。虽然对思维形态的分类还处于探索阶段，但它至少不象传统逻辑所认为的那样，似乎思维只有一种形态，即抽象思维形态。既然思维不止一种，那就很难说思维的形式也只是传统逻辑所描述的概念、判断和推理。思维种类的多样性也就决定了思维形式的复杂性。显然逻辑学难以胜任对各种复杂思维形式的研究，因此，逻辑学的研究对象不可能是思维形式。

回过头来，再看看人们通常所说的"思维形式"。如果我们仔细考察一下，就可以发现，这些所谓的"思维形式"实际上只是语言形式的抽象。例如，逻辑中的蕴涵式，只是自然语言中一些条件语句的抽象化。人们将条件语句中的前件、后件的其他因素予以排除，只剩下真值关系，这就形成了逻辑上蕴涵式，用公式表示就是"$p \to q$"。逻辑中的合取式只是自然语言中的一些表示并列关系、顺承关系、递近关系的联合复句，以及表示转折关系的偏正复句的抽象化，合取式用公式表示就是"$p \wedge q$"。当然逻辑形式与自然语言的语句不可能是严格的一一对应关系，因为其中要经过乔姆斯基所谓的从深层结构（即逻辑结构）到表层结构（即生成出来的语句结构）的转换过程。根据转换生成语言学派的观点，深层结构也是一种语言结构。逻辑

[1] 马克思、恩格斯《马克思恩格斯全集》第三卷，第525页。

学研究逻辑结构，就是研究语言的深层结构，也就是研究一种语言结构。它跟语言学的不同就在于它的重点是研究语言的深层结构而不是表层结构。

由上面的分析我们可以看出，逻辑的研究对象不是思维而是语言。

李先生的这个观点是富有创见性的，论证也是很充分的。他的观点在逻辑界引起了很大反响，因为，在 20 世纪 50 年代初，我们就从原苏联的逻辑学家那里接受了这样一种逻辑观念——逻辑是一门研究思维形式及其规律的科学。三十多年来，这种观念几乎成了国内逻辑研究者的一种共识。在这样一种背景下，李先生敢于提出自己的学术观点，充分反映了一个逻辑学家的胆识，在逻辑学界起到了一种振聋发聩的作用。我们认为李先生提出的这一逻辑观念还有更深刻的意义——为语言逻辑正名。既然逻辑的研究对象是语言，那么，以自然语言作为自己研究对象的语言逻辑理所当然是逻辑。

二、语言逻辑就是自然语言的指号学

早在 1981 年，李先焜先生就在《中国语文》上发表了重要论文《要研究自然语言的逻辑》，在这篇论文中他初步提出了自然语言逻辑的研究内容及研究自然语言逻辑的方法等问题。在 1989 年出版的《语言逻辑引论》中对自然语言逻辑的定义、研究内容、研究方法及其意义作出了更全面的论述。

（一）语言逻辑的定义

李先生说："我们所说的'语言逻辑'，是'自然语言逻辑'的简称，……语言逻辑就是自然语言的语形学、语义学、语用学三者的综合，因此，也就是一般逻辑中所指的指号学。"[1]"一般逻辑"（General Logic）这个概念是瑞士逻辑学家波亨斯基 (J.M.Bochen ski) 提出来的。他认为"一般逻辑"包括形式逻辑、指号学、和方法论三个部分。这里"形式逻辑"是指形式化、公理化的演绎系统；"指号学"包括语形学、语义学、语用学三部分；"方法论"也称科学哲学，它主要研究科学是怎样工作和应该怎样工作的，演绎法和归纳法都属于方法论。语言逻辑就是波亨斯基所说的"一般逻辑"中的第二部分即自然语言的指号学，它的研究对象是自然语言中的语形、语义和语用问题。

---

［1］王维贤、李先焜、陈宗明：《语言逻辑引论》，湖北教育出版社 1989 年，第 30—31 页。

（二）语言逻辑的研究内容

李先生认为语言逻辑要重点研究以下 10 个方面的内容：

（1）要研究什么是“意义”的意义。我们要建立一种正确的语义理论，这种理论要符合马克思主义认识论的基本原理，要能对各种不同层次的语言现象给予统一的解释，即它不仅能说明语素与词的意义，而且要能说明短语、语句、话语的意义。

（2）要对意义给予科学的分类。有的逻辑学家将它分为 7 类，如概念意义、内涵意义、文体意义、情感意义、联想意义、搭配意义与主题意义（当然不同的语言学家与逻辑学家可能会有不同的分类），通过我们的研究不仅要对意义作出科学的分类，而且要弄清楚各种意义之间的内在联系，以及意义的转移现象。

（3）什么是语句的歧义性和语词的模糊性？产生歧义的原因是什么？如何消除语句的歧义？如何消除语词的模糊性？能否做到语义的绝对明确？

（4）如何揭示语词的意义？也就是说如何给语词下定义？定义有那些种类，它们各自适用的范围是什么？定义有那些规则？在这方面要大大突破传统逻辑的范围，要收集、整理、概括自然语言中丰富的科学定义的实例，以发展新的定义理论。

（5）语境包括哪些范围？它对确定语义有什么影响？什么叫外延语境，什么叫内涵语境？什么是内涵逻辑？内涵逻辑与语言的关系是怎样的？索引词在语句中具有什么样的逻辑意义？

（6）什么是专名？什么是摹状词？它们的关系是怎样的？它们各自的含义是什么？如何分析它们的意义？

（7）什么是语句的语义结构？如何分析这种语义结构？语义结构与语形结构是否具有平行性？分析语义结构不仅涉及陈述句，还涉及疑问句、祈使句、感叹句，以至话语的结构。

（8）要分析各种模态语句的逻辑特征。不仅要分析像“必然”与“可能”这样的模态词，还要分析像“应当”与“允许”这样的道义词，以及像“过去”、“现在”与“将来”这样的时态词。

（9）要对蕴涵给予更切合自然语言的解释。要分析预设与蕴涵的区别，研究预设的种类，以及各种预设在语句中的作用。除对预设作语义的分析外，还要作语用的分析，从而引入语句“恰当性”的概念。

（10）要研究各种推理的语言表现形式和各种语义及语用推理。语言逻辑不仅要研究传统逻辑已经探索过的各种推理形式及其在自然语言中的表现，而且还要研究各种形式的语义推理和语用推理。

（三）语言逻辑的研究方法

李先生还初步提出了研究语言逻辑的方法：

首先，要广泛地、系统地收集自然语言的材料，对我们汉民族的语言逻辑研究者来说，主要要收集汉语的材料，要使用一定的逻辑手段对这些材料加以分析。

其次，在研究语言逻辑时单纯地研究一种民族的语言是不够的，还必须研究多种民族的语言，将它们进行分析比较，从而找出现代汉语中的某些逻辑特征。

第三，要充分吸收与利用数理逻辑的方法研究语形、语义、语用问题。语言逻辑是传统逻辑与数理逻辑性的进一步发展，正如数理逻辑包含了传统逻辑的一切优秀成果一样，语言逻辑也应该吸收数理逻辑的一切优秀成果。

（四）研究语言逻辑的意义

李先生认为研究语言逻辑的重大意义主要表现在以下几个方面：

第一，通过语言逻辑的研究可以使抽象的逻辑科学与自然语言更好地结合起来。使逻辑科学能更全面、更深刻、更有效地揭示出隐含在自然语言中的逻辑形式及其规律。

第二，语言逻辑既扩大了逻辑研究的范围，也增加了逻辑研究的深度。前者表现在它不仅研究陈述句的逻辑，还要研究疑问句、祈使句、感叹句的逻辑；后者表现在它不仅要研究语句的真假值即语句的指谓意义，还要研究语句所传达的语旨行为的恰当性条件即语句的意谓意义，而且还要研究在具体的语境中话语所表达的真实含义，即说话者想通过话语传达给听话者的真正的意思。由于语言逻辑扩大了逻辑的研究领域并且增加了逻辑研究的深度，从而也增强了逻辑在各门学科以及日常生活中的实用性。

第三，语言逻辑是人工智能发展的重要基础。由于当前人工智能与机器翻译、人机对话等一些新兴科学技术的蓬勃发展，我们有必要对自然语言中内在的逻辑特征作出恰当的刻画，让机器能真正听懂人的话语。“人机对话”的关键就是弄清楚计算所怎样才能理解人类的自然语言，也就是自然语言的理解问题，而这个问题的解决有赖于自然语言逻辑的研究。

对语言逻辑的研究对象、研究内容、研究方法及研究语言逻辑的重大意义作这样全面、系统地阐述，我们在国内外的文献中尚未见到。这是李先焜先生在语言逻辑理论方面作出的重要贡献。他在十多年前作出的论断，在今天初步得到了证实。今天人工智能研究的关键就是自然语言的理解问题，这也充分说明了语言逻辑的研究对于信息科学的重要意义。

三、定义就是明确词义的逻辑方法

李先生认为：“定义就是明确词义的逻辑方法。”[1]词义包括内涵和外延两个方面，因而定义有两大类：一类是外延定义，另一类是内涵定义。外延定义又可分为实指定义、列举定义、划分定义三种。内涵定义又可分为约定定义、同义语定义、真实定义、语境定义、操作定义、说服定义、显示定义七种。

（1）实指定义是通过实际指出某个语词的外延（这个语词所适用的对象）来揭示这个词的意义。例如某个小孩不知道什么是“老虎”，就可带他到动物园，指着老虎对他说：这就是“老虎”。这样，这个小孩就知道了“老虎”这个语词的意义。实指定义在我们日常生活中经常使用。

（2）列举定义是通过用语词的形式列举出被定义词项的外延名称来给被定义项下定义的一种方法。例如，当有人问什么是“奇数”时，我们就可以列举出1、3、5、7、9等数，对他说这样的数就是奇数。这样，他就明白了“奇数”的意义。

（3）划分定义是通过将一个大类按照同一个标准划分成若干个小类的方法来下定义。例如，当有人问什么是“生物”时，我们就可以回答：生物包括植物、动物和微生物。这种定义方法是将大类包含的小类的名称全部说

[1]王维贤、李先焜、陈宗明《语言逻辑引论》，湖北教育出版社1989年，第162页。

出来，从而达到明确表达大类的语词意义的目的。这种定义方法在传统逻辑中将它与定义并列，称为划分。实际上它的作用仍然在于明确语词的意义，只不过这种意义是外延方面的意义，所以仍应包含在定义之中。

（4）约定定义是对一个未经定义的语词符号赋予某种特定的含义。例如，“大月”是指阳历有 31 天或夏历有 30 天的月份；“小月”则指阳历只有 30 天或夏历只有 29 天的月份。在数学中很多词都采用约定的形式赋予含义。如：规定大于零的数为“正数”；小于零的数为“负数”，等等。约定定义是由人们根据社会生产或科学实验以及其他目的的需要而规定的，它带有任意性。但必须指出，这种约定一旦为社会所承认，人们就不能随意地加以更换，否则将会引起语言交际的严重混乱。

（5）同义语定义是以一个与被定义项在指称与含义上完全相等的语词作为定义项来进行定义。同义语定义多用于被定义项是一个古语词或比较生僻的语词，它要求定义项是一个大家熟悉的、其意义比较明确的语词。这种定义方法在词典中，特别是在小型词典中，运用较多。例如：“郎中”就是“医生”，“宿疾”就是“老毛病”，“辍学”就是“中途停止学习”，这种定义方法在语文教学中经常用到。

（6）真实定义就是传统逻辑中所说的属加种差定义。这种定义是通过首先找出一个语词的上位词（即属），然后找出其种差，再将二者综合起来形成一个确定的定义项而进行的。例如：“固体”就是有一定的体积和形状的物质。“液体”就是有一定体积而形状随容器改变的物质。“气体”就是没有固定的形状和体积，能自发充满任何容器的物质。这三个定义都是真实定义（即属加种差定义）。“物质”是这三个语词的上位词（即属），也就是说“固体是一种物质”，“液体是一种物质”，“气体也是一种物质”，它们是“物质的三态”。但是，它们相互之间又在属性上存在着一定的差别（即种差），“固体”的种差就在于“它有一定的体积和形状”，“液体”的种差就在于“它有一定的体积但形状随容器而改变”，“气体”的种差就在于“它没有固定的形状和体积，能自发地充满任何容器”。将这些种差与属综合起来就形成了三个定义项。就可以分别给“固体”、“液体”、“气体”这三个语词下定义了。

（7）语境定义就是将被定义的词放在一定的语境（上下文）中，然后用一个意义相同、但这个被定义的词不出现的语句来下定义，使读者通过后一个语句来理解那个被定义词的意义。这种定义方法适合给那些孤立地看很难确定其实际意义的语词（主要是虚词）下定义。例如，“只有”是一个连词，人们很难单独给它下一个精确的定义，于是，人们为它创造一个语境，如说：“只有这张画画得好”，然后找出另一个意义与它相同、但不出现“只有”这个词的语句作为定义项，如：“这张画画得好，而其他的画都画得不好。”通过后一句话，人们就理解了前一句话的意义，其中也包括理解了“只有”这个词的意义。这就是语境定义。

（8）操作定义是把对一个对象进行实验操作的过程作为定义项来对这个对象进行定义。这种定义主要用于物理、化学、生物等一些实验性较强的科学中。它在语言中表现为“如果 p，那么 q”这样的条件语句，所以，它也可以称为条件定义。例如，在化学中要给“酸”下定义，就可以这么说：“液体 x 是酸性的 $=_{df}$，如果将蓝色石蕊试纸浸入液体 x 中，那么蓝色石蕊试纸会变成红色”。这就是一个关于“酸”的操作定义。

（9）说服定义不以揭示语词的内涵意义为主要目的，而是试图通过在定义项中引入带有一定情感意义的语词，以影响与激发接受这一定义的人产生同样的情绪，说服他接受某种信念，产生对一件事的某种态度。不过它既然是一种定义，就总得在一定程度上揭示语词的内涵意义，并以此为基础达到影响与激发对方情绪的目的。例如，在有的词典中，对“自然主义”是这样定义的：“自然主义是文学艺术创作上的一种不良倾向，它无选择地描写个别现象和琐碎细节，忽视甚至歪曲事物的本质。”由于在定义项中使用了“不良倾向”、“忽视”、“歪曲”这些带有强烈情绪意义的语词，所以使人们自然地对“自然主义”产生了一种厌恶、反对的情绪，即使原来对文学艺术创作毫无所知的人也会对“自然主义”产生这种情绪。

（10）显示定义是以一种隐喻的形式将定义项与被定义项所反映对象的某种属性进行比较而作出的定义。例如，有人将“建筑”定义为“凝固的音乐”，这就是一个显示定义。人们是将“建筑”与“音乐”这两个词所反映的对象作比较，显示其属性上的相似性。音乐是由人用各种乐器按照乐谱奏出的乐声所组成，它具有内在的和谐性，使人听起来感到一种美的享受；建筑是由人用各种建筑材料按照设计的结构图案所组成的，它也具有内在的和谐性，使人看起来也感到有一种美的享受。但是两者又有区别，音乐的协调美轻瞬即逝，而建筑却将这种美的协调性凝固下来，使人可以长期欣赏。因此，人们将“建筑”定义为“凝固的音乐”。

传统逻辑认为，定义是揭示概念的内涵的逻辑方法。李先生认为“概念的内涵”这种说法是不科学的，因为“概念”和“内涵”其实是同一个东西。什么是概念？概念就是语词的内涵，或者说就是语词的含义，它是与语音形式紧紧结合在一起的东西。定义，就是要揭示语词的内涵，也就是要明确一个语音形式究竟表达一个什么概念。如果说定义是揭示概念的内涵的逻辑方法，也就是说它是揭示语词“内涵的内涵”的方法了，显然这是不科学的。

另一方面，定义不仅要揭示语词的内涵，还要揭示语词的外延。一个语词既有内涵也有外延，语词的词义应该包括这两个方面。只有既明确了一个语词的内涵又明确了它的外延，才能说我们掌握了这个语词的词义，具有了关于这个词的完整的知识。传统逻辑认为定义只是“揭示内涵的逻辑方法”，这种认识是片面的。基于这种片面的认识，在传统逻辑中只研究了一种定义——真实定义，因而传统逻辑中定义理论是很薄弱的。

从以上的阐述中我们可以看出，李先生的定义理论不仅对传统逻辑中的定义理论有很大的发展，同时也极大地丰富了语言逻辑理论，因为，定义是语言逻辑研究的一个重要内容。

四、修辞具有重要的逻辑功能

一般情况下，人们认为修辞仅具有美学功能，修辞手法的运用主要在于美化语言，修辞学实际上就是“美辞学”。李先焜先生认为修辞不仅具有美学功能，而且具有重要的逻辑功能。1991 年李先生在《湖北大学学报》第二期上发表了重要论文《试论修辞的逻辑功能》。在这篇重要文献中，李先生提出以下两个主要观点：

（一）修辞的主要作用在于说服

李先生认为，修辞理论在历史上的最初出现，往往不是为了使语句华丽，而是为了使语句具有更强的说服力，使听者读者更易接受。早在中国的先秦时期，孔子就曾认识到修辞的重要作用，他说："言之无文，行而不远。"[1]可见，孔子认为言是否有文采，涉及到它能否远行的问题，即是否能为听者广泛接受的问题，要使言辞能畅达、能远行，就要通过修辞手法使言有文采，以增强它的说服力、影响力。而且孔子还认识到修辞要恰当："质胜文则野，文胜质则史。文质彬彬，然后君子"。[2]可见孔子不仅要求言辞要有文采，而且要求文采与朴实配合要恰当，既不要使朴实胜过文采，也不要使文采胜过朴实，否则，就会流于粗野，或者流于虚浮。

在古希腊亚里士多德的《修辞学》中，强调的不是修辞的美学功能，而是它的说服论证的功能。他给"修辞术"下的定义是："一种能在任何一个问题上找出可能说服方式的功能"。[3]在亚里士多德那里，修辞学与逻辑学是密切联系着的。亚里士多德在《修辞学》中一开始就强调"修辞学是论辩术的对应物"，[4]"说服的方式是该技巧的仅有的真正组成部分；其余的东西仅仅是附属的"。[5]这说明论证性的说服方式是修辞技巧的本质。"修辞学的研究，就其严格意义上说，是涉及说服方式的。说服显然是一种论证，因为只有当我们认为一个事物得到了证明之后，我们才被完全说服了。"[6]

李先生认为，修辞具有说服功能这一古老传统观念是有其合理性的，因而我们是不应该回避或丢掉的。实际上，在言语交际过程与写作过程中仅有美学功能的修辞情况是少数，大多数情况是为了说服论证，即为了说服听者（或读者）相信某一个论题。

（二）隐喻是一种具有很强说服力的修辞手法

隐喻是一种典型的修辞手法，也是一种具有很强说服力的修辞手法。在传统的修辞学教课书中将隐喻归为比喻的一种，其特征只在于本体与喻体之间不用"像"而用"是"来联结，如"革命是历史的火车头"。现代语言哲

---

[1]《左传·襄公二十五年》
[2]《论语·雍也》
[3]亚里士多德《修辞学》中译本，第24页。
[4]亚里士多德《修辞学》中译本，（1354a，1）
[5]亚里士多德《修辞学》中译本，（1354a，13—14）
[6]亚里士多德《修辞学》中译本，（1355a，4—7）

学与语言逻辑所研究的隐喻比这个范围宽泛得多，它包括一般修辞学中所谓的借代、比拟及各种比喻手法。它可以是一个单句，也可以是词或词组，还可以是段落或篇章。隐喻的主要特征是：话语在特定的语境中产生意义（包括含义和指称）的转移现象。例如，“菜篮子工程”就是一个隐喻。一般来说“菜篮子”不能与“工程”相结合，现在结合在一起，就出现了意义转移的现象。这里的“工程”，并不是用其一般意义，它是指菜篮子问题像一项工程一样，极其复杂，必须重视，要认真加以组织领导。又如说“计算机病毒”，也是一个隐喻，“计算机”不是生物，很难说它会感染病毒，现在将“计算机”与“病毒”结合起来，就不是使用“病毒”的一般意义，而是指计算机接受了某种破坏性因素，而且这种破坏性因素能像病毒一样在计算机之间传染、流行开来。

再如唐代韩愈的《马说》：“世有伯乐，然后有千里马；千里马常有，而伯乐不常有”。指出千里马“虽有千里之能”，如果不将它喂饱养好，甚至还享受不到常马的待遇，“安求其千里也”。遇到这种情况，偏偏还有人哀叹：“天下无马”。这篇文章通篇讲的是马，其实际含义却谈的是发现人才、培养人才和使用人才的问题。让人们读了这篇文章后感到很受启发，有很强的说服力。这篇文章中的每一个语句都有确定的字面意义，但在具体的语境中，它们的意义却发生了转移，因为它们都作为隐喻而起作用。这种以隐喻作为论据的论证属于论辩性论证，其最终目的在于说服听者和读者，它所用的方法是准逻辑方法，具体说来是一种准类比方法，也就是说是一种近似于类比而并非完全类比的方法。这种推理方法人们在日常生活中经常运用，古今中外寓言故事的逻辑作用就在于此。例如《伊索寓言》中“农夫和蛇”的故事不是至今仍在以一种隐喻的方式说服着人们不要对恶棍施仁慈吗？

隐喻在论辩中的逻辑作用往往是用作论据，隐喻用作论据与一般归纳与类比中论据有所不同。一般归纳与类比要求论据一定是真实的，并与所证的结论属于同一个类。但是，隐喻用作论据时并不要求一定是真实的，它可能是纯属虚构的东西，但它要求合乎情理，要求浅显生动，能为听众或读者所接受。这种推理属于论辩性推理，其结论不像证明性推理那样具有必然性，而是具有或然性。但是只要读者（听众）接受了，它就达到了说服的目的。

李先生关于“修辞具有重要的逻辑功能”的观点是非常新颖的，在国内的语言学界和逻辑学界从来没有人提到过，他是第一个提出这个观点的人。这个观点不仅对只注意美学功能的传统修辞学是一种突破，而且对只注意严格的形式推演的现代形式逻辑也是一种突破，说明了逻辑学不仅仅只研究必然性推理，还要研究象隐喻这样一些或然性推理。他的这个观点也极大地丰富了自然语言逻辑理论。

当代中国名辩理论研究的重要开拓者[1]

——评李先焜先生的名辩符号学研究及其理论贡献

南京政治学院上海校区　曾祥云

较之于近现代名辩研究而言，可以说，我国当代名辩研究取得了一种全面的根本性的进步与发展，它不仅彻底打破了我国百余年来“名辩逻辑”研究的“神话”，将名辩研究从僵死而顽固的“传统逻辑枷锁”中拯救出来，重获新的生机与活力，而且建构了崭新的名辩符号学研究范式，使当代名辩研究水平达到了前所未有的高度与深度。而在开拓和重建当代中国名辩研究新思路、新格局的过程中，现已九十高龄的学界前辈、湖北大学的李先焜教授（以下简称“先生”），可谓居功至伟。先生为当代中国名辩理论研究范式的形成和建立，矢力开拓，做出了无与伦比的突出贡献，堪称我国当代名辩研究领域的一代宗师。先生的研究探索涉及领域较广，作为他的学生和名辩研究的后学与受益者，我仅就其对于当代名辩研究的开创性贡献，作简单的归纳、整理与评论，以表达自己对先生的一片崇敬之情。

一、开创当代名辩研究的新思路

先秦是我国名辩思想发展的极盛时期，但自秦汉以降至近代复兴之前的一千多年间，名辩研究的余绪虽然尚存，甚至有某些断续性的发展，但总的来看已趋于衰微，春秋战国时期那种繁荣兴旺的发展局面不复再现。随着诸子学兴起和西学的东渐，名辩研究在我国近代得以复活并再度兴盛。“清代

[1] 本文原载于《湖北大学学报》（哲学社会科学版）2017年第2期。

学者把注释的重点从经书转到子书，这使长期被忽视的荀、墨、名诸家的作品受到了人们的注意，素称难读的《墨 经》也基本上能够被读通了”[1]193。正是“由于诸子学的发展，使《墨经》与诸名家言又重昭于世，后学在此 基础上深入探讨了中国名辩之学的传统”[2]200。而随着西学的输入、特别是西方逻辑的移植，在“西学中源”、“洋为中用”的思想观念影响下，一些学者为使我国旧学“足以颉颃西学”，采所谓“触类比量”之“良法”，“以欧美现代思想衡量古人”。这种“以新知商量旧学”的研究方法，表现在我国近代名辩研究中，就是以西方逻辑中的术语、原理，诠释先秦诸子的名辩思想，所谓“名辩逻辑”的研究范式即由此形成。不难理解，近代学者开创的这种“以欧西新理比附中国旧学”的名辩研究范式，其实质即是以“西”代“中”，将我国“名辩”思想“逻辑化”。新中国成立后近四十年间的名辩研究，从根本上沿袭了这种名辩逻辑化研究范式，其有所不同的是，它仿照西方传统逻辑理论建构起了一个有名无实的“比较完整的名辩逻辑学体系”，将名辩的逻辑化推向了极致，从而创造出了“中国古代名辩逻辑足以与亚氏逻辑和印度因明相媲美”的现代神话。但是，到 20 世纪 80 年代末以至 90 年代，名辩逻辑化研究范式的合理性开始受到人们的质疑，其不合理性逐渐被昭示于世。在名辩的“符号学转向”过程中，先生的开导与启迪之功，发挥了关键性作用。

正如先生自己所记述的，他是从研究语言逻辑逐渐转向符号学研究，并进而走向中国古代符号学思 想探索的。如果说对语言逻辑的研究引发了先生对于符号学的兴趣与特别关注，那么，对符号学的深刻 认知与把握，则促使先生对于逻辑研究对象的深入反省与思考，发现了符号学与逻辑学之间的密切联系。在《符号学与逻辑学》一文中，先生明确指出：“对‘逻辑’可以作狭义的与广义的两种理解。这两种理解从亚里士多德时期就已见端倪。作狭义的理解，或者说从严格意义上来理解，逻辑是指形式逻辑，即形式化的演绎逻辑”，“而作广义的理解，则逻辑不仅包括形式逻辑，还包括逻辑

[1] 李先焜 . 语言、符号与逻辑［M］. 武汉：湖北人民出版社，2006.
[2] 李先焜 . 语言、符号与逻辑［M］. 武汉：湖北人民出版社，2006.

符号学与科学方法论”[1]。

正如人们对于“逻辑”的认识至今并无一致意见一样，先生对“逻辑”的广义理解，不仅在当时，而且在今天也仍是存在争议的。但是，先生的这一主张，对于当时中国逻辑学界、特别是中国逻辑史界的影响，是极其巨大而深远的，它引发并有力地促进了名辩研究者对于“名辩逻辑”的反思与思考。正是在先 生有关“逻辑”的广义理解发表之后，从20世纪90年代初期开始，在我国中国逻辑史研究领域相继出现了对中国逻辑史研究对象与方法、“名辩逻辑”的产生条件、“名辩逻辑”论证的局限性及存在的真实性等一系列问题的追问、反思与批判。也正是基于自己对于“逻辑”的广义理解，先生身体力行，在20世纪80年代后期就率先独立开始了对于名辩的符号学探索，并在国内外期刊上陆续发表了一系列重要论文，开了我国名辩符号学研究之先河。

在对名辩理论具体展开符号学探索的基础上，先生在自己的文集《语言符号与逻辑》“代序”中谈及对“名辩逻辑”的认识时，明确指出：“如果将逻辑看作只是像西方亚里士多德三段论那样的逻辑，可以说中国古代没有逻辑学”，“名辩学涉及的都是逻辑符号学的语用问题，也就是有效交际的问题”，“我认为，我们研究中国逻辑史的时候，必须从符号学的角度对‘逻辑’作广泛一些的理解。否则只能作出中国古代没有逻辑学传统的结论”[2]5。先生的这一见解，可以说是对于“名辩逻辑”研究传统的重大突破。正如上文所说到的，百余年来被一些研究者所津津乐道的所谓“名辩逻辑”，实则是用传统逻辑术语和原理“堆砌”起来的，它不仅未经必要的严格论证，而且牵强附会、张冠李戴现象比比皆是，因而这种“名辩逻辑”传统是有名无实、站不住脚的。我们知道，传统逻辑是相对于现代形式逻辑即数理逻辑而言的，一般认为，它是在亚里士多德逻辑基础上建立起来的一种逻辑理论，虽然它与亚里士多德逻辑有所区别，但从逻辑的表现手段或者说形式化程度而言，二者并无根本性差异，大致属于同一发展阶段的西方逻辑理论。也正

---

[1] 李先焜．指号学与逻辑学［J］．哲学研究，1988，（9）．
[2] 李先焜．语言、符号与逻辑［M］．武汉：湖北人民出版社，2006．

因为此，在历史上曾出现过将二者混为一谈的情形，直至波兰逻辑学家卢卡西维茨发现亚里士多德三段论是“蕴涵式”，而传统逻辑三段论是“推论式”之后，人们才将亚里士多德逻辑与传统逻辑严格区别开来。因此，先生对于“名辩逻辑”的假设性否定，与我们对于“名辩逻辑”的事实性否定，是根本一致、没有区别的。正是因为先生的大力倡导和率先垂范，我国最近二十多年的名辩研究已彻底打破了百余年来的研究传统，用传统逻辑术语编造出来的“名辩逻辑”已被扫除到历史的垃圾堆，取而代之的是崭新的名辩符号学研究范式，以及一大批富有见地和生命力的名辩符号学研究成果，使得我国当代的名辩研究呈现出一派生机勃勃、繁荣兴旺的发展景象。这一切的到来，无疑都是与先生的开拓之功密不可分的，先生亦应因此而感到欣慰、骄傲和自豪。

先生对于名辩符号学研究范式的开创之功，还表现在对于符号学理论在我国的精心译介与大力宣扬，以及对青年后学的提携与培养上。我国虽是一个早在二千年前就有着丰富符号活动和符号研究传统的国家，但在20世纪80年代对于符号学这门新兴学科，仍是陌生的。因此，要打破百余年来的名辩逻辑化研究传统，重新构建名辩符号学研究范式，让符号学成为研究名辩的重要的和主要的分析工具，就必须让名辩研究者，特别是青年后学，了解符号学，掌握符号学。先生也因此成为中国逻辑史界系统译介符号学的第一人。从20世纪80年代中期开始，先生就利用其外语语言优势，精心致力于翻译和介绍西方符号学理论。正是先生所译介的符号学知识，惠及了我国中国逻辑史研究领域如陈道德教授这样一批青年后学，他们秉承先生开创的名辩符号学研究思路，展开了对以“名辩”为核心内容的先秦诸子符号学思想的具体研究，并取得了一系列具有较大影响的研究成果。我本人也即是先生思想的追随者和直接受益者。正是得益于先生的启迪与引导，我循着先生的思考方向，完成了《中国名学——从符号学的观点看》（与刘志生教授合作）、《名辩学新探》（与林铭钧教授合著）两部专著的写作，并在海内外刊物上发表了60余篇名辩符号学研究论文；而作为分析工具的那些符号学知识，也主要来自先生译介的西方符号学理论。并且，我在取得的这些研究成果，也始终得到了先生极大的鼓励与无私的提携。正是在先生的特别 关照和帮助下，我的《名学：中国古代的符号学》（英文稿）一文，得以在法国的《欧洲符号学杂志》上发表。在写作《中国名学——从符号学的观点看》的过程中，先生的热情赞许与勉励，为我们增添了巨大的信心和力量，彻底抵消了当时学界的一些消极因素给我们造成的某种压力。而当这本书付印之际，先生和崔清田教授两位前辈又拨冗为之分别作序，更使拙著遽然生色。先生的启发、教诲与提携，使我受益匪浅，令我终生难忘。这也是我在先生九十高寿之际执意写作本文的动机之一。

也许会有读者质问，名辩逻辑化研究范式的弊端，是否也会在名辩符号学研究范式中重现？对此，先生也给出了直接的回应。他在给《中国名学——从符号学的观点看》所作的“序”中明确指出：“该书从一 个新的角度，即符号学的角度来研究中国名学。这会不会产生一种印象，即这又是一种新形式的生搬硬 套？我认为不会。因为‘名’本身就是一种‘符号’，是人们用以认识与交际的最重要的工具。……从符号学 的角度来研究名学，实际上就是从‘名’的本性上研究名学，这里丝毫没有离经叛道的地方，更不会有生搬硬套之嫌。”[1] 2 在这里，先生实际上指明了名辩符号学研究范式与传统名辩逻辑化研究范式的根本性 区别。这就是，名辩逻辑化研究范式是以西方传统逻辑去简单地套析名辩，在“吾国固有”的文化心态支配下，盲目地、不加分析地去“求同”，因而，不仅其论证性、客观性和科学性都在片面的“逻辑化”中消失了，而且名辩的本性与特色也被“逻辑化”得面目全非了；名辩符号学研究范式则是立足于名辩本性，以符号学作工具去理性地分析名辩，它既不是简单地去套析名辩，更不是盲目地去一味“求同”，而是通过严谨的分析论证去展示和重现名辩固有的符号学特色，充分体现了研究的客观性和科学性。这也正是名辩符号学研究范式的活力和生命力之所在。

二、对儒家正名思想的语义学阐释

先生对于当代名辩的开拓性研究，不仅在于对名辩符号学研究范式的建

[1] 曾祥云，刘志生. 中国名学——从符号学的观点看［M］. 福州：海风出版社，2000.

构，还在于对于先秦诸子名辩符号学思想的系统探索，奠定了当代名辩符号学研究的基本思路和分析框架。

前面讲到，先生基于自己对于“逻辑”的广义理解，在20世纪80年代后期就独立开始了对于名辩的符号学探索，并在国际会议和海内外期刊上陆续发表了《中国——一个具有丰富的符号学传统的国家》、《公孙龙的〈名实论〉中的符号学理论》、《论先秦名家的符号学》、《〈墨经〉中的符号学思想》、《名家的语用学思想》、《中国古代符号学的特点》、《孔子的正名学说及其定义方法》、《公孙龙为什么说“白马非马”》、《论公孙龙的“指非指”》等一系列重要论文，开了我国名辩符号学研究之先河。这里，需要特别指出的是，先生对于中国古代符号学传统的发掘与探究，实际上并不限于名辩符号学领域，它具体涉及到汉语文字学中的符号学、《周易》中的符号学、中国古代的礼仪符号学、中国古代医学中的符号学等多个研究领域。因受本人学力之限，本文仅就先生的名辩符号学研究进行评述。此其一。其二，总的说来，先生对先秦名辩符号学的探究，主要涉及到儒、墨、名三派，因而，从本部分开始，我亦循先生研究思路分别进行评述。

中国古代名学以“名”为研究对象、以“正名”即调整和规范名实关系为核心内容。但在传统研究中，“名”被比附为“概念”，“名学”被当作了传统逻辑的“概念论”。因此，要把握名学的本质，必须首先辨明“名”的本性及弄清“正名”的实质。正因为此，先生对于中国符号学史上“名”这个极其重要的范畴，给予了特别的关注和详尽的历史考察，其结论是：“‘名’这个汉字在历史上出现得很早”，“它的意思就是人的名称或事物的名称”[1]。先生在引述许慎《说文解字》和刘熙《释名》等关于“名”的解释之后进一步指出：“名就是一个符号，一个标志，能使一个或一类对象从其他的对象中分别出来。”[2]针对传统研究中的以“概念”释“名”，先生一针见血地指出了其“失误”的所在：“一个名或一个符号，具有‘能指’与‘所指’的两面，这两面不能分割，但也不能混同。概念是符号的所指，

[1]李先焜.中国——一个具有丰富的符号学传统的国家[J].江汉论坛，1990，(1).
[2]李先焜.中国——一个具有丰富的符号学传统的国家[J].江汉论坛，1990，(1).

而‘名’就其本身来说，主要是‘能指’，通俗地说，概念（所指）是这个能指的意义。……将‘名’直接称为‘概念’，而忽略‘名’的作为‘能指’的一面，就会造成对古代文本的许多误解。例如，过去不少人将公孙龙的‘白马非马’命题斥之为诡辩，就是这种简单化解释的结果。殊不知公孙龙并非直接讨论‘白马’与‘马’这两个所指的关系，而是讨论其两个能指结构上的区别。”[1] 3先生进而认为，“有了‘名’就有了‘名’与‘实’的关系，即一个符号（能指）与对象（所指）的关系。中国古代从孔子开始特别注重考查名实问题。他深深感到当时社会上存在大量的名不符实的现象，于是提出‘正名’的学说”[2]，“所谓‘正名’，就是要确定能指与所指的关系，确定之后不得随意更动”[3] 3。

“名”和“正名”是中国古代名学中的基础性概念，也是核心概念。先生对它们创造性的符号学解读，不仅打破和颠覆了以往的概念论研究传统，而且客观、合理、科学，没有丝毫的主观猜测或个人成见，表现出了一种严谨扎实的学术研究风范。同时，它也为后学开启了对于中国古代名学的符号学研究新思路，其对于当代的名学研究产生了广泛而深远的影响，后来的许多研究者都是循此思路而展开对中国古代名学的具体探讨的。

先生对儒家正名学说的符号学探究，主要集中在对孔子和荀子的语义学思想的发掘上。在传统研究中，孔子的“正名”思想被当作了“概念论”或“政治伦理逻辑”。但在先生看来，孔子的“名”虽有政治上、伦理上的“名份”，但也有其普遍意义。“首先，孔子已发现，‘名’作为一个符号如何用来恰当地指称一个实际事物是一个极端重要的问题”[4]。“再次，孔子已经看出‘名不正’所造成的危害性”[5]。众所周知，名学的兴起，与我国先秦时期由奴隶制向封建制过渡这一特殊的社会政治历史背景

---

[1] 曾祥云，刘志生．中国名学——从符号学的观点看［M］．福州：海风出版社，2000.

[2] 李先焜．中国——一个具有丰富的符号学传统的国家［J］．江汉论坛，1990，(1).

[3] 曾祥云，刘志生．中国名学——从符号学的观点看［M］．福州：海风出版社，2000.

[4] 李先焜．中国——一个具有丰富的符号学传统的国家［J］．江汉论坛，1990，(1).

[5] 李先焜．中国——一个具有丰富的符号学传统的国家［J］．江汉论坛，1990，(1).

密切相关。社会的交替、转型，在客观上造成了“名实散乱”的历史现实。“名”作为一种名称符号，它本质上属于全社会的，当“名”的能指和所指的关系一旦确定，整个语言社会都必须遵守而不能随意改变。而“名实相怨”现象的存在，表明“名”的能指与所指之间原有的确定联系已遭到破坏，这不仅会影响到人们正常的思想交流，而且关系到政治伦理秩序的确定、社会的稳定和国家的致治。因此，由孔子“觚不觚，觚哉，觚哉！”的感叹到他首次提出“正名”的主张等，都足以表明孔子已看到“名不正”现象的危害及其实质，并认识到了名实关系规范化的意义。可见，先生对于孔子首倡“正名”的符号学意义的肯定，不仅新颖独到，而且是符合当时社会历史现实境况的。

先生认为，在早期儒家学派中，对正名学说不仅继承而且有所发展的即是荀子。对于荀子正名思想的符号学解读，我认为先生有两个精辟的见解，是应当引起研究者特别关注的。一是先生认为，荀子是我国关于语言符号约定论的创始人。荀子《正名》云：“名无固宜，约之以命，约定俗成谓之宜，异于约则谓之不宜。名无固实，约之以命实，约定俗成谓之实名。”在荀子看来，“名”本来是没有其固有的指称对象的，也没有什么合适不合适的问题，它完全是语言社会共同约定的结果；当语言大众共同约定用某一个名称指称、命名某一具体事物，人们就把这个名称叫该事物的名称；但当“名”与所指对象之间的关系一旦确定下来，人们就必须按照语言社会的共同约定去使用这些名称，而不得擅自改变和破坏名与所指对象之间已经形成的确定联系，否则就会造成名实关系混乱。显然，在“依类象形”、“名若画虎”的中国文化传统中，荀子的这种经典式约定论思想，在整个中国古代名学史上都是很鲜见的，也是极其难能可贵的。先生的特别强调，既是给予荀子的中肯评价，更是对传统名学逻辑化研究的强力一击。因为，传统的概念论逻辑是无力对荀子的约定论作出正确解读的。二是先生认为，荀子的“制名以指实”理论，实是对指称论的明确概括。在先生看来，在孔子的正名思想中虽已包含有指称论的因素，但并没有明确的表述。后期墨家的“以名举实”，虽表现出了明显的指称论思想，但同样没有比较明确的表达。从公孙龙“名实论”和“指物论”的对照中可看出，他也是一个典型的指称论者，但像荀子这样以名实对应的方式来表述，也似未见到。而从荀子正名思想的内容来看，不仅有对名的本质的论述，也有对名的功能与作用的较全面认识，还有对命名原则的探讨及用名原则的概括；且这些思想内容都是以指称论为核心的。因此，先生将荀子“制 名以指实”看作是先秦名学中关于指称论的概括与表达，是非常贴切并富有见地的。

先生对于儒家正名思想的符号学探究，最早是拿出《中国——一个具有丰富的符号学传统的国家》一文中的一部分，在 1989 年于法国召开的第四次国际符号学大会上宣读的。题目及会议议程的限制，使得先生无法从符号学角度对儒家正名理论作出更全面、更系统的展示，这对于我辈后学来说，无疑是一 大遗憾。但从上面的介绍中，先生对于孔、荀的主要语义学思想的揭举，已为后学提供了一个可资借鉴的 重要研究思路和展开具体分析的成功范例。而先生在研究中所运用的中西对比式分析方法，让我们后学 在了解和弄清名学符号学这一新的研究思路的同时，还学到了符号学和西方符号学史的知识，更懂得了从符号学角度解读中国古代名学的严谨科学的研究方法。

三、对《墨经》名辩理论的语用学探索

《墨经》亦称《墨辩》，是《墨子》书中《经上》、《经下》、《经说上》、《经说下》及《大取》、《小取》六篇的统称。一般认为，《墨经》六篇为后期墨家的集体之作。《墨经》被视为先秦名辩思想发展的集大成者，先生对于墨家名辩思想的符号学分析，也主要集中在《墨经》上，这既符合墨家及先秦名辩思想发展的实际,也沿袭了我国近现代以来名辩研究的传统。先生对《墨经》符号学思想的研究非常系统，创造性地建构了一个关于《墨经》的名辩语用学研究体系。这里，我仅提出以下几点供读者参考：

1. 对《墨经》名辩的总体概括。先生认为，《墨经》中的符号学思想，首先即表现在它的言语行为理 论。第一，“言”是《墨经》符号学的基本范畴。在先生看来，语用问题总是体现在话语中，《墨经》已注意到从言语的整体性来考察名辩问题。《经上》云：“言，口之利也。”又云：“循所闻而得其意”、“执所言而意得见，心之辩也”。《墨经》已认识到“言”具有表

意功能，因而听话者能够理解说话者用言语表达的思想。此外，先生认为，“言由名致”等说，表明《墨经》已了然“名”与“言”之间的关系；“言多方”之论，则说明《墨经》已认识到相同的“言”在不同语境中的不同含义与不同表现形式；而“以言为尽悖，悖。说在其言”之说，当是类似“说谎者”悖论的更明确表述。第二，《墨经》探讨了“名”的符号性与行为性。《小取》云：“以名举实。”又《经上》云：“举，拟实也。告以文名，举彼实故也。”先生指出：“《墨经》的‘举’略似于公孙龙的‘指’，但‘举’比‘指’更具有行为性。它表示‘名’对‘实’不仅要有指谓性，而且要能‘拟实’，‘拟’就是‘模拟’，也具有‘描述，反映’的意思，也就是‘名’要能举出实的某些性质。”[1]在先生看来，墨家的“举”及其相关的“取”，涉及名的使用者、人的行为和行为的目的，因此，“‘举’与‘取’是墨家语用学理论中的重要范畴”[2]。第三，《墨经》的正名思想。与先秦诸子一样，《墨经》作者也特别关注名实关系。但先生认为，《墨经》讲“正名”，目的是为了“辩”，“他们把正确认识‘名实’关系即‘正名’看作进行‘辩’的一个重要条件”[3]。《墨经》将“明同异之处，察名实之理”当作“辩”的主要任务，这就使得其“正名”与儒家“正名”有很大的区别。儒家“正名”的目的在于恢复“周礼”，“墨家则从精确表达思想的角度，从语言学、逻辑学和符号学的角度，对‘名’本身进行了分析，找出‘名不正’的原因，然后提出正确用‘名’的原则，使‘正名’超越于政治、伦理的范围，而成为‘名辩学’的有机组成部分”[4]。也正是从准确表达思想的角度出发，《墨经》提出了命名的方法，并大量使用了语词定义、描述定义、因果定义、外延定义等多种多样的定义形式。

2. 对《墨经》之“辩”的语用学诠释。先生认为，在先秦诸子百家中，“真正从理论上探讨‘辩’的问题的，要数墨家”[5]。从现有所存先秦诸子思想史料来看，这一认识是完全符合先秦名辩研究实际情况的。在先生看来，

[1]李先焜.《墨经》中的符号学思想[J].湖北大学学报：哲学社会科学版，1996，(3).
[2]李先焜.《墨经》中的符号学思想[J].湖北大学学报：哲学社会科学版，1996，(3).
[3]李先焜.《墨经》中的符号学思想[J].湖北大学学报：哲学社会科学版，1996，(3).
[4]李先焜.《墨经》中的符号学思想[J].湖北大学学报：哲学社会科学版，1996，(3).
[5]李先焜.《墨经》中的符号学思想[J].湖北大学学报：哲学社会科学版，1996，(3).

《墨经》以“争彼”来界说和规定“辩”，表明“《墨经》中所说的‘辩’，应属于语用学的范畴。”它“是指在辩论者两方之间的一种特殊的交际行为”，“不仅涉及命题之争，而且涉及辩论的语境，涉及辩论的人”[1]。《经上》云：“辩胜，当也。”先生不同意有“名辩逻辑”研究者将“当”解释为“真”，认为“‘当’，不一定真，真也不一定当，‘当’表示‘言’（话语）的‘恰当性’，……‘恰当性’是言语行为理论中的一个重要范畴”，“每一种语旨行为的意义都由一定的恰当性条件所决定。这种恰当性条件不仅涉及命题自身，还涉及说话者以及说话的语境。奥斯汀与塞尔对言语行为理论作出了比较严密系统的论述，《墨经》当然达不到这样的高度。但《墨经》确实提出了话语的‘当’与‘不当’的问题。这不能不说是他们的一种贡献”[2]。因此，从“辩”的规定与特征可看出，《墨经》的“辩”具有明显的语用学性质。

3. 对《墨经》之“说”的语用学解读。在《墨经》中，“说”占据着非常重要的地位，尤其是在《经下》和《经说下》两篇中，“说在……”这样的表述形式相当之多。先生认为，墨家的“‘说’是‘辩’的组成部分，它们运用的是语用推理”[3]。《经上》云：“说，所以明也。”“说”的作用在于“将不明确的词或语句给予明确化。如何使它明确化呢？就在于‘以说出故’（小取），即揭示出它的原因或理由”[4]。先生指出：“原因说明了，别人对其意义也就明确了。这就是‘说’的逻辑功能。由于它涉及语义和语境，因此它具有语用推理的特征”，“都是语用推理的具体运用”[5]。在阐明“说”的语用特征的基础上，先生对《墨经》提出的“说”的四种论式即譬、侔、援、推，分别作了具体解读。在他看来，虽然“这些论式各有不同，但它们都在论述过程中涉及说话者与听话者，即都涉及相关的人，涉及语境。因此这些论式都属于语用推理的范围”[6]。先生还特别指出：“《墨经》将‘譬’作为一种论式，并明确提出‘譬’是‘举他物而以明之也’的

---

[1]李先焜.《墨经》中的符号学思想[J].湖北大学学报: 哲学社会科学版，1996，(3).
[2]李先焜.《墨经》中的符号学思想[J].湖北大学学报: 哲学社会科学版，1996，(3).
[3]李先焜.《墨经》中的符号学思想[J].湖北大学学报: 哲学社会科学版，1996，(3).
[4]李先焜.《墨经》中的符号学思想[J].湖北大学学报: 哲学社会科学版，1996，(3).
[5]李先焜.《墨经》中的符号学思想[J].湖北大学学报: 哲学社会科学版，1996，(3).
[6]李先焜.《墨经》中的符号学思想[J].湖北大学学报: 哲学社会科学版，1996，(3).

逻辑特征，这是对墨家语用学的一大贡献。”[1]先生还从语用学角度，对《墨经》有关“说”的准则、“说”的反驳及“说”的谬误等，作出了具体解读，限于篇幅，就不一一介绍了。

4.对《大取》、《小取》篇中语用学思想的发掘。《大取》和《小取》是《墨经》的重要组成部分，但从体例上看，它们与《经》上下、《经说》上下诸篇明显有别。先生认为，这两篇对墨子基本思想有更进一步阐发，所以单独列节集中探讨了其中的语用学思想。先生认为，“《墨经·大取》篇内容芜杂，……但我们还是可以从中看出一个主题，即讨论行为上以及表述这些行为的语句的意义上的联系”[2]。先生对《大取》中“爱人”诸论具体例解之后明确指出：“上面这些例子说明一个词组处于不同的语境中，意义就产生变化，因此，《墨经》作者要求辩说者必须注意话语的语境。”[3]比如，《大取》着重论述了“利”与“害”问题，认为对于所讨论的事体要具体权衡各种利害的轻重，进而作出正确选择。为此，墨家还论及到“利”的条件性：“杀一人以存天下，非杀人以利天下也”。先生指出：“这里，‘杀一人’是有量的限制的，涉及具体的条件，具体的语境，它并非任意杀人，而是有所‘权衡’，有所选择。”[4]因此，在他看来，“这里固然是谈事体和人的行为，但是也涉及关于这件事的表述，涉及语境，因此也是语用问题”[5]。先生认为，后期墨家学者还注意到了语义在不同时间所发生的变化。如《大取》云：“昔之知啬，非今日之知啬也。”虽然都是谈论“节用”，但过去所说“节用”与今天所讲“节用”，其含义已有所改变而不相同。先生指出，对待词义在历史上的变化，墨家与孔子明显有别。《墨经》主张“一是承认这种变化，二是要注意区别这种变化，三是要在语句中分析出这种词义上的变化”[6]。在先生看来，《小取》虽重点是探讨“辩”的目的、准则和论式，但也论及到了语义在特定语境中的变化，并具体分析了“是而然”、“是而不然”、“一周而一不周”、

[1]李先焜.《墨经》中的符号学思想[J].湖北大学学报：哲学社会科学版，1996，(3).
[2]李先焜.《墨经》中的符号学思想[J].湖北大学学报：哲学社会科学版，1996，(3).
[3]李先焜.《墨经》中的符号学思想[J].湖北大学学报：哲学社会科学版，1996，(3).
[4]李先焜.《墨经》中的符号学思想[J].湖北大学学报：哲学社会科学版，1996，(3).
[5]李先焜.《墨经》中的符号学思想[J].湖北大学学报：哲学社会科学版，1996，(3).
[6]李先焜.《墨经》中的符号学思想[J].湖北大学学报：哲学社会科学版，1996，(3).

“一是而一非”等四种情形。先生明确指出：“这四种情况都涉及话语的语境，也都是语用学方面的问题。《墨经》对这些问题进行了列举与分类，只是还没有并且在当时也不可能作出细致的分析。不过，跟先秦其他各家相比，墨家能从语用学的角度提出这些问题已经是相当的难能可贵。”[1]

由上述几个方面可以看出，先生的《墨经》名辩符号学研究，是真正开拓性的。首先，先生开创了对“名”、“辩”一体化研究的新思路。我们知道，我国古代有对“名”、“辩”的研究之实，而并无“名学”、“辩学”、“名辩学”之名称，这些名称之为学术界普遍使用，只是最近一百年的事情，并且其含义也是依各人 的理解而互不相同，甚至出现相互交叉或者重叠，因而在使用上是十分混乱的。从最近几十年的名辩研究情况来看，在名辩逻辑化研究范式中，“名”多是解为“概念”，相应地，“名学”是作为“概念论”进行独立研究的，而对于“名”与解作“推理”或“逻辑”的“辩”之间的关联，则少有关注或作较深入的思考。因此，先生提出的由“辩”及“名”、以“辩”论“名”的研究思路，不仅十分新颖和独具见地，而且对于促进当代名辩 研究的深入发展，具有十分积极的意义。其次，先生提出和构建的《墨经》名辩语用学研究框架，对于当代 名辩符号学研究具有极其重要的借鉴意义。也许是受传统的名辩逻辑化研究范式的影响和束缚，我国当 代的名辩符号学研究也基本采取了以“名”、“辩”两线平行展开的研究框架，因而明显地切断了“名”与“辩”之间的内在联系，这自然不利于对“名辩”思想作更深入的考察分析，不利于整体地、系统地去把握 墨家名辩思想的精神实质。先生为我们展示的以“辩”为核心、以“言”为基本和以“说”为手段的《墨经》语 用学研究模式，不仅与传统“墨辩逻辑”的“名”（概念）、“辞”（判断）、“说”（推理）、“辩”（论证）的研究模式迥异，而且与许多墨家名辩符号学研究者所采取的“名”、“辩”单行式思路也大不相同。这种全新的研究模式，显然是基于先生对于符号学和《墨经》名辩两方面的深度认知和全面把握而提出的，它对于后人 进一步思考和探讨墨家名辩符号学思想，无疑具有极其重要的借鉴作用。再次，先生关于《墨经》

[1]李先焜.《墨经》中的符号学思想[J].湖北大学学报：哲学社会科学版，1996，(3).

符号学 的一系列精辟的见解，对于深化墨家名辩研究具有重要的启迪作用。从上述介绍中可明显看出，先生对于《墨经》名辩符号学的思考与认知，既是完全独立的，又是新颖、独到的，更是经过缜密分析和严格论证的。这些独特而精当的全新见解，无疑是先生精湛研究功力和勇于探索精神的体现，它对于当代墨家名辩思想乃至整个墨家思想的研究，都有着深刻的启迪作用。最后，先生在《墨家》符号学研究中所展示的严谨治 学态度，堪称典范。在传统的名辩逻辑化研究范式中，一些研究者按照传统逻辑的内容框架为《墨经》名 辩构建了一个完整的“墨辩逻辑”理论体系。对这种“墨辩逻辑”体系的虚假性，学界已有研究者作了揭露。在先生建构的《墨经》语用学研究模式中，则既没有那种无限上纲的人为拔高痕迹，也不见那种主观臆断、盲目猜测的成分。从具体论述中可明显看出，先生对于《墨经》语用学思想的一系列见解，都非常中 肯、准确和精当，表现出了一种严谨、扎实、客观、科学的治学态度，堪称当代名辩研究者学习的榜样、典范。

四、对公孙龙名学的符号学解读

在先秦诸子中，名家以“专注于名”而得其称。在先生的名辩符号学研究中，对于名家也有特别的关注，对邓析、尹文、惠施和公孙龙等名家代表人物的符号学思想，均有论及。公孙龙于名学有独到的研究，这是历史的公认和人们的普遍性认知。也正因为此，对于公孙龙符号学思想的探讨，在先生的名家符号 学思想研究、乃至整个先秦名辩符号学研究中，占据了特别重要与突出的地位。

在先秦诸子典籍中，《公孙龙子》一书素称难读，也由此导致了对公孙龙及其学说的诸多误读和曲解。正如先生所言，“在先秦诸子中，其学术观点遭到当时与后世的学者误解、指责、非难最多的恐怕要数公孙龙”，“实际上，从现代符号学的观点看来，公孙龙的著作中包含有丰富的符号学内容，其价值并不亚于古希腊的一些符号学家的著作。”[1]先生重点探讨了公孙龙《名实论》、《指物论》和《白马论》三篇中的符号学思想。

---

[1] 李先焜．公孙龙《名实论》中的符号学理论［J］．哲学研究，1993，（6）．

1. 关于《名实论》中的符号学思想。公孙龙的《名实论》是专门讨论名实关系的。《名实论》云："夫名，实谓也。"公孙龙的"名"与先秦诸子的"名"一样，都是指事物的名称符号。先生认为，先秦诸子虽然大多都论及名实关系，都属于指称论，但公孙龙是"最充分地揭示出'名'的特有属性的"[1]，因为"名"的最本质属性就在于人们在言语交际过程中用"名"去称谓"实"。并且，先秦其他诸子所论"正名"，都或多或少地要具体涉及社会政治伦理的内容，使"正名"成为了君王的一种统治臣民之术，而"公孙龙在《名实论》中所讨论的名实关系，显然超出了上述局限。公孙龙所讨论的是纯属语义学范围的名实关系"[2]。针对先秦社会名实散乱现象，诸子百家都从各自立场提出了"正名"的要求，但对"正名"准则给予具体明确论述者则不多。先生认为，在这方面，主要是荀子和公孙龙。荀子在其《正名》中提出了"制名之枢要"的约定俗成论，但这种理论无法排除自然语言的歧义、含混现象，"公孙龙的《名实论》提出'其名正则唯乎其彼此'的准则，正是有助于消除这一类现象"[3]。因为，按照公孙龙"唯乎其彼此"的正名原则，一个正确的名称与其所指称对象之间只能具有一一对应的关系，而不能具有一对多或多对一的关系。"从符号学的角度说，就是要求一个正确的符号必须具有严格的单义性，但这是一种理想语言的原则"[4]。因为，自然语言中的语词大多具有多义性，要在自然语言中严格贯彻这一原则有较大难度。在先生看来，"公孙龙能在两千多年前提出这一'正名'的准则，虽然有些理想化，但对促进言语表达的精确性来说，是有其积极意义的"[5]。先生还特别提请人们注意，在《名实论》中，公孙龙使用了代词"彼"和"此"，去分别代表不同的具体名称。他认为，代词较之"变元"虽然还有某种程度的差别，它仍具有一定的语义，"但在公孙龙的时代，能用'彼'、'此'之类的代词来代替具体的名称以作理论表述，这不能不说是公孙龙对逻辑学与符号学的

[1] 李先焜．公孙龙《名实论》中的符号学理论［J］．哲学研究，1993，（6）．
[2] 李先焜．公孙龙《名实论》中的符号学理论［J］．哲学研究，1993，（6）．
[3] 李先焜．公孙龙《名实论》中的符号学理论［J］．哲学研究，1993，（6）．
[4] 李先焜．公孙龙《名实论》中的符号学理论［J］．哲学研究，1993，（6）．
[5] 李先焜．公孙龙《名实论》中的符号学理论［J］．哲学研究，1993，（6）．

一大贡献”[1]。先生对公孙龙《名实论》符号学思想的解读及其评价是非常精当与客观的。这里，我们需要强调指出的是，同对墨家符号学思想研究一样，在具体解读《名实论》过程中，先生既以西方符号学理论、西方符号学史相印证，又与先秦其他诸子的有关思想相比较，使人们在理解和把握公孙龙符号学思想及其意义的同时，又获得了来自中、西两个方面的相关知识，以及对先秦名学自身内在发生发展轨迹的了解与认知。先生的这种纵横交错、相互比证的研究方法，不仅使其所论所持更具论证性和说服力，而且令其解读洋溢着引人入胜的魅力，让读者回味无穷，欲罢不能。

2. 关于《指物论》中的符号学思想。在素称难读的《公孙龙子》一书中，《指物论》又被推为最难读的一篇。《指物论》之难读、难解，最主要是难在对“指”的理解上。有研究者统计，《指物论》全篇字数不过270个左右，加上后人增补的60个左右的标点符号，总字符也只有330个左右，但其中“指”字就重复出现50次之多[2]）。学术界有关“指”的解释，可谓五花八门，无奇不有。先生在全面分析和充分借鉴现有相关研究成果基础上，结合自己对《名实论》思想旨趣的理解与认识，从现代符号学角度对《指物论》作出了具体而细致的解读。先生指出：“《指物论》中‘指’与‘物’的关系是直接的对应关系，还是经过某种中介，例如经过‘概念’的中间环节？这是一个非常重要的问题。”[3]先生认为，《指物论》和《名实论》所表达的语义关系，都是指符号与所指对象之间直接的对应关系，都是属于指称论，而并非以概念为中介的观念论。在我们看来，先生所提出的问题不仅是探讨《指物论》和《名实论》，也是研究整个中国古代名学所必须首先思考的一个关键性、根本性问题。可以说，这是关于中国名学的一扇门、一把锁。打开这把锁、走进这扇门，展现在人们面前的即是星光闪烁的中国古代符号世界，而驻足门外，只能是猜测，是臆断，是遐想。先生对这一根本问题的认识和回答，又无疑是打开这把锁、开启这扇门的钥匙。有了这把钥匙，人们

---

[1] 李先焜．公孙龙《名实论》中的符号学理论［J］．哲学研究，1993，（6）．

[2] 曾祥云，刘志生．中国名学——从符号学的观点看［M］．福州：海风出版社，2000.

[3] 李先焜．语言、符号与逻辑［M］．武汉：湖北人民出版社，2006.

对中国古代名学的解读、研究，就会变得相对容易、顺畅得多，至少不会再出现那种南辕北辙、剑走偏锋的现象。基于对“指物”关系的深刻认知，先生提出了自己对《指物论》中两个核心观点的解读。对于“物莫非指”，先生在有研究者将其解释为“所有的事物皆能为一定的符号所指谓”的基础上，认为这句话 还有另一方面的含义，这就是“任何事物都可以（在一定条件下）充当指谓其他事物的符号”，并且，“通观《指物论》全文，应该说这种解释是‘物莫非指’的主要含义”[1]423。“指非指”是《指物论》的另一重要主张，也是该篇中最受一些研究者误解、歪曲和指责的论题。先生认为，前一个“指”表示“能指”即符号自身的物质状态，后一个“指”则表示这个符号所指的对象，因而“指非指”的意思就是：“能指不为其自身所指”，也就是说，“‘能指’这个符号自身不属于这个符号所指的外延”[2]424。诚然，先生对于“物莫非指，而指非指”的解读，也犹如先生对于先秦其他诸子思想中某一具体条文或个别词、字的解读一样，未必为所有研究者所赞同，这是十分正常的学术现象。先秦典籍流传至今已两千多年，不仅讹文错简现象甚多，而且文尤奥衍凌杂，今人重读再研，难免各有所得、各有所持。尽管如此，先生能将“如走龙蛇，偶一疏忽，便觉不知所云”的《指物论》，作出行云流水般的通解，这本身即是对当代名辩符号学研究的一大贡献，而其中诸多精辟见解也无不给人以深刻启迪。

3. 关于《白马论》中的符号学思想。公孙龙以《白马论》而扬名天下，流传古今。然而，也正是《白马论》所持“白马非马”之论，使公孙龙在历史上成了众矢之的，变成了臭名昭著的诡辩徒。先生从现代符号 学的角度，对《白马论》作出了非常精彩的解读。《白马论》云：“马者所以命形也，白者所以命色也，命色者 非命形也，故曰白马非马。”这是《白马论》对于“白马非马”命题的第一个论证，实际上也是最重要的论 证，其中的“命色”和“命形”则是公孙龙所执“白马非马”之论的主要论据和核心论据。在以“概念”释“名”的传统名辩逻辑化研究范式中，对上述《白马论》引文，是从来没

[1] 李先焜．语言、符号与逻辑［M］．武汉：湖北人民出版社，2006.
[2] 李先焜．语言、符号与逻辑［M］．武汉：湖北人民出版社，2006.

有作出过清晰而合理的解读的。先生认为，由于汉语言文字的独特性，使得语形学在我国古代没有得到充分的发展，因此，虽然“公孙龙并未能从语形上对词作出词性的分类，但是他确实看到了不同符号的范畴上的区别，从而强调‘命色者非命形也’，指出了指称性质的符号不同于指称实体的符号。如在词组‘白马’中包含有修饰性质的符号‘白’，因此它不同于单独指称形体的符号‘马’。”[1] 430。在先生看来，公孙龙之论“白马非马”，“讨论的完全是符号之间的关系”[2] 431；许多研究者从本体论即从事物本身的类属关系来讨论“白马”与“马”的关系，从而断定“白马非马”为诡辩，完全是对公孙龙原话的误解。在《白马论》中，公孙龙还论及单名“白”与“白马”名中之“白”的区别。先生指出，“在英语中，作为形容词‘white’与作为名词的‘whiteness’从形式与发音上都是有区别的。但是在汉语中两种‘白’在形式与发音上没有任何区别。公孙龙在实际运用中发现了这种区别，明确提出‘定所白者，非白也’，并以此作为他论证‘白马非马’的一个论据”[3] 433。在对《白马论》作出具体解读后，先生明确指出：“公孙龙的《白马论》完全是对人们认识过程与言语行为过程的分析，也可以说是对符号过程（semiosis）的分析”，“公孙龙提出‘白马非马’的命题，并非是为了与常识开一个玩笑，而是有其深刻的理论基础”，而“从公孙龙对‘白马非马’与‘坚白石’的分析来看，可以断定中国古代并非完全缺乏分析的传统，只是这一传统长期未被很好地继承与发扬，反而受到一定程度的误解和歧视甚至打击。这不能不说应一个悲剧。”[4] 434。我们看到，先生对《白马论》的符号学解读同样是十分精彩与精当的；对《白马论》的认识与评价不仅独到、深刻，而且客观、中肯。这里要特别指出的是，先生依据汉语言文字的特点并结合中西语言文字的对比分析来解读《白马论》，不仅使其解读异彩纷呈，也使其对《白马论》的认识和评判更具深度，更具说服力，启人智慧。我国古代的“名”与汉语言文字有着密切的联系，这是探讨中国古代名学不

[1] 李先焜. 语言、符号与逻辑 [M]. 武汉：湖北人民出版社，2006.
[2] 李先焜. 语言、符号与逻辑 [M]. 武汉：湖北人民出版社，2006.
[3] 李先焜. 语言、符号与逻辑 [M]. 武汉：湖北人民出版社，2006.
[4] 李先焜. 语言、符号与逻辑 [M]. 武汉：湖北人民出版社，2006.

可忽视的一个重要问题。由于以表意为特征的汉语言文字系统与以表音为特征的西欧语言文字系统有着很大的差别，因此立足于汉语言文字特点来探究名学中的符号学思想，这是非常重要的方法论。在这方面，先生无疑为我们树立了学习的榜样。

4. 关于《公孙龙子》的总体认识与评价。现存《公孙龙子》一书共六篇，除上述三篇外，还有《坚白论》、《通变论》和《迹府》篇。一般认为，《迹府》篇系公孙龙弟子记录公孙龙言行的材料，而其余五篇均为公孙龙本人之作。但在具体研究中，一些研究者对《公孙龙子》五篇的评价则表现出明显的褒贬不一的情形，如在传统的名辩逻辑化研究范式中，有研究者一方面肯定《名实论》、《白马论》等篇，另一方面对《通变论》却横加指责，说它“最拙劣”，是“一派胡言”，甚至有人因之怀疑它是“伪作”。显然，同是公孙龙著作，其思想旨趣应当根本一致，研究者自相否定的认知与评价，只能表明其研究本身的“拙劣”，必定存在着严重的失误与缺陷。与上述不正常研究现象形成鲜明对照的是，先生明确指出：“在公孙龙现存的五篇著作中（《迹府》除外），《名实论》应该占有一个特殊的地位，实际上它可以说为其他诸篇提供了符号学的理论基础，因为其他诸篇都涉及一个名实关系问题，都为了解决现实生活中的名实散乱问题，这些也都是符号学的问题。他在其他诸篇中，始终贯穿一个基本观念，即‘名者，实谓也’，始终强调‘审其名实，慎其所谓’，始终注意贯彻一个准则，即‘其名正则唯乎其彼此’的单义准则”，“再看公孙龙对‘白马非马’命题的分析，对‘物莫非指，而指非指’的分析，对‘坚’、‘白’、‘石’的分析，对‘羊合牛非马’的分析等，也无不体现‘其名正则唯乎其彼此’的要求，都贯彻‘审其名实，慎其所谓’的目的。因此，只有抓住诸篇中的这一合理内核，才能理解诸篇的真正旨意。如果将各篇相互割裂开来，将个别命题跟整个系统割裂开来，孤立地讨论所谓‘白马非马’、‘物莫非指，而指非指’的命题，就必然会统统斥之为诡辩术”[1]。在《公孙龙〈指物论〉中的符号学思想》一文的结束语中，先生也特别指出：“公孙龙在其他各篇也作出了这种精致、深刻、独到的语

[1] 李先焜．公孙龙《名实论》中的符号学理论［J］．哲学研究，1993，（6）．

言分析，因此，我们有理由将公孙龙称为中国先秦时期杰出的符号学家”，“公孙龙的其他几篇著作如《白马论》、《坚白论》、《通变论》等，也涉及不少符号学方面的问题，其共同点就是它们都对语言进行了逻辑语义的分析”[1]427。我们在这里之所以如此详细地引述先生的原文，主要理由有三：其一，这是迄今对于公孙龙思想体系的最贴切中肯、恰如其分的评价。在我们看来，先生的总体性评价既是对传统评价的一种颠覆，更是对公孙龙思想特质的——沿用先生评价公孙龙的话来说——最“精致、深刻、独到”的揭示，因此可以说是最“经典”的，它应当成为、也必将成为整体评判公孙龙符号学思想的“标准化用语”。其二，先生对于公孙龙思想的整体性认知，为我们研究公孙龙提供了一种方法论的指引。先生对于《公孙龙子》五篇的整体性把握，不仅是先生深厚研究功力的体现，而且也是先生智慧的彰显。我们认为，这种整体性认知与把握，既客观、正确，又深刻、独到，它为人们通读、通解《公孙龙子》和深入研究公孙龙思想提供了基本的遵循，指明了前进的方向。其三，先生对公孙龙符号学思想的整体性认知和根本性把握，具有划时代的非凡意义。两千多年来，公孙龙及其学说深受人们的责难、贬损与歧视，时至今日，终于获得了一个客观、公正的评价。先生在恢复公孙龙及其思想应有历史地位的同时，对其符号学贡献作出了深度阐发和高度评价，这必将推进国内外对于公孙龙学说的更深入研究，走向公孙龙符号学思想 研究的新时代。

以上，我们从四个方面简单评述了先生在名辩符号学研究方面的主要成就和历史性贡献。可以看出，先生的名辩符号学研究，既是全面、系统的，也是非常精辟、深湛与独到的。在我们为“李氏名辩符号学”的独特风采和无穷魅力所深深吸引的同时，也对先生深厚精湛的研究功力，感到无比的敬佩、仰慕，其用力之勤、思考之深、钻研之精，以及分析之透彻、论证之有力、见解之精辟，也无不令我辈后学感叹不已。

最后需要说明的是，先生对中国名辩的研究，实际上并不仅限于名辩符号学领域。先生对于名辩在我国近现代的发展、演变，亦有诸多深入的思考、

---

[1] 李先焜．语言、符号与逻辑［M］．武汉：湖北人民出版社，2006.

开拓性研究和精辟的分析，限于篇幅，本文只能从略而不作具体评述了。此其一。其二，受本人学力所限，对于先生深邃博大的名辩符号学思想体系的认知与把握，必有挂一漏万或失之偏颇等不当之处，其责任全在作者本人，与先生无所关涉。

附录四

李先焜先生年谱简编

清华大学人文学院　陈为蓬

1927 年

8 月 18 日（农历丁卯年七月廿一）　出生于北京。籍贯湖南浏阳。先生之父亲李谟文，曾供职于世界书局等单位。此时李谟文先生在北京工作，全家居于北京。先生幼时受母亲胡云瑶启蒙教育。

1932 年前后

先生父亲到上海华界一电灯公司任技术员，全家随父亲迁居上海，住虹口区。

1933 年秋

入上海育才小学（解放后为临平路小学）初小。

1934 或 1935 年

因祖母病重，第一次回湖南浏阳老家。

1937 年

日本发动全面侵华战争。8 月，“八一三”淞沪抗战前夕全家逃入租界，后经杭州、南昌、长沙等地回到浏阳老家。先后在浏阳县城和乡间继续就学（包括私塾），除读书识字外，还学唱抗日歌曲。

1939 年

全家在日军占领前离开故乡，辗转到浙江、江西等地。曾遇日军轰炸，患过疥疮、疟疾、痢疾、夜盲等。

1940—1942 年

到江西上饶，读初中。受班主任、语文老师陈熊子先生指导和鼓励，在当地《前线日报》副刊“中学生之页”发表诗作十来篇，并向编辑覃子豪写信请教写作方面问题，覃在副刊上公开作答。

1942 年

因日军迫近，逃离上饶，到山区继续就读。抗战时期因躲避战乱，辗转多处就学。前后共读小学五所、中学六所。

1945 年

抗战胜利。全家迁至杭州。在杭州读高一时，音乐老师指导登台独唱《天伦歌》，受到好评。音乐老师拟推荐去音乐学院学习音乐，因先生父亲反对而作罢。

1946 年

全家回到长沙。

年底转学到武昌文华中学读高中。

1948 年

高中毕业。被保送南京金陵大学、武汉华中大学，同时以第 4 名成绩考取武汉大学经济系。决定就读武汉大学经济系。

8 月，与黄渌泉女士在武汉订婚。黄渌泉原籍湖南醴陵，与先生同年出生（比先生小三个月），在学生时代有“才女”之称。双方父亲系老同事、老朋友。抗战时期二人先后在迁往后方的九江中学读书，为先后同学，1945 年于杭州相识。订婚后即随黄渌泉去醴陵老家。此时先生患有严重的风湿性关节炎，走路稍跛，由黄渌泉叔祖父、当地乡下有名的外科郎中以“猴骨”等草药治愈。

9月，回武汉，入武汉大学经济系就读。1952年7月毕业。

在武汉大学就读期间，在中共地下党领导的《大刚报》副刊上发表诗文数篇。

1949年

年初，参加进步学生运动。加入中共地下外围组织——新民主主义青年社

5月，武汉解放。由新民主主义青年社成员直接转为中国新民主主义青年团（共青团前身）团员。在团市委搞临时工作，出席武汉市第一次团代会。

1950年

元旦，与黄渌泉女士结婚。“一切从简，请了三桌客”。婚后夫人到中原大学学习，后分到武汉市财政局工作。

10月，长女李之久出生。

提前从武汉大学离校参加革命工作。后经市委组织部正式调到市人事处（后改人事局）工作。

1951年

因病休养。“从图书馆借来一本逻辑学的书阅读，越看越觉得有意思”。

1952年

12月，次女李践实出生。

1954年

5月，儿子李汛出生。当年5月至7月武汉迎击长江特大洪汛，先生以此为儿子命名。

夏，任武汉防汛总指挥部秘书。后到新成立的武汉市干部子弟学校（属市人事局）任副校长。夫人亦调到子弟学校工作。

1956 年

9 月，响应党的“向科学进军”的号召，考入北京师范大学哲学研究生班，学习哲学与逻辑学。导师为马特教授等。

10 月 1 日，参加天安门国庆游行。

北师大研究生学习期间，获体育锻炼“劳卫制”合格证书

1957 年

1 月，三女黄师哲出生。

自俄文译出《论逻辑正确性的本性》（原作者勒·巴热诺夫），刊载于《学习译丛》1957 年第 9 期。

1958 年

7 月，从北京师范大学哲学研究生班毕业。

8 月，到武汉市关山工业区新建的武汉轴承厂（后改武汉汽车标准件厂）工作，任教育科科长。建厂初期，两个星期才能回家一次。

1960 年

年底，干部归队，到市委组织部报到。要求到高校搞教学工作。

1961 年

1 月　到武汉师范学院（湖北大学前身）担任教学工作。被编在中文系汉语教研室，讲授逻辑学课程。

此时夫人在武汉市十八中（今育才中学）任教，全家住在武汉市话剧院一个大杂院式的宿舍（人称“七十二家房客”），先生平时住武汉师范学院集体宿舍，周末从武昌过江到汉口，回家团聚。

写信给北京师范大学马特教授告知已调到武汉师范学院教逻辑学，马先生回信指导，并嘱帮助收集马克思恩格斯早期著作（俄文本）中有关逻辑方面的论述。

研读《逻辑与演绎科学方法论导论》（周礼全等译）、《数理逻辑导论》

（莫绍揆译）。

马特教授寄来（波兰）卢卡西维茨著《亚里士多德的三段论》一书俄文译本，并嘱译成中文。在马特先生指导下于1964年译完，交商务印书馆。出版社决定采用其中的第六至八章（“亚里士多德的模态逻辑”部分），与北京大学李真所译前五章一起，作为二人合译出版。应出版社要求又依据英文原版重新校阅，1965年完成，译稿仍经马特先生交商务印书馆。后因“文革”开始，出版停顿，延至1981年方出版。

1963年

论文《论矛盾判断》刊载于《江汉论坛》1963年第9期。

1964年

论文《逻辑科学必须联系思维实际》刊载于《江汉论坛》1964年第3期。

1966年

“文革”开始，教学停顿。“文革”中，以英文版《毛主席语录》学习英语。又自学针灸，为家人和同事们扎针治疗。

1972年

学校招收工农兵学员。同中文系学员“开门办学”到湖北蒲圻县（今赤壁市）一所中学上课，住农民家。此后又曾同中文系师生去湖北云梦县农村钟垸大队“开门办学”一个月。

1975年

论文《论荀子的唯物主义的战斗逻辑——读荀子的〈正名篇〉》刊载于《武汉师范学院学报》（哲学社会科学版）1975年第2期。

1976年

论文《战斗的逻辑，犀利的笔锋——学习鲁迅杂文中的逻辑》刊载于《武汉师范学院学报》（哲学社会科学版）1976 年第 3 期。

夫人因病提前退休。

1977 年

论文《〈贵在鼓劲〉一文试析》刊载于《武汉师范学院学报》（哲学社会科学版）1977 年第 1 期。

1978 年

论文《论比喻推理》刊载于《武汉师范学院学报》（哲学社会科学版）1978 年第 1 期。

5 月，经武汉大学江天骥先生介绍，到北京中共中央党校参加第一次全国逻辑讨论会。提交论文《论比喻推理》。会上听取中国社会科学院周礼全先生《形式逻辑和自然语言》的报告，“深受启发”。同周礼全先生相谈。

读周礼全先生推荐的（英国）斯特劳森《逻辑理论导论》（英文本）。

9 月，晋升为副教授。

同月，在杭州参加十院校中文系逻辑学教材编写会议。杭州大学王维贤任主编。

1979 年

2 月，所著《逻辑学基础》一书完稿。同年 10 月由浙江人民出版社出版。

2—3 月，在桂林参加十院校《逻辑学》教材审稿会。会间，与会学者 3 月 5 日发起成立逻辑与语言研究会，通过了会章，选举了研究会的领导小组，王维贤任组长，李先焜、孙煜为副组长。

论文《充足理由律在形式逻辑中的地位和作用》刊载于《哲学研究》1979 年第 3 期。

8 月，在北京通县（今通州区）参加第二次全国逻辑学术讨论会。会上成立中国逻辑学会，确认逻辑与语言研究会为中国逻辑学会下属组织（后改为专业委员会）。会议期间逻辑与语言研究会举行了第二次会员大会，决定把领导小组改为理事会，王维贤任理事长，李先焜、孙煜任副理事长，李先焜、戴希培负责理事会下设的科研组。

同月，1978 年第一次全国逻辑讨论会论文集《逻辑学文集》由吉林人民出版社出版。先生论文《论比喻推理》编入。

9 月，为恢复高考后首批进校的 1977 级中文系、政教系本科生讲授《逻辑学》课程。

12 月，同逻辑与语言研究会领导成员王维贤等在武汉开会，讨论《逻辑与语言研究》创刊号的稿件，研究 1980 年会务工作计划。

参加全国哲学规划会议，确定“逻辑和语言研究”为研究会的科研项目。

武汉师范学院分配了住房，全家搬来。“我们才常年聚在一起，算是有了一个完整的家”。

1980 年

春，为由中文系、政教系 1977 级学生组成的逻辑学兴趣班讲授《数理逻辑》课程，以卢卡西维茨《亚里士多德的三段论》为教材。

4 月，《逻辑与语言研究会通讯》第四期刊载先生拟定的《逻辑和语言 1980– 1985 年科研规划》（供讨论用），共提出 57 项科研项目。

论文《谈谈中学语文课中的逻辑知识教学问题》刊载于《中学语文》1980 年第 3 期；后编入《语法逻辑修辞教学论集》一书，新蕾出版社 1984 年 10 月出版。

论文《概念反映什么》刊载于《武汉师范学院学报》哲学社会科学版 1980 年第 3 期。

8 月，到成都参加逻辑与语言研究会第二届年会，在闭幕式上作总结发言。

同月，广西师范学院、武汉师范学院等 10 所院校合编的高等学校文科教材《逻辑学》由甘肃人民出版社出版。先生承担其中第七章《推理（下）》（归纳推理），并参与二稿统稿工作。

秋，将中文系 1977 级本科生陈道德所撰论文《谈表现为并列关系的属种概念》推荐至《中学语文》编辑部，1981 年第 3 期刊出。

自（美国）W.C. 萨尔曼《逻辑》译出《逻辑与语言》，刊载于《逻辑与语言研究》（一），中国社会科学出版社 1980 年 12 月出版。

1981 年

2 月，加入中国共产党。

3 月，（波兰）卢卡西维茨著，李真、李先焜译《亚里士多德的三段论》由商务印书馆出版。1991 年作为商务印书馆“汉译世界名著丛书”再版。

4 月，到杭州参加中国逻辑与语言研究会常务理事扩大会议。会上决定调整、充实常务理事会的下属机构，成立科研处，李先焜任主任。所属《逻辑与语言研究》编辑部由李先焜任主编。

论文《论思维的严密性和自然语言表述的灵活性》刊载于《武汉师范学院学报》哲学社会科学版 1981 年第 2 期；后编入《语言学资料选编》（上册），中央广播电视大学出版社 1983 年 10 月出版。

夏，参与俄文版《伦理学辞典》中文译本审校工作。原书（苏）伊·谢·康主编，中文版由王荫庭等译，王荫庭、李先焜、赵可校，甘肃人民出版社 1983 年 2 月出版。先生校订从“禁忌”条到“功利主义”条，共 23 条。

9 月，到安徽屯溪出席全国形式逻辑讨论会。

论文《要研究自然语言的逻辑——兼评〈现代汉语逻辑初探〉》刊载于《中国语文》1981 年第 5 期。

自英文摘译出《逻辑小词典》，连载于《逻辑与语言学习》1981 年第 2、3、4、5 期。

1982 年

1 月，由湖北大学中文系调至政治教育系。后在系内任逻辑学教研室、语言逻辑研究室主任多年。

4 月，中国逻辑与语言函授大学在北京成立。先后担任副校长、顾问。

8 月，到贵阳参加中国逻辑与语言研究会年会，代表研究会在开幕式上作《我会两年来的工作报告》。会上选举了第三届理事会，先生任理事长。后连任至 1989 年。会上决定研究会会址由河北师范学院迁至武汉师范学院政教系。

1983 年

7 月，到南京参加中国逻辑与语言研究会常务理事会扩大会议。

9 月，招收第一届硕士研究生（专业：逻辑学，研究方向：自然语言的逻辑）3 名：陈道德、陈为蓬、孙学钧。1986 年 8 月毕业。

1984 年

4 月，在杭州参加中国逻辑与语言研究会理事长、副理事长和部分学术委员扩大会议。

9 月，论文《语言逻辑研究的意义、历史和现状》刊载于《武汉师范学院学报》庆祝中华人民共和国成立三十五周年专辑。本文后被摘编收入《中国哲学年鉴》（1985）“论文选介”，中国社会科学院哲学研究所编，中国大百科全书出版社 1985 年 8 月出版。

同月，武汉师范学院改建为湖北大学。

同月，所著《逻辑基本知识》一书完稿。1987 年 11 月作为叶苍岑主编的《语文基本知识丛书》之一，由北京教育出版社出版。

11 月，（瑞典）詹·奥尔伍德、拉·冈·安德森、奥·达尔著，王维贤、李先焜、蔡希杰译《语言学中的逻辑》一书由河北人民出版社出版。先生担任第六至九章及习题解答和索引的翻译，并最后校订全文。2009 年 1 月由北京大学出版社作为“未名译库——语言与文字系列”再版。

12 月，江天骥主编的《西方逻辑史研究》一书由人民出版社出版。先生参加编写，承担第一章第三节《德奥弗拉斯特的逻辑学说》。

同月 中国逻辑与语言函授大学科学研究室编《逻辑语言写作论丛（第一辑）》一书由南开大学出版社出版。刊载有（苏）П. 波波夫作、李先焜译《卢卡西维茨的〈亚里士多德的三段论〉一书的俄文版序言》一文。

1985 年

4 月，到河南开封参加中国逻辑与语言研究会理事长扩大会议。

论文《关于逻辑学概念部分改革刍议》刊载于《湖北大学学报》（哲学

社会科学版）1985 年第 2 期。

论文《漫谈歧义》刊载于《大众逻辑》1985 年第 2 期。

论文《关于语言逻辑的几个问题》刊载于《黄石社联》1985 年第 2 期。

论文《关于语义的指称理论》刊载于《逻辑与语言学习》1985 年第 4 期。

11 月，到江苏苏州参加中国逻辑与语言研究会常务理事会扩大会议。

1986 年

6 月，到河北承德参加中国逻辑与语言研究会学术讨论会和会员代表大会，在会上作会务报告。会上选举了第四届理事会，先生连任理事长。研究会会址设湖北大学政教系。

9 月，在湖北大学出席中国逻辑与语言研究会学术委员会会议。

论文《逻辑和语言》（上、下）刊载于《中学语文》1986 年第 7、8 期。

论文《语言、逻辑与语言逻辑》刊载于《哲学研究》1986 年第 8 期。

评论《中国逻辑与语言研究会讨论语言逻辑问题》刊载于《国内哲学动态》1986 年第 8 期。

论文《谈谈词项的内涵和外延》刊载于《逻辑与语言学习》1986 年第 6 期。

《符号学概述》分载于《逻辑与语言学习》1986 年第 6 期，1988 年第 6 期，1989 年第 3 期、第 4 期，1990 年第 4 期。

《逻辑知识》（一、二）编入成人中专《语文》教材第一、二册。

1987 年

1 月，晋升为教授。

金岳霖学术基金会在北京成立。先生任学术委员。

论文《严复在西方逻辑再输入上的重大贡献》刊载于《湖北大学学报》（哲学社会科学版）1987 年第 2 期。

8 月，到北京参加并主持中国逻辑与语言研究会常务理事会扩大会议。

同月，中国逻辑学会第三次代表大会在北京举行。会上选举了第三届理事会，先生当选为中国逻辑学会副会长，后连任至 1996 年。

论文《胡适对中国古代逻辑的研究》刊载于《湖北大学学报》（哲学社

会科学版）1987 年第 6 期。

1988 年

4 月，温公颐主编的《中国逻辑史教程》一书由上海人民出版社出版。先生参与编写，承担第十二章《近代中国逻辑科学的发展》：第一节《清代诸子学及其对中国逻辑科学发展的影响》、第二节《严复与西方逻辑的再输入》、第三节《章太炎、梁启超、章士钊对中西逻辑的比较研究》、第四节《胡适对中国古代逻辑的研究》。

5 月，中国社会科学院哲学研究所编、上海人民出版社出版的《世界哲学年鉴》（1986）"新书选介"中刊载先生对美国 C · 汉森（中译本作陈汉生）著《中国古代的语言和逻辑》的评论。

论文《章太炎、梁启超、章士钊的中西逻辑的比较研究》刊载于《湖北大学学报》（哲学社会科学版）1988 年第 3 期。

论文《论黑格尔逻辑学的定义理论》刊载于《德国哲学》第五辑，北京大学出版社 1988 年 5 月出版。

8 月，在浙江温州参加中国逻辑与语言研究会常务理事会和学术委员会会议，出席全国青年语言逻辑工作者学术讲座会。

评论《语言逻辑研究的可喜的一步——评马佩教授主编的〈语言逻辑基础〉》刊载于《哲学动态》1988 年第 8 期。

论文《符号学与逻辑学》刊载于《哲学研究》1988 年第 9 期。

11 月，马佩、王维贤、李先焜、张文洸、陈宗明编，周礼全审校的《英汉逻辑学词汇》由四川人民出版社出版。

论文《浅论记叙文中的逻辑》刊载于《中学语文》1988 年第 11 期。

论文《什么是符号和符号学》刊载于《逻辑与语言学习》1988 年第 6 期。

1989 年

论文《中国——一个具有丰富的符号学传统的国家》刊载于《江汉论坛》1989 年第 1 期。

为《语用学与自然逻辑》译文集所作的序言《语用学与自然逻辑》刊载

于《湖北大学学报》哲学社会科学版 1989 年第 1 期。

2 月，参与编写、杨百顺主编的《现代逻辑启蒙》一书中国青年出版社出版。承担第十八章《内涵逻辑》。

4 月，率中国代表团到法国佩皮尼昂大学出席国际符号学会第四次大会，在大会上作学术报告《中国——一个具有丰富的符号学传统的国家》。在会上当选为国际符号学会理事，后连任至 1999 年。

主持国家社会科学基金项目《中国符号学的源流与发展》。

9 月，王文卿主编的《新编哲学词典》由湖北教育出版社出版。先生参与编写，承担其中部分关于逻辑的词条。

10 月，到北京怀柔县参加中国逻辑与语言研究会建会 10 周年学术讨论会和符号学研究会成立大会。致开幕词、闭幕词。

日本记号学会会长、东京学院大学坂本百大教授等出席。先生担任中国逻辑学会符号学专业委员会主任，后连任两届至 2003 年。

同月，王维贤、李先焜、陈宗明合著《语言逻辑引论》由湖北教育出版社出版。先生执笔第一章《绪论》、第四章《意义与定义》、第五章《词项》、第十章《含模态词的语句》，另外还作了全书的统稿工作。多年来，先生与王维贤、陈宗明三人志同道合，彼此观点接近，结为挚友，经常合作，成果颇丰，被国内语言逻辑界誉为“铁三角”、“三剑客”。

评论《推荐一本较好的逻辑学教材——新编逻辑学概论》刊载于《江汉论坛》1989 年第 12 期。

论文《意义的意义》刊载于《逻辑与语言学习》1989 年第 3 期。

论文《内涵、外延与定义》刊载于《逻辑与语言学习》1989 年第 4 期。

中国逻辑与语言研究会建会十周年学术讨论会的《开幕词》与《闭幕词》载于《中国逻辑与语言研究会通讯》1989 年第 1 期。

1990 年

5 月，在湖北大学召开中国逻辑与语言研究会常务理事会议。

8 月，指导的第二批逻辑学硕士研究生许爱琼、高乐田毕业（1987 年 9 月入学）。除指导本校研究生外，多年受邀至南开大学、武汉大学、河南大学等校担任研究生学位论文答辩委员。

论文《符号过程与符号的分类》刊载于《逻辑与语言学习》1990年第4期。

1991年

作为特约撰稿人，参与周礼全主编的《逻辑百科辞典》。此书1994年2月由四川教育出版社出版。后获中国社会科学院第二届（1992–1994）优秀科研成果一等奖、1999年获国家社会科学基金资助项目优秀成果三等奖。

2月，为中国符号学研究会所编《逻辑符号学论集》一书作序。此书系中国符号学研究会部分研究成果汇集，1991年10月由百家出版社出版，首篇为先生论文《符号学与逻辑学》。

论文《试论修辞的逻辑功能》刊载于《湖北大学学报》（哲学社会科学版）1991年第2期。

评论《逻辑应用的新成果——评"逻辑应用多视角"丛书》刊载于《哲学研究》1991年第3期。

8—9月，在北京参加中国逻辑与语言研究会、符号学研究会常务理事扩大会议

10月10日，论文《自然语言的缺点及其克服》刊载于香港《文汇报》。

10月，评论《国际符号学研究近况》刊载于《世界哲学年鉴》（1988–1990）"研究状况和进展"，汝信主编，上海人民出版社出版。

评论《艰辛的历程——纪念〈逻辑与语言学习〉创刊十周年》刊载于《逻辑与语言学习》1991年第1期。

1992年

论文《文化语用学——一个新的研究领域 ——兼评邢福义教授主编的〈文化语言学〉》刊载于《语言文字应用》1992年第2期；后编入《文化与语言（论文集）》，外语教学与研究出版社1994年4月出版。

论文《探索社会成人教育中的教育哲学问题》载于《中国逻辑与语言函授大学校庆十周年征文集》，1992年4月。

8月，在北京参加东亚符号学筹备会议。

10—11 月，主持在湖北大学举行的第一届东亚符号学研讨会，由中国逻辑学会符号学专业委员会和日本记号学会联合主办，中心论题为“汉字文化的意义”。国际符号学会主席、波兰华沙大学佩尔茨教授，国际符号学会秘书长、法国德雷达尔教授，日本记号学会会长坂本百大教授，日本东京大学藤本隆志教授等一百余名中外学者出席。

《China — A Country with an Abundant Semiotic Tradition》（《中国——一个具有丰富的符号学传统的国家》英文稿）编入国际符号学会论文集《SIGNS OF HUMANITY》，法国“MOUTONDE GRUYTER”出版社 1992 年出版。

同王维贤、陈宗明合著的《语言逻辑引论》（湖北教育出版社 1989 年出版）获浙江省人民政府社科优秀成果一等奖。

1993 年

论文《语言哲学与语言逻辑》刊载于《湖北大学学报》（哲学社会科学版）1993 年第 1 期；编入香港中文大学《分析哲学与语言哲学论文集》（新亚学术集刊第十期），新亚书院 1993 年出版。

论文《公孙龙〈名实论〉中的符号学理论》刊载于《哲学研究》1993 年第 6 期。

5 月，为顾之民著《交际语言学》一书作序。此书 1993 年 8 月由武汉出版社出版。

7 月，为张惠民主编的《语言逻辑辞典》一书作序。此书由世界图书出版西安公司 1995 年 3 月出版。先生任编委会顾问。

11 月，夫妇去美国费城三女儿家探亲。

1994 年

在美国费城海佛福德学院哲学系作访问教授，应邀在哲学系作学术报告。考察美国高校逻辑学教学、逻辑学教科书情况。

在美期间参加海佛福德学院与布琳玛学院联合师生合唱团唱男低音，为合唱团最年长者、唯一的外国人。

在美国加利福尼亚大学伯克利分校参加国际符号学会第五次大会，继续当选为国际符号学会理事。

在美期间，在女婿朱红指导下学会电脑文字处理。

2月，《语用学与自然逻辑》（译文集）由开明出版社出版。先生作序。

为张惠民主编《语言逻辑词典》所作之序刊载于《六安师专学报》1994年第1期。

4月，周礼全主编的《逻辑——正确思维和有效交际的理论》一书由人民出版社出版。先生参与编写，承担第12章《言语行为》、第15章《修辞》。此书1996年第二次印刷时书名改为《逻辑——正确思维和成功交际的理论》。1999年获国家社会科学基金优秀成果三等奖。

论文《论语言学与逻辑学的结合》刊载于《湖北大学学报》（哲学社会科学版）1994年第5期。

1995年

2月，杨百顺、李志刚主编的《现代逻辑辞典》由湖北教育出版社出版。先生参与撰稿。

论文《先秦名家的符号学》刊载于《湖北大学学报》（哲学社会科学版）1995年第5期。

9月，在美国发行的《世界日报》刊载先生寄自宾夕法尼亚州的《活到老 学到老》一文（后编入《双兔集》一书）。

12月，应日本大学校长濑在良男教授邀请，赴日本作学术访问。在日本大学、青山学院大学、日本记号学会等作学术报告《论孔子的“正名”学说及其定义方法》等，同日本学者进行学术交流。

论文《论金岳霖的定义理论》刊载于《哲学研究》1995年增刊。

《武汉工人报》刊载《学电脑》一文（后编入《双兔集》一书）。

1996年

从湖北大学离休。

4月1日，《武汉工人报》刊载《老友周代——读〈晚晴小集〉和〈雀巢集〉

有感》一文，后编入《湖北新时期文学大系》（散文卷）（编入《双兔集》一书）。

5月24日，《武汉工人报》刊载《抽烟与禁烟》一文（后编入《双兔集》一书）。

论文《〈墨经〉中的符号学思想》刊载于《湖北大学学报》(哲学社会科学版)1996年第3期。

论文《语言逻辑与新世纪的逻辑教学》刊载于《社会科学战线》1996年第4期。

10月，在江西上饶出席中国逻辑学会语言逻辑与符号学专业委员会1996年年会，作学术报告《微观语用学与宏观语用学》。

11月，夫人在家突发脑栓塞昏迷，先生以针灸急救奏效。

所译日本坂本百大教授提交第一届东亚符号学研讨会的论文《东亚符号学的可能性》刊载于《哲学译丛》1996年增刊。

1997年

《论孔子的“正名”学说及其定义方法》（在日本青山学院大学与日本记号学会所作学术报告）日文译文刊载于日本青山学院大学总合研究所研究丛书学际研究第1号，1997年3月出版。

9月，作《武汉啊，文明离你多远？》一文（后编入《双兔集》一书）。

主持在上海华东师范大学举办的第二届东亚符号学研讨会。国际符号学会主席、波兰华沙大学佩尔茨教授等出席。会议期间成立“东亚符号学会”，先生任学会副会长（后连任）至2002年。

12月，陈宗明主编的《中国语用学思想》一书由浙江教育出版社出版。先生参与编写，承担第二章《名家语用学思想》、第三章《墨家语用学思想》。

《The features of semiotics in ancient China》（《中国古代符号学的特点》英文稿）编入国际符号学论文集《符号学在世界各国：多样性的综合》，法国“MOUTONDE GRUYTER”出版社1997年出版。

参加由武汉原希利达中学和文华中学校友组成的希文校友合唱团。作《在党旗下放声歌唱》一文，刊载于《武昌文华中学校刊》（后编入《双兔集》

一书）。

作《谎言和它的危害》一文（后编入《双兔集》一书）。

1998 年

3 月，作《音乐——人类的共同语言》一文（后编入《双兔集》一书）。

4 月，为曾祥云、刘志生著《中国名学——从符号学的观点看》一书作序。此书由海风出版社 2000 年 4 月出版。

4 月 17 日，《武汉工人报》刊载《发生在异国夜空中的一件小事》一文（后编入《双兔集》一书）。

5 月 8 日，《武汉工人报》刊载《忆故乡》一文（后编入《双兔集》一书）。

6 月，出席在湖北大学举行的“海峡两岸殷海光学术研讨会”。提交论文《试论殷海光的语言哲学思想》，后收入会议论文集《西方现代自由与中国古典传统》一书，湖北人民出版社 2000 年 4 月出版。

7 月，周祯祥著《道义逻辑》由湖北人民出版社出版。先生作序。

9 月，作《音乐与人生》一文（后编入《双兔集》一书）。

10 月，到德国德累斯顿工业大学参加国际符号学会第七次大会，组织并主持其中的中国及东亚的符号学圆桌会议。发表论文《中国古代的符号拜物教》。论文英文稿《The Symbolic Fetishism in Chinese Traditional Thoughts》编入会议论文集。

同月，（美国）陈汉生著《中国古代的语言和逻辑》一书中文版由社会科学文献出版社出版。先生承担翻译原作者序、第一章及注释，并校订全书，撰写《译者序》。

论文《名辩学、逻辑学与符号学》刊载于《哲学研究》1998 年增刊（中国名辩学与方法论研讨会、道家与西方研讨会、冯友兰哲学思想研讨会优秀论文精选）。

《哲学译丛》1998 年增刊（第一届、第二届东亚符号学国际会议论文集）出版。收入先生所撰《前言》，论文《谎言——一种典型的符号现象》，先生自英文所译国际符号学会会长、波兰华沙大学逻辑符号学系主任佩尔茨教授在第二届东亚符号学研讨会开幕式上的讲话及其在会上所作的学术报告

《符号与推理》。

《Why Gongsun Long said: "White horse is not horse" 》(《公孙龙为什么说"白马非马" 》英文稿)编入波兰华沙大学论文集《在符号的世界中》，1998 年出版。

《Introduction to Chinese Semiotics》(《中国符号学概况》英文稿)、《On Gongsun Long's "Zhi fei zhi" 》(《论公孙龙的"指非指" 》英文稿)，编入《欧洲符号学杂志》1998 年卷 10—3。

论文《从语言逻辑到符号学——我的学习与探索历程》刊载于《探索与争鸣》1999 年增刊《符号和语言逻辑》。

在一次晚会上用武汉方言表演单口相声《"洋鸡蛋"与"土鸡蛋"》(后作为小小说编入《双兔集》一书)。

年底，为韦世林著《汉语—逻辑相应相异研究》一书作《再版序言》。此书第 2 版由云南教育出版社 2000 年 4 月出版。

2000 年

元旦，金婚(结婚 50 年)纪念日。照"全家福"像片，子孙满堂。

4 月，作《访诗人羊翚》一文，同年 9 月 6 日刊载于《武汉晚报》(后编入《双兔集》一书)。

9 月，由国外回到武汉。

10 月 31 日，作《给妻子的生日礼物》一文，刊载于《武汉晚报》同年 11 月 14 日"夕阳红"版(后编入《双兔集》一书)。

12 月 30 日，在希文校友合唱团世纪末联合会上发言《难以忘怀的三年》(后编入《双兔集》一书)。

2001 年

2 月，温公颐、崔清田主编的《中国逻辑史教程》(修订本)由南开大学出版社出版。本书原版即 1988 年 4 月由上海人民出版社出版、温公颐主编的《中国逻辑史教程》一书。此次先生参与修订工作：原版中先生承担的第十二章《近代中国逻辑科学的发展》变为修订版第十章《近现代中国逻辑科学的发展（上）——西方传统逻辑再传入与比较逻辑研究》；承担增写第十一章《近现代中国逻辑科学的发展（下）——西方现代逻辑传入与中、印逻辑探索》：第一节《张东荪对逻辑与语言关系的研究》、第二节《张申府对罗素与维特根斯坦逻辑理论的引进》、第三节《金岳霖对中国现代逻辑的奠基》、第四节《汪奠基与中国逻辑史的系统研究》、第五节《吕澂与因明复苏》。

4月1日，《武汉晚报》“夕阳红”版刊载《我的运动史》一文（后编入《双兔集》一书）。

9月，作《难忘的旋律》一文（后编入《双兔集》一书）。

10月2日，《武汉晚报》“夕阳红”版刊载《国庆节的“洗礼”》一文（后编入《双兔集》一书）。

10月，到北京出席庆贺周礼全先生80寿辰暨逻辑与哲学学术研讨会，在开幕式上发言《周礼全先生的语用学思想》（后收入纪念文集）。

张斌峰著《人文思维的逻辑——语用学与语用逻辑的维度》一书由天津人民出版社出版。先生作序。

2002年

论文《周礼全先生的语用学思想》刊载于《逻辑、语言与思维——周礼全先生八十寿辰纪念文集》，中国科学文化出版社2002年7月出版。

10月，参加武汉大学与东亚符号学会联合主办的的第三届东亚符号学研讨会，并宣读论文。

2004年

3月，迁入湖北大学新建的忠诚教师公寓。

8—9月，到墨子故里河南省鲁山县参加“墨学与现代社会国际学术研讨会”。提交论文《〈墨经〉中的言、名理论与定义方法》，后编入会议论文集《墨学与现代社会》一书，大象出版社2005年12月出版。

9月，作《严谨治学 贵于创新——为纪念南开大学哲学系温公颐教授百岁诞辰而作》一文（编入《双兔集》一书）。后刊载于《教学通讯》2005

年第 1 期，标题改为《严谨治学 贵有创见——为纪念南开大学温公颐教授百年诞辰而作》。

12 月，黄华新、陈宗明主编的《符号学导论》一书由河南人民出版社出版。先生参与编写，承担第十章《中国符号学思想》：第一节《〈周易〉的符号学》、第二节《古代礼仪符号》、第三节《“名辩”学说》、第四节《汉语汉字符号》、第五节《中国书画艺术符号》、第六节《中国医学符号》。

论文《〈周易〉的符号学思想》刊载于《湖北大学学报》(哲学社会科学版)2004 年第 6 期。

陈道德（湖北大学）论文《李先焜语言逻辑思想述评》刊载于《湖北大学学报》(哲学社会科学版)2004 年第 6 期。

2005 年

论文《论温公颐先生的治学方法》刊载于《求知与创新》第 181 期，2005 年 1 月出版。

10 月，作《怀念鼎夫》一文，纪念中国社会科学院哲学研究所原常务副所长倪鼎夫（后编入《双兔集》一书）。

12 月，编定个人文集《语言、符号与逻辑》一书。编入论文 34 篇、译文 1 篇，并作《后记》，附自编《作者历年主要著作与论文目录》。此书 2006 年 8 月由湖北长江出版集团湖北人民出版社出版。

2006 年

3 月 28 日，在家同武汉大学经济系时期的系友王家才、谭成章、皮公亮、王孔旭、王时杰、朱琰、梁润生聚会，歌声持续近三小时，气氛热烈。先生夫妇又在浙江大酒楼设宴招待老同学们。

10 月 24 日，全国语言逻辑与符号学学术研讨会暨庆祝李先焜教授 80 寿辰活动在湖北大学举行。

夫妇赴美国探亲至 2008 年。

2007 年

陈道德等著《二十世纪意义理论的发展与语言逻辑的兴起》一书由中国社会科学出版社出版。其中第十一章为《李先焜先生的语言逻辑思想》，陈道德执笔。

2008 年

年初，在美发现罹患输尿管癌。

6 月，回国到天津。作输尿管切除手术。在天津大学儿子家治疗休养。

2009 年

春，夫妇从天津回到武汉。

4 月 10 日，夫人黄渌泉突发疾病逝世，享年 83 岁。

10月 3 日，在庆贺湖北大学历史系黄邦和教授九十寿辰大会上致祝词(后编入《双兔集》一书）。

论文《中国古代逻辑史是非形式逻辑的发展史》刊载于《南开哲学》第四辑，南开大学出版社 2009 年 10 月出版。

2010 年

去洛阳、宜阳参加第六届全国因明学术研讨会。

论文《也论逻辑证明与真理标准》刊载于《陶德麟先生八十华诞暨新中国马克思主义哲学研究六十年学术研讨会文集》，武汉大学出版社 2010 年出版。

2011 年

陈道德、李先焜论文《汪奠基中国逻辑思想史研究四题》刊载于《湖北大学学报》（哲学社会科学版）2011 年第 1 期。

2012 年

李先焜、陈道德论文《周礼全对语言逻辑的巨大贡献》刊载于《湖北大学学报》（哲学社会科学版）2012 年第 3 期。

11 月，作《“文革”小记》一文（编入《双兔集》一书）。

同月，黄渌泉、李先焜夫妇散文、杂文集《双兔集》编成，先生作序。《上篇》编入黄渌泉文章 20 篇，《下篇》编入李先焜文章 22 篇。《附录》有友人等相关文章 5 篇，书前插入历年有代表性的照片多帧。同年 12 月自费印刷出版，分赠亲友。

2013 年

4 月，儿子李汛（任教于天津大学）病逝，享年 60 岁。

2016 年

4 月，编定《语言、符号与逻辑——李先焜译文集》一书，并撰写《序言》。编入先生自俄文、英文译成汉语的国外论文 11 篇，先生本人的论文译成英文 6 篇。此书 2017 年 5 月由长江出版传媒湖北人民出版社出版。

4 月、9 月，湖北大学党委书记尚钢三次登门拜访。

6 月 5 日，接受本校通识教育学院师生田仁兵、胡维佳、陈彬、李天舒、向圆篱等登门采访，陈道德陪同。

8 月 18 日，90 寿诞日。江畅、陈道德于武昌亢龙太子东湖酒店设晚宴祝寿。陈为蓬专程从北京来武汉祝寿。

11 月 5 日，李先焜先生学术思想研讨会暨 90 寿诞庆典在湖北大学举行。湖北大学党委书记尚钢、中国社会科学院哲学研究所刘培育研究员等讲话，华东师范大学沈剑英教授、浙江省委党校陈宗明教授、甘肃人民出版社刘延寿编审等发来贺信、贺诗等。

11 月，因心衰、肺部感染入住武昌梨园医院。后因肾衰、尿毒症每周作三次肾透析（周末返家）。在病房仍保持读书习惯。

论文《论尼采的逻辑哲学思想》刊载于《中文论坛》第三辑，长江出版社 2016 年出版。

2017 年

2 月，陈道德、曾祥云著《符号学视野下的先秦名辩学研究》一书由人民出版社出版。先生作序。

曾祥云（南京政治学院上海校区部队政工系）论文《当代中国名辩理论研究的重要开拓者——评李先焜先生的名辩符号学研究及其理论研究》刊载于《湖北大学学报》哲学社会科学版 2017 年第 2 期。

11 月，《李先焜文集》一书编成付排，将由长江出版社湖大书局出版。

11 月 14 日，凌晨 0:10 于武昌梨园医院逝世，享年 91 岁。

11 月 17 日上午，李先焜先生遗体告别仪式在武汉市武昌殡仪馆天乐厅举行。

2018 年

4 月 23 日，《湖北大学报》总第 1150 期刊出陈道德《永远怀念恩师李先焜先生》一文。

说明：本《李先焜先生年谱简编》参考了李先焜先生自撰《作者历年主要著作与论文目录》（见本书附录一）和《双兔集》等先生本人的著作，并参考了先生生前友好、学生的文字。编写是在陈道德学长的指导下进行的，并得到了中国社会科学院刘培育先生和李先生家属的帮助，在此一并致谢！因为时间仓促和资料有限，这一《年谱简编》还有多处缺漏，相关书籍、刊物亦未及一一核对。请知情者和广大读者不吝指教，提供相关资料、线索，并指出本文中错、漏之处，以便我们在不远的将来，编写出一份更加完备、详尽、准确的年谱。

编后语

历经三载，《李先焜文集》终于和读者见面了。看到这部书稿，往事历历在目：2016 年 4 月中共湖北大学党委书记尚钢教授到李先焜先生家去看望先生，先生非常激动，因为这是先生一生以来，湖北大学的党委书记第一次登门拜访。嘘寒问暖后，先生想找几本书送给尚书记，但由于有些著作出版时间太久了，怎么找都找不到了，先生和书记都感到有点遗憾。在一旁陪伴的我都看在眼里，于是就向尚书记建议：能否出一套湖北大学知名教授文丛？尚书记认为我的建议很好！让我第二天写一份书面论证材料。第二天我就呈上了一份书面材料，后经校党委和校行政研究，形成了决定：出版《湖北大学人文社科知名教授丛书》，由社科处具体负责这项工作。不久就确定了第一批入选教授名单，李先焜先生是其中的一个。

2016 年 5 月，先生开始收集多年来发表的论文和出版的著作，从 200 多篇论文和 20 多部著作中挑选出 53 篇代表性的成果，组成了这部文集。根据这 53 篇成果研究的不同内容，我协助先生把他们分成了四大部分：语言逻辑研究、符号学研究、中国逻辑史研究和译著。原本想在先生的有生之年能够见到这部《文集》，谁知天不假年，没有等到这部《文集》正式出版，2017 年 11 月 14 日先生就驾鹤远去了。在先生仙逝周年祭前，这部《文集》正式出版了，这是对先生的最好纪念！《李先焜文集》也是先生留给我们最宝贵的精神财富！

这部著作的出版，首先要感谢尚钢书记，感谢湖北大学社科处的领导，他们不仅为《李先焜文集》的出版筹措了经费，而且在繁忙的工作中还经常询问这部著作的出版情况，催促出版进度。其次还要感谢学报编辑部的黄文红、马建强和张媛媛三位博士，他们分别校对了

《李先焜文集》的初稿。还要感谢陈为蓬师弟，他收集了大量的第一手资料，编写了《李先焜先生年谱简编》，让我们能够更全面、更立体地了解先生。最后还要感谢朱东方和江涛两位责任编辑，由于《李先焜文集》中的符号、公式和图表很多，在录入、排版过程中遇到的困难，与其他《文集》相比都要多得多，他们在这些方面做了大量细致的工作。

我虽然全面阅读和校对了第二遍清样，但书中肯定还有一些没有校对出来的错误，请读者多多谅解！好在每篇文章的文尾都附有原文的出处，深入研究的读者可进一步核查原文。

陈道德

2018 年 6 月 18 日

图书在版编目(CIP)数据

李先焜文集 / 李先焜著. —武汉 : 长江出版社，2017.12

(湖北大学人文社会科学知名教授文丛)

ISBN 978-7-5492-5548-1

Ⅰ. ①李… Ⅱ. ①李… Ⅲ. ①社会科学—文集 Ⅳ. ①C53

中国版本图书馆 CIP 数据核字(2017)第 311266 号

李先焜文集　　李先焜 著

责任编辑：张琼 朱东方

出版发行：长江出版社

地　　址：武汉市解放大道 1863 号　　**邮　　编**：430010

网　　址：http://www.cjpress.com.cn

电　　话：(027)82926557(总编室)

(027)82926806(市场营销部)

经　　销：各地新华书店

印　　刷：武汉市首壹印务有限公司

规　　格：787mm×1092mm　1/16　44.25 印张 12 页彩页　678 千字

版　　次：2017 年 12 月第 1 版　2018 年 10 月第 1 次印刷

ISBN 978-7-5492-5548-1

定　　价：145.00 元